Weidenberg St. Michael um 1910

Projekt „MYRTEN FÜR DORNEN“
– Geschichte(n) aus Weidenberg 1919–1949

Alltagsleben und Kirchenkampf in einer oberfränkischen Marktgemeinde

Eine kirchen- und ortsgeschichtliche Chronik in den Zeiten von Pfarrer Georg Redenbacher

Folge 1:

„AM VORABEND DER URKATASTROPHE(N)“
– Weidenberger Geschichtsquellen –

Jürgen-Joachim Taegert

AM VORABEND DER URKATASTROPHE(N)
– Weidenberger Geschichtsquellen –

PROJEKT „MYRTEN FÜR DORNEN“
Geschichte(n) aus Weidenberg1919–1949

Folge 1

Die Bücher dieser Folge:

Bibliografische Informationen der Deutschen Nationalbibliothek:

Die Deutsche Nationalbibliothek verzeichnet diese Publikation in der Deutschen Nationalbibliothek; detaillierte bibliographische Daten sind im Internet über http://dnb.dnb.de abrufbar.

Bearbeitung, Design und Layout:
Jürgen-Joachim Taegert, Kirchenpingarten

Verlag Eckhard Bodner – 92690 Pressath

ISBN: 978-3-947247-15-8

Herstellung: BoD – Books on Demand, Norderstedt

Einführung

Es war an einem sonnigen Samstagnachmittag. Wir, d.h. meine Frau Dorothea und ich, hatten mit großer Neugier auf zahlreichen Wanderungen unsere neue Ruhestandsheimat, die FRANKENPFALZ IM FICHTELGEBIRGE, erkundet. Das Thema „Spurensuche Frankenpfalz" schien uns lohnend, denn die Frankenpfalz, an der Nahtstelle zwischen Franken und Oberpfalz gelegen und seit jeher Teil des Bezirks Oberfranken, war bis dahin im öffentlichen Bewusstsein eher einem Findelkind vergleichbar, kaum bekannt, verwundert beäugt wegen ihrer fremdartigen Sprache und Konfession und geschichtlich schwer einzuordnen. Die bemerkenswerten Ergebnisse aus 1.000 Jahren Siedlungsgeschichte hatten wir mit Unterstützung des Kirchenpingärtner Gemeinderates und vieler Sponsoren veröffentlichen können. Ein Buch über die auffallenden Marterln der Frankenpfalz hatte sich angeschlossen.

Nun wollten wir unsern Radius erweitern und auch die benachbarte Landschaft näher kennen lernen: Das ist, von der Frankenpfalz aus betrachtet, das Fichtelgebirges im Norden, die Flednitz Richtung Rauher Kulm im Süden, das Kulmainer und Kemnather Land im Osten und das Weidenberger Umland beiderseits der Warmen Steinach im Westen.

Da gibt es diesen auffallenden Höhenweg, der über zig Kilometer auf der fast baumfreien, lang gestreckten Geländerippe in Sichtweite des Fichtelgebirges verläuft und den der Fichtelgebirgsverein „Südrandweg" nennt. Dieser Weg scheint zwar eher ein Insidertipp für Hundebesitzer zu sein, uns interessierten aber eher der grandiose allseitige Ausblick und die drei alten Steinkreuze. Neugier erweckt auch das eigentümliche Flurbereinigungsdenkmal, das bei der Sternwarte fast am höchsten Punkt des Höhenrückens steht. Seine schneckenförmige Außenflanke ziert ein anachronistisches Relief, auf dem ein mittelalterliches Geleit mit Fuhrwerken und Handelswaren dahinzieht. Wir lernten, dass der Höhenweg einst eine bedeutsame Altstraße der karolingischen Zeit war für den Handel zwischen Franken und Böhmen.

Schon länger üben wir uns in der ehrgeizigen Spurensuche, um solche Altstraßenverläufe auch heute noch im Gelände wiederzuentdecken. Bald überraschte es uns auch nicht mehr, dass man entlang solcher Altstraßen immer wieder auf uralte Wegmarken in der Form von Grenz- und Stundensteinen oder Steinkreuzen stößt. Ich gebe aber zu, dass uns das geheimnisvolle Steinkreuz-Ensemble auf dem Lessauer Berg oberhalb von Weidenberg von Anfang an am meisten bewegte. Dies war auch an jenem Nachmittag unser Ziel gewesen.

Bocksleite nennen die Weidenberger den Teil des Höhenrückens über ihrem Markt. Geheimnisvolle alte Flurdenkmäler markieren ihn. Wirklich fantastisch und mit ertragreicher Aussicht liegt hier der erhabene Geländepunkt, wo der alte Lessauer Kirchsteig den noch älteren Handelsweg kreuzt.

Weit schweift der Blick an den südwestlichen Ausläufern des Fichtelgebirges entlang und tastet sich in die dunkelgrün bewaldeten Taleinschnitte hinein, bis hinauf zum Schlossberg, Iskara oder Gänskopf im Vordergrund oder zum Ochsenkopf im Hintergrund. Im Osten grüßt der bewaldete Vulkan des Armesberges, und ein wenig weiter im Süden reckt sich einsam sein markanter Kollege, der Rauhe Kulm, empor. Seine weit leuchtenden grauen Blockhalden aus Lavagestein beherbergen seltene Tiere und Pflanzen. Der frei stehende Aussichtsturm gewährt einen Rundumblick. Als eine unverrückbare Landmarke weist dieser auffallende Vulkanschlot seit Menschengedenken den Wanderern von überall her den Weg.

Im Südwesten ergießen sich die winzigen Häuser des Dorfes Emtmannsberg über den Rücken des Schlehenberges. Über den dunkelgrün bewaldeten Pensen wird der Blick zum kleinen Nest Lankendorf hinaufgezogen, das mit seinen Häusern und Höfen die alte, bis heute wichtige Hochstraße nach Bayreuth flankiert. Scheinbar vom nordwestlichen Horizont her kommt der Südrandweg wieder auf den Betrachter zu. An all den landschaftlichen Eindrücken kann man sich gar nicht satt sehen.

Vor allem die drei Steinmale im Vordergrund beschäftigten nun die Augen und die Fantasie. Wie dramatisch sich das graue Steinkreuz nach oben reckt, wie ein elegischer Seufzer, wie stummer Schrei zum Himmel! Aus welchem Grund mag dieses Zeichen hier wohl stehen? Was mag die auffallende Vertiefung im Zentrum seiner Kreuzvierung bedeuten, welche die Größe eines Spechtloches hat? Und zu welchem Zweck breitet sich in wenig Abstand der Steintrog mit seiner quadratischen Öffnung aus? Wozu schließlich erhebt sich direkt daneben die gedrungene Sandsteinsäule, die genauso grau verwittert und vermoost dreinschaut, wie die beiden steinernen Kollegen rechts und links von ihr? Diese Stele trägt deutlich eingekerbt ein Kreuz auf ihrer Westseite, wozu? Alle diese Fragen können wir inzwischen beantworten, jedenfalls so leidlich, und das tun wir auch in diesem Buch weiter hinten.

Aber dann gab es noch etwas an diesem Nachmittag. Es erschien anfangs als Zufallsfund und entpuppte sich im Nachhinein dann als die folgenreichste Hauptsache bei unserer Exkursion, weil nämlich daraus die Idee zu diesem umfangreichen Geschichtsprojekt erwuchs. Denn als wir fertig waren mit unserer Betrachtung in die Weite und in die Nähe, schweifte unser Blick noch einmal über die Wiese im Vordergrund hin zur Geländekante im Nordwesten. Dahinter ragt dunkel die Waldbürste auf, die aber an ihren niederen Stellen den Blick freigibt zu den Häusern von

Weidenberg, die sich im Tal aneinander reihen. Da vermeinen wir an dieser Kante vor der Waldbürste ein kleines, filigranes Gebilde. Ist das ein Wegweiser?

Wir werden neugierig. Ein Weg führt nicht durch diese Wiese, jedenfalls heutzutage nicht mehr. Wir lernen aber später, dass es hier einen solchen Weg einmal gegeben hat, nämlich die Verlängerung des Kirchweges, der von Lessau heraufkommt. Er führte über den Geländerücken, den Nordhang der Bocksleite hinunter, zur Weidenberger Friedhofskapelle Sankt Stephan, die mit ihrer gelben Fassade unten aufleuchtet, und von dort hinauf zum Weidenberger Obermarkt und weiter zur weithin weiß leuchtenden Hauptkirche Sankt Michael auf dem Gurtstein.

Wir gehen also neugierig die kaum 100 m durch die Wiese hin zur Geländekante – und sind verblüfft! Wir stehen vor einem Marterkreuz.[1] Es erinnert uns äußerlich ein wenig an die „Frankenpfälzer Martern", die wir zu Dutzenden in unserer neuen Heimat, der Frankenpfalz, gefunden und in unserm „Marterlbuch" beschrieben haben. Sie tragen dort auf einer mannshohen steinernen Stele ein stattliches Metallkreuz aus Gusseisen, das die Kreuzigung Jesu auf einem blühenden Lebensbaum darstellt, meistens verbunden mit der österlichen Sonne der Auferstehung.

Auch diese Marter an der Bocksleite ist zweiteilig: Auf einen dunklen Granitsockel ist ein stattliches Metallkreuz aufgesetzt. Aber diese Marter wirkt in ihrem Stil anders, jünger, moderner. Die Martern der Frankenpfalz sind überwiegend im letzten Drittel ses 19. Jahrhunderts entstanden, bis hinein in den Ersten Weltkrieg; sie zeigen durchwegs in Form und Verzierung einen neugotischen Stil. Die Marter auf der Bocksleite wirkt auf Anhieb nüchterner und sachlicher, mit einem ganz eigenen Material und Stil. Der glatte, fast gleichseitige, anthrazitfarbene Granitstein ist nicht weiter verziert, er trägt aber, allseits eingemeißelt, gut lesbare Inschriften. Und der stattliche Kreuzaufsatz ist aus parallel geführten Vierkanteisen geschmiedet, mit einer auffallenden Beschriftung in metallenen Großbuchstaben im Querbalken.

Wir erkennen rasch, dass es sich bei fast allen Inschriften um Bibelverse aus dem Alten Testament handelt. Eine Ausnahme bildet ein Liedtext, nämlich der erste Vers des wohl bekanntesten Gesangbuchsliedes „Lobe den Herren".

Der ganze Stein strahlt stilistisch das Grundprinzip der „neuen Sachlichkeit" aus, die seit den zwanziger Jahren des 20. Jahrhunderts bis heute die Architektur weltweit revolutioniert hat: „Die Form folgt der Funktion." Kein Zierrat und kein überflüssiger Schnörkel bedecken Stein und Kreuz. Andererseits erkennen wir hier auch noch nicht den etwas hausbacken-modernen Stil, der uns aus der Zeit nach dem Zweiten Weltkrieg vertraut ist. Der Stein muss nach unserer ersten Einschätzung

---

[1] Lage: GPS-Koordinaten 49°55'46.3" N 11°42'25.8" O, bzw. 49.929536, 11.707157

also irgendwann zwischen dem Ersten und Zweiten Weltkrieg entstanden und an diesem Punkt oberhalb von Weidenberg aufgestellt worden sein.

Nun ist unser Forscher-Eifer geweckt. Wir notieren noch rasch alle Inschriften; denn der Wortlaut der Bibelverse kommt uns zwar bekannt vor, aber das eine oder andere klingt doch anders, als wir es aus unserer Bibelkenntnis in Erinnerung haben; wir wollen es daheim nachprüfen. Auch nehmen wir uns vor, bei der nächsten Inaugenscheinnahme die Kamera mitzunehmen, die wir diesmal nicht dabei haben.

Daheim stellten wir rasch fest, dass es sich bei der Gestalt der Texte überwiegend tatsächlich um Zitate der Luther-Bibel handeln muss, und zwar aus dem Zeitraum der Revision nach dem Jahr 1921, die bis in die fünfziger Jahren des 20. Jahrhunderts andauerte. Die zeitliche Eingrenzung für die Aufstellung der Marter, die sich aus ihrem künstlerischen Stil ergab, bestätigte sich also durch die eingemeißelten Texte.

Ja, manches an den Texten deutet sogar auf eine konkrete Jahreszahl hin, indem es an die Stuttgarter Jubiläumsbibel als Vorlage denken lässt. Die Taschenausgabe dieser Bibel ist in der Hitlerzeit am Höhepunkt des Kirchenkampfes im Jahr 1937 erschienen. Sie wurde auch von DIETRICH BONHOEFFER genutzt und empfohlen. In der Einleitung zum Alten Testament wird dort mutig Klartext über die Bedrückung des Glaubens geredet: *„Es richten sich die heftigsten Angriffe gegen das Alte Testament als gegen ein Buch, das jüdischen Geist in schlimmster Weise atme ... Hätten sie mit ihren Behauptungen recht, wie hätte dann Jesus so völlig im Alten Testament wurzeln können, wie es tatsächlich der Fall war!"* Hier, in dieser Frontstellung des Kirchenkampfes, wäre also ein Motiv zu suchen für die Tatsache, dass auf der Marter ausschließlich Zitate des Alten Testamentes verwendet werden. Der Initiator für diese Textauswahl müsste wohl der Bekennenden Kirche nahe gestanden sein, die sich damals ausdrücklich gegen die Abwertung des Alten Testaments zur Wehr setzte.

Doch kein heute lebender Weidenberger schien von dieser Marter auf der Bocksleite etwas zu wissen, keiner schien Auskunft geben zu können. Bis einer, der beim Bauamt im Rathaus tätig ist, mich auf einen Artikel aus der Rubrik „Seinerzeit" im amtlichen Mitteilungsblatt der Marktgemeinde vom Ende der siebziger Jahre aufmerksam machte. Hier hat der rührige Heimatforscher ADAM KIEẞLING in einer Serie über „alte Totenmale und Gedenksteine um Weinberg" berichtet und dabei auch das Zeichen auf der Bocksleite erwähnt.

Dabei hatte KIEẞLING als Zeitpunkt der Aufstellung dieses „Denkmals", wie es wohl zu seiner Zeit im Volksmund genannt wurde, genau dieses Jahr 1937 benannt und dazu auch Angaben zur Stifterin und ihrem damaligen Ratgeber gemacht. Danach sei es die evangelische Bayreuther Lagerarbeiterin MARGARETE SCHILLING, welche ihre ersten Kindheitsjahre im Lessauer Armenhaus verbracht hatte, die nach dem Tod ihrer Mutter und Geschwister ihre ganzen Ersparnisse zusammengenommen hätte, um auf einem Grundstück ihrer Verwandten auf der Bocksleite oberhalb von Weidenberg dieses Denkmal zu errichten. Zur Beratung hätte sie sich an den damaligen II. Pfarrer der evangelischen Kirchengemeinde Weidenberg, GEORG REDENBACHER, gewandt. Dieser bibeltreue, wortgewaltige Fürsprecher der Bekennenden Kirche habe als Vorstandsmitglied im einflussreichen Verschönerungsverein von Weidenberg die Aufstellung dieses mutigen Symbols am Höhepunkt von Hitlers Herrschaft bewirken können.

Mir war klar, dass ich unbedingt mehr über das Leben und die Motive dieser beiden Personen erfahren musste. Sie sind für mich tatsächlich die zentralen Figuren meines Projektes geworden und das Marterl zum „Leitfossil". Mein Informant überließ mir glücklicherweise alle Ausgaben dieses Mitteilungsblattes, die man im Rathaus über die Jahre hinweg in Ordnern gesammelt hatte und die er vor dem Altpapier rettete – eine Fundgrube für Heimatforscher, die freilich den einen auffallenden und gravierenden Mangel hat, dass nämlich über die Zeit des Nationalsozialismus dort fast nichts wenig zu lesen ist.

Dieser grundsätzliche Mangel an historischen Quellen über die Nazizeit in Weidenberg wurde mir auch sonst rasch bewusst. Es gibt im Ort bis heute meines Wissens keinen Historiker, der sich ernsthaft mit dieser kontaminierten Zeit beschäftigt hätte und der darüber Auskunft geben könnte oder wollte. Auch im Rathaus erlebte ich kein wirklich ermutigendes Echo. Immerhin gewährte man mir Zugang zum Archiv, das aber zu dieser Zeit noch wenig geordnet im Keller des Rathauses untergebracht war. Dabei stellte sich rasch heraus, dass – bis auf das wertvolle Beschlussbuch des Marktgemeinderates, das aber mit 1. April 1935 abbricht, um im Jahr 1945 neu anzusetzen – kaum offizielle Akten und Dokumente aus der Nazizeit vorhanden sind. Das hängt – wie ich dann durch Zeitzeugen und aus anderen Dokumente erfuhr – einerseits damit zusammen, dass der Bürgermeister und Ortsgruppenleiter in der Hitlerzeit, GEORG RUMLER, bei Kriegsende viele Unterlagen in der elterlichen Wohnung am Obermarkt „sicherstellte", die heute verschollen sind; andererseits hat aber auch die Marktgemeinde lange Zeit hindurch nur wenig Bemühen erkennen lassen, solche Unterlagen systematisch zu suchen und zu sammeln.

Ebenso trüb ist das Bild, wenn man nach historischer Literatur zum Thema „Weidenberger Geschichte" sucht. Es hat in Weidenberg bislang überhaupt nur drei ernsthafte Anläufe gegeben, die eigene Ortsgeschichte zu erforschen. Die beiden ersten Untersuchungen, jeweils in schmalen Heftchen gedruckt und herausgegeben, stammen von Pfarrer EINFALT und Lehrer REBLITZ und entstanden an der Wende zum 20. Jahrhundert; von ihnen wird bis heute trotz mancher Fehler kritiklos abgeschrieben. Wegen ihrer Wichtigkeit habe ich die vollständigen Texte der beiden Broschüren in der vorliegenden ersten Folge meines Projektes wieder zugänglich gemacht und die Fakten überprüft und kommentiert.

Die einzige umfangreichere und ordentlich gebundene historische Publikation zur Ortsgeschichte gab der Marktgemeinderat unter seinem Bürgermeister OTTO FLEISCHMANN im Jahr 1967 heraus. Dieses Buch ist also inzwischen auch schon über 50 Jahre alt, aber gesucht. Man kann es antiquarisch für recht viel Geld erstehen. FLEISCHMANN hatte den Creußener Lehrer und Altstraßenforscher JOACHIM KRÖLL beauftragt, eine „Geschichte des Marktes Weidenberg" zu schreiben. Das fertige Werk reicht zeitlich von den Anfängen Weidenbergs mit den Turmhügeln und Altstraßen über die sehr eingehend behandelte Zeit der Reichsritter bis in die damalige Gegenwart von Verfasser und Auftraggebern.

Dieses Buch hat aber den gleichen grundlegenden Mangel wie die Berichte in „Seinerzeit": die Dürftigkeit, mit der die Nazizeit behandelt wird. Die ganze Geschichte des „Dritten Reichs" wird auf mageren drei Seiten abgehandelt! Noch dazu übernimmt KRÖLL hierfür, unkommentiert und ohne den Namen des Autors zu nennen, das Konzept eines Weidenberger Alt-Nazis, der schon bei Hitlers Legion Condor im spanischen Bürgerkrieg begeistert mitgekämpft hatte; dieser verklärt und verharmlost und das Wesen der Hitlerzeit auf unerträgliche Weise. Solche oberflächliche Betrachtung der Geschichte des Nationalsozialismus in Weidenberg überrascht, zumal ehemalige Schüler von JOACHIM KRÖLL heute die Hand für ihren einstigen Lehrer auch öffentlich ins Feuer legen und ihn als einen überzeugten Demokraten darstellen. Andererseits ist keinem von ihnen bekannt, dass KRÖLL im Dritten Reich als Mitglied der Reichsfilmkammer Teil des Imperiums von Hitlers Propagandaminister JOSEPH GOEBBELS war. Zudem wirkte KRÖLL aufgrund seiner guten Sprachkenntnisse im Krieg als Mitglied der Propagandaabteilung des Reichsrundfunks im besetzten Frankreich und warb für die Sache Hitlers in Ton und Bild.

Bei diesem Mangel an offiziellen oder seriösen Quellen muss einer, der mehr über die Nazizeit wissen will, selbst auf die Suche gehen. Und diese Suche verlief zunehmend so spannend und ergiebig, dass daraus dieses umfangreiche, sechsbändige Geschichtsprojekt „Myrten für Dornen" erwachsen ist. Erstmals sollen der Lebensalltag der Menschen in Weidenberg in der Zeit von Pfarrer REDENBACHER samt der vorausgehenden Sozial- und Kulturgeschichte des Marktortes dargestellt werden (Folgen 1 und 2). Dann folgen der Aufstieg und das Wirken der Nationalsozialisten am Ort bis Kriegsende und die ersten Nachkriegsjahre (Folgen 2 und 6). Der Kirchenkampf, d.h. die Auseinandersetzung der Kirchen mit der nationalsozialistischen Ideologie, insoweit er das Bekenntnis der Evang.-Luth. Kirche in Bayern einerseits, den Marktort Weidenberg andererseits betrifft, erhält seinen eigenen Platz (Folge 4). Auch das Schicksal der Opfer von Euthanasie und politischer Verfolgung wird erstmals beschrieben (Folge 5).

Als Methode legt sich die Beschreibung in Lebensbildern nahe. Das ergibt sich einerseits aus der Tatsache, dass die meisten Geschehnisse an damals lebenden und konkret handelnden, aber auch leidenden Menschen festgemacht werden können. Ihre Motive und Gefühle treten in den Dokumenten und Zeitzeugenaussagen klar ans Licht. Die Beschreibung in Lebensbildern hängt aber auch mit den befragten Zeitzeugen und den dabei aufgefundenen hochinteressanten Geschichtsquellen zusammen. Schon bei vielen recherchierten schriftlichen Quellen, z.B. bei Spruchkammerakten, liegt es in der Natur der Sache, dass in ihnen die handelnden Personen in der Mitte stehen. Unter ihnen waren nicht nur Prominente, sondern auch ganz einfache Menschen. Das Geschick der einfachen Leute war schon im vorausgegangenen historischen Projekt „Spurensuche Frankenpfalz“ wichtig.

Ein wichtiger Impulsgeber für die Entstehung des Projektes „Myrten für Dornen“ war auch der bekannte, im Juni 2018 verstorbene Bayreuther Rechtspfleger HELMUT PAULU. Er hatte aufgrund seiner enormen Archivkenntnisse bereits Entscheidendes zur Erforschung der lokalen NS-Geschichte Bayreuths beigetragen. Als er seinerzeit von meinem Frankenpfalz-Projekt erfahren hatte, war er spontan zu einem Besuch nach Kirchenpingarten gekommen und hatte mir etliche Dokumente aus Spruchkammerverfahren zu Personen aus meinem Projekt mitgebracht. Daraus hatte ich gelernt, diese Prozesse zur Entnazifizierung aus den Jahren 1946-1950 eine wichtige Geschichtsquelle zu betrachten. Sie helfen, den regionalen und lokalen Nationalsozialismus zu entschlüsseln. Neben den angeklagten Personen treten hier stets zahlreiche Zeugen aus dem einfachen Volk auf, die entweder die Anklage stützen oder zur Verteidigung beitragen sollen. Mein Bestand an Kopien solcher Prozessdokumente, welche Weidenberger Personen der NS-Zeit betreffen, umfasst inzwischen weit mehr als 1.000 Seiten.

Ergänzt werden diese Gerichtsunterlagen durch weitere umfangreiche Dokumente über Weidenberger Täter und Opfer, die ich in den Staatsarchiven in Bamberg und Coburg, sowie im Bundesarchiv in Berlin auffinden konnte.

Personen, die im Projekt „Myrten für Dornen“ eine Rolle spielen, sowie ihr damaliges Denken, Reden und Handeln, stehen auch in dem anderen Typ von Dokumenten in der Mitte, die ich in vielen Sitzungen auswerten konnte: Personalakten der bayerischen Landeskirche. Sie befinden sich größtenteils im Landeskirchlichen Archiv in Nürnberg, zu einem kleineren Teil aber auch beim evangelischen Dekanat in Bayreuth. Dabei geht es in erster Linie um die in Weidenberg eingesetzten Pfarrer. Aber natürlich spiegelt sich in diesen Akten auch der damalige Alltag in der Gemeinde wider.

Wichtige historische Quellen stellen auch die Kirchenbücher, Pfarrbeschreibungen und Kirchenvorstandsprotokolle der evangelischen Kirchengemeinde Weidenberg dar, die ich durch das vertrauensvolle Entgegenkommen der Pfarrer einsehen konnte. Die sehr informative und umfangreiche Pfarrbeschreibung von 1914 habe ich für die vorliegende Folge des Projektes „Myrten für Dornen" vollständig eingelesen und kommentiert, weil sie uns ein sehr lebendiges und stichhaltiges Bild der Zeit und der Kirche unmittelbar vor dem Eintritt der großen „Urkatastrophen" unseres Jahrhunderts vermittelt. Diese erhellende Begegnung mit der Pfarrbeschreibung war für mich auch der Impuls, in meinem Projekt auch die ältere Geschichte des Marktortes, seiner Kirchengebäude und seiner Pfarrer aufzunehmen. Auch das nachdenkenswerte Kapitel über die „Weidenberger Himmelsbriefe" in der vierten Folge verdankt sich einem Denkanstoß durch diese Pfarrbeschreibung.

Doch zur wichtigsten emotionalen Stütze und historischen Quelle für eine bewusste „Geschichtsschreibung von unten" wurden für mich die konkrete Begegnung und die eingehenden Gespräche mit den Zeitzeugen. Natürlich kommt eine solche historische Recherche um mindestens zehn oder 20 Jahre zu spät, um noch eine Mehrheit von unmittelbaren Zeitzeugen bei hinreichender geistiger Frische befragen zu können. Andererseits zeigt sich in den zahlreichen Berichten, die ich dennoch erlauschen und erfragen konnte, eine zunehmende selbstkritische Abgeklärtheit, die es erlaubte, auch heikle Fragen offen und aufrichtig anzusprechen.

Somit stand für mich bald fest, dass ich diese einmalige Chance nutzen sollte, um das schwierige Unterfangen einer Beschreibung dieser Zeit aus meiner Sicht vorzunehmen. Ich bin ja als einer, der ein Jahr vor der Katastrophe von Stalingrad geboren ist, selbst noch „Kriegskind". Mich hat das auffallende Schweigens meiner Eltern und meiner Lehrer sehr beschäftigt. Ich wollte mehr über das „Warum" und die Gegenstände dieses Schweigens erfahren.

Ich erlebte in keinem Haus eine Ablehnung, sondern nur offene Türen und sehr offenherzige Gespräche, die sich mir tief eingeprägt haben. Auch wich keine(r) der Söhne, Töchter oder engen Verwandten der im Dritten Reich Beteiligten meiner Anfrage aus. Keiner meinte seine Eltern entschuldigen oder bezichtigen zu müssen, es war eher wie die persönliche Befreiung aus einem langen bedrückenden Schweigen. Ich bekam Einblicke in vertrauliche Familienalben und wurde beschämt mit der Übergabe einer großen Fülle von bewegenden oder erschütternden Dokumenten. Ich erfuhr vieles über Täter, Mitläufer und Opfer und ihre oft bestürzenden Biografien.

Die vorliegende erste Folge „Am Vorabend der Urkatastrophe(n) – Weidenberger Geschichtsquellen" stellt die Begegnung mit der Bekenntnis-Marter der MARGARETE SCHILLING von 1937 und den damals handelnden Personen an den Anfang. Dieses Bekenntnismarterl ist das „Leitfossil" bzw. der rote Faden für das ganze Projekt. Und die Zeit der Tätigkeit von Pfarrer GEORG REDENBACHER in Weidenberg von 1919 – 1949, der damals der geistliche Berater der Stifterin war, ist zugleich die Kernzeit des ganzen Projektes.

Daneben stelle ich in dieser ersten Folge weitere sprechende und stumme Geschichtsquellen vor: Neben den bereits genannten Quellen „Pfarrbeschreibung" und den historischen Arbeiten von EINFALT und REBLITZ, die zum Teil weit in die Weidenberger Geschichte zurückreichen, habe ich auch die Beschreibung des „weitberühmten Marktes Weidenberg" von Magister JOHANN WILL von 1692 eingelesen. Außerdem kann ich von meinen Recherchen über die noch älteren Steinkreuze um Weidenberg berichten; auch sie sind ja bewegende Zeugen der Vergangenheit. Darüber hinaus liegt mir auch sehr am Herzen, den Weidenberger Lokalhistoriker ADAM KIEßLING zu würdigen. Leider schweigt auch er auffallend über die NS-Zeit. Dennoch hat sein „Seinerzeit" doch am meisten dazu beigetragen, die jüngere Vergangenheit im Marktort lebendig werden zu lassen.

Wenn ich den Titel „Myrten für Dornen", der aus den biblischen Texten auf dem evangelischen Bekenntnis-Marterl der MARGARETE SCHILLING entnommen ist, für das ganze Projekt gewählt habe, dann deshalb, weil mir diese Bibelaussagen zu einem inneren Thema und Leitbild meiner ganzen Arbeit geworden sind: Gott will auch das Schlimme zum Guten wenden. Wie insbesondere der eingemeißelte Vers aus Psalm 12,6 bewegend über Gott sagt, geht es darum, den Verstörten und Seufzenden nachträglich einen Namen und eine Stimme zu geben. Dazu wollen die sechs Folgen des Projektes „Myrten für Dornen" beitragen:

Weil die Elenden verstöret werden und die Armen seufzen,
will ich auf, spricht der Herr, ich will eine Hilfe schaffen.

Jürgen Taegert
Kirchenpingarten 2018

Inhaltsübersicht

AM VORABEND DER URKATASTROPHE(N)
– Weidenberger Geschichtsquellen –

1. DAS EVANGELISCHE BEKENNTNISMARTERL
auf der Weidenberger Bocksleite

ERSTES BUCH:

„Tannen für Hecken und Myrten für Dornen"

Das evangelische Bekenntnismarterl der Margarete Schilling 1937 auf der Weidenberger Bocksleite – Predigerin und Zeitzeugin des Kirchenkampfes in Weidenberg

Inhalt:

Das evangelische Bekenntnis-Marterl am alten Lessauer Kirchsteig

Der engagierten Arbeit des Forschungskreises um NORBERT AAS in BAYREUTH verdanken wir wichtige Einsichten über die Haltung der evangelischen Christen in der Hitlerzeit im Bereich des Dekanatsbezirks Bayreuth.[2] Danach gab es, nach einem anfänglich angepassten Verhalten, in Bayreuth Stadt und Land während der Kirchenkampfzeit eine zunehmende Widerständigkeit gegenüber dem Nazisystem und dessen trojanischem Pferd, den „Deutschen Christen". In Form von Predigten und Rundschreiben, durch Referate bei Konferenzen und Gemeindeveranstaltungen und mit theologischen Druckschriften machten Pfarrer auf die Unvereinbarkeit von Christentum und nationalsozialistischer Ideologie aufmerksam und bemühten sich, in Gottesdiensten und Gemeindeveranstaltungen sowie durch Schriften ihre Gemeinden gegenüber dem totalitären Anspruch dieses Regimes zu immunisieren. Dabei nahmen sie auch Nachstellungen und Repressionen in Kauf.

Kaum erforscht ist bislang die Frage, wie die Gemeindeglieder damals auf solche regimekritischen Referate und Predigten reagierten. Eine ganz unerwartete Antwort gibt uns aber das Marterl, das auf der Bocksleite oberhalb von WEIDENBERG am alten Lessauer Kirchweg steht, nur wenig unterhalb der Stelle, wo dieser von LESSAU

[2] Vergl. z.B. NORBERT AAS mit STEFAN KURTH, MARLEN RABL und RAPHAELA GRYGO (Hrsg.): „Zwischen Weltanschauungskampf und Endzeitstimmung: Die Evangelische Kirche Bayreuths im Nationalsozialismus". Bumerangverlag Bayreuth 2010, ISBN 978-3-929268- 24-9).

heraufführende Kirchsteig den historischen karolingischen Fernhandelsweg von Franken nach Böhmen kreuzt und wo auch das bekannte uralte dreiteilige Steinkreuz-Ensemble steht.[3]

Dieser Steig führte einst in gleicher Richtung als Pfad weiter über die Wiese, lief dann über die Flur „Am breiten Wege“ den Jägersteig hinab zur Kapelle St. Stephan und brachte schließlich die Kirchenbesucher von dort hinauf zum Obermarkt und zur St. Michaelskirche auf dem Gurtstein. Heute ist der Abstieg des Kirchsteiges von der Bocksleite als Folge von Flurbereinigung, Verbuschung und Überwaldung weitgehend unkenntlich, und es macht Mühe, sich seinen einstigen Verlauf vorzustellen. Blickt man vom alten Steinkreuz über die Wiese in Richtung WEIDENBERG und FICHTELGEBIRGE, so sieht man an der Kante des Höhenrückens ein metallenes Kreuz aufragen *(Bild)*, den Aufsatz der evangelischen Marter, genau an der Stelle, wo der früher viel begangene Lessauer Kirchweg ins Tal abstieg! Um dort hinzugelangen, bleibt kaum eine andere Möglichkeit, als die Wiese zu betreten. Neben dieser Marter ist eine Sitzbank mit Blickrichtung zum Wald aufgestellt.

---

[3] Mehr zu den Steinkreuzen um Weidenberg, ihrer Geschichte und Bedeutung im entsprechenden Kapitel dieser Folge des Projektes „Myrten für Dornen“ ab S. 335: „Der stumme Schrei zum Himmel“.

Vier Merkmale des Besonderen

Martern (volkstümlich-süddeutsch auch „Marterln") sind „Andachtsbilder der Religion von unten"[4], die uns die Marter Jesu, also seine Kreuzigung und Auferstehung, vor Augen stellen wollen. Sie wollen damit zum Ausdruck bringen, dass Jesus mit seinem Leben und Sterben am Leben der Menschen mit ganzer Hingabe Anteil nimmt.

Was aber nun diese Marter auf der Weidenberger Bocksleite auf mehrfache Weise zu einer bemerkenswerten Besonderheit macht, sind vier überraschende Merkmale.

Zum Ersten fallen die besonderen Landschafts- und Konfessionsbezüge auf. Während Martern sonst gemeinhin als „katholische Zeichen" gelten, weil sie eigentlich nur in „katholischen Landschaften", wie der benachbarten Frankenpfalz, zu finden und von katholischen Christen gestiftet sind, handelt es sich hier um die ganz seltene oder vielleicht sogar einmalige Kostbarkeit einer evangelischen Marter in einer evangelischen Landschaft.

Diese Positionierung im evangelischen Umfeld ist eine bemerkenswerte Ausnahme, sieht man einmal ab von den gusseisernen Friedhofskreuzen, die im letzten Drittel des 19. Jh. Mode waren und im Bayreuther Raum inzwischen weitestgehend verschwunden sind. Das Grabmal der Familie RHAU auf dem Weidenberger Friedhof St. Stephan *(Foto)* ist in dieser Hinsicht ein Ausnahme; der filigrane Kreuzaufsatz könnte eine Vorlage für den schmiedeeisernen Kreuzaufsatz des Marterls auf der Bocksleite gewesen sein.

Das evangelische Selbstverständnis hat durch die Reformation eine sehr exklusive Vorstellung von einem Glauben an Christus entwickelt, der allein auf der Bibel gründet, sich allein durch Glauben von Gott mit dem Heil beschenken lässt und allein Christus als Mitte hat. Dieser Glaube verhält sich deshalb sehr spröde gegenüber Heiligenbildern und anderen Symbolen der volkstümlichen Andacht, die er der Anbetung an Christi statt verdächtigt. Es muss also einen besonderen

---

[4] So die Definition in meinem Buch „Wenn Holz und Steine reden – Marterlwege in der Frankenpfalz im Fichtelgebirge" ISBN 978-3-937117-89-8.

Grund haben, wenn in einer historisch betrachtet so eindeutig protestantischen Gegend wie WEIDENBERG an einem so hervorgehobenen Punkt dennoch eine solche Marter errichtet wurde.

Diese Marter leitet zweitens durch ihren besonderen künstlerischen Stil der „neuen Sachlichkeit" in eine neue, seltene Ausdrucksweise für diese Art von Kleindenkmälern über. Vorherrschend waren zur Zeit der Aufstellung in der angrenzenden Frankenpfalz noch Martern im neugotischen Stil, vereinzelt auch im Jugendstil.

Das Denkwürdigste bei der Marter auf der Weidenberger Bocksleite ist aber drittens wohl der Aufstellungszeitpunkt. Sie wurde in der Zeit des Drittens Reiches gestiftet, genauer gesagt am Höhepunkt der Kirchenkampfzeit im Jahr 1937.

Dieser Zeitpunkt stellte für das Christentum in Deutschland einen Wendepunkt dar. Gläubige aller Konfessionen empfanden die Zeit als apokalyptisch und befürchteten den Untergang des überlieferten Glaubens. Viele evangelische Landeskirchen hatten sich ohne großen Widerstand dem Nationalsozialismus ausgeliefert. Auch die Evangelisch-Lutherische Kirche in Bayern, obwohl sie sich selbst zu den wenigen „intakten" Landeskirchen zählte, hatte unter Leitung ihres Landesbischofs HANS MEISER aus Besorgnis um ihre Zukunft unaufgefordert einen Kurs der Offenheit und der Anpassung gegenüber dem Hitlerregime gewählt. Gleichwohl war in diesem Moment keineswegs klar, ob die Geschichte der evangelischen Kirche und des Christentums in Deutschland überhaupt weitergehen würde. Neben den „Deutschen Christen", die aus der Mitte der Landeskirchen kamen und eine zentralistische Gleichschaltung der Kirchen im Sinne des Führerkults betrieben, gab es fanatische Nazi-Ideologen, die eine diffuse „artgerechte völkische" Religion anstelle der christlichen Kirchen und der Bibel durchsetzen wollten.

Am Höhepunkt dieser religiösen Krise wurde auf der Bocksleite dieses religiöse Zeichen aufgestellt. Es ist nicht nur das einzige Zeichen dieser Art im Gebiet um WEIDENBERG, sondern, soweit ich bisher feststellen konnte, möglicherweise ein Einzelstück überhaupt im gesamten Raum des Protestantismus oder sogar weltweit!

Und viertens: Nicht zuletzt erweist sich dieses religiöse Zeichen durch seine besondere Gestaltung auch selbst als eine überraschend klare regimekritische Predigerin und legt so unerwartet ein bleibendes Zeugnis ab von der damaligen Reaktion von Gemeindegliedern auf den Allmachtsanspruch der nationalsozialistischen Weltanschauung.

So geben uns das Aussehen, die Aussage und die Geschichte dieser Marter einen tiefen Einblick in die Auseinandersetzung der protestantischen Frömmigkeit mit dem dunkelsten Kapitel deutscher Geschichte, dem Nationalsozialismus. In diesen weltanschaulich und religiös hart umkämpften Jahren kurz vor dem zweiten Weltkrieg entstand diese Marter als klares Zeugnis biblischen und lutherischen Glaubens gegenüber einer Staatsideologie, die sich immer mehr selbst zu einem Religionsersatz machte.

Deshalb lohnt es sich auch, dieses ungewöhnliche Zeichen nicht nur von seiner auffallenden äußerlichen Form und Zielsetzung her zu betrachten, sondern ebenso nach den Menschen zu fragen, die sich mit der Aufstellung dieses im Weidenberger Volksmund sogenannten „Denkmals“ verbinden.

Drei ganz unterschiedliche Impulsgeber

Es sind drei ganz ungleiche, prägnante Personen, deren Lebenslinien sich in diesem Glaubenszeichen kreuzen. Auf sie wird deshalb im weiteren Verlauf des Projektes „Myrten für Dornen“ noch ausführlicher einzugehen sein. So viel vorab:

Der Volksmund nennt diese Marter „Das Denkmal“ und überlieferte bislang, diese Marter sei aus Dankbarkeit *nach* dem zweiten Weltkrieg von zwei Frauen aus BAYREUTH aufgestellt worden, die in WEIDENBERG im Krieg Zuflucht gefunden hätten.

Ein solcher Zusammenhang wäre an sich nicht ausgeschlossen, denn tatsächlich hatten manche Bombengeschädigte aus dem RHEINLAND und aus HAMBURG mit dem Fortschreiten des Krieges in WEIDENBERG Zuflucht gesucht; zu ihnen gesellten sich kurz vor Kriegsende auch etliche Bayreuther, die vor dem Bombardement der Wagnerstadt am 4. April 1945 flüchteten. Es wäre theoretisch nicht auszuschließen, dass Menschen mit diesem Zeichen auf der Bocksleite den Dank für ihre Rettung zum Ausdruck bringen wollten.

Doch haben meine schon im Vorwort dargelegten Überlegungen zum Stil dieser Marter und zur Vorlage der Bibeltexte zu anderen Stiftern und zu einem deutlich früheren Zeitpunkt der Aufstellung hingeführt; und diese werden durch den Bericht von ADAM KIEẞLING „Von alten Totenmalen und Gedenksteinen um Weinberg“[5] sowie durch eigene Recherchen und Zeitzeugenbefragungen bestätigt. Auch wenn KIEẞLING seine Quellen nicht nennt und auch den besonderen zeitgeschichtlichen Hintergrund nicht weiter reflektiert, gibt er uns doch zunächst einmal recht überzeugend Auskunft über das Aufstellungsjahr und die wichtigsten handelnden Personen.

Als Stifterin und damit belangreichste Beteiligte an der Aufstellung dieses „Denkmals“ lässt sich nämlich eine evangelische, aus LESSAU gebürtige Frau namens MARGARETE SCHILLING ermitteln. Die allseits auf dem Sockel der Marter eingemeißelten religiösen Zitate zeigen, dass diese Frau sehr kirchlich eingestellt gewesen

[5] In der Rubrik „Seinerzeit“ im Mitteilungsblatt der Gemeinde 30. Okt. 1979 – 28. März 1980.

sein muss. Sie kannte sich in der Lutherbibel sehr gut aus oder muss zumindest einen kundigen geistlichen Berater gehabt haben. Die Verse sind den Bibelausgaben der Zeit größtenteils wortwörtlich, im Einzelfall auch etwas freier entnommen. Auch das Evangelische Kirchengesangbuch wird mit seinem bekanntesten Lied „Lobe den Herren" als Lobpreis auf die Allmacht Gottes zitiert. So darf man bereits von diesem Befund her schließen, dass die Stifterin ein bewusstes und bekennendes Mitglied der Evangelischen Kirche war.

Weitere Recherchen ergeben, dass diese MARGARETE SCHILLING die meiste Zeit ihres Lebens tatsächlich in BAYREUTH gewohnt hat – insofern war die Überlieferung des Volksmundes nicht ganz falsch, dass die Stifterin aus Bayreuth kam – und dass sie dort, wie die Einträge im Bayreuther Friedhofsbuch belegen, im Alter von 82 Jahren am 18. Mai 1971 verstorben ist.

Dass diese MARGARETE SCHILLING als Privatperson kurz nach ihrer Lebensmitte an einem öffentlich zugänglichen Weg oberhalb von Weidenberg solch einen Stein aufstellt, ist nur in evangelischer Sichtweise ungewöhnlich, in der benachbarten Frankenpfalz dagegen gleichsam alltäglich. Hier bestätigt sich nämlich eine Beobachtung, die man durchgängig im gesamten katholischen Bereich machen kann, dass die Stifter solcher Martern keine Behörden, Ämter oder besser gestellte Personen waren bzw. heute noch sind, sondern Menschen aus dem „normalen einfachen Kirchenvolk". Das heißt, dass auch die Motive für die Aufstellung einer solchen Marter sich zunächst einmal aus der Lebens- und Glaubensgeschichte des Stifters ergeben und nicht irgendein kirchenleitendes Interesse widerspiegeln.[6]

Über die Motive dieses Handelns wird weiter unten weiter nachzudenken sein. Vorerst mag genügen zu sagen, dass MARGARETE bereits in ihrer Kindheit ein Versprechen abgelegt hatte, für Gott einmal ein **Dankzeichen** zu errichten. Nach dem Tod ihrer Mutter und Geschwister wollte sie, nunmehr mit 48 Jahren jenseits der Lebensmitte, ihr Versprechen wahrmachen. Um ihren Dank für die Bewahrung in den persönlichen Katastrophen eines mühseligen Lebens zum Ausdruck zu bringen, hatte sie sich damals einen besonderen Gedenkstein ausgedacht und wandte sich zur weiteren Ausformung ihrer Idee an den damaligen Zweiten Pfarrer der Gemeinde WEIDENBERG, GEORG REDENBACHER, der zweiten Person in diesem unerwarteten Beziehungsdreieck.

REDENBACHER ist wohl der Vater der geistlichen Aussagen dieses Steins; aber da er zudem künstlerische Neigungen hatte, könnte auch die gewählte Form des Steins von ihm mit inspiriert sein. Zudem hatte REDENBACHER damals in der Gemeinde

---

[6] Mehr dazu in meinem oben bereits genannten Buch „Wenn Holz und Steine reden ..."

eine besondere Position. Er war nicht nur als Seelsorger allseits respektiert, sondern über seine ganze 30-jährige Dienstzeit hinweg auch Vorstandsmitglied beim einflussreichen und rührigen örtlichen Verschönerungsverein. So konnte er Einfluss nehmen auf den Vorgang der Aufstellung, der ja in dieser vom Nationalsozialismus ideologisch aufgeladenen Zeit nicht ohne Klippen und Bedenken war, denn die gewählten Texte waren in der Nazi-Zeit nicht ganz ohne politische Brisanz. Dass die damals zuständigen Behörden des Marktes in Gestalt des Nazi-Ortsgruppenleiters und der Regierung in Gestalt des Landrates oder des Nazi-Gauleiters keine Einwände hatten, war eigentlich erstaunlich, zeigt aber den Respekt, den Pfarrer REDENBACHER als Ortsgeistlicher auch bei den Nazis genoss.

So kam diese Idee dann beim damals international anerkannten Denkmalhersteller, dem GRANITWERK SCHILLER in WEIDENBERG, und bei einem örtlichen Schmied zur Ausführung – für die Firmen ein kleines Objekt, für MARGARETE SCHILLING ein sehr großes; denn für die Einlösung ihres Gelübdes opferte sie, wie ADAM KIEßLING feststellt, fast ihre gesamten Ersparnisse. Doch es bedeutete ihr „für den Rest des Lebens Trost und Hoffnung". Es war die Liebe zu ihrer angestammten Heimat LESSAU, wo sie als geliebte Tante vor allem im Köhlerhof ein häufiger Gast war, und es war die Erinnerung an den sonntäglichen Kirchgang nach WEIDENBERG, die der ledig gebliebenen MARGARETE SCHILLING diesen kostspieligen Schritt erleichterten.

Die dritte Person im Hintergrund dieser Geschehnisse war Redenbachers damaliger Kollege seit dem Jahr 1933 auf der Ersten Pfarrstelle, THEODOR HOFFMANN. Er gilt in der Literatur allgemein als fanatischer Nazipfarrer und war seinerzeit für den Aufbau der innerkirchlichen Sekte der hitlertreuen „Deutschen Christen" (DC) in Oberfranken verantwortlich. Mit ihm versuchte REDENBACHER in dieser Zeit menschlich in Verbindung zu bleiben, obwohl er selbst schon länger auf der Seite der Bekennenden Kirche und der Bayreuther Bekenntnisgemeinden, der Gegner der DC, stand. Er war zunehmend der einzige Pfarrer des ganzen Bayreuther Pfarrkapitels, der noch mit HOFFMANN die Verbindung aufrecht erhielt, nachdem sich dieser mit seinem Engagement für die DC ins Abseits begeben hatte.

REDENBACHER wollte HOFFMANN und die verquaste Lehre der DC, der auch im und um den Marktort WEIDENBERG inzwischen einige evangelische und katholische Gemeindeglieder anhingen, nicht öffentlich angreifen; denn er wollte unbedingt Spaltungen und Kämpfe innerhalb der Gemeinde vermeiden. Wohl aber suchte er nach einer ausdrucksstarken Möglichkeit, dem irreführenden Denken der Nationalsozialisten und der DC öffentlich zu widersprechen. Dazu bot ihm der Plan der Aufstellung einer Marter, den MARGARETE SCHILLING an ihn herantrug, eine willkommene Gelegenheit.

Martern wollen ja zum Ausdruck bringen, dass Jesus mit seinem Leben und Sterben am Leben der Menschen Anteil nimmt. Das Marterl an der Weidenberger Bocksleite sollte diese christliche Grundbotschaft in die Konflikte der damalige Hitlerzeit hinein übersetzen. So entstand ein einmaliges religiöses Zeichen, das dem damaligen Hitler-Mythos vom Retter und Erlöser Deutschlands das Bekenntnis zu Christus als dem lebendigen Heiland entgegensetzt: *„Ich weiß, dass mein Erlöser lebt"*, so ließ es MARGARETE SCHILLING auf Vorschlag von Pfarrer REDENBACHER in dunklen Metallbuchstaben in den metallenen Querbalken des Kreuzaufsatzes auf ihrem Marterl einfügen. Und der senkrechte Kreuzbalken preist mit dem aufgesetzten A und das O und zwei weißen Osterfähnchen Jesus als den wahren Sieger der Weltgeschichte.

Am Sockel eingemeißelt finden sich darüber hinaus Prophetenzitate aus der Luther-Übersetzung der Bibel, die sagen, dass die damalige Willkürherrschaft bald ein Ende haben wird; sie verkünden dem leidenden Volk Gottes Hilfe und Trost. Ganz bewusst sind diese Bibelworte alle dem Alten Testament entnommen, als Protest dagegen, dass etliche Nazichristen in ihrem blindwütigen Antisemitismus dieses Buch damals ausrotten und durch pseudoreligiöse germanische Geschichten ersetzen wollten.

Ein Stein im Stil der „neuen Sachlichkeit" mit Zitaten der Lutherbibel

Die knapp 3 m hohe Weidenberger Marter entspricht in ihrem zweiteiligen Aufbau den in meinem oben genannten Marterlbuch bereits besprochenen „Frankenpfälzer Martern", die im angrenzenden katholischen Gebiet um Kirchenpingarten seit 1870 bis zum Ersten Weltkrieg in großer Zahl aufgestellt wurden. Sie ähnelt darüber hinaus, wie oben schon gezeigt, dem Friedhofskreuz der Familie RHAU auf dem Stephansfriedhof. Auf einer stattlichen steinernen Säule mit Symbolzeichen des christlichen Glaubens ist ein hohes Metallkreuz der „Marter Jesu" aufgesetzt.

Diese Verwandtschaft der Weidenberger Marter mit den Frankenpfälzer Martern ist nicht zu leugnen und wohl auch kein Zufall. Auch wenn die Konfessionslinie zwischen Katholizismus und Protestantismus geschichtlich bedingt hier zu dieser Zeit noch recht scharf und eindeutig verlief – die Frankenpfalz war, seit sie im 30-jährigen Krieg den Bayerischen Wittelsbachern in den Schoß gefallen war, der unerbittlichen Gegenreformation dieses konsequent katholischen Herrscherhauses ausgeliefert gewesen, während das markgräfliche WEIDENBERG, das bis dahin kirchlich auch für große Teile der Frankenpfalz zuständig gewesen war, um so stolzer seinen Protestantismus vor sich hertrug –, so gab es doch viele menschliche Berührungspunkte. Und insbesondere die ärmere Bevölkerung in und um WEIDENBERG, vor allem die Kinder, kamen oft in die Frankenpfalz, allein schon um hier in den südlichen Randwäldern des Fichtelgebirges die kostbaren Waldbeeren und Kräuter zu pflücken und sich durch deren Verkauf ein Zubrot zu verdienen. Da haben auch die Weidenberger mit Staunen diese übermannsgroßen Granitstelen mit den farbig bemalten Gusseisenaufsätzen wahrgenommen, die mit dem Bauboom neuer Höfe um die vorletzte Jahrhundertwende bei jedem größeren Anwesen von den Eigentümern aufgestellt wurden. In kleinerer Form, nämlich ohne den mannshohen stelenartigen Schaft, zierten die meist aus der Oberpfalz stammenden gusseisernen Kreuzaufsätze der EISENGIEßEREI BODENWÖHR damals auch noch manche Gräber auf den evangelischen Friedhöfen um BAYREUTH.

So ist auch die „evangelische" Weidenberger Marter ganz sicher von diesen katholischen Frankenpfälzer Martern inspiriert, hat sich aber, bedingt durch das veränderte ästhetische Empfinden, stilistisch weiter entwickelt. Das Weidenberger Zeichen ist im Stil der „neuen Sachlichkeit" gestaltet, die sich ab den frühen 20-er Jahren in Deutschland und Europa ausbreitete und die Neugotik und den Jugendstil ablöste.

Weckruf aus naiver „Führer"-Verherrlichung

Das Besondere und Einmalige dieser Marter zeigt sich aber in ihren Symbolen und Texten. Auf einem geschrägten, quadratischen, insgesamt 124 cm hohen Sockel aus dunklem Granit mit fünf eingemeißelten Zitaten aus der Luther-Bibel und dem Gesangbuchvers „Lobe den Herren, den mächtigen König der Ehren" steht ein schlichter Aufsatz von 166 cm Höhe, der aus jeweils zwei parallel angeordneten, schmiedeeisernen Vierkantprofilen in Kreuzform gebildet wird. Seinen stärker profilierten Querbalken ziert auffallend das bereits erwähnte Bibelzitat aus Hiob 19, 25. In seiner dunklen Großschrift ist es gegen den blauen Himmel wie ein Scherenschnitt gut lesbar *(Foto)*: ICH WEISS, DASS MEIN ERLÖSER LEBT. Mit diesem Wort bringt der leidgeprüfte Mann HIOB gegenüber seinen Freunden seine Hoffnung auf die Rechtfertigung durch Gott zum Ausdruck:

In diesem Zitat klingt das zentrale geistliche Thema dieser Marter im Kirchenkampf an: Es ist der leidenschaftlich vorgetragenen Widerspruch gegenüber dem totalitären Anspruch des nach göttlicher Allmacht heischenden Diktators ADOLF HITLER. Ihm huldigten zu dieser Zeit aufgrund der erfolgreichen Propaganda und seiner verblüffenden außenpolitischen Erfolge auch viele fromme Christen.

Unter diesen Hitleranhängern war bedauerlicherweise in WEIDENBERG z.B. die 1906 geborene Kunstgewerblerin HILDE SCHEIDING, die jüngste Tochter von Redenbachers Amtskollegen bis 1933 FRIEDRICH SCHEIDING. Sie hatte im Marktort schon früh, noch vor Hitlers Machtergreifung, den Aufbau des nationalsozialistischen örtlichen „Bundes deutscher Mädel" BdM. übernommen. Sie arbeitete dabei eng zusammen mit der von der Hensoltshöhe entsandten Diakonisse MARGARETE ZAGEL, deren Mutterhaus sehr zum Leidwesen von Pfarrer REDENBACHER ebenfalls bereits ganz früh dem Nationalsozialismus anheimgefallen war.[7] Viele fotografische Aufnahmen auch von anderen Diakonissenhäusern aus ganz Deutschland belegen den peinlichen Sündenfall dieser frommen Mitarbeiterinnen. Mit zum Hitlergruß erhobenen Händen jubeln sie ADOLF HITLER oder seinen Statthaltern wie einem Messias zu, so auch auf dem ***Foto*** *vom Okt. 1933* vom Empfang des antisemitischen Hetzers JULIUS STREICHER im Zentrum der Diakonissen in GUNZENHAUSEN. Das

[7] Mehr zu dieser kirchlichen Tragödie im Kapitel über die nach Weidenberg entsandten Hensoltshöher Diakonissen in der 4. Folge des Projektes ‚Myrten für Dornen': „Christsein am Scheideweg – Weidenberg im Kirchenkampf".

Weidenberger Marterl war gerade auch gegenüber solchen „Gefallenen" als Mahnzeichen zur Rückkehr zum Glauben an Christus gemeint, dem sich die Diakonissen ja eigentlich anverlobt hatten.

Dieses Bekenntnis des Gottvertrauens wird am senkrechten Kreuzbalken von den Buchstaben A (Alpha) und Ω (Omega) eingefasst. Als erster bzw. letzter Buchstabe im griechischen Alphabet bezeichnen sie den Anfang und das Ende. Anfang und Ende, Ursprung und Ziel von allem ist für den Glauben nach Offenbarung 1, 8 Gott: *Ich bin das A und das O, spricht Gott der Herr, der da ist und der da war und der da kommt, der Allmächtige.* Das Schlusskapitel der Offenbarung 22, 13 tröstet die sehnsüchtigen Gläubigen, indem es ihren Blick auf die Wiederkunft Christi richtet: Er selbst ist der Urheber und der Vollender von Gottes Schöpfung und wird am Ende zum Heil und Gericht für die Menschheit wieder kommen.

Unterhalb des Querbalkens sind etwas tiefer zwei gekreuzte Fähnchen aus Metall aufgesetzt. Sie sind, ebenfalls nach Offenbarung 1, 18, zu deuten als Symbol des Sieges Christi an Ostern über den Tod und die Hölle und würden, wenn die Farbe heute noch sichtbar wäre, im österlichen Weiß der Freude leuchten.

Der Kreuzaufsatz will also das Vertrauen zu einem Gott bezeugen, der seinen Geschöpfen von Anfang bis Ende der Zeiten treu bleibt, ihrem Leid im Kreuz Christi nahekommt und sie mit hineinnimmt in die Auferstehung seines Sohnes. Dieses Bekenntnis, als dunkler Vordergrund gegen das Blau des Himmels und das Licht der Sonne im Süden betrachtet, ergreift den Betrachter auch heute.

Trost aus dem verfemten Alten Testament

Auch auf allen vier Seiten des Steinsockels, der aus dunklem geschliffenem Granit gearbeitet ist, sind jeweils paarweise übereinander an Schaft und Fuß des Steines, sechs weitere gut lesbaren Inschriften eingemeißelt: fünf Bibelzitate, sowie das genannte Loblied aus dem Evangelischen Gesangbuch. Die Bibelverse entstammen auffallenderweise den Profetentexten des Alten Testamentes und sind alle tröstlichen Charakters. Sie sprechen mit ihrer deutlichen Sprache in die Zeit hinein.

Betrachten wir die Inschriften, beginnend auf der Nordostseite, die zum Ort WEIDENBERG zeigt:

Auf dem hervorstehenden Fuß des Steines lesen wir umlaufend auf den vier Seiten gegen den Uhrzeigersinn das profetische Loblied von Gottes unverbrüchlicher Treue aus dem Profeten Jesaja 54, 10:

Es sollen wohl Berge weichen und Hügel hinfallen,
aber meine Gnade soll nicht von dir weichen
und der Bund meines Friedens soll nicht hinfallen,
spricht der Herr, dein Erbarmer.

In einer Zeit, die den Menschen mit der Umwertung aller überlieferten und erlernten moralischen Werte konfrontiert und in der sich nie dagewesene Katastrophen ankündigen, soll der Glaube weiterhin auf eine Zukunft durch Gottes Menschenliebe und Treue bauen.

Sodann betrachten wir darüber den Schaft mit den eigentlichen Sichtflächen des Steines *(Foto)*. Auch die hier eingemeißelten Zitate sprechen bewusst in diese „braune" Zeit hinein: Gottes Beistand für manche kleine Widerständigkeit des Christen im Alltag gegen das Nazi-Unrecht-Regime verkündet das Wort auf der nach WEIDENBERG hin zeigenden Nordostseite des Steins aus Jeremia 30, 11:

Ich bin bei dir, spricht der Herr,
dass ich dir helfe.

Darunter eingemeißelt ist ein Zitat aus Jesaja 55, 13. Aus diesem Bibelwort ist auch das Motto für mein umfassendes Weidenberger Geschichtsprojekt „Myrten für Dornen" entnommen, in dem diese weltanschaulich umkämpfte Zeit in WEIDENBERG vor dem Hintergrund der Wirkungszeit von Pfarrer REDENBACHER 1919 - 1949 ausführlich erörtert wird. In diesem Projekt sollen die historischen, gesellschaftlichen und politischen Umstände, die zu dem moralischen Verfall Deutschlands in der Nazizeit hingeführt haben, und ihre Folgen in Bezug auf die Menschen von WEIDENBERG ausführlich dargelegt und besprochen werden. Das zugrundeliegende Bibelwort spricht wohl am deutlichsten in die damalige Zeit der Aufstellung dieses Steines hinein:

Es sollen wohl Tannen für Hecken wachsen und ***Myrten für Dornen****,*
und dem Herrn soll ein Name und ewiges Zeichen sein, das nicht ausgerottet werde.

In diesen bildhaften Ausdrücken des Profeten schwingt vieles mit:

Hecken und Dornen stehen – ähnlich wie auch im neutestamentlichen Gleichnis vom vierfachen Acker (Mark. 4,7 par.) – für die alles Fruchtbare erstickenden teuflischen Negativkräfte, die sich schließlich in der Dornenkrone bei der Passion Christi bündeln. Gott will, dass alles böse Gestrüpp, das die freie Entfaltung der Menschen behindert und das Leben erstickt, beseitigt wird.

Dem stehen die guten, von Gott gewirkten Kräfte gegenüber, zunächst – von Luther als „**Tannen**" eingedeutscht – die kostbaren Zypressen, – sie hat schon der König SALOMO für die Vertäfelung in seinen Tempel- und Palastbauten als hochgeachtetes Geschenk der Diplomatie vom verständigungsbereiten König HIRAM VON TYRUS erhalten; für LUTHER weist darüber hinaus wohl das Immergrün der Tanne als Symbol der Weitsicht auf das ewige Leben durch Gott –; sodann **Myrten**, die im Mittelmeerraum an ihren immergrünen Blättern im Sommer zahlreiche duftende weiße Blüten entfalten. Sie werden immer noch als Heilmittel zur Befreiung der Atemwege geschätzt oder zu Herstellung eines wohlschmeckenden Likörs destilliert. Den Griechen dienten sie für ihre religiösen Rituale bei der Beschreitung von Wegen und den Römern für ihre Hochzeitsrituale; die Juden formen daraus heute noch ihre Laubhütten, in denen sie im Herbst jeden Jahres sieben Tage wohnen, zur Erinnerung an die Entbehrungen der Wüstenwanderung auf dem Weg der Befreiung aus der Knechtschaft; am Ende dieses Festes steht das Palmfest Hoschana Rabba, an dem man für einen guten Ausgang des Jahres betet. Die Christen sehen in der Myrte ein Symbol der Liebe, die über den Tod hinausweist und neues Leben keimen lässt.

Trostpredigten für die leidende Gemeinde wollen also diese gehaltvollen Bildworte sein, ebenso zwei weitere Bibelzitate auf dem Sockel der Marter: Mit dem profetischen Gottesknechtslied aus Jesaja 53 Vers 4 auf der Nordwestseite des Steins hat sich bereits die frühe Christenheit den Sinn des Kreuzestodes Christi erklärt und trägt in diesem Geist seitdem auch ihre eigenen Leidenserfahrungen zum Kreuz Christi:

Fürwahr Er nahm unsere Krankheit und Schmerzen und Sünde und Not auf sich,
auf dass wir Frieden haben, und durch seine Wunden sind wir geheilt.

Dies ist eine freie und verkürzte Textgestaltung nach dem Luthertext von Jes. 53, 4-5, wobei die Zufügung der Begriffe „Sünde" und „Not" vor dem Zeithintergrund besonders auffällt.

Die Antwort Gottes an sein klagendes Volk liefert der Psalm 12, Vers 6 auf der Südostseite des Steins:

Weil die Elenden verstöret werden und die Armen seufzen,
will ich auf, spricht der Herr, ich will eine Hilfe schaffen.

Auch dies ist ein leicht verkürztes Zitat, dessen Verwendung ähnlich wie Jes. 53 ebenfalls deutlich auf das akute Zeitgeschehen dieser Jahre der Aufstellung der Marter gemünzt ist.

Man darf nicht übersehen, dass, wie oben schon bemerkt, viele Christen in der Kirchenkampfzeit schon das Ende der Kirchen und den Untergang des Christentums nahe sahen. In diesem Psalmwort Ps. 12, 6 wird wohl das Vertrauen auf einen Gott am deutlichsten ins Bild gesetzt, der auch der Menschenverachtung eines Tausendjährigen „Dritten" Reich eine baldige Grenze setzen kann. Der Gott, der schon das Schreien seines Volkes in der Knechtschaft in Ägypten gehört hat und zur Hilfe geeilt ist, wird auch hier seinem Wesen als Gott der Elenden und Armen treu bleiben.

Tatsächlich hat sich ja dann gezeigt, dass Versuch der Nazis, die Kirchen von innen auszuhöhlen und zu zerstören, völlig misslang. Wenn man in der Kirchenzugehörigkeit auch ein Bekenntnis des Glaubens sieht, dann legten damals ungeahnt viele Menschen in Deutschland ein Zeugnis *für* ihren Glaubens ab: In WEIDENBERG traten in der gesamten 12-jährigen Dauer der Hitlerherrschaft trotz Verlockungen und Drohungen weniger Menschen aus ihrer Kirche aus als heute in einem einzigen Jahr! Oder noch genauer gesagt: Von den gebürtigen evangelischen Weidenbergern war der Nazi-Ortsgruppenleiter GEORG RUMLER fast der einzige, der damals aus der Evangelischen Kirche austrat! Die anfangs zweifelnde und ratlose Christenheit ging seinerzeit gefestigt aus diesem Kirchenkampf hervor!

Auffällig ist, dass alle diese Textzitate den Wortlaut der Lutherbibel aufnehmen; das ist der deutlichste Beweis dafür, dass es sich hier tatsächlich um das seltene Muster einer *evangelischen* Marter handelt.

Betrachten wir noch die zum Lessauer Berg zeigende Südwestseite des Steins. Sie lobt Gott, wie wenn der Sieg über das Böse schon vollbracht wäre, mit dem wohl bekanntesten Choralvers des Evangelischen Gesangbuches:

Lobe den Herren, den mächtigen König der Ehren,
meine geliebete Seele, das ist mein Begehren,
kommet zu Hauf, Psalter und Harfe wacht auf,
lasset den Lobgesang hören.

Eine einfache Frau aus Lessau als Stifterin

Die Stifterin MARGARETE SCHILLING ***(nächstes Bild)*** stammt aus LESSAU, wohnte aber die meiste Zeit ihres Lebens in BAYREUTH-MORITZHÖFEN. Dort ist sie im Alter von 82 Jahren am 18. Mai 1971 verstorben und von Pfarrer DRECHSEL auf dem Bayreuther Stadtfriedhof beerdigt worden. Ihr Beerdigungstext war der trostreiche Psalm 91, 1-2; er spiegelt ihr lebenslanges Gottvertrauen wider:

„Wer unter dem Schirm des Höchsten sitzt
und unter dem Schatten des Allmächtigen bleibt,
der spricht zu dem Herrn:
Meine Zuversicht und meine Burg,
mein Gott, auf den ich hoffe".

Obwohl diese Frau ehe- und kinderlos blieb, betrachtete sie ihr armseliges Leben ohne Bitternis und hielt stets Kontakt mit ihren Verwandten auf dem Lessauer Köhlerhof. Auf Fotos erscheint sie entspannt und mit einem gütigen, fränkischen Gesicht und einem offenen Blick.

In der „Porderleshüttn" aufgewachsen

Geboren ist MARGARETE SCHILLING am 6. Juni 1889[8] im unteren der beiden Armenhäuser Lessaus, in der einstigen sg. „Porderleshüttn". Dieses einstöckige einfache Häuschen lag an einem Bach in der Ortsmitte, der das kleine, aber sehr alte und kirchentreue evangelische Dörfchen LESSAU, das südlich des Höhenrückens der Bocksleite liegt, in zwei kirchlich und schulisch unterschiedlich zugeordnete Ortsbereiche teilt: Der südliche Teil von LESSAU wurde und wird heute noch von der Kirchengemeinde STOCKAU aus pastoriert; dorthin mussten damals die Kinder dieses Ortsteils auch das ganze Jahr über zur Schule wandern. Der nördliche Teil gehört bis heute zur Kirchengemeinde WEIDENBERG; die Schulkinder besuchten aber das damalige Schulhaus im näher gelegenen DÖBERSCHÜTZ, in dem auch Kinder von anderen Dörfern der Umgebung unterrichtet wurden.

Die 1965 abgerissene „Porderleshüttn" *(hist. Foto unten)* und ihre Bewohner gehörten auf die „Weidenberger Seite". Das Häuschen stand zuletzt im Eigentum der 500 m weiter bachabwärts gelegenen Raab-Mühle und war ein Nebengebäude dieser Mühle. Es lag in einem Taleinschnitt des Dorfbaches, welcher direkt neben den alten Sandsteinhäusern MADER / HAUG von Westen herabkommt. Das Häuschen stand etwas oberhalb der Straße quer zur Laufrichtung des Baches, wie wenn es selbst einmal ein eigenes Mühlrad besessen hätte, und hatte einst parallel zum Bach eine eigene Zufahrt.

---

[8] Ich beziehe mich bei diesem Datum und auch anderen Angaben zur Vita von MARGARETE SCHILLING auf die Hinweise von PETER KOHLER von der Uni-Buchhandlung in Bayreuth sowie auf Angaben aus den Bayreuther Kirchenbüchern.

Die Porderleshüttn beherbergte nacheinander unterschiedliche bedürftige Familien und Einzelpersonen, so auch noch die bekannte „Mehlmaich“, die Krämerin ZIEGLER mit ihren Kindern. An diese Frau können sich viele Ältere aus LESSAU noch heute erinnern. Diese Frau bemühte sich, den Unterhalt für ihre Familie dadurch zu verbessern, dass sie von den örtlichen Bauern landwirtschaftliche Erzeugnisse aufkaufte und Butter und Eier auf dem Rücken in ihrem „Coburger Korb“, dem Huckelkorb, zu Fuß nach BAYREUTH schleppte, um sie auf dem Markt oder in Haushalten zu verkaufen.[9]

MARGARETE war das Jüngste von vier Kindern (nicht fünf, wie es noch bei KIEßLING heißt). Den Vornamen, der im Weidenberger Kirchenbuch „Margaretha“ geschrieben wird, hatte sie, wie es damals Tradition war, von ihrer Taufpatin, der ledigen MARGARETHA GEBHARDT vom nahen Gebhardtshof bei STOCKAU, die mit dem Köhlerhof verschwägert war.

Die Geschwister waren: KATHARINA, die im Jahr 1879 geboren wurde, MARIA, die drei Jahre später zur Welt kam, und der im Jahr 1887 geborene GEORG KARL, der aber bereits im ersten Lebensjahr am 1. Februar 1888 verstorben ist.

Margaretes Mutter hieß BARBARA; sie war eine geborene KÖHLER und wohl aus dem Dörfchen THETA nördlich von BAYREUTH mitgekommen, als ihr im Jahr 1841 geborener Halbbruder WOLFGANG den einzelnen Hof mit der Hausnummer 23 hoch über LESSAU am alten Kirchweg übernahm. Das Wohngebäude dieses Hofes hatte JOHANN HIRSCHMANN im Jahr 1839 erbaut, der noch 1854 als Eigentümer erwähnt wird. WOLFGANG KÖHLER hatte am 11. Mai 1875 ANNA BARBARA, geb. HAMMON, eine „Hiesige“ aus LESSAU, geheiratet. Das historische ***Foto*** auf der folgenden Seite zeigt den Enkel KARL KÖHLER um 1945 vor dem Hauptgebäude.

[9] Mehr dazu im Kapitel „Wohlstand und Armut“ in der zweiten Folge des Projektes ‚Myrten für Dornen‘.

Mit ihrer eigenen Heirat um das Jahr 1878 hatte BARBARA aber den Hof verlassen. Sie hatte den Schneidermeister JOHANN SCHILLING zum Mann genommen, der für seine Trachtenkleidung auch Perlen verarbeitete. Er gehörte zu den eher armen Handwerkern und hatte offenbar von auswärts eingeheiratet, denn der Name „Schilling" ist sonst in LESSAU nicht nachweisbar.

Wegen ihrer Mittellosigkeit wohnte die Familie seitdem im unteren der beiden Lessauer Armenhäuser, im kleinen Haus Nr. 10. Das Häuschen war aus Stein und Fachwerk gebaut und einstöckig; es besaß links und rechts der Tür kleine Räume und einen offenen Kamin; eine Stiege führte zum zugigen Dachraum.

Wenn der Volksmund seit dem Einzug der Familie SCHILLING diesem Gebäude den Namen „Porderleshüttn", d.h. Perlenhütte gegeben hat, dann spielte man damit auf die Tätigkeit dieser Familie SCHILLING in diesem Hause an. Insbesondere war es die Mutter BARBARA und ihre kleinen Töchter, die mit dem Vernähen von Perlen ihrem Vater beim Anfertigen von Teilen der Trachtenmode zuarbeiteten. In anderen nahen Gegenden Oberfrankens, z.B. in FICHTELBERG, war die Herstellung solcher bunten Glas- und Tonperlen heimisch, wie sie dann in LESSAU verarbeitet wurden; sie heißen dort auch „Patterla", was ganz ähnlich kling wie das Lessauer „Porderles". Bezeichnend ist, dass noch nach dem Umzug nach BAYREUTH auch bei den Töchtern im Bayreuther Meldebuch als Berufsbezeichnung „Perlenarbeiterin" genannt wird, auch wenn sie beruflich inzwischen ganz etwas anderes machten; sie empfanden diese Arbeit in LESSAU wohl wie ihre Lehrzeit.

Bei meinem Besuch im „Köhlerhof" oberhalb von LESSAU, aus dem Margaretes Mutter stammte, fand sich in der Scheune noch ein Beutelchen mit solchen bunten Perlen, sowie die Familienbibel der Köhlers. Die aufgefundenen Perlen, wie auch die Einträge im Bayreuther Einwohnerbuch, bestätigen, dass in der Porderleshüttn tatsächlich „Perlenarbeiten" durchgeführt wurden. Der Vater JOHANN SCHILLING war ja als Schneider tätig; offenbar hat er als Spezialität auch Trachten genäht, wie sie in

Oberfranken seinerzeit in Gebrauch waren, und die Familie arbeitete ihm dabei zu.

Damals wurden solcherart geschmückte Trachten noch bei Festtagsgottesdiensten oder anderen festlichen Gelegenheiten getragen. Historische Fotos aus LESSAU zeigen, dass Frauen im Dorf damals solche Trachten besaßen, wenn auch der Besatz mit Perlen auf den alten Bildern recht zurückhaltend erscheint, im Unterschied zu anderen Gegenden des Landkreises wie im Hummelgau, wo die Besteller reichlich bunte Perlen wünschten. Das ***Bild der Hochzeit*** *aus dem Jahr 1922* von FRITZ und MARGARETE WITTAUER in LESSAU zeigt, dass hier nur die Braut und die beiden Brautjungfern Perlen als Schmuck im Haar und um den Hals tragen. Das mag freilich auch mit der Zurückhaltung zusammenhängen, die die evangelische Kirche ihren Gläubigen bei solchen Festen anempfahl. Im Unterschied zu heute trug die Braut an Stelle eines weißen Brautkleides damals ja auch noch das ernste Schwarz!

Barbara Schillings Aufgabe war wohl die Anfertigung des Schmuckes. Sie bezog von auswärts fertige, durchbohrte Glasperlen unterschiedlichster Größe und Farbe und fertigte daraus den Schmuckbesatz für Trachtenmieder und -mützen, Handtäschchen oder auch Schmuckketten aus Perlen. Auch anderenorts dürfte die Familie Kundschaft gehabt haben; denn die Art, Trachtengewänder oder Kopfbedeckungen mit bunten Perlen zu dekorieren, war damals weit verbreitet. Auch die Kinder wurden in dieses Handwerk mit eingewiesen.

Als Margaretes Vater im Jahr 1890 allzu früh starb – er wurde nur 38 Jahre alt –, war das Mädchen MARGARETE noch im ersten Lebensjahr. Sie hatte also an den Vater später keine echte Erinnerung. Ihr zwei Jahre älterer Bruder GEORG KARL war bereits vor ihrer Geburt im ersten Lebensjahr verstorben. Ihre beiden überlebenden Schwestern waren zu der Zeit 11 und 8 Jahre alt. Die nun folgende schwere Zeit der Trauer und des alltäglichen Kampfes ums Überleben prägten sich MARGARETE tief ein. Wir dürfen davon ausgehen, dass Margaretes Mutter, die eine fromme Frau war und nun auf sich allein gestellt war, mit ihren drei verbliebenen Töchtern öfter auf dem alten Lessauer Kirchweg, an dem MARGARETE später das Marterl errichtete, zum Gottesdienst nach WEIDENBERG gegangen ist, um Trost zu suchen. Die Witwe wollte in der Kirche St. Michael auf dem Gurtstein den ermunternden Predigten von JOHANNES MICHAEL EINFALT lauschen. Dieser tüchtige Pfarrer hat in seiner Amtszeit 1894-1902 die Michaelskirche restauriert und den Friedhof von St. Stephan erweitert. Er war auch der erste, der sich für die Historie der Gemeinde interessierte und die zwar schmale, aber bis heute viel beachtete „Geschichte von Weidenberg und Umgebung" verfasst und herausgegeben hat, aus der gern abgeschrieben wird. Zu diesem Zeitpunkt 1896 war MARGARETE freilich erst sieben Jahre alt.

Ein frühes Versprechen für ein Dankzeichen

Schon damals, in ihrer armseligen Kindheit, hatte MARGARETE sich vorgenommen, hier oben auf der erhabenen Höhe im Angesicht des majestätischen Hohen Fichtelgebirges und des vorgelagerten eng besiedelten Steinachtales Gott einmal ein Dankzeichen zu stiften. Solche Versprechen („Voten") sind Christen bereits aus der Jakobsgeschichte im Alten Testament 1.Mose 28 vertraut: Dafür, dass Gott ihn auf seinem weiteren Lebensweg bewahrte, versprach Israels Stammvater JAKOB dem HERRN, ihm sein weiteres Leben zu übergeben und richtete als Zeugen einen Stein auf – das erste religiöse Marterl der Menschheitsgeschichte! MARGARETE wollte das Gleiche tun. Für ihren Gedenkstein hatte sie die Stelle an der Geländekante der Bocksleite ausersehen, wo ihr geliebter Kirchweg von LESSAU den Blick auf WEIDENBERG und seine beiden evangelischen Kirchen freigab. Hier besaßen die Lessauer Verwandten vom Köhlerhof dicht unter der Bocksleite ein kleines Grundstück.

Vielleicht hatte sich MARGARETE von ihren Besuchen in der nahen Frankenpfalz beim Beerenpflücken inspirieren lassen, wo Bauern vor und an der Wende zum 20. Jh. allerorts an Grundstücken und Kirchwegen solche religiösen Kleindenkmäler im neugotischen Stil aufstellten, meist als Dankzeichen für den positiven wirtschaftlichen Wandel, der sich, angeregt durch den damaligen katholischen Gemeindepfarrer LUDWIG WIESBECK, durch den Gebrauch von Dünger und Landmaschinen nach Jahrhunderten der Mühsal und Armut zu dieser Zeit allmählich einstellte, in einem Einzelfall auch als Dank für eine geglückte Seefahrt über den Atlantik.

Manche dieser Gedenksteine hatten auch die Bedeutung von „Votivzeichen", die Gottes Beistand in den Nöten des Lebens erflehten, wie bei dem damals noch häufigen frühen Kindstod. Alle diese Zeichen entstanden seinerzeit im typischen lokalen Stil, den ich „Frankenpfälzer Marter" nenne, nämlich mit einem großen Gusseisenkreuz auf einer stattlichen Granit- oder Sandsteinstele im neugotischen Stil. Solche Versprechen erlebten dann später, insbesondere im Zweiten Weltkrieg im Zusammenhang mit den traumatischen Kriegserfahrungen der Männer, einen gewissen Höhepunkt.

Allerdings verlagerte sich die Frömmigkeit nun zunehmend hin zur Marienverehrung, die in der Frankenpfalz bis dahin eher zweitrangig war; vorher stand nur die Verehrung Christi in der Mitte. Es ist wohl so gewesen, dass manche Männer im Krieg mit seinen schlimmen Begleiterscheinungen an der vielbeschworenen Barmherzigkeit Gottes irre geworden sind; weil sie aber ihren Glauben nicht ganz preisgeben wollten, wandten sie sich in ihrer Not an Maria als dem „weiblichen Herzen Gottes", ein Glaube, der im 20. Jh. auch von einigen Päpsten sehr gefördert wurde. Typischerweise waren dann manche der in den 60-er Jahren abgetragenen Versprechen Marienbildstöcke oder -kapellen. Solche Versprechen werden in der Frankenpfalz noch bis in die Gegenwart hinein abgelegt und dazu passende Zeichen aufgestellt.[10]

Als die Familie SCHILLING damals ohne Ernährer und ohne eigenen Grund und Boden in LESSAU kein Auskommen mehr sah, zog die Mutter BARBARA, vielleicht schon um die Jahrhundertwende, spätestens aber im Jahr 1904, im Heer vieler anderer Arbeitssuchender mit ihren Kindern vom Lande nach BAYREUTH, auf der Suche nach einem Broterwerb. Mutter und Geschwister wurden von der Not des ersten Weltkrieges und der anschließenden Inflationszeit schwer geprüft, sie fielen der Reihe nach Mangelkrankheiten zum Opfer. Der früheste bekannte Eintrag dieser Familie im Bayreuther Einwohnerbuch aus dem Jahr 1927 weist aus, dass die Mutter – die „Schneidermeisterswitwe Barbara Schilling" – in Moritzhöfen Nr. 11 wohnte. Auch wenn die drei Kinder nicht mit angegeben waren, ist doch sicher, dass sie bei der Mutter wohnten. Nach dem Einwohnerbuch vom Jahr 1930 scheinen die Mutter und die älteste Schwester KATHARINA zu diesem Zeitpunkt offenbar schon verstorben. Die beiden Überlebenden, MARGARETE und ihre sieben Jahre ältere Schwester MARIA, wohnten unter der alten Anschrift, die sie dann auch für ihr weiteres Leben beibehielten; sie blieben beide kinderlos und unverheiratet.

MARGARETE selbst hat freilich offenbar schon sehr früh Arbeit in einer Bayreuther Exportfirma gefunden, der sie dann 55 Jahre lang treu blieb. In den Einträgen der Bayreuther Beerdigungsbücher ist vermerkt, dass sie im Jahr 1959 in Rente ging, also im Alter von 70 Jahren. Demnach müsste sie im Jahr 1904 mit 15 Jahren in die Firma eingetreten sein. Dieses Eintrittsdatum ist der Grund für die oben genannte Annahme, dass die Familie *vor* diesem Zeitpunkt von Lessau weggezogen sein müsste.

---

[10] Mehr und Grundlegendes zu diesem Thema in meinem oben genannten Marterlbuch.

Ab dem Jahr 1934 erscheint MARGARETE im Meldebuch nur noch allein. Wir müssen also annehmen, dass inzwischen auch ihre Schwester MARIA SCHILLING verstorben ist. Anscheinend in dieser schmerzlichen Zeit reifen die schon lange gehegten Gedanken zur Errichtung der Marter an der Bocksleite. MARGARETE hatte nun nur noch ihre Verwandten am Köhlerhof in LESSAU. Trotz der harten Schicksalsschläge, die ihre Familie erlitten hatte, will sie an der Bocksleite das Zeichen errichten, das sie schon in ihrer frühen Kindheit Gott versprochen hatte.

Im Jahr 1937 löst die damals 48-Jährige ihr Gelübde ein. Sie hat ihren Trost wohl vor allem in den profetischen und Lehrbüchern des Alten Testaments gefunden, so in der Gestalt des Hiob, der trotz aller Demütigungen am Glauben an Gottes Gerechtigkeit festhält. Hiervon geben ja die gewählten Inschriften auf den Sockelteilen des Denkmals und insbesondere die Aufschrift auf dem Kreuzbalken: ICH WEISS, DASS MEIN ERLÖSER LEBT ein starkes Zeugnis.

Es machte ihr nichts aus, dafür fast ihre gesamten Ersparnisse zu opfern. Entfernte Verwandte, die in so einem Fall leer ausgehen, mögen darüber vielleicht die Nase rümpfen. Doch solche Entscheidungen vollziehen gläubige Menschen immer wieder, davon wissen viele Seelsorger Staunenswertes zu berichten, das macht solche für die Allgemeinheit bestimmten Votivzeichen zu etwas ganz Besonderem, dem man nur mit einer gewissen Scheu begegnet, denn hier verdichten sich oft erschütternde existenzielle und gläubige Erfahrungen eines ganzen Lebens; hier lebt das Vermächtnis des Verstorbenen ungeschmälert fort.

Wie schon gesagt, bedeutete dieser Entschluss bei MARGARETE SCHILLING „für den Rest des Lebens Trost und Hoffnung", und es waren immerhin noch über 30 Lebensjahre, die ihr vergönnt waren, in denen sie aber stets erfüllt und zufrieden wirkte, wie man auch den Fotos entnehmen kann, die bei ihren Besuchen im Köhlerhof gemacht wurden. Das ***Bild** von 1960* zeigt sie links mit Cousin KARL und Cousine MARGARETE KÖHLER und anderen Verwandten.

Eine doppelte Botschaft in der Nazizeit

Es ist auch ein ganz eigenes Geheimnis, das uns die für die Marter gewählten Texte offenbaren. Sie enthalten eine Doppelaussage, die man einerseits auf die konkreten Lebenserfahrungen dieser leidgeprüften Frau beziehen kann, anderseits aber auch – und das ist das eigentlich Bedeutsame an dieser Marter – auf die politischen Umstände dieser Zeit. Für diese Deutung im zeitgeschichtlichen Kontext ist der bei ADAM KIEẞLING genannte „eifrige Förderer dieses Gedankens", der Weidenberger Pfarrer GEORG REDENBACHER, der Garant. Obwohl der rührige KIEẞLING selbst keine weitere Einordnung in diesen zeitgeschichtlichen Kontext der NS-Zeit versucht – deren Erforschung wohl in der Marktgemeinde WEIDENBERG zu Kießlings Zeit als Tabu betrachtet wurde und leider offenbar immer noch so betrachtet wird, wie ich an dem distanzierten Umgang mit meinem Projekt „Myrten für Dornen" erfahren musste – ist sein Hinweis auf Pfarrer REDENBACHER doch sehr hilfreich.

Erstaunlich ist ja, dass die damals zuständigen Behörden des Marktes WEIDENBERG unter NS-Ortsgruppenleiter GEORG RUMLER und der Regierung keine Einwände einlegten. Mag sein, dass sie die politische Brisanz der bewusst gewählten Texte nicht voll erkannten, weil ihnen die eigentümliche Sprache der Bibel fremd war; hier hatte Pfarrer REDENBACHER als der geistliche Ideengeber für die Zitate eine theologisch und politisch sichere Hand gezeigt. Noch gewichtiger aber dürfte der Respekt gewesen sein, dem man allgemein diesem Pfarrer in seiner Gemeinde entgegenbrachte. Er liebte eine klare Botschaft, wollte aber niemanden kompromittieren und war vielleicht auch deshalb allseits so geachtet.

Das Geheimnis der Inschriften ist ja gerade ihre angesprochene doppelte Botschaft. Man kann die Bibelzitate einerseits lebensgeschichtlich als Trostworte angesichts der konkreten Lebenserfahrungen der leidgeprüften Stifterin lesen – das wird man damals in der politischen Öffentlichkeit wohl auch so betont haben. Man kann sie andererseits aber auch zeitgeschichtlich als bewusst gewählte öffentliche kritische Kommentare gegenüber Hitlers Nationalsozialismus lesen, die bewusst in die Leidenssituation der damals Gedemütigten hinein sprechen sollten.

Interessant ist, dass REDENBACHER seinerzeit als Vorsitzender des Verschönerungsvereins WEIDENBERG[11] diesen Stein vordergründig als Projekt der Ortsverschönerung beschließen lässt.

Interessant ist aber auch, dass Ortsgruppenleiter GEORG RUMLER nach dem Krieg bei seinen Entnazifizierungsverhandlungen zu seiner Entlastung seine eigene Zustimmung zur Aufstellung des Denkmals ausdrücklich erwähnt hat. Pfarrer REDEN-

---

[11] Vergl. dazu das entsprechende Kapitel im Projekt „Myrten für Dornen".

BACHER sollte ihm deshalb einen „Persilschein" ausstellen.[12]

Obwohl RUMLER *(Foto 1947)* ja fast als einziger gebürtiger Weidenberger neben einer anderen Familie und dem Apothekersohn in der Nazizeit aus der Kirche ausgetreten war, um seine Linientreue gegenüber dem Nationalsozialismus zu bekräftigen, wollte er doch im Nachhinein nicht als Gegner des Christentums oder der Kirche erscheinen. Deshalb wollte er seine Zustimmung zur Aufstellung dieses Gedenkzeichens gönnerhaft als ein Zeichen verstanden wissen, dass er der Kirche damals gewogen gewesen, ja dass er sogar, trotz seines Kirchenaustritts, ein heimlicher Freund der Kirche gewesen sei.

Das entsprach natürlich nicht den Tatsachen; er versuchte auch in manch anderer Beziehung vor Gericht seine Biographie zu schönen. So verharmloste er bewusst seine Führungsrolle beim Überfall der Weidenberger SA auf die Geistlichen von Kirchenpingarten im Frühjahr 1938[13] und verschwieg sein Denunziantentum im todbringenden Fall des Fabrikanten DENNERT, den er 1944 vor dem Volksgerichtshof schriftlich in seinem Gutachten vom 15. Nov. 1943 als „unverbesserlich" bezeichnet und mit seinem negativen Urteil über seine politische Zuverlässigkeit außerordentlich belastet hatte.[14] Überhaupt bemühte er sich nachträglich intensiv, sich als fürsorgliches Gemeindeoberhaupt darzustellen; er bedrängte Zeitzeugen, die weitere „Persilscheine" ausfertigen sollten, und schaffte „alternative Fakten", um die eigene Haut zu retten.

Tatsache ist wohl, dass dieser Ortsgruppenleiter GEORG RUMLER vor Pfarrer REDENBACHER und seinem Image in der Gemeinde außerordentlichen Respekt gehabt haben muss, sodass er z.B. die von der Parteiführung angeordnete Durchführung der „Gleichschaltung" des Verschönerungsvereins einfach „übersehen" hat, ein bemerkenswerter Vorgang im damaligen Hitlerreich.[15].

---

[12] Diese Bescheinigung vom 26. Mai 1947 findet sich im vollen Wortlaut im Entnazifizierungsakt von GEORG REDENBACHER. Sie bezeugt deutlich den Respekt des Ortsgruppenleiters vor dem Ortsseelsorger in der Nazizeit.

[13] Vergl. dazu das Kapitel „Als Hitlers Gottheit infrage stand" in der 3. Folge des Projektes ‚Myrten für Dornen' „Der Anstreicher und seine Lehrjungen – Braune Herrschaft in Weidenberg seit 1929".

[14] Vergl. das Kapitel „Jenseits der roten Linie" in der 5. Folge des genannten Projektes.

[15] Mehr dazu im genannten Kapitel über die Geschichte des Verschönerungsvereins.

Das evangelische Bekenntnis-Marterl als Zeugenstein im Kirchenkampf

Es ist überliefert, dass die Stifterin in Pfarrer GEORG REDENBACHER *(Foto 1949)* einen „eifrigen Förderer dieses Gedankens" fand. Dieser Pfarrer erlebte in seiner 30-jährigen Dienstzeit in WEIDENBERG alle Wechselbäder und die ganze Widersprüchlichkeit der Zeit mit, die vom Ende des Kaiserreiches mit dem verlorenen Ersten Weltkrieg, über die Inflationszeit, die Weimarer Republik, das Aufkommen der Hitlerdiktatur und den Zweiten Weltkrieg, bis zum Beginn der Bundesrepublik 1949 reichte. Er lebte als überzeugter Lutheraner mit seiner Bibel und verkündigte sie bei Jugend und Erwachsenen auf der Kanzel und im Unterricht. Nach dem Zeugnis seiner Hörer war er ein eindrucksvoller, hinreißender Prediger, bei dem keiner unter der Kanzel schlief, sondern jeder aufmerksam die Ohren spitzte, auch die Kinder.

Als Vorsitzender des Verschönerungsvereins WEIDENBERG ließ er das Marterl der Margarete Schilling vordergründig als Projekt der Ortsverschönerung beschließen. Der engagierte Prediger hatte inzwischen seine innere Heimat bei der Bekennenden Kirche gefunden, die gegen Versuche zur Gleichschaltung ihrer Lehre und Organisation opponierte. Er erkannte die einmalige Gelegenheit, in dieser für die Kirchen apokalyptisch scheinenden Zeit ein deutliches christliches Profil zu zeigen.

Der Kirchenkampf als Wendepunkt im allgemeinen Hitlerwahn bringt klare Prediger und lokale Märtyrer hervor

Das Aufstellungsjahr 1937 und die Person Redenbachers sind für eine zeitgeschichtliche Deutung des Marterls auf der Bocksleite der Schlüssel. Damals erreichte der „Kirchenkampf", also die Auseinandersetzung der Kirchen mit dem Nationalsozialismus, den Höhepunkt. Mit Hitlers Machtergreifung waren ja allerhand dubiose Gesellen emporgekommen, die von einer Neuschaffung des Menschen aus dem Geist des Nationalsozialismus schwadronierten und die als Hitlers Helfer rasch alle Lebensbereiche durchdrangen, so auch die Kirchen, insbesondere viele evangelische Landeskirchen.

Die innerkirchliche Sekte der sg. „Deutschen Christen“ (DC) sah es als ihre Aufgabe an, im Geist des Nationalsozialismus das Bollwerk der Evangelischen Landeskirchen zu unterwandern und sie als Staatskirche dem Reich „gleichzuschalten“. Ihre Propagandisten sahen in ADOLF HITLER den Erlöser Deutschlands und himmelten ihn als den Retter Deutschlands und als religiöse Führergestalt an. Die Bibel wollten sie von allen „ungermanischen orientalischen Einflüssen“ reinigen und einen „germanischen“ Jesus verkündigen. Viele bekennende Christen befürchteten damals den Untergang des lutherischen Protestantismus und suchten Rückhalt bei den überall in Deutschland entstehenden Bekenntnisgruppen.

Auch GEORG REDENBACHER rechnete sich der Bekenntnisbewegung zu. Dieser beliebte, seit 1919 in WEIDENBERG tätige Pfarrer, hatte sich nach einer ersten Hinneigung zum Nationalsozialismus zunehmend zu einer klaren Haltung gegenüber dieser Weltanschauung durchgerungen. Diese auffällige anfängliche Unsicherheit von REDENBACHER und vielen seiner Kollegen rührte daher, dass die Nazis den Kirchen gegenüber zunächst Kreide gefressen hatten und den Wolf im Schafspelz spielten. Mit der katholischen Kirche hatte HITLER bereits im ersten Jahr seiner Regierung im Juli 1933 ein vielbeachtetes Konkordat geschlossen, das noch heute gültig ist. Unter dem nebulösen Begriff „positives Christentum“ aus dem Parteiprogramm der Nationalsozialisten von 1920 hatte sich HITLER als Hüter und fürsorglicher Schirmherr der evangelischen Kirchen ausgegeben und angeblich sogar die Nachfolge des ehemaligen landesherrlichen Kirchenregiments angestrebt, das ihn, der ja getaufter Katholik war, als Staatsoberhaupt zum „summus episcopus“, dem höchsten Bischof der Evangelischen Kirche, gemacht hätte. Das alles erweckte im Protestantismus viel Aufmerksamkeit und Erwartung.

Doch nachdem GEORG REDENBACHER schon bald die Menschen- und Gottesfeindlichkeit der Nationalsozialisten und auch ihren totalen Zugriff auf den Glauben erkannt hatte, wurde ihm der Gottesdienst und die Kanzel zum Mittel, um seine Gemeinde durch diese Zeit der Anfechtung und des Kirchenstreites zu führen.

Ihm waren mit der Diffamierung der Juden und der Bedrückung der Kirchen die ganze Menschenverachtung und der antichristliche Geist der Nazi-Bewegung aufgegangen, und er versuchte, nicht nur in seinen stets deutlichen Predigten, sondern auch als Seelsorger seine Zeichen zu setzen. Diese Deutlichkeit nahm bei REDEN-

BACHER in den Jahren der Hitlerdiktatur weiter zu.[16] Der Grat, auf dem man damals als Pfarrer balancieren musste, um nicht den Gegnern bei den Nazis zum Opfer zu fallen, wurde freilich mit den Jahren immer schmaler; das beobachtete REDENBACHER in der folgenden Zeit insbesondere am Beispiel von Kollegen aus WARMENSTEINACH, EMTMANNSBERG, CREUßEN, GESEES und anderen Kirchengemeinden schmerzhaft.

Der Warmensteinacher Pfarrer WOLFGANG NIEDERSTRAßER wurde bereits in seiner vorangegangenen Pfarrstelle THUNDORF vom Amtsgericht zu einer Geldstrafe verurteilt, weil er sich weigerte, am Gedenktag des Hitlerputsches unmittelbar vor der „Reichskristallnacht" am 9. Nov. 1938 das Pfarrhaus und die Kirche mit der Hakenkreuzfahne zu beflaggen. Dieser Konflikt mit den NS-Machthabern markierte aber erst den Anfang einer Verfolgung, die sich in seiner Zeit in WARMENSTEINACH fortsetzte und ihn schließlich fast das Leben gekostet hätte.

Weil er mit seiner Familie den Hitlergruß verweigerte und kritische Predigten gegen die Kirchenfeindlichkeit der Nazis hielt, wurde er denunziert, vom Religionsunterricht dispensiert und wegen „Heimtücke" und „Kanzelmissbrauch" vor dem Sondergericht angeklagt. Von der Kirchenleitung wurde er, wie auch andere regimekritische Pfarrer, wegen „Einzelgängertum" zur „Umerziehung" fallengelassen und zunächst zum Kriegsdienst eingezogen. Dort wurde er von der Gestapo verhaftet und in das grässlich überfüllte KZ DACHAU eingeliefert. Bei den Todesmärschen zu Kriegsende konnte er aber knapp entrinnen. Er war freilich der einzige bayerische Pfarrer, der wegen seines Widerstandes gegen den Nationalsozialismus im Konzentrationslager DACHAU inhaftiert war.

Auch der regimekritische Emtmannsberger Pfarrer WALTER SEILER und viele seiner Gemeindeglieder gingen mit ihrem Bekennen den Weidenberger Pfarrern und Gemeindegliedern mit ihrem Beispiel voran. Bereits bei den Kirchenwahlen im Juli 1933 gelang es ihnen in EMTMANNSBERG, anders als in WEIDENBERG, den Versuch der Nazis zu unterlaufen, Parteileute per Liste in den Kirchenvorstand zu lancieren. Trotz Beschwerde des Ortsgruppenleiters – der auch der Organist der Gemeinde war – enthielt dann der Wahlvorschlag für dieses Gremium der Gemeinde nur kirchlich vertrauenswürdige Gemeindeglieder. Nach der aufsehenerregenden, ungerechtfertigten Verhaftung des Landesbischofs HANS MEISER in München am

[16] Mehr zur Vita von GEORG REDENBACHER und auch Anekdotisches über ihn vor allem im gesonderten Kapitel „Wo sind denn die Ritter?" in der 2. Folge des Projektes: „Licht und Schatten der neuen Zeit", einiges auch in der 4. Folge: „Christsein am Scheideweg".

11. Okt. 1934 nutzte SEILER jede Gelegenheit in Gottesdienst und Bibelstunden, um gegen die immer deutlicher werden Rechtsbeugung durch den Staat und die Verfälschung des Evangeliums durch die hitlertreuen „Deutschen Christen" Stellung zu nehmen.

Bereits bei der Konfirmation 1935 schloss sich der größte Teil der abendmahlsberechtigten Emtmannsberger Gemeindeglieder durch Unterschrift den neu gebildeten Bekenntnisgemeinden im Bayreuther Dekanat an. Die Situation eskalierte, nachdem die Parteiführung in BAYREUTH den ebenfalls regimekritischen Kreisdekan KARL PRIESER mit diskriminierenden Anklagen demontierte. Pfarrer SEILER protestierte, indem er in sein Gebet am 26. Juli 1936 die Worte einfügte: *„Gott, errette unseren Oberhirten aus den Händen der gottlosen Heuchler"*. Als er am folgenden Sonntag über das Bekennen predigte, verließ der orgelspielende Ortsgruppenleiter seine Orgelbank und denunzierte – ähnlich wie sein Kollege bei einer gleichartigen Situation in GESEES (s.u. S. 49, Anm. 24) – seinen Pfarrer. SEILER entkam dem Nazi-Sondergericht nur durch die als Schikane gedachte Einberufung zum Militär, zu der die Kirche auch in seinem Fall „aus erzieherischen Gründen" Ja gesagt hatte; er verlor in ihrer Folge in der russischen Gefangenschaft sein Leben.[17]

Auch dem als regimekritisch bekannten Creußener Stadtpfarrer ERNST ROHMER machten die örtlichen Nationalsozialisten schon vor seinem Amtsantritt im August 1935 das Leben schwer. Sie versuchten, seinen Aufzug zu vereiteln und forderten von der Kirche die Entsendung eines jüngeren, führertreuen Pfarrers. Rohmers ganze Dienstzeit verlief äußerst konfliktträchtig und war von Bespitzelung, Reibereien, und schamlosen Beleidigungen begleitet. Eine Anzeige gegen ihn führte sogar zu einer Anklage vor dem gefährlichen Sondergericht BAYREUTH und zu einer Verurteilung. Die Strafe von einem halben Jahr Gefängnis wegen „Kanzelmissbrauch" wurde aber wegen des Kriegsendes nicht mehr vollstreckt.[18]

In diesem Klima wachsenden Terrors gegen die Kirche[19] wurde das Bekenntnismarterl an der Weidenberger Bocksleite errichtet. Es ist Redenbachers eigene, in Stein gehauene, in Blech geschnittene und für jedermann lesbare Predigt gegen die-

---

[17] Mehr dazu in JOHANNES WILFERT „Emtmannsberg im Spiegel seiner Geschichte", S. 404f.

[18] Mehr dazu bei HERMANN HIERY und FRANK SPÖRRER „Creußen – Geschichte einer oberfränkischen Stadt", ab S. 190.

[19] Mehr zu diesem Komplex, bezogen auf den uns hier interessierenden Dekanatsbezirk Bayreuth und seine Pfarrer und Gemeinden, findet sich in der umfangreichen Dissertation von LIESA WEBER, deren Korrekturlesung ich im Sommer 2017 machen durfte und die im Jahr 2019 erscheinen soll: „Handlungsoptionen evang.-luth. Pfarrer und Gemeinden in der Zeit des Nationalsozialismus – Eine vergleichende Studie für die Evangelisch-Lutherische Kirche in Bayern anhand der oberfränkischen Dekanate Bayreuth und Coburg".

se nationalsozialistische Willkürherrschaft. Als Mann von liberalem Geist, kreativer Fantasie, origineller Beharrlichkeit und hingabevoller Menschenfreundlichkeit lebte REDENBACHER mit seiner Bibel und gab seinen Gemeindegliedern Rat und Halt, um in diesen wirren Zeiten Jesus als Weg, Wahrheit und Leben treu zu bleiben.

Ein Kuckucksei von der Landeskirche

Freilich hatte es die Leitung der Evang.-Luth. Kirche in Bayern schon zeitig geschafft, den Weidenbergern zur Erschwernis ihres Widerstandes ein besonderes Kuckucksei ins Nest zu legen: Sie hatte im Herbst 1933 Pfarrer THEODOR HOFFMANN nach WEIDENBERG entsandt. Dieser Mann hatte sich bereits im Ersten Weltkrieg durch seine freiwillige Meldung zum Militärdienst mit der Waffe entgegen den Richtlinien der Kirche als eigenwilliger und überzeugter Krieger erwiesen *(**Bild** in Militäruniform nach 1939)*.

Naiv, wie der Landeskirchenrat in den Anfangsjahren des „Dritten Reiches“ noch agierte, hatte er in einem Hoppla-hopp-Verfahren im Herbst des Jahres 1933 HOFFMANN gegen seinen Willen auf die vakante Erste Weidenberger Pfarrstelle berufen. Als Angehöriger der damals gerade aufkommenden Freikörperkultur war HOFFMANN in seiner Gemeinde AUGSBURG-HAUNSTETTEN wegen Nacktbadens in der Iller von einem Gemeindeglied angezeigt, im Disziplinarverfahren vor dem Landeskirchenrat freigesprochen, aber „mit „Rücksicht auf die Gemeinde“ ins ferne WEIDENBERG verbannt worden.[20] Die Kirche ahnte nicht, welchen fanatischen Widerstandsgeist sie in diesem Augenblick in diesem pietistisch geprägten und in Arbeitergemeinden bewährten Mann entzündete, der sich durch seine Vorgesetzten und diese Versetzung gründlich missverstanden und gedemütigt fühlte.

In seiner für ihn bezeichnenden wütenden Konsequenz wandte HOFFMANN sein Interesse nun den Nationalsozialisten zu, die für sein Anliegen Verständnis zu zei-

---

[20] Mehr zu dieser Posse mit großer Tragweite im Kapitel „Das trojanischer Pferd der Nazis“ in der 4. Folge des Projektes ‚Myrten für Dornen‘: „Christsein am Scheideweg – Weidenberg im Kirchenkampf“.

gen schienen. Denn Freikörperkultur wurde von vielen Nationalsozialisten als ein Mittel betrachtet, um die „Rassegesundheit“ zu befördern.

Öffentliches Nacktbaden war damals freilich noch, wie in den Zeiten von Kaiserreich und Weimarer Republik, streng verboten; Badeanzüge waren vorgeschrieben und unterlagen in Schnitt und Beschreibung strengen Auflagen. Doch bereits im Jahr 1924 war das Buch des Sportschriftstellers und Vorkämpfers des Naturismus HANS SURÉN erschienen „Der Mensch und die Sonne“. Es wurde viel gelesen und machte in der NS-Zeit nach seiner zweiten Überarbeitung 1936 unter dem Titel „Mensch und Sonne – Arisch-olympischer Geist“ selbst bei der SS Furore. Die SS-Zeitschrift „Das Schwarze Korps“ widmete ihm sogar eine ganze Seite. *„Wir wollen“,* hieß es darin, *„eine starke und freudige Bejahung des Körpergefühls, weil wir dieses brauchen zum Aufbau eines starken und selbstbewussten Geschlechts.“* Wenn sich gleichzeitig noch voyeuristische Gelüste der Leser bedienen ließen, dann wurde das gerne in Kauf genommen. Mit Heinrich Himmlers Nacktbade-Verordnung[21] wurde schließlich ein heute noch vielerorts in Deutschland gültiges Gesetz geschaffen

HOFFMANN, der sich selbst zur lebensreformerischen Richtung zählte und dies auch durch sein fortschrittliches Engagement in der Jugendarbeit der Arbeitergemeinde HAUNSTETTEN unter Beweis gestellt hatte, schloss sich dem „Kampfring für völkische Freikörperkultur“ an, der sich 1933 nach der Gleichschaltung der Freikörperkultur gebildet hatte. Er fühlte sich also von den Nazis verstanden, von seiner Kirche aber erniedrigt.

Dazu kamen weitere Gravamina: Der schlimme bauliche Zustand, den er im Weidenberger Pfarrhaus vorfand, schockierte ihn und seine vierköpfige Familie. Erste Begegnungen mit der eigenwilligen Bodenständigkeit der Weidenberger Bürger irritierten ihn. So wollte sich HOFFMANN nach kaum einem halben Jahr wieder wegmelden, doch die Kirchenleitung sagte Nein. Auch die folgenden wiederholten gleichartigen Anträge liefen ins Leere.

Inzwischen hatte sich der inkriminierte delikate Vorfall aus seiner Augsburger Zeit fast zu einem Kriminalfall ausgewachsen, der ihn nun auch in WEIDENBERG verfolgte. Denn seinerzeit hatte auch ein „junges Mädchen“ BETTY ohne Wissen und gegen den Willen ihres Vaters an diesem Nacktbaden teilgenommen, und es waren dabei auch fotografische Aufnahmen gemacht und u.a. über den Bruder des Mädchens weitergereicht worden. Der Vater, der die Bilder entdeckte, wollte Geld aus Sache schlagen und begann, HOFFMANN an seinem neuen Dienstort zu erpressen. Die Kirchenleitung, der diese Entwicklung peinlich war, wollte die Sache vertuschen

---

[21] Polizeiverordnung zur Regelung des Badewesens vom 10. Juli 1942.

und erklärte sich mehrfach schriftlich bereit, an Hoffmanns statt das geforderte Erpressungsgeld zu zahlen, was dieser aber als Schuldeingeständnis empört ablehnte. Als dann eines Tages die Mutter des Mädchens unter mysteriösen Umständen verstarb und man den Erpresser des Mordes verdächtigte, atmete HOFFMANN auf.

In nun gesteigerter Wut und in bewusst gewählter Oppositionshaltung zur Kirchenleitung meldete er sich jetzt bei den „Deutschen Christen" (DC) an, mit denen er schon in seiner Augsburger Zeit in Berührung gekommen war- HOFFMANN blieb aber zugleich in Lohn und Brot der Landeskirche, peinlich darauf bedacht, die Verwaltungsaufgaben in WEIDENBERG ordentlich zu erfüllen. Für die DC-Propaganda im gesamten Bayreuther Raum und in Oberfranken ließ er sich nun kräftig einspannen, wiederholte aber seine Wegmeldungen bis zuletzt fast im Jahresturnus.

Um seiner politischen Überzeugung deutlicheren Ausdruck zu verleihen, wollte HOFFMANN nun auch Mitglied der NSDAP werden. Doch die Nationalsozialisten hatten seit Mai 1933 einen allgemeinen Parteiaufnahmestopp verhängt, um Opportunisten und Trittbrettfahrer, die sich dem neuen System aus Eigennutz andienen wollten, abzuwehren. Seitdem war es in der Regel nur noch auf Umwegen über die Gliederungen der NSDAP und nach Durchlaufen einer Bewährungszeit möglich, in die Partei aufgenommen zu werden.

Manchen jüngeren Weidenbergern, die ebenfalls von einer neuen Zeit träumten und HITLER dafür als Garanten sahen, gefiel HOFFMANN. Sie waren bemüht, sich von ihren „rückständigen" Eltern abgrenzen. Der Menschenverachtung der Nazis gegenüber waren sie anfangs naiv und arglos, zumal sich HITLER selbst zunächst wie ein Wolf im Schafspelz gab und auch gegenüber der Arbeit der Kirchen und den Werten des Christentums positive Signale auszusenden schien. Sie wollten HOFFMANN in der Ortsgruppe der Partei sehen. Diese war im Februar 1929 mit Hilfe des smarten, charismatischen Nazi-Gauleiters HANS SCHEMM – der bis zuletzt[22] auch in den Augen des Landesbischofs ein angesehenes und treues Mitglied seiner evangelischen Kirche war – im GASTHOF VOGEL am Weidenberger Obermarkt ins Leben gerufen worden.

Am Ort bestand seitdem auch eine recht aktive SA. Bei dieser paramilitärischen Kampf- und Erziehungsorganisation der Nazi-Partei engagierten sich besonders die drei Söhne vom örtlichen Autohaus KIEẞLING, in erster Linie wohl auch aus merkantilen Gründen. Dieser Trupp hatte das „Obere Schloss" in Weidenberg als Schulungsstätte zugewiesen bekommen, in dem auch die örtliche HJ, der BdM, die Propagandaschule der NS-Kreisleitung und der NSV-Kindergarten ihre Treffpunkte

[22] D.h. bis zu seinem viel betrauerten Tod nach einem Flugzeugabsturz in Laineck am 5. März 1935.

hatten *(hist. Foto um 1940, mit Frauengruppe).* Dieser SA-Trupp setzte seinen inhaltlichen Schwerpunkt bei Partei-Unternehmungen und Aufmärschen mit Autos und Krafträdern. HOFFMANN meldete sich deshalb sofort nach seiner Ankunft bei der örtlichen SA in WEIDENBERG aktiv und war während seiner ganzen Zeit am Ort als Scharführer eingeteilt; das entsprach dem Rang eines Unteroffiziers.

Eine solche Mitgliedschaft bei der SA war bei Pfarrern nicht selten. Denn diese alte Kampf- und Schlägertruppe der frühen Nazizeit schien zu der Zeit entmachtet und geläutert. Uniformiert und in geschlossener Kolonne rückte sie anfangs bisweilen sogar zum Gottesdienst an und ließ sich den Gottesdienstbesuch manchmal im Mitgliedsausweis abstempeln. Man wollte bewusst als „religiös" und mit seiner Kirche verbunden erscheinen, zumindest aber keinen Gegensatz zur Kirche aufrichten. Diese „religiöse Tendenz" und Kirchlichkeit haben die meisten Nazis trotz der wachsenden innerparteilichen Gegenpropaganda tatsächlich bis zuletzt beibehalten, im Unterschied zu der späteren roten Diktatur in der DDR, die es geschafft hat, mit dem Christentum erschreckend schnell „tabula rasa" zu machen.

Dieser Gesichtspunkt der anhaltenden volkskirchlichen Religiosität wird in der historischen Diskussion über die Zeit des Nationalsozialismus bislang viel zu wenig beachtet. Die faktische Kirchlichkeit der meisten Parteimitglieder bis in die höchsten Ränge[23] hat den Kirchen den offenen Kampf gegen dieses Regime sehr erschwert oder fast unmöglich gemacht.

Unter den SA-, NSKK- und NSDAP-Mitgliedern, die im Marktort vor allem aus Handwerk und Lehrerschaft kamen, warb HOFFMANN erfolgreich für die DC als die „bessere und fortschrittlichere Kirche" und gewann dort etliche Mitglieder.

HOFFMANN wirkte auch in Nachbargemeinden, z.B. in SEYBOTHENREUTH, sowie in ganz Oberfranken erfolgreich und konnte verschiedene DC-Stützpunkte schaffen. Im Frühjahr 1935 gründet er zunächst geheim, dann öffentlich die erste DC-Ortsgruppe in BAYREUTH.

Erst im Mai des gleichen Jahres, also eigentlich zu einem verhältnismäßig späten Zeitpunkt, wurde ihm der Eintritt in die NSDAP gewährt. Allerdings war dies für ihn wohl eher eine Formalie; er verstand sich weiterhin als bibeltreuer Pfarrer der Evangelischen Landeskirche und fiel in WEIDENBERG nicht mit politischen Ansprachen, sondern eher mit substanzarmen „Blümchenpredigten" auf. Manchen seiner Schüler im Religionsunterricht blieb nichts haften, außer seiner Lehre, dass Soldatenstiefel nicht nur am Oberleder, sondern auch unten zwischen den Sohlen gewichst werden müssen. Sie zogen ihn aber dennoch seinem Kollegen REDENBACHER vor, weil ihnen letzterer im Unterricht zu streng war und er mehr Lernstoff aufgab.

Im Ganzen verstärkt sich hinsichtlich der Beurteilung von Pfarrer HOFFMANN der geschilderte Eindruck, dass hier nicht ideologische Überzeugung und Fanatismus für das Nazisystem, sondern die Wut auf die wenig seelsorgerliche eigene Kirche einen Pfarrer in einer Art kindlicher Trotzreaktion zum Naziaktivisten und Förderer des Unheils gemacht hat.

Im historischen Kirchengebäude der Bayreuther Spitalstiftung am Markt, die ihm die braunen Stadtväter zur Verfügung stellten, hielt HOFFMANN nun auch – gegen den Widerstand seiner Kollegen – Gottesdienste und Kasualhandlungen. Mit 18 Jugendlichen, überwiegend aus Familien von Fabrik- und Schuldirektoren und anderen besser Gestellten aus dem ganzen Bezirk Oberfranken begannt er einen Kon-

---

[23] ADOLF HITLER blieb bis an sein Lebensende Glied der röm.-katholischen Kirche; seine rechte Hand HERMANN GÖRING war, wie seine erste Frau CARIN und seine zweite Frau EMMY ein bewusstes Glied der evangelischen Kirche. Bei der Taufe von Görings Tochter EDDA in Carinhall durch Reichsbischof LUDWIG MÜLLER am 4. Nov. 1938 war HITLER der kirchlich bestätigte Taufpate. In dem bemerkenswerten Film, den es darüber gibt, scherzt HITLER im Gottesdienst mit seinem Patenkind. Solche Gesten dürften auch hitlerkritische Christen damals beeindruckt haben. – https:// www.youtube.com/watch?v=x-4nYpYZ8Cs. – Hitlers Vertrauter und Propagandachef JOSEF GOEBBELS war Mitglied der katholischen Kirche, aber von den Sakramenten ausgeschlossen, weil er mit MAGDA, gesch. QUANDT, ohne Dispens eine Geschiedene geheiratet hatte.

firmandenunterricht; er führte die Konfirmation ein Jahr später am 5. April 1936 in der Spitalkirche durch und trug sie ins Weidenberger Konfirmandenbuch ein.

Seit dem Jahr 1936 hielten die DC in Bayreuth auch demonstrative Großveranstaltungen ab und trommelten mit der Parole: „Ein Volk, ein Führer, ein Glaube". Im Jahr 1937, in dessen Herbst dann das Weidenberger Bekenntnismarterl aufgestellt wird, hatte der „Reibi", Hitlers Reichsbischof LUDWIG MÜLLER, in der Bayreuther Stadthalle vor 1.800 Zuhörer für die Einführung des Arierparagrafen in der Kirche geworben und einen „heldischen Jesus" verkündet. Damit hatte er das Fass aber wohl zum Überlaufen gebracht.

Das Klima wird rauer

Denn bereits eine Woche nach der Gründung der DC-Ortsgruppe 1935 hatten sich als Gegenbewegung in und um BAYREUTH starke Bekenntnisgruppen und -gemeinden formiert, ermutigt von beherzten Pfarrern aus dem eigenen Kapitel, wie den oben genannten Pfarrern WALTER SEILER in EMTMANNSBERG oder THEODOR DIEGRITZ in GESEES.[24]

Im Pfarrkapitel kam es nun zu heftigsten Auseinandersetzungen mit DC-Pfarrer THEODOR HOFFMANN. Bald blieb dieser den Konferenzen dauerhaft und provokativ fern, ohne dass Dekan Dr. KARL WOLFART dieser Dienstpflichtverletzung nachging, wie es HOFFMANN nach eigenem Bekunden selbst erwartet hätte und wie es auch wohl geboten war. HOFFMANN betrachtete dieses Schweigen seines unmittelbaren Vorgesetzten, wie auch des Landeskirchenrates, als Freibrief für sein zunehmend radikaleres Handeln und trug bald eine demonstrative Selbstsicherheit zur Schau.

Zunächst einmal war aber die Strategie der DC gescheitert, BAYREUTH als wirklichen Stützpunkt zu gewinnen. HOFFMANN und die DC blieben in der Wagnerstadt trotz scheinbar spektakulärer Erfolge Einzelkämpfer und Randfiguren. Kein weiterer Pfarrer trat hier den DC bei. Viele, die anfangs ein wenig naiv NSDAP-Mitglieder geworden waren – unter ihnen ja auch GEORG REDENBACHER – kehrten nun der Partei den Rücken. Keine Gemeinde fiel den DC zu. Auch in der gesamten Landeskirche stießen sie auf beharrliche Ablehnung und zunehmende Gegenwehr. So suchte Ende 1936 Pfarrer HOFFMANN mit der Bayreuther DC-Ortsgruppe Anschluss an die im Reich dominierende Thüringer Richtung. Sie hielten seitdem demonstra-

---

[24] Auch der als Bekenntnispfarrer bekannte und im ganzen Dekanat Bayreuth mit Vorträgen tätige Gemeindepfarrer THEODOR DIEGRITZ wurde in Gesees durch den eigenen Organisten und Lehrer der örtlichen Schule abgehört und bei der NSDAP-Kreisleitung angezeigt, mit der Folge, dass man auch ihn zu bestrafen und „erziehen" versuchte. Mit Einverständnis der Kirchenleitung, zog man ihn zum Kriegsdienst ein, von dem Geistliche an sich befreit waren, und setzte ihn bewusst in gefährlichen Frontabschnitten ein.

tiv DC-Großveranstaltungen ab, so auch im entscheidenden Jahr 1937 in BAYREUTH die oben genannte Kundgebung mit dem „Reibi", Hitlers Reichsbischof LUDWIG MÜLLER, in Bayreuths Stadthalle.

Das Klima änderte sich nun auch in WEIDENBERG rasch. Die SA-Leute begannen zunehmend mit anderen „braunen" Orten in Oberfranken, wie BAD BERNECK, zu wetteifern, wer die Hitlertreuesten seien, und demonstrierten dies nicht nur durch ihr zackiges Auftreten mit ihrer braunen Uniform, Schaftmütze, Breecheshosen, Lederkoppel mit SA-Dolch, Lederstiefeln und Hitlerstandarten oder durch ihre Leibesübungen, Läufe und Märsche, sondern auch durch eine gesteigerte Aggressivität wie zu alten Kampfzeiten. Dieses militante Gehabe stieß aber viele Weidenberger und Frankenpfälzer eher ab und bestärkte sie in ihrer kritischen Haltung. Das freie Vereinsleben in WEIDENBERG und Umgebung war inzwischen durch das Hitlerregime zunehmend unmöglich gemacht worden; Vorfälle und Übergriffe der SA häuften sich auch im Umland.

Bezeichnend für das verstärkt aggressive Klima dieser Zeit war der Vorgang vom Frühjahr 1938: Da machte die Motorradstaffel der Weidenberger SA *(Bild beim Aufmarsch vor dem Rathaus 1934)* mit Wissen von Pfarrer HOFFMANN, der auch

sonst kein Freund der Katholiken war, in der benachbarten FRANKENPFALZ in KIRCHENPINGARTEN einen Überfall. Es war bekannt, dass trotz des bestehenden Vereinsverbots die dortige „Marianischen Jungfrauenkongregation“ unter Leitung des regimekritischen katholischen Pfarrers MICHAEL GEIGER ihre Arbeit in dieser Zeit fortzusetzen versuchte. Die SA-Leute wagten es, dieser Mädchen- und Frauengruppe am helllichten Tag die geheiligte Christusfahne zu rauben. Die Reaktion der Frankenpfälzer blieb nicht aus.

Die unmittelbare Quittung war eine Wahlschlappe der Nazis in KIRCHENPINGARTEN bei den folgenden Scheinwahlen, die Hitler nach der Eingliederung Österreichs im April 1938 vornehmen ließ, – sie erbrachte mit aufsehenerregenden 38 Gegenstimmen in Kirchenpingarten das prozentual schlechteste Ergebnis im ganzen Deutschen Reich! Dieses peinliche Resultat brachte aber die SA-Leute in WEIDENBERG so in Rage, dass sie noch am selben Abend unter Führung des Ortsgruppenleiters mit drei Lastwagen, unterstützt von zahlreichen Neugierigen mit PKWs, Rädern und zu Fuß – insgesamt wohl über 100 aufgebrachte Weidenberger – die oben schon erwähnte Pöbelaktion nach KIRCHENPINGARTEN unternahmen, um Pfarrer und Gemeinde – erfolglos – einzuschüchtern.[25]

Aber nicht nur in der Frankenpfalz, sondern auch in WEIDENBERG mit seinem soliden Protestantismus zeichnete sich in dieser Zeit zunehmend eine Trennungslinie zwischen den Befürwortern und Gegnern des Hitlerismus ab. Die Einstellung zum Nationalsozialismus war, verstärkt durch den seit 1934 sich anbahnenden Kirchenkampf, auch eine Generationenfrage. Der Hitlergruß war zwar selbstverständliche Pflicht in Schule und im täglichen Leben, wurde aber auch in Weidenberg in einzelnen Familien, wie z.B. beim Fabrikanten DENNERT, ostentativ nicht praktiziert.[26]

Bei den Jüngeren ließen sich aber die Buben von den attraktiven Angeboten beim „Jungvolk“ und der „Hitlerjugend“ mit Zeltlagern und Schießübungen beeindrucken. Die Mädchen wurden durch die Mitgliedschaft beim „Bund deutscher Mädel“ angelockt, weil ihnen dort eine unantastbare Freiheit von den häuslichen Verpflichtungen in der Landwirtschaft leuchtete; auch sprach sie das Gruppenleben im BdM mit Spielen, Singen und ästhetischen Sportübungen an. Wenn kritische Eltern die Mitgliedschaft erschwerten oder verboten, wie etwa im Fall der Zeitzeugin BETTY SCHILLER (verh. Rabenstein), dann war das den Kindern eher unangenehm und peinlich, denn sie hatten die verständliche Sorge, im Kreis der Mitschüler isoliert zu

---

[25] Vergl. dazu das schon genannte Kapitel „Als Hitlers Gottheit infrage stand“ in der 3. Folge des Projektes ‚Myrten für Dornen‘: „Christsein am Scheideweg ...“.

[26] Vergl. dazu das Kapitel „Jenseits der Roten Linie“ in der 5. Folge des genannten Projektes: „Spuren der Opfer ...“

sein. Dass sie einer Zwangsmitgliedschaft unterlagen, durch die sie weltanschaulich geformt und auf ihre zukünftige Rolle als Mütter im Sinne des Parteiprogramms vorbereitet wurden, fiel ihnen ebenso wenig auf, wie den Buben die Tatsache, dass sie in Wahrheit zu politischen Soldaten bzw. Funktionären dressiert wurden. Kirche geriet für manche zur Nebensache. Erst im Krieg und danach gingen dann vielen die Augen auf.

Anders war es bei vielen älteren Bürgern Weidenbergs. Unter ihnen gab es damals manche Unruhe und heimliche Kritik gegenüber dem neuen System. Man missbilligte den totalitären Anspruch, der sich wie ein schleichender Rost in alle Lebensbereiche hineinfraß. Viel beachtet wurde deshalb auch hier auf dem Lande die evangelische Bekenntnissynode in BARMEN, die bereits km Jahr 1934 in ihren Leitsätzen zur Besinnung auf „Christus als dem einzigen Wort Gottes und der einzigen Offenbarung“ aufgerufen und den Allmachtsanspruch des Nationalsozialismus verworfen hatte. So gab es zunehmend eine kirchlich bzw. weltanschaulich fundierte Opposition, die unter den Pfarrern und Gemeindegliedern des Bayreuther Landes eine stetig wachsende Zahl von Anhängern hatte.

Der Widerstandsgeist wächst und sucht ein Ventil

Erste Übergriffe auch auf Ortsbürger waren in WEIDENBERG bekannt geworden, so die gerichtliche Anklage gegen den Steinmetzarbeiter und ehemaligen KPD-Mann JOHANN EISENHUT. Er war Ende 1936 „als schwerer Fall“ wegen angeblicher Vorbereitung zum Hochverrat verhaftet und vom Oberlandesgericht MÜNCHEN am 1. Juli 1937 wegen angeblichem Aufruf zur Wehrkraftzersetzung zu sechs Monaten Gefängnis verurteilt worden. Er konnte nur mit vielen Mühen seines Chefs CHRISTIAN SCHILLER, der auch den widerwilligen Ortsgruppenleiter zum Mitmachen nötigte, vor der Einkerkerung in DACHAU bewahrt werden.[27]

Die erschrockenen Einwohner beobachteten in der Folge viele Untaten der Weidenberger Nazis und besprachen sie voll Mitgefühl untereinander: Fälle von ungerechtfertigter Eigentumswegnahme, Erpressung, Bestechung, Demütigung, Denunziation, Übergriffe gegen Geistliche, bis hin zur bereits erwähnten Anklage des Ortsbürgers DENNERT mit Todesfolge beim Volksgerichtshof oder die Tötung von Mitbürgern im Euthanasieprogramm gegen Behinderte[28] – ohne dass sich freilich

---

[27] Vergl. dazu insbesondere das Kapitel „Bei mir ist niemand zu Schaden gekommen“ in der 3. Folge des Projektes ‚Myrten für Dornen‘: „Der Anstreicher und seine Lehrjungen ...“

[28] Vergl. zu den Weidenberger Euthanasieopfern die Kapitel „Anna Margareta – Gedenken des Unbegreiflichen“ und „Martin – Leben im Armenhaus, Sterben an Hungerkost“ in der genannten 5. Folge des Projektes.

außer den Verhafteten irgendjemand sonst öffentlich zu artikulieren wagte. Die Furcht der Bevölkerung vor der allgegenwärtigen Denunziation unter der Kanzel und im Alltag, in der Eisenbahn, im Wirtshaus oder im Betrieb war nun berechtigt und verbreitet, wie die Beispiele aus WARMENSTEINACH, EMTMANNSBERG, GESEES oder CREUßEN zeigten. *„Sei ruhig, sonst kommst du nach Dachau“*, flüsterten sich die Menschen auch in WEIDENBERG zu. Man wusste also, was mit Bürgern geschah, die öffentlich zu widersprechen wagten.

Dabei betrug die Anzahl der wirklich Hitlerbegeisterten in WEIDENBERG kaum mehr als 15% der Bevölkerung, wie sich aus weitgehend übereinstimmenden Angaben des ehemaligen Ortsgruppenleiters bei seinen Entnazifizierungsprozessen, weiteren Anklageerhebungen und Zeugenaussagen bei diesen Entnazifizierungsprozessen, Einträgen in den Meldebögen, historischen Fotoaufnahmen der Parteiaufmärsche und Analyse der Listen im Staatsarchiv Coburg ergibt. Der Ortsgruppenleiter hat den Parteiweisungen entsprechend damals bei Kriegsende zwar die örtlichen Parteilisten verschwinden lassen; die dort verzeichneten Namen und Funktionen können aber heute weitgehend rekonstruiert werden. Die Zahl der Parteimitglieder betrug, wie auch der Ortsgruppenleiter nach dem Krieg noch stolz verkündete, insgesamt rd. 300 Personen. Die meisten kamen aus dem bürgerlichen Milieu und waren im Alltag in der Regel friedliche Leute. Doch mit ihrem Parteibeitritt hatten sie sich ja zu diesem unheimlichen Regime bekannt und sich selbst zu dessen Bundesgenossen gemacht. Und die Angst vor dem allgegenwärtigen Terror des Regimes saß bei allen tief und schüchterte die Menschen ein.

Offener Widerstand war durch die raffinierte engmaschige Gesetzgebung wie das „Heimtückegesetz“ von Anfang der Herrschaft Hitlers an außerordentlich schwierig und gefährlich; solcher öffentlich geäußerter Widerstand wagte sich deshalb wegen der scheinbaren Übermacht der Hitlerbegeisterten kaum zu artikulieren. Die als aggressiv bekannten SA-Leute am Ort waren zwar unter der Woche die harmlosesten Bürger, die sich, wie im Autohaus KIEßLING, vorbildlich um ihre Kunden bemühten. Aber wie bei Dr. Jekyll und Mister Hyde erwachten sie am Wochenende zu ihren speziellen Aktivitäten; dann waren sie laut und eilfertig in ihrem vorauseilenden Gehorsam gegenüber HITLER und verbreiteten Angst und Schrecken.

So mussten damals andere Formen des Widerstandes gefunden werden. Anstatt sich zu ducken, suchten manche für ihren „kleinen“ Widerstand im Alltag eigene ganz persönliche Wege.

Zu diesem typisch christlichen Widerstand auf dem Lande gehörten zwar nicht Sprengstoffpäckchen, Gift oder Pistolen zur Beseitigung des „Führers“, wie bei den rd. 40 Attentatsversuchen gegen HITLER seit seinem Machtantritt im Jahr 1933, so zuletzt am 20. Juli 1944, wohl aber die „geistliche Waffenrüstung des Glaubens“, nämlich eine selbstverständliche geschwisterliche Solidarität der Nächstenhilfe im Alltag und ein klares Bekenntnis durch das Gotteswort, das jeder verstehen konnte, der „Ohren hat zu hören“.

Pfarrer GEORG ADOLF REDENBACHER ist in WEIDENBERG damals diesen Weg eines subtilen Widerstandes gegangen, als MARGARETE SCHILLING auf ihn zuging und um Hilfe bei der Gestaltung ihres Votivsteins bat. Es sollte ein Glaubenszeichen am höchsten Punkt über Weidenberg werden, das man in aller Öffentlichkeit wahrnehmen konnte.

Die Sprache des Marterls findet Widerhall

Am Höhepunkt des Kirchenkampfes lässt MARGARETE SCHILLING am alten Lessauer Kirchweg oberhalb Weidenberg „ihr“ Marterl mit den deutlichen Profetenzitaten aus der Lutherbibel aufstellen, die ein Ende jeder Willkürherrschaft verkünden. Dieses „Denkmal“ wird in WEIDENBERG als Trost empfunden, insbesondere unter den Menschen, die unter den maßlosen Übergriffen des Hitlersystems auf die Lebensrechte der Menschen leiden.

Für MARGARETE SCHILLING war die Errichtung dieser Marter vielleicht kein politisches Bekenntnis, sondern der Ausdruck ihres lutherischen Glaubens, der in der „Theologie des Kreuzes“ auch dort auf Gottes rechtfertigende Gnade und den „fröhlichen Wechsel“ vertraut, wo es im Leben des Menschen dunkel wird. Doch für ihren engagierten Berater Pfarrer GEORG REDENBACHER war es eine besondere Gelegenheit, auf unverfängliche Weise dem Anspruch der Bibel gegenüber dem Führerkult Aufmerksamkeit zu verschaffen.

Hier konnte man, fast unangreifbar, die NS-Ideologie als alles erstickende „Hecken und Dornen“ abtun und das Ende des Hitlerreiches verkündigen. Hier konnte man die Not derer, die „verstört“ waren und „seufzten“, zum Ausdruck bringen, ohne Angst vor dem KZ haben zu müssen. Hier konnte man gegenüber Hitlers maßloser Selbstverherrlichung den Glauben an Gott und Jesus Christus als dem wahren und lebendigen Erlöser an hervorgehobener Stelle sichtbar für alle proklamieren.

Dem, der Ohren hatte zu hören, half Redenbachers „geistliche Waffenrüstung des Glaubens“. Sorgsam bedacht, aber für ihn typisch war der Weg, den er mit der Gestaltung des Marterls der MARGARETE SCHILLING gewählt hatte. Es predigt in seinen Bibelzitaten und verkündigt, dass der Gott, zu dem sich die Christen in diesen demütigenden Zeiten bekennen, nicht kraftlos ist, sondern unter ihnen schon wirkt.

Wie er einst das Leid seines Volkes in der Knechtschaft Ägyptens sah und zur Hilfe eilte, so soll auch jetzt das Leid nicht namenlos bleiben oder ungehört verhallen. Die alles erstickenden „Hecken und Dornen" der NS-Ideologie werden von Gott verwandelt werden in kostbare Tannen und duftende Myrten, welche die Wege zur Freiheit flankieren. Das Ende der Hitler-Tyrannei wird an dieser hervorgehobenen Stelle hoch über Weidenberg verkündigt: *Ich weiß, dass mein Erlöser lebt.*

Dass dieser subtile, aber bewusste Widerstand in WEIDENBERG nicht ohne Wirkung blieb, zeigte sich bald. Resigniert und aus eigenem Antrieb (!) räumte DC-Pfarrer HOFFMANN bereits im August 1939 in WEIDENBERG seinen Platz und gab zugleich seine ganze bisherige DC-Arbeit Knall auf Fall auf. Der bevorstehende Kriegsbeginn war für ihn die Erlösung aus seiner unseligen Trotz- und Konflikthaltung. Wie schon einmal im Ersten Weltkrieg, ging er wieder, inzwischen 25 Jahre älter geworden, freiwillig zu den Soldaten; sie hatten ihm ja auch beim ersten Mal bei der persönlichen Sinnsuche aus der Patsche geholfen.

Offiziell blieb HOFFMANN zunächst noch Pfarrer der Landeskirche, der materiellen Vorteile wegen. Er konnte so auch das ungeliebte Weidenberger Pfarrhaus weiter für seine Familie nutzen. Doch löste er dann mitten im Krieg im Jahr 1942 auch diese Bindung und gab sein geistliches Amt gänzlich auf, ja, er trat sogar aus der Evang.-Luth. Kirche aus, ohne sich freilich als atheistisch zu outen. Das hätte auch den Intentionen des Naziregimes nach dessen eigenem Selbstverständnis, wie oben bereits dargelegt, widersprochen; die meisten Nationalsozialisten haben sich ja als Missionare *gegen* die „Gottlosigkeit" verstanden; und diese Gottlosigkeit verorteten sie nicht in ihren eigenen Reihen, sondern bei ihren erklärten Gegnern, den Kommunisten. Mit der NS-Propaganda der Zeit behauptete auch HOFFMANN sich weiterhin als „gottgläubig", wenn auch außerhalb der „überholten" Kirche, eine Denkungsart, die den Trends der heutigen Zeit leider nicht ganz unähnlich ist.

Falsch ist die im Jahr 1945 ausgesprochene Behauptung der Bayerischen Kirchenleitung angesichts der Entnazifizierungsforderung der Alliierten, HOFFMANN sei von der Kirchenleitung selbst mitsamt 17 weiteren Pfarrern damals aus seinem Amt „abgerufen" worden. Tatsächlich wurde kein bayerischer Pfarrer von der Landeskirche wegen seiner Nähe zum Nationalsozialismus entlassen, sondern lediglich etwa sieben aus disziplinarischen Gründen, weil sie nämlich dem hitlertreuen Reichsbischof MÜLLER gehuldigt hatten, statt „ihrem" bayerischen Bischof MEISER.

Damit ist freilich die irritierende Geschichte dieses geistlichen Chamäleons HOFFMANN nicht ganz zuende. Nach dem Krieg versuchte HOFFMANN wieder in der Evang.-Luth. Kirche in Bayern als Geistlicher Fuß zu fassen. Er trat dann aber, weil ihm das Verfahren zu lange dauerte, enttäuscht noch im gleichen Jahr zur römisch-katholischen Kirche über (!) und wurde hier erstaunlicherweise kritiklos und mit offenen Armen empfangen, obwohl er noch 10 Jahre zuvor in WEIDENBERG und in Oberfranken alles dran gesetzt hatte, Katholiken von ihrer Kirche zu entfremden und den hitlertreuen Deutschen Christen zuzuführen. Er bekam die „Missio Canonica" und wurde noch im Alter von über 70 Jahren als katholischer Religionslehrer an Volks- und Berufsschulen im Nürnberger Raum eingesetzt!

Ein Andenken an Georg Redenbacher fehlt heute

Sein Kollege REDENBACHER, der niemals selbst I. Pfarrer werden wollte, musste seit Hoffmanns Weggang erneut beide Pfarrstellen allein verwalten, wie schon so oft in den 30 Jahren vorher. Wegen seiner Dickköpfigkeit hatte auch er manchen Strauß mit seiner Kirchenleitung auszufechten und wurde von seinen Vorgesetzten oft verkannt. Er wirkte noch bis fast zur Vollendung seines 70. Lebensjahres und zeigte sich dabei vitaler als mancher jüngere Kollege.

GEORG REDENBACHER war ein Mensch mit Ecken und Kanten, kauzig, schrullig, „ein bisschen verrückt", wie es manche seiner Schüler empfanden, aber ein klarer, deutlicher Prediger, dem man gerade auch in diesen ernsten Zeiten aufmerksam zuhörte. In einer Zeit, in der mit der Machtergreifung Hitlers überhebliche Menschen immer mehr nach dem Throne Gottes griffen und sich selbst an seine Stelle setzten, gab er seinen Gemeindegliedern Rat, Richtung und Halt. In den gewählten Texten auf der Marter der MARGARETE Schilling zeigt er uns heute noch das deutliche evangelische Profil, auf das es zu jeder Zeit ankommt.

Als er am 23. Februar 1951 starb, betrauerten ihn in der Gemeinde und darüber hinaus außerordentlich viele Menschen. Um ihre Wertschätzung zum Ausdruck zu bringen, errichten die Mitglieder des Verschönerungsvereins WEIDENBERG ihm zu Ehren an seinem geliebten Fischwasser, der Warmen Steinach, an der Au den **Redenbacherbrunnen** *(histor. Foto, mit Betty Dumbach).* Aus einer Stele, die aus Bruchsteinen aufgemauert war, floss das Wasser einer Quelle von jenseits des Flüsschens in den ebenfalls steinernen Brunnentrog. Ein Schildchen wies auf den Geehrten hin. Leider ist der Brunnen in den 80-er Jahren bei Arbeiten zur Hochwasserfreilegung der Warmen Steinach beseitigt und der Platz eingeebnet worden.

Der Mensch und Seelsorger REDENBACHER ist zwar aber bei vielen Älteren erstaunlich lebendig geblieben. Demgegenüber fehlen aber bis heute jegliche Zeichen einer öffentlichen Wertschätzung durch die Ortsgemeinde. Bei den Arbeiten zur Neugestaltung der „Neuen Mitte“ am Weidenberger Untermarkt seit 2017 hätte die einmalige Möglichkeit bestanden, diesen für das Ortsgeschehen bedeutsamen Seelsorger nachträglich zu würdigen. Hier war ja in Bahnhofsnähe, seit das Granitwerk SCHILLER und auch das Raiffeisenlagerhaus ihren Betrieb eingestellt hatten, eine hässliche Brache entstanden, die nach einer bewussten Neugestaltung schrie.

Es gab mündliche und schriftliche Vorschläge aus der Bevölkerung, den Platz parkartig zu gestalten und ihn nach Pfarrer REDENBACHER benennen. Als markantes Zentrum wurde ein Brunnen zum Andenken an diesen verdienstvollen Seelsorger vorgeschlagen, der etwas von der Originalität der Persönlichkeit des Geehrten widerspiegeln sollte. Nachfahren des Geistlichen und Gemeindeglieder wären bereit gewesen, sich als Sponsoren an solch einem Projekt zu beteiligen. Doch kam leider von der Marktgemeinde keine Reaktion.

Hier hätte ein Redenbacher-Platz und -brunnen entstehen können:
Gelände des Granitwerkes Schiller an der Weidenberger Bahnhofstraße

Stattdessen entstand am Reißbrett eine weitgehend baumlose Stein- und Betonlandschaft, die mancher als seelenlos empfindet. Kinder nutzen sie zwar gern, aber sie reizt auch zum Vandalismus an. Das ist sehr zu bedauern, denn gerade diesem Platz am Bahnhof und am Zugang zur Marktgemeinde hatte ja REDENBACHER selbst als langjähriger rühriger Vorsitzenden des Verschönerungsvereins seine besondere Aufmerksamkeit zugewendet. Sie konnten für die damalige Zeit bemerkenswerte Schritte vollziehen, sei es durch die Einrichtung der elektrischen Beleuchtung, die Errichtung des ersten Bürgersteiges, die Sorge für mehr Reinlichkeit am Ort oder durch Pflanzung von Linden- und Kastanienbäumen unmittelbar am Bahnhof. Diese erhabenen Naturdenkmäler geben noch heute eine einladende Visitenkarte am Ortseingang ab.

So erinnert in unserer Gegenwart einzig das Grabmal auf dem Weidenberger Friedhof, das Redenbachers künstlerisch ausgebildete Tochter RUTH einst für seine Frau und ihn entworfen hat ***(Bild)***, an diesen besonderen Hirten und weist zugleich auf die Quelle hin, aus der REDENBACHER in den Herausforderungen und Belastungen seines Lebens schöpfte:

Christus spricht:
„Ich bin die Auferstehung
und das Leben“.

AM VORABEND DER URKATASTROPHE(N)
– Weidenberger Geschichtsquellen –

2. „DIE PFARRBESCHREIBUNG VON 1913/14“
– kommentiert und fortgeführt bis in die Gegenwart

Weidenberg, Blick von der Au zum Obermarkt, Postkarte vor 1913

ZWEITES BUCH:

„Allgemeine Pfarrbeschreibung“

PFARRBUCH ODER ALLGEMEINE BESCHREIBUNG DES GESAMTEN KIRCHENWESENS IN DER EVANGELISCH-LUTHERISCHEN PFARREI WEIDENBERG,

gefertigt von Pfarrer Otto Herath
und Pfarrer Hans Schaller
1913-14

Eingelesen, behutsam korrigiert, kommentiert und
bis in die Gegenwart fortgeführt von
Jürgen Joachim Taegert 2017/18

Die Verfasser der Pfarrbeschreibung in Stichworten:

Otto Konrad Theodor Herath (1858-1915), Pfarrer in Weidenberg II 1886-1902, Weidenberg I 1902-1914 (*31.1.1858 in Kloster Ebrach, +24.3.1915 in Bayreuth; Vater: Joh. Adam Herath, Gefängnisgeistlicher in Ebrach; Mutter: Henriette Anna Marg. geb. Planck).

Berufsweg: 1883 Vikar und Pfarrverwalter in Eckersdorf, 1884 Pfarrverwalter in Mistelgau; 1885 Pfarrverwalter in Atzendorf und Billingshausen; seit 15.1.1886 Stelleninhaber von Weidenberg II, seit 11.8.1902 Weidenberg I; Mitverfasser der Weidenberger Pfarrbeschreibung.

Johannes Schaller (1877-1961), Pfarrer in Weidenberg II 1910-1918, Pfarrverwalter für Weidenberg I 1914-1915 (*16.4.1877 in Fürnried, +16.3.1961 München-Pasing; Vater: Georg Schaller, Lehrer; Mutter: Babette, geb. Kleemann).

Berufsweg: Studium der Theologie 1895-1899 in Greifswald und Leipzig, Ordination: [11. oder:] 12.1.1900. 1899 div. Vikariate und Verweser in Weiden u.v.a.m., 1903 Reiseprediger in Deggendorf. – 12.9.1910 Verleihung von Weidenberg II, Aufzug in Weidenberg: 1.12.1910; 1911 Distriktsschulinspektor; seit 1.4.1914 Verwalter für Weidenberg I bis 15.12.1915. Während seiner Amtszeit in Weidenberg: 16.5.-15.6.1916 Aushilfe in Bad Kissingen. Er war der unmittelbare Amtsvorgänger von Georg Redenbacher auf der II. Pfarrstelle. Hauptverfasser der Pfarrbeschreibung.

Ein einzigartiges historisches Foto:

Schon bevor das alte Gasthaus zur Post an der Weidenberger Lindenkreuzung im Jahr 1897 abgerissen und in der damals modischen Ziegelbauweise neu gebaut wurde, fand sich beim „Herscha-Wirt" CHRISTOPH DRESS regelmäßig die gehobene Schicht des Markortes zu geselligen Nachmittagen ein, unter ihnen auch Pfarrer OTTO HERATH (in der Bildmitte); es ist möglicherweise das einzige in WEIDENBERG existierende Bild mit ihm! – Die Aufnahme entstand zu der Zeit, als Pfr. HERATH noch Inhaber der II. Pfarrstelle war; im Jahr 1902 wurde er dann auf die I. Pfarrstelle berufen. Das Büchlein von ADAM KIEßLING „Weidenberg in alten Ansichten" verortete dieses Treffen irrtümlich vor dem Gasthof Rothe im ROSENHAMMER; in der Rubrik „Von Monat zu Monat" erfolgte dann im Mitteilungsblatt die Richtigstellung der Lokalität und die Angabe der Namen, soweit man sich an sie noch erinnerte:

So sind die anderen Personen auf diesem Bild (von links): wohl Kaminkehrer HÖHNE, ausgerüstet mit einem praktischen Dreirad; der kgl. bayer. Postamtsdirektor JOHANN DRESS; ein unbekannter Gast; der Kolonialwarenhändler und Postexpeditor FRIEDRICH GEORG DRESS; ein weiterer unbekannter Gast; Oberlehrer GEORG MÜNCH; Pfarrer OTTO HERATH; Gasthofbesitzer CHRISTOPH DRESS (im Fenster); LISETTE MÜNCH, geb. DRESS; der Wirtssohn GUSTAV DRESS (im Fenster); ein Verwandter der Fam. DRESS; der Bruder des Kaminkehrers HÖHNE, der denselben Beruf ausübte, ausgerüstet mit einem sportlichen Hochrad.

Inhalt

I. Geschichte der Pfarrei Weidenberg

[Seitenzahl 2ff in der Originalvorlage der Pfarrbeschreibung]

1. Entstehung des Pfarrsprengels und der Pfarrpfründen, Erbauung der Kirchen und Kapellen etc.

a) Vor der Reformation

Die Kunde von WEIDENBERG geht bis auf die Grenze zurück, wo sich Sage und reale Geschichtsschreibung scheiden.[29]

---

[29] **EXKURS: Was ist dran an den alten Sagen über Weidenberg bzw. die Königsheide?**

Lesen wir dazu einen Forschungsbericht von JOSEF WICHE aus jüngster Zeit: „Das Schloss auf der Königsheide" (aus: Siebenstern, Zeitschrift des Fichtelgebirgsvereins 3/15, S. 6ff)

„Erhöht zu beiden Seiten des Steinachtales erhoben sich im Mittelalter zwei Befestigungsanlagen: Der Schlosshügel von Neuhaus bei Sophienthal (s.u. in der Pfarrbeschreibung) und gegenüber das Schloss auf der Königsheide. Beide sind längst verschwunden, ohne Spuren in den Geschichtsbüchern zu hinterlassen. Während der heute verbliebene Überrest bei Neuhaus durchaus touristisch genutzt wird und Bekanntheit in Fachkreisen genießt, ist das **Schloss auf der Königsheide** aus dem öffentlichen Interesse verschwunden. Grund dafür ist wohl das Fehlen von sichtbaren Überresten, da im 19. Jahrhundert ein Steinbruch an dem Ort viele, wenn nicht gar alle Spuren zerstört hat.

Offenbar wurde der Standort über Generationen hinweg von den Einwohnern als **„Altes Schloss"** überliefert, denn unter dieser Bezeichnung findet man den Platz bei der **Urvermessung Bayerns um 1840**. Fleißige Geometer hatten damals nach Information von ortskundigen Einwohnern zahllose Örtlichkeiten und Flurnamen vermessen und in den Katasterplänen eingezeichnet, darunter auch den überlieferten Platz des Schlosses.

Die beiden „Schlösser" von Königsheide und Neuhaus dürfen wir uns nicht als repräsentative Steinbauten vorstellen, es waren vielmehr typisch solide Holzbauwerke des Hochmittelalters. Schriftstücke zur Entstehung und zum Zweck der Anlagen kennen wir nicht, auch gibt es keine Informationen über die dort ansässige Herrschaft. Beide Standorte sind nach Westen ausgerichtet, in die Senke von Weidenberg. Unsicher ist, ob sie zur gleichen Zeit entstanden, denn sie zeigen unterschiedliche Befestigungsmerkmale. Während bei der Anlage von Neuhaus aufwändige Erdwälle dominieren, fehlen solche Überreste bei der Königsheide. Die Suche nach historischen Texten zum Königsheide-Schloss bringt nur spärlichen Erfolg:

Die Erstnennung

In heimatkundlicher Literatur bis hin zu Wikipedia kann man lesen, dass die Königsheide 1317 erstmals als **„Wulwingesheide"** genannt wurde. Welches Dokument steckt hinter dieser Information?

MICHAEL NEUBAUER hat beim Otnant-Gespräch am 12. November 2005 in Sparneck dazu das Kopialbuch des Grafen BERTHOLD VON HENNEBERG präsentiert. Der gesuchte Text findet sich darin, und er berichtet uns, dass fünf Hirschberger Brüder, einstmals vom Reich und nun von Graf BERTHOLD und seinem Sohn HEINRICH, Erblehen empfangen haben, darunter (in heutiger Schreibweise) „... der Wald zu dem Fichtelberge, der Mainberg, die Weißenheide und die **Wulvingesheide**." Das Schriftstück ist ohne Datum, und NEUBAUER sah die Jahre um 1330 als wahrscheinliche Abfassungszeit.

Wir gewinnen aus dem Text die Information, dass es sich bei den zentralen Höhen des Fichtelgebirges um **altes Reichsland**, also Königsgut handelte. Weisen Ortsnamen wie „Königsheide" oder „Königskron" etymologisch in diese Zeit zurück?

Falls die Königsheide mit der genannten „Wulvingesheide" identisch ist, rechtfertigt dies die Vermutung, dass im dortigen Schloß ein„Wulf" oder „Wulfinger" residiert hat und die ursprüngliche Bedeutung „Wulfingers Heide" war.

Überlieferung im Jahr 1542

Weitere Informationen bringt uns zwei Jahrhunderte später (1542) KASPAR BRUSCH in seinem Büchlein über das Fichtelgebirge. Der Text gibt offenbar zeitgenössische Erzählungen wieder:

„Ich muß auch hier nicht vergessen oder unangezeigt lassen, daß zwischen des Vichtelberges Haupt und **Weidenberg** (ein Städtlein der Edelleut VON KÜNIGßBERG), gegen Goldkronach (einem Märktlein Marggrafen ALBRECHTS VON BRANDENBURG) ein fast großes und weites Feld ist, welches man die Künigßheid nennet, darum, daß etwan allda ein König (dessen Namen man doch von Alters wegen nicht weiß) eine **Schlacht** soll gethan haben, welches auch bezeugen die Gebein, Hirnschalen, alte rostige Degen, Schild, Helm und andere Kriegsrüstung, so heutigen Tags noch von dem Bauersvolk hin und wider auf diesem Feld ausgegraben und gefunden werden."

BRUSCH lokalisiert die Königsheide tatsächlich zwischen dem Ochsenkopf und WEIDENBERG. Dem historisch interessierten Leser befallen bei genauem Hinsehen jedoch Zweifel, ob die genannten Funde dort oben ausgegraben wurden. Immerhin liegt die Königsheide etwa 850 Meter ü.M., und dort oben war wohl noch nie Bauersvolk auf einem „Feld" (Acker) tätig. Wenn das genannte „Feld" Richtung Goldkronach lag, wie von BRUSCH angedeutet, muss es nahe einer bäuerlichen Siedlung im Tal lokalisiert werden. Man könnte über die Lage an der Altstraße Richtung Königsheide spekulieren. Auch bleibt unsicher, ob die „Schlacht eines Königs" auf alten Überlieferungen fußt oder nur eine gewagte Schlussfolgerung aus den Funden war. *Mehr als Bruschs dürftige Informationen besitzt der Historiker nicht.* Alles, was Geschichtsschreiber nach ihm „ergänzt" haben ist *reine Spekulation*:

Blüten der Fantasie

In seiner „ausführlichen Beschreibung des Fichtelberges" fantasiert etwa PACHELBEL: „Des Hermions König- und Lands-Fürstliche, auch über die Onolzbachische Rednitz hinaus herschende Nachfolger haben ihre erste Residenz und dabey nöthigen Begräbniß-Ort im Nordgau auf der Königs Heide gehabt ...", und weiter: „Von besagter Königs-Heide schreibt Brusch, daß sie ...ein fast großen weites Feld sey, allwo ehedessen ein König eine Schlacht soll gethan haben. ... Vermutlich ist es Attila gewesen ..."

Hauptlehrer HÖFER aus WEIDENBERG schrieb 1979 in seinem Aufsatz im Weidenberger Amtsblatt [wobei er wohl auf den Text der vorliegenden Pfarrbeschreibung zurückgreift]: „Die Sage berichtet von einem Wendenkönig Nusiko, der sich im Kampfe um die heidnische Religion auf die Königsheide zurückgezogen habe und nach tapferer Gegenwehr gegen die Heere Karls des Großen mit seinen Getreuen erschlagen worden sein soll ...."

Noch „detaillierter" lesen wir auf der Internetseite „Historisches Franken": „Vor vielen hundert Jahren stand auf der Königsheide das prachtvolle Schloss eines mächtigen Heidenkönigs.

Im 9. Jahrhundert, als KARL DER GROßE sein Reich nach Osten ausbreitete, soll auf einem nordwestlich von WEIDENBERG gelegenen Höhenrücken, **Königsheide** genannt, ein fränkisches und ein slawisches Heer zusammengestoßen sein, wobei

---

Seine Macht war überaus groß; er gebot weithin über das ganze Fichtelgebirge. Aber zu jener Zeit nahm das Christentum immer mehr zu, und allmählich drangen die Christenleute in die Wälder ein und siedelten sich an. Anfangs waren es nur kleine, unansehnliche Häuflein; aber ihre Zahl wurde immer größer und größer, so daß der Heidenkönig mit starker Besorgnis um seine Herrschaft erfüllt wurde. Endlich fühlten sich die christlichen Eindringlinge so stark, daß sie dem Heidenkönig eine Schlacht anboten. Auf der Königsheide kam es zur Entscheidungsschlacht. Das Kampfesglück blieb lange Zeit unentschieden und wogte hin und her. Plötzlich fiel der tapfere Heidenkönig. Jetzt brach das Verderben unaufhaltsam herein; es sank das gesamte Heer unter den Hieben der Christen, und das schöne Schloß mit all der Pracht und Herrlichkeit wurde alsbald ein Raub der Flammen. Dadurch hatten die Christen die Herrschaft über das Gebirgsland an sich gerissen. Der Heidenkönig aber wurde von ihnen ehrenvoll in seiner Waffenrüstung mit seinen getreuesten und tapfersten Kämpfern an einer nahen Quelle bestattet."

Die kleine Textauswahl zum Thema **Königsheide** zeigt, wie ungebremst sich Fantasiegespinste Raum verschaffen können, wenn sich Heimatforscher gegenseitig beflügeln. Es gilt festzuhalten, dass es sich bei all dem nicht um alte Märchen oder gar Sagen und Mythen handelt, sondern allein um *Behauptungen aus neuerer Zeit.*

Heide weist auf Waldnutzung

Wenn wir uns der Realität im Umfeld des „Alten Schlosses" auf der Königsheide zuwenden, könnte uns zumindest der Begriff **„Heide"** einen Weg in die Vergangenheit zeigen, denn er zeugt vom Viehtrieb in der damaligen Hochebene. Bis ins 19. Jahrhundert war „Heide" der übliche Rechtsbegriff für Waldweidewirtschaft der Allmende und wandelte sich erst dann zur heute üblichen Bezeichnung für baumfreie, von Ericaceen beherrschte Vegetationsbestände. Gerade im Fichtelgebirge war das Überleben der Bauern zur Zeit des Mittelalters untrennbar mit Waldnutzung verbunden, da die Äcker und Wiesen der Rodungsinseln niemals ausgereicht hätten, um den Viehbestand zu ernähren.

Auch die Bewohner des angenommenen Schlosses mussten sich ihren Unterhalt fast ausschließlich durch Selbstversorgung sichern, sodass zum Ansitz zwangsläufig auch Milchvieh gehörte, das ganzjährig in den Laubwäldern weidete, die damals noch unsere Landschaft dominierten. Intensiver Viehverbiss verhinderte dabei die Waldverjüngung und ließ nur Graswuchs und Heidekraut zu, sodass die Hochebene zur heute so verstandenen „Heide" devastierte. So sollte die namensgebende Vegetation der **„Königsheide"** ihre ökologischen Wurzeln im Rinderbestand des frühen „Schlosses" und der Bauern im Tal haben.

Dem interessierten Wanderer kann man empfehlen, einmal vom höchsten Punkt der Königsheide (beim Mahlsack) dem Fußpfad Richtung Südwesten zu folgen, vorbei am **Dreijungfernbrunnen**. Nach etwa 20 Minuten neigt sich der Weg bergab und man erreicht den Platz des „alten Schlosses", der nicht nur durch die angehobene felsige Ebene auffällt. Auch die Vegetation zeigt dort ein anderes Gesicht, wohl durch Bewuchs mit Buchen, die sich sonst entlang dieses Weges nicht finden. Vielleicht finden Archäologen irgendwann Antwort auf die Frage, ob dort oben tatsächlich das vergessene Schloss stand". – Weitere Sagen vom Steinachtal finden sich auch in meinem Buch „Spurensuche Frankenpfalz" ab S. 268.

ein Anführer der Slawen seinen Tod fand. Sein Name gehört der Sage an: „König Nusiko". – Der Erzählung selbst scheint eine geschichtliche Tatsache zu Grunde zu liegen, da an jenem Orte allerlei Waffen, und zwar solche, die bis auf jene Zeit hinaufreichen, gefunden wurden.

Einen weiteren Fingerzeig für die Tatsache, dass es um jene Zeit in unserer Gegend schon belebt war, gibt eine Karte aus dem Geschichtsatlas von DREYER, Blatt 23, betitelt: „Deutschland um das Jahr 1000", wo die beiden Orte CROSNI und CULMINAHA, das heißt CREUßEN und KULMAIN angegeben sind. In der Luftlinie zwischen beiden liegt WEIDENBERG, das aber auf jener Karte natürlich nicht angegeben ist. Da beide Orte als christliche Gründungen (Klöster?) zu betrachten sind, so ist ersichtlich, dass hier die **Anfänge des Christentums** schon in sehr frühe Zeit fallen, wohl früher als in dem Talkessel von BAYREUTH.

Schon KARL D. GR. hatte versucht, das Christentum in dieser Gegend auszubreiten, aber vergeblich, weil die heidnischen Slawen immer wieder ins alte Heidentum zurückfielen, sobald seine Kriegsheere dem Lande den Rücken kehrten. Erst OTTO DEM HEILIGEN, der zu BAMBERG in den Jahren 1103-1139 regierte, gelang es, von weltlichen Großen unterstützt, das Werk mit glücklichem Erfolg zu betreiben. Er ist es, dem die Gegend die Begegnung des Christentums verdankt und von dem überliefert ist – wenn auch das Nähere und Einzelne fehlt – dass er Kirchen und Klöster gründete und auf beiderlei Weise, durch Strenge und durch Milde, seinem Werke Nachdruck zu verschaffen wusste.[30]

In jene Zeit und vielleicht schon vor dieselbe darf man auch die Begründung jener Schlösser setzen, die in hiesiger Gegend anzutreffen sind, jetzt teilweise zu Bürgerhäusern umgebaut, meist aber an Uhlands[31] Wort erinnernd:

„Kaum eine morsche Säule zeugt von verschwundener Pracht,
auch diese, schon geborsten, kann stürzen über Nacht".[32]

[30] Zu den Bamberger Kirchengründungen dieser frühen Zeit, deren Mission unter dem Patrozinium der Maria stand, gehört auch die Kirche ST. MARIEN ZUM GESEES. Sie war durch die Jahrhunderte, sogar noch nach der Reformation, mit einer Marienwallfahrt zum Ort einer Marienerscheinung verbunden, daher der Name „Mariagesezze", der Ort, wo sich der Sage nach Maria auf ihrer Rast niederließ. Man muss sich allerdings die ersten kirchlichen Gebäude als hölzerne Kapellen vorstellen, die z. B. an bestehende Wachttürme aus älterer Zeit angebaut wurden. – Auch bei ST. STEPHAN in Weidenberg darf man von einer frühen Gründung und Besiedlung der Umgebung ausgehen.

[31] LUDWIG UHLAND, 1787-1862, deutscher Dichter, beliebter Dozent der Literaturwissenschaft, Jurist aus Tübingen, demokratischer Abgeordneter im Deutschen National Parlament in der Frankfurter Paulskirche 1848.

[32] Aus Uhlands Ballade „Des Sängers Fluch" von 1812

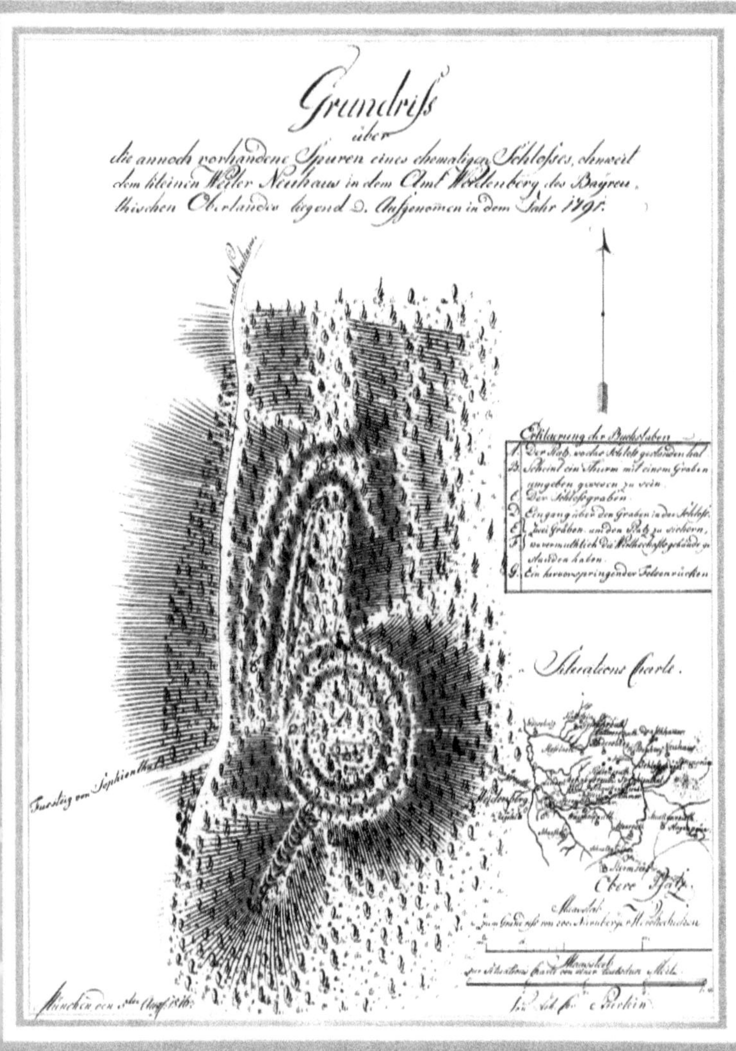

Es sind das, näher beschrieben, alte massige Gebäude, die in der Gegenwart allerdings keineswegs Schlössern mehr gleichen, in grauer Vergangenheit aber doch immerhin feste Stützpunkte bilden mochten, wo man vor feindlichen Überfällen sicher war und eventuell durch einen unterirdischen Notausgang entrinnen konnte. Dahin gehören:

1. Die ehemalige Befestigung auf dem **Schlosshügel bei NEUHAUS**, deren Fundreste auf die Zeit der Sorben zurückweisen *(Grafik)*.[33]

2. Das **„künspergische Schloss" zu MENGERSREUTH**, in dessen Nähe die **Kapelle zu den drei Stäben** stand (1091), ein Name, der darauf hindeutet, dass hier ehemals die drei Bistümer PASSAU (?), REGENSBURG und BAMBERG zusammenstießen. Es scheint das eine im Rufe großer Wundertätigkeit stehende Kapelle gewesen zu sein, ähnlich der Kapelle des HL. JOBST auf dem Allersdorfer Berge[34], wo gebrechliche Leute Genesung suchten.

[33] Vergl. dazu auch den oben abgedruckten Bericht von JOSEF WICHE aus „Siebenstern" 3/15. – Der preußische Kartograph JOH. CHR. STIERLEIN (1759-1827) hat die Anlage in ihrem Zustand von 1791 gezeichnet.

[34] **Kloster St. Jobst**: Am sanft auslaufenden Nordwesthang des Oschenberges (in unmittel-

3. Das **Schloss Burgstall Gossenreuth,**[35] mit dem die Sage verknüpft ist, dass zwei im Walde verirrte Fräulein durch den Klang eines Glöckleins sich wieder zurecht fanden und dann dem Weidenberger Gotteshaus eine Stiftung machten.

4. Dass der Familie Weigel gehörige **Schloss auf dem Rosenhammer** (nach dem Geschlecht der Rotenhan später so genannt).[36]

---

barer Nähe der Munitionsbunker des ehemaligen Truppenübungsplatzes) soll es eine alte Kapelle gegeben haben, die bereits auf dem Grund vorchristlicher Kultstätten errichtet, aber von den Hussiten zerstört worden sei. An ihrer Stelle wurde kurz vor der Reformation ab dem Jahr 1506 ein Franziskanerkloster errichtet und dessen Kapelle dem Hl. Jodokus geweiht. Dieser aus der Bretagne stammende Priester des siebten Jahrhunderts gilt als Patron der Pilger, Reisenden und Schiffer und als Helfer gegen Fieber und Pest, als Schutzpatron der Bäcker, der Blinden und Kranken. Ihm sind entlang alter Wallfahrtsstraßen zahlreiche Hospitäler gewidmet. Nach der Einführung der Reformation durch die Markgrafen im Bayreuther Land wurde der Konvent bereits im Jahr 1529 wieder aufgelöst. Seine Bauten wurden im Zweiten Markgrafenkrieg zerstört. Anschließend wurde das Abbruchmaterial in der Umgebung wieder verbaut. Bruchstücke finden sich im Bayreuther Stadtmuseum und in der katholischen St. Nepomuk-Kirche in Laineck. Nach Abschluss der Straßenarbeiten am Bindlacher Flugplatz hat der Verein „Wohlfühlregion Fichtelgebirge“ am Platz des ehemaligen Klosters eine Gedenkstätte errichtet und im September 2012 ökumenisch geweiht.

[35] Dieser **Burgstall Gossenreuth**, auch „Turmhügelburg Teinitz“ (vom slawischen „tynec“, d.h. „kleine Burg“), ist eine noch heute erkennbare ehemalige Turmhügelanlage („Motte“) zum Schutz der Altstraße über die Königsheide nach Nemmersdorf bzw. Goldkronach. Als Besitzer werden im 15. Jahrhundert die Herren von Tanndorf und im 16. Jahrhundert die Herren von Künsberg genannt. – Ein Foto der Reste dieser Anlage findet sich bei Joachim Kröll, Geschichte des Marktes Weidenberg vor S. 17; eine Rekonstruktion des vergleichbaren Turmhügels St. Stephan findet sich in meinem Buch „Spurensuche“ auf S. 106.

[36] Diese Deutung ist definitiv falsch, auch wenn sie bei Rüdiger Bauriedel, „Mittelalterliche Befestigungen und niederadelige Ansitze im Landkreis Bayreuth“, 2007, immer noch so übernommen wurde. Denn die unterfränkische Familie v. Rotenhan war nie in Weidenberg ansässig. Der Irrtum gründet in dem Wappen, das seit dem Jahr 1626 außen am Treppenhausturm des Schlosses Rosenhammer angebracht ist. Es zeigt in der Helmzier und in zweien der vier Felder einen gelben Hahn. Wie ich in meinem Buch „Spurensuche Frankenpfalz“, S. 108ff, nachweise, war zu dieser Zeit Friedrich Schreyer (1585-1636) Herr des Rosenhammers. Er war Nachkomme eines uralten Hammerherrngeschlechtes aus der Linie Grünberg bei Brand Sein Kürzel F.S. ziert auch das Giebeldreieck über der Wappentafel. Auch Johann Schreyer von Blumenthal (+1711), der nachmalige Schlossherr im nahen Fuchsendorf, entstammt dieser Familie. Sie alle haben den Hahn, den „Schreier“, im Wappen; andere Linien der Schreyer haben den Kiebitz.

Um das Jahr 1662 gelangte das Anwesen in den Besitz von Johann Ludwig v. Künsberg, der zum Katholizismus konvertiert war und bis dahin in Kirmsees gewohnt hatte. In seiner Nachfolge ging das Schloss zunächst an die Familie v. Lindenfels zu Reislas über und fiel schließlich im Jahr 1746 an die Bayreuther Markgrafen. Seit dem Jahr 1885 wurde auf der Mühle Spiegelglas geschliffen und poliert. Diese Schleifmühle lief noch bis weit ins 20. Jahr-

5. – 7. Die **drei Schlösser** zu WEIDENBERG:

a. das **Haus auf dem Gurtstein**, richtiger „Kurtstein“, wo jetzt die Hauptkirche steht;

b. das sogenannte **Obere Schloss**, später [seit 1648] das Lindenfelsische Schloss, jetzt [1913] Amtsgericht.[37]

c. das **Haus im Garten**, jetzt Ruine am Platz des Kommun-Brauhauses.[38]

Sonstige Schlösser außerhalb des Pfarrbezirkes befindlich sind bzw. waren:

die **Ruine am Pfeifferberge**;[39] das **Schloss REISLAS**, wo zuletzt die HERREN

---

hundert und war auch nach dem Zweiten Weltkrieg für die angesiedelten Gablonzer Glaskünstler existenziell.

[37] Das Amtsgericht Weidenberg war ein von 1879 bis 1931 bestehendes bayerisches Gericht der ordentlichen Gerichtsbarkeit mit Sitz im Alten Weidenberger Schloss. In der anschließenden Zeit des Nationalsozialismus wurde das Schloss auf vielfältige Weise für Zwecke der Nazi Ortsgruppe und der Kreisleitung Bayreuth-Eschenbach genutzt: Im Keller traf sich die Hitlerjugend; im Erdgeschoss waren links die Hausmeisterwohnung, rechts die vergitterten alten Arresträume des Amtsgerichts und im hinteren Gebäudeteil Räume zur ideologischen Schulung der Kreisleitung; im ersten Stock war auf der Nordseite der NSV-Kindergarten untergebracht; in den Räumen entlang der Südseite wohnte zu günstiger Miete die Familie des treuen Parteimitgliedes AUGUST KIEẞLING; im zweiten Stock wohnte der Ortsgruppenleiter GEORG RUMLER mit seiner Frau JOHANNA, geb. POPP, die man allgemein nur „das Mädel“ nannte und die am Haus einen kleinen Zoo mit Waldtieren unterhielt; im Spitzboden hatte der Ortsgruppenleiter seine viel bestaunte elektrische Eisenbahn in Spur 0 aufgebaut.

[38] Die Schlossruinen dieses „Unteren Schlosses“ sind inzwischen abgetragen. Nur noch Reste sind erhalten; insbesondere wird der imposante Gewölbekeller, der von der Alten Bayreuther Straße her zugänglich ist, heute noch z. B. für Kulturveranstaltungen genutzt. Der einstige Standort des Schlosses ist heute ein öffentlicher Platz mit kleinen Neubauten, in denen auch eine Musikinstrumenten-Sammlung eingerichtet ist. Neuerdings können dort in einem Saal auch standesamtliche Trauungen geordert werden.

[39] „Pfeifferberg“ ist die Bezeichnung einer Waldung oberhalb des Steinachtales bei Zainhammer. Auf sie weist auch das unten gelegene „Pfeiferhaus“ hin. Gemeint ist hier die **Burgruine Wurzstein** am Wurzbach unweit der Steinach, über die aber wenig Sicheres bekannt ist. Sie geht vielleicht auf eine Schenkung von HEINRICH IV. im Jahr 1061 an die bischöflich-bambergische Ministerialen-Familie als Verwalter der dortigen Reichsgüter zurück, der wohl auch OTNANT VON WEIDENBERG im 12. Jh. angehörte. Die aufeinanderfolgenden Herren dieses Gebietes V. WEIDENBERG, V. KÜNSBERG und V. LINDENFELS waren mit dieser Burg belehnt. Möglicherweise hat der im Dreißigjährigen Krieg an Pest erkrankte JOBST BERNHARD V. KÜNSBERG (1591-1634) hier seine letzte Lebenszeit verbracht.

Als weitere vorgeschichtliche Befestigungen in der Umgebung des Wurzsteines werden die schon genannte Burg auf der Königsheide, eine weitere auf der Hohen Wacht westlich oberhalb von Warmensteinach, eine auf dem Schanzberg westlich oberhalb von Warmensteinach und eine auf dem Reizenstein bei Rügersberg vermutet. Die Tatsache, dass sich keine Spuren mehr finden, hängt auch mit der überwiegenden Holzbauweise dieser Anlagen zusammen.

v. Lindenfels wohnten,[40] und endlich das **Schloss Nairitz** bei Kirchenlaibach.[41] Auch das Wirtshaus von **Fischbach, ein ehemaliger Edelsitz**, gehört hierher.[42]

---

[40] **Schloss Reislas**, ehemals ein Turmhügel, dann Wasserschloss und in seinen ursprünglichen Teilen aus dem 15. Jh., in seiner heutigen Ansicht aus dem 17. Jh. stammend, befindet sich jetzt im Privatbesitz der Nachfahren der letzten Verwalter und ist vorbildlich renoviert. Alle zwei Jahre findet im Schlossgarten ein Hobbymarkt statt. Aus diesem Schloss stammen auch die bekannten großformatigen Porträts, die Wolf Ernst v. Lindenfels und seine Frau Ursula Amalie v. Giech sowie seine Vorfahren zeigen und die heute im Lindenfels-Schloss in Thumsenreuth hängen (Abbildungen in meinem Buch „Spurensuche“, S. 103 und 127. Wolf-Ernst, der im Dreißigjährigen Krieg als hoher Offizier im Dienst der Schweden schwerreich geworden war, hatte im Jahr 1648 zunächst das Alte Weidenberger Schloss erworben; dann hatte er im näheren und weiteren Umkreis 20 weitere Schlösser für die erwartete große Schar an Nachkommen dazugekauft und ausgebaut, darunter auch Fischbach und Seybothenreuth. Doch nur ein kleinerer Teil der 20 Kinder erreichte das Erwachsenenalter.

Die Lindenfels-Nachfahren in Schloss Reislas widerstanden zumeist dem in der Oberen Pfalz obrigkeitlicherseits ausgeübten Druck zur Konversion zum Katholizismus und blieben, bis auf einen Ahnen, stets evangelisch und ihrer Weidenberger Kirche St. Michael zugetan. Hier hatten sie sich auf der West-, dann auch auf der Nordempore eine Adelsloge einrichten lassen, die sogar heizbar war. – Mehr über den damit verbundenen Konflikt in der 2. Folge des Projektes ‚Myrten für Dornen‘ im Kapitel „Beim Marktbrand nicht mit verbrannt – Geschichte der Kirchen Weidenbergs, der Gemeinde und ihrer Pfarrer anhand der Epitaphien und neuer Recherchen“.

[41] Hans Caspar II. v. Lindenfels, der evangelische Vater von Wolf-Ernst und stv. Klosterrichter im katholischen Speinshart, hatte Nairitz, das sein Onkel 16 Jahre zuvor erworben hatte, im Jahr 1600 zum ersten wichtigen Stammsitz der Lindenfels im fränkisch-bayerischen Grenzraum gemacht. Die Familie kam ursprünglich aus dem badischen Raum um Speyer. Das eher schlichte Schlossgebäude von Nairitz bestand noch bis in die Achtzigerjahre des 20. Jh., wurde dann aber bedauerlicherweise von der Gemeinde abgerissen. An seiner Stelle wurde eine kleine Wohnsiedlung errichtet. Nur der alte Wappenstein mit dem Hinweis auf die Familien v. Künsberg und v. Lindenfels, der einst über dem Tor prangte, ist heute noch erhalten und gegenüber dem einstigen Standort des Schlosses aufgestellt.

[42] Der **Adelssitz Fischbach** entwickelte sich aus einer Turmhügelanlage am oberen Ortsrand, die wohl bereits vor der Jahrtausendwende zum Schutz der weiter oben gelegenen Altstraße angelegt war. Als dann im Mittelalter parallel dazu im Tal eine weitere Straße entstand, wurde das Schloss an diese Kreuzung verlegt. Hier mündete die Altstraße von Creußen über Döberschütz bzw. Fenkensees vom Höhenweg her ein und zweigte weiter oben die „Hohe Straße“ über Kirchenpingarten nach Nordböhmen ab.

Bereits bei Hermann II. v. Weidenberg (+1415) erscheinen die Fischbacher Anwesen als Weidenberger Besitz. Sie kommen als Erbe um 1422 in die Hand der Künsberger. Deren Besitz erwirbt 1648 Wolf Ernst v. Lindenfels, der dort für seine Nachfahren im Jahr 1670 das Rittergut Fischbach errichtet. Noch im Jahr 1736 wird es als zum Oberen Schloss gehörend bezeichnet. Das heutige Anwesen ist im Jahr 1936 aus den Resten des alten Schlosses und in Anlehnung an seine Proportionen von der heutigen Eigentümerfamilie Raps neu erbaut

Das wichtigste der genannten Schlösser war natürlich das „Obere Schloss“ zu WEIDENBERG, wo die HERREN VON WEIDENBERG[43] vornehmlich ihren Sitz hatten und das sie von ihren angeblichen Vorfahren bzw. Stammeltern, den GRAFEN VON ANDECHS UND MERAN, als freien eigenen Besitz innehatten. Später wurden sie, nach dem Aussterben des meranischen Hauses, Lehensleute der BURGGRAFEN ZU NÜRNBERG. Von deren Letzterem einem, nämlich JOHANN III., erhielt KLAS (NIKOLAUS) V. WEIDENBERG [1415] ausdrücklich den dritten Teil des Schlosses und des Marktes zu WEIDENBERG „und was er Lehen hat“ zu WEIDENBERG, MENGERSREUTH, HESSLACH, GÖRSCHNITZ (d.h. nach heutigen Begriffen: die halbe Pfarrei), außerdem GÖRAU und NEMMERSDORF. – Auch LESSAU und DÖBERSCHÜTZ werden um jene Zeit schon genannt, wenn auch in anderem Zusammenhang.

Erwägt man, dass die HERREN VON WEIDENBERG, wie wenigstens erzählt wird, sich auf dem ihnen gleichfalls gehörigen Schloss „Kurtstein“ eine Kapelle eingerichtet hatten, aus welcher nachmals, erst kleiner, dann größer, die ST. MICHAELSKIRCHE entstand; dass MENGERSREUTH, resp. „Meingotsruith“, seine eigene Kapelle besaß; sowie, wovon bisher gar noch nicht die Rede sein konnte, nämlich weil hiervon keine Überlieferungen vorhanden sind, dass nebenan im Talgrunde wohl schon von jeher, d.h. seit Begründung des Christentums in der Gegend, sich eine Kapelle ST. STEPHAN benannt befand, – so scheint WEIDENBERG in alter Zeit drei Gotteshäuser insgesamt besessen zu haben, von denen das Letztere, ST. STEPHAN, bis auf die Gegenwart unverändert geblieben ist,[44] während das Erstere, die St. MICHAELSKIRCHE, ihr eigenes Schicksale hatte, das mittlere dagegen, die wundertätige Mengersreuther Kapelle, spurlos vom Erdboden verschwunden ist, ob durch den Hussitenkrieg oder Dreißigjährigen Krieg, kann niemand sagen.

Mit dem Vorstehenden haben wir zugleich die Entstehung der Pfarrei geschildert, wenn auch manches, was erst später dazu gekommen ist, fehlt. Und indem wir zu den Ereignissen und Begebenheiten des Mittelalters weitergehen wollen, tut sich leider vor uns eine große Lücke auf, deren Vorhandensein die sichere und getreue Wiedergabe der Folgezeit und auch weiter darüber hinaus, erschwert. Es ist hier vor

---

worden. Auf der Südseite ist das alte Eingangstor mitsamt dem Lindenfels-Giech'schen Allianzwappen eingesetzt. – Vergl. dazu auch die Beschreibung von Fischbach weiter unten in II 1 c).

[43] Die Geschichte der Schlösser, die einst in und um Weidenberg bestanden, und der hier residierenden Adelsfamilien wird ausführlich erzählt in meinem 2009 erschienenen Buch „Wo König und Herzog einfache Leute sind – Spurensuche Frankenpfalz“ ab S. 98.

[44] ST. STEPHAN war bis zur Errichtung der ersten ST. MICHAELSKIRCHE unter dem Patronat von ADRIAN V. KÜNSBERG (ab etwa 1460) die Kirche des Volkes, während die Kapelle auf der Burg, die dann von den Hussiten zerstört wurde, der Andachtsort der Adligen war.

allem Bericht zu erstatten von dem großen Brande, durch die Hussiten 1428[45] veranlasst, dem der Markt WEIDENBERG und das Schloss auf dem Kurtstein zum Opfer fielen.

Solch ein Brandunglück wiederholte sich auf unaufklärbare Weise im Jahr 1637 während des Verlaufs des Dreißigjährigen Krieges, wobei auch die in der Sakristei der Kirche aufbewahrten Matrikel und Akten mit zugrunde gingen. Nur ein paar Besoldungslisten, welche die Witwe des Pfarrers FLEISSNER, die vom Nachfolger ihres Mannes noch nicht befriedigt war, auf die Seite geschafft hatte, wurden gerettet.[46]

Endlich brach noch einmal Feuer aus, und zwar am 7. Oktober 1770, wobei die ST. MICHAELSKIRCHE zum drittenmal eingeäschert wurde.[47] Man hat sie zwar bis zum Jahr 1776 wieder aufzubauen vermocht; da aber auch bei diesem Brande viel Interessantes und Wertvolles verloren gegangen sein soll,[48] so wird es für immer

---

[45] Diese Jahreszahl in der Pfarrbeschreibung ist falsch. Tatsächlich wurde Weidenberg erst im Jahr 1430 von den Hussiten überfallen. Bei ihren Kriegszügen des Jahres 1428 verheerten die Hussiten Niederösterreich und Teile Schlesiens, 1429 folgte ein neuerlicher Vorstoß nach Niederösterreich und in die Lausitz. Erst die Feldzüge der Hussiten im Jahr 1430 trafen dann mit aller Wucht das Vogtland, Schlesien, Brandenburg, die Obere Pfalz und Oberfranken. Die Hussiten erzielten vor allem durch die konsequente Anwendung der damals noch neuen Feuerwaffen verheerende und nachhaltige Wirkung.

[46] Möglicherweise wurde damals auch ein Teil der spätgotischen Einrichtungsgegenstände ein Raub der Flammen. Zwei Flügel des alten gotischen Altars sind heute an der Stirnwand der Friedhofskirche ST. STEPHAN angebracht. Sie zeigen auf farbige Relieftafeln plastische Darstellungen von jeweils einem männlichen und einer weiblichen Heiligen: auf der linken Tafel JOHANNES DER TÄUFER, der auf das Lamm deutet; neben ihm die HL. BARBARA mit dem Turm; auf der rechten Tafel die HL. MARGARETE mit dem Drachen und ein unbekannter Heiliger.

[47] Von einem solchen Kirchenbrand im Jahre 1770 wird zwar seit Herausgabe des Büchleins von Pfarrer JOH. MICH. EINFALT bis heute immer wieder erzählt, sein diesbezüglicher dramatischer Bericht, die Kirche sei damals ein Raub der Flammen geworden, gehört aber in den Bereich der Legenden und Gerüchte. Tatsächlich gab es in diesem Jahr 1770 am 7. Oktober am Weidenberger Obermarkt einen Großbrand, der durch vorsätzliche Brandstiftung entfacht war und viele Gebäude vernichtete, er traf aber nicht die Kirche. Vielmehr war das Kirchenschiff zu dieser Zeit gerade neu im Bau, nachdem ein erster Versuch seit dem Jahr 1717, die marode spätgotische Kirche im Markgrafenstil neu zu bauen, wegen Geld- und Qualitätsmängeln nur zu einem anfälligen Saalbau geführt hatten, der letztlich bis zu den Solbänken hinunter wieder abgebrochen werden musste. Zur Zeit des Marktbrandes war der im Jahr 1769 unter MARKGRAF ALEXANDER begonnene Neubau der Seitenwände gerade bis über das Eingangsportal der südlich gelegenen Brauttür gediehen, wovon der dort eingesetzte Wappenstein des Markgrafen kündet; zusammen mit dem stehen gebliebenen Turm und dem dort angrenzenden alten Westgiebel mit seinen spätgotischen Säulenresten ergab sich für Ahnungslose das bizarre Bild einer Ruine, die so wohl scheinbar nur der Marktbrand hinterlassen haben konnte.

[48] Tatsächlich ging von den vorsorglich ausgelagerten Einrichtungsgegenständen, die für

unmöglich sein, eine genaue und verbürgte Geschichte der hiesigen Pfarrei aus eigenen Akten herzustellen.[49] Das meiste, was man von WEIDENBERG weiß, ist von nebenher, aus anderen Quellen, geholt.

Dieser Mangel zeigt sich dann auch schon in der Darstellung der Geschichte der Reformation. EINFALT[50] in seinem fleißigen, von überall her zusammengeholten Büchlein weiß eigentlich nicht mehr zu geben als vier Punkte: Sie begann im Jahr 1528, wurde vom Markgrafen seit 1531 nachdrücklich unterstützt, war bis zum Jahr 1532 durchgeführt, und der erste Pfarrer hieß ULLRICH STAHEL.[51] Dürfen wir diese

---

den ersten barocken Kirchenbau von ST. MICHAEL der Jahre 1717-1723 nach und nach angeschafft wurden, nichts verloren: Der spätgotische Kruzifixus, der Taufstein, die historische Orgel, der wertvolle Markgrafenaltar und die Seitenemporen blieben unbeschädigt und fanden, entsprechend angepasst, ihren Platz nach Fertigstellung ab 1771 in der neuen Kirche.

[49] In Wahrheit wurden beim Marktbrand von 1770 keine Weidenberger Kirchenakten vernichtet. Sie lagern vielmehr im landeskirchlichen Archiv in Nürnberg und sind bis heute nicht vollständig untersucht worden. Dem Weidenberger Adelsforscher und Burgführer der Plassenburg NORBERT SACK und seinem Mentor HARALD STARK verdanken wir aber viele in diesem Archiv gewonnene Feststellungen, die es angezeigt sein lassen, die Weidenberger Kirchengeschichte über diese Phase neu zu schreiben, was in den entsprechenden Kapiteln in der 2. Folge des Projektes ‚Myrten für Dornen' in ausführlicher Form geschehen soll. Die entsprechenden Erkenntnisse, die ich bei meinen Recherchen im Jahr 2012/13, also *nach* Abfassung meines ersten Kirchenführers zur Kircheneinweihung, gewonnen habe, habe ich erstmals bereits im Dez. 2013 / Jan. 2014 in Nr. 25 im von mir redigierten Gemeindebriefen der Evang. Kirchengemeinde Weidenberg veröffentlicht. Von hier haben sie jetzt auch Eingang gefunden in die ausliegenden Kirchenführern der Kirchengemeinde.

[50] EINFALT, JOHANNES MICHAEL *29.12.1845 in Sachsbach, +26.6.1914 in Nürnberg; seit dem 17.5.1894 Inhaber der I. Pfarrstelle in Weidenberg I. Er machte sich kirchlich verdient um die im Jahr 1896 begonnene umsichtige Restaurierung der Michaelskirche und die im gleichen Jahr begonnen Erweiterung des Friedhofs bei ST. STEPHAN. Daneben übernahm er nach dem Tod von Pfarrer LAUBMANN den Vorsitz im 1881 gegründeten Obst- und Gartenbauverein und beschäftigte sich intensiv mit der Lebenssituation und Geschichte Weidenbergs. Als Forschungsertrag gab er im Jahr 1896 beim Verlag Ellwanger, Bayreuth, seine kleine Schrift „Die Geschichte von Weidenberg und Umgebung" heraus. Sie stellt den ersten Versuch einer Gesamtschau der Weidenberger Geschichte dar und gehört bis heute zu den wesentlichen, immer wieder verwendeten Quellen. EINFALT betreibt hier klassische Geschichtsbetrachtung „von oben", d.h. er beschreibt Geschichte aus der Perspektive der Herrschaftsverhältnisse.

Das inhaltliche Gegenstück dazu verfasste im Jahr 1900 der Lehrer und Mitgründer des Obst- und Gartenbauvereins JOHANN ERHARD REBLITZ. Er ließ sein Heftchen im gleichen Format wie EINFALT unter dem Titel „Beschreibung der Marktgemeinde Weidenberg" bei Ellwanger drucken. Diese beiden winzigen Heftchen sind bis heute die x-fach verwerteten „Klassiker" der Weidenberger Geschichte, wobei auch alle inhaltlichen Fehler stets mit abgeschrieben wurden.

[51] Vergl. dazu auch die ausführliche Beschreibung der Geistlichen in Weidenberg, verknüpft mit den geschichtlichen Ereignissen, in der 2. Folge des Projektes ‚Myrten für Dornen'.

fragmentarischen Nachrichten ergänzen, so mag hier stehen, was HOLLE in seinem Buch S. 80 – 81 schreibt:[52]

„Erst unter MARKGRAF GEORG wurde das Papsttum völlig abgeschafft. Er bezeichnete den Anfang seiner Regierung damit, dass er im ganzen Lande eine allgemeine Kirchenvisitation und zugleich eine ordentliche Prüfung der Geistlichen anordnete. Und als man fand, dass nirgends Gleichheit in den kirchlichen Gebräuchen stattfand, weil jeder Geistliche für sich alte Gebräuche abschaffte und neue dafür einführte, so wurde 1531 eine Versammlung der Geistlichen des Oberlandes zu KULMBACH zusammengerufen, um die Einführung einer neuen Kirchenordnung, die allen Kirchen des Fürstentums gleiche Gebräuche bei Beichte, Kommunion und Beerdigung vorschreiben sollte, zu beraten ... Nachdem die Bestätigung des Markgrafen 1533 aus JÄGERNDORF eingetroffen war, wurde die neue Kirchenordnung gedruckt und öffentlich bekannt gemacht."

Damit war der Bruch mit der katholischen Kirche vollzogen. Die lateinischen Messen hörten auf, man sang und predigte Deutsch. Das Wort Gottes, ins Deutsche übersetzt, befand sich in allen Händen, das Abendmahl wurde unter beiderlei Gestalt gereicht, die Klöster öffneten sich etc. etc. Der Umschwung war gewaltig. Zwar zeigte der Markgraf ALBRECHT später anlässlich des Augsburger Interims 1548 eine bedenkliche Schwäche und die Neigung zur katholischen Lehre, die seinem ganzen Lande einen gewaltigen Schrecken einflößte.[53] Allein die protestantischen Geistlichen erklärten in einer abermaligen Versammlung zu KULMBACH, sie könnten nichts gegen Gottes Wort und ihr Gewissen tun. Und als dann der Markgraf drohte, er wolle die widerspenstigen Pfaffen zum Kaiser senden, da antworteten diese mit der Bitte um ihre Entlassung. Damit war die Sache entschieden. Der Markgraf erklärte, dass er zufrieden sei und in Zukunft der Kirche nichts Neues mehr auflegen lassen wolle, was der protestantischen Lehre zuwider sei. Und dabei blieb es. Auch

---

[52] Vergl. W. u. G. HOLLE, Geschichte der Stadt Bayreuth von den ältesten Zeiten bis 1900, Bayreuth 1901.

[53] Nach der nachhaltigen Schwächung der Protestanten im Schmalkaldischen Krieg wollte KAISER KARL V. auf dem Reichstag zu Augsburg 1547 mit seiner Verordnung des „Augsburger Interims" für die Zwischenzeit (daher der Name) bis zum Abschluss des allgemeinen Konzils von Trient die religiöse Einheit seines Reiches wiederherstellen. Den Protestanten sollte bis dahin die Priesterehe und der Laienkelch gestattet sein, zumindest dort, wo dies bereits in Gebrauch war. Andererseits sollten sie alle beschlagnahmten Kirchen zurückgeben. Zugleich sollten die Missstände in der katholischen Kirche abgestellt werden.

In Augsburg führte das dazu, dass zwar die Bevölkerung zu dieser Zeit zu 90 % evangelisch war und vorerst auch blieb, aber nur ganz wenige Kirchen benutzen konnte. Erst der Augsburger Religionsfrieden brachte dann 1555 eine länger andauernde Regelung zwischen den beiden Konfessionen.

die ganze spätere Reaktion, d.h. Gegenreformation, hat hieran nichts mehr zu ändern vermocht.

b) Nach der Reformation

Nachdem im Vorstehenden die Gründung der Pfarrei ans Licht gezogen worden ist, muss nun noch näher berichtet werden, wie sich der weitere Ausbau der Pfarrei vollzogen hat. Dies geschah, wenigstens so wie sie sich jetzt darstellt, zumeist nach der Reformation. Indem wir uns dieser Darstellung zuwenden, möge es uns verstattet sein, um des Zusammenhanges willen, manches mit in den Zeitabschnitt *nach* der Reformation herein zu nehmen, was eigentlich der Geschichte nach in die Zeit *vor* der Reformation gehört.

1. Die Kirche also steht – wer beschützt sie nun?

Das ist von jeher das Amt der weltlichen Großen gewesen. Für die Weidenberger Kirche sind da zunächst zu nennen: die HERREN oder RITTER VON WEIDENBERG,[54] die von 1200-1430 regierten, sich aber zumeist an die BURGGRAFEN VON NÜRNBERG anlehnten. Es ist schon oben erwähnt worden, wie 1445 KLAS VON WEIDENBERG das Kirchenlehen WEIDENBERG von dem BURGGRAFEN JOHANN III.[55] so recht eigentlich empfing. Als

---

[54] **OTNANT VON WEIDENBERG**, urkundlich 1108–53, wird im Allgemeinen als der „Stammvater" dieser Linie betrachtet. Die HERREN VON WEIDENBERG führten dasselbe Wappensymbol wie die HERREN VON PLASSENBERG und die CAPELLER ZU REISLAS, sowie die HERREN V. KÜNSBERG, nämlich eine aufsteigende eingebogene Spitze, Sinnbild der Burghut Blassenberg, des „Blassen Berges" bei Kulmbach. Unterschiedlich ist jeweils die Farbe der unterlegten Felder: Bei den Plassenbergern sind beide Felder rot, bei den Capellern links rot und rechts blau, und bei den Künsbergern sind beide Felder blau.

Diese Ähnlichkeit der Wappen ist kein Zufall, sind sie doch verschiedene Zweige der gleichen Stammfamilie, die von den Ministerialen der Grafen abstammten, die vom frühen 12. Jh. bis 1248 die Herrschaft Plassenburg bei KULMBACH besaßen. EBERHARD I. VON BLASSENBERG, genannt „Puer", d.h. „das Kind" – der 1223 in der gleichen Urkunde des Herzogs OTTO VII. VON MERANIEN (+1234) erwähnt wird, wie der Enkel des oben genannten OTNANT, EBERHARD VON WEIDENBERG (urkundlich 1218,1223 und 1241) – errichtete nordwestlich von CREUSSEN eine Burg, die seinem Spitznamen entsprechend „Kindesberg" genannt wurde (Reste davon sind in Altenkünsberg erhalten). Dieser Sitz war bis zu seiner Zerstörung Ende des 16. Jh. die Stammburg aller Linien, die sich seitdem V. KÜNSBERG nannten.

[55] JOHANN III. war BURGGRAF VON NÜRNBERG von 1397–1420 und MARKGRAF VON BRANDENBURG-KULMBACH von 1398 bis 1420. Er starb im Jahr 1420. Die genannte Jahreszahl 1445 kann also nicht stimmen. Auch die Angaben über die Fakten müssen korrigiert werden. In meinem Projekt „Myrten für Dornen" über die Kirchen- und Ortsgeschichte Weidenberg liest man jetzt in der 2. Folge im Kapitel über den Kirchenbau: „Im Jahr 1456 erwirbt ADRIAN V.

aber der Mannesstamm der Weidenberger mit HERMANN VON WEIDENBERG[56] ausstarb und nur eine Tochter BARBARA überblieb, die ADRIAN V. KÜNSBERG freite,[57] ging das Patronat von nun an auf die HERREN V. KÜNSBERG 1430 - 1650 über ***(Familienwappen** oben).*

Diese Künsberger wurden zur Reformationszeit sämtlich protestantisch, mit Ausnahme der Guttenthau–Kirmsees–Linie, die katholisch blieb, und die nahen Dörfer MUCKENREUTH und KIRMSEES, die zuerst protestantisch waren, zur katholischen Lehre wieder ablenkten.[58] Ein KÜNSBERG stiftete sodann die Gilt, resp. den

---

KÜNSBERG, der durch seine Ehe mit BARBARA V. WEIDENBERG Erbe der Weidenberger geworden ist, vom Markgrafen den Markt und die Veste Weidenberg auf dem Gurtstein. Er baut die Ruinen westlich des Halsgrabens als Schloss und Wohnstätte für sich und seine Leute wieder auf. Auf dem Plateau der ehemaligen Burganlage östlich des Halsgrabens lässt er aus dem Brockenmauerwerk der Burgreste die erste Kirche errichten, die seitdem nun zugleich den Adelsherren und den Bürgern des Marktes dient. Wahrscheinlich entsteht in dieser Zeit auch schon, wie alte Gewölbefunde nahelegen, aus Resten des alten Schlosses das heutige erste Pfarrhaus. So wird ADRIAN V. KÜNSBERG zugleich der erste Weidenberger Kirchenpatron in einer Kette von Adligen und Fürsten, die weit bis ins 18. Jh. reicht."

[56] HERMANN V. WEIDENBERG ist gestorben im Jahr 1415.

[57] Um das Jahr 1422.

[58] Der Sachverhalt ist anders und wird in meinem Buch „Spurensuche Frankenpfalz" eingehend beschrieben. Tatsächlich war praktisch der gesamte Adel Oberfrankens und der Oberen Pfalz mit der Reformation evangelisch geworden, unter ihnen auch die Familie V. KÜNSBERG, wie OTTO HERATH in seiner Pfarrbeschreibung zunächst korrekt darlegt. Nachdem aber der Landesherr der Oberen Pfalz, MARKGRAF FRIEDRICH V., im Dreißigjährigen Krieg die Schlacht am Weißen Berge bei PRAG gegen die katholische Liga unter General V. TILLY verloren hatte, nahm ihm der Kaiser Land und Kurwürde und ächtete ihn. Der neue, nunmehr mit der Kurfürstenwürde ausgestattete Landesherr der Pfalz, MAXIMILIAN I., der sich weiterhin als Schutzherr der katholischen Kirche sah, beanspruchte das gleiche Recht, wie es damals alle Fürsten, protestantische ebenso wie katholische, für sich in Anspruch nahmen. Nach dem Grundsatz des Augsburger Religionsfriedens von 1555 „cuius regio, eius religio" – „wessen das Land, dessen auch die Religion" – setzte er in der eben neu gewonnenen Oberen Pfalz den Katholizismus durch, allerdings mit außerordentlich rigiden Maßnahmen.

Ihm mussten sich auch alle einflussreichen Hammerherrn und Adligen dieser Region beugen, wenn sie nicht lieber auswandern wollten – ein enormer und bleibender ökonomischer und kultureller Aderlass für dieses „Ruhrgebiet des Mittelalters" in den folgenden Jahrhunderten, vergleichbar dem wirtschaftlichen Niedergang Frankreichs nach der Vertreibung der Hugenotten! Wollten also die Künsberger ihre Besitzungen östlich der neuen Konfessionslinie, die entlang der Geländekante zur Frankenpfalz verlief und auch heute noch verläuft, nutzen, mussten sie konvertieren, und das taten schließlich auch die HERREN V. KÜNSBERG ZU KIRMSEES, die wegen der fruchtbaren Böden in GUTTENTHAU ihr Schloss dort in den weiten Niederungen der Flednitz neu erbauten. Sie errichteten dann auf dem katholischen Friedhof von MOCKERSDORF am Fuß des kleinen Kulm ihre Familiengruft. Entgegen den Angaben der Pfarrbeschreibung übten sie aber keinen Einfluss auf die Bevölkerung von KIRMSEES und MU-

Gilthof, OBERNDORF bei Kulmbach zur Entschädigung für MUCKENREUTH. Einer, auf Erweiterung seiner Rechte bedacht, stritt mit dem Markgrafen von BAYREUTH von wegen des „bischöflichen Rechtes", d.h. Patronats, ein Prozess, der bis an den Kaiser ging, in welchem aber der Künsberger den Kürzeren zog. Einer aus der Lindenfels-Linie[59] verkaufte in einer Nacht sein Weidenberger Schloss mit allen Zubehörungen an den Markgrafen FRIEDRICH von BAYREUTH, seit welcher Zeit das Patronat der Kirche zu WEIDENBERG im alleinigen Besitze der Markgrafen geblieben ist, bis es erst an Preußen, dann an NAPOLEON und endlich 1810 an die Krone Bayerns kam.

2. Über die beiden vorhandenen Kirchen ist nicht viel zu berichten

Die Kirche auf dem „Kurtstein" trug von jeher den Namen ST. MICHAEL. Woher dieser Name kam, ist unbekannt. Wahrscheinlich nannte man sie nach ST. MICHAEL, weil dieser Erzengel von jeher für den Schutzengel des Volkes Gottes galt.[60]

CKENREUTH aus, um sie „zur katholischen Lehre wieder abzulenken"; im Gegenteil, noch im Jahr 1664 heiratete JOHANN LUDWIG V. KÜNSBERG ZU KIRMSEES die lutherische MARIA AMALIE KATHARINA V. SCHAUMBERG, die bis an ihr Lebensende 1697 evangelisch blieb und auf dem Friedhof von ST. STEPHAN in WEIDENBERG beigesetzt wurde.

Die Konversion der übrigen Bevölkerung der Frankenpfalz wurde nach zähem Widerstand durch Zwangsmittel der Regierung, wie Soldateneinquartierung und Polizei durchgesetzt; es folgte eine strikte Missionierung durch die Jesuiten. Manche Evangelische wanderten auch aus, die meisten beugten sich aber schließlich und verinnerlichten in den folgenden Generationen den Katholizismus so nachhaltig, als hätten sie nie ein anderes Bekenntnis gehabt.

So gilt heute noch das Gebiet der Frankenpfalz als das „schwärzeste Gebiet" des Landkreises Bayreuth. Die Bevölkerung widerstand sogar der Sesshaftwerdung von evangelischen Flüchtlingen aus Schlesien nach Ende des Zweiten Weltkrieges und vermied so eine konfessionelle Durchmischung und die Entstehung einer örtlichen Ökumene, die andere Orte erlebten. Der Sachverhalt wird in meinem Buch „Spurensuche Frankenpfalz" bei den jeweiligen Ortsbeschreibungen sowie im Kapitel „Evangelische Spuren in der Frankenpfalz" ausführlich dargelegt. Allerdings zeigte die katholische Bevölkerung der Frankenpfalz in der Zeit des Dritten Reiches auch eine Festigkeit gegenüber dem Nationalsozialismus, die Ihresgleichen sucht, vergl. das Kapitel „Als Hitlers Gottheit infrage stand" in der 4. Folge des Projektes ‚Myrten für Dornen': „Christsein am Scheideweg ..."

[59] KARL WILLIBALD V. LINDENFELS (1692-1751) verkaufte im Jahr 1745 das Obere Schloss in Weidenberg um 84.000 fl und 100 Dukaten an den Markgrafen. Gutmütig wie er war, ließ er sich im Suff gehörig übers Ohr hauen. Statt der vereinbarten 184.000 fl Erlös unterschrieb er eine Kaufurkunde, bei deren Summe die führende „1" weggelassen worden war. Er richtet sich dann in Reislas trotz des offiziellen Wohnverbots für Evangelische häuslich ein. – Vergl. „Spurensuche Frankenpfalz", S. 130.

[60] Vergl. dazu und zur übrigen sehr spannenden Baugeschichte von ST. MICHAEL das Kapitel „Beim Marktbrand nicht mit verbrannt" – Geschichte der Kirchen Weidenbergs, der Gemeinde und ihrer Pfarrer anhand der Epitaphien und neuer Recherchen" in der 2. Folge des Projektes ‚Myrten für Dornen': „Licht und Schatten der neuen Zeit ...", wo sich manches heute

Ebenso steht es mit St. Stephan. Niemand weiß die nähere Herkunft. Man bezeichnete eben von jeher diejenigen Kirchen gerne als St. Stephan, welche aus dem frühesten Mittelalter stammen.[61]

Die 1770 zum letzten Mal abgebrannte[62] Kirche St. Michael ist 1776 aus der Asche wiederum erstanden, schön ausgeschmückt, mit Deckengemälden geziert und nach dem sogenannten Markgrafenstil (Kanzel über dem Altar) eingerichtet.[63]

---

anders liest, als noch in dieser vorliegenden Pfarrbeschreibung.

Der Patron Adrian v. Künsberg und die Gemeindeleitung unterstellten das spätgotische Kirchengebäude bei seiner Weihe im zuende gehenden 15. Jh. dem Patrozinium des heiligen Erzengels Michael, der seit der siegreichen Schlacht von Kaiser Otto d. Gr. gegen die Ungarn auf dem Lechfeld 955 *der* deutsche Schutzpatron ist, dem Deutschland nach verbreiteter Auffassung die Geburt seiner Nation verdankt.

[61] Bis zum Bau der spätgotischen St. Michaelskirche im ausgehenden 15. Jh. war die ehrwürdige St. Stephanskapelle mit ihrem Friedhof unterhalb der alten Handelsstraße auf der Bocksleite die Kirche des Volkes. Und am Fuß des alten Turmhügels, der heute der „Galgenberg" genannt wird, muss auch die erste Keimzelle des alten Weidenberg gesucht werden. Eine weitere Keimzelle Weidenbergs dürfte die Siedlung „Altung" gewesen sein, die an der Altstraße am Steinach-Übergang bei der Schuhmühle gelegen war, die über Seulbitz und Lankendorf nach Bayreuth führt. Am Steinachübergang an der Schuhmühle teilten sich dann später die Wege zum Ober- und Untermarkt.

Geistliches Leben gehörte zu St. Stephan von Anfang an dazu. Denn dieser Platz „Wident" bei den Weiden am Bach war zugleich Heimstatt einiger Mönche, die hier seit dem frühen 11. Jh. im Auftrag des jungen Erzbistums Bamberg und des unmittelbar zuständigen Erzdiakonats Hollfeld missionierten, um das Christentum im östlichen Oberfranken zu verbreiten. Alte Urkunden weisen im Raum um Weidenberg bereits im Jahr 1150 in Lessau und Döberschütz Schenkungen für kirchliches Lehen nach. In dieser ganz frühen Zeit nach der Jahrtausendwende sind die kleinen, damals noch hölzernen Kapellen häufig dem ersten Märtyrer der Christenheit Stephanus geweiht. Auch die folgenden, nun schon aus Stein gefügten Kapellen sind seinem Patrozinium unterstellt.

Bereits um das Jahr 1421 ist auch nachweisbar, dass *zwei* Geistliche für Weidenberg zuständig waren, deren erster, in der Funktion vergleichbar dem Inhaber der I. Pfarrstelle heute, als „Pleban" bezeichnet wird, also als Weltpriester, der nicht zur Klostergeistlichkeit gehört. Ihm zur Seite stand auf der II. Stelle ein „Frühmesser", der mit dem ersten Hahnenschrei aufstand, um in der Frühe die Messe zu lesen; das war durch die alten Stiftungen vorgesehen, die den Geistlichen den Unterhalt sicherten. – Mehr dazu im oben genannten Kapitel über die Geistlichen in der 2. Folge des Projektes ‚Myrten für Dornen'.

[62] Zu dieser folgereichen Fehlinformation vergl. oben die Fußnoten 19 und 20 über den Marktbrand von 1770.

[63] Allerdings findet sich auf dem Deckengemälde am nördlichen Bildrand in einem fensterartigen Ausblick zum Kreuzeshügel von Golgatha ein wenig bekannter Vermerk: *„Restauriert im Jahre 1806 v. Joh. Aug. Schuster, Weidenberg".* Er besagt, dass bereits zu diesem frühen Zeitpunkt eine Renovierung der Deckengemälde durch einen ortsansässigen Maler vorgenommen wurde.

In dieser Verfassung blieb sie etwa 50 Jahre bis Anfang der vierziger Jahre [des 19. Jh.], wo sie etwas, das heißt nicht gründlich und nachhaltig, restauriert wurde, sodass sie in den Jahrzehnten danach gar kein schönes Ansehen darbot.[64] Da äußerte sich im Jahr 1888 ein Visitator einmal dahin: *„In eurer Kirche haucht mich's an wie aus einem Grab!"* Das mag der Anlass zu der endlich erfolgten Restauration im Jahre 1896 gewesen sein.[65]

Die ST. STEPHANSKIRCHE wurde 1891 restauriert. Sie würde einen noch viel freundlicheren Eindruck machen, wenn das Gebälk der Empore nicht so massig drückte.[66]

---

[64] Bei der Restaurierung in den Jahren 1842/43 unter Federführung von Pfarrer CHRISTIAN WOLFHART wurden eher zufällig auch die verschlossenen Adelsgrüfte wieder entdeckt und geöffnet. Diese Renovierung wurde vom Bayreuther Konsistorium in den autoritären und spannungsreichen Jahren des Vormärz als zu eigenmächtig empfunden und Pfarrer WOLFHART wegen Unterlassung der Bauanzeige kritisiert und um Stellungnahme zu den Reparaturen und zum Öffnen der Grüfte gebeten.

Zu seiner Entschuldigung führt WOLFHART an, dass sich die Reparaturen nur auf Verschönerung und Erhellung der Kirche beschränkt und keine Veränderung an Kanzel, Altar und Sakristei zur Folge gehabt hätten. Im Wesentlichen seien neue Fenster eingebaut und die Kirche von außen und von innen mit einem hellen Anstrich versehen worden. Diese Arbeiten seien mit Vorwissen und Genehmigung der königlichen Bauinspektion und Regierung durchgeführt worden. Die Entdeckung der Grüfte sei nicht voraus zu sehen gewesen und ganz zufällig geschehen, „weil einige zerbrochene Steinschalen weg genommen und durch neue ersetzt werden mussten".

[65] Diese Renovierung von 1896/1900 geschah unter der umsichtigen Federführung von Pfarrer JOHANN MICHAEL EINFALT, dem Verfasser der ersten Geschichte Weidenbergs. Sie hatte dann über 70 Jahre lang Bestand. Allerdings zeigte sich auch schon deutlich der Wechsel der Geschmacksrichtungen im Lauf der Zeit: Die Verantwortlichen dieser Renovierung haben die alte goldene Rokoko-Pracht des Kanzelaltars wohl als zu ausschweifend empfunden und rühmten sich, die *„obere Verzierung ... durch glückliche Hand nicht unwesentlich vereinfacht"* zu haben.

Erst im Jahr 1969 entschloss sich der Kirchenvorstand unter der Federführung von Pfarrer JOHANN SCHRÖTER wieder zu einer gründlichen Kirchenrenovierung. Sie wurde dann ganz im fortschrittsgläubigen Stil der Zeit unter Anwendung der damals modernen chemischen Malmittel durchgezogen und ging als „Parade-Renovierung" in die Geschichte des Landesamtes für Denkmalpflege ein.

Ganz anders und wesentlich einfühlsamer ging man dann bei der Kirchenrenovierung 2010-2012 unter Pfarrer ELMAR CRONER vor. Sie war erst die zweite grundlegende Instandsetzung „vom Fundament bis zur Kirchturmspitze" seit den Zeiten von Pfarrer EINFALT und die vierte, wenn man die Renovierung von 1843 mit einschließt, seit dem Kirchbau von 1769-76.

[66] Das bedeutsamste Ausstattungsstück der STEPHANUSKIRCHE ist der im Jahr 1661 wohl von JOHANN GEORG SCHLEHENDORN geschnitzte „Künsbergaltar". Dieses Epitaph in Altarform zeigt in seinem Zentrum einen weinlaubumrankten Kruzifixus und links und rechts neben ihm und fast lebensgroß die verstorbenen Stifter JOHANN LUDWIG V. KÜNSBERG (+1661) in Ritterrüstung

3. Das ehemalige Filial Warmensteinach

Da alle diesbezüglichen Nachrichten der hiesigen Registratur dem Pfarramt von WARMENSTEINACH überlassen wurden, mithin eine eigene Pfarrbeschreibung für dort vorliegt, so kann man sich hier kurz fassen. – Die Bewohner von WARMENSTEINACH begannen unter dem Patronat der Familie V. KÜNSBERG 1594-1598, sich ein Kirchlein zu bauen, das aber samt dem Gottesdienst wieder einging. Von katholischer Seite suchte man nun, die Leute wieder nach Rom hinüber zu lenken, allein vergeblich. Die wackeren Bewohner von WARMENSTEINACH begannen, sich nach vielen Plackerei nun abermals eine Kirche zu erbauen, die 1706 vollendet wurde und jetzt noch steht. Nun endlich erboten sich die beiden Pfarrer von WEIDENBERG, abwechselnd hinauf zu kommen und Gottesdienst zu halten.[67] Das währte bis 1844, wo Warmensteinach mit Kandidaten besetzt und zum Pfarrvikariat erhoben wurde.

---

und seine im gleichen Jahr verstorbene Frau BARBARA. In der Predella ist ein spätgotisches Abendmahlsrelief in bäuerlichem Stil eingelassen, das möglicherweise aus der ersten ST. MICHAELSKIRCHE vom Ende des 16. Jh. stammt und dort den Kirchenbrand von 1637 überdauert hat. Als ein Kuriosum des „Markgrafenstils“ hat man um 1750 das Weinlaub und den Kruzifixus entfernt und an seiner Stelle den Kanzelkorb eingefügt; bei einer Renovierung im Jahr 1961 wurde diese Maßnahme zum Glück rückgängig gemacht.

[67] Die Geschichte vom Warmensteinacher Kirchbau liest sich nach anderen Informationen der Weidenberger Pfarrbeschreibung etwas anders: Danach hatte der Inhaber der Ersten Pfarrstelle Weidenberg ADAM RÖSLER (1636-1719, in Weidenberg seit 1693) neben seinem Dienst in Weidenberg bereits von Anfang an die Aufgabe, die Lutheraner seelsorgerlich zu betreuen, die im unteren Warmensteinach die Mehrheit bildeten. Von den 37 Anwesen waren 20 markgräfliche und 17 lindenfelsische Untertanen, sie lebten in 62 (nach anderer Information 91) Familien, hatten aber im Ort weder Kirche noch Schule. Im Jahr 1698 und nochmals im Jahr 1700 wandten sie sich deshalb an den Markgrafen CHRISTIAN ERNST mit der Bitte, diese beiden grundlegenden Einrichtungen, eine evangelische Gemeindeschule und eine eigene Kirche, errichten zu dürfen. Der Markgraf stimmte zu. Da sie aber zu arm waren, um aus eigenen Mitteln beides zu bestreiten, erhielten sie aus den fürstlichen und lindenfelsischen Waldungen das Bauholz umsonst und durften außerdem im ganzen Lande eine Kollekte vornehmen.

Im Jahr 1702 wurde im Warmensteinach hoch über dem Ort der Bau der Kirche angefangen und 1706 vollendet. Der Turm, anfangs nur aus Holz erbaut, faulte bald zusammen und wurde bereits 1735 aus Stein neu errichtet. Diese Kirche „zur Heiligen Dreifaltigkeit“ im Markgrafenstil mit sehenswertem Kanzelaltar war nun eine Filialkirche zu WEIDENBERG.

Doch der Weg von Weidenberg nach Warmensteinach, damals noch zu Fuß oder Pferd auf den östlichen Höhen des Steinachtals, war schlecht und im Winter wegen des Eises nicht ungefährlich. Jährlich sechszehnmal musste der Weidenberger Geistliche nun diese Tortur auf sich nehmen, dazu kamen die Kasualien und sonstigen Seelsorgebesuche. An den übrigen Sonntagen las der Schullehrer eine Predigt. Das blieb dann fast 150 Jahre so bis zur Errichtung eines eigenen Vikariats in Warmensteinach.

Von wegen des unaufhörlichen Personalwechsels konnte aber dieser Zustand nicht lange währen. Durch Regierungsentschließung Nummer 31.869 vom 31. Dezember 1908 wurde die protestantische „Vicariatsgemeinde" unter Loslösung des Verbandes mit der Pfarrei WEIDENBERG zu einer selbstständigen Kirchengemeinde erhoben.

4. Pfarrlehen bzw. Besoldung

Da die Urkunden aus ältester Zeit verbrannt sind, spricht die Pfarrbeschreibung von 1832 die Meinung aus, die HERREN VON WEIDENBERG seien als Gründer und Erbauer von WEIDENBERG auch die Stifter des Pfarrlehens gewesen. Diese Ansicht hat viel Wahrscheinlichkeit, zumal da auch, ein paar Ersatzleistungen ausgenommen, weitere Stiftungen zu ursprünglichen Dotation in späterer Zeit nicht mehr hinzugekommen sind. Umso mehr steht uns der Einblick in die Letztere selbst offen. Es sind drei Verzeichnisse der Einkünfte des für die beiden Pfarrstellen geltenden Darlehens vorhanden, von denen der erste aus der Zeit vor der Reformation ohne Jahresangabe stammend, eines aus dem Jahr 1796 und das dritte den wirklichen Ertrag der Pfarrei im Jahr 1832 angibt. Das Erstere Verzeichnis ist das interessanteste, weil älteste, und soll nachstehend im Auszuge wiedergegeben werden. Das zweite ist das kürzeste und zugleich durch wichtigste und schönste, das dritte aber für die Gegenwart von wegen der mannigfach angeknüpften Bemerkungen noch wichtig. Diese drei Dokumente werden zum Nachweis über die hiesige Pfarrpfründe genügen.

4.1. Verzeichnis der Pfarreinkünfte vor der Reformation:

Es lassen sich da folgende einzelne Posten unterscheiden (vergl. die Pfarrbeschreibung von 1832, S. 55-61, es ist die ältere Pfarrbeschreibung):

a. Aus dem Erbzins der Lehensleute von WEIDENBERG und dem der Pfarrlehensgüter zu GÖRSCHNITZ, HESSLACH und WAIZENREUTH, zwei Pfarrstadel inbegriffen: 7 fl. [Florin, d.h. Gulden] 1 h. [Heller] 2 ½ Pf. [Pfennig].

b. Für Frongeld, 1 Fastnachtshenne und Zehenthühner, ebenso Entschädigung für nicht geleistetes Hauen, Schneiden und anderes: 10 fl. 15 gf. [Groschen], 29 Pf.

(Im Folgenden werden nur mehr größere Summen angegeben und nur mehr die Art der bäuerlichen Abgaben, die sich stetig wiederholt; auch soll der Wert der einzelnen Gaben ausgelassen werden, der nach früherer Weise in der Pfarrbeschreibung nur in deutschen Buchstaben statt der jetzt üblichen Zahlen vorgetragen ist, also unverständlich wäre).

c. 3 fl. 15 gf. 23 Pf. Zufälle Anfall oder Erträgnis an Geld und Getreide; darunter befand sich mehrfach eine Anzahl Käse für allerlei; Entschädigung für den lebendigen Zehnten (Blutzehnten) für Lämmer, Gänse, je ein Käs für je eine Kuh im gemeinen Jahr; Zehenthühner und ein Kloben von Flachs und Hanf.

d. 4 fl. 17 ½ gf. 20 Pf. Zins von Wiesen, Nutzungen und Weiden. Hier werden genannt heute noch vorhandene Wiesen, auch die „breite Wiese", welche bei der „Kotschutten" liegt, sowie die Nutzung des Gartens am Hause.

e. 17 fl. 7 ½ gf. 19 Pf. 1 Heller Zins von Weihern oder Fischwassern. Neben gar nicht hierher gehörigen Äckern fallen hier auf: der Weiher bei Altenreuth und das Weiherlein an der Brunnenwiese, die beide nicht mehr existieren.

f. Gemein-Einkommen 3 fl. 7 ½ gf. 13 ½ Pf. Unter diesem Titel ist verstanden das Einkommen aus dem Salve-Singen,[68] das Beichtgeld und die Stolgebühren. Besoldungsholz gab es vor der Reformation noch nicht.

g. 58 fl. 17 ½ gf. 14 Pf. u. 5 Heller Anfall von Getreide aus Zehnten zu LANKENDORF, WAIZENREUTH, MUCKENREUTH, NEUENHAUS, MENGERSREUTH, von des Gamplersfeldung usw. Alle erdenklichen Fruchtsorten werden hier genannt: Weizen, Gerste, Korn, Habern, Erbes, Kraut, Rüben, Flachs, Hanf und anderes.

h. 8 fl. 5 gf. 18 ½ Pf. von der Pfarr eigen Feldbau. Nachdem dann noch ein paar „Zufälle" an Getreide nebst Geldanschlag genannt sind, wird die Summe aller Einnahmen auf 109 fl. 10 gf. 23 ½ Pf. angegeben.

„Davon muss aber jeder Pfarrherr jährlich geben und bezahlen Herrn Conraden von Wirsberg für seine Person ... Dazu soll der Pfarrer an der Pfarr jährlich verbauen ... Und muss einen Kaplan (Vikar) halten, den muss er lohnen, was die Frühmess (der Pfarrer war wohl zuerst Frühmesser, nicht der Diakon) nicht erreicht und dann dem Schulmeister alle Feiertag und heilige Fest zu essen geben ..." – Das waren die Lasten.

4.2. Das Einkommensverzeichnis von 1796

Es ist ein wahres Muster von Einfachheit und Schönheit und könnte in einem Lehrbuch zur Anschauung dienen. Es illustriert am besten die hier zu beantwortende Aufgabe und wird unter Nr. n.n. als Beleg dem Anhang dieses ersten Teils dem Leser zur Freude beigegeben.[69]

---

[68] (Eine Anmerkung aus der Pfarrbeschreibung an dieser Stelle): Nach HOLLE wurde um 1470 zu BAYREUTH um des ersehnten Friedens willen abends eine Betstunde gehalten und eine Glocke geläutet, welche man die Salve- oder Friedensglocke nannte. Es stiftete auch ein F. ROTH zu Döbelitz ein Salve Regina 1493 auf seinem Hof. Ein gewisser HECKEL ließ auch längere Zeit hindurch ein Salve auf seinem Grabe singen, S. 60 und 68. – Nach Speemanns Lex. ward die schöne Sequenz Salve Regina als Mariengruß auch nach der Reformation beibehalten, nur auf Christus umgedichtet.

[69] Dieses hier genannte Verzeichnis lag leider beim Einlesen nicht vor.

4.3. Das Verzeichnis der Pfarreieinnahmen von 1832 nach der Fassion von 1824

Es konstatiert zunächst, dass auch der Grundbesitz etwas Eitles sei, obwohl er für das Sicherste gilt, und dass die Pfarrei im Lauf der Zeit Verschiedenes verloren habe. Alte Pfarrbeschreibung S. 62: *„Früher waren viel mehr Grundstück bei der Pfarr nach den vorliegenden alten Verzeichnissen, die aber durch die Länge der Zeit abhandengekommen sind. Aber auch das vorstehende Verzeichnis in der Fassion bedarf der Vervollständigung und Berichtigung."* ... Und nun folgt eine neue Aufzählung. Ein Lehensstück S. 67, die Wiese im Weingarten, war vorhanden, die gar keinen Zins zahlte, wahrscheinlich weil der Pfarrer nichts mit Sicherheit abfordern konnte und die Bauern schwiegen.

Einige vortreffliche Anmerkungen aus dieser letztgenannten Pfarrbeschreibung dürfen gewiss hier Platz finden:

Einlieferung der Abgabe der Gülten (Gilten) d.h. Rentegüter. An ständigen Abgaben und Naturalien erhält der I. Pfarrer von dem Gilthofe in TROSCHENREUTH jährlich 20 Maß Korn, 20 Maß Haber Bayreuther Messerei und 1 fl. 20 kr Erbzins, bei Verhinderungsfällen den 14 Gulden Handlungen. Bei Ablieferung der Gilt erhält der Bauer eine Mahlzeit und ein Maß Haber für seine Pferde.

S. 68: Der andere Gilthof OBERNDORF bei KULMBACH lieferte jährlich acht Maß Korn Kulmbacher Messerei, 8 Maß Gerste, 8 Maß Habern. Davon erhält der I Pfarrer ein Viertel nebst 2 $^{5/8}$ Kreuzer fränkisch Weihsaat. Die übrigen drei Teile erhält der II. Pfarrer. Auch dieser Bauer erhält bei Abgewährung, d.h. Ablieferung, eine Mahlzeit und ein Maß Haber für seine Pferde, und zwar drei Jahre von dem II Pfarrer und des vierte von dem I. Pfarrer.

Über Holzbesoldung findet sich Folgendes zunächst auf einem fliegenden Blatte im Anhang zum I. Teil: *„Bei dem hiesigen Gotteshaus sowohl als bei der Pfarr ist nicht das Geringste von Waldung vorhanden; wohl aber erhält jedesmaliger Pfarrer jährlich 15 Klafter weiches Besoldung- oder Äquivalent-Holz, welches von dem von hiesiger Pfarrer ca. 1683 1690 abgekommenen Pfälzer Zehnten herrühren soll.*[70] *Ge-*

[70] Hier hat sich die Erinnerung erhalten, dass die Dörfer der benachbarten Frankenpfalz bis zur Niederlage des „Winterkönigs" FRIEDRICH V. in der Schlacht am Weißen Berg im Jahr 1620 kirchlich und zehntmäßig zu Weidenberg gehörten. Die anschließend erzwungene Konversion der Bevölkerung zum Katholizismus und die Veränderung des Abgabewesens zog sich, wie ersichtlich, jahrzehntelang hin. Noch 1658 ließen sich Gemeindeglieder aus Muckenreuth in Weidenberg evangelisch taufen. In Kirmsees war ANDREAS SPORN bis zu seinem letzten Lebenstag im Jahr 1674 evangelisch und wurde dann auf dem Totenbett „bekehrt". In Kirchenpingarten war ein Bürger, der den Namen JOHANN PABST trug, 1679 der letzte Evangelische. Man kann also sagen: In Kirchenpingarten war der Pabst evangelisch.

dachte 15 Klafter werden ohne Stöcke, von gewöhnlicher Höhe, Breite und Länge von dem auch hiesig kgl. preuß. Wildmeister MARQUARD gegen Entrichtung des „Anweisgeldes“ abgegeben, wofür der Pfarrer das Holzhauer- und Fuhrlohn zu bezahlen hat. Weidenberg den 3. Dezember 1795, Johann Christoph Oelschlägel“.

Das ist der älteste und unzweifelhaft allein richtige Nachweis über den Ursprung des Pfarrholzes.

Ursprünglich wurde auch das Holz von den Zehentbauern zu NEUHAUS gegen Erlassung des Zehnten und Bewirtung vonseiten des Pfarrers gefahren. Mit Ablösung des Zehnten im Jahr 1860 jedoch fiel dies hinweg. Heutzutage [1912] muss der Pfarrer nun schon seit vielen Jahren bei Fahren des Holzes bezahlen, nachdem auch NEUHAUS inzwischen eingegangen ist.

4.4 Einzelheiten nach der alten Pfarrbeschreibung (S. 54ff; 64f; 67f)

Bei Einhebung der Zehentreichnisse machen sich viele Schwierigkeiten geltend. Ein Grundstück „trägt nichts mehr, ist zu böse“, und oft bleibt die Abgabe zu lange aus. Ein anderes Grundstück ist in den Listen nicht mehr nachweisbar, d.h. verloren. Während des Dreißigjährigen Krieges sind die Felder nahe am Wald selber zu Wäldern geworden, d.h. überwachsen, sodass der Zehentherr keinen Nutzen mehr davon hat. Auch die vom Pfarrer selbst bewirtschafteten Grundstücke machen des Düngens und der Berge wegen viele Mühe. Ein Grundstück verpachtet der Pfarrer bloß deshalb, weil er selbst nichts herausbringen kann (!). Und endlich findet sich auch schon die Klage, dass der Blumen- und Gemüsegarten mehr zum Bearbeiten kostet, als er einträgt. –

Die über diesen Gegenstand außerdem noch vorhandenen Aufzeichnungen sind teils älteren, teils neueren Datums, wie die wenigen Lehensbriefe, Akten über die zum hiesigen würdigen Pfarramte gehörigen Lehensleute 1649-1772, Prozessakten über lehnbare Städel 1701-1704, Rechnungsnachweise über den Oberndorfer Lehnhof usw. Hiervon ist vieles zerrissen, verblichen, vieles in einem sehr unwürdigen Zustände und viel lose Blätter dabei.

In einem tadellosen Zustande befinden sich dagegen die Zehentlisten, besonders die um 1850 herum, vergl. das Archivverzeichnis. Die ersten Rubriken in diesen Listen enthielten gewöhnlich die Hausnummer, den Namen und Wohnort des Grundholden,[71] seine Schuldigkeit und den Vermerk über die Ablieferung. Spätere Listen enthalten mehr, zum Beispiel des Grundholden ganzes Besitztum in einzelner Aufführung, sein „Grundbarkeitsverhältnis“, z. B. inwiefern handlohnbar zur Pfarrei,

[71] „Grundholde“ wurden früher solche Bauern genannt, die nicht auf Fronhöfen, sondern auf eigenen Bauernhöfen arbeiteten, aber Steuern an den Grundherren abgeben mussten.

seine Zehntpflichtigkeit, wie z. B. mit dem großen oder kleinen Faustzehnten, zur zehnten Garbe, zum zehnten Brot usw. Auch einzelne Ausdrücke sind bemerkenswert, wie zum Beispiel „pfarramtslehenbares Gütlein“ oder „die zehnte Garbe bei Schmalsaat“. Auch der früher oft gehörte Ausdruck über die Abgabe bei Besitzveränderung kommt vor, das Mortuarium aber glücklicherweise nicht.[72]

Alle diese Renten, Rechte, bäuerlichen Lasten, Besitz und Veränderungsabgaben wurden nach einem Statut vom 8. Januar 1849 mit oder ohne Entschädigung aufgehoben. Es kam zur Bildung eines Kapitalvermögens der Pfarreien, und die Fassionen wurden neu geordnet.

5. Parifikation[73] in Bezug auf die alte Zeit

Von den bisher vorgebrachten Orten, die früher von WEIDENBERG aus pastoriert wurden, gehören nicht mehr zur Pfarrei:

GOLDKRONACH, jetzt eigene Pfarrei,

GÖRAU und UNTERSTEINACH, jetzt zu NEMMERSDORF gehörig,

LANKENDORF (ehemals der bedeutendste Zehnte mit 106 2/8 Tagwerk, in dem damals nur die angebauten Felder abgeschätzt wurden, die nicht abgeschätzten betrugen vielleicht ebenso viel), jetzt zur Pfarrei ST. JOHANNES BAYREUTH gehörig,

TROSCHENREUTH, zur Pfarrei in EMTMANNSBERG gehörig,

KIRMSEES und MUCKENREUTH wurden zur katholischen Oberpfalz geschlagen und gehören jetzt in die röm.-kath. Pfarrei KIRCHENPINGARTEN,

das PFEIFFERHAUS kam 1844 bei der Abtrennung von WEIDENBERG nach WARMENSTEINACH; als Grenze zwischen den Gemeinden wurde der Wurzbach bestimmt.

In der Pfarrei selber gingen ein (vergleiche die Pfarrbeschreibung von 1835):

die PECHHÜTTE hinter ROSENHAMMER,

die SONNENGRÜN (nach einem Vorkommnis auch die Todschießerei genannt) im Walde bei SOPHIENTHAL.

Neu erstanden dagegen ist um 1859 das AUHÄUSLEIN mit seinem Pendant, dem SONNENTEMPEL, und etwa 1911 eine Einzelne am Seybothenreuther Weg.

6. Der Friedhof

Der Friedhof nahm ehemals den Raum unmittelbar um die Kirche herum ein – eine bequeme Sache für die Kirchenbeamten – bis die Zahl der Grüfte überhand-

---

[72] Das „Mortuarium“ war eine beim Tod eines abhängigen Bauern fällige Naturalabgabe an den Grundherrn.

[73] „Parifikation“ hat hier die Bedeutung von „Angleichen“ der Gemeindegebiete.

nahm.[74] Da griff das königliche Landgericht im Jahr 1821 ein, indem es befahl, dass keine Leiche mehr im St. Michaels-Kirchhof beerdigt werden dürfe. Von da an schritt man nach ST. STEPHAN hinunter, um die Toten zu beerdigen, wie schon in früherer Zeit und öfter.

Man unterschied mit der Zeit neben dem alten Friedhof noch einen neuen (jetzt besser „mittleren" geheißen). Als aber auch dieser keinen Raum zur Beerdigung mehr bot, entschloss sich die Kirchenverwaltung, ein Stück Land zu erwerben, dass nebenan liegt und dem Schuhmacher WILL gehörte. Der neue Friedhofsteil wurde am Himmelfahrtstag 1896 nach vorausgegangener Predigt des Pfarrers EINFALT eingeweiht. Die Umfriedung aber mit Drahtgeflecht und Hecke ohne Steinsockel befriedigt nicht, trotz Regierungsgenehmigung.

2. Nachrichten von Pfarrern – Pfarrerlisten

[Pfarrbeschreibung S. 19ff]

Man unterschied schon vor der Reformation zwei ständige Geistliche, den eigentlichen „Pfarrer" oder auch „Pfarrherrn", jetzt I. Pfarrer genannt, im Pfarrhaus auf dem Gurtstein wohnend, und zum anderen den Frühmesser oder Diakon, jetzt II. Pfarrer. Die Entstehung des II Pfarrhauses liegt im Dunkel; man weiß nur, dass vor dem Marktbrand von 1852 der obere Stock des II. Pfarrhauses aus Riegelfachwerk bestand und sich nun als massiv präsentiert. Das dahin führende Gässchen nannte man gern die Kaplansgasse – wohl scherzweise.

Nachrichten von Pfarrern aus der katholischen Zeit, welche unmittelbar dem Bistum BAMBERG und mittelbar dem ERZDIAKONAT HOLLFELD unterstanden, sind übrigens nicht mehr bekannt. Erst von der Reformationszeit an gelingt es, mithilfe der alten Pfarrbeschreibung, des „Zeit- und Handbüchleins für Freunde theologischer Lektüre" BAYREUTH 1791 u.ö.[75] und des historischen Vereins solche vorzuführen.

[74] Tatsächlich war der ursprüngliche Begräbnisplatz für das Volk der Friedhof ST. STEPHAN, während die Adligen, die Pfarrer und zunehmend auch die Bessergestellten sich in Grüften in und um die ST. MICHAELSKIRCHE bestatten ließen. Ihre Vita ließen die Angehörigen zur Sicherung des Nachruhms oder zur Weckung von Anteilnahme in gemeißelten oder gemalten Epitaphien festhielten. Der Nachahmungstrieb und die Geltungssucht der Emporgekommenen führten wohl dazu, dass die Nachfrage nach solchen Bestattungen „erster Klasse" überhandnahm. Dieser Gruppe ihre Privilegien zu entziehen und sie zum Begräbnis beim Volk zu nötigen, dürfte nicht leicht gewesen sein.

[75] Vergl. https://de.wikisource.org/wiki/Litteratur_der_Fränkischen_Rechte_und_Geschichte_(Journal_von_und_für_Franken,_Band_2,_3).

Indem wir die beiden Pfarrstellen gesondert behandeln, suchen wir zuerst für die I. Pfarrstelle die „Galleria Successorum“ nachzuweisen:[76]

a) Die Inhaber der I. Pfarrstelle

1. vor der Reformation

(1) FRANZ VON WIRSBERG, ein Adeliger, 1501[77] (das jeweils angegebene Jahr ist das Sterbejahr oder Jahr des Wegzuges).

(2) JAKOB NN (Nachname unbekannt), Pfarrherr zu WEIDENBERG bis 1502.

(3) ALBRECHT RAUTENZWEIG, bis 1503.

Nun folgen drei Pfarrverweser. Die alte Pfarrbeschreibung vermutet, dass der eigentliche Inhaber der Pfarrstelle als Adeliger irgendwo eine Domherrenstelle innehatte und die Verweser zu WEIDENBERG aus eigener Tasche bezahlte.

(4) HANS FREIBERGER, bis 1507.

(5) HANS LINDNER, bis 1516, vorher seit 1506 Frühmesser.

(6) ULLERICH LEDERER, bis 1519.[78]

(7) RUPPRECHT BÖHNER, bis 1520.

---

[76] Die folgende Aufstellung ist von mir anhand aktueller Forschungsergebnisse korrigiert und vermehrt um weitere Erkenntnisse über die Tätigkeit der jeweiligen Geistlichen und die besonderen Zeitumstände und fortgeführt bis in die Gegenwart. Dabei erweist sich auch die Auswertung der Daten auf den jeweiligen Epitaphien als hilfreich, auch wenn sie durch Übermalen nicht immer fehlerfrei sind. Auch vermitteln diese Epitaphien gewisse Vorstellungen über das Aussehen der betreffenden Geistlichen und ihre jeweilige Familiensituation. Eine Gesamtschau der Ergebnisse, eingefügt in einen fortlaufenden geschichtlichen Kontext, findet sich im schon genannten Kapitel „Beim Marktbrand nicht mit verbrannt …“ in der 2. Folge des Projektes ‚Myrten für Dornen‘: „Licht und Schatten der neuen Zeit …“

[77] Zu dieser Zeit ist bereits, neben der älteren Kapelle ST. STEPHAN, die um 1460 unter ADRIAN V. KÜNSBERG begonnene spätgotische ST. MICHAELSKIRCHE in Gebrauch. Sie steht auf dem Plateau des Gurtsteins an der Stelle, wo bis zum Einfall der Hussiten 1430 die alte Burg der HERREN V. WEIDENBERG stand. Um 1500 entstand der Kirchturm, dessen unteres Geschoss bis heute besteht. Im Jahr 1505 ist der Patron AUGUSTIN V. KÜNSBERG verstorben. Als Markgraf regierte von 1495-1515 FRIEDRICH II von Ansbach und Kulmbach-Plassenburg.

[78] ULLERICH LEDERER war danach II. Pfarrer noch 1528, s.u. Er hielt 1528 die letzte Fronleichnamsprozession – Aus alten Urkunden: *„Ao. 1520 Zur Zeit Ulrich lederers pfarrverwesers hat heinrich prewnyng tuchscherer und burger zu Nürnberg ein ewig und järlichen jartag inn S. Michels pfarrkirchen des marks Weidenberg imm bamberger bistumb gelegen, gestiftet vnd 50 fl. darzugeben.“* – *„Ao. eodem als Reinprecht lochner pfarrher und Ulrich Lederer pfarrverweser gewesen hat Georg Dietz, Hans Dietz vnd Margreta ein Wittwe des Eltern Hans Dietzen das Rorate gestiftet durch das Advent alle tag vnd 40 fl. darzu geben.“*

2. Die Inhaber der I. Pfarrstelle während und nach der Reformation

a. im 16. Jh.: v. Wirsberg, Stahel, Beyer, Tränkel, Alphäus, Zöttlein, Guttenberger, Fischer

(ohne Nummer) KONR. VON WIRSBERG [hier ergänzt, Name und Daten nicht in der Pfarrbeschreibung; wahrscheinlich Verwechslung mit FRANZ V. WIRSBERG s.o.].[79]

(8) STAHEL, ULRICH, +1536, konvertierte wahrscheinlich 1528 zum Luthertum (*„Fuit hic Stahel romanae idolatriae additus sed postea sancti Spiritus instinctu ad orthodoxiam nostram conversus“*, Alte Pfarrbeschreibung 43 N 14). Am Sonntag Kantate 1528 erging das Gebot, „die Pfaffenmägde und unehelichen Beisitzer abzutun.“ 1531 befahl der Markgraf in einem allgemeinen Anschreiben, man solle die Kirchen fleißig besuchen und Gott in der Litanei täglich anrufen, dass er seinen Zorn abwende, insonderheit solle man sich der Gotteslästerung und des Zutrinkens enthalten, unter der Kirche keinen Branntwein feil haben, während des Gottesdienstes nicht auf dem Kirchhof stehen, beim Läuten der Sperrglocke nach Hause gehen.

(9) KONRAD BEYER, bis 1551.[80]

---

[79] Aus alten Akten: *„Ao. 1530 sind Philipp Gubitzel, Erhard Dietz und Hans Creutzer Gottshauspfleger gewesen“.* – Zu dieser Zeit 1527-1541 regiert Markgraf GEORG DER FROMME zu Kulmbach, er führt 1528 die Reformation ein.

[80] Aus alten Akten: *„Ao. 1537 hat man aber an der Kirchmawern gebawet vnd die Glocken von S. Stephan heraufgetragen“ – „Ao. 1540 hat man an der Kirchen gebauet“ – „Ao. 1550 hat man ein glocken zur pfarrkirchen gießen lasen zu kemnat.“*

Im Jahr 1537 wurden die beiden **Glocken von ST. STEPHAN** in der ST. MICHAELSKIRCHE aufgehängt, die zu diesem Zeitpunkt nun endgültig auch die Kirche des Volkes war; 1550 erfolgte der Guss einer weiteren Glocke; möglicherweise wurde in dieser Zeit auch der erste Orgelbau in Auftrag gegeben.

Die Glocken waren zu dieser Zeit und auch danach immer wieder, ähnlich wie in Gesees heute noch sichtbar, in einem **„Glockenhäuschen“** untergebracht, da die ausgesetzte Lage der Kirche auf dem Gurtstein für zerstörerische Gewitter und Sturm immer wieder einen Angriffspunkt bot. 1560-76 erfolgt der Neuaufbau des Turms ab dem offenbar solideren spätgotischen Untergeschoss aufwärts.

Zu dieser Zeit 1541-1554 regiert Markgraf ALBRECHT ALCIBIADES, wegen seiner zahlreichen Kämpfe auch „Bellator“, d.h. Krieger genannt. Obwohl er selbst Protestant war, kämpfte ALBRECHT im Schmalkaldischen Krieg 1546–1547 auf der Seite des katholischen Kaisers KARL V. und überfiel, gemeinsam mit MORITZ VON SACHSEN, Kursachsen, wurde aber gefangen. Die Schlacht gewann bekanntlich der Kaiser, mit allen negativen Folgen für die Protestanten. Weil er aber dem Markgrafen den Lohn schuldig blieb, wechselte dieser die Seiten und entwickelte erfolgreiche Pläne zum Fürstenaufstand 1552, die den Kaiser zur Flucht nach Italien zwangen.

(10) LORENZ TRÄNKEL, bis 1556[81] (auch Trinckel; „Truncus" = der Stamm bzw. Stumpf), 1554 auf der II. Stelle (s.u.).

(Ohne Nummer) Der im Bayreuther Zeit- und Handbüchlein und in den Superintendentur-Akten BAYREUTH nun folgende PETER ALPHÄUS „Norembergensis" war nach der Pfarrbeschreibung von 1843 einige Jahre Kaplan (Vikar), aber nicht Pfarrer.[82]

(11) BARTHOLOMÄUS ZÖTTLEIN („Zottlerus"), bis 1573 [Er ist bereits seit 1566 auf der Kaplanstelle, s.u. Nr. 11; das ***Epitaph*** auf der ersten Empore an der Westwand der ST. MICHAELSKIRCHE am nordwestlichen Treppenaufgang, das die Taufe Christi im oberen Feld zeigt und darunter die Stifterfamilie, möchte ich aus stilistischen Gründen ZÖTTLEIN zuschreiben, vergl. auch die Begründung im genannten Kapitel über die Epitaphien im Projekt ‚Myrten für Dornen'].[83]

Im Passauer Vertrag 1552 wurden die Protestanten zunächst anerkannt. Im zweiten Markgrafenkrieg 1552-55 scheiterte ALCIBIADES mit seinem überzogenen Plan, ein Herzogtum Franken auch auf Kosten der Reichsstädte zu errichten; er kam in die Reichsacht und wurde schließlich in der Schlacht von Sievershausen 1553 besiegte. Sein Land wurde verheert, Bayreuth, Hof und Kulmbach gingen in Flammen auf, die Plassenburg, bis dahin Residenz und Landesfestung der fränkischen Hohenzollern, wurde bis Juni 1554 belagert und schließlich übergeben und zerstört. Das Markgrafentum ging schließlich an den Ansbacher Markgrafen GEORG FRIEDRICH über.

[81] 1563 erfolgte wegen Baufälligkeit eine Besichtigung des Pfarrhofes. Die Baumaßnahme zog sich ewig hin und wurde 1576 vom Pfarrer vergeblich neu beantragt, da er mit dem Gesinde in einer Stube lebe. Dem wurde 1578 in einer Visitation entgegnet, dass es in Weidenberg an allem, auch der Schule, mangele und die Künsberger damit überfordert seien.

Aus alten Akten: *„Ao. 1555 ist die schul vom gotthaus gebawet worden".*

[82] Zur gleichen Zeit ist aber ein PETER ALPHRUN zu Emtmannsberg Pfarrer, der vorher seit 1563 in Weidenberg Kaplan war (gemeint ist wohl der gleiche PETER ALPHÄUS, s.u. Nr. 10, der mit seinem Nachfolger auf der Kaplanstelle BARTHOLOMÄUS ZÖTLEIN, s.u., „um die heurige Frucht eines zur Kaplanei gehörenden Äckerleins streitet". Möglicherweise war er einige Jahre Verweser der I. Pfarrstelle. Ihm folgte 1565 BARTHOLOMÄUS ZÖTTLEIN zunächst auf der Kaplanstelle.

Aus alten Akten: *„Ao. 1558 sind Veit Dietz, Hans Heckel und Erhard Übel Gottshauspfleger" – „Ao. 1560 und folgende zwey iar hat man am vntern theil des thurn gebawet."*

[83] ZÖTTLEIN, welcher der Gemeinde von seinem Dienst auf der II. Pfarrstelle bereits bekannt war, war kein großer Theologe, aber beliebt. Er setzte sich mit Unterstützung der führenden

(12) JOHANN GUTTENBERGER, bis 1584 [nicht 1585].[84]

(13) JOHANN FISCHER („Piscator"), aus KULMBACH hierher versetzt ***(Epitaphbild)***.[85] Er verfasste ein (verlorenes) Zehentregister und ließ sich selbst ei-

Weidenberger aus Adel, Richter, Bürgermeister und Gemeinderat gegen den vom Creußener Pfarrer JOHANN BAUERNSCHMIDT empfohlenen Mitbewerber WOLFGANG FROSCH, Schulmeister aus Creußen, durch, nachdem er eine Probepredigt gehalten und auch hinsichtlich seiner theologischen Kenntnisse Besserungsversprochen hatte.

FROSCH wurde dann 1574-92 Pfarrer in Gesees, dort aber wegen Streitsucht vor allem seiner Frau amtsenthoben. Auch der vom markgräflichen Oberhauptmann protegierte Pfarrer DAVID LANGER aus Schauenstein fiel bei dieser Pfarrwahl durch.

In Zöttleins Amtszeit wurde der Glockenturm vollendet. Aus alten Akten: *„Ao. 1575 ist wegen der erbawung des glockenthurns aus fürstl. Befehl ein gleiche anlag der vnkosten uff Brandenburgische und Kindspergische vnterthane gelegt worden, und hat man ein boden in die schul machen, und dieselbe betachen lasen vom gottshaus."* – *„Ao. 1576 hat man den Kirchthurn vollendet und ist von allgemeiner anlag zum thurngebew eingebracht worden"*

Im gleichen Jahr 1576 beantragte Pfarrer ZÖTTLEIN die Renovierung des Pfarrhauses, da er mit Familie und Gesinde nur in einer Stube lebe.

1578 wurde in Weidenberg eine Kirchenvisitation durchgeführt, die einige Mängel zutage förderte: *„In dieser Pfarr hat es allweg mehr mangel den [als] an andern orten."* Es gab Klagen über mangelnde finanzielle und moralische Unterstützung durch die Künsberger beim Bau des Kirchturms und der Renovierung der Schule; die kirchlichen Kantoren-Lehrer wechseln ständig und unterrichten schlecht, es gehen kaum Kinder in die Schule; *„schad, daß in einem solchen Markt und Flecken nit eine gute schule sein soll, das doch eine große Jugend hat"* [Konsequenzen 1588 s.u.]. Auch wird über einen alten „gottlosen Juden Simon" Klage geführt, der ein schlechter Mensch sei, die Christen beleidige und viele Unsitten und Diebsgesindel anziehe und nach Weidenberg bringe.

[84] Guttenbergers Frau zeigt 1585 seinen Tod nach schwerer Krankheit und Siechtum an und bittet, noch im Pfarrhaus wohnen zu dürfen und die Pfarrstelle durch die Nachbarpfarrer in Birk, Neunkirchen und Nemmersdorf vertretungsweise versehen zu lassen. Ihr Mann habe viel Geld in der Pfarrei verbaut (möglicherweise für die o.a. Pfarrhausrenovierung).

[85] Die Dienstzeit von JOHANN FISCHER in Weidenberg ist nicht ganz sicher, wohl von 1584-1603. In seiner Amtszeit wurde im Jahr 1588 die Gerichtsschreiberei, die bis dahin mit in der Hand des Kantors lag, von seinem Schuldienst getrennt. Es wurde endlich in Weidenberg eine neue **Schule** errichtet und hierfür ein Kantor eingesetzt.

Auch von einem **Glockenguss** wird berichtet. Aus alten Akten: *„Ao. 1592 ist eine newe glocken zu weidenberg goßen worden".* Zugleich gab es Beschwerde, dass Muckenreuth seit Jahren keinen Zehnt gibt.

nen „Grabstein“ [das Epitaphbild] setzen,[86] der folgende Aufschrift trägt:

„Hic ego piscator sub terra dormio nigra
adventum exspectans o bone Christe tuum
Christe veni, largiere mihi tua gaudia vitae
ut tibi cum sanctis discere grata queam.“

b. Die Inhaber der I. Pfarrstelle im 17. Jh.: Thumser, Gallus, Fleißner, Geißler, Nüzel, Leßner, Harles, Speckner, J. R. v. Wenckheim

(14) MAGISTER SALOMON THUMSER, bis 1606[87]. War bis 1590 Diakonus in WEIßENSTADT, bis 1593 in BERNECK, bis 1603 in LINDENHARDT, bis 1606 dahier, starb 1622.[88]

(15) SIMON GALLUS „Weißendorfensis“, Schwiegersohn von THUMSER, war Verweser 1622, kam dann als Pfarrer nach THUMSENREUTH, später als Diakonus nach SCHWARZENBACH / Saale.

(16) JOHANNES FLEIßNER; studierte in WITTENBERG, wurde 1610-13 Lektor in BAYREUTH, bis 1622 Pfarrer in GOLDKRONACH, konnte wegen der Kriegsstürme nur

---

[86] Gemeint ist wohl das **Epitaphbild** in der Kirche mit der Jahreszahl 1609, die aber wohl **1603** heißen und das Todesjahr Fischers bezeichnen soll und bei Restaurationen verkehrt gedeutet wurde. – Das KÜNSBERG-Epitaph mit der Auferstehung Christi ist kurz vorher im Jahr 1591 gefertigt worden.

[87] Von 1603-1655 regierte MARKGRAF CHRISTIAN VON BRANDENBURG-BAYREUTH, nachdem mit dem Tod von GEORG FRIEDRICH I. der Ansbach-Jägerndorfer Zweig der alten Linie der fränkischen Hohenzollern ausgestorben war. CHRISTIAN war in Cölln an der Spree geboren und begründete den Kulmbach-Bayreuther Zweig der jüngeren Linie der fränkischen Hohenzollern. 1604 bezog er seine Residenz im Renaissancebau des sg. „Alten Schlosses“ in Bayreuth, das nun weiter ausgebaut wurde.

Als Markgraf war CHRISTIAN einer der Begründer des Militärbündnisses der Protestantischen Union und verbündete sich im Dreißigjährigen Krieg mit Schweden, hatte aber selbst zu schwache Truppen, um sein Land wirkungsvoll vor den Folgen des Dreißigjährigen Krieges zu schützen. Das kleine Fürstentum war kaum auf Kriegshandlungen im eigenen Land vorbereitet. Truppendurchzüge starker freundlicher und feindlicher Verbände führten zu chaotischen Verhältnissen. Die Bevölkerung litt zunehmend unter dem Aufwand der Verpflegung von Truppen bzw. diversen auferlegten Zahlungen. Die dem Markgrafen unmittelbar unterstellten Verbände hatten angesichts der durchziehenden Truppenstärken kaum militärische Bedeutung und erzielten nur mit dem Überfall auf benachbarte bambergischer Orte nennenswerte Erfolge. In dieser Situation verließ der Markgraf sein Land. Kaiser FERDINAND II. setzte ihn 1635 ab, der Markgraf regierte jedoch weiter.

[88] Stilistisch betrachtet könnte das SPECKNER-Epitaph „Auferstehung Christi“ aus dem Jahr 1653, s.u. Nr. 29, auch für THUMSER gestiftet worden sein; es trägt eine Verzierung, die der Verzierung am Schalldeckel der Kanzel in Gesees, die auf 1628 datiert ist, außerordentlich ähnelt.

bis Okt. 1622 in WEIDENBERG bleiben. Hatte mit der Witwe des Vorgängers einen Streit wegen der Intraden (Intercalarien), den dann das Konsistorium schlichtete; starb 1633zu BAYREUTH an der **Pest**.

Danach war anscheinend eine kriegsbedingte Vakanz.

(17) BALTHASAR GEIẞLER, Pfarrer 1634,[89] hat aber wegen großer Kriegsnöte die Pfarrei nicht bezogen, starb 1634 zu BAYREUTH an der **Pest**.

(18) EBERHARD NÜZEL, Pfarrverweser und Kaplan 1635–37,[90] war danach eine Zeit lang Pfarrer in LENK, verstarb aber, als er in DROMSDORF (Trumsdorf) aufziehen sollte. Der Witwe und ihren Stiefkindern wurde der halbe Teil der Intraden versprochen.

(ohne Nummer) JOHANN HEINRICH LEẞNER [nicht in der Pfarrbeschreibung verzeichnet; vielleicht Verwechselung mit NÜZEL oder dessen Mentor?].

(19) JOH. GEORG HARLES „Harlesius" 1637–52 ***(Grabrelief)***, studierte in Wittenberg und kam 1638 nach vielen Kriegsnöten und nachdem er in MUGGENDORF abgebrannt war und in BAYREUTH ein Jahr ohne Anstellung gelebt hatte, als Pfarrer hierher.[91]

Unter seiner Leitung wurde 1638 die kleine Glocke auf den Turm geschafft, „da Hans Sauerbrei Gotteshausvorsteher war". Sein steinernes Grabmonument (gest. 1652) ist am oberen Eingang des I. Pfarrhauses angebracht.

---

[89] Im Jahr 1633 überfielen Kroaten Weidenberg; am Obermarkt brach ein Brand aus, dem auch das Alte Schloss zum Opfer fiel. WOLF ERNST V. LINDENFELS erwarb die Ruine nach dem Krieg und baute sie wieder auf. 1634 wütete auch in Weidenberg die Pest, der auch JOBST BERNHARD V. KÜNSBERG zum Opfer fiel; er zog sich nach Warmensteinach wohl in die BURG WURZSTEIN (s.o.) zurück. Danach verfiel diese Burg rasch

[90] Für dieses Jahr 1637 wird auch ein Brand der ST. MICHAELSKIRCHE vermerkt.

[91] HARLES leitete 1638 den provisorischen Wiederaufbau der ST. MICHAELSKIRCHE nach dem Brand von 1637 ein. Dafür war auch der oben erwähnte Nachguss der Glocke gedacht.

1645 starb WOLF-ADRIAN V. KÜNSBERG; für ihn wurde im gleichen Jahr das steinerne „Ritter-Epitaph" aufgestellt, das noch heute den Eingangsraum der Kirche ziert.

– Ihm folgte:

(20) der „fürstl.-brandenburg. Consistorial-Assessor" JOHANN SPECKNER 1653, der nur zwei Monate im Amte war und dann verstarb ***(Epitaphbild** links).*[92]

– Ihm folgte:

(21) JOHANN RUDOLF V. WENCKHEIM UND SCHWANBERG, 1654-1691, der zuvor Feldprediger in WEIDEN gewesen war. ***(Epitaphbild** unten)*[93]

Zu seiner Zeit wurden „MUCKENREUTH, ECKARTSREUTH und KIRMSEES samt Zehnten abgewendet", d.h. endgültig rekatholisiert.

[92] Epitaph auf der Empore hinter dem Altar. – Im gleichen Jahr wurde das Stein-Epitaph für den Bürger PANFICK errichtet, das heute den Kircheneingang ziert.

[93] Epitaph in der Kirche (Zuschreibung; es könnte auch für THUMSER – s.o. Nr. 14 – gestiftet worden sein).

Wahrscheinlich stammt auch das älteste Vortragekreuz der Kirche aus seiner Zeit vor 1690. Stilistisch könnte es aus der bekannten Werkstatt der Kulmbacher und dann Bayreuther Bildschnitzerfamilie BRENCK stammen, von der sich auch weitere Zeugnisse im Gebiet des Obermain finden, z. B. die Christusaltäre in der Veits-Kapelle auf dem Staffelsberg und in Gesees oder das Geseeser Vortragekreuz. – V. WENCKHEIM ließ 1658 auch die Weidenberger **Orgel** neu bauen; 1688 WAGNER-Steinepitaph; 1691 WENCKHEIM- Epitaph.

(Ohne Nummer) WILHELM ALBERT VON WENCKHEIM, bis 1693;[94] der Name dieses Pfarrers fehlt in der Pfarrbeschreibung, er war bis 1691 Vikar beim Vorgänger, seinem Vater.[95]

c. *Die Inhaber der I. Pfarrstelle im 18. Jh.:* Rösler, J. H. Böhner, J. L. Böhner, Oelschlägel

(22) ADAM RÖSLER, bis 1719 (geb. am 23. Aug. 1636 in WUNSIEDEL, gest. im Sept. 1719 in WEIDENBERG, 84 J. alt). – RÖSLER war zuvor Pfarrer in BAYREUTH St. Johannis und seit 1669 in NEUSTADT AM CULM, seit 1693 in WEIDENBERG ***(Epitaphbild)***. Von diesem RÖSLER erzählt man sich folgende Geschichte:

Im Pfarrhause brachen einst zu Mitternacht Diebe ein, welche dem Pfarrer und seiner Frau Hände und Füße banden, um ihr Diebsgeschäft desto besser vorrichten zu können. Die Pfarrmagd, welche dieses hörte, sprang aus dem Fenster heraus und brach sich das Bein. Trotzdem schleppte sie sich vor auf den Kirchhof bis ins Glockenhaus und zog den Strang der kleinen Glocke. Die hiesigen Einwohner, denen der Schall dieser Glocke zu solcher Zeit etwas Schreckliches war, sprangen aus ihren Betten und auf den Kirchhof, um zu sehen, was es wäre. Die Magd berichtete, dass im Pfarrhause Diebe eingebrochen waren, sie sollten um Gottes Willen helfen. Als man ins Pfarrhaus kam, waren die Diebe bereits entflohen. Man verfolgte sie bis an den Schnellgalgen bei Biengarten,[96] aber sie waren verschwunden. Später wurde eine Diebsbande eingefangen und in NEUSTADT A/C. hingerichtet,[97] worunter der leibliche Sohn des Pfarrers RÖSSLER war, der selbst mit in das elterliche Haus

---

[94] In dieser Zeit regierte von 1655-1712 Markgraf CHRISTIAN ERNST. Er förderte in Erlangen und Bayreuth bewusst den Zuzug von Hugenotten, die aus der leistungsfähigen französischen Oberschicht stammten und in den zwei Jahrhunderten nach der blutigen Bartholomäusnacht von 1572 in wachsender Zahl aus Frankreich flüchteten.

[95] In seiner Amtszeit starb im Jahr 1692 WOLF-ERNST V. LINDENFELS. Pfarrer WENCKHEIM jr. dürfte diesen in Weidenberg und Umgebung mit seiner schönen Frau und seinem Lebensstil auffallenden Reichsritter und Rivalen des Markgrafen beerdigt haben.

[96] Der Galgen stand an der Grenzlinie vom Markgrafentum zur Oberen Pfalz am Waizenreuther Berg 2 km vor Kirchenpingarten, vergl. auch die historische Karte unten auf S. 353.

[97] Das 1370 gegründete Neustadt am Kulm besaß seit 1427 die „Halsgerichtsbarkeit".

eingebrochen war. Er war zuerst Student in Leipzig, ging unter eine Schauspielergesellschaft und zuletzt unter eine Diebsbande."

Das Epitaph-Bildnis des Pfarrers RÖSLER ist renoviert und hängt an der Rückwand der unteren Empore am linken Treppenaufgang zur Orgel.[98]

---

[98] Der rührige ADAM RÖSLER ist die wichtigste geistliche, aber auch organisatorische Leitfigur im Markt Weidenberg zu dieser Zeit. Ihm sind auch zwei wichtige Kirchbauten zu verdanken:

Zunächst beantragten die 91 Warmensteinacher Protestantenfamilien 1698, also zu Röslers Amtszeit, den Bau einer eigenen **Kirche in Warmensteinach**. Dieser Neubau einer frühen typischen Markgrafenkirche konnte dann 1706, gefördert durch Lindenfels'sches Bauholz und Mittel vom Markgrafen CHRISTAN ERNST (1655-1712), realisiert werden. Seitdem predigte hier der Weidenberger Pfarrer monatlich, an den anderen Sonntagen vertrat ihn der Schullehrer mit einer Lesepredigt

1705-1712 ließ RÖSLER in Weidenberg zunächst den **Glockenturm** renovieren und den alten spätgotischen achtseitigen spitzen Turmhelm mitsamt seinen vier Türmerstübchen durch die modische **„welsche Haube“** ersetzen, die den Turm noch heute bekrönt.

Zur gleichen Zeit 1705-11 ließ Markgraf CHRISTAN ERNST im Norden der Residenzstadt Bayreuth eine bedeutsame Kirche im Markgrafenstil errichten, die für das Bayreuther Land Beispiel gebend wurde. Schon als Erbprinz hatte er dort nach Ideen der Aufklärung 1701 den Bau seines Schlosses und ab 1702 die Errichtung von 24 gleichen Typenhäusern „nach holländischem Geschmack“ in Auftrag gegeben. Sein seit 1712-1726 regierender Sohn GEORG WILHELM vollendete ringsum diese Kirche diesen neuen geschlossenen Stadtteil, der, wie die Kirche selbst, nach dem Namenspatron dieses Markgrafen „St. Georgen“ genannt wurde. Sowohl die Bebauung des Stadtteils, als auch dieser Kirchbau wurden zum Vorbild für weitere Neuanlagen im ganzen Markgrafentum, so auch in Weidenberg.

1713/17 konnte Pfarrer RÖSLER hier den Beginn des **Neubaus von ST. MICHAEL** in die Wege leiten. Er ließ im Auftrag des Protestant. Konsistoriums Bayreuth das spätgotische Langhaus der alten Michaelskirche abreißen und, außer der Westwand und dem bereits überarbeiteten Turm, alles bis 1723 im frühen Markgrafenstil als lichten Saalbau großzügig neu bauen.

Stilistisch glich diese erste Weidenberger Markgrafenkirche vollständig der St. Jakobus-Kirche in Obernsees, die unmittelbar anschließend 1727-1729 von denselben markgräflichen Baumeistern entworfen und gebaut wurde. Freilich führten Geldmängel in Weidenberg zu folgenreichen zwischenzeitlichen Baustopps und letztlich zu einem von Anfang an desolaten Bauwerk, das dann 1769 noch einmal fast vom Nullpunkt aus begonnen werden musste, während das Obernseeser Bauwerk in seinem ursprünglichen Zustand bis heute besteht. Diese Obernseeser Jakobuskirche ist daher ein wichtiges Vergleichsobjekt, wenn man fragt, wie wohl die Rösler'sche Kirche ausgesehen haben mag.

In Röslers Zeit erfolgte auch die Aufstellung der Lindenfel'schen Epitaphien in ST. STEPHAN, was auch einen kirchendiplomatischen Erfolg darstellte; denn bis dahin betrachteten die Adligen die Kirche ST. MICHAEL als „ihre“ Begräbniskirche. CARL URBAN (1662-1727), der Sohn von WOLF ERNST V. LINDENFELS, hatte freilich inzwischen seinen Frieden mit der katholischen Kirche geschlossen und war, um seine Besitzungen in der Frankenpfalz nutzen zu können, konvertiert; er ist als einziger LINDENFELS in der katholischen Kirche von Kirchenpingarten beigesetzt. Die Nachfahren waren wieder evangelisch. Später, ab 1835, legte die Familie

(23) JOHANN HEINRICH BÖHNER.[99] Seit 1708 Vikar „Pfarradjunktus" beim Vorgänger ADAM RÖSLER, dann seit 1718 I. Pfarrer ***(Epitaphbild).***

[Obwohl JOH. HEINR. BÖHNER neben seinem Vorgänger ADAM RÖSLER und seinem Nachfolger und SOHN JOHANN LUDWIG BÖHNER einer der bedeutendsten und wirkungsvollsten Pfarrer in WEIDENBERG war, erzählt die Pfarrbeschreibung von ihm bzw. seinen wesentlichen Baumaßnahmen an der Kirche eigenartigerweise gar nichts,[100] auch

---

V. LINDENFELS auf dem Bayreuther Stadtfriedhof eine eigene Familiengruft an, die aber inzwischen aufgelassen ist. – Vergl. dazu auch mein Buch „Spurensuche Frankenpfalz", S. 129ff.

[99] JOH. HEINR. BÖHNER ist der erste „echte" Weidenberger Pfarrer: Er wurde nämlich am 17. März1684 in Weidenberg geboren und noch in der alten baufälligen spätgotischen St. MICHAELSKIRCHE getauft. Sein Vater war der Metzger und Bürgermeister HANNS BÖHNER der Jüngere aus Weidenberg, dessen Vorfahren aus einer Rotgerberfamilie aus Stockau stammten. Die ca. 1683 geehelichte Mutter ELISABETHA, geb. DOMEYER, war Tochter des Sägschmieds LEONHARD DOMEYER und seiner Frau ANNA aus Goldkronach, die bald nach Weidenberg gezogen waren, wo sie dann von 1661-1684 10 Kinder bekamen.

BÖHNER ist im Alter von 73 Jahren am 13. Mai 1757 in Weidenberg verstorben und wurde dort am 17. Mai dieses Jahres in einer Kirchengruft rechts vor dem Altar beerdigt. Seine Dienstzeit betrug über 49 Jahre! Sein Epitaph-Bildnis hängt in der Kirche. Weiteres zur interessanten Vita von JOH. HEINR. BÖHNER findet sich im genannten Kapitel im Projekt _Myrten für Dornen'.

[100] BÖHNER setzte den von seinem Vorgänger und Mentor ADAM RÖSLER im Jahr 1717 begonnenen **Neubau des Saalbaues der ersten Weidenberger Markgrafenkirche** fort, von dem die vorliegende Pfarrbeschreibung von 1913/14 offensichtlich nichts mehr wusste. Die auftretenden finanziellen Schwierigkeiten, verbunden mit einem Baustopp, wurden mit Hilfe des seit 1726-1735 regierenden Markgrafen GEORG FRIEDRICH KARL, dem Gründer von St. Georgen, behoben. Mit seiner Hilfe beschaffte BÖHNER auch die bis heute erhaltene **Inneneinrichtung**. So gab er im Jahr 1725 die neue **Barockorgel** bei der Fa. PURUCKER in Auftrag, der Orgelprospekt stammt von JOH. CHR. MÖCKEL.

1730 wird das Gotteshaus „arm" genannt, kein Wunder nach dem schuldenintensiven Neubau, für den auch noch die Ausstattung anzuschaffen war. Gleichwohl entstand der neue, auch heute genutzte und viel bewunderte **Kanzelaltar** wohl in der teuren Bayreuther Werkstatt von ELIAS UND JOH. GABRIEL RÄNTZ. Er wurde bemalt vom Fassmaler JOH. PETER LANGHEINRICH, der auch bei der Bemalung der 1732 eingebauten **Emporen** beteiligt war.

Das **ältere markgräfliche Wappen** aus dieser Zeit ziert noch heute diesen Kanzelaltar und ist ein sicherer Beweis dafür, dass die Kirche 1770, entgegen der landläufigen Meinung, *nicht* abgebrannt ist. Dieser erste Bau einer Markgrafenkirche in Weidenberg musste aber bereits seit 1769 wegen Baumängeln noch einmal von den Solbänken aufwärts neu begonnen werden und erlebte dann als halbfertiger Rohbau den Stadtbrand von 1770, ohne Schaden zu nehmen,

nicht von seinem freundschaftlichen Verhältnis zur Patronatsfamilie v. LINDENFELS, mit dem er beim Markgrafen aneckte.[101] Als einziges bringt sie folgende Anekdote]:

---

was dann zu dem bekannten Fehlurteil führte, die Kirche sei damals abgebrannt.

Zur Aufklärung dieser bislang wenig bekannten Zusammenhänge hat der Weidenberger Orts- und Adelshistoriker NORBERT SACK zu meinen Recherchen wesentliche Beiträge geleistet; er hatte zusammen mit seinem Mentor HARALD STARK die einschlägigen Akten des landeskirchlichen Archivs schon vor längerer Zeit eingesehen, aber das Ergebnis bis dato nicht veröffentlicht.

Ich habe diese neuen Erkenntnisse über ein wesentliches Kapitel Weidenberger Kirchengeschichte erstmals in den von mir seit 2009 neu herausgegebenen Gemeindebriefen in der Ausgabe 25 vom Dez. 2013/Jan. 2014 vorgestellt. Diese Fakten werden im Projekt ‚Myrten für Dornen' im genannten Kapiteln über die ST. MICHAELSKIRCHE und die Pfarrer ausführlicher beschrieben. Noch die Baubroschüre der Kirchenrenovierung 2010-12 und meine eigene, zunächst noch darauf fußende Kirchenbeschreibung von 2012 folgten den von Pfarrer EINFALT 1896 erfundenen und in der Pfarrbeschreibung von 1913/14 wiederholten Fehlinformationen über den angeblichen Kirchenbrand.

Wohl ebenfalls in der Räntzwerkstatt in Bayreuth sind 1735 und 1750 **zwei Vortragekreuze** angefertigt worden.

1738 konnten **zwei Glocken** gegossen werden; möglicherweise stammte das Material aus dem Umguss der Glocken von 1550 und 1592, die klanglich wohl nicht befriedigten. Die Mittel zum Guss kamen nach den Nachrichten bei Pfr. EINFALT zu einem erheblichen Teil aus Spenden, die in den Opferstock am sagenumwobenen Gesundbrunnen im Steinachtal eingelegt wurden.

Im Jahr 1750, also nach Fertigstellung der ersten Weidenberger Markgrafenkirche, kam es am Untermarkt zu einem Brand, der aber für die Kirche ohne Auswirkung blieb.

1752 wurde das Steinepitaph der angesehenen Familie SCHNORR in der Kirche aufgestellt. 1756 erfolgte die Reparatur der zur Gottesackerkirche führenden Brücke und Dachneudeckung.

Aus alten Dokumenten: *„Gotteshauspfleger ist zu der Zeit Conrad Lorenz".*

[101] Am ersten Adventssonntag 1719 hielt JOH. HEINR. BÖHNER im Gottesdienst von der Kanzel eine Fürbitte für die von einem dramatischen Kindbett genesene Frau ANNA MARIA V. LINDENFELS, geb. V. SCHIRNDING, die dafür 2 Speziestaler stiftete. Nachdem die Markgrafen mit den Reichsrittern heftig rivalisierten und der Weidenberger Kirchenpatron CARL URBAN V. LINDENFELS zudem katholisch geworden war, um im Frieden mit seinem Frankenpfälzer katholischen Umfeld sein Schloss in Reislas nutzen zu können, ging beim Markgrafen Beschwerde ein, die aber, nachdem der Bayreuther Superintendenten STÜBNER das Predigtkonzept kontrolliert hatte, ohne Folgen blieb.

1729 entspann sich im Rahmen des allgegenwärtigen Konfliktes zwischen den Reichsrittern und dem Markgrafen erstmals der lang anhaltende kuriose „Kirchenstuhlstreit", eine Auseinandersetzung um den Bau und die Nutzung der Adelslogen in der Kirche. Er wird im genannten Kapitel über die Kirche und ihre Pfarrer in der 2. Folge des Projektes ‚Myrten für Dornen' ausführlich abgehandelt:

Danach war eine Fürstenloge in ST. MICHAEL an der Rückseite bereits eingerichtet. Der Antrag von Carl Urbans Nachfolgers CARL WILLIBALD V. LINDENFELS, der aufgrund seiner Taufe

„Im Jahr 1739 wurde am Pfarrhause gebaut, weil einmal um Mitternacht, als Pfarrer Heinrich Böhner mit seiner Familie sanft schlief, ein starker Durchzugsbalken zerbrach und Pfarrer Böhner mit seiner Familie in die Nachbarshäuser flüchten musste."

Gestorben 1757. Sein Bildnis ist ebenfalls erhalten.[102]

– Ihm folgte 1758 sein Sohn:

(24) JOHANN LUDWIG BÖHNER, nachdem er zuvor dem Vater als Vikar beigegeben war. Gest. 1783 ***(Epitaphbild)***. [Auch von ihm berichtet die Pfarrbeschreibung rätselhafterweise nichts weiter, obwohl er der Pfarrer war, der die Bausünden an der Kirche aus der Zeit seiner Vorgänger wieder gutmachen musste. Er brachte den erneuten Neubau der Weidenberger Markgrafenkirche erfolgreich zum Abschluss.

Pfarrer EINFALT erwähnt in seiner Geschichte von Weidenberg lediglich, dass während der großen Epidemie im Siebenjährigen Krieg nach dem Tod des Württemberger Feld- und Lazarett-Geistlichen JOH. LUDW. SCHAAF und des Weidenberger (evangelischen) Kaplans JOH. MICH. GANSMANN nun Pfarrer LUDWIG BÖHNER von WEIDENBERG allein das Trostamt unter den Kranken versah und dass in diesem Jahr der Gottesacker bei ST. STEPHAN eine Erweiterung erhielt.[103]

---

lutherisch war und auch blieb, auf Errichtung eines „Kirchenstuhls", d.h. einer Adelsloge, in ST. MICHAEL neben der Fürstenloge, wurde dank der Zahlung von 100 Speziestalern genehmigt. Pfarrer BÖHNER aber, der den Bau vorab gestattet hat, wurde getadelt. Das Lindenfels'sche Wappen wurde im Jahr darauf nach Intervention von Amtmann ARZBERGER auf markgräfliche Weisung entfernt. – Einige Jahre später ließ CARL WILLIBALD eine noch größere beheizbare Adelsloge entlang der Nordwand der Kirche errichten. Dabei wurde auch die neu erbaute Sakristei um ein Geschoss aufgestockt und ein Fenster zugebaut, was aber den Raum verdunkelte und die Sicht behinderte; so entstand mancher Unmut in der Gemeinde.

[102] Das JOH.-HEINR.-BÖHNER-EPITAPH von 1757 ist seit der letzten Kirchenrenovierung 2012 auf der ersten Empore unter der Orgel aufgehängt und ist das mittlere der drei nebeneinander dort hängenden Pfarrerbildnisse.

[103] **JOHANN LUDWIG BÖHNER** ist am 11. Febr. 1718 in Weidenberg geboren und am 14. März 1783 hier gestorben. Er half dem Vater zunächst im Pfarramt und trat 1758 selbst sein Amt auf der I. Pfarrstelle an. Vater und Sohn BÖHNER brachten es zusammen auf eine Dienstzeit von stolzen 74 Jahren als Geistliche in Weidenberg! Auch von diesem tüchtigen Pfarrer hängt ein restauriertes Epitaph in der Kirche links neben dem Bildnis seines Vaters. In

(25) JOHANN CHRISTOPH OELSCHLÄGEL",[104] 1773 Diakonus, dann [nach dem Tod

---

seiner Zeit konnte der weiter schwelende „Kirchenstuhlstreit" endlich mit dem Kompromiss beigelegt werden, dass die markgräflichen Beamten seit 1760 die ehemalige lindenfelsische Adelsloge in der Kirche mitbenutzen durften.

BÖHNER jr. erlebte in seiner Amtszeit den Regierungsantritt der letzten beiden Markgrafen mit: 1763-1769 FRIEDRICH CHRISTIAN und 1769-1791 CHRISTIAN FRIEDRICH KARL ALEXANDER VON ANSBACH. Er konnte sie zur finanziellen Mithilfe am herausforderndsten Weidenberger Großprojekt gewinnen, nämlich den erneuten Neubau der gerade 50 Jahre alten Markgrafenkirche.

Der Saalkirchenraum der **ST. MICHAELSKIRCHE** musste wegen des desolaten Dachs und Mauerwerks bis auf die Solbänke herunter abgetragen und noch einmal neu gebaut werden. Zur Zeit des großen Marktbrandes 1770 waren die Kirchenmauern der Südseite gerade wieder bis zum Türstock des Hochzeitsportals gediehen, wovon auch die Jahreszahl auf dem dort eingemeißelten Wappen von Markgraf ALEXANDER kündet; die Kirche ist also nicht abgebrannt, sondern zu dieser Zeit noch ein bizarr aussehender Rohbau. Bei diesem Wiederaufbau wurden Seitenwände und Giebel auch wohl mindestens um 1 m gegenüber dem Vorgängerbau erhöht, um mehr Platz über den Emporen und für die Orgel zu gewinnen. Ebenfalls höher und damit auffälliger als im Vorgängerbau wurden die Fenster und insbesondere das neue Dach.

Nach Fertigstellung des Innenraumes wurden 1776 beim Bayreuther HOFMALER **WILHELM ERNST WUNDER** (1713-1787) die drei großen Deckengemälde in Auftrag gegeben: das Zentralgemälde „Geburt Christi" (im Hauptfeld mit geschweifter Rahmung), das Gemälde „Abendmahl Jesu" (in Dreipasskartusche über dem Altar) und „die Taufe Christi durch Johannes" (über der Orgel). Nach der Überlieferung wurden diese Gemälde 1780 fertig. Mehr dazu weiter unten im Kapitel „Die kirchlichen Gebäude in Weidenberg, Die St. Michaelskirche".

In dieser Zeit 1778-80 waren auch Kirchturmreparaturen erforderlich, nachdem u.a. 1779 ein Blitz in den Turm eingeschlagen war.

[104] **JOHANN CHRISTOPH OELSCHLÄGEL** ist am 11. April 1737 in Bobengrün geboren und am 2. August 1821 im Alter von 84 Jahren in Weidenberg gestorben. Er wirkte insgesamt 48 Dienstjahre in Weidenberg und war eine Zeit lang auch Senior des großen Bayreuther Pfarrkapitels. Er ist in St. STEPHAN begraben.

OELSCHLÄGEL ließ im Jahr seiner Amtseinführung auf der I. Pfarrstelle 1783 nach der endgültigen Fertigstellung der ST. MICHAELSKIRCHE die „Hochzeitstreppe" an der Südseite der Kirche errichten, deren Stufen von der Kantorsgasse heraufführen. Er erlebte mit dem Ende des Markgrafentums eine Zeit tiefgreifender Umbrüche mit:

Am 16. Januar 1791 trat der letzte Markgraf ALEXANDER in einem Geheimvertrag seine Fürstentümer für eine lebenslange jährliche Leibrente von 300.000 Gulden an den preußischen Staat ab. Nachdem er gerade verwitwet war, heiratete er seine 29-jährige Geliebte, die englische Schriftstellerin ELIZABETH CRAVEN, die im gleichen Jahre Witwe geworden war, und begab sich mit ihr als Privatmann nach England, wo er sich bis zu seinem Lebensende im Jahr 1806 der Pferdezucht widmete.

Bereits im Jahr 1790 hatte ALEXANDER den tüchtigen preußischen Staatsminister KARL AUGUST FÜRST V. HARDENBERG zur Neuordnung seines Fürstentums nach seinem Abgang angeheuert. Dieser arrondierte resolut die preußische Neuerwerbung, überließ den Bayreuthern aber bewusst viele überkommene Rechte und Freiheiten. Er schaffte es aber nicht, diesem neuen Staatsteil auch noch die Gebiete der ehemaligen Reichsstadt Nürnberg und der Hoch-

von Joh. Ludw. Böhner] 1783 Pfarrer dahier. *„Derselbe war zuerst fürstlich-brandenburgischer, dann Kgl. preußischer und endlich kgl.-bayerischer Pfarrer. Er durchlebte die Drangsal der napoleonischen Kriege seit 1806 und später 1817 Hungersnot."*[105] ***(Epitaphbild).***

[Auffallend ist, dass die Darstellung von Pfarrern auf Epitaphien und Gemälden, die seit der Reformationszeit gebräuchlich und oft ein besonderes Anliegen der Witwen für ihre Trauerarbeit war, mit dem Beginn des 19. Jh., oder genauer gesagt mit den napoleonischen Kriegen und mit der schockierenden Hungerkatastrophe von 1817, schlagartig verschwindet. Obwohl mit der Vorstel-

---

stifte Bamberg und Würzburg einzuverleiben, also eine Art „preußisches Franken" zu begründen. Er setzte aber die Vorstellungen von der Führung Preußens gegenüber dem alten privilegierten fränkischen Landadel durch, der sich bis dahin direkt dem Kaiser unterstellt sah, und leitete damit dessen endgültigen Niedergang ein.

Nach der schweren Niederlage Preußens gegen Napoleon in den Schlachten bei Jena und Auerstedt kam Bayreuth 1806 unter napoleonischer Militärverwaltung nach preußischen Zivilverwaltungsregeln. 1810 verkaufte Napoleon das als seinen Privatbesitz betrachtete Land für 15 Mio. Franc an das junge und von ihm protegierte Königtum Bayern, das ab 1806–1825 unter der Herrschaft von König Maximilian I. Joseph stand.

[105] Hinter dieser drei dürren Worten „später 1817 Hungersnot" verbirgt sich eine der größten Hungerkatastrophen, die Mitteleuropa in der Neuzeit heimsuchte und deren Zeuge Pfarrer Oelschlägel in seiner Amtszeit in diesem „Notjahr 1817" wurde. Merkwürdigerweise wird dieses einschneidende Ereignis aber bisher in keiner der einschlägigen Weidenberger Chroniken erwähnt, also weder in Einfalts „Geschichte von Weidenberg", noch in Reblitz' „Marktbeschreibung", noch in Krölls „Geschichte des Marktes Weidenberg". Auf der Empore in der nah gelegenen Kirchenpingärtner St. Jakobuskirche erinnert aber eine hölzerne Säule hinter der Orgel mit einer Inschrift „1817 – In der harten Zeit" an dieses Unheil.

Fest steht, dass das ganze Jahrzehnt 1812-1821 nicht nur für Deutschland, sondern für ganz Europa, das kälteste und feuchteste seit Menschengedenken war. Hauptursache soll der Ausbruch des Vulkans Tambora in Indonesien 1815 gewesen sein; er trieb Staub über die ganze nördliche Erdhalbkugel, verfinsterte den Himmel und veränderte drastisch das Klima. Das Jahr 1816 ging in die Klimageschichte als **„Jahr ohne Sommer"** ein. Misswuchs führte überall zu Hunger, Teuerung und Armut, ermöglichte aber andererseits cleveren Spekulanten, welche rechtzeitig den ahnungslosen Bauern ihre Vorräte abgekauft hatten, glänzende Geschäfte.

Aus den Aufzeichnungen des Weidenberger Beerdigungsbuches sind zwar die Todesursachen im Einzelnen nicht ohne weiteres ersichtlich, wir müssen aber davon ausgehen, dass auch hier Menschen zu Opfern des Hungers geworden sind. Als dann mit der Wetterbesserung 1818 die ersten Erntewagen in die Orte rollten, wurden überall feierliche Dankgottesdienste gefeiert. – Vergl. dazu auch das Buch „Spurensuche" S. 201f.

lung der Daguerreotypie im Jahr 1839 und der Fotografie bereits im 19. Jh. überzeugende neue Medien zur Verfügung standen, besitzen wir erst aus dem 20. Jh. wieder Abbildungen von Weidenberger Pfarrern, aber nun nicht mehr als beabsichtige Portraits, sondern meist als Ausschnitte von zufälligen Gelegenheitsfotos. Das älteste dieser Gelegenheitsfotos aus der Zeit vor 1897 zeigt Pfarrer HERATH, den Verfasser der Pfarrbeschreibung, am Wirtshaustisch vor dem 1897 abgerissenen Altbau des Gasthofs zur Post an der Lindenkreuzung. Es ist oben am Eingang des Kapitels „Pfarrbeschreibung" abgedruckt].

d. im 19. Jh.:
Wagner, Wolfhart, Landgraf, Heumann, Laubmann, Einfalt

Nachdem die Pfarrei ein ganzes Jahr lang (1822) verwest worden war, um mittels der Pfarreinkünfte die Kirchenschulden zu decken, folgte:

(26) JOHANN NIKOLAUS WAGNER,[106] bis 1833. Dieser hatte zu HALLE studiert, war zu SULZBACH als damaligen Sitz des Konsistoriums ordiniert worden und hatte erst die Pfarreien in WIRBENZ und NEUSTADT AM KULM inne, die 1804 von Preußen wieder an Bayern ausgetauscht worden waren, ehe er hierher versetzt wurde. Er verließ aber WEIDENBERG [nach 10 Jahren] wieder und kam nach SELB.

(27) CHRISTIAN WOLFHART, seit 1833 in WEIDENBERG.[107] In seiner Zeit brach

---

[106] Nicht zu verwechseln mit CHRISTOPH WAGNER, der von 1644-1686 auf der II. Pfarrstelle wirkte. An diesen „älteren" WAGNER erinnert sein Epitaph, eine steinerne Reliefplatte, die am oberen Eingang des Pfarrhauses angebracht ist. Der „jüngere" WAGNER verfasste die Pfarrgeschichte Weidenbergs als Synodalarbeit, hat aber bedauerlicherweise kein Konzept hinterlassen. Es wäre die erste Geschichte Weidenbergs gewesen. So dauerte es nochmals 80 Jahre, bis sich Pfarrer EINFALT dieser anspruchsvollen Aufgabe zuwandte.

JOH. NIK. WAGNER erlebte den ersten bayerischen Herrschaftswechsel im jungen Königtum vom gewollt aufklärerischen König MAXIMILIAN mit seinem strengen Staatsminister JOSEPH DE GARNERIN, genannt GRAF MONTGELAS, zum liberaleren LUDWIG I. (1825–1848), der, wie schon sein Vater, von Amts wegen auch das Patronat über die evangelischen Geistlichen innehatte. Dieses „Summepiskopat" bestand bis zum Ende des Bayerischen Königtums 1918.

Mit LUDWIG I. endete auch ein Bildersturm, der im Volk viel Verbitterung hinterlassen hatte: Unter MAXIMILIAN waren in der benachbarten Frankenpfalz und in Altbayern viele Marterln, Wegkreuze, Heiligenfiguren und Flurkapellen als Zeichen eines „unaufgeklärten" und deshalb überholten und rückständigen Glaubens von Amts wegen „demoliert" worden, wobei einiges nur dadurch gerettet werden konnte, indem man es „entsakralisierte", d.h. zweckentfremdete. So überlebten die barocken Pestsäulen von Reislas und Lienlas in der Frankenpfalz nur dadurch, dass man ihnen das Kreuz und die eingelassenen Bilder nahm und sie zu „Wegzeichen" erklärte; die Kapelle von Ahornberg wurde zur damals modischen Schule umgewidmet. Unter LUDWIG I. setzte eine neue Wertschätzung der Volkskultur ein, die den Menschen Mut machte zur Neuerrichtung ihrer religiösen Kleindenkmäler.

[107] **WOLFHART** ist am 2. April 1783 in Mitwitz geboren. Er führte 1843 die oben bereits er-

1836 auf dem Gurtstein ein Brand aus, der acht Häuser vernichtete und dem beinahe auch die MICHAELSKIRCHE zum Opfer gefallen wäre. Derselbe verfasste auch die (verlorene?) Pfarrbeschreibung von 1832.[108] Er wurde 1846 nach MÖTTINGEN versetzt und starb dortselbst 1857. – Ihm folgte nach mehr als einjähriger Verwesung der Stelle:

(28) CHRISTIAN FRIEDRICH LANDGRAF, seit 4. Mai 1848 I. Pfarrer in WEIDENBERG.[109] Derselbe war ein stolzer und strenger Mann, wie das bei den alten Rationalisten so Mode war, zugleich Distriktsschulinspektor, vor dem junge und übermütige Lehrer einen heillosen Respekt hatten, weil er sie beim geringsten Vergehen auf ein paar Monate, gestützt auf einen Freund an der Regierung in BAYREUTH, außer Dienst setzte, und der sich in der von ihm selbst verfassten Pfarrbeschreibung von 1864 nicht wenig darauf zugute tut, dass er alle seine Kinder in angesehene Stellungen unterbrachte.

Über den Verkehrtesten in damaliger Zeit mag eine Anekdote Zeugnis geben:

In den fünfziger Jahren befand sich als Kandidat, welcher Kirche und Schule zugleich zu versehen hatte, ein gewisser RIEDELBAUCH zu WARMENSTEINACH. Begrüßte dieser nun den dort einkehrenden Weidenberger Herren mit dem Gruße *„Guten Morgen, Herr Senior Inspektor!"*, so ließ sich dieser herab zu sagen: *„Guten Morgen, Herr Kollege!"* Vergaß Riedelbauch auf diese Doppelwürde und grüßte er bloß mit *„Guten Morgen, Herr Pfarrer"*, so erwiderte jener mit *„Guten Morgen, Herr Pfarrverweser."* Redete er ihn aber bloß mit dem Titel „Distriktsschulinspektor" an, so antwor-

---

wähnte und kritisch begutachtete Kirchenrenovierung mit der Entdeckung und Öffnung der Adelsgräber durch.

108 In den Pfarrbeschreibungen von 1835/186 wird der seinerzeitige **PFARRBEZIRK WEIDENBERG** wie folgt umschrieben:

„Der Pfarrsitz ist zu der Zeit Weidenberg, wozu der Bohrturm, der Weiler Rosenhammer, die Einzelnen Schafhof, Ziegelhütten, Stadelhaus und Schuhmühle gehören. Die eingepfarrten Ortschaften sind: die Gemeinde Fischbach mit dem Weiler Schafhof, und Waizenreuth mit der Einzelnen Altenreuth, die Gemeinde Görschnitz mit den Einzelnen Grund, Lochmühle, Au, Eichleithen, Heßlach und von Gossenreuth zwei Häuser, die Gemeinde Mengersreuth mit der Einzelnen Hefenhaus, Weiler Mittlernhammer, Einzelne Heinzenhaus, Rügersberg, mit den Einzelnen Kolmreuth, Kattersreuth und Wildenreuth, die Gemeinde Sophienthal mit Neuhaus. Von der Gemeinde Warmensteinach gehören zum Pfarrbezirk die Einzelnen Bronnenhaus, Neuwerk und Zainhammer. Von der Gemeinde Seybothenreuth sind die Orte Döberschütz und Fenkensees dem Bezirke einverleibt. – Warmensteinach, welches früher ein Filial von Weidenberg war, ist im Jahr 1844 abgetrennt und in eine Pfarr-Expositur verwandelt."

109 Auch **LANDGRAF** ist hier in Weidenberg am 22. Juni 1796 geboren. Er ist damit der vierte Geistliche nach den beiden Böhners und CHRISTOPH ADAM WAGNER (s.u.), der aus dem Marktort stammte.

tete der Letztere mit *„Guten Morgen, Herr Schulverweser"*, oder *„Herr Kandidat"*.

Übrigens war LANDGRAF 22 Jahre in WEIDENBERG. Er starb im Jahr 1870.

(29) Pfarrverwesung: MAX UDO HEUMANN; er verstarb bereits im gleichen Jahr seines Amtsantritts 1872.

(30) GEORG FRIEDRICH WILHELM LAUBMANN, Sohn des Hofer Bürgermeisters, kam aus JODITZ und WUNSIEDEL hierher in vielem Segen.[110] Eine milde und freundliche Natur, wenn auch wortkarg in hohem Maße. Gestorben am 18. Jan. 1894.

(31) JOHANNES MICHAEL EINFALT,[111] Verfasser der mehrfach genannten „Geschichte von Weidenberg und Umgebung" 1896. Machte sich kirchlich verdient um die 1896 begonnene und mit viel Umsicht durchgeführte Restaurierung der Michaelskirche und die Erweiterung des Friedhofs bei St. Stephan. Er verzog am 27. Febr. 1902 nach LANGENZENN bei Nürnberg.

e. Die Inhaber der I. Pfarrstelle im 20. Jh.:
Herath, Hörner, Scheiding, Hoffmann, Heim, Förster,
Schröter, Rönsch, Schadeberg, Starke, Croner, Lauterbach

(32) OTTO KONRAD THEODOR HERATH, zunächst [seit 1886] Zweiter Pfarrer, seit 1902 Erster Pfarrer dahier.[112]

Am 1. April 1914 trat er in den Ruhestand, noch in den besten Jahren. Ein schweres Herzleiden und zunehmende Arterienverkalkung zwangen ihn dazu. Von hier verzog er als ein körperlich gebrochener Mann im Juni darauf nach BAYREUTH,

---

[110] **LAUBMANN** kümmerte sich auch um die Renovierung der STEPHANSKIRCHE. Er gründete im Jahr 1881, dem Trend der Zeit folgend, den **Obst- und Gartenbauverein Weidenberg** und wurde sein Erster Vorsitzender.

In seine Zeit fällt im Jahr 1886 der Beginn des bis 1916 bestehenden Königtums von OTTO I., der aber wegen einer geistigen Erkrankung für regierungsunfähig erklärt und deshalb von seinem Onkel, dem Prinzregenten LUITPOLD, in den Regierungsgeschäften vertreten wurde.

[111] **EINFALT** wurde am 29. Dez. 1845 in Sachsbach geboren, er starb am 26. Juni 1914 in Nürnberg. Er war vorher Vikar in Zirndorf und in Lauf. Pfarrstellen hatte er seit 1874 in Neuhaus und seit 1883 in Baudenbach inne, bevor er am 17. Mai 1894 in Weidenberg I aufzog. Er beschäftigte sich hier intensiv mit der Lebenssituation und Geschichte Weidenbergs und übernahm nach dem Tod Laubmanns den Vorsitz im 1881 gegründeten Obst- und Gartenbauverein.

[112] **OTTO KONRAD THEODOR HERATH** ist Verfasser eines Teils dieser Pfarrbeschreibung, die damit in gewisser Weise ein Vermächtnis von ihm darstellt. Er ist geboren am 31. Jan. 1858 in Kloster Ebrach, wo sein Vater Gefängnisgeistlicher war. Im Jahr 1883 war er Vikar und Verwalter in Eckersdorf, 1884 Verwalter in Mistelgau; 1885 Verwalter in Atzendorf und Billingshausen. Am 15. Jan. 1886 übernahm er die Stelle Weidenberg II, seit dem 11. Aug. 1902 war er Inhaber von Weidenberg I. Das Büchlein von ADAM KIEßLING „Weidenberg in Alten Ansichten" 1984 zeigt ihn auf einem historischen Foto unter Nr. 57 an der Tischmitte.

wo er am 24. März 1915 verstarb. Unter großer Beteiligung der hiesigen Gemeinde wurde HERATH *(Foto vor 1897)* am 27. März nachmittags 3:00 Uhr auf dem städtischen Friedhof dortselbst beerdigt. Die Leichenrede hielt Dekan RUPPRECHT.

[Der Vollständigkeit halber sei hier JOHANNES SCHALLER beigefügt, der in der Pfarrbeschreibung nur unter Nr. 36 bei den Inhabern der II. Pfarrstelle aufgeführt ist. Er war von 1. Apr. 1914 – 14. Dez. 1915Verwalter der I. Pfarrstelle WEIDENBERG, vorher seit 1910 auf WEIDENBERG II. Er ist der wesentliche Verfasser dieser Pfarrbeschreibung].

– Ab hier folgen die Namen und Recherchen über Geistliche auf der I. Pfarrstelle bis in die Gegenwart, welche die Pfarrbeschreibung von 1914 noch nicht enthielt:

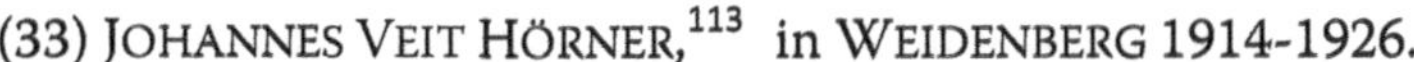

(33) JOHANNES VEIT HÖRNER,[113] in WEIDENBERG 1914-1926.

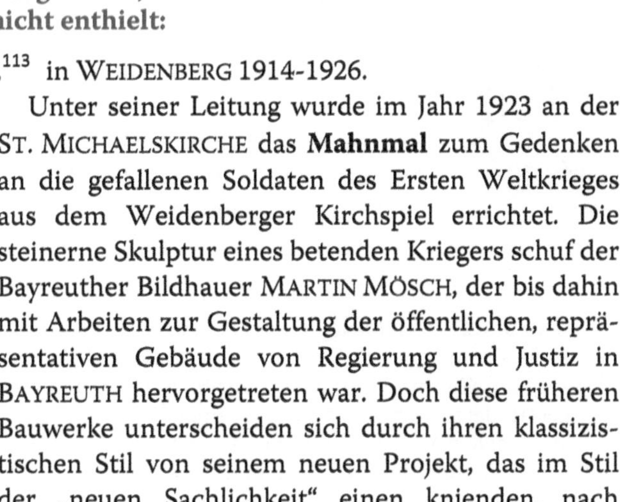

Unter seiner Leitung wurde im Jahr 1923 an der ST. MICHAELSKIRCHE das **Mahnmal** zum Gedenken an die gefallenen Soldaten des Ersten Weltkrieges aus dem Weidenberger Kirchspiel errichtet. Die steinerne Skulptur eines betenden Kriegers schuf der Bayreuther Bildhauer MARTIN MÖSCH, der bis dahin mit Arbeiten zur Gestaltung der öffentlichen, repräsentativen Gebäude von Regierung und Justiz in BAYREUTH hervorgetreten war. Doch diese früheren Bauwerke unterscheiden sich durch ihren klassizistischen Stil von seinem neuen Projekt, das im Stil der „neuen Sachlichkeit“ einen knienden, nach Westen gewandten Soldaten zeigt. Die Versamm-

[113] **JOHANNES HÖRNER** ist am 23. Okt. 1871 in Nürnberg geboren. Sein Vater war Eisenbahnoberkondukteuer. Nach Vikar- und Hilfsgeistlichenstellen in Emtskirchen, Feuchtwangen, Nürnberg, und Fürth war HÖRNER zunächst 1904 Pfarrer in Willmars, 1909 in Zell-Wiepoltshausen und dann seit 20. Juni 1914 in Weidenberg I. 1917 wurde er bis Kriegsende zum freiwilligen Militärdienst bei Sanitätseinheiten einberufen. Wohl 1926 führte er die Renovierung des Kirchturms von ST. MICHAEL durch.

Nach seinem Weggang von Weidenberg Ende Oktober 1926 war Pfarrer HÖRNER Stelleninhaber in Konradsreuth bei Hof und ging dort 1936 in Ruhestand. In den Jahren 1938-43 war er im Landeskirchlichen Archiv Nürnberg bei der Verkartung der Kirchenbücher tätig. Er verstarb am 21. März 1958 in Neuendettelsau im Alter von 87 Jahren.

lung zur Einweihung wurde vom Veteranen- und Kriegervereins Weidenberg unter Einladung von völkischen Gastgruppen gestaltet. Ein Jahr später, am 6. Juli 1924, erinnerte der Inhaber der II. Pfarrstelle GEORG REDENBACHER anlässlich des 50-jährigen Jubiläums des Veteranenvereins in seiner Predigt an diese Denkmalaufstellung. Diese Predigt über Jeremia 31,21 wurde seinerzeit nachgedruckt und in der Gemeinde verteilt. Sie verrät viel über die völkisch-nationale Stimmung der Menschen zur Zeit der Weimarer Republik und zeigt aus heutiger Sicht eine naiv erscheinenden Offenheit für den aufkommenden Nationalsozialismus.

(34) FRIEDRICH KARL SCHEIDING.[114] *(Foto vor 1933).* Am 1. Mai 1927 übernahm Pfarrer SCHEIDING Weidenberg I und wirkte dort bis ins Jahr 1933. Er zeigte sich mit seiner Familie bald für den seit 1929 auch hier aufkommenden Nationalsozialismus offen.

Seine jüngste, 1906 geborene Tochter HILDE, die Kunstgewerblerin war, übernahm in Weidenberg die Gründung des nationalsozialistischen Bundes deutscher Mädchen BdM und war auch dessen erste Führerin.

In Scheidings Amtszeit1931 begann OTTO FREY (+1973) seine über 40-jährige Tätigkeit als Organist, Kantor und Leiter der Chorschüler in Weidenberg.

(35) THEODOR HOFFMANN,[115] in WEIDENBERG 1933-1942.

---

[114] **FRIEDRICH SCHEIDING** ist am 6. Juli 1867 in Kulmbach geboren. Sein Vater war Bierbrauereibesitzer. Nach 13 Einsätzen seit 1893 auf Vikar- und Pfarrverwalterstellen in den verschiedensten Gegenden Frankens wurde er 1909 offiziell Pfarrer in Streitberg, wo er den von ihm gegründeten Kirchen- und Posaunenchor selbst dirigierte und 1922 zum Senior gewählt wurde. Daneben sind für 1909 noch die Verwaltung von Baiersdorf, 1917 von Wüstenstein, 1914 eine Reisepredigertätigkeit in Pfarrkirchen und 1924 das Pfarramt Unterleinleiter im Personalakt eingetragen.

SCHEIDING ließ sich zum 1. Okt. 1933 auf eigenen Wunsch in den vorzeitigen krankheitsbedingten Ruhestand nach Erlangen entlassen. Zu diesem Zeitpunkt war er aber schon 66 Jahre alt. Verstorben ist er in Erlangen am 9. Jan. 1943 im Alter von 75 Jahren.

[115] **THEODOR HOFFMANN** ist am 4. Dez. 1888 in Forst bei Ansbach geboren; sein Vater war Lehrer. HOFFMANN war vom Hensoltshöher Pietismus beeinflusst, hatte aber zugleich ein Herz für die Arbeiterschaft. 1919-1925 war er Pfarrer in Ay-Senden bei Neu-Ulm und 1925-1933 in der typischen Arbeitergemeinde Augsburg-Haunstetten tätig. Hier fiel er durch seine naturbezogene Jugendarbeit und seine bewusste Nähe zur Lebensreformbewegung auf. Aus ihr resultierte eine anonyme Anzeige wegen Nacktbadens und, darauf fußend, eine zunehmende Spannung zur Kirchenleitung. Gegen seinen erklärten Willen wurde er im Okt. 1933 nach Weidenberg versetzt; ein mehrfach angestrebter alsbaldiger Stellenwechsel wurde ihm verwehrt. In seiner vergeblichen Protesthaltung gegen diese Entscheidung haben auch seine Hinneigung zum Nationalsozialismus und sein starkes Engagement für die hitlertreuen „Deut-

schen Christen“ D.C. ihren Entstehungsort; mit beidem wollte er den Landesbischof und sein Kollegium bewusst brüskieren.

In seinem Dienst im Weidenberger Pfarramt und in seinem Umgang mit seinem Kollegen GEORG REDENBACHER (s.u.), der sich bald der Bekennenden Kirche zuneigte, war THEODOR HOFFMANN aber durchaus gewissenhaft und auf seine Weise konstruktiv. So entschloss er sich im Jahr 1934, die **Gemeindekrankenpflege** auf Vereinsbasis neu zu ordnen. Die Stationsschwester sollte also nicht mehr aus Bayreuth entsandt, sondern in Weidenberg angestellt werden. Anstellungsträger sollte ein Diakonieverein sein.

Gleichzeitig bemühte sich Pfarrer HOFFMANN, die bisherige Gemeinschaftsschwester MARGARETHA ZAGEL (in Weidenberg von 1931-38) für diese Stelle zu gewinnen. Das Diakonissen-Mutterhaus der Gemeinschaftsbewegung in HENSOLTSHÖHE war grundsätzlich damit einverstanden. In Weidenberg gab es einige Widerstände – etwa nach dem Motto: „Wir brauchen keine Betschwester, sondern eine Krankenschwester.“ Von manchem wurde die Notwendigkeit einer Krankenpflegestation sogar grundsätzlich angezweifelt. Dennoch wurde im September 1936 der Krankenpflegeverein von 174 Gemeindemitgliedern gegründet. Dies kann auch als Geburtsstunde des Diakonievereins Weidenberg betrachtet werden (Text nach der Selbstvorstellung der Sozialstation auf der Webseite der Kirchengemeinde).

Einschränkend muss hier aber auch von den Verstrickungen und der Schuld in dieser Zeit geredet werden, die auf dieser Webseite (noch) nicht mit benannt werden, die in Form einer naiven Hitlerverehrung viele Diakone und Diakonissen damals betraf:

So grüßte Pfarrer HORST SCHIRMACHER auf dem Diakonentag 1933 die Gäste. *„Dies alles ist evangelische Diakonie: Dienst und Kampf. Wir grüßen euch alle als die SA Jesu Christi und die SS der Kirche, ihr wackeren Sturmabteilungen und Schutzstaffeln im Angriff gegen Not, Elend, Verzweiflung und Verwahrlosung, Sünde und Verderben.“* Seine Zuhörer antworteten mit einem dreifachen „Sieg-Heil“ und sangen das „Horst-Wessel-Lied.“ So absurd diese Selbstpreisgabe der kirchlichen Diakonie an die neuen Machthaber aus heutiger Sicht erscheint, besonders angesichts der damals bald zunehmenden Kirchenfeindlichkeit in der Politik der Nazis, so begrüßte seinerzeit fast die gesamte Diakonie HITLER als Quasi-Erlöser, darunter auch viele evangelische Diakonissen. Es gibt manches peinliche Foto aus dieser Zeit, wo Diakonissen den Arm zum Hitlergruß erheben und HITLER freudig entgegenstrahlen (siehe auch das Foto oben auf S. 26 im Kapitel über das Evangelische Bekenntnismarterl der MARGARETE SCHILLING). Sie sahen in HITLER den Verfechter ihrer Sache, den Sendboten einer neuen, besseren Welt.

Bereits Ende 1932 unterzeichnete der seit 1919 amtierende Rektor des Diakonissenmutterhauses Hensoltshöhe Pfarrer ERNST KEUPP seine Neujahrsgrüße mit »Heil Hitler«, 1933 trat er mitsamt vielen Diakonissen der NSDAP und zeitweilig auch den hitlertreuen „Deutschen Chri- sten“ D.C. bei, von denen er sich eine Neubelebung der Kirche versprach. Er stand der Landes- kirche kritisch gegenüber und wankte fortan zwischen Distanz und Annäherung an die D.C.

Auf der Hensoltshöhe sang man nun das makabre Lied „Die braunen Kolonnen, Sieg Heil“. Seit dem Jahr 1934 mussten die Kleinen der Hensoltshöher Kindergartengruppe auf Anweisung der Oberin mit erhobenem Arm und „Heil Hitler“ grüßen. Rektor KEUPP begründete dies in einer Predigt schlitzohrig: Hitler habe dem deutschen Volk Rettung und Heil, aber nur „irdisches Heil“ gebracht. Durch das Zurufen wünsche man, „dass Gottes Heil mit ihm sei.“

Pfarrer HOFFMANN in Weidenberg, Rektor KEUPP und die Hensoltshöher Schwestern am

Pfarrer HOFFMANN *(Foto nach 1939)* trat hier in die örtliche SA ein, um so das seit Mai 1933 bestehende Parteiaufnahmeverbot der Nazis zu umgehen; er war in der Zeit seiner Anwesenheit in Weidenberg Scharführer der SA.

Im sog. Kirchenkampf 1933-1945 stand er als „Deutscher Christ“ und Nationalsozialist in schwerem Konflikt mit der Kirchenleitung. Als Führer der Deutschen Christen in Oberfranken veranstaltete er ohne kirchliche Genehmigung Gottesdienste, nahm Taufen, Trauungen und Konfirmationen in der städtischen Bayreuther Spitalkirche vor und warb auch in und um WEIDENBERG erfolgreich für den Beitritt zu den D.C.

Nach deren Niedergang ließ er sich im August 1939 als Offizier der Wehrmacht reaktivieren, nachdem er schon im Ersten Weltkrieg entgegen kirchlicher Weisung Dienst mit der Waffe geleistet hatte und hierfür auf Zeit aus dem Kirchendienst ausgeschlossen worden war.

HOFFMANN beantragte am 17. Okt. 1942 seine endgültige Entlassung aus dem kirchlichen Dienst und trat im Folgejahr 1943 mit seiner Frau ganz aus der Evangelisch-lutherischen Kirche in Bayern aus; er ließ sich stattdessen als „gottgläubig“ eintragen. Nach dem Krieg traten er und seine Frau im Jahr 1950 beim Pfarramt HERSBRUCK zunächst wieder in die Evangelisch-Lutherische Kirche ein; gleichzeitig stellte HOFFMANN beim Landeskirchenrat Antrag auf Wiederverwendung im Kirchendienst. Der um Stellungnahme gebetene Kirchenvorstand von WEIDENBERG stimmte einstimmig (!) zu, der LKR bot aber, wie auch im Fall LEUCKFELD (s.u.), nur eine „Bewährungsstelle“ an. HOFFMANN, enttäuscht über diese angeblich herabwürdigende Behandlung durch die Landeskirche, trat noch im gleichen Jahr zur Römisch-katholischen Kirche über und ließ sich dann bis weit über die Pensionsgrenze

---

Ort waren also Verwandte im (braunen Un-)Geist. HOFFMANN, der in Oberfranken den Aufbau und die Führung der Deutschen Christen übernahm, hatte in der Gemeinde Weidenberg aber bis zuletzt seine Anhänger, verständlich bei einem Anteil an Parteimitgliedern in Weidenberg, den Ortsgruppenleiter GEORG RUMLER für 1933 bereits mit 300 angab.

Vom 18. Febr. 1940 datiert der letzte von HOFFMANN unterzeichnete Eintrag im Protokollbuch des Kirchenvorstandes in Weidenberg als Leiter des Kirchenvorstandes; zu dieser Zeit war er bereits auf eigenen Wunsch bei der Wehrmacht. In einer Mitteilung an den Bayreuther Dekan schrieb HOFFMANN am 31.12.40 zum Verhältnis zu seinem Amtsbruder: *„Ich wäre auch gern bereit gewesen, Herrn Pfr. Redenbacher während der Weihnachtstage zu helfen. Da er aber schon vor dem Krieg aus Gewissensgründen (!) Urlaubsvertretung etc. für mich ablehnte, muss ich mich auf das dienstlich Erforderliche beschränken. (Gruß mit) Heil Hitler!“.*

hinaus als katholischer Religionslehrer an Volks- und Berufsschulen in Oberfranken, Nürnberg, Hersbruck und Lauf einsetzen. Über seinen Dienst in der katholischen Kirche hat das Diözesanarchiv BAMBERG einen schmalen Akt..[116]

[Mehr zu Person, Herkunft und Wirken von Pfarrer HOFFMANN findet sich in der 4. Folge des Projektes ‚Myrten für Dornen', wo ihm unter dem Titel „Das Trojanische Pferd der Nazis – Pfr. Theodor Hoffmann und die Deutschen Christen 1933-1942" ein eigenes ausführliches Kapitel gewidmet ist].

Von 1942–1945 wird die I. Pfarrstelle durch den II. Pfarrer GEORG REDENBACHER (s.u. Nr. 37) mit verwest; er hatte schon seit 1939 die Vertretungsarbeit gemacht.

(36) HELLMUT ROBERT HEIM,[117] 1945–1948.

Pfarrer HEIM wurde die Stelle WEIDENBERG I ab 1. Juni 1943 zugewiesen; er gibt in der Pfarrbeschreibung seinen offiziellen Dienstbeginn in WEIDENBERG aber erst für 15. Juni 1945, also zwei Jahre später, an und hält seine Antrittspredigt am 24. Juni dieses Jahres. Es ist wohl so, dass der an sich schon für das Jahr 1943 vom Landeskirchenrat beschlossene Dienstantritt vor Kriegsende nicht mehr vollzogen werden konnte, weil HEIM sonst seine u.k.-Stellung als Pfarrer hätte verlieren können und er vielleicht als Soldat eingezogen worden wäre. So kam es, dass Pfr. HEIM

---

[116] Nach Auskunft von ehemaligen Augsburger Gemeindegliedern und Bekannten ist HOFFMANN am 1. Juni 1967 im Alter von 78 Jahren und fast 6 Monaten in seiner alten Gemeinde im Augsburger Ortsteil Haunstetten gestorben und dort in dem Doppelgrab Feld 9, Reihe 18, Nr. 3457 346 beigesetzt worden.

[117] **HELLMUT HEIM** ist am 24. Mai 1904 in Hemhofen als Sohn eines Pfarrers geboren. Nach dem Theologiestudium in Erlangen und Tübingen war er 1928 Hilfsgeistlicher in Deggendorf, dann exp. Vikar in Dachau. 1933 trat er in Herbolzheim sein erstes Pfarramt an, bereits 1937 folgte Cham. Seit dem 1. Juni 1943 war HEIM als Nachfolger von HOFFMANN offiziell das Pfarramt Weidenberg I verliehen worden. Pfarrer REDENBACHER hatte 1943 diesen ihm anscheinend bekannten Kollegen in München zur Unterstützung angefordert, nachdem er seit dem Jahr 1941 infolge Überlastung zunehmend an gesundheitlichen Beschwerden litt. Tatsächlich trat HEIM den Dienst erst nach Kriegsende am 15. Juni 1945 an. – Das Datum des Dienstantritts bleibt etwas unklar, der Personalakt war zur Zeit meiner Recherchen im landeskirchlichen Archiv unauffindbar.

Nach einem Vermerk in Nürnberg ist HEIM bereits am 1. Juni 1943 die Stelle in Weidenberg zugewiesen. Doch erst am 18. Juni 1943 beschließt der Kirchenvorstand über die vorzunehmenden Reparaturen des Pfarrhauses, ohne dabei den Zweck der Maßnahme, die Amtsübernahme Heims anzugeben; bis zu diesem späten Zeitpunkt war also die Familie seines Vorgängers Pfarrer HOFFMANN, der seit Nov. 1942 ohne Amt war und 1943 ganz aus der Evang.-Luth. Kirche ausgetreten war, auch nach dem gemeinsamen Kirchenaustritt noch im Pfarrhaus! Andererseits wird bereits am 14. Nov. 1943 im KV über die Übernahme der Umzugskosten von Heim Beschluss gefasst, also müsste er eigentlich zu diesem Zeitpunkt schon sein Amt angetreten haben. Tatsächlich meldet das Bestattungsbuch am 24. Dez. 1943 eine Kasualie durch HEIM; auch bei der KV-Sitzung 9. April 1944 ist HEIM anwesend.

von 1943 bis zu seinem offiziellen Dienstbeginn in Weidenberg die Aufgabe der seelsorgerlichen Betreuung der Taubstummen übernahm und zwischen CHAM, WEIDENBERG und BAYREUTH pendelte. Zudem berichtet Zeitzeugin MARIANNE MÖNCH, geb. SCHÜTZ, dass nach dem Weggang von Pfr. HOFFMANN eine Familie GERMAN im I. Pfarrhaus einquartiert war, die wegen der Bombardierung Hamburgs nach WEIDENBERG evakuiert worden war und hier das Kriegsende erlebte. Das Pfarrhaus war also belegt.

In den Entnazifizierungsverfahren der Nachkriegszeit nimmt HEIM ***(Foto)*** eine wenig rühmliche Rolle ein.[118] Auch scheint sich sein Verhältnis zu seinem Kollegen REDENBACHER auf der II. Pfarrstelle weit weniger erfreulich entwickelt zu haben, als dieser es zu seiner Entlastung erhofft hatte.

In einem Bericht, den Dekan Dr. GIEGLER am 18. Feb. 1948 an den Kreisdekan nach einer Gottesdienstvisitation von REDENBACHER gibt, erwähnt er ein Urteil des Kollegen HEIM über die Tätigkeit seines jahrzehntelang beruflich in höchstem Maß geforderten und gesundheitlich schwer angeschlagenen Kollegen REDENBACHER, die sich wie ein Versuch des Mobbing liest. Danach tue REDENBACHER *„gerade das, was notwendig ist. Irgendein fruchtbares Zusammenarbeiten mit dem II. Pfarrer, das in der fast toten (sic!) Gemeinde Weidenberg dringend notwendig wäre, ist unmöglich ... Das Dekanat weist darauf hin, dass Weidenberg wohl die Gemeinde ist, die zu der größten Sorge Anlass gibt. Der I. Pfarrer ist nach vierjähriger Tätigkeit so gut wie verbraucht (sic!) und muss bald die Stelle wechseln. Es wäre sehr zu wünschen, dass in Weidenberg ein ganz neuer Anfang gemacht wird, das heißt, dass auch der II. Pfarrer bald versetzt wird, damit der sehr darniederliegenden Gemeinde von Grund auf geholfen werden kann."*[119]

---

[118] Es handelt sich um eine weitgehend verdrängte Geschichte aus den frühen Anfängen der Parteiendemokratie nach dem Zweiten Weltkrieg, wo sich die jungen bzw. wieder erstandenen alten Parteien auch unter der Gürtellinie bekriegten. Als die junge Ortsgruppe der CSU Weidenberg 1946 unter Initiative des zugereisten Leipziger Agitators ARNO WASSERZIER gegen den damaligen SPD-Bürgermeister und Steinmetz-Fabrikanten CHRISTIAN SCHILLER eine Anzeige für ein Entnazifizierungsverfahren anstrengt, tritt Pfarrer HEIM immer wieder als jemand in Erscheinung, der sich an der Rufmordkampagne gegen SCHILLER beteiligt.

Auch bei weiteren Schreiben des damaligen CSU-Vorstandes taucht der Name „HEIM" auf, die Unterschriften erscheinen hier aber anders, als die im Pfarramt gebrauchten; gleichwohl handelt es sich wohl um dieselbe Person, welche Schlüsse man auch immer daraus ziehen will. Schließlich war eine politische Betätigung von Pfarrern aus der Sicht der Kirchenleitung damals unerwünscht.

[119] Ab 1. Oktober 1948 ist HEIM dann Gefängnispfarrer der Strafanstalt St. Georgen-Bay-

(37) JOHANN „HANS“ FÖRSTER,[120] in WEIDENBERG 1949–1961 *(Foto).*

Pfarrer FÖRSTER ließ bei der Erdinger Glockengießerei im Jahr 1952 die größte und kleinste Glocke für die Michaelskirche neu gießen, nachdem die alten Glocken im Krieg abgeliefert werden mussten und nur zwei von ihnen zurückkamen. 1959 gestaltete er den Kirchhof auf dem Gurtstein neu und ließ die Namen der 177 Gefallenen des II. Weltkrieges ringsum in die neue Sandsteinmauer einmeißeln. Auch erneuerte er das I. Pfarrhaus, dessen Renovierung seit Jahren überfällig war.

Zu seiner Zeit entsandte das Hensoltshöher Mutterhaus von 1953-1979 die 1906 geborene Diakonisse EMMA WIEDMANN, die durch ihr rastloses Wirken bis ins hohe Alter zu einer örtlichen Institution wurde.

(38) JOHANNES FRIEDRICH KARL SCHRÖTER,[121] in WEIDENBERG von 1961–1970.

---

reuth und wird am 1. Nov. 1949 aus dem Dienst der Landeskirche entlassen. 1959 wird er Sudenprediger am Hl.-Geist-Spital in NÜRNBERG und Landesbeauftragter für Gehörlosenseelsorge in Bayern. 1972 tritt er seinen Ruhestand an. Sterbedatum und -ort sind mir unbekannt.

[120] **JOHANN FÖRSTER** ist am 12. Jan. 1910 als Sohn eines Mühlenbesitzers und Bauern in RETZELFENBACH bei Fürth geboren. Er studierte zunächst im Jahr 1931 Medizin in Erlangen, dann 1932 Philosophie in Würzburg und ab 1933-36 Theologie in Erlangen, u.a. bei den Dozenten ELERT, ALTHAUS u.a., die eine erkennbare Schlagseite zum Nationalsozialismus hatten. Seine Frau IRMGARD, geb. WOLFRUM stammte aus Mistelbach; die Familie hatte vier Kinder mit den Geburtsjahrgängen zwischen 1944 und 1948. FÖRSTER war vor seiner Weidenberger Zeit Vikar und Pfarraushilfe in diversen Orten Mittel- und Oberfrankens und von 1945-1949 Pfarrer in Kurzenaltheim bei Gunzenhausen.

Nach eigenem Bekunden war er trotz der ideologischen Beeinflussung durch das Studium Mitglied der Bekennenden Kirche und der Inneren Mission. Wohl deshalb wurde ihm wie auch anderen regimekritischen Geistlichen die sonst übliche u.k.-Stellung als Pfarrer entzogen. Er wurde zum Militär eingezogen und diente als Infanterist beim Heer von 1. Feb. 1940 - 15. Dez. 1943 in Frankreich und Russland. Seit 1943 wurden aber Pfarrer beim Heer zunehmend nicht mehr geduldet, da sie als zu kritisch galten und verdächtigt wurden, den Wehrwillen zu untergraben.–

In Weidenberg soll FÖRSTER mit dem ehem. D.C.-Pfarrer LEUCKFELD (s.u.), der auch sonst im Wesen völlig anders war, in Spannung gestanden haben, was von der Gemeinde auch als Belastung empfunden wurde. Das führte bei den Nachfolgern zum erklärten Vorsatz, viel behutsamer miteinander umzugehen. – Seit 1.Oktober 1961 übernahm FÖRSTER die Pfarrei HAAR bei München.

[121] **JOHANNES SCHRÖTER** ist am 6. Juni 1927 als ältester Sohn eines Pfarrers in Breslau geboren. (Sein jüngerer Bruder FRIEDRICH wurde ebenfalls Pfarrer, wirkte lange Zeit im Bayreuther Land und hilft heute bisweilen immer noch rührig aus; seine Schwester CHRISTA-MARIA ging

Pfarrer SCHRÖTER *(Foto S. 115)* nahm beherzt viele Renovierungsaufgaben an Kirchen, Friedhof und Pfarrhaus in die Hand. U.a. veranlasste er zum 300. Jubiläum des Künsbergaltares dessen Renovierung und Rückbau vom zwischenzeitlichen Kanzelaltar zum Christusaltar.

Mit diesem Pfarrer begann erstmals seit der Zeit vor dem Ersten Weltkrieg auch wieder ein **zielbewusster Gemeindeaufbau**, der sich zwar einerseits bis heute als sehr nachhaltig erwies, andererseits aber damals bald durch Konflikte unter den Geistlichen und mit dem Kirchenvorstand ins Stocken geriet.

Im Jahr 1962 wurde der Gemeindebrief eingeführt, dessen Konzept und Betreuung dem II. Pfarrer SCHMIDT oblag. Am 23. Juni 1963 erfolgte eine Gemeindevisitation durch OKR FLURSCHÜTZ. Das Sammlungswesen wurde neu aufgebaut und ein Besuchsdienst eingeführt. Als Nachfolger von ULRICH SACK nach 34 Dienstjahren

---

zur Christusbruderschaft in Selbitz und entfaltet dort bis heute ihre künstlerischen Gaben). Mit 16 Jahren wurde SCHRÖTER als Luftwaffenhelfer in Stettin eingezogen und kam dann zum Reichsarbeitsdienst; seit Jan. 1945 musste der 17-Jährige beim Heer dienen und geriet im Mai-Okt. 1945 in englische Gefangenschaft. SCHRÖTER wollte eigentlich Bibliothekar und Literaturkritiker werden, entschloss sich aber zum Theologiestudium, gereift durch Erfahrung des Zusammenbruchs, den nach seiner Überzeugung allein Gottes Wort überdauert. Er erlebte in Erlangen 1946-50 eine theologische Ausbildung, die nicht pietistisch, sondern wissenschaftlich und praktisch orientiert war.

Seine Frau EDITH war Säuglings- und Krankenschwester und kam aus MÜNCHEN; das Ehepaar adoptierte zwei Kinder. Am 1. Okt. 1961 übernahm SCHRÖTER die aufgabenreiche Pfarrstelle Weidenberg I. Vorher war er von 1955-1961 Pfarrer in ROTHHAUSEN/Grabfeld gewesen.

Bei SCHRÖTER, der alle Energie in einen aktiven und nachhaltigen Gemeindeaufbau steckte, zeigten sich in diesen Jahren, vielleicht bedingt durch traumatische Erfahrungen als jugendlicher Soldat und durch die unmenschliche Flucht, zunehmend wiederkehrende Phasen manisch-depressiver Erkrankung, besonders in persönlichen und dienstlichen Stresssituationen, die aber von der Gemeinde nicht verstanden und richtig eingeordnet wurden. In solchen Augenblicken konnte er in einen pausenlosen Redeschwall gleiten, andererseits aber auch Fluchtreaktionen zeigen, wo man ihn dann suchen musste. Wiederholt suchte er zur Heilung das Bayreuther Nervenkrankenhaus auf.

Erschwerend war, dass viele Erwachsene durch ihre nationalsozialistische Erziehung mit einem Vorurteil gegen psychisch Erkrankte aufgewachsen waren; Nervenkranke und Behinderte galten im Dritten Reich als kostspielige „Ballastexistenzen“, die um des Gemeinwohls willens „entsorgt“ werden mussten. Auch war die in die Mordaktionen der Nazis verstrickte deutsche Psychiatrie weit hinter dem weltweiten Wissensstand der Zeit hinterher; noch bis in die 80-er Jahre des 20. Jh. versuchte sie erfolgreich, ihre Mittäterschaft bei Tötungsaktionen der Euthanasie zu vertuschen (vergl. das Kapitel über die Weidenberger Euthanasieopfer „Martin“ und „Anna Margareta“ in der 5. Folge des Projektes ‚Myrten für Dornen‘: „Spuren der Opfer ...“ Erst nach einer von einigen Ärzten mutig vorgenommenen Selbstreinigung konnte die Psychiatrie in der deutschen Gesellschaft allmählich ein neues verständnisvolles Bild für psychische Erkrankungen etablieren.

1930-64 wurde ERNST TÖLZER als Mesner berufen.

Ein großer Mütter- und Frauenkreis mit rd. 80 Mitgliedern wurde gegründet, der sich mangels Gemeinderäumen im Pfarrhaus traf.[122] Für den Posaunenchor, den sein junger Kollege GERHARD SCHMIDT 1963 gründete, ließ Pfr. SCHRÖTER Instrumente beschaffen, *„wozu die Gemeinde eifrig ... spendete"*. Die Pfarrfrau begründete eine fortschrittliche Jugendarbeit durch Weiterführung des gemischten Jugendkreises mit Laien- und Singspiel, später als Mädchengruppen „Christgirls" und „Minis".

Zweimal im Jahr gab es nun auch einen Altennachmittag. Der Missionskreis mit Obmann GEORG LESKE traf sich nun regelmäßig unter Leitung des Pfarrers. Neu eingeführt wurde, beginnend am 6. Januar 1962, das Missionsfest zu Dreikönig; für die Missionsarbeit wurde eine Tombola abgehalten. Ein weiteres Sommermissionsfest wurde an Trinitatis abgehalten.

Weitergeführt wurden die traditionellen Bibelstunden auf den Dörfern; neu eingeführt wurde die Bibelwoche. Wochenschlussandachten fanden nun freitags im Sommerhalbjahr statt. Am Sonntag Misericordias Domini 1966 wurde auch die neue gottesdienstliche Agende I der VELKD eingeführt. Als Lektoren im Gottesdienst fungierten nun die drei Mitglieder des Kirchenvorstandes HORST RUHL, HANS SCHAMEL und ADAM KIEẞLING.[123]

Unter Pfarrer SCHRÖTER wurde 1968/69 nach jahrelanger Vorbereitung auch die erste grundlegende, fachmännische **Kirchenrenovierung** von ST. MICHAEL seit 1900 durchgeführt. Während dieser Zeit fanden die Gemeindegottesdienste in den Sommermonaten in ST. STEPHAN und im Winter im geheizten Kinosaal von HANS

---

[122] Dieser Kreis konnte am 28. Sept. 2013 unter Leitung von GRETEL LOCHMÜLLER im Pimmlerhaus sein 50. Jubiläum feiern!

[123] Der Kirchenvorstand war zu der Zeit noch „männlich", unter den zehn Mitgliedern waren nur zwei Frauen. ADAM KIEẞLING war zunächst stellvertretender Vertrauensmann und Mitarbeiter in der Jugendarbeit. Im Jahr 1969 leitete er wegen „Erkrankung" des Pfarrers angesichts des damals fortschreitenden Konfliktes allein einen Gemeindeausflug nach Meran! KIEẞLING gab auch, gegen den Widerstand des Pfarrers, einen Privatkredit zum Einbau einer Bankheizung in ST. STEPHAN, damit die Gemeinde dort während der Renovierung der ST. MICHAELSKIRCHE auch im Winter Gottesdienste feiern konnte. Bis dahin hatte man diese Gottesdienste im Kinosaal bei GEBHARDT in der Warmensteinacher Straße abgehalten, vergl. das Kapitel „Eis von der Oma, Kino vom Opa – Die Weidenberger ‚Rosenau-Lichtspiele' im Wandel der Zeiten" in der 4. Folge des Projektes ‚Myrten für Dornen'.

GEBHARDT in der Warmensteinacher Straße statt. Die Konfirmation wurde in diesem Jahr notgedrungen in zwei Gruppen in ST. STEPHAN gefeiert. Trotzdem herrschte große Enge.

Pfarrer SCHRÖTER plante auch bereits das Projekt „**Pimmlerhaus**", das den Umbau der alten Gastwirtschaft am Untermarkt zum Gemeindehaus vorsah, und führte offenbar mit der letzten Besitzerin die entscheidenden Gespräche über ihr der Gemeinde zugedachtes Vermächtnis. Die Passionsgottesdienste und der Kindergottesdienst wurden bereits im Jahr 1969 erstmalig im Pimmlersaal gehalten.

Zunehmend wurde aber diese aktive und umfassende Aufbauarbeit überlagert von nicht mehr zu übersehenden Krankheitszeichen beim Stelleninhaber und vom typischen Generationenkonflikt dieser 68-er Jahre, der Pfarrer und Gemeinde schwer zu schaffen machte.[124]

---

[124] SCHRÖTERS psychische Erkrankung, die wohl in Traumata der Kriegszeit wurzelt, dürfte auch psychosomatisch gewesen sein. Er fühlte sich, neben seiner intensiven Beanspruchung für den Gemeindeaufbau und das verantwortungsvolle Kirchbauprojekt, zunehmend stark belastet durch die sonstigen umfangreichen Verwaltungsaufgaben. Auch sah er sich missverstanden von den jüngeren Kollegen auf der II. Pfarrstelle und am Ende nicht mehr genügend unterstützt vom Kirchenvorstand.

Die typischen, kaum überbrückbaren Generationenkonflikte der „68-er Bewegung", die sich, wie überall auf der Welt, auch in Deutschland bereits spätestens seit 1965 bemerkbar machten, waren nun auch in der Gemeinde Weidenberg deutlich spürbar. Schröters jüngerer Amtskollege GERHARD SCHMIDT (1962-68) kritisierte bei SCHRÖTER ein angeblich unkollegiales Verhalten; Schmidts Nachfolger TAUBMANN inszenierte einen gewaltigen Krach. Der KV war zunehmend gespalten und schließlich mehrheitlich in Opposition zum I. Pfarrer.

Es kam, wohl im März 1969, bei einer tumultartigen Gemeindeversammlung im großen Vogelsaal am Weidenberger Obermarkt zum Tribunal; einige Meinungsführer griffen SCHRÖTER wegen der krankheitsbedingten menschlichen und dienstlichen Defizite an *(„er schaut auf der Straße nicht nach links und rechts")* und hielten ihm die wiederholten Aufenthalte im Nervenkrankenhaus vor. Die Jugend hörte schockiert von den Fensterbrettern aus zu und betrank sich wütend angesichts solcher Niedertracht gegen ihren geschätzten Pfarrer.

Dieses typische 68-er-Drama enthüllte den tiefen Generationenkonflikt. Die Jüngeren warfen damals erstmals den Älteren vor, in die Zeit des Nationalsozialismus verstrickt gewesen zu sein. So gehörte zu Schröters Unterstützern auch HANS SCH. als Vertrauensmann und seine Frau GRETA als Pfarramtssekretärin; sie waren beide während des Dritten Reichs Mitglieder der NSDAP gewesen und unter der Handvoll Gemeindegliedern, die in dieser Zeit in Weidenberg aus der Kirche ausgetreten waren; SCH. gehörte sogar zu den Weidenberger Nazis der ersten Stunde, die im Februar 1929 im gleichen Vogelsaal der feurigen Rede von Gauleiter HANS SCHEMM gelauscht und danach unter Leitung des gleichzeitig ernannten Ortsgruppenleiters GEORG RUMLER die Weidenberger NSDAP-Ortsgruppe gegründet hatten.

Nach dem Krieg war das Ehepaar aber wieder in die Kirche eingetreten und hatten sich Pfarrer SCHRÖTER als seine „besten Mitarbeiter" zur Verfügung gestellt und ihn auch in den Krisen unterstützt. So betätigte SCH. sich nicht nur als Kirchenvorsteher, sondern auch als

Nachdem sich die Gräben so sehr vertieft hatten, dass ein gedeihliches Zusammenwirken nicht mehr zu erwarten war, nahm SCHRÖTER nach neun Dienstjahren enttäuscht am 22. Februar 1970 in ST. STEPHAN bei einem Abendmahlsgottesdienst und abends mit einem Gemeindeabend Abschied von der Gemeinde und verließ in diesem schneereichen Winter WEIDENBERG. Der Kirchenvorstand von RIEDENBURG/Altmühltal hatte ihn zum Pfarrer gewählt, und SCHRÖTER fand in einem gesegneten Wirken in der Diaspora seinen inneren Frieden wieder. Dazu trug auch bei, dass sein Nachfolger in WEIDENBERG, GERHARD RÖNSCH, alles daran setzte, Brücken zu bauen und die entstandenen Wunden zu verbinden.

(39) GERHARD RÖNSCH,[125] 1970 –1979 *(Foto).*

Pfarrer RÖNSCH bezog zunächst eine kleine Wohnung im Pimmlerhaus, bis das Pfarrhaus nach Renovierungen wieder zur Verfügung stand. Er fand den aktiven Frauenkreis und einige Gemeindehelfer vor[126] und unterstützte diesen Kreis mit Literaturlesung, Gespräch und Gesang. Die Bibelstunden in 10 Außenorten führte er fort. Die Gemeinde war zu dieser Zeit noch bäuerlich geprägt, es gab aber traditionell wenige Vollerwerbsbauern, dafür viele Arbeiter, vor allem im Granitwerk SCHILLER, etliche Handwerker und Gewerbetreibende. Seit 1970, also praktisch von Anfang an, musste RÖNSCH auch die Vertretung der Nachbargemeinden NEUNKIRCHEN und STOCKAU mit übernehmen; er erweiterte deshalb den Einsatz von Lektoren für Predigtgottesdienste.[127] Nachdem die II. Weidenberger Pfarrstelle seit Pfarrer Taub-

---

ehrenamtlicher Friedhofspfleger. Er und seine Frau wurden damals mit SCHRÖTER zusammen ebenfalls demontiert. SCH. wurde von ADAM K. als Vertrauensmann abgelöst; Letzterer war seinerzeit im wahrsten Sinn des Wortes federführend an Schröters Sturz beteiligt gewesen, obwohl er seinem Wesen nach ganz und gar kein „68-er“, sondern eigentlich ein ganz feinfühliger frommer und kirchlicher Mann und leutseliger Ortsbürger war.

[125] **GERHARD RÖNSCH** war 1914 geboren, also praktisch eine Generation älter als SCHRÖTER. Er war vorher seit 1954 Pfarrer in Hohenberg/Eger. Im Alter von 56 Jahren kam er nach Weidenberg und wurde am 18. Nov. 1970 auf der I. Pfarrstelle installiert.

[126] Weiter lebte auch die Posaunenchorarbeit, die bis Ende 1977 unter Leitung des II. Pfarrers und „Erzmusikers“ WALTER TAUBMANN stand und dann von WERNER HARTUNG übernommen wurde.

[127] Impulse zur Jugendarbeit kamen damals durch den Bayreuther WOLFGANG GEBELEIN.

manns überraschendem Ausscheiden im Januar 1978 für vier Jahre unbesetzt war, musste RÖNSCH auch diese Aufgaben mit übernehmen.

Rönschs Leitwort verschaffte ihm in der Gemeinde viel Zustimmung und Respekt: *„Der Schlüssel geduldiger Liebe und Fürbitte öffnete viele Herzen."* So suchte er Frieden in der Gemeinde und Aussöhnung mit seinem Vorgänger JOHANNES SCHRÖTER durch gegenseitige Gemeindebesuche in RIEDENBURG am 2. Juli 1978 und WEIDENBERG am 8. Juli 1979. Seit Okt. 1979 war RÖNSCH im Ruhestand, wohnte aber zunächst weiter in der Gemeinde und arbeitete auch weiter mit. Wohl im Nov. 1979 verließ RÖNSCH endgültig die Gemeinde und bezog seinen Ruhesitz bei HOHENBERG.[128]

(40) MICHAEL SCHADEBERG,[129] in WEIDENBERG 1980–1989.

Pfarrer SCHADEBERG *(Foto)* entfaltete schon bald sein soziales und organisatorisches Talent: Nachdem mit Schwester EMMA die letzte Hensoltshöher Diakonisse WEIDENBERG verlassen hat, war eine Nachfolgerin wegen Nachwuchsmangel nicht in Sicht. So konstituierte SCHADEBERG bereits im Jahr seines Dienstbeginns den Verein für Evang. Diakonie e.V. in WEIDENBERG neu, den Pfarrer THEODOR HOFFMANN im Jahr 1936 gegründet hatte. Er errichtete, zusammen mit seinem katholischen Kollegen THEODOR ERNSTBERGER, eine Sozialstation mit zwei freien Schwestern als **ökumenische Einrichtung**.

Für die äußere Mission belebte er den Missionskreis, er suchte Verbindung nach Palästina und Tansania und veranstaltete Tombolas und Basare u.a. für Bogota. Gemeindewochen wurden zu wechselnden Themen gehalten. In FENKENSEES entstand die „Schupfenkerwa" mit ihrem Gottesdienst in der Scheune. Auch in GÖRSCHNITZ wurde seitdem einmal im Jahr Dorfgottesdienst gehalten.

In Schadebergs Amtszeit wurde die kirchenmusikalische Arbeit der „Chorschüler" (s.u.im Abschnitt der Pfarrbeschreibung „Der Hauptgottesdienst") neu geordnet und unter die Leitung von HELGA SCHÖFFEL gestellt.

Die Friedhofsverwaltung hatte HANS RABENSTEIN übernommen. Als Mesner fungierten weiter ERNST und WALLY TÖLZER. Pfarramtssekretärin war JOHANNA GEBHARDT.

[128] Im Okt. 1979 ging auch die beliebte Hensoltshöher Diakonisse und Gemeindeschwester EMMA WIEDMANN nach 26 Dienstjahren in Weidenberg 73-jährig in Ruhestand.

[129] **MICHAEL SCHADEBERG** ist 1938 geboren, er wurde 1963 in Coburg für sein geistliches Amt ordiniert.

Nun bestanden auch gleichzeitig drei Frauenkreise. Auch der Kirchenvorstand war jetzt überwiegend weiblich. Seit 1981 wurde erstmals der ökumenische „Weltgebetstag der Frauen" gefeiert. Seit 1982 wurde der „Feierabend in St. Stephan" eingerichtet.

Ein Meilenstein für die lebhafte Gemeindearbeit war auch, dass das von Pfarrer SCHRÖTER initiierte Projekt „Pimmlerhaus" unter Pfarrer SCHADEBERG endlich realisiert werden konnte: Im Jahr 1986 wurde die von Fam. PIMMLER ererbte ehemalige Gaststätte in der Nähe der vielstufigen „Schied" zum Gemeindetreff umgebaut. – Ende Nov. 1989 verließ SCHADEBERG die Gemeinde, um in DEGGENDORF eine neue Dienststelle anzutreten.[130]

(41) WOLF JÜRGEN STARKE[131] *(Foto)*, in WEIDENBERG 1990–1997. In seiner Zeit wurde der Verein „Dorfgemeinschaft HEßLACH-GOSSENREUTH" ins Leben gerufen, der sich den Erhalt des ländlichen Lebens und die Pflege der örtlichen Kultur auf die Fahne geschrieben hat. Er hat STARKE im Jahr 2015 zum Festgottesdienst anlässlich des 20. Vereinsjubiläums beim traditionellen Lindenfest an Christi Himmelfahrt eingeladen.

(42) ELMAR CRONER,[132] in WEIDENBERG 1998-2013 *(Foto unten)*.

---

[130] Im Jahr 1994 übernahm SCHADEBERg dann eine Stelle in Coburg-St. Moritz. 1995 war er Mitgründer der dortigen Hospizbewegung und wirkte als ehrenamtlicher Seelsorger im Laurentiusheim. 2006 war er Mitbegründer des „Vereins Lebensraum – Ein Hospiz für Coburg e. V." 2010 wurde er vom Coburger Oberbürgermeister *„für die wertvollen Kontakte und das soziale Engagement um schwerstkranke und trauernde Menschen"* durch Verleihung des Ehrenzeichens des Bayerischen Ministerpräsidenten ausgezeichnet. – Pfarrer SCHADEBERG hat sein Ziel einmal so formuliert: *„Und wenn ich meinen Weg gehe, dann möchte ich einen Gefährten, der mit mir geht; und wenn ich traurig bin, dann möchte ich einen Menschen, der mich tröstet; und wenn ich Angst habe, dann brauche ich jemanden, der mir hilft; und wenn ich sterbe, dann möchte ich nicht allein sein."*

[131] **WOLF JÜRGEN STARKE** ist 1946 geboren. Er war nach seinem Theologiestudium 1977 wissenschaftlicher Assistent bei dem Professor für systematische Theologie WILFRIED JOEST in Erlangen, dann Pfarrer in Erlangen-Bruck.

Zuletzt war STARKE Pfarrer in St. Helena zu Großengsee und ging von dort 2011 in den Ruhestand nach Schnaittach. Seine Dekanin dankte ihm: *„Von Pfr. Starke haben wir alle gelernt, wie wichtig die Hausbesuche und das ‚bei den Menschen sein' ist."*

[132] **ELMAR CRONER** stammt aus einer Kaufmannsfamilie und ist am 1. Oktober 1957 in Nürnberg geboren. Er erwarb in seiner Jugend Erfahrung in Jugendarbeit. Theologie studierte er in Münster und Erlangen. In Fürth und Heidenheim durchlief er sein Vikariat und kam 1993 von Pfuhl/Neu-Ulm nach Kirchenlamitz. Seit 1. September 1998 war er I. Pfarrer in Weidenberg. Er hat zwei Söhne aus erster Ehe.

Er führte die Feier der Osternacht ein, nahm die Anregungen zur Einrichtung eines regelmäßigen evangelischen Treffs in der Frankenpfalz und zur Einführung des ökumenischen Himmelfahrts-Gottesdienstes an der Gänskopfhütte auf, der seitdem gemeinsam mit den Pfarrern der röm.-kath. Gemeinde und der alt-katholischen Gemeinde, mit dem Fichtelgebirgsverein als Organisator und dem Posaunenchor gefeiert wird.

Von 2010-12 führte CRONER mit dem Landesbauamt in BAYREUTH die Generalrenovierung der ST. MICHAELSKIRCHE durch, die dieser Kirche ihr freundliches Gesicht aus der Rokokozeit zurückgegeben hat. – Nach 15-jähriger Amtszeit wurde Pfarrer CRONER am 8. Dez. 1913 im Gottesdienst zur Übernahme der Pfarrstelle NEUDROSSENFELD im selben Dekanat BAYREUTH verabschiedet.

(43) STEFANIE LAUTERBACH,[133] in WEIDENBERG seit Aug. 2014 ***(Foto)***. Sie ist, wenn man in die Weidenberger Geschichte schaut, zwar die zweite Namensträgerin „Lauterbach", aber die erste weibliche Inhaberin einer Pfarrstelle am Marktort. Die Gemeinde schätzt die freundliche Art, in der sie auf Menschen zugeht. Ihre Arbeit ist vom seelsorgerlichen Bemühen um die Menschen und von der Stärkung der vorhandenen Mitarbeiter und Kreise geprägt. Bei Taufen, Trauungen und Beerdigungen geht sie bewusst auf das Empfinden der Angehörigen ein. Die gern gehörten Predigten sind gut verständlich, anschaulich und lebensnah.

[133] **STEFANIE LAUTERBACH** ist 1974 in Ahornberg/Hof geboren. Sie kam durch die evangelische Jugendarbeit zur Kirche. Sie studierte in Erlangen zunächst für das Lehramt an Gymnasien die Fächer Germanistik, Geschichte und Religionspädagogik und konzentrierte sich dann ganz auf die Theologie, die ihr die wesentlichen Antworten auf die Sinnfragen des Menschen versprach.

Bei Studienaufenthalten in St. Andrews und Dundee in Schottland lernte sie das Wesen der Anglikanischen Kirche mit ihrem Gottesdienst und Ritual und der Reformierten Kirche als Kirche des Dienens mit ihrer Wachheit für die Gesellschaft und ihre Nöte kennen und schätzen.

Ihr Vikariat durchlief sie in Stein bei Nürnberg und übernahm 2006 die II. Pfarrstelle in Neutraubling-Alteglofsheim. Verheiratet ist sie mit dem Gymnasiallehrer CHRISTIAN LAUTERBACH. Die Familie hat zwei Kinder.

b) Die Inhaber der II. Pfarrstelle

[Pfarrbeschreibung S. 25ff]

as Verzeichnis der Successoren an dieser Stelle – in der Pfarrbeschreibung von 1832 auf Seite 48 beginnend – ist wohl deshalb, weil es nicht vom zweiten Pfarrer selbst abgefasst ist, nicht so reich mit Notizen ausgestattet, wie das für die I. Stelle.[134]

1. vor der Reformation

Die älteste Nachricht zu dieser Stelle stammt von 1439.[135] Sie besagt, dass dem Frühmesser zu WEIDENBERG ein halber Hof in Oberndorf zusteht.[136]

(1) PETER NN, Frühmesser, bis 1503.

(2) KONRAD SENGENBERGER, „Kapellan", bis 1505.

(3) HANS LINDNER, bis 1506 (danach unter Nr. 5 Verweser der I. Pfarrstelle bis 1516).

(4) ULLERICH LEDERER, bis 1528 (zwischenzeitlich von 1516-1519 unter Nr. 6 Verweser der I. Pfarrstelle; hielt die letzte katholische Prozession am Fronleichnamstage 1528).

2. nach der Reformation

a. im 16. Jh.:

Rieß, Rosner, Schirnding, Bauer, Tränkel, Lederer,
Homenter, Alphäus, Zöttlein, Fassold, Fischer, Hutt, Gallus

(?) HANS RIEß, Diakon, aus Nairitz (nachgetragen nach KRÖLL, aber nicht in der Pfarrbeschreibung enthalten).

(?) HEINRICH ROSNER (ist neun Jahre von 1527-1536 in WEIDENBERG auf dieser Stelle, aber nicht in der Pfarrbeschreibung aufgeführt).

---

[134] **Die Zweite Pfarrstelle** entstand spätestens um 1540, wahrscheinlich aber schon im 15. Jh. aus der Verbindung der Frühmesse mit dem vom Pfarrer an den Kaplan abzuführenden Betrag. Sie betraf also den Dienst an der frühgotischen ST. MICHAELSKIRCHE und an der älteren ST. STEPHANSKAPELLE. Die Inhaber wurden zunächst als Frühmesser, Diakone oder Kapläne bezeichnet, später dann als II. Pfarrer.

[135] Zu diesem Zeitpunkt lag die Kapelle samt der Ritterburg Gurtstein, welche 1430 durch die Hussiten verwüstet worden war, bereits seit neun Jahren in Trümmern, der Bau der spätgotischen ST. MICHAELSKIRCHE erfolgte erst eine Generation später. Der Dienst der Geistlichen bezieht sich also wohl auf die damals einzige nutzbare Kirche, die STEPHANUSKAPELLE.

[136] Gemeint ist nicht der nahe Weiler Oberndorf bei Kemnath, der eine eigene sehr alte Kirche hat, sondern der einzelne Hof Oberndorf nördlich von Kulmbach, der auch in den oben genannten Zehentverzeichnissen eine Rolle spielt.

(5) JOHANN SCHIRNDING (oder Scharling), 1536-1539.

(6) JOHANN BAUER, 1540-1550.

(7) LORENZ TRÄNKEL, seit 1550 oder 1554 in WEIDENBERG, ab 1556 Pfarrer auf der I. Stelle, starb aber offenbar im gleichen Jahr.

(8) KONRAD (oder KASPAR) LEDERER, 1556-1561.[137]

(9) JOHANN HOMENTER („Hochmuter"), 1561-1563.

(10) PETER ALPHÄUS „Norembergensis", 1564-1566 [hat wohl einige Jahre auch auf der I. Pfarrstelle nach Pfarrer LORENZ TRÄNKEL 1556 vertreten].

(11) BARTHOLOMÄUS ZÖTTLEIN, Kaplan, 1566-1573 [danach bis 1583 auf der I. Pfarrstelle, Abbildung s.d.].[138]

(12) LORENZ FASSOLD (oder FASOLD), 1573-1574.

(13) JOHANNES FISCHER, 1575-1586 [danach bis 1603 auf der I: Pfarrstelle, Abb. s.d.].

(14) JOHANN HUTT (oder HUTTEN), gen. „Hutterius" („Huter" oder „Hutmacher"), 1586-1591.

(15) JOHANN GALLUS („Hahn"), 1592-1606, Kaplan, beschwert sich 1597 über seine Wohnung, die über ihm und seiner schwangeren Frau einzustürzen droht.

b. Die Inhaber der II. Pfarrstelle im 17. Jh.:
Trautner, Nüzel, Chr. Wagner, A. Wagner

(16) JOHANN TRAUTNER, 1606-1634, starb 1634 nach 28 Jahren Dienstzeit als Kaplan im Alter von 60 Jahren bei der im gleichen Jahr in Franken ausgebrochenen großen Pestepedemie, der in WEIDENBERG 327 Bürger zum Opfer fielen.

(17) GERHARD (oder ERHARD) NÜZEL,[139] 1635-1637, verweste die II. Pfarrstelle und kam dann als Pfarrer nach BRONN. Nach seinem Abzug war die Kaplanei – daher der Name „Kaplansgässchen" – bis1644 unbesetzt.

---

[137] Zu dieser Zeit gilt der Pfründehof von Oberndorf als durch die Kriegsläufte „verdorben" und soll wieder errichtet werden; der Diakon wird hier nochmals, also auch noch in der evangelischen Zeit, als „Frühmesser" bezeichnet.

[138] ZÖTTLEIN zankt 1565 mit Pfarrer PETER ALPHRUN aus Emtmannsberg um den Ertrag seines Ackers. Viele andere Streitigkeiten um die Pfarreinkünfte und um „zur Pfründ Weidenberg gehörige Unterthanen" sind aus dieser Zeit zu vermerken. ZÖTTLEIN ist bis 1573 auf der I. Pfarrstelle (s.d.), gestorben ist er wohl 1583. Auf der ersten Empore an der Westwand der ST. MICHAELSKIRCHE, am nordwestlichen Treppenaufgang, hängt ein Epitaph, das die Taufe Christi im oberen Feld zeigt und darunter die Stifterfamilie; aus stilistischen Gründen möchte ich es als „Zöttlein-Epitaph" vorschlagen. Diese Tafel fehlt in der Aufstellung über das Inventar der Weidenberger Kirche im einschlägigen Buch von AUGUST GEBESSLER „Stadt und Landkreis Bayreuth" 1959, das auch sonst etliche Fehler aufweist.

[139] Bruder von oder identisch mit EBERHARD NÜZEL, Verweser der I. Pfarrstelle, s.o. Nr. 18?

(18) Anno 1644 kam CHRISTOPH WAGNER hierher, bis 1686, „wohnte zur Herberg bei Hannes Gubitzel, Schneider".[140] Er starb 1688 im Alter von 73 Jahren. Sein Leichenstein *(Relief; das Gesicht ist aus unbekannten Gründen zerstört)* ist neben dem Grabstein von HARLES am I. Pfarrhaus angebracht.

(19) CHRISTOPH ADAM WAGNER, Sohn seines Vorgängers, 1686-1718. Zwischen ihm und dem Inhaber der I. Pfarrstelle Pfarrer ADAM RÖSSLER soll es viel Streit gegeben haben, weil er sich nach dem Vorbild anderer Kapläne – wie es scheint, war jetzt für den II. Pfarrer der Titel „Kaplan" bevorzugt – weigerte, bei Begräbnissen und an Aposteltagen vorzulesen und die Kollekte zu singen. Kam nach OSTERNOHE.

c. Die Inhaber der II. Pfarrstelle im 18. Jh.:
Lauterbach, Fischer, Schlegel, Gansmann, Beck, Ölschlegel, Landgraf, Glas

(20) JOHANN DAVID LAUTERBACH, 1718-1722, kam 1722 nach HOHENSTADT.

(21) G.F. oder JOH. GEORG JOACHIM FISCHER, 1722-1725 kam von HOHENSTADT.[141]

(22, fehlt in der Pfarrbeschreibung trotz 17 Dienstjahren) JOH. GEORG SCHLEGEL, 1725-1742.

(23) JOHANN MICHAEL GANSMANN, 1742, verstarb 1759.

Hier bringt die alte Pfarrbeschreibung von 1851 die sehr bemerkenswerte Notiz über eine tragische Seuche, deren Gewalt Erinnerungen an die Pestzeit des 17. Jh. wachrief: *„Im Jahre 1758 am 18. November wurde das Lazarett des württembergischen und Badener Reichskontingents hierher und nach GÖRSCHNITZ verlegt. In diesem Lazarett grassierte der Typhus so, dass in kurzer Zeit 400 Mann Soldaten daran starben."* Auch in der Pfarrgemeinde verbreitete sich diese Krankheit und raffte vom 18. November 1758 bis Mai 1759 über 312 Personen dahin. Der Markgraf schickte

[140] Offenbar war das Wohnhaus für den Diakon seit dem Kroatenüberfall 1633 unbewohnbar. **CHRISTOPH WAGNER** war 1615 geboren. Mit 42 Dienstjahren gehörte er zu den Geistlichen mit besonders langer Dienstzeit in Weidenberg. Er war verheiratet und hatte mindestens einen Sohn CHRISTOPH ADAM, der ihm im Amt folgte und so zu den in Weidenberg tätigen vier Pfarrern gehört, die auch in diesem Ort geboren sind.

[141] FISCHER taufte 1722 die jüngste Tochter von Pfr. JOH. HEINR. BÖHNER, ELISABETH BARBARA ELIANA, und beerdigte 1724 dessen Ehefrau CLARA MAGDALENA FELGENHAUER.

zwei Ärzte und Arzneien unentgeltliche hierher, allein auch diese konnten der Seuche lange keinen Einhalt tun. Der württembergische Feldgeistliche JOHANN LUDWIG SCHAAF, an diesem Lazarett angestellt, verstarb am 30. Januar 1759 und am 1. Februar der obige Kaplan, 50 Jahre neun Monate alt, wie W. hinzufügt: an der „ungarischen Krankheit“, welche die militärischen Truppen hier eingeschleppt hatten.[142]

(24) JOHANN LORENZ BECK, 1759-1773, kam als Pfarrer nach LANZENDORF.

(25) JOH. CHRISTOPH OELSCHLÄGEL, 1773-1783, der dann 1783 I. Pfarrer allhier wurde [Epitaph-Abbildung bei den Inhabern der I. Pfarrstelle].[143]

(26) JOH. WILH. IMMANUEL LANDGRAF, 1783-1798, Vater des späteren CHRISTIAN FRIEDRICH LANDGRAF (s.o.).

(27) JOHANN KASPAR GLAS, 1798-1803, Diakonus; wurde 1804 Pfarrer in ARZBERG.

d. Die Inhaber der II. Pfarrstelle im 19. Jh.:
Frisch, Pausch, Eckart, Krieg, Ritter, Sack, Herath

(28) JOHANN ADAM FRISCH, 1803-1804; litt an „Auszehrung“, gestorben 1804.

Sein Vertreter 1804-1806 war der 1791 hierher versetzte Kantor:

(29) JOHANN FRIEDRICH PAUSCH,[144] auch während des Gnadenwohnsitzes der Witwe; er erhielt die Stelle 1806 und hatte sie bis 1843 inne. In diesem Jahr starb er im Alter von 87 Jahren.

(30) DANIEL ECKART, 1844-1850, kam nach STAMMBACH.

(31) LUDWIG KRIEG, 1851-1857.

Am 30. Juli 1852 brach in der Holzlege des Zeugmachers GEBHARD Feuer aus, welches auch das II. Pfarrhaus in Asche legte; die Akten der II. Pfarrstelle und fast die ganze Habe des Pfarrers KRIEG verbrannten; 1854 konnte er sein neues Heim beziehen. Aus Ablösungskapitalien kaufte er für die II. Pfarrstelle um 1053 fl. den jetzt zu dieser Stelle gehörigen Garten [Info nach J. M. Einfalt].

(ohne Nummer) Der oft als Pfarrer genannte GLASER, 1857-58, war nur Verweser.

(32) CHRISTIAN PETER RITTER, 1858-1862.

(33) GUSTAV HEINRICH CARL SACK,[145] 1861-1878, hier gestorben.

---

[142] Adj.: 1759 CHRISTOPH KARL JOSEF OHEIM,. – Ausführlicher Lebensbericht in: „Seinerzeit“ IV 4 u. 5/1988.

[143] Mit insgesamt 48 Dienstjahren in Weidenberg gehört OELSCHLÄGEL mit zu den Dienstältesten der hier amtierenden Pfarrer.

[144] PAUSCH hatte von 1791-1806 die I. Schul- und Kantorenstelle inne. Er kam auf insgesamt 52 Dienstjahre.

[145] SACK ist am 16. Juli 1825 in Marktredwitz geboren, wo sein Vater die II. Pfarrstelle bekleidete.

Von 1878-1885 war die Stelle unbesetzt und dem I. Pfarrer. GEORG LAUBMANN [s.o. Nr. 30 bei den Inhabern der I. Pfarrstelle] gegen den Fassionsertrag überlassen.

(34) OTTO KONRAD THEODOR HERATH, 1885-1902, übernahm dann die I. Pfarrstelle [s.o. Nr. 24 bei den Inhabern der I. Pfarrstelle].

e. Die Inhaber der II. Pfarrstelle im 20. Jh.:

Ph. K. Schmidt, Schaller, Redenbacher, Leuckfeld, G. Schmidt, Taubmann, Dr. Koch, v. Knobelsdorf, Daum

(35) PHILIPP KARL SCHMIDT146, 1902-1910.

SCHMIDT übernahm im Jahr 1903 den Gründungsvorsitz im ortstragenden Weidenberger Verschönerungsverein, wobei unter seiner *„umsichtigen, rastlosen und opferfreudigen Leitung der Verein seit seiner Gründung unstreitig manches Gute für unseren Ort geschaffen hat“* (Vereinsprotokoll). An seinem Lieblingsplätzchen an der Warmensteinacher Straße wurde seinerzeit eine Gedächtnis-Linde gepflanzt, die aber nicht mehr steht.

Im Jahr 1904 übernahm SCHMIDT vom scheidenden Ersten Pfarrer EINFALT auch den Vorsitz im Obstbauverein, den in dieser Anfangszeit kontinuierlich die Pfarrer wahrnahmen, und führte ihn zu reicher Blüte. Nach seinem Tod übernahm Lehrer HÖFER zunächst den Verein, dann Pfarrer SCHALLER.

(36) JOHANNES SCHALLER,[147] 1910-1918.

Derselbe übernahm 1911 die Distriktsschulinspektion.

[Bis hierher reichen die Einträge in der Pfarrbeschreibung über die Pfarrer auf der II. Pfarrstelle. Handschriftlich bzw. als Stempel sind lediglich die Namen und Kurzdaten von Georg Redenbacher, Hans Förster und Gottfried Leuckfeld nachgetragen. – Die folgende Aufstellung ist eine Ergänzung aufgrund eigener Recherchen, die bis zum Zeitpunkt der Buchherausgabe fortgeführt ist].

JOHANNES SCHALLER (s.o. Nr. 36) ist mit HERATH der Verfasser der vorliegenden Pfarrbeschreibung. Er übernahm im Dezember 1910 die II. Pfarrstelle in Weidenberg und 1914-15 auch die I. Pfarrstelle. Im Kriegsjahr 1916 half er auch einen Mo-

---

[146] **PHILIPP KARL SCHMIDT** ist am 11. Juni 1863 in Selb geboren. Sein Vater FRIEDRICH WILHELM SCHMIDT war Förster. SCHMIDT hatte 1885-1891 in Erlangen studiert und war in 1892 in Ansbach ordiniert worden. Er war 1892 Vikar in Engelthal und 1897 Pfarrer Lichtenstein-Bischwind.

[147] **JOHANNES SCHALLER**. Er ist am 16. April 1877 in Fürnried geboren und starb am 16. März 1961 in München-Pasing. Sein Vater GEORG SCHALLER war Lehrer. – JOHANNES SCHALLER studierte 1895-1899 in Greifswald und Leipzig. Er wurde am 11. oder 12. Jan. 1900 ordiniert und versah dann div. Vikariate und Dienste als Verweser, u.a. in Weiden. 1903 war er Reiseprediger in Deggendorf.

nat lang in Bad Kissingen aus. Ab 1913 war er Erster Vorsitzender des hiesigen Obstbauvereins und des Verschönerungsvereins.

(37) GEORG ADOLF REDENBACHER[148] *(Foto).*

Pfarrer REDENBACHER wirkte 30 Jahre lang, vom 1. Jan. 1919 – 31. Sept. 1949, in WEIDENBERG, davon einen großen Teil der Zeit allein. Er übernahm von seinen Vorgängern am 6. März 1919 den Ersten Vorsitz im Obstbauverein, welcher sich im Jahr 1921 in Obst- und Gartenbauverein umbenannte, sowie im Verschönerungsverein.

Dies spiegelt auch seine persönlichen Vorlieben wider. Musisch für Malerei und Musik begabt war er ein Lebenskünstler, naturverbunden, ein beliebter Pfarrer und Gesellschafter. Er zeigte sich als ein geistvoller Prediger und Theologe einer alten, gemäßigt liberalen Schule mit humanistischer Geisteshaltung und bevorzugte die nachgehende Seelsorge, betrieb aber kaum aktive Gemeindearbeit im heutigen Sinne.

Im Jahr 1933 wurde der deutsch-national eingestellte REDENBACHER, wie viele andere evangelische Pfarrer damals auch, Mitglied der NSDAP, weil er Hitlers Reden von einem „positiven Christentum" traute; er bereute aber diesen Schritt schon bald, nachdem in Deutschland die Verfolgung der Juden durch die Nazis immer offener zutage trat, und trat 1936 wieder aus der Hitlerpartei aus.

Seitdem pflegte er auf seine Weise einen passiven Widerstand gegen den Nationalsozialismus und die Deutschen Christen, der sich insbesondere in der Aufstellung des einmaligen „Denkmals" der MARGARETE SCHILLING auf der Bocksleite im

---

[148] **GEORG REDENBACHER** ist am 25. Jan. 1888 in Arzberg geboren. Er war Sohn des Pfarrers ADOLF REDENBACHER und Enkel des für den bayerischen Protestantismus bedeutsamen Bekenners, Pfarrers und Schriftstellers WILHELM REDENBACHER (1800-1876). Er ist aufgewachsen in Velden in der Hersbrucker Schweiz und besuchte die Gymnasien in Windsbach und Bayreuth. Er studierte Theologie in Erlangen, Leipzig und Tübingen und war in Erlangen Mitglied der nicht schlagenden Studentenverbindung Wingolf.

Nach der Vikarszeit in Velden und Joachimstal-Böhmen hatte REDENBACHER 1910-1919 die Pfarrstelle in Schottenstein inne, leistete aber 1917-1919 einen freiwilligen Kriegsdienst als Feldgeistlicher und Sanitäter. Als einer der letzten königlich-preußischen Pfarrer überhaupt war er noch vom letzten bayerischen König LUDWIG III. am 25. September 1918 auf die Pfarrstelle Weidenberg II berufen worden und zog dort am 1. Jan. 1919 auf. Er war verheiratet mit der früh verstorbenen MARGARETE BEYERLEIN aus Nürnberg und hatte zwei Töchter: Ruth und Lydia.

Jahr 1937 dokumentiert. Für dieses Bekenntnismarterl, das der Kristallisationspunkt des Geschichtsprojektes „Myrten für Dornen" ist, war REDENBACHER der theologischer Ideengeber und, als Vorsitzender des Verschönerungsvereins, auch der Initiator der Aufstellung, der auch den damaligen Ortsgruppenleiter GEORG RUMLER überzeugen bzw. überlisten konnte. Dieses Zeichen war Redenbachers öffentliches und einzigartiges Bekenntnis im Kirchenkampf für den Glauben der Bekennenden Kirche, der er sich zugehörig fühlte; es verbindet in einer Zeit, in der auch fromme Christen HITLER als Erlöser huldigten, den Glauben an Christus als den wahren Erlöser mit einem klaren Bezug zum starken, tröstenden und geschichtswirksamen Gott der alttestamentlichen Profeten .

Gleichwohl war REDENBACHER um Kollegialität zu seinem Amtsbruder auf der I. Pfarrstelle THEODOR HOFFMANN bemüht, obwohl dieser ein umtriebiger regionaler Führer der D.C. in Oberfranken und ein aktiver Nationalsozialist war und damit theologisch und ideologisch auf der anderen Seite stand.

REDENBACHER war ein geistlicher Halt für seine Gemeinde in schwankende Zeit. Seit Hoffmanns Ausscheiden aus dem aktiven Dienst 1939 mit dem Niedergang der hitlertreuen „Deutschen Christen" war REDENBACHER zunächst bis Kriegsende 1945 und dann noch einmal, nach freiwilliger Dienstverlängerung über Ruhestandsgrenze hinaus, von 1948-1949 allein für beide Weidenberger Pfarrstellen verantwortlich, bis ihn ein schmerzhaftes Karzinom zum Aufgeben zwang. Er starb in WEIDENBERG am 23. Februar 1951 und wurde in einem von der Tochter RUTH gestalteten Grab neben seiner früh verstorbenen Frau auf dem Friedhof ST. STEPHAN beigesetzt. Sein Ruf als „Pfarrer zum Anfassen" wirkt noch heute in der Gemeinde nach und schlägt sich auch in manchen bezeichnenden Anekdoten nieder, die sich neben seiner ausführlichen Lebensbeschreibung im Projekt „Myrten für Dornen" (2. und 4. Folge) finden.

Nach dem Dienstende von REDENBACHER war die II. Pfarrstelle von 1949-1950 vakant, u.a. auch deshalb, weil auch der schwer erkrankte Pensionär REDENBACHER noch im Pfarrhaus wohnte. Die Aufgaben dieser Pfarrstelle wurden vom I. Pfarrer JOHANN FÖRSTER mit versorgt. Es folgte:

(38) GOTTFRIED LEUCKFELD,[149] 1950-1961.

---

[149] **GOTTFRIED LEUCKFELD** ist am 18. Sept. 1906 als Sohn eines Indien-Missionars in Schleswig-Holstein geboren. Er war verheiratet mit einer Thüringerin und hatte fünf Kinder der Jahrgänge 1933-1949. Er war wohl seit 1930 Pfarrer in der thüringischen Landeskirche und trat der NSDAP und der radikalen Thüringer Richtung der „Deutschen Christen" bei.

Wie auch Pfarrer THEODOR HOFFMANN und die meisten anderen D.C.-Pfarrer meldete er sich mit dem Erlöschen der D.C.-Arbeit freiwillig zum Wehrdienst als aktiver Soldat, erlitt hier aber Traumata, die zu gesundheitlichen und Suchtproblemen führten.

Nach Kriegsende wurde er bei der Entnazifizierung in Thüringen aus dem Kirchendienst

Am 1. März 1950 zog Pfarrer GOTTFRIED LEUCKFELD *(Foto)* auf der II. Pfarrstelle in WEIDENBERG auf. Auch wenn es immer wieder zu Spannungen mit dem amtierenden I. Pfarrer FÖRSTER kam, verdankt ihm die Gemeinde doch wichtige Impulse für die darniederliegende Gemeindearbeit, nämlich in der Männerarbeit, der Äußeren Mission und der Jugendarbeit. So kam es um 1951 zur Gründung eines Stammes der Christlichen Pfadfinderschaft, die vom ältesten Sohn Leuckfelds bis zu dessen Abitur geleitet wurde. An diese Arbeit erinnern sich Ältere noch heute gern.

LEUCKFELD starb am 1. Sept. 1961 im Alter von erst 54 Jahren im Klinikum Bayreuth. Er wurde auf dem Stadtfriedhof in BAYREUTH beigesetzt.

(39) GERHARD SCHMIDT,[150] 1962-1968 *(Foto).*

SCHMIDT begann als erster Pfarrer in WEIDENBERG im Jahr 1962 mit der Herausgabe eines zweimonatig erscheinenden **Gemeindebriefes**; dieser war damals noch kostenpflichtig (20 Pfg.). Im Jahr 1963 gründete SCHMIDT den Weidenberger Posaunenchor; er blies selbst Trompete und Bariton-Bass.[151] Auch setzte er nun die unter LEUCKFELD begonnene Männerarbeit fort und lud im Lauf des Jahres zu mehreren Treffen mit Vorträgen und Aussprachen ein. Im Gasthof KILCHERT veranstaltete er einen regelmäßigen „Akademiker-Stammtisch“.

Den Konfirmandenunterricht hielt SCHMIDT im eigenen Amtszimmer ab. Schulunterricht erteilte er auch

---

entlassen. Er überbrückte die Zeit, wie viele andere ehem. D.C.-Pfarrer auch, als einfacher Arbeiter. Um 1947/48 bewarb er sich bei der Bayerischen Landeskirche und wurde bis 1950 als Amtsaushilfe zur Bewährung im Altmühltal eingesetzt.

150 **GERHARD SCHMIDT** ist am 1. Sept. 1930 als Sohn eines Pfarrers in Friesenhausen/Ufr. geboren. Schon früh war er in den Posaunenchören des Vaters im Ries und in Eschenau mithelfend tätig. Später musizierte er im Studenten-Ensemble in Neuendettelsau. Sein Vikariat durchlief er an der Bayreuther Stadtkirche.

1968 verließ SCHMIDT den Marktort Weidenberg und trat am 1. Dez. 1968 die Pfarrstelle Haßfurt/Main an. Seit 2004 ist SCHMIDT verwitwet. Sein Sohn ist promovierter Musiker.

151 Vergl. auch meinen ausführlichen Bildbericht über die Geschichte dieser Chorarbeit im Gemeindebrief Aug./Sept. 2013 zum 50. Jubiläum dieser Chorarbeit.

an der landwirtschaftlichen Berufsschule in BAYREUTH und arbeitete an der kirchlichen Taubstummenseelsorge mit. Seine Ehefrau LUISE war Leiterin der Weidenberger Volksbücherei.

– Im Jahr 2013 war SCHMIDT aus Anlass des 50. Jubiläums des Weidenberger Frauenkreises, das mit dem 50. Jubiläum des Posaunenchors zusammenfiel, an seine frühere Wirkungsstätte eingeladen. Er nahm tatsächlich die Anreise von seinem jetzigen Wohnsitz KRAILLING bei München auf sich, um an dem Gemeindenachmittag ins Pimmlerhaus teilzunehmen. HELGA ORDNUNG zeigte auch Dias aus dem damaligen Gemeindeleben. Und ein Bläserquartett begleitete den fröhlichen gemeinsamen Liedgesang. Da wurde noch einmal die ganze Sympathie der Gemeinde für diesen Geistlichen deutlich, der sich seinerseits noch an erstaunlich viele Namen erinnern konnte.

(40) WALTER TAUBMANN,[152] 1969-1977 *(Foto).*

Auch TAUBMANN war sehr musikalisch und auch poetisch begabt, er kam am 1. März 1969, möglicherweise auch in Hinblick auf die junge Bläserarbeit, nach WEIDENBERG, wurde am 9. März 1969 in der STEPHANSKIRCHE installiert und übernahm die Leitung des Posaunenchors, wobei er selbst mit der Trompete die erste Stimme blies. Seine Bläser veranstalteten am 3. Mai 1950 in Weidenberg einen Posaunentag für den ganzen Bayreuther Bezirk. Seine Ehefrau war als Organistin in der Nachfolge von OTTO FREY und in der Chorarbeit in WEIDENBERG tätig.

„Im Dienst fleißig, einfallsreich und gewissenhaft ... (Die Pfarrer sind nach den Streitigkeiten der Vorgänger) achtsam und mit Respekt miteinander umgegangen“, schrieb der ehem. I. Pfarrer RÖNSCH über sein Verhältnis zu seinem Kollegen.

TAUBMANN leitete auch den Missionskreis und verantwortete

[152] **WALTER TAUBMANN** ist 1938 in VELDEN geboren und war vorher Vikar in Helmbrechts. Er hatte zwei Kinder.

– Nach in der Gemeinde umlaufenden Gerüchten soll TAUBMANN sich habe scheiden lassen und eine Geschiedene geheiratet haben, dies sei ein Grund für Konflikte mit seinem neuen Amtskollegen SCHRÖTER gewesen. TAUBMANN habe deshalb seinen kirchlichen Dienst verloren und sei als Musiklehrer nach Bayreuth gegangen. Dies trifft aber so nicht zu. Der Gemeindebrief Okt. 1977 gibt vielmehr bekannt, dass TAUBMANN sich für die Stelle des Religionslehrers am Markgräfin-Wilhelmine-Gymnasium als Nachfolger von FRIEDRICH SCHOEPPEL beworben habe. Er blieb auch noch eine Zeit lang in der Gemeinde Weidenberg wohnen. Am 22. Jan. 1978 verabschiedet er sich im Gottesdienst von seiner Gemeinde. Er ist inzwischen verstorben.

den Gemeindebrief. Seit seiner Zeit ist in Weidenberg einmal im Monat Lesegottesdienst, und die Kirchenvorsteher beteiligen sich beim Besuchsdienst. – 1975 vermerkt der Gemeindebrief, dass Taubmann bis Nov. 1975 zusätzlich am Sanatorium Bayreuth-Herzogshöhe mit der Verwesung der Klinikseelsorge beauftragt gewesen sei.

Danach war die II. Pfarrstelle fast vier Jahre lang von 1977-81 unbesetzt.

Es folgte:

(41) DR. HANS GERHARD KOCH,[153] 1981-1987 *(Foto)*.

KOCH war zunächst Referent der Evang. Industriejugend- und Sozialarbeit und hatte ein berufsbegleitendes Studium der Erwachsenenbildung absolviert, bevor er 1976 Pfarrer in GEFREES wurde. Am 15. April 1981 übernahm er die II. Pfarrstelle in WEIDENBERG. Getragen von seinen vielfältigen Erfahrungen, bemühte er sich bewusst, auf Menschen außerhalb der Kerngemeinde zuzugehen und setzt sich dem damaligen Zeitgeist entsprechend für Friedensarbeit und Offene Jugendarbeit ein. So gründete er 1981 in der alten Apotheke eine „Teestuben-Arbeit" mit vielen Mitarbeitern, vor allem aus Gymnasien, führte das jährliche Gemeindefest ein, veranstaltete ein Rathausplatzfest und Jugend- und Gemeindefreizeiten. Daneben begleitete er die Arbeit der Chorschüler, Konfirmierten, Musikgruppen, Eine-Welt- Gruppe, Mitarbeiterkreis, Jugendausschuss und Familiengottesdienst, er führte Arbeitseinsätze durch und initiierte den „Emmausgang am Ostermorgen" und den „Feierabend in St. Stephan".

Weil diese vielfältige Arbeit ihn in Konflikt mit dem Kirchenvorstand brachte,

---

[153] **Dr. phil. H. G. KOCH** ist geboren am 13. Mai 1944 als Sohn galiziendeutscher Eltern in Kutno/Polen und aufgewachsen im unterfränkischen Breitengüßbach. Nach seinem freiwilligen Dienst als Offizier bei der Bundeswehr studierte er Theologie und Soziologie in Erlangen, Göttingen und Mainz. Aus seiner Ehe 1970 gingen zwei Kinder hervor.

Auch im Ruhestand betreibt er weiter zahlreiche ehrenamtliche Engagements, so beim Arbeitskreis Evangelische Erneuerung (AEE), im Arbeitskreis Dorfgestaltung Fürth-Poppenreuth, als theologischer Begleiter des Gottesdienstteams „auszeit" oder im Netzwerk „Gemeinsam für die Region – Kirche und Strukturwandel Nordostbayern". Er ist freiberuflicher Referent zu sozialpolitischen, sozialethischen und lebenskundlichen Themen und berät und coacht Menschen mit wirtschaftlicher Verantwortung oder in wirtschaftlichen Notlagen. Die Weidenberger kennen ihn auch als Gebrauchslyriker und Mundarttexter für Lieder und Gottesdienste, nachdem er hier weiterhin regelmäßig zum Neujahrsgottesdienst eingeladen wird.

kam es zu einem spektakulären Abberufungsversuch mit Unterschriftensammlung, der aber nur 20 Unterschriften erbrachte. Seiner besonderen Berufung folgend verließ KOCH im Jahr 1987 freiwillig die Gemeinde und übernahm die Stelle des Sozialpfarrers im Amt für Industriejugend- und Sozialarbeit. Danach war er bis zum Vorruhestand 2005 Leiter des Kirchlichen Dienstes in der Arbeitswelt und daneben langjähriges Mitglied der Landessynode und des Landessynodalausschusses.

Dr. KOCH ist auch heute noch ein gern gesehener Gast in der Gemeinde und darüber hinaus. Wenn er auf fränkisch seine Neujahrspredigt hält, kommen viele Gottesdienstbesucher.

(42) CHRISTOPH V. KNOBELSDORF,[154] 1987-2009 *(Foto)*.

V. KNOBELSDORF war nach seiner Vikarszeit über das Bayerische Missionswerk sechs Jahre lang Pfarrer in Tansania als Distriktsmissionar in SONGEA und theologischer Lehrer in MAKUMIRA. Nach einer Übergangszeit beim Missionswerk trat er 1987 die II. Pfarrstelle in WEIDENBERG an und wirkte dort als Gemeindepfarrer bis zu seinem Ruhestand 2009. Er lebt heute im Ruhestand in NEUNKIRCHEN, hält aber weiter Kontakt zur seiner früheren Arbeit in BAYREUTH, TANSANIA und WEIDENBERG und ist stets gern zur Mitarbeit bereit.

(43) GÜNTER DAUM,[155] seit 2010 *(Foto umseitig)*.

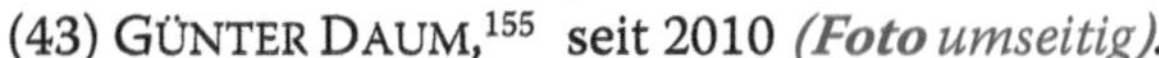

[154] **CHRISTOPH V. KNOBELSDORFF** ist aufgewachsen in Coburg. Er machte sein Abitur am dortigen Casimirianum, studierte Theologie in Neuendettelsau, Hamburg, Heidelberg und München. Den Berufsanfang als Vikar erlebte er in Ansbach.

Er brachte seine Interessen in viele Nebentätigkeiten im Bereich der Erwachsenenbildung ein: Einige Jahre war er Lehrer für die Suaheli-Sprache an der Universität Bayreuth. Er gründete 2001 das "Bayreuther Forum Kirche und Universität" und ist dessen Geschäftsführer. Im Ruhestand war er weiter tätig, z. B. 3 Monate Vertretung der ESG in Bayreuth, viermal mehrmonatiger Einsatz zusammen mit der Ehefrau als „Senior Experts" (Pfarrer-Ärztin) über das Missionswerk in der Luth. Kirche in Kenia, danach Gottesdienstvertretungen in Oberfranken. – Er ist verheiratet mit der Ärztin RENATE, geb. VOM HOFE und hat 6 Kinder.

[155] **GÜNTER DAUM** ist 1974 in Neuendettelsau geboren, er verbrachte seine Kinder- und Jugendzeit in Ansbach. Angeregt durch seinen Gemeindepfarrer entdeckte er sein Interesse für die Theologie, schlug aber zunächst die Offizierslaufbahn als Zeitsoldat bei der Bundeswehr ein.

Er studierte anschließend Theologie in Neuendettelsau, Tübingen, Cambridge (Gbr.) und Erlangen. Seine Vikarszeit absolvierte er in der Kirchengemeinde St. Georgen in Bayreuth und übernahm dann eine Stelle als Pfarrer in der Wirtschaft bei der BMW-Group in München. Im Jahr 2008 übernahm er vertretungsweise die Pfarrstelle in Grafenwöhr-Pressath mit Vakanzvertretung für die Nachbargemeinde Eschenbach-Kirchenthumbach, bevor er 2010 nach Weidenberg kam.

Am Sonntag, 19. September 2010 wurde Pfarrer GÜNTER DAUM durch Dekan HANS PEETZ in sein Amt als Inhaber der II. Weidenberger Pfarrstelle eingeführt, die er aber infolge des reduzierten landeskirchlichen Stellenplans nur im Dienstumfang einer halben Stelle versehen kann. Mit der anderen Hälfte seines Dienstes unterrichtet er Religion an der Kaufmännischen Berufsschule in Bayreuth. Seine Frau CORNELIA ANGERER-DAUM ist in WAIZENREUTH in der Kirchengemeinde Weidenberg aufgewachsen. Die Familie hat zwei Kinder: JOHANNES und HANNAH-ELISABETH.

3. Nachrichten von Kantoren und Lehrern

[Pfarrbeschreibung S. 39ff]

a) Überblick über die Entwicklung der Kantoratsstelle

Ebenso dunkel wie der Ursprung des II. Pfarrhauses ist auch der des Kantorats, d.h. der Wohnung des I. Lehrers und Kantors. Dieses Haus war in der Erinnerung der Leute schon immer als „Kantorat" vorhanden, es wurde also offenbar niemals gekauft, wofür sich auch kein Rechnungsnachweis finden lässt. W. Seite 10 oben findet sich aber die Nachricht: *„1737 wurde das vordere Stück als Kantorat gebaut, weil das alte Haus die Schülerzahl nicht mehr aufnahm."* So dürfte der Schluss berechtigt sein, dass dieses sehr alte, also schon 1737 vorhandene Haus, geradeso wie die beiden Fachhäuser und die Kirche selbst, mit zum Kirchenlehen gehörte. Das wird auch durch die Tatsache bestätigt, dass die vorhandenen Grundstücke seit unvordenklichen Zeiten zum Kantorat gehörten, sowie dass der Staat die Baulast an diesem Hause hat. Hieran ändert nichts, wenn es einmal (alte Pfarrbeschreibung Seite 81 unten) heißt: *„Lehrer Kantor ZAHN (1820-1859) hatte ein eigenes, schlecht geschaffenes Haus mit einem kleinen Lehrerzimmer."* Es wird das seine Dienstwohnung, d.h. das Kantorat, gewesen sein, und hiesige alte Leute wissen heute noch, dass er kein Privathaus besessen hat, vielmehr zuerst Schule im Kantorat hielt.

Zu dem ursprünglich vorhandenen einen bzw. einzigen Lehrer kamen nun mit der Zeit noch andere hinzu. W. Seite 10 heißt es: *„Der damalige Kantor war CHRISTOPH MACHT aus WUNSIEDEL (gest. 1733), und der damalige Organist war*

Johannes Caspar Schindler, gest. 1738.“ Es war also schon um 1730 nicht bloß die Kantorstelle, sondern auch die des Organisten besetzt. Hierzu kam 1823 noch die Mesnerstelle, wie wir später sehen werden, sodass also aus dem ursprünglich einen Kirchenamt die beiden anderen nun vorhanden, das eines Organisten und eines Mesners, d.h. Kirchners, herausgewachsen sind.

Der Kantor unterrichtete ursprünglich nur die Knaben, der Organist oder zweite Lehrer die Mädchen.

Da kam nun (nach Notizenbuch I im Jahre 1812, nach Pfarrbeschreibung 81 im Jahre 1814) eine Kommission in den hiesigen Ort, bestehend aus dem Kreisschulrat Glaser, dem Landrichter Stier, Distriktsschulinspektor Starke, Senior Oelschlägel, Kaplan Pausch und Skribent Marquard, um sich vom Schulwesen zu überzeugen. Bei näherer Untersuchung ergab sich die Notwendigkeit, die Schulkräfte zu vermehren, und zwar wurden dann in der Folge zwei gesonderte Schulanstalten, je eine für den oberen und je eine für den unteren Markt, angeordnet, wovon eine jede wieder in zwei gesonderte Schulen abgeteilt war.

Es waren sonach vier Schulen in Weidenberg, zwei im oberen Markte und zwei im unteren, für die alle, mit Ausnahme der Kantorschule, Lehrerzimmer gemietet waren, wobei noch zu bemerken ist, dass die Kinder aus den Dörfern Görschnitz und Hesslach der unteren Schulanstalt zugeteilt waren. Diese Teilung hat sich mit der Zeit nicht als heilsam erwiesen. Nicht bloß, dass die Kinder der beiden Märkte mit der Zeit einander entfremdet wurden und zueinander eine feindliche Stellung annahmen, was lange, bis in die späteren Lebensjahre hinaus blieb. Aber auch die Dörfer widersetzten sich der neuen Ordnung, indem sie sich zunächst an die königliche Regierung zu Bayreuth wandten, wo sie aber abgewiesen wurden. Dann aber wandten sie sich auch an das königliche Ministerium zu München, und dem gefiel es, der Bayreuther Regierung einen Strich durch die Rechnung zu machen und zu verordnen, dass der vierte Lehrer während der sechs Wintermonate in den Filialdörfern Unterricht zu geben hätte, während nur während der Sommermonate die auswärtige Jugend herein in den Ort zu kommen hatte.

Im Jahre 1817 wurde der Kirchner Knopf, der angefangen hatte, vom unteren Markt aus Mesnerdienste zu versehen, mit seinem „Additionsgesuch“ auf die Einziehung der vierten Schulstelle vertröstet.

b) Die Schulhäuser

Allein im März 1819 bestanden noch vier Schulen in Weidenberg. Es war als Glück anzusehen, dass vom Jahr 1823 an die genannten Dörfer ihre eigene Schulen bekamen, und, nachdem unter den Lehrern zu Weidenberg verschiedene Versetzungen und Verschiebungen vorgekommen waren, trat der alte Zustand von 1815 wieder ein, d.h. die vierte Schule wurde wieder aufgehoben, und die drei verbliebenen Lehrer unterrichteten wieder sämtlich im oberen Markte.

Aber noch immer musste sich die zweite und dritte Schule mit einem gemieteten Lokal begnügen. Da gelang es, etwa 20 Jahre später [1835], den Bemühungen des königlichen Landrichters PAUER, nach dieser Richtung Wandel zu schaffen und ein geräumiges Haus anzukaufen und zur Schule umzubauen *(Abbildung: Obermarkt mit Schulhaus um 1900).* Die Entstehung des Hauses schildert W. Seite 7 folgendermaßen:

„Das jetzige Schulhaus [156] war früher ein öder Raum und teils ein Obst- und Wurzgarten des alten UEBELSCHREINERS, der das Haus besaß, was jetzt der Wundarzt KAUFMANN besitzt. Auch standen einige alte Fleischbänke darauf, wo sich immer die Hühner ausbuddelten und an Kirchweih die Bettelleute ihre Würste aßen und ihr Geld zählten. **Im Jahr 1816** baute der Bäckermeister EBERHARD PONATER ein Haus auf den erwähnten Platz und übergab es seinem ältesten Sohn JOHANN PONATER, der es bis zum Jahr 1835 besaß.

In diesem Jahr **1835** kaufte die Bürgerschaft das Haus um 1560 fl. (Gulden) und richtete es zum Schulhaus ein. Nun besaßen die drei Schulen ein eigenes Haus, freundliche geräumige Lokale im ersten Stock, wo man fortan unterrichtete, während der untere Stock als Wohnung für einen Schullehrer bestimmt wurde. Die königliche Regierung schenkte dazu wegen Armut der Schulgemeinde ein Kapital von 500 fl. und gab auch noch zur weiteren Unterstützung 500 fl. auf fünf Jahre unverzinslich, welch Letztere aber zum Teil geschenkt wurden.

Mit der Zeit erwies sich aber dieses Haus doch als zu klein und eng und dem

[156] Es hatte den gleichen Standort, den dann der Neubau von 1908, das heutige Rathaus, einnimmt, nämlich an der Stirnseite des Obermarktes.

Schulzwecke nicht mehr entsprechend. Es wurde im Jahr **1908** eingelegt und das schöne große Schulhaus erbaut, das jetzt eine Zierde des Marktes ist."[157]

Mit Erbauung dieses Hauses wurde wiederum eine vierte Schulstelle errichtet.

Es folgen nunmehr die Namen der Lehrer und Kantoren, soweit sich solche noch nachweisen lassen:

c) Die Stelleninhaber

1. Erste Schul- dann Kantorstelle

In Pfarrbeschreibung '42 wird bemerkt, dass ein gewisser JOBST V. KÜNSBERG 1588 die Gerichtsschreiberei vom Schuldienst trennte: „Ursprünglich war dies die einzige Schulstelle und mit ihr, außer allen kirchlichen Funktionen, die Gerichtsschreiberei verbunden."

Obige Verordnung scheint aber nicht lange eingehalten worden zu sein; denn nach W. Seite 10, reicht 1733 *„der Pfarrer und Kapitels Senior JOH. HEINRICH BÖHNER eine Beschwerde ein, es möchte dem hiesigen Kantorat die Gerichtsschreiberei abgenommen werden, oder denselben nur zu solchen Stunden zu Amte zu rufen, wo bei der Schule kein Abbruch geschieht."*

Pfarrbeschreibung Seite 16 wird ein gewisser JOHANN SIEGMUND HAGEN erwähnt, der 1638 Schulmeister und zugleich Gotteshauspfleger gewesen ist.

Im Jahr 1735 verstarb der ledige Herr WOLFGANG SCHNORR – vergleiche W. Seite 10 – wovon in einem späteren Teil zu handeln ist.

Nun zur Reihenfolge der einzelnen Persönlichkeiten. Da gewichtigere Notizen über jeden Lehrer in der Gemeindebeschreibung II auf das Genaueste vorgetragen sind, so genügen hier die bloßen Namen:[158]

gest. 1733 Kantor CHRISTOPH MACHT aus WUNSIEDEL.
1733-1746 MICHAEL POLANT.
1746-1753 GEORG CHRISTOPH SCHWAPPACHER.
1753-1765 JOHANN MATTHÄUS WEISS.
1765-1768 CHRISTOPH ADAM ACKERMANN.
1768-1777 JOHANN MATTHÄUS BECK, wurde als Diakon nach CREUSSEN befördert.
1777-1791 JOHANN CHRISTOPH VEIT SCHUSTER, starb vor seinem Abzug nach

---

[157] Nachdem 1971 die Grund- und Hauptschule ihr neues Schulgebäude am unteren Markt beziehen konnte, wurde das bisherige Schulgebäude am oberen Markt zum Rathaus und Sitz der Verwaltungsgemeinschaft umgewandelt.

[158] Bei KRÖLL a. a. o. S. 122 finden sich weitere, z.T. leider fehlerhafte Angaben, die aus dem 1851 angelegten Notizbuch der Oberknabenschule zu Weidenberg entnommen sind, zu den folgenden Lehrern.

	LANDSBERG auf dieser Pfarrstelle.
1791-1806	JOHANN FRIEDRICH PAUSCH, 1806 zur zweiten Pfarrstelle befördert, er hatte sie bis 1843 inne.

Hier ist aus Pfarrbeschreibung 81 einzuschalten: Kantoren waren bis in die Mitte des 19. Jahrhunderts hinein oft Kandidaten der Theologie, die öfters für einen Geistlichen predigen und auch Unterricht in Latein geben konnten. Kantor ZAHN hatte das Gymnasium zu HOF, Lehrer und Organist LUCAS das Gymnasium in REGENSBURG besucht. Lehrer und späterer Kantor TRUPFER war im Graser'schen Institut zu BAYREUTH vorgebildet usw.

1806-1809	JOHANN MÜLLER, legte sein Amt freiwillig nieder und zog nach BAYREUTH.
1810-1815	D'ALLEUX, kam nach BERNECK.
1815-1820	JOHANN GEORG RÖDEL.[159]
1820-1859	FRIEDRICH LUDWIG ZAHN, ein Mann von dem viel Segen ausgegangen.[160]
1859-1877	GEORG ADAM SPONSEL, kam an die höhere Töchterschule nach ANSBACH, wo es ihm nicht gefiel.
1877-1896	JOHANN ERHARD REBLITZ.[161]
1896-1932	NIKOLAUS NÜSSEL.[162]

[Ergänzend werden hier weitere Lehrer nach der nicht vollständigen Aufstellung

---

[159] JOHANN GEORG RÖDEL kam von Arzberg; wegen seines „unsittlichen Betragens" wurde er nach Selb versetzt.

[160] FRIEDRICH LUDWIG ZAHN wurde 1788 in Schönwald geboren und starb in Weidenberg 1859 nach 39-jährigem Wirken.

[161] **JOHANN ERHARD REBLITZ** war vorher Kantor in Harsdorf. Er versah in Weidenberg auch das Amt des Gemeindeschreibers und verfasste im Jahr 1900 eine „Beschreibung der Marktgemeinde Weidenberg", ein schmales, bei Ellwanger in Bayreuth gedrucktes Heftchen im Postkartenformat. Hier werden die geographischen, kulturellen, politischen und wirtschaftlichen Verhältnisse in der Gemeinde für seine Zeit dargestellt. Damit ist seine Beschreibung nicht nur eine wertvolle Ergänzung zu Einfalts Geschichte von Weidenberg von 1896, sondern auch zu vorliegender etwas jüngere Pfarrbeschreibung von HERATH und SCHALLER. Damit stellt sie eine wesentliche Quelle dar, aufgrund derer sich man ein Bild von den Lebensverhältnissen der Zeit um die vorletzte Jahrhundertwende im Weidenberger Raum machen kann.

[162] Viele Lehrer waren neben ihren vielen Diensten auch ehrenamtlich in ihrer Gemeinde tätig. **NIKOLAUS NÜSSEL** war nicht nur Kantor, Organist und Chorleiter der Kirchengemeinde, sondern auch jahrelang Chorleiter des Gesangsvereins Weidenberg und Gründer und Leiter des musischen Kreises „Harmonie", der sich aber nach seinem Tode wieder auflöste. Für sein segensreiches Wirken als Lehrer an der Weidenbergerin Volksschule wurde ihm anlässlich seines 25-jährigen Dienstjubiläums am 1. Okt. 1921 die Ehrenbürgerwürde des Marktes Weidenberg verliehen. Auch eine Straße wurde nach ihm benannt, sie führt heute von der Warmensteinacher Straße zum AWO-Altenheim.

bei KRÖLL nachgetragen, von denen auch einige in der Hitlerzeit der NSDAP angehörten, aber auch nach dem Krieg wieder unterrichten durften:]

1932: HEINZ DORNHEIM; PETER NÜSSEL; ADAM SCHMIDT; 1938: HEINZ WOLFGANG SAUERMANN; ALBRECHT SCHAMEL; KARL BLUMRÖDER; 1945: DR. FELIX KLUGE; JOHANN SCHELLAKOWSKY; THURMA; BLUMRÖDER; 1967 (zur Zeit der Abfassung von Krölls Buch): ALBRECHT SAUERMANN (Rektor seit 1938)[163]; KARL SCHAMEL (Oberlehrer seit 1938); IVO BRÄUTIGAM (Oberlehrer seit 1951); HANS KRAFT (Oberlehrer seit 1949); ANNEMARIE BLUMRÖDER (seit 1939); JUTTA GARTNER (seit 1962); ALICE KRAUß (seit 1961).

2. Zweite Schul- oder Organistenstelle

Gest. 1730 JOHANN CASPAR SCHINDLER.
1730-1759 JOHANN WOLFGANG HIRSCH.[164]
1760-1762 JOHANN GEORG HEINRICH SCHOTT.
1762-1774 AMBROSIUS SCHMIDT.[165]
1774 JOHANN ZANNER.
Ohne Jahreszahlangabe: KONRAD KRAUS.
1797 findet sich ein Blatt in der Pfarrregistratur, wonach dem Organisten und Lehrer FIKENSCHER die seinem Dienste entzogenen 20 fl. 24 kr. aus der Pfarrervacaturkasse jährlich entschädigt werden sollen; er galt als Findelkind aus BERNECK und kam später nach UFFENHEIM.
Bis 1810 JOHANN HOFMANN.
1810-1815 ELIAS MICHAEL KROPF.
1816-1822 JOHANN LAUTERBACH.
1822-1828 LUDWIG BENKER.
1828-1837 THOMAS LUCAS.
1837-1838 CHRISTOPH SCHMIDT.
1838-184.. ERHARD RUCKDESCHEL.
18.. -1853 KARL GÖTZ.
.... -1854 FRIEDRICH KUNEL.

---

[163] Zur Person und zum örtlichen Wirken von ALBRECHT SAUERMANN vergl. auch das Kapitel: „Als Weidenberg Kurort werden wollte – Pfarrer Redenbacher und der Verschönerungsverein Weidenberg“ in der 2. Folge des Projektes ‚Myrten für Dornen‘: „Licht und Schatten der neuen Zeit ...“

[164] JOHANN WOLFGANG HIRSCH trat für 56 Gulden einen Teil seines Ackerlandes ab, damit der Friedhof bei ST. STEPHAN erweitert werden konnte.

[165] AMBROSIUS SCHMIDT soll viele Kämpfe mit den Kantoren WEIß und ACKERMANN ausgefochten haben.

1855 -1859	GEORG ADAM SPONSEL, wurde später Kantor dahier.
1859 -1866	JOHANN HEINRICH WEISS.
1866 -1871	GEORG HOCHSTÄTTER, ließ sich nach KITZINGEN pensionieren.
1872 -1874	WOLFGANG LINHARDT.
1874 -1877	JOHANN DIETERICH, kam nach ERLANGEN.
1877 -1892	GEORG WUNDERLICH, erkrankte zuletzt, kam in die Heil- und Pflegeanstalt BAYREUTH.
1892 -1893	JOHANN FREIBERGER, Hilfslehrer.
1894 -1916	FERDINAND ROCHHOLZ.

3. Dritte Schul- und Kirchnerstelle

1815 -1820	JOHANN KONRAD ZAHN, s. o. Töchterlehrer im Untermarkte.
1855 -1861	GEYER.
1861 -1864	JOHANN NIKOLAUS REUL.
1864 -1871	GEORG BAUER.
1871 -1898	GEORG MÜNCH, ein um das Kirchenwesen hoch verdienter Mann, der jahrzehntelang Mitglied des Kirchenvorstandes und der Kirchenverwaltung, sowie Kirchenstiftungskassier usw. war.
1899 -1925	NIKOLAUS HÖFER.[166]

4. Vierte Schulstelle

Gleichzeitig mit der **Eröffnung des neuen Schulhauses**[167] am 2. Mai 1909 wur-

---

[166] **NIKOLAUS HÖFER** kam von Zell am Waldstein. Wegen seiner beruflichen Mitarbeit in der Kirchengemeinde wurde er im Volksmund auch „der Kärnga" (Kirchner) genannt. Er war auch ehrenamtlich sehr rührig. Im ortstragenden Verschönerungsverein war er Schriftführer. Im Obst- und Gartenbauverein war er von 1904-1910 Kassier, von 1910-1913 Erster Vorstand und bis zur Ruhestandsversetzung 1925 Zweiter Vorstand.

Er gründete in Weidenberg am Friedhof und am Spritzenhaus im Untermarkt die erste Baumschule und war wesentlich für die Ausbreitung des Obstbaus tätig. Wie die Vereinsaufzeichnungen berichten, hat er in 14 Jahren 1.400 Obstbäume in der Baumschule gezogen und seinen Schülern das Veredeln und die Baumpflege gelehrt. Er war der zweite Weidenberger Bürger, dem die Marktgemeinde 1924 das Ehrenbürgerrecht verlieh. Damals feierte er in Weidenberg sein 25. Dienstjubiläum als Lehrer und Kirchner.

Auch nach seinem Namen wurde im Marktort eine Straße benannt. Sie zweigt von der Georg-Hagen-Straße ab, deren Namensgeber für seine Tätigkeit als Altbürgermeister im Jahr 1960 die Ehrenbürgerwürde verliehen wurde. – Von einer weiteren Ehrenbürgerwürde, die in der Nachkriegszeit im öffentlichen Bewusstsein verdrängt wurde, nämlich von der für Nazi-Gauleiter HANS SCHEMM, hat sich der Marktgemeinderat auf meinen Vorschlag hin im Jahr 2017 distanziert.

[167] **Das neue Schulhaus** wurde 1909 am Obermarkt auf dem von der Gemeinde bereits

de auch eine vierte Schulstelle errichtet, die als Lehrerin für die Kleinen im Jahr 1910-1920 Fräulein EDITH MENGE erhielt.

Als Lehrer folgten: EMILIE LINDNER (1920) und ERHARD DORNHEIM (1920-1921).

Zwischen 30. April 1921 und dem Jahr 1927 war die Stelle aufgehoben, dann aber eine Zeitlang wieder genehmigt. Lehrer waren: PETER NÜSSEL (1927-1934), AUGUST KIEẞLING (1934-1945).[168]

4. Gemeindestatistik

[An dieser Stelle weist die Pfarrbeschreibung in ihrem fortlaufenden Text auf einen „statistischen Überblick über die Bewegungen des Gemeindelebens" für die Jahre 1901-1910 hin, der sich als Tabelle in Sütterlinhandschrift im Anhang der Pfarrbeschreibung findet. Es handelt sich um zusammenfassende Zahlen aufgrund der Kirchenbücher und der Gabenkasse, wie sie in der Regel auch bei den Abkündigungen im Jahresschlussgottesdienst der Gemeinde vorgetragen werden, d.h. es geht um die Anzahl der gehaltenen Kasualien, die Abendmahlsstatistik und um die Einnahmen der Gabenkasse. Zu Vergleichszwecken sei die Tabelle, allerdings wegen der besseren Übersicht zweigeteilt, an dieser Stelle eingefügt.[169]

1834 angekauften geteilten Grundstück Haus Nr. 116b im damals modischen Jugendstil mit Mansarddach errichtet. Dabei wurde **die alte Schule** – d.h. das an diesem Platz im Jahr 1770 erbaute Wohnhaus, das seit 1834 als Schule genutzt worden war – abgerissen und zur Bebauung auch das benachbarte Grundstück Nr. 115 des Büttners GEORG HIRSCH, das zu der Zeit der Familie SACHS gehörte, einbezogen; hier war bis dahin auch eine Bierwirtschaft mit Bäckerei betrieben worden. Zu den Baukosten von 64.000 Goldmark erhielt die Gemeinde vom Kreis einen Zuschuss von 14.000 Mark und ein unverzinsliches Darlehen von 10.000 Mark.

Das Erdgeschoss füllten die zwei Räume für die Jahrgänge der 1. und 2. Klasse mitsamt Toilettenanlagen aus; im ersten Stock waren zwei weitere Schulzimmer für die 3. und 4. Klasse untergebracht. Im Untergeschoss residierte der Hausmeister; im Dachraum war das Lehrmittelzimmer. – Als Wohnhäuser für den zweiten, dritten und vierten Lehrer wurden zwei Häuser auf dem Gurtstein angekauft und eingerichtet. Lehrer AUGUST KIEẞLING, im Ort auch bekannt als „Tauben-Gustl", durfte aber in der Hitlerzeit als Nazi-Propagandist mit seiner Familie im ersten Stock des Alten Schlosses wohnen; in diesem Gebäude hatte sich ein Stock höher auch der Ortsgruppenleiter GEORG RUMLER eingerichtet.

[168] Zur Person von **AUGUST KIEẞLING** vergl. auch das Kapitel „Seit 1933 sind wir alle nicht mehr normal – Georg Rumler und der Aufstieg der Nazis in Weidenberg" in der 3. Folge des Projektes ‚Myrten für Dornen': „Der Anstreicher und seine Lehrjungen ...", sowie das Kapitel „Als Hitlers Gottheit infrage stand – Der Widerstand der Frankenpfälzer und der Überfall der Weidenberger Nazis nach den Hitlerwahlen 1938" in der 4. Folge: „Christsein am Scheideweg ..."

[169] Weitere bis 1561 zurückreichende statistische Angaben finden sich in J. KRÖLL, Geschichte des Marktes Weidenberg auf den S. 186f. Dabei fallen vor allem die hohe Zahlen von Geburten, aber auch von Bestattungen auf, und zwar besonders in der Mitte des 19. Jh., aber

Tab. I (Kasualien)

Jahrgang:	Seelenzahl:	Geburten:	davon eheliche:	Konfirmierte:	Getraute:	darunter gemischte Ehen:	Beerdigte:	darunter Selbstmörder:
1901	2482	69	57	75	9	1	41	2
1902	2411	53	45	57	15	1	38	–
1903	2411	60	52	61	17	–	54	–
1904	2411	57	46	66	21	–	48	–
1905	2380	63	56	57	18	–	45	–
1906	2380	62	54	80	20	1	42	–
1907	2380	64	53	56	16	1	52	–
1908	2380	53	47	62	13	1	42	–
1909	2380	52	45	58	19	2	55	1
1910	2376	40	31	74	13	–	35	–
10-jähr. Durchschnitt	2399	57,3	48,6 entspr. 84,8%	64,6	16,1	0,7	45,2	0,3

Tab. II (Abendmahlsteilnahme und Spenden)

	Kommunikanten:	Klingelbeutel:	Missionsgaben:	Summe der freiwill. Gaben / pro Kopf:	Bemerkungen:
1901	852	404,43	127,50	1183,33 / 0,48	1 Selbstmörder nicht kirchlich beerdigt
1902	938	458,60	154,23	1785,10 / 0,74	1 dergl.
1903	913	491,75	255,20	1893,80 / 0,78	2 dergl.
1904	1077	499,34	205,47	2282,63 / 0,94	
1905	976	529,76	184,46	1871,56 / 0,78	
1906	998 / 42 %	527,34	207,51	1948,81 / 0,82	
1907	961 / 40 %	502,23	245,99	2137,62 / 0,90	1 dergl.
1908	1005 / 40,6 %	515,63	267,74	2253,57 / 0,95	1 dergl.
1909	929 / 39 %	539,38	247,41	2300,99 / 0,97	1 dergl.

auch in außerordentlichen Seuchenjahren.

1910	887 / 37,3 %	570,86	215,45	2071,84 / 0,87	
10-jähr. Durchschnitt	953,6		211,13	1973,83 / 0,81	

5. Gemeindeleben

[Vergl. dazu auch weiter unten das Kapitel VI über die Religiosität und Sittlichkeit des Gemeindelebens]

Was die schriftliche Darstellung des Gemeindelebens anlangt, hat Pfarrer EINFALT dahier (1894-1902) eine solche verfasst,[170] in dem er den Stoff zusammentrug,

[170] **J. M. EINFALT, Die Geschichte von Weidenberg und Umgebung** im Zusammenhang mit der Geschichte Oberfrankens, Bayreuth 1896, Druck von Lorenz Ellwanger, Originalheftchen im Format 16,5 × 11 cm (ähnlich dem oben genannten Heftchen von REBLITZ) mit etwa 46 Seiten. – Die Kommentatoren, d.h. die Verfasser der vorliegenden Pfarrbeschreibung, haben sicher nicht ahnen können, dass Einfalts kleine Schrift mitsamt ihrer Fehler eine der wichtigsten achtenswerten Quellen geblieben ist, auf der die Geschichtsschreibung über Weidenberg bis heute beruht.

Die im Jahr 1967 im Auftrag der Marktgemeinde verfasste „Geschichte des Marktes Weidenberg“ von JOACHIM KRÖLL erhebt zwar vom Titel und Konzept her den Anspruch, die umfassende Geschichtsschreibung für den Ort von seiner Entstehung an bis zur Gegenwart des Verfassers zu sein. Sie hat aber ihren inhaltlichen Schwerpunkt tatsächlich in der Zeit des Adels. KRÖLL wertet viele Zeugnisse und Urkunden über Turmhügel, Altstraßen, Mittelalter und Adlige aus und bringt auch viele Urkunden im Wortlaut, das gibt dem Buch seinen Wert, macht es aber auch unübersichtlich und langatmig.

KRÖLL bleibt aber, und das ist der größte Mangel bei der Darstellung der Gemeindegeschichte, ab der napoleonischen Zeit bis in seine eigene Gegenwart außerordentlich blass, ja dürftig. Darüber hinaus beschreibt er die nationalsozialistische Zeit leider recht verharmlosend-tendenziös, obwohl (oder weil?) er selbst Zeitgenosse war; er war im Krieg bei der Propagandaabteilung des Reichsrundfunks. Er wollte wohl den Alt-Nazis am Ort nicht auf die Füße treten. Diesen historischen Mängeln versuche ich durch mein Buch „Spurensuche Frankenpfalz“ und mein sorgfältig recherchiertes Geschichtsprojekt „Myrten für Dornen“ ein wenig abzuhelfen.

In „Spurensuche“, das die Geschichte der Frankenpfalz von der ersten Besiedlung im 7. Jh. bis in die letzte Nachkriegszeit untersucht, wird auch die Geschichte des angrenzenden Weidenberger Gebiets mit abgehandelt. Insbesondere wird das Wesen und die Geschichte des Adels, dessen Herrschaft und Schlösser bis in die Frankenpfalz hinüberreichen, in kompakter und anschaulicher Form dargelegt und mit beigefügten Stammtafeln veranschaulicht, ebenso die Geschichte der Protestanten in der seit Mitte des 17. Jh. wieder katholischen Frankenpfalz.

Das Projekt „Myrten für Dornen“ hat seinen historischen Schwerpunkt in der Beschreibung der ereignisreichen 30 Jahre von 1919-1949, in denen Pfarrer GEORG REDENBACHER in Weidenberg wirkte, greift aber bei der Betrachtung der geschichtlichen und soziokulturellen Entwicklungslinien weit darüber hinaus und zurück bis in die Anfangszeit der Weidenberger Kirchen und früheren Lebensverhältnisse. In diese Untersuchungen fließen Erkenntnisse aus

wo er ihn nur immer finden konnte, und hat dabei weder den historischen Verein zu BAYREUTH, noch das Archiv zu Bamberg vergessen. Alles in allem ein respektables Schriftchen von vieler Mühe und Fleiß, das in hiesiger Gegend, die es sich zum Gegenstande nimmt, mehr Achtung und Ansehen hätte finden sollen. Wenn es das nicht gefunden hat, wenn dieser wohlverdiente Lohn ausblieb, so trägt ein dreifacher Umstand wohl die Schuld:

1) die schon oft bedauerte Spärlichkeit der Quellen,

2) der Mangel an plastischer Darstellung,

3) liegt der Grund nicht zum wenigsten auch an den Lesern, welche sich für die materiellen Dinge dieses Lebens mehr interessieren, als für kirchengeschichtliche Forschungen.

Im Übrigen scheint es das Schicksal vieler geistiger Dinge zu sein, nicht die Bedeutung gewonnen zu haben, die man ihnen wünscht. Z. B. die mächtige pietistische Bewegung in Deutschland, wie in der nahen Stadt BAYREUTH – sie muss auch einen nachhaltigen Eindruck auf unsere Dörfer und Höfe ausgeübt haben, besonders da, wo die Stillen im Lande wohnen; trotzdem findet man keine Andachtsbücher mehr aus jener Zeit.

Was aber den Verfasser [in diesem Text wohl Pfarrer HANS SCHALLER] nicht an der sicheren Annahme hindert, dass sich der gute Glaubensgrund unserer kirchlich höchststehenden Dörfer, wie zum Beispiel FENKENSEES und DÖBERSCHÜTZ, aus jenen frommen Zeiten herleitet.

Dem Rationalismus der älteren Zeit[171] scheint es geradeso ergangen zu sein. Es sieht so aus, als ob er an den Leuten vorübergerauscht wäre, und nur selten findet man ein Buch à la ZSCHOKKE[172] oder WITSCHEL[173]. Allein, die Flamme ist, umge-

---

den Weidenberger und Nürnberger Kirchenarchiven, dem Weidenberger Marktarchiv, den Staatsarchiven Coburg und Bamberg und dem Bundesarchiv in Berlin ein. Dazu kommen unveröffentlichte Forschungsergebnisse von NORBERT SACK und HARALD STARK und zahllose Zeitzeugeninterviews.

[171] Zur Auswirkung von Pietismus einerseits und Kant'schem Rationalismus andererseits auf die Theologie und das Glaubensleben im 19. Jh. vergl. in der 4. Folge des Projektes ‚Myrten für Dornen' das Eingangskapitel über die Entstehung der Bayerischen Landeskirche, sowie die entsprechenden Artikel in den einschlägigen Beschreibungen von Kirchen- und Dogmengeschichte. Eine gute jüngere Zusammenfassung, die diese kirchlichen Strömungen in den Gesamtkontext des „langen19. Jh." einordnet, findet sich bei THOMAS NIPPERDEY, Deutsche Geschichte 1800-1866, Bürgerwelt und starker Staat, Beck 1994, S. 424f.

[172] Das sentimentale, aber überaus wirksame Erbauungsbuch des aufklärerisch gestimmten Schweizer Schriftstellers HEINRICH ZSCHOKKE „Stunden der Andacht", das von 1808-1815 in 8 Bänden erschien, wurde bis zur Jahrhundertmitte des 19. Jh. immer wieder aufgelegt.

[173] JOHANN HEINRICH WITSCHEL (1769-1847) stammte aus dem mittelfränkischen

kehrt wie vorher beim Pietismus, aus der alten in die neuere Retorte übergeschlagen, und es kann keine Frage sein, dass der religiöse Tiefstand in den Gemeinden nicht bloß vom neuen Rationalismus, sondern auch von den Resten des alten mit beeinflusst ist. Die kirchlichen und übrigen Sitten bei Taufe, Konfirmation, Eheschließung, Beichte und Begräbnis sind dabei immer dieselben geblieben. Auch von der Kirchenzucht ist das in Sonderheit anzumerken. Es gibt auch jetzt noch keine solche, weil es nämlich früher auch keine solche gegeben hat.

Unter diesen Umständen ist leicht zu begreifen, dass die Sekten Boden gewinnen, wenn sie sich die nötige Mühe geben. Vermochten sich die METHODISTEN[174] in der

---

Hersbruck und wirkte als Pfarrer und Dekan in Kattenhochstatt bei Weißenburg, er war auch kurzzeitig bayerischer Landtagsabgeordneter. Seine umfangreiche literarische Tätigkeit umfasste erbauliche Schriften, Dichtungen mit vielen Spruchweisheiten, Prosa, wie auch ein Schauspiel. Sein Andachtsbuch „Morgen- und Abendopfer in Gesängen“ erschien in mindestens elf Auflagen und wird vielfach neben Zschokkes „Stunden der Andacht“ als das meist verbreitete Andachtsbuch der Zeit angesehen. Allerdings wurde der poetische Wert seiner Lieder und Texte von manchen Zeitgenossen und Kritikern als gering und ihr Inhalt als seichter, geistloser Rationalismus angesehen. Seine Nachwirkung war aber offenbar in der Zeit von Heraths und Schallers Pfarrbeschreibung noch spürbar.

[174] Die Methodisten als „Sekte“ zu bezeichnen ist aus heutiger Sicht völlig unangebracht. Zum 1881 gegründeten Weltrat der methodistischen Kirchen, die sich vor allem auf den englischen, auch in Nordamerika tätigen Erweckungsprediger JOHN WESLEY (1703-1791) berufen, gehören heute 74 methodistische Kirchen in 132 Ländern. Ihre insgesamt etwa 75 Millionen Mitglieder machen den Methodismus zu einer der weltweit größten evangelischen Konfessionen.

Wesleys wichtigste Forderung an die Christen war entsprechend dem Galaterbrief 5,6 ein „Glaube, der in Liebe tätig ist“. Dies drückt sich im allseitigen unideologischen Engagement von Methodisten in Kirche und Gesellschaft aus, das weder für die Aufnahme von Glaubenden, noch für den Ort des Engagements besondere Vorbedingungen kennt und sich damit stark von den Forderungen des Pietismus unterscheidet. Seit 1987 besteht eine uneingeschränkte Kanzel und Abendmahlsgemeinschaft zwischen allen Kirchen der Reformation, die auch die evangelische Methodistenkirche mit einschließt.

Die Frontstellung der Weidenberger Pfarrbeschreibung gegen die Methodisten erklärt sich einerseits aus mangelnder Information, andererseits aus der dürftigen Kirchlichkeit der Weidenberger Gemeinde in der damaligen Zeit; die Pfarrer hatten Sorge, Gemeindeglieder an die damals stark missionierenden Gruppen zu verlieren.

Heute verläuft die innerkirchliche Frontlinie des christlichen Glaubens wohl eher zwischen solchen Christen die, wie die Methodisten, ihren Glauben konsequent praktizieren und sich ohne Vorbedingungen den drängenden Aufgaben in Welt und Gesellschaft zuwenden wollen, und solchen, die, wie z. B. die große Gruppe die Evangelikalen in den USA, an einer fundamentalistischen Betrachtung der Bibel, sowie an vergangenen Gesellschaftsnormen und überholten Menschen- und Weltbildern festhalten. So hat sich zum Beispiel bei der letzten Präsidentenwahl in den USA 2016 die absurde Situation ergeben, dass eine bekennende und praktizierende Methodistin wie HILLARY CLINTON von den Evangelikalen, welche in den USA die

Kreishauptstadt BAYREUTH Annahme zu verschaffen, warum nicht auch in der Umgebung, wie zum Beispiel BINDLACH und WEIDENBERG? Um die Wende des Jahrhunderts hat sich auch hier ihr Zauber entfaltet und mehrere Jahre hindurch haben sich viele Männlein und Weiblein zu ihren Nachmittagsgottesdiensten versammelt. Was hat man von Seiten der bestehenden Kirche gegen diese Neuerungen getan? Hat man lamentiert, hat man ihnen auch nach bekannten Mustern die Lokale versperrt? Hat man Kontrovers-Predigten gegen sie gehalten? – Nichts von alledem, man hat nur den Leuten – so bescheiden es klingen mag – die Freiheit gelassen und sie aufgefordert zu prüfen, was sie hier und dort fänden. Da hat dann der Methodistenprediger das Feuer noch heftiger geschürt, d.h. er hat einen Prediger aus Köln

---

weißen Protestanten repräsentieren und die konservativen Republikaner in den Händen haben, mit aller Leidenschaft bekämpft wurde, die ihrerseits den bigotten DONALD TRUMP in das Amt hievten.

Dagegen gibt es heute in Weidenberg Gruppierungen, die tatsächlich die Kennzeichen von Sekten zeigen, so insbesondere die seit 1993 existierende sg. Glaubensgemeinschaft „Glory International". Sie ist hervorgegangen aus dem „Christlichen Zentrum Rhema" CCR der 1985 aus Rumänien eingewanderten KATHARINA SIEGLING, geb. SCHNÄPP, und unterhält in Weidenberg im Haus von Möbel-Gebhardt in der Industriestraße ihr Schulungszentrum. Die Leiterin, die sich wie eine Profetin feiern lässt, bezeichnet sich selbst als „Pastorin", obwohl sie keinerlei spezifische Ausbildung oder Ordination hat, sie veranstaltet „Revivals", sammelt erfolgreich Spenden und wirkt vor allem durch erweckliche Videobotschaften neupfingstlerischer Prägung im Internet. Sie unterhielt bislang zu keiner christlichen Gemeinde oder Gemeinschaft im Bayreuther Land länger dauernde ökumenische Beziehungen, hat sich vielmehr in der Vergangenheit distanziert oder kritisch gegenüber der Evangelisch-Lutherischen Kirche und gegenüber anderen christlichen Gemeinden oder Gemeinschaften verhalten.

Der Sektenbeauftragte der Evang. Kirche in Bayern rechnet das CCR mit seinem in Weidenberg unterhaltenen Ausbildungszentrum zu den „totalitären Bewegungen". Nach seinen Recherchen gehören vor allem Frauen der Gemeinde an, denen, wenn die Ehemänner nicht mitmachen, zur Trennung geraten werde. Auch würden die Frauen *„angehalten, ihren Beruf aufzugeben, ihr Haus zu verkaufen und in die oberfränkische Stadt zu ziehen"*.

Der Redakteur des Nordbayer. Kurier MANFRED OTZELBERGER stellte bei seinen Recherchen vor Ort fest: *„Eine Frau die selbst so unglaublich viel austeilt ... Ich habe noch nie eine Gruppierung erlebt, die so viel Häme und Hass gegen ihre Gegner in schriftlicher und mündlicher Form ausgebreitet hat."*

SIEGLING wird mit den Worten zitiert: *„Gott hat mir eine Vision gegeben, für diese ganze Stadt. Ich will die ganze Stadt einnehmen. Ob es dieser Stadt passt oder nicht, es wird geschehen."* Die Organisation bezeichnet sich selbst als „dynamische, christliche Gemeinde mit Pioniercharakter". Langfristig soll das CCR planen, ein eigenes Dorf mit Schule und Supermarkt zu errichten.

Eine offizielle Adresse existiert nicht, lediglich ein Postfach. Kontakt ist nur durch Internetformulare möglich. Wer aufschlussreiche und hilfreiche Kommentare über diese Gruppierung und ihren weiblichen Guru sucht, sei verwiesen auf die Internetseite http://irrglaube-und-wahrheit.de/index.php?/topic/6158-rhema-zentrum-bayreuth/.

kommen lassen, der noch tüchtiger war, wie er selber, und dann, als dieser etlichemals aufgetreten war und dann wieder Abschied genommen hatte, ist die Methodistenbegeisterung zurückgegangen, und die Bewegung im Sande verlaufen.[175] Die Methodisten kommen jetzt nicht mehr am Sonntagnachmittag heraus zu uns und singen; und der methodistische Geistliche behauptet auch nicht mehr, der Text werde ihm jedes Mal unmittelbar vor der Predigt vom Heiligen Geist eingegeben.

6. Die wichtigsten Tatsachen aus der Geschichte von Weidenberg

[Pfarrbeschreibung S. 39ff]

1200[176] die Herren von Weidenberg, älteste Besitzer,
1248 sind die Weidenberger Lehnsleute der Burggrafen von Nürnberg,
1415 empfängt Klas von Weidenberg[177] den dritten Teil des Schlosses und das Kirchenlehen usw. zu Weidenberg,
1415 stirbt mit Hermann II. der letzte Weidenberger. (Er war seit 1404 mit Barbara von Guttenberg verheiratet, seine Tochter Barbara war das letzte Mitglied der Familie),
um 1422 Adrian v. Künsberg mit Barbara von Weidenberg vermählt,
1450 Erneuerung des Bergbaus,
1528 Einführung der Reformation,[178]
1633 Einfall der Kroaten,

[175] Die Methodistengemeinde ist heute in Bayreuth verwurzelt und in der örtlichen Ökumene als Mitglied anerkannt und nennt sich, unter Anspielung auf ihre späten Gottesdienstzeiten „Kirche für Ausgeschlafene". Eine Selbstvorstellung der Methodisten findet sich unter: http://www.emk-bayreuth.de.

[176] Vergl. zu den folgenden Zahlen- und Namensangaben aber in meinem Buch „Spurensuche Frankenpfalz" die S. 98ff, wo sich z.T. andere Angaben finden, die ich dem Weidenberger Kenner der örtlichen Adelsgeschichte Norbert Sack verdanke, sowie im Projekt „Myrten für Dornen" die Kapitel über die Kirche und über die Pfarrer. Einige falsche Angaben der Pfarrbeschreibung, z. B. über die Hussiteneinfälle, habe ich aber oben bereits korrigiert.

[177] Dieser Klas bzw. Nikolaus von Weidenberg (+1446) könnte ein jüngerer Bruder, vielleicht auch der Cousin von Hermann II. v. Weidenberg (+1415) gewesen sein. Dass sein Drittel des Lehensrechtes nach seinem Tod an seine Nichte Barbara und deren Mann Adrian v. Künsberg fällt, deutet darauf hin, dass Klas keine eigenen Nachkommen hatte, ja, vielleicht nicht einmal verheiratet war. Mit ihm endet die männliche Linie der Weidenberger.

[178] Vergl. zu diesem und den weiteren Einträgen das Kapitel „Beim Marktbrand nicht mit verbrannt – Geschichte der Kirchen Weidenbergs, der Gemeinde und ihrer Pfarrer anhand der Epitaphien und neuer Recherchen" in der 2. Folge des Projektes ‚Myrten für Dornen'.

1634 Pest,
1637 Brand der Kirche,
1648-1745 die MARKGRAFEN VON BAYREUTH und die HERREN V. LINDENFELS rivalisieren in WEIDENBERG,
1660 der Gesundbrunnen beim Brunnenhaus im Tal der Steinach wird entdeckt,
1702 Kirche in WARMENSTEINACH erbaut,
1745 KARL WILLIBALD V. LINDENFELS verkauft im Suff das Weidenberger Schloss und verliert den Wald,
1745-1810 WEIDENBERG gehört den Markgrafen,
1758 im Siebenjährigen Krieg wütet zu GÖRSCHNITZ, HESSLACH und FISCHBACH der Typhus im Lazarett,
1770 Feuer am Obermarkt [dem aber, entgegen den Angaben der Pfarrbeschreibung, die gerade im Neubau befindliche Kirche St. Michael am Gurtstein entgeht],
1796-99 Bedrückung der Landschaft durch die Heermassen Napoleons,
1810 fällt WEIDENBERG (mitsamt dem ganzen Bayreuther Land) an Bayern,
1834 Einrichtung der Schule im 1770 erbauten Haus Nr. 116 am Obermarkt,
1836 großer Brand auf dem Gurtstein,
1841 großer Brand im oberen Markte,
1842-45 Typhusepidemie
1852 das II. Pfarrhaus abgebrannt,
1860 vergebliche Bohrungen nach Steinkohle,
1866 Gefechte bei SEYBOTHENREUTH (zwischen Bayern und Preußen),[179]
1881 das Armenhaus angekauft,[180]
1889 die neue Wasserleitung,
1900 die Hauptkirche renoviert,
1896 die Lokalbahn eröffnet,
1891 die STEPHANSKIRCHE renoviert,
1909 das neue Schulhaus am Obermarkt (heute Rathaus) gebaut,
1914 elektrisches Licht.

---

[179] Vergl. „Spurensuche" S. 29f.

[180] Vergl. zu den folgenden Einträgen die Kapitel„Arbeit, Wohlstand und Armut bei den ‚Gaasla' – Soziales Leben, Beruf und Gewerbe in Weidenberg bis 1919", sowie „Als Weidenberg Kurort werden wollte – Pfarrer Redenbacher und der VerschönerungsvereinWeidenberg" in der 2. Folge des Projektes ‚Myrten für Dornen': „Licht und Schatten der neuen Zeit ..."

II. Der äußere Umfang und Bestand der Pfarrei[181]

[Pfarrbeschreibung S. 41ff]

1. Die Orte der Pfarrei

a) Der Hauptort Weidenberg

WEIDENBERG, ein Markt am Fuße des in das Tal sich niedersenkenden Kulmberges gelegen, ist durch eine Geländestufe oberhalb der Steinach in zwei Teile geteilt, den oberen und den unteren Markt, aber durch die große Freitreppe– die Schütt genannt – verbunden.[182]

---

[181] Die folgenden Angaben beschreiben Weidenberg zur Zeit der Abfassung der Pfarrbeschreibung kurz vor Beginn des Ersten Weltkrieges. Vergl. dazu auch die in der vorigen Fußnote angegebenen Kapitel im Projekt ‚Myrten für Dornen'.

[182] Der Weg direkt neben dem Rathaus über die Steintreppe „Schütt" bzw. „Schied" mit ihren 124 Steinstufen hinunter zum Brauhausplatz ist sicher die direkteste und spektakulärste Verbindung in Weidenberg zwischen unten und oben. Andere, umständlichere Verbindungen gab es aber auch schon seit alters, also auch zur Zeit der Abfassung der Pfarrbeschreibung.

So besteht eine weitere Direktverbindung seit jeher über den Reitweg, der aber wegen seiner Steilheit und Enge im oberen Teil tatsächlich nur zu Pferd oder zu Fuß (und sicher auch heute mit dem Mountainbike) nutzbar ist. Einstige Versuche, ihn mit Knüppeln zu befestigen, um hier auch mit Wagen heraufzufahren, erbrachten nicht den gewünschten Erfolg. Gleichwohl schleppten auch die Kinder des Apothekers früher hier ihr Handwägelchen hoch, mit dem sie die bestellten Medikamente vom Bahnhof abholten, um sie zur elterlichen Apotheke am Obermarkt zu bringen (vergl. das Kapitel „Physicus und Pharmazeut – Weidenberger Gesundheitswesen bis in die erste Hälfte des 20. Jahrhunderts" in der 3. Folge des Projektes ‚Myrten für Dornen': „Der Anstreicher und seine Lehrjungen ...").

Die erste ordentliche Direktverbindung war die „Neue Straße" mit ihrer Serpentine bergaufwärts. Sie entstand als Arbeitsbeschaffungsmaßnahme zur Zeit des Dritten Reichs (vergl. im Projekt „Myrten für Dornen" das Kapitel „Seit 1933 sind wir alle nicht mehr normal – Georg Rumler und der Aufstieg der Nazis in Weidenberg von 1929 bis zu ihrem Durchbruch 1933" in derselben Folge des Projektes).

Wer ein Fahrzeug oder Wagen benutzte, konnte schon immer einen Umweg entweder weiter östlich oder westlich nehmen. So führt eine Straße vom Obermarkt Richtung Osten über die Kantorsgasse hinab. Gegenüber dem ehem. Armenhaus kommt man dann auf drei verschiedenen Wegen weiter, wovon allerdings die ersten beiden Wege eigentlich nur zu Fuß oder mit dem Fahrrad benutzbar sind: Erstens, man zweigt von der Kantorsgasse nach links (Westen) ab und bewegt sich unterhalb des Gurtsteins den Buchert an der Steinach entlang – hier mündet links auch ein schmaler Ziehweg ein, der direkt von der Kirche herabkommt –und über das Flüsschen dann zum Untermarkt; oder zweitens, man überquert bei der Scherzenmühle die Steinach und gelangt dann durch das Nussgässchen in den Untermarkt; und drittens, falls man ein schwereres Fahrzeug hat, fährt man alternativ die Steinach aufwärts durch die Au Richtung Rosenhammer und von dort über die Warmensteinacher Straße zum

Der untere Teil *(Blick von der Schied 1920)* enthält: das Postgebäude, den Bahnhof und das Forstamt, die Wohnungen des Arztes, die Schöller'sche Kunstmühle und eine kleinere Kundenmühle, eine Granitschleiferei und eine Zementwarenfabrik.

Auf dem oberen Markt finden sich: die Haupt- oder ST. MICHAELSKIRCHE mit den beiden Pfarrhäusern, das neue Schulhaus und die beiden Wohnhäuser der Lehrer, das Amtsgericht nebst dem Notariate und sämtlichen Beamten, und die Gendarmerie.

Sieht man von den Beamten und Angestellten ab, so kann man die Bevölkerung einteilen in solche, die nur Ackerbau treiben, und solche, die nur Gewerbe treiben, und solche, die beides zugleich treiben, je nach größerem oder kleinerem Familienstand.

Auch 29 Weber sollen früher hier gewohnt haben, die jedoch wegen der Ungunst der Zeit dieses Gewerbe aufgegeben haben. Um dieses Notstandes willen hat der Staat vor etwa 60 Jahren ein Kapital von 40.000 fl. unverzinslich dargeliehen, damit eine Fabrik innerhalb des Bezirkes von WEIDENBERG gebaut werde. Die Kaufleute nahmen jedoch das Geld und bauten eine Fabrik am äußersten Ende des Amtsbezirkes, die jetzige Flachsspinnerei, und so gehört denn diese Fabrik mehr zu BAYREUTH, während WEIDENBERG um seinen Vorteil gekommen ist.

Wenn man weiß – so kann man einen oberfränkischen Grundsatz aussprechen – wie viele Ziegen in einem Orte anzutreffen sind; wenn Leute, die etwas bedeuten wollen, sich zum Musikmachen auf Tanzböden hergeben; oder wenn Bürger bei Holzversteigerungen sich auf einer unkluge Weise überbieten, nur um durch schnellen Verkauf bzw. Umsatz des Holzes das eine Loch auf-, das andere Loch zu-

---

Untermarkt. – Wahrscheinlich haben aber Fahrzeuge eher den seit uralter Zeit bestehenden Weg nach Westen genommen, über die Alte Bayreuther Straße hinunter zur Schuhmühle bis zur dortigen Altstraße von Lankendorf und dann durch die Altung zum Untermarkt.

zumachen, so weiß man, was es in einem Orte hinsichtlich der Wohlhabenheit geschlagen hat. Dies alles darf ein Pfarrer in oberfränkischem Lande wissen, wenn er in seinem Amte und in seiner Gemeinde mit Liebe und Fleiß arbeiten soll.

Zu WEIDENBERG selbst gehören, außer dem unteren und oberen Markte und den an den Letzteren unmittelbar angebauten Stadelhäusern, unten unmittelbar am Bache vier bzw. fünf Mühlen: die Schuh- (Schub-) Mühle, die schon genannte Schiller'sche Kunstmühle und die Dress'sche Kundenmühle, die so genannte Schürzenmühle und die in Rosenhammer befindliche ehemalige Schleicher'sche Papiermühle, jetzt Glasschleife.

Ferner gehören zur Marktgemeinde die beiden Auhäuschen 5 Minuten vom Ort entfernt, aus dem Abtragsmaterial der Werkhäuser am ehemaligen Bohrturm 1860 erbaut, und gleichfalls wie diese nach Osten zu gelegen, eine Viertelstunde vom Markte entfernt, der so genannte Rosenhammer, ein beliebter Vergnügungspark der Umgebung und Ausflugsort der Bewohner der nahen Stadt. Derselbe besteht aus drei Häuserkomplexen: der Rothe'schen Brauerei und Mälzerei, die als eine beliebte Wirtschaft zu Zeiten des Bohrturms ihren Anfang nahm; die ehemalige Schleicher'sche Papiermühle, jetzige Glasschleife, und das Weigel'sche Anwesen, früher Rotenhan'sches Schloss.[183] Von diesem Letzteren stammt der Name Rosenhammer, der nicht auf die schönen Rosen hindeutet, die dort gezüchtet werden, sondern auf die roten Erzschlacken, die aus einem früheren Hochofenbetriebe herrühren. Solche von der ehemaligen Eisenindustrie zurückgebliebenen Schlackenhügel findet man im Steinachtale noch an vielen Stellen.

Zum oberen Markte von WEIDENBERG gehören ferner vier Anwesen, welche die Bezeichnung „Ziegelhütte" führen: die Ziegelhütte, d.h. die Einzelne zwischen dem unteren Markte und der Schuhmühle, die große Dampfziegelei auf dem Wege zwischen der Schuhmühle und dem oberen Markt,[184] die alte Ziegelhütte oberhalb der

---

[183] Schon oben wurde darauf aufmerksam gemacht, dass der rote Hahn im Wappen am Schlossturm zu Rosenhammer das Symbol der Hammerbesitzer SCHREYER war und nichts mit der Familie von ROTENHAN zu tun hat. Vielmehr wurde der Hammer nach alten Urkunden bereits von JAKOB WOLF (1510-1564, sein Wappentier ist der Wolf, der ebenfalls im viergeteilten Wappen an Schloss Rosenhammer eingemeißelt ist) von den Hammerherren in der Familie SCHREYER ZU GRÜNBERG bei Brand übernommen. Bereits um 1550 sind die KÜNSBERGER vom oberen und unteren Schloss je zur Hälfte mit diesem Hammer gelehnt. Um 1662 gelangte das Anwesen in Besitz von JOHANN LUDWIG V. KÜNSBERG. Er war der erste Adlige, der, um den Hammer besser betreuen zu können, 1674 in diesem Schloss auch wohnte. Er hat es wohl zu diesem Zweck auch im großzügigen Stil seinerzeit hergerichtet, obwohl er eigentlich in Kirmsees seinen Sitz hatte und dem Zweig der Künsberger angehörte, die zum Katholizismus konvertiert waren – vergl. „Spurensuche" S.109f.

[184] Die Ziegelei brannte im Jahr 1944 unter ungeklärten Umständen ab. Der Eigentümer

STEPHANSKIRCHE[185] und die Ziegelhütte am Seybothenreuther Weg, zu der noch ein nahe gelegenes Wohnhaus gehört, eine Viertelstunde südlich vom oberen Markte gelegen.

b) Die westlich von Weidenberg auf dem Berge gelegenen Dörfer, Weiler usw.[186]

Hier ist vor allem LESSAU zu nennen, mitten in fruchtbarster Landschaft gelegen, daher uralt und schon in frühester Zeit, etwa um 1156, an das Michaelskloster in BAMBERG verschenkt. Es liegt an einem den Höhenzug Bocksleite kreuzenden Gemeindeweg,[187] der den Ort durchzieht und dann nach Stockau seine Fortsetzung nimmt. Gegenwärtig stehen hier 15 Häuser, in denen 18 Familien mit im ganzen 101 Einwohnern leben. Ein Bach durchzieht den Ort, der von Zeit zu Zeit stark anschwillt und gefährliche Hochwasser verursachen kann; er heißt Würgersbach oder auch Würgerin. Ein weiterer schmaler Bach fließt ihm durch die Ortsmitte zu, der den Ort kirchlich scheidet in den zur Pfarrei NEUNKIRCHEN und in den zur Pfarrei

---

KONRAD KIESSLING zeigte nach dem Krieg den ehemaligen Ortsgruppenleiter GEORG RUMLER als möglichen Brandstifter an. Ein daraufhin erfolgender Prozess verlief aber im Sande – vergl. im Projekt „Myrten für Dornen" das Kapitel „Bei mir ist niemand zu Schaden gekommen – Die Herrschaft der Nazis in Weidenberg und ihre Gegner" in der genannten 3. Folge des Projektes.

[185] Diese Ziegelhütte stand an dem Platz unterhalb des Turmhügels Galgenberg bei ST. STEPHAN, wo man auch die Urzelle Weidenbergs, die Siedlung „Wident", vermuten darf – vergl. „Spurensuche" S.106.

[186] In der Zeit, in der der Verfasser den Weidenberger Gemeindebrief redigiert hat, hat er als Aufmacher eine Grafik verwendet, in der einerseits die Kirche als Mittelpunkt der Weidenberg umgebenden Dörfer dargestellt ist, andererseits aber auch alle Ortsnamen in möglichst der korrekten geographischen Lage mitsamt Nordpfeil vermerkt sind. Diese umseitige abgedruckte Grafik kann als gutes Hilfsmittel bei der folgenden Beschreibung der Parochie verwendet werden. Zu beachten ist, dass sich die politische und kirchliche Gliederung der Orte um Weidenberg nicht decken und dass Orte, die zur Zeit der Abfassung der Pfarrbeschreibung noch politisch selbstständig waren, mit den Gebietsreformen der siebziger Jahre zu Weidenberg kamen. Es sind dies folgende, schon immer zur Kirchengemeinde Weidenberg gehörenden Orte: FISCHBACH 1970, LESSAU (nördlicher Teil) und MENGERSREUTH 1972, SOPHIENTAL 1975 und GÖRSCHNITZ 1978.

[187] Es ist der alte „Lessauer Kirchweg", der über die Bocksleite nordwärts hinab nach ST. STEPHAN und weiter nach ST. MICHAEL führte. Auffällig sind an diesem Weg oben am Kreuzungspunkt das uralte Steinkreuz sowie eine danebenstehende Säule, die gern fälschlich als „Geleitsäule" bezeichnet wird. Es könnte sich um den Stumpf eines demolierten Bildstocks aus vorreformatorischer Zeit oder aus der Zeit der Pestepidemie um 1633 handeln. Am Verlauf dieses heute nicht mehr erkennbaren Kirchweges oberhalb von ST. STEPHAN steht an der Geländekante mit Sicht auf Weidenberg das Bekenntnismarterl der MARGARETE SCHILLING von 1937, der historische Dreh- und Angelpunkt des Projektes „Myrten für Dornen". – Mehr dazu oben in der Einleitung und im ersten Kapitel dieser Folge des Projektes.

WEIDENBERG gehörenden Teil.[188]

Es wird noch nachgetragen, dass oben auf dem Höhenzug[189] in nördlicher Rich-

---

[188] Hier an diesem kleinen Bach, etwas oberhalb der Distriktsstraße, stand früher die „Porderlesmühle", auf Hochdeutsch „Perlenmühle" (ein anderer, verwandter Ausdruck war auch „Patterlein", wie man insbesondere Glasperlen bezeichnete, die in besonderen „Patterleinhütten" hergestellt wurden), ein kleines zur unteren Mühle gehörendes Haus, das als das erste Armenhaus der Gemeinde fungierte. Es erhielt im Volksmund seinen Namen, weil hier schon zur Zeit der Abfassung der Pfarrbeschreibung die arme Familie des früh verstorbenen Schneiders und Perlenmachers JOHANN SCHILLING wohnte, die sich durch das Anfertigen von Perlen für Trachten, Hauben und Taschen am Handwerk des Vaters beteiligte. Aus diesem Haus stammt auch MARGARETE SCHILLING, die im ereignisreichen Jahr 1937, unterstützt von Pfarrer GEORG REDENBACHER als Ideengeber, das evangelische Bekenntnis-Marterl auf der Bocksleite aufstellen ließ. Aus den biblischen Aufschriften auf diesem Marterl ist der Titel für das Projekt „Myrten für Dornen" abgeleitet.

[189] Auf dem charakteristischen Höhenzug oberhalb von Weidenberg, der eigenartigerweise bis heute keinen einheitlichen Namen trägt (manche nennen ihn insgesamt „Bocksleite", andere sagen „Pfälzer Straße"; der Fichtelgebirgsverein bezeichnet ihn als „Südrandweg", nämlich bezogen auf die Wege im Fichtelgebirge) verlief spätestens seit etwa dem neunten Jahrhundert eine bedeutsame Altstraße von Franken und Thüringen nach Böhmen und weiter bis Prag; sie führte von Untersteinach bzw. Göhrau herauf und verlief in einer rd. 15 km langen, fast geraden Linie bis Lettenhof und von dort weiter nach Kemnath. Unterwegs mündete bei Fischbach die Altstraße von Creußen ein und zweigte als „Hohe Straße" Richtung Kirmsees- Reislas-Kirchenpingarten ab. Turmhügelanlagen in näherer und weiterer Entfernung sicherten den Weg ab, so der Galgenberg bei St. Stephan, die Turmhügel bei Fischbach, Kirmsees, Reislas, Fuchsendorf, Tressau und schließlich Göppmannsbühl und Haidenaab, die später größtenteils zu kleinen Burgen bzw. Schlössern aufgewertet wurden.

tung von der Distriktsstraße und in direkter Linie zwischen LESSAU und WEIDENBERG das so genannte Köhlerhaus[190] liegt, eine einsame Niederlassung, von wenig Parzellen Wald umgeben, gleichfalls zur Pfarrei gehörig, eine halbe Stunde von WEIDENBERG entfernt.

Links, d.h. östlich der genannten Distriktstraße, liegt DÖBERSCHÜTZ,[191] ganz zur Pfarrei WEIDENBERG gehörig, mit 17 Häusern, 16 Familien und 94 Einwohnern. Dieses Dorf, gleichfalls in bester Bodenlage befindlich, scheint nicht minder alt zu sein wie LESSAU, wie sein slawischer Name „gute Ansiedlung" andeutet. In gegenwärtiger Zeit wohnen unsere besten Bauern darin, die trotz der dreiviertelstündigen Entfernung zu den fleißigsten Kirchgängern gehören. Hier wird weder getrunken noch geraucht, und seit mehr als 30 Jahren ist dort kein Prozess vorgekommen. Glücklicherweise ist das Dorf trotz seiner Höhenlage gut mit Wasser versorgt, das

---

Entlang dieses Höhenweges finden sich auch drei alte Steinkreuze mit ihren bewegenden Geschichten, das imposanteste davon direkt an der Kreuzung des alten Kirchweges von Lessau über ST. STEPHAN zum Gurtstein. Es wird in vielen Beschreibungen, so auch auf der Webseite Suehnekreuz.de, fälschlich das „Steinkreuz des Haidenabers" oder „Haidenaberkreuz" genannt und soll auf einen 1347 beurkundeten Mord an dem burggräflichen Förster OTT HEYDENABER hinweisen. Bis hierhin soll auch das „Kemnather Geleit" gegangen sein. – Beidem möchte ich widersprechen und mich dabei insbesondere der Darstellung von MICHAEL NEUBAUER anschließen (u.a. in dem Buch „Kemnath 1000 Jahre und mehr", S. 148, dort auch mehr über den Verlauf dieser Altstraße). Er identifiziert das wesentlich unauffälligere Steinkreuz am gleichen Höhenweg, aber etwa 5 km südöstlich in der Kragnitz, als Haidenaberkreuz. – Mehr dazu und zu den übrigen Kreuzsteinen und Steinkreuzen um Weidenberg weiter hinten in dieser Folge im Kapitel „Der stumme Schrei zum Himmel – Die Steinkreuze um Weidenberg und in der Frankenpfalz".

[190] Aus diesem Köhlerhof stammte die Mutter von MARGARETE SCHILLING. Auch sie selbst war ihr Leben lang immer wieder auf diesem Hof zu Gast. Ihr Bekenntnis-Marterl von 1937 steht auf einem Grundstück auf der Nordseite des Südrandweges, das zu diesem Anwesen gehörte und durch das der alte Lessauer Kirchweg führte. Sie ging in ihrer Kindheit diesen Weg oft mit ihrer Mutter zum Gottesdienst bei ihrem hochgeschätzten Pfarrer EINFALT.

[191] DÖBERSCHÜTZ gilt als Ansitz aus der slawischen Zeit des 8.-9. Jh., gegründet wahrscheinlich durch slawische Einwanderer aus dem Raum Böhmen. Orte gleichen Namens gibt es auch im Gebiet der Sorben in Sachsen bis hin nach Polen. Zu der Zeit, als die oberhalb des Ortes verlaufende „Pfälzer Straße" als wichtiger Karawanen- und Botenweg genutzt wurde, also vielleicht schon von der Ortsgründung an, dürfte hier eine wichtige Raststation gewesen sein.

Anwesen aus diesem Ort wie aus dem benachbarten LESSAU, gehörten im 12. Jh. dem Grafen BERTHOLD V. SCHWARZENBERG; er hatte sie von seinem Onkel Erzbischof FRIEDRICH VON KÖLN zum Geschenk erhalten hat. Als BERTHOLD beim Kreuzzug umkam, wurden seine Güter mit Urkunde von 1150 an das Kloster Michelsberg in Bamberg übergeben. Auch Güter, die KUNIBERT V. THEUERSTADT hier besessen hatte, fielen 1157 an dieses Kloster. 1434-1499 war der Ort im Besitz des Klosters Speinshart. Seit 1818 ist der Ort politisch nach Seybothenreuth eingegliedert. Kirchlich war er stets bei Weidenberg.

auch im heißen Sommer von 1911 nicht ausließ. Dies Letztere ist auch vom Dorf FENKENSEES zu sagen, das fünf Viertelstunden vom Pfarrsitze entfernt ist, und dem in kirchlicher Beziehung das gleiche Lob wie DÖBERSCHÜTZ gebührt. Während aber DÖBERSCHÜTZ fast unmittelbar an der Distriktsstraße liegt und von der Bahnstation SEYBOTHENREUTH eine halbe Stunde entfernt ist, zählt man bei FENKENSEES dreiviertel Stunden. Es gibt dort zehn Häuser, elf Familien und 72 Einwohner.[192] Der Ursprung des Ortsnamens ist dunkel, vielleicht „Finkensitz".

c) Die südlich von Weidenberg gelegenen Dörfer

Überschreiten wir von FENKENSEES aus die Wasserscheide Rhein – Donau und nähern wir uns wieder dem Markt WEIDENBERG, so gelangen wir, von der Höhe herabsteigend, in das zur katholischen Pfarrei KIRCHENPINGARTEN gehörige Dorf KIRMSEES[193], in dem 10 % Protestanten wohnen, die karitativ pastoriert werden zum durchwegs protestantischen Dorf FISCHBACH.

FISCHBACH, das auf der einen Senkung zwischen dem von WEIDENBERG sich heraufziehenden Kulmberge und der Bocksleite auf fruchtbarem Kalkboden liegt, hat zehn Häuser, zehn Familien und 76 Einwohner.[194] Im Dorfe selbst sind nur vier Besitzungen von nennenswertem Umfang. Die übrigen sind klein und ihre Bewohner froh, wenn sie das Jahr über ohne Schulden auskommen. Die an den Hängen der beiden genannten Berge gelegenen Felder lassen sich wegen der Steilheit nur mühsam bearbeiten, doch sind die Wiesen in Tale gut, würden sich aber bedeutend verbessern lassen, wenn man sie einer durchgreifenden Dränage unterziehen wollte. Sämtliche Fischbacher Bürger sind treue Anhänger unserer Kirche.

---

[192] In Fenkensees hatte der Arbeiter MARTIN L. aus Sophienthal seine erste Anstellung als Knecht gefunden, auf demselben Bauernhof, wo auch seine Braut MARGARETHE, die aus Neuhaidhof kam, tätig war. Sein tragisches Schicksal als späteres Euthanasie-Opfer der Nazizeit wird ausführlich erzählt im Kapitel „MARTIN – Leben im Armenhaus, Sterben an Hungerkost – Spurensuche nach einem Opfer der Armut und der ‚wilden Euthanasie' aus Weidenberg", in der 5. Folge des Projektes ‚Myrten für Dornen': „Spuren der Opfer ..."

Von einem Mordfall im Affekt in Fenkensees berichten die Weidenberger Kirchenbücher aus den 30-er Jahren des 20. Jh. Die Hintergründe dieser Bluttat werden im gleichen Projekt im genannten Kapitel „Physicus und Pharmazeut ..." geschildert.

[193] In KIRMSEES standen einst zwei Schlösser, die zuletzt von Zweigen der zum Katholizismus konvertierten Familie V. KÜNSBERG bewohnt wurden, bevor diese endgültig in die fruchtbaren Gebiete um Guttenthau umsiedelte. – Mehr dazu in „Spurensuche" S. 148ff.

[194] Der einstige Turmhügel am oberen Ortsrand von Fischbach zum Schutz der weiter oben gelegenen Altstraße ist nurmehr zu ahnen. Auch das Schloss, das WOLF ERNST V. LINDENFELS im Jahr 1670 für einen seiner Nachkommen erbaute, steht nicht mehr. Aber in das nun dort an seiner Stelle errichtete Bauernhaus ist auf der Südseite der alte Türstock mit dem von NORBERT SACK restaurierten Lindenfels-Wappen eingefügt, mehr dazu in „Spurensuche" S. 108.

Fünf Minuten talabwärts von FISCHBACH liegt in halber Höhe der Bocksleite die Einöde SANDHOF, von zwei Familien bewohnt mit zwölf Seelen.

Verlassen wir das Tal nordwärts über den Ausläufer des Kulm, so gelangen wir in eine Seitenrinne der Weidenberger Talebene, vom sogenannten Krebsbächlein durchflossen, auf dessen Südseite sich die Einöde SCHAFHOF befindet, ehemals bestehend aus zwei Besitzungen, der so genannten Fallmeisterei (katholisch) und dem so genannten Pächterhaus „Schafhof", das erst neulich wegen Baufälligkeit abgetragen werden musste. Der Name erklärt sich so, dass früher den Weidenbergern das Recht zustand, von hier aus bis tief in die oberpfälzische Hochebene hinein ihre Schafherden zur Weide zu treiben.

Überschreitet man dieses kleine Tal, in dem wir uns bereits auf Rotliegendem befinden, weiter nordwärts, so gelangen wir in die Ecke, wo sich die Straßen mit den Richtungen WARMENSTEINACH–SOPHIENTHAL und GÖRSCHNITZ–WEIDENBERG schneiden, also in dem Knie des Steinachtales gelegen, nach WAIZENREUTH, einem Dorfe mit sieben Herdstätten, sieben Familien und 50 Einwohnern. Es ist eine fortschrittliche Bevölkerung, die sich in der letzten Zeit durch Neubedachungen und zum Teil Neuerrichtung ihrer Baulichkeiten, Verbesserung ihrer Felder, durch emsige Betätigung der Obstbaumzucht und Dränierung nasser Wiesen auszeichnet. An der Höhe des Talrandes, am Übergang des Keupers ins Urgestein des Fichtelgebirges, liegt die Einzelne ALTENREUTH.

Überschreiten wir nun diesen durch die Steinach gebildeten Winkel, so stehen wir unmittelbar vor dem Fichtelgebirge und kommen zu den Ortschaften östlich von WEIDENBERG.

d) Die östlich von Weidenberg gelegenen Ortschaften

Wie schon bemerkt, wechselt hier der Charakter der Landschaft mit dem einer steilen Mittelgebirgsgegend: Im Tal grünen fruchtbare Wiesen mit trefflichem Grasbestand und kleinen Feldparzellen, die für den Hausbedarf oft spärlich genug Kartoffeln und Brotkorn liefern; an den Hängen steigt Wald auf; und auf den Höhen breiten sich spärliche Waldwiesen aus, die nur für die Weide ausreichen. Die Bewohner neigen deshalb zum Teil dem Gewerbebetrieb zu (Glasschleifereien, Kleinwerkzeugfabrikation), zum Teil der Waldkultur. Auch das Sammeln der im Walde gedeihenden Früchte (Beeren, Schwämme, Kräuter) ernährt viele Bewohner.[195] Im

[195] Manche armen Weidenberger Familien schickten ihre Kinder zum Beerensammeln auch in die Wälder der nah gelegenen Frankenpfalz. Die Beeren wurden dann von Weidenberger Händlern weiterverkauft, vergl. Kapitel „Arbeit, Wohlstand und Armut bei den ‚Gaasla' – Soziales Leben, Beruf und Gewerbe in Weidenberg bis 1919" in der 2. Folge des Projektes

Tale, noch in flacher Landschaft gelegen, finden wir die Einzelne „HEFENHAUS“, verhältnismäßig noch jung gegen den Weiler MITTLERNHAMMER, woselbst sich das in neuerer Zeit in Schwung gekommene Sägewerk von CHRISTOPH FRÖBER befindet.

Linker Hand von der Distriktsstraße liegt das Dorf MENGERSREUTH mit 17 Häusern, 23 Familien und 106 evangelischen Einwohnern.[196]

Es folgt auf der Grenze zwischen MENGERSREUTH und SOPHIENTHAL das zu beiden Gemeinden gehörige Schulhaus, das oberhalb der Straße liegt.

Und indem wir nun der alten Distriktsstraße in nordöstlicher Richtung weiter folgen,[197] sehen wir rechts hoch oben auf dem Berge ein einzelnes Haus, den Rest des einst größeren Dorfes NEUHAUS, das aber wohl wegen langjährigen Forstfrevels vom Staat angekauft und bis auf ein einziges Gebäude, das jetzt einem Waldwärter als Wohnung dient, niedergerissen und aufgeforstet wurde. Auf diesem Höhenzug östlich der Steinach ist bis zum Wurzbach, der in die Steinach fällt und die Grenze der Pfarreien WARMENSTEINACH und WEIDENBERG bildet, keine Ansiedlung mehr anzutreffen.

Rechtsseitig finden wir nördlich oberhalb Mengersreuth die Dörfer RÜGERSBERG und KATTERSREUTH mit zusammen 13 Häusern, 13 Familien und 72 Einwohnern, und weiter tiefer gelegen, inmitten des Waldes in der Nähe des oben genannten Schulhauses, die beiden Einzelnen KOLMREUTH und WILDENREUTH. Die Dörfer und Einzelnen liegen je eine dreiviertel Stunde vom Pfarrort entfernt.

Im Tale selbst folgt das Dorf SOPHIENTHAL mit 26 Häusern. Die Bevölkerung ist aus Protestanten und Katholiken gemischt, welch Letztere meist aus Böhmen eingewanderte Glaspolierer sind. Unter den 200 Einwohnern sind 18 Katholiken. Es gibt 29 rein evangelische und drei konfessionell gemischte Familien.[198]

‚Myrten für Dornen‘. Außerdem gibt es aus dieser und der folgenden Zeit Berichte über Wilddieberei, mit der einige Anrainer der großen Wälder ringsum sich ein Zubrot verdienten.

[196] Auch in diesem Ort gab es ein Schloss, dessen Reste in ein noch vorhandenes Haus integriert wurden. Außerdem soll der Ort, wie oben schon berichtet, vor der Zeit ein eigenes Kirchlein besessen haben.

[197] Diese einstige Verbindungsstraße nach Warmensteinach ist nunmehr nur noch Forststraße. Sie wurde durch die im Tal liegende geteerte Straße ersetzt. Hinzuweisen ist auch darauf, dass auf der Höhe am östlichen Taleingang einst eine wichtige Turmhügel- bzw. Burganlage zur Sicherung des ganzen Tals und zur Verwaltung der dahinterliegenden Wälder bestand, möglicherweise die Vorläuferin der Befestigungen, die dann etwa im zwölften Jahrhundert auf den Gurtstein verlegt wurden. Die Bezeichnung „Schlosshügel“ deutet noch auf diese alte Anlage hin. Steinerne Reste wurden aber nicht gefunden; dagegen sind die Erdwälle für die Palisaden heute noch erkennbar, vergl. dazu auch die Abbildung von STIERLEIN im Eingangskapitel dieser Pfarrbeschreibung auf S. 70.

[198] Über die Geschichte der bedeutsamen Sophienthaler Porzellanindustrie liest man mehr im oben genannten Kapitel „Arbeit, Wohlstand und Armut bei den ‚Gaasla‘“.

Das gilt auch von der Bevölkerung der drei im Pfarrbezirk gelegenen Ortschaften des Steinachtales: NEUWERK, BRUNNENHAUS und NEUWELT.

e) Die nach Norden zu gelegenen, zum Pfarrbezirk gehörigen Dörfer

Hier ist noch anzuführen: GÖRSCHNITZ, ein wohlhabendes Dorf im Steinachgrund mit 23 Häusern, 25 Familien und 130 Einwohnern. Die Felder sind hier weniger gut zu nennen, weil die Humusdecke nur dünn ist und unter ihr der unvermischte Bachschutt sich ausbreitet. Doch suchen die Bauern diesem Übel durch fleißige Düngung abzuhelfen. Die Wiesen dagegen sind vortrefflich. Jenseits des Baches, 15-20 Minuten entfernt, liegen die zwei Häuser „GRUND" genannt, ferner unterhalb von GÖRSCHNITZ an der Steinach die „LOCHMÜHLE" mit drei Häusern und 15 Einwohnern sowie zwei nicht weit voneinander gelegene Bauernhäuser, die „Auhäuser".

Zu GÖRSCHNITZ gehört noch HESSLACH, ein am Südhang der Königsheide gelegenen Dorf mit mildem, vor Nord- und Ostwinden geschütztem Klima, mit gutem Obstbau und erträglichen Äckern und Wiesen. Noch mehr gilt dies vom nahen GOSSENREUTH, das, weiter oben am Fuße der Königsheide gelegen, wenn man so sagen darf, ein noch südliches Klima aufweist und die trefflichsten Obstsorten zeitigt. Da die Wege von hier nach WEIDENBERG viel günstiger sind, als die nach NEMMERSDORF, so wurde vor einigen Jahren von den dortigen Bewohnern der Versuch gemacht, sich nach WEIDENBERG einpfarren zu lassen. Es scheiterte jedoch an den hohen Forderungen, die als Entschädigung von NEMMERSDORF gestellt wurden.[199]

Das zwischen GÖRSCHNITZ und HESSLACH in nördlicher Richtung vorgeschobene Einzelne EICHLEITEN bezeichnet bereits die Grenze der Pfarreien NEMMERSDORF – WEIDENBERG.[200]

---

[199] Immerhin erwähnt bereits die Pfarrbeschreibung 1835 zwei einzelne Häuser in Gossenreuth als zu Weidenberg gehörig (s.o.). Inzwischen ist aber ganz Gossenreuth Teil der evangelischen Kirchengemeinde Weidenberg und lädt die übrigen Gemeindeglieder einmal im Jahr zu einem gern besuchten Gottesdienst im Grünen ein, der wegen der berauschenden Fernsicht, aber auch wegen der Darbietungen des Posaunenchors und des sich biegenden Kuchenbüfetts dieser Gemeinde sehr beliebt ist.

[200] Dieses Anwesen gehört aber auch zur Kirchengemeinde Weidenberg.

2. Die kirchlichen Gebäude in Weidenberg

a) Die St. Michaelskirche

Auf einer Absenkung des Kulmberges, da, wo der obere Markt angesiedelt ist, liegt auf einem nach Osten sich vorstreckenden Hügel, dem Gurtstein genannt – nicht „Gottstein", wie das Volk zu sagen pflegt – die ST. MICHAELS- ODER HAUPTKIRCHE malerisch aufgebaut, weithin sichtbar, das Tal beherrschend. Ihre Mauern senken sich tief in die Erde ein, auf Fels ruhend, sonst hätte die Kirche wohl schwerlich die unzähligen Wetter und Stürme überstehen können. An der nordwestlichen Ecke, da wo die Lindenfels'sche Gruft eingebaut ist, liegt die Sakristei, an die Nordseite der Kirche angelehnt. Von ihrem Raume aus, der wegen dieser Lage fast neun Monate im Jahr geheizt werden muss, treten wir in das Hauptschiff der Kirche ein.

Dieser Saalkirchenraum des Rokoko ist hell und geräumig und fasst etwa 1.400 Zuhörer.[201] Der Boden ist mit Sandsteinfliesen belegt, die Decke mit drei Gemälden geziert: die Geburt Jesu als Hauptgemälde, seine Taufe durch Johannes, und das heilige Abendmahl in kleineren Kartuschen darstellend.[202] Auch sonst entspricht

---

[201] Diese Zahl erscheint aus heutiger Sicht zu hoch gegriffen. An Sitzplätzen dürften es kaum ein Drittel sein.

[202] Nachdem der Saalkirchenbau der Weidenberger Markgrafenkirche von 1717-23 wegen Baumängeln seit 1769 abgerissen und fast von Grund wieder neu gebaut worden war, wurden 1776 diese drei großen Deckengemälde beim Bayreuther HOFMALER **WILHELM ERNST WUNDER** (1713-1787) in Auftrag gegeben: Den ganzen Innenraum überspannt im Hauptfeld das Zentralgemälde. Es zeigt in geschweifter Rahmung vor dramatischer Kirchenkulisse die „Geburt Christi" „in der Fremde" und ist an der Stirnseite mit erstaunlich dunklem, fast schwarz erscheinendem Hintergrund gemalt. Im Zentrum des herabsteigenden rauchartigen Gewölks öffnet sich der Himmel um das goldumstrahlte trinitarische Symbol GOTT-JAHWES. Auf den Wolken thronen anbetende und jubelnde Engeln, von denen einer das Antlitz des letzten Markgrafen tragen soll. In der Dreipasskartusche über dem Altar feiert Jesus mit seinen Jüngern vor mystischer Kulisse das letzte Abendmahl. Über der Orgel unterzieht sich JESUS seiner Taufe durch JOHANNES, der viele Menschen beiwohnen. Nach der Überlieferung wurden diese Gemälde 1780 fertig.

Stilistisch ist es ein Spätwerk des Hofmalers Wunder. Seine Urheberschaft wird aber heute etwas sensationslüstern, wenn auch grundlos, von einzelnen Hobbyhistorikern bestritten. Dazu ist folgendes zu sagen:

WUNDER stand seit 1739 im Dienst des markgräflichen Hofes. Er schuf gleichermaßen weltliche, wie religiöse Gemälde, so Decken- und Wandgemälde für die Eremitage und das markgräfliche Opernhaus, drei Deckengemälde für die Schlosskirche (Geburt Christi, Himmelfahrt, vier Evangelisten; um 1850 entfernt), Deckengemälde für die Kirchen in Neudrossenfeld (Himmelfahrt Christi 1756), Obernsees (Geburt, Kreuzigung und Auferstehung Jesu 1762),

das übrige seinem Zweck. Die beiden übereinanderliegenden Emporen sind mit Balustraden geschmückt, deren Farbe den Emporen der St. Georgen Kirche in Bayreuth nachempfunden ist. Die Emporen selbst und das übrige Gestühl der Kirche sind ebenso wie die die Empore tragenden Säulen grau angestrichen und in einem nicht zu dunklen Ton gehalten.[203]

Die Kirche hat zwölf hohe und zwei niedere Fenster, die mit Marienglas[204] versehen sind. Ein aus der Decke niederhängender Kronleuchter, der erst vor einigen Jahren angeschafft wurde, sowie ein aus Sandstein gearbeiteter Taufstein und der im Markgrafenstil gehaltene Altar mit darüberliegender Kanzel, beide schön geschmückt, und deren obere Verzierung bei der im Jahre 1900 erfolgten Renovierung durch glückliche Hand nicht unwesentlich vereinfacht wurde.[205] Die bei der Be-

---

und Bindlach (HimmelfahrtChristi 1776), aber auch Bildertafeln für Emporen zu Bibelgeschichten (Obernsees, aber auch in Gesees, wie sich beim diesbezüglichen Konfirmandenprojekt 2004 herausstellte).

Da Wunder seine Werke insbesondere für kirchliche Auftraggeber nie signierte, gibt es immer wieder bisweilen abenteuerliche Zuordnungsversuche, so auch für die Deckengemälde in der Weidenberger St. Michaelskirche, bei der, abweichend von den Angaben bei August Gebessler (Stadt und Landkreis Bayreuth, S. 142f), seit neuestem auch eine Ausmalung durch den jungen Hofmaler Johann Franz Gout (1748-1812) erwogen wird. Dieser in Bayreuth geborene und als Hugenottenabkömmling vom Hof protegierte Jean Francois Gout, soll nach Skizzen von Wunder das Werk vollendet haben, nachdem Wunder durch eine „List des Pfarrers" der Auftrag entzogen worden sei.

Diese Annahme einer Urheberschaft durch Gout stellt mit Sicherheit eine fantasievolle Übertreibung im Bildzeitungsstil dar, der möglicherweise folgender Kern zugrunde liegt: Als Wunder 1776 mit dem Werk beauftragt wurde, war er bereits 63 Jahre alt, bei der Fertigstellung also fast 70 und altersbedingt nicht mehr schwindelfrei genug, um selbst auf einem so hohen Gerüst zu arbeiten. Wie alle alten Meister beschäftigte er aber in seiner Werkstatt auch jüngere Gehilfen, so auch den eigenen Sohn Rudolf Heinrich (1743-92), und er beauftragte seine Mitarbeiter, vor seinen Augen die Arbeit zu vollenden. Ihm diese Arbeit abzusprechen oder hier gar ein gegen den Künstler gerichtetes Komplott zu konstruieren, ist Unsinn. Zudem arbeitete Gout ohnehin nur von 1780-82 für den Bayreuther Hof, war also, wenn überhaupt, dann nur er in der allerletzten Phase an der Fertigstellung dieser drei Deckengemälde in Weidenberg beteiligt, bevor er als Theatermaler nach Darmstadt empfohlen wurde.

[203] Insbesondere bei der Farbe der Säulen hat die jüngste Kirchenrenovierung der Jahre 2010/12 eine wesentliche Veränderung gebracht; sie erscheinen nun Erdbraun, was dem ursprünglichen Befund entsprechen soll, vergl. dazu auch die Ausführungen im Kapitel über die Kirche in der 2. Folge des Projektes „Myrten für Dornen".

[204] „Marienglas", auch als Selenit – nach der Mondgöttin Selene – bezeichnet, ist eine Abart des transparenten Gips, der gespalten und zu klaren Scheiben verarbeitet wird. Der Ausdruck „Marienglas", auch „Frauenglas", kommt daher, dass mit diesem Material früher Marienbilder verglast wurden.

[205] Diese freimütige und sicher auch fragwürdige Formulierung verrät das ungenierte

sprechung bisher noch übergangene Orgel entspricht freilich nicht immer den Anforderungen, die man an eine solche stellen kann, doch hofft man, dass das alte Werk bald einem neuen weichen wird, das aber von der obersten Empore herab auf die untere Empore zur Vermehrung und Ergiebigkeit des Schalls gesetzt werden soll. Der Preis dürfte etwa 9.000 DM betragen.[206]

Der Turm der Kirche *(Foto um 1925)* befindet sich gleichfalls in gutem Stande, wenngleich nicht von der Außenseite, an der fast der ganze Mörtel abgefallen ist, so doch, was die Innenseite anlangt, indem man erst vor ein paar Jahren eine neue

Selbstbewusstsein, mit dem das frühe 20. Jahrhundert dem Kulturschaffen der früheren Zeit begegnete. Eine ähnliche unbefangene Einstellung beobachten wir bei Kirchenrenovierungen der Sechzigerjahre des 20. Jh., während der denkmalpflegerische Purismus der heutigen Gegenwart meint, an die wirklichen Ursprünge anknüpfen zu können, aber dabei manchmal auch nicht mehr als leere Hüllen schafft.

[206] Noch heute steht die alte Barockorgel, nur unwesentlich verändert, aber durchaus glücklich renoviert auf der obersten Empore. Ihr Klang ist nicht besonders „groß“, aber durchaus fein und wird in der Regel als ausreichend empfunden. – Mehr über die Geschichte der Orgel bei der Darstellung der Kirche in der 2. Folge des Projektes ‚Myrten für Dornen‘.

Kirchenuhr für 1.200 DM beschaffte, die Dohlen aus dem obersten Teil des Turmes vertrieb und auch den Glockenstuhl je nach Zeit und Bedürfnis diejenige Regeneration und Pflege zukommen ließ, dass die schon in früheren Berichten geschilderten drei Glocken jederzeit hell und rein erklingen können.

Die Kirche selbst hat die Stellung von Osten nach Westen. Die Länge des Schiffes beträgt 24,6 m. Der Turm bis zur Wetterfahne hat eine Höhe von ungefähr 30 m.

b) Die St. Stephanskirche

Der Hauptkirche zur Seite steht – und nach dem Vorausgehenden viel älter als die Hauptkirche, ihrem Namen nach wohl aus dem frühen Mittelalter stammend, südwestlich im Tale befindlich – die ST. STEPHANSKIRCHE, welche zugleich den Mittelpunkt des Friedhofs bildet. Früher ein altes Kirchlein, fast ungepflegt, hat sie in neuerer Zeit doch einige Veränderungen erfahren.

Die alte, entsetzlich kleine Orgel mit ihren pfeifenden Tönen, ohne eigentliche Mittelstimmen und Bass, wurde durch eine neue, gestiftete Orgel ersetzt,[207] der Fußboden betoniert, für die hier untergebrachten Totenbahren ein Bretterhaus gebaut, passendes Gestühl in den Raum eingefügt, die halb vermoderten Kränze an den Emporen beseitigt und wenigstens die Vorderwände derselben angestrichen, auch neue Fenster für die Kirche angeschafft.

Bedenkt man nun, dass der Altar mit der Kanzel, woran zwei Figuren in betender Stellung[208] angebracht sind, und ein größeres Kruzifix an der Seitenwand der Kirche, das aber wohl früher an der Stelle der Kanzel zwischen den zwei betenden Figuren angebracht war und den Altar zierte, von einem Abgesandten des königlichen Konservatoriums erst neulich gelobt wurde – so ließe sich das ganze Kirchlein gar nicht übel an, wenn der Plafond[209] erneuert wäre, was jedoch im Werke ist.

---

[207] Diese damals neu geschaffene Orgel hat den typischen grundtönigen, uns heute als mulmig erscheinenden Klang dieser Zeit. Die hellen Register und Mixturen, die den eigentlichen Klang einer klassischen Orgel ausmachen, fehlen fast völlig. Damals suchte man eben einen eher sanften, orchestralen Klang. Das lässt auch Rückschlüsse auf das psychische Empfinden der Zeit zu, das einen Ruhepol gegenüber dem wachsenden Lärm draußen suchte. Auch heute gehen manche Bestrebungen wieder in diese Richtung, kein Wunder, weil auch die heutige Zeit als schrill und lärmend empfunden wird.

[208] Die beiden knienden Epitaph-Figuren sind: JOHANN LUDWIG V. KÜNSBERG (1625-1659), in Ritterrüstung dargestellt, ein Sohn des WOLF ADRIAN V. KÜNSBERG, der letzte Künsberger auf dem Unteren Schloss von Weidenberg, und seine Frau MAGDALENA BARBARA, geb. V. KÖNITZ (1610-1661).

[209] Gemeint ist die hölzerne Flachdecke der Kirche. – Inzwischen stellt sich diese Kirche, zumindest was den rückgebauten Kanzelaltar anbetrifft, wenigstens teilweise in ihrem barocken Gewand dar, vergl. dazu auch die Ausführungen weiter oben.

Zu diesen kirchlichen Baulichkeiten gehören übrigens noch folgende drei Gebäude:

c) Das I. Pfarrhaus auf dem Gurtstein hinter der St. Michaelskirche

Es ist auf drei Seiten von einem romantisch gelegenen Ziergarten umgeben. Etwa 60 Stufen tief geht das so genannte Burgverlies mit vermauertem Seitengang, der ehemals zum Amtsgericht bzw. zum Alten Schloss hinauf geführt haben soll. Etwa 10 Fuß unter der Erde liegt der obere geräumige Keller, der Kartoffeln und Rüben ausgezeichnet konserviert. Im unteren Parterre ist ein großer gewölbter Hausplatz mit vier einzelnen Gewölben, ein größeres für die Aufbewahrung von Fleisch, Konserven und Früchten; die gewölbte Waschküche, das gewölbte Studierzimmer. Seitlich von diesem befindet sich der geräumige Kohlenkeller. Im oberen Parterre befinden sich: außer einer Speisekammer, dem Magdzimmer und der Küche noch vier heizbare Zimmer, davon zwei größere und zwei kleinere. Darüber sind zwei Dachböden, der untere mit zwei Dachkammern.

Das Haus, das vom Tale aus gesehen sich wunderbar ausnimmt, war ursprünglich eines der drei Weidenberger Schlösser und nach Hinzufügung eines kleinen Anbaus, von dem man nicht weiß, aus welcher Zeit er stammt, wahrscheinlich zum Pfarrhaus umgewandelt.[210] Dann kamen später noch ein Stall mit Anbau und eine große Scheune mit Holzlege dazu. Aber der äußere Anblick entspricht nicht dem Inneren. Der große Fehler des Hauses besteht in den dicken Mauern und der Feuchtigkeit auf der Nordseite. Auch darf nicht vergessen werden, dass das von der Kirche nur durch ein enges Gässchen getrennte Gebäude fast den ganzen Tag im Schatten liegt,[211] und dass dieses Gässchen sehr windig zu sein pflegt.

d) Das II. Pfarrhaus

Seit dem Brande von 1852 gehört das II. Pfarrhaus zu den neuen Häusern.[212] Die

---

[210] Wahrscheinlicher ist, dass es von Anfang an, also seit dem Bau der spätgotischen St. Michaelskirche im zu Ende gehenden 15. Jahrhundert, das Pfarrhaus war. Allerdings könnten die tiefen Gänge unter dem Gebäude noch zur alten Burganlage auf dem Gurtstein gehört haben, deren oberirdische Gebäude dann von den Hussiten 1430 zerstört wurden.

[211] Dieser Eindruck der Verschattung wurde vielleicht auch durch die umstehenden großen Bäume mit hervorgerufen. Tatsächlich steht das Gebäude eigentlich von drei Seiten her ziemlich frei.

[212] Das stimmt so nicht. Tatsächlich wurde wohl nach dem Brand nur das Obergeschoss aus Sandstein neu gebaut. Dafür spricht, dass im Erdgeschoss noch die alten Gewölberäume erhalten sind; solche statisch überholten Konstruktionen hätte man in der Rokokozeit bei einem Neubau ganz sicher nicht wieder angewendet. Auf diesen steinernen Untergeschossen war ursprünglich ein Geschoss aus Fachwerk oder gänzlich aus hölzernen Blockbohlen aufgesetzt

Front weist rückwärtig gegen den großen Obstgarten hin. Die Anlagen am Hause sind vom Inhaber beliebig zu gestalten. Unten sind zwei Keller übereinander, im Parterre gibt es ein großes und ein kleineres Zimmer, eine Gewölbeküche und ein Speisegewölbe, im ersten Stock befindet sich der Studierzimmer, ein großes Schlafzimmer und drei kleine Zimmer. Darüber befinden sich zwei Dachböden übereinander, von denen der untere mit einem Bretterverschlag versehen ist. Vor dem Hofe befindet sich beim Eingang ein kleineres Gebäude für die Holzlege und die Waschküche, der Hinterhof ist betoniert. [Das ***Foto*** *von 1935* zeigt mit dem Giebel rechts oben im Bild die Gartenseite des II. Pfarrhauses und links das Alte Schloss; im Vordergrund unten rechts das alte Distriktskrankenhaus].

e) Das Kantorat

Es ist von drei Seiten vom Garten bzw. Hofraum umgeben. Im Parterre ist ein großes Wohnzimmer, ein kleines und ein größeres Schlafzimmer, ein Kochzimmer, sowie eine Waschküche und ein Stall, die vom Hausflur aus direkt zu erreichen sind. Im Bodenraum befinden sich zwei kleine Dachzimmer. Gegenüber der Haustür ist ein kleineres Gebäude, das die Holzlege und den Kellerraum enthält.

---

und mit Holzschindeln eingedeckt worden, was aber dem Brand einen leichten Ansatzpunkt bot.

f) Kapellen, Betsäle, Friedhöfe, andere Konfessionen

Hier sind nur Friedhöfe nachweisbar. Über das Bestehen anderer Einrichtungen gibt es keine Nachrichten.

Als Begräbnisplatz wurde zuerst der verfügbare Raum um die Hauptkirche herum benützt, bis dieser 1823 nicht mehr ausreichte und die Umgebung der STEPHANSKIRCHE gewählt wurde. Dieser Platz wurde erst mit einer dicken Mauer umfriedet, dann, nach Vergrößerung desselben, mit einer Weißdornhecke, Letzteres unter besonders eingeholte Regierungsgenehmigung. Der gesamte Friedhof ist sauber gehalten und bietet mit seinen vielen Denkmälern, seinem Blumenschmuck, den vielen Zypressen und Trauerweiden, einen würdigen Anblick, wie er denn erst in letzter Zeit von kompetenter Seite gelobt wurde.

Für die Seelenzahl sind die nötigen Tabellen beigegeben (s.o.).

Eine andere Konfession grenzt an die Pfarrei nur von Südosten her an, die katholische in der Oberpfalz. Dieselbe hat in der Nähe des Rosenhammers eine eigene Kapelle errichtet[213] *(Foto vor 1945)*, doch ist das gegenseitige Auskommen ein schiedliches und friedliches.

Nur eine Ortschaft ist vorhanden, wo Protestanten, die nach WEIDENBERG inparochiert sind, karitativ pastoriert werden, das ist das katholische KIRMSEES mit 10 Seelen evangelischen Charakters, die aus SOPHIENBERG und DÖBERSCHÜTZ stammen und im 19. Jh. zugezogen sind.[214]

---

[213] Im Jahr 1901 errichtete der für Weidenberg zuständige katholische Kirchenpingärtner Geistliche LUDWIG WIESBECK beim Rosenhammer eine für die damalige Seelenzahl von 112 Katholiken ausreichende kleine Kirche, die er aber entgegen der Vorgabe der Regierung anstelle eines Dachreiters mit einem Glockenturm ausstattete, wofür ihm anschließend eine Geldstrafe auferlegt wurde. Dieses Kirchlein wurde am 6. Juli 1902 durch Weihbischof SIGISMUND FREIHERR V. OW auf den heiligen Michael als Patron geweiht. Der starke Zuzug von Heimatvertriebenen nach dem Zweiten Weltkrieg, der die Seelenzahl der Katholiken auf das Zehnfache erhöhte, machte eine Erweiterung auf die heutige Größe erforderlich; sie wurde im Jahr 1953 nach den Plänen des Weidener Architekten HEINZ MECKLER verwirklicht.

[214] Vergl. dazu das Kapitel „Evangelische Spuren in der Frankenpfalz" in „Spurensuche" S. 86ff. Durch Einheirat, in geringerem Maße durch Zuzug, liegt der Anteil der Evangelischen in der Frankenpfalz heute bei etwa 10%. Obwohl es nach dem Krieg hier auch etliche evange-

III. Rechts- und Besitzverhältnisse, Kirchenvermögen

[Pfarrbeschreibung S. 54ff]

1. Kirchenrechtliches

a) Besetzungsrecht für die Pfarrstellen

Für die beiden Pfarrstellen steht dem Landesherren[215] das Besetzungsrecht in freier Weise zu.

b) Kirchliche Rechte und Verbindlichkeiten der Parochie und der Parochianen[216]

Die Kirchengemeinde kann verlangen:

---

lische Flüchtlinge gab, wurde fast keiner von ihnen sesshaft. Bei den konfessionell gemischten Familien fällt auf, dass die Kinder durchwegs an die Bevölkerungsmehrheit angepasst, also katholisch erzogen werden. Hinsichtlich des politischen Wahlverhaltens gilt das Gebiet als das „schwärzeste" des Landkreises und noch darüber hinaus.

[215] Dieses traditionelle „Summepiskopat" der Lutheraner machte ja nicht vor den Konfessionsgrenzen halt, d.h., der katholische bayerische König war zugleich der oberste Herr der Evangelisch-Lutherischen Kirche in Bayern. Pfarrer REDENBACHER war im Jahr 1918 einer der letzten Pfarrer, die noch vom bayerischen König ernannt wurde. Er trat aber sein Amt in Weidenberg erst zum darauf folgenden Jahresbeginn an. Inzwischen war LUDWIG III., der letzte, seit 1913 amtierende Wittelsbacher, am 7. November 1918 von dem Revolutionär und Politiker KURT EISNER, dem nachmaligen ersten bayerischen Ministerpräsidenten, für abgesetzt erklärt worden. Für die damalige Bayerische Landeskirche bedeutete dieser Machtwechsel einen tiefen und von Vielen außerordentlich bedauerten Einschnitt, denn man war mit den bayerischen Herrschern, die teilweise ja evangelische Ehegatten hatten, zunehmend gut gefahren.

Die nun folgende, zunächst chaotische Zeit, empfand auch die Kirchenleitung wie eine Vorahnung des Weltuntergangs. Mit dem charismatischen Kirchenpräsidenten FRIEDRICH VEIT, der von 1921-1933 an der Spitze der Kirche stand, hatte man aber einen Fels in der Brandung, der seine Vorstellung von einer bekenntnistreuen Volkskirche durchsetzen konnte und mit der neuen Kirchenverfassung von 1920 und mit dem Staat-Kirche-Vertrag von 1924 die noch heute relevanten Grundpfeiler der Bayerischen Landeskirche schuf. Nachdem VEIT sich aber gegenüber den neuen Machthabern des Dritten Reichs allzu abweisend zeigte, wurde er am 11. April 1933 zum Rücktritt gedrängt und durch den gegenüber den Nazis wesentlich kooperativeren HANS MEISER als erstem Landesbischof ersetzt. – Mehr dazu in Folge 4 des Projektes ‚Myrten für Dornen' im Eingangskapitel über die Entstehung der Bayer. Landeskirche.

[216] Im Folgenden präsentiert die Pfarrbeschreibung einen Katalog von gegenseitigen Verbindlichkeiten zwischen der Kirchengemeinde und ihren Gliedern, die dann in späteren Zeiten z.T. in ausführlichen Kirchengemeindeordnungen erfasst wurden und in der Gesamtkirche noch weit in die Zeit nach dem Zweiten Weltkrieg hinein Rechtskraft erlangten. An diesem Stellen kann man am deutlichsten sehen, wie weit die Kirche heute von ihrem früheren Einfluss auf die Gesellschaft entfernt ist.

1. dass die **Sonn- und Festtagsgottesdienste** nebst den Christenlehren und den wöchentlichen Betstunden in ordnungsgemäßer Weise abgehalten werden, ebenso die besonders angeordneten Gottesdienste;

2. dass die das Licht der Welt erblickenden Kinder mit dem Sakrament der **Taufe** versehen werden;

3. dass sie in der Schule den vorgeschriebenen **Religionsunterricht** empfangen, und dass sie nach Absolvierung des Konfirmandenunterrichtes konfirmiert und in den darauf folgenden Christenlehren in ihrem Glauben und in ihrem christlichen Wandel weiter gegründet werden;

4. dass die zur **Ehe** schreitenden Gemeindeglieder öffentlich ausgerufen und bei ihrer Eheschließung mit dem Segen der Kirche bedacht werden;

5. dass die **Armen und Kranken** in der Gemeinde vom Geistlichen besucht und

6. dass die **Verstorbenen** auf eine kirchliche Art beerdigt werden.

Die **Art der Beerdigung** pflegt in WEIDENBERG auf verschiedene Weise zu geschehen.[217] Man unterscheidet:

1. „stille Leichen" – mit Einsegnung ohne Geläute – und solche mit Geläute;

2. „Vermahnungsleichen", wobei mit zwei Glocken geläutet wird; sie werden vom Chore auf dem Markte „abgesungen"; soll der Kirchenchor eine solche Leiche im unteren Markte abholen, so darf eine höhere Bezahlung verlangt werden;

3. „Öffentliche Leichen" mit Einsegnung und Leichenpredigt;

4. „Öffentliche Leichen" mit Grabrede und Einsegnung, wobei von jeher der Grundsatz gilt, dass keine Grabrede gehalten werden darf, ohne dass eine Leichenpredigt vorausgeht oder bezahlt wird;

5. „Standesleichen" mit doppelter Bezahlung.

Die von auswärts kommenden Leichen werden schon in einiger Entfernung vom Markte mit Geläute empfangen, und zwar die von GÖRSCHNITZ beim Kreuzstein,[218] von HESSLACH beim Wäldchen hinter dem Hügel, von RÜGERSBERG, KATTERSREUTH, SOPHIENTHAL und von MENGERSREUTH beim Rosenhammerhügel, von WAIZENREUTH beim Brücklein, von DÖBERSCHÜTZ usw. bei der Bocksleite.

Nachdem man die Leichen so mit Geläute empfangen hat, werden sie in der Mitte des oberen Marktes vor der Lochner'schen Wirtschaft aufgebahrt, vom Kirchenchor eingeholt, abgesungen und zum Friedhof geleitet.

---

[217] Vergl. dazu unten auch das Kapitel „Die Kasualgottesdienste: Tod und Begräbnis".

[218] Vergl. dazu auch das Kapitel über die Steinkreuze um Weidenberg „Der stumme Schrei zum Himmel ..." weiter hinten in dieser Folge des Projektes ‚Myrten für Dornen'.

In ähnlicher Weise werden die aus der Diaspora[219] kommenden Leichen aufgenommen und behandelt, wobei im allgemeinen der Grundsatz gilt, dass jedes christliche Gemeindeglied, sei es von hier oder auswärts, welches Kirchenumlage bezahlt hat, im Todesfall ein Grab kostenfrei erhält, dass dagegen für Andersgläubige oder solche Protestanten von auswärts, die keine Kirchenumlage bezahlen, sechs Mark für ein Grab bezahlt werden muss.

Die den Friedhof betreffende Kirchenordnung wurde im Jahre 1904 aufgestellt und vom königlichen Bezirksamt und der königlichen Regierung genehmigt.

Bezüglich des **Läutens** darf hier noch nachgeholt werden:

Wünscht man bei einer ehelichen Taufe das Geläute und begnügt man sich nicht damit, dass schon täglich übliche 2:00 Uhr-Läuten zu benutzen, so muss dasselbe beim Kirchner bestellt und bezahlt werden. Dasselbe gilt bei Hochzeiten, wobei das Geläute die dem Markte sich nähernden Hochzeitswagen schon von der Schule, vom jeweiligen Kreuzstein usw. an empfängt.

Zu dem täglich üblichen Läuten wird noch folgendes bemerkt:

1. Für das Morgengebetläuten im Sommer um 4:00 oder 5:00 Uhr, im Winter um 6:00 Uhr, hat der Kantor zu sorgen, welcher dafür die so genannten Läutgarben empfängt.[220]

2. Außer am Freitag wird an allen Wochentagen vormittags um 9:00 Uhr mit der kleinen Glocke geläutet, um 11:00 Uhr mit der zweiten Glocke, um 12:00 Uhr mittags mit der großen Glocke. Das Läuten nachmittags um 2:00 Uhr, das gleichfalls wie das um 9:00 Uhr früh mit der kleinen Glocke geschieht und der Sage nach von einem adeligen Fräulein herrührt, das im Wald verirrt war, durch den Ton eines Glöckleins aber sich wieder zurückfand.

Endlich besteht das Recht der Gemeindeglieder noch in der jährlichen Verabreichung eines gewissen Quantum **Holz**, welches der Staat den Kirchendienern schuldet.

Dagegen bestimmen sich die **Pflichten oder Verbindlichkeiten der Gemeindeglieder** dem herkommen gemäß in folgender Weise:

1. Es sind für die Kasualien (Taufen, Hochzeiten, Leichen) die in den Fassionen näher bezeichneten **Gebühren** zu entrichten.

2. Der Kantor empfängt für das Morgengebetläuten die schon erwähnten **Läutgarben**, über die in einem besonderen Büchlein Rechnung geführt wird.

---

[219] Gemeint sind hier die Dörfer der Frankenpfalz.

[220] Bis ins 19. Jahrhundert stand dem Mesner die „Läutgarbe“ zu. Er empfing von jedem bäuerlichen Anwesen eine Getreidegarbe für das Läuten der Kirchenglocken während des Jahres.

3. An die II. Pfarrstelle dahier ist alljährlich im Herbst von Seite der auswärtigen Dörfer der so genannte **Schleif- oder Rughaber**, auch Flachsreißen abzugeben (die „Weihfeldsteuer“),[221] während im Markte dahier der so genannte **Zinsgroschen** üblich ist, Reichnisse, über die besonders Buch geführt wird und deren Verweigerung gerichtlich bestraft werden kann.

4. In größerem Stile besteht die Pflicht der Parochianen in der Beischaffung aller zum **Kultus** notwendigen Bedürfnisse, wie auch in weiterem Sinne der des **Friedhofs** (Erweiterung usw.);

5. in der **Baupflicht** hinsichtlich der Kultusgebäude, soweit der Staat hier nicht vertragsmäßig helfend eingreift;

6. in der Zahlung der bestimmten **Steuern und Umlagen**.

7. Als Recht der Kirchengemeinden kann endlich auch genannt werden, wenn sich die Kirchenverwaltung die Instandhaltung des Weges vom Kaisergarten bis zum Friedhofstor nicht auferlegen lässt, sondern der politischen Gemeinde zuschiebt (wie z. B. bei der Beerdigung der Frau WEIGEL), oder wenn die Eisenbahndirektion bei der Erbauung der Lokalbahn an der Stelle, wo der Kirchweg nachgewiesen wurde, den Rügersbergern einen Übergang über das Bahngleis freigeben musste. Auch die Lessauer haben sich ihren Kirchweg aufs Neue wiederum erkämpft, indem sie durch einen teuren Prozess einen Ökonomen zwangen, die eingelegten Hindernisse wieder zu beseitigen.

Wenn auch schon auf Absatz c) vorgreifend, dürfen sich jedoch zugleich auch verschiedene Rechte der geistlichen und anderer Kirchendiener genannt werden, nachdem deren Pflichten oder Verbindlichkeiten in Absatz a) offen zu Tage lagen.

Als **Rechte der geistlichen und anderer Kirchendiener** sind zu nennen:

1. Die Benutzung der ihnen zugewiesenen **Dienstwohnungen**,
2. die Empfangnahme der auf sie treffenden **Gehaltsquoten und Gebühren**,
3. die Bewirtschaftung oder Verpachtung der ihnen zugewiesenen **Dienstgründe**,
4. die etwa mit ihren Stellen noch verbundenen freiwilligen **Gaben und Geschenke**.

---

[221] Der Ausdruck für diese jährliche Herbstabgabe, die alle Pfarrkinder an den Inhaber der II. Pfarrstelle zu entrichten hatten, lautete auch „Wöfel-, Wefel-, Weifel- oder Websteuer“. Auch wenn das Einsammeln mühsam und lästig war, so bot es doch die Gelegenheit, jedes einzelne Haus jedes Jahr wenigstens einmal zu besuchen. Das führte zu besserer Bekanntschaft zwischen dem Geistlichen und seinen Gemeindegliedern und gab ihm Gelegenheit *„hie und da ein Wort zu seiner Zeit zu reden und manches Gute zu stiften“*, so Pfarrer Dr. J. G. AD. HÜBSCH in seinem „Geseeser Büchlein“ von 1842, S. 92.

Besondere Kassen, durch welche für die **Witwen und Waisen** gesorgt wird, sind im hiesigen Orte keine zu nennen, dagegen dürfen zu BAYREUTH die Kapitalswitwenkasse und ganz allgemein der Sterbekassaverein genannt werden. Die Töchterkasse, die endlich ins Leben gerufen wurde, ist obligatorisch.

Wir tragen noch nach, dass Dismembrationen[222] oder Purifikation[223] seit Jahren in hiesiger Gegend nicht vorgekommen sind.

Ende der Neunzigerjahre vorigen Jahrhunderts wollten sich zwar einige Gemeindeglieder von GOSSENREUTH (Pfarrei NEMMERSDORF) des besseren Weges halber nach WEIDENBERG umpfarren lassen, allein der hierdurch entstehende Entgang an Gebühren wurde jenseits so hoch berechnet (einige 1.000 M.), dass man gerne darauf verzichtete.

c) Vermögensverhältnisse der Kirche

WEIDENBERG ist nicht reich, Vermögensmassen sind darum auch nicht vorhanden, sondern nur Kapitalien, und diese sind bald aufgezählt. Zuoberst kommt die so genannte **Kirchenstiftung** mit 1.857,15 M.[224]

Ihr zur Seite geht die so genannte **Kantoratsstiftung** mit 2.352,22 M.

Beide Stiftungen werden von der königlichen Hauptbank in Nürnberg aufbewahrt. Es folgen die beiden **Pfarrstiftungen**, die der I. Pfarrstelle zu 31.803,31 M., und die der II. Pfarrstelle zu 5.470,96 M.

In der Marktgemeinde selbst findet man folgende Stiftungen vor:

1. die **Teuper'sche Stiftung** mit 1.500 M. zu 4 %, deren jährliche Zinsen zu 60 M. auf Anschaffung von Lernmitteln für arme Schüler verwendet werden sollen;

---

222 Dismembration (lat.) bedeutet damals eigentlich die Zergliederung eines Grundstücks in kleinere Parzellen, die aber bei landwirtschaftlichen Grundstücken vielfach gesetzlich beschränkt war. In der Pfarrbeschreibung ist aber wohl das Ausscheiden einzelner Gemeindeglieder, Anwesen oder ganzer Dörfer aus dem Verband der kirchlichen Parochie gemeint.

223 Purifikation bedeutet „Reinigung", einerseits im wörtlichen Sinn, z. B. die Reinigung der Abendmahlsgeräte nach ihrem Gebrauch, zum anderen aber auch „Bereinigung", z. B. des Kirchensprengels durch Aus- oder Eingliederung von Gebieten.

224 Hinsichtlich der Kaufkraft könnte man heute, wie einige Berechnungen angeben, etwa vom mindestens vierfachen Wert dieser Summen, gemessen in Euro, ausgehen, d.h. die Kirchenstiftung hätte damals Kapital im Wert von etwa 8.000 € besessen, was tatsächlich außerordentlich bescheiden wäre. Heute besitzen Kirchengemeinden von der Größe Weidenbergs durchaus das zehn- bis 50-fache, müssen aber auch entsprechend hohe Summen an Eigenleistung bei Kirchbau- und Gemeindeprojekten investieren. Die Angaben der Versicherungssummen weiter unten zeigen aber, dass insbesondere im Bereich der Immobilien die Preise von damals mit den heutigen nicht ohne weiteres vergleichbar sind. Danach müsste der Multiplikator etwa 20 oder sogar mehr betragen.

2. die **Schnorr'sche Stiftung** mit 1.641,73 M., deren Zinsen im Betrage von 53,57 M. zur Unterweisung der Chorschüler[225] in Gottesfurcht, Latinität, Rechnen, Schreiben und Singen verwendet werden sollen. Auch sollen Lernmittel damit angekauft und Mäntel und Barette, wenn nötig, dafür angeschafft werden.

Der **Armenkasse** kommen folgende Legate zugute:

1. das Rabenstein'sche Legat zu 300 M. bzw. 11 Mark Zinsen,
2. das Berner'sche Legat zu 100 M. bzw. 4 Mark Zinsen,
3. das Göbelein'sche Legat mit 260 M. bzw. 8,80 M. Zinsen. Hinzu kommt noch ein Stammkapital von 171,43 M. bzw. 6,86 M. Zinsen.

Die Verwaltung dieser Kapitalien liegt nur insoweit in den Händen des ersten Pfarrers, wie dieselben mit der Kirche in Verbindung stehen.

2. Kultusbauten, Grundstücke, Baupflicht

An solchen kommen hier in Betracht: die beiden Kirchen, die beiden Pfarrhäuser und das Kantorat.

Es wurde zwar die Anregung zur Erbauung einer Leichenhalle im Friedhofe gegeben, eine solche kam jedoch nicht zu Stande.

a) Eigentumsrechte

Als der protestantischen Kirchenstiftung zugehörig sind im Grundbuch eingetragen: die beiden Kirchen, die beiden Pfarrhäuser und das Kantorat, letzteres mit allen Realitäten.

In den Hausnummern 10 [I. Pfarrhaus] und 55 [II. Pfarrhaus] zu WEIDENBERG, die als Eigentum der protestantischen Kirchenstiftung eingetragen sind, steht das Wohnungs- bzw. Nießbrauchrecht den Pfarrern zu.

Zur **I. Pfarrstelle** wird bemerkt:

Im Hypothekenbuch sind vorgetragen die Grundstücke Plan Nummer 30, 31, 80, 92, 518, 814, 967, 967 ½, 973, 1136, 1224, 1227, 1228, 1314, 1318, 1329, 1348, 1477, 1501, 1509, 1509 ¼ + 79a, 1509 ½, 1226 Steuergemeinde WEIDENBERG als Eigentum der protestantischen Pfarrer Stiftung WEIDENBERG (I. Pfarrstelle).

Plan Nummer 1477 ist mit einer Grunddienstbarkeit – Wasserbezugsrecht und Wasserleitungsrecht – belastet.

29,28, 38,39, 1090, 1097 ¼, 1230, 1499 Steuergemeinde WEIDENBERG, 332 Steuergemeinde Fischbach als Eigentum der protestantischen Kirchenstiftung (I. Pfarrstelle) WEIDENBERG.

---

[225] Mehr dazu unten im Abschnitt „Der Hauptgottesdienst"

Zur **II. Pfarrstelle** wird bemerkt:

Sämtliche Realitäten einschließlich des Fischrechtes im Wiesenbache sind als Eigentum der protestantischen Pfarrstiftung eingetragen.

Zum **Kantorat** wird bemerkt:

Der Kantor ist Nutznießer der Dienstwohnung, Plan Nr. 38 [an der Wolfskehle]. Zum Chordienste gehörig sind ferner folgende Dienstgründe:

1. Gras und Wurzgarten, Plan Nr. 39 [hinterm Kantorat],
2. Wiese bei der Ziegelhütte, Plan Nr. 1230,
3. Äckerlein bei der Hütte, Plan Nr. 1499,
4. die Gräserei auf den Kirchhöfen, Plan Nr. 28 und 1290, sämtliche als Eigentum der protestantischen Kirchenstiftung eingetragen.

b) Die Baupflicht

Die Baupflicht an den kirchlichen Gebäuden war bis in die Mitte dieses Jahrhunderts wenig geregelt, und es entstanden viele Schwierigkeiten. Am 1. Februar 1851 kam endlich ein Vergleich und Vertrag zwischen dem königlichen Staatsärar[226] und der Kirchengemeinde zu Stande, welche dahin lautet:

1. Es wird das **Patronat seiner Majestät des Königs** bei der Pfarrkirche in WEIDENBERG anerkannt.

2. Anerkannt wird ferner die von der Kirchengemeinde in Anspruch genommene Verbindlichkeit des Staatsärars zu den dortigen Kultusgebäuden, nämlich zu der Pfarrkirche ST. MICHAEL mit Turm, zu der ST. STEPHANSKIRCHE, zu beiden auch bezüglich der so genannten inneren Kircheneinrichtung, wozu gerechnet werden: die Glocken, der Altar, die Kanzel, der Taufstein, die Orgel, die Emporen und die Kirchenstühle; zum I. und II. Pfarrhaus, zum Kantoratshaus, – bei den letzten drei Gebäuden auch hinsichtlich der Neben- und Ökonomie Gebäude –, in allen vorkommenden Neubauten und größeren Reparaturen zu den Baukosten, welche aus dem Kirchenvermögen nicht bestritten werden können, zwei Dritteile zu konkurrieren, jedoch

3. unter der Bedingung, dass die Kirchengemeinde auf jede Mehrforderung rechtskräftig verzichtet, die Hand- und Spanndienste in allen Baufällen unentgeltlich leistet und das dritte Drittteil der Baukosten übernimmt.

c) Versicherung der Gebäude gegen Brandschaden

Es sind versichert:

1. die ST. MICHAELSKIRCHE mit 40.000 M. am 2. Dezember 1907 bei der königlich

[226] „Staatsärar" ist die Finanzbehörde im heutigen Sinn von Fiskus.

bayerischen Versicherungskammer,
2. die ST. STEPHANSKIRCHE mit 11.800 M.,
3. das I. Pfarrhaus mit 16.400 M.,
4. das II. Pfarrhaus mit 11.000 M.,
5. das Kantorat mit 7.500 M.

Hinzu kommt die München-Aachener Mobiliar-Feuerversicherung vom 12. Dez. 1908 - 17. Dez. 1918 betreffend die innere Einrichtung der ST. MICHAELSKIRCHE, Police 172474, ferner eine Haftpflichtversicherung des Allgemeinen Deutschen Versicherungsvereins in Stuttgart vom 26. Jan. 1906, Abteilung I, Sektion 4, Gruppe B, Nr. 7642 mit einer jährlichen Versicherungsprämie von 22,23 M.

Ein Simultaneum[227] besteht hier nicht.

3. Vermögen

a) Bestand und Erträgnisse,

Kirchenvermögen	1.857,18 M.
Das Vermögen der I. Pfarrstelle	31.803,31 M.
Das Vermögen der II. Pfarrstelle	5.470,96 M.
Das Vermögen des Kantorats	2.852,22 M.
Gesamtvermögen	41.938,67 M.

	I. Pfarrstelle	II. Pfarrstelle	Kantorat
Grundstücke	42,66 Tagwerk	21,65 Tagwerk	0,9 Tagwerk
Pachtgeld	770,00 M.	321,96 M.	15,00 M.
Zinsen	685,26 M.	205,70 M.	104,34 M.
Aus Steuermitteln (Holz)	300,00 M.	56,25 M.	91,20 M.
Von der Kirchenstiftung	48,00 M.	75,79 M.	55,86 M.
Von Privaten	-	41,18 M. Zinsgroschen usw.	58,24 M. Läuten

Das Steuersoll in den Jahren 1902-1911 betrug durchschnittlich 7.000 M., im Jahr 1912 war der Steueransatz 12.651,66 M.

Die Kirchenumlagen bewegten sich in den letzten zehn Jahren zwischen 3 % und

---

[227] Gemeint ist wohl eine gemeinschaftliche Nutzung eines Kirchengebäudes von verschiedenen Konfessionen während oder nach der Reformationszeit. In der benachbarten nördlichen oberen Pfalz hatte seinerzeit Pfalzgraf CHRISTIAN AUGUST VON SULZBACH ab 1652 ganz bewusst aus kirchenideologischen Gründen 49 solcher Simultankirchen eingerichtet, in neun Kirchen in diesem Landstrich besteht es bis heute.

10 %, zurzeit werden 3 % der Steueransätze erhoben.

Von den Erträgnissen des Kirchenstiftungsvermögens, aus Zuschüssen des Staates, der Gemeinde und privatem und den sonstigen Einnahmen entfallen pro 1912:

auf die Verwaltung	166,00 M.,
Auf dem Zweck und Besoldung	714,81 M.,
auf den Aufwand für Baulasten	1.919,53 M.

Rechte des Grundbesitzes an fremder Sache sind nicht vorhanden.

b) Vermögensverwaltung

Das Vermögen der Kirchenstiftung und des Kantorates ist bei der königlichen Filialbank in BAYREUTH deponiert.

Das Pfarrstiftungsvermögen wird von den Stelleninhabern selbst verwaltet. Außerdem ist für die besonderen Einnahmen und Ausgaben ein eigener Pfleger aufgestellt.

Die Kirchenstiftungsrechnungen werden dem königlichen Konsistorium und dem königlichen Bezirksamte zur Prüfung vorgelegt. Außerdem findet im Lauf des Jahres seitens des Vorstandes der Kirchenverwaltung bei dem Pfleger eine Visitation der Kasse statt.

IV. Die amtlichen und außeramtlichen Organe des Gemeindelebens

[Vergl. Pfarrbeschreibung S. 65ff]

1. Pfarrer und Lehrer

a) Der Dienst der Pfarrer

Die Gemeinde WEIDENBERG wird z. Zt. von zwei Pfarrern pastoriert, dem sogen. I. u. II. Pfarrer, von denen der erstere zugleich Pfarramtsvorstand ist. Das Besetzungsrecht übt der Landesherr für die beiden Stellen aus.

Eine **Sprengeleinteilung** besteht erst seit wenigen Jahren. Dieselbe wurde in der Weise geregelt, dass der I. Pfarrer die Seelsorge im Markte WEIDENBERG auszuüben hat, der II. Pfarrer in dem übrigen Teil der Pfarrgemeinde, also in allen auswärtigen Ortschaften. Im Übrigen sind die Dienstgeschäfte der beiden Geistlichen durch Oberkonsistorial-Entschließung vom 28. Juli 1914 No. 2737 neu geregelt worden; deshalb wird auf diese bei den Akten hinterlegte Neuordnung der Geschäftsverteilung verwiesen (Fach 20 XXXV,1).

Nach dieser Geschäftsverteilung führt der **I. Pfarrer**, der das Pfarramt leitet und den Vorsitz im Kirchenvorstand, in der Kirchenverwaltung und in der Armenpflege innehat, auch noch die Geschäfte der Lokalschulinspektion für die Schulen in WEIDENBERG.

Dem **II. Pfarrer** dagegen, der Mitglied des Kirchenvorstandes ist, steht die Lokalschulinspektion für die auswärtigen Schulen in DÖBERSCHÜTZ, GÖRSCHNITZ, HESSLACH und MENGERSREUTH zu. Von demselben wird auch erwartet, dass er sich des kirchlichen Vereinswesens (Evang. Bund, Kindergottesdienst, Jugendpflege etc.) annimmt. Dem derzeitigen II. Pfarrer [Schaller] ist außerdem auch die Distriktsschulinspektion für den Schulbezirk BAYREUTH II, z. Zt. 40 Schulen, übertragen.

Mit Ausnahme der Festtage, an welchen in der Regel der I. Pfarrer vormittags, der II. nachmittags zu predigen hat, besteht in der **Predigtarbeit** der beiden Geistlichen ein gleichmäßiger Wechsel; für die **Kasualienarbeit** ist der alternierende Wochendienst als Prinzip aufgestellt.

Der wöchentliche **Religionsunterricht** in WEIDENBERG wird von den beiden Geistlichen erteilt, und zwar vom I. Pfarrer in der Oberklasse, vom II. Pfarrer in der Mittelklasse.

Beim **Konfirmandenunterricht** unterrichtet der I. Pfarrer nach dem Herkommen die Präparanden und Konfirmanden männlichen Geschlechts, der II. Pfarrer diejenigen weiblichen Geschlechts.

Das Gleiche trifft auch für die Christenlehre zu, wenigstens für den Sommer, wo auch die auswärtigen Christenlehrpflichtigen teilnehmen. Während der übrigen Zeit des Jahres hat derjenige Geistliche die Christenlehre zu halten, der am treffenden Sonntag von der Predigt frei ist.

Als nächststehende kirchliche Behörden kommen das K. Dekanat BAYREUTH sowie das dortige K. Konsistorium in Betracht; zuständige weltliche Behörden sind das K. Bezirksamt BAYREUTH und das K. Amtsgericht WEIDENBERG; die beiden Lokalschulinspektionen sind der K. Distriktsschulinspektion BAYREUTH II zugeteilt.

Pfarramts- und Predigtamtskandidaten gibt es keine in der Gemeinde.

b) Religionslehrer an Volks- und Hauptschulen:

Den wöchentlichen katechetischen Unterricht erteilt in der Oberklasse dahier, wie schon erwähnt, der I. Pfarrer, in der Mittelklasse der II., und zwar mit je zwei Wochenstunden. In den beiden übrigen Schulklassen von WEIDENBERG, sowie in den fünf Schulabteilungen der auswärtigen Schulen wird er von den betreffenden Lehrern erteilt, wie überhaupt die Einprägung des Memorierstoffes in allen Schulen dem Lehrern obliegt. Weitere Schulen und Anstalten gibt es nicht.

c) Organe des niederen Kirchendienstes:

Für die beiden hiesigen Kirchen sind gemeinsam vorhanden: ein Kantor, ein Organist, ein Mesner und ein Kalkant (Bälgetreter für die Orgel, oft ein Schuljunge). Der Mesnerdienst wird nominell noch von einem Lehrer, dem sg. Kirchner, geführt, jedoch hat derselbe einen Hilfsmesner, der in erster Linie den Läutedienst zu versorgen hat. Die Dienstesinstruktionen datieren vom 1. Februar 1849 und sind in der Registratur Fach 10, XXII, l hinterlegt.

2. Kirchenvorstand und Kirchenverwaltung

Dem **Kirchenvorstand** gehören sieben Mitglieder weltlichen Standes an. Die Sitzungen desselben finden in der Regel im Anschluss an den sonntägigen Vormittagsgottesdienst in der Sakristei der Marktkirche statt. Außer der einen Obliegenheit, dass ein weltliches Mitglied als sogenannter Mitsperrer je einen Schlüssel der beiden Pfarrstiftungskassen zu verwahren hat, bestehen für die Einzelmitglieder des Kirchenvorstandes keine besonderen Verpflichtungen. Das Umhertragen des Klingelbeutels wird von einem besonderen Hilfsorgan besorgt.

Der **Kirchenverwaltung** gehören vier Mitglieder weltlichen Standes an, die gleichfalls in der Sakristei der Michaelskirche ihre Sitzungen abhalten und zwar an Sonntagen meist nach dem Vormittagsgottesdienst, oder an Wochentagen zur Mittagszeit. Ein Mitglied ist zugleich Kirchenpfleger und besorgt die Geschäfte der Kassenführung. Da in der hiesigen Gemeinde Umlagen, z. Zt. 3%, erhoben werden, so wurde noch vor Eintritt der neuen Kirchengemeindeordnung eine Kirchengemeinde-Repräsentation gewählt, die auch für die Gegenwart[228] noch gilt, da die Wahl im letzten Drittel der vorausgegangenen Wahlperiode erfolgt ist. Ihr gehörten ursprünglich 14 Mitglieder an.

---

[228] Gemeint ist das Jahr 1914.

V. Die kultischen und außerkultischen Formen des Gemeindelebens

1. Der Gottesdienst

a) Der Hauptgottesdienste

Der sonntägliche Gottesdienst, der immer in der Michaelskirche abgehalten wird, beginnt in der Zeit vom Erntedankfest bis zum Osterfest um 9:30 Uhr vormittags, während der übrigen Zeit um 9:00 Uhr. Er wird mit einem Eingangslied begonnen, von dem in der Regel drei Verse gesungen werden; alsdann folgt während des Sommerhalbjahres die volle Liturgie des Gottesdienstes mit der einen Ausnahme, dass statt des „Wir loben dich etc." von dem Liede „Allein Gott in der Höh sei Ehr" der erste Vers gesungen wird.

Während des Winterhalbjahres wird diese Liturgie gekürzt, indem von dem Gloria Patri sogleich zur Salutatio übergeleitet wird. Auch das Glaubensbekenntnis wird während der genannten Zeit weggelassen.

Der übrige Teil des Gottesdienstes verläuft während des ganzen Jahres in der gleichen Form, und zwar so, wie es die Agende vorschreibt. Nach dem Hauptlied, von dem meist vier Verse gesungen werden, folgt die Predigt, danach der so genannte Kanzelvers, darauf das allgemeine Kirchengebet mit dem Vaterunser, die Verkündigungen, etwaige Proklamationen und dem Segenswunsch. Nach dem Gesang eines weiteren Liedverses folgt alsdann die Schlussliturgie in der agendarischen Form.

Die Gemeinde beteiligt sich im Allgemeinen gerne an der Liturgie. Nachzügler, die etwa erst während oder nach dem vor Gottesdienst in das Gotteshaus kommen, gehören zu den Ausnahmen.

Zur Leitung und Verstärkung des Gesangs sind **Chorschüler**[229] vorhanden, de-

---

[229] Wie Pfarrer J. M. EINFALT in seiner Geschichte von Weidenberg 1896 und Lehrer J. E. REBLITZ in seiner Beschreibung der Marktgemeinde Weidenberg 1900 mitteilten, stiftete nach einer erhaltenen Urkunde aus dem Jahr 1735 der Drahtwerk-Besitzer WOLFGANG SCHNORR 500 Gulden, damit aus dem Zinsertrag durch den Kantor jeweils *„sechs arme und bedürftige Knaben, welche Lust auf etwas zu lernen haben, in der Gottesfurcht, Latinität, Rechnen und Schreiben, vornehmlich aber in Singen, gründlich sollen unterrichtet werden".* Der Rest der Zinsen war zur Anschaffung von Chormänteln und Lehrmitteln für die Chorschüler und zur Deckung der Verwaltungskosten bestimmt. Laut Stiftungsurkunde hatten dafür die Chorschüler am Sonntage nach dem 6. Januar, der am Todestag des Stifters folgte, vor dem **Schnorr'schen** Hause, das der Stifter besaß und auf dem die Stiftungssumme ruhte, drei vom Stifter bezeichnete Lieder aus dem alten Gesangbuche zu singen, ein Brauch, der noch bis ins 20. Jh. hinein ausgeübt wurde.

ren Zahl in der Regel 12 beträgt. Dieselben haben bei allen Gottesdiensten, auch bei den Nebengottesdiensten, auf dem Chore, d.h. der Chorempore, zugegen zu sein.

An gewissen Festtagen, wie Weihnachten, Silvester und Ostern wird statt des Kanzelverses vom Kirchenchor unter Leitung des Kantors ein vierstimmiger Chorgesang gesungen; es beteiligen sich hieran meist jüngere Damen und Herren.

Als Predigttexte werden die altkirchlichen und die thomasianischen Perikopen benützt; dementsprechend wechseln auch die Altarlektionen. Wenn also über das Evangelium gepredigt wird, wird die Epistel verlesen und umgekehrt.

Paramente gibt es für die Michaelskirche nur in zwei Farben, nämlich rot und schwarz; in der Friedhofskirche ist naturgemäß nur ein schwarzer Behang vorhanden. Die schwarze Altar- und Kanzelbekleidung wird in der Ersteren während der Passionszeit verwendet, die rote dagegen während des übrigen Jahres.

An gewöhnlichen Sonntagen brennen in der Regel zwei paar Kerzenleuchter auf dem Altar; an den Festtagen drei Paar. Der Kronleuchter wird nur an Festtagen angezündet.

b) Nebengottesdienste in Haupt- und Nebenkirchen

Außer bei den Hauptgottesdiensten wird nur noch an den Festtagen nachmittags 13:30 Uhr gepredigt, sowie in den **Passionsgottesdiensten**. An den übrigen Sonntagen findet nachmittags während des Schuljahres **Christenlehre** statt, die im Sommer um 13:00 Uhr, während des Winterhalbjahres um 14:00 Uhr beginnt. Während der übrigen Zeit sind Betstunden, danach wurden durch den Berichterstatter auch Missionsstunden und Gustav-Adolf-Stunden[230] eingeführt. Die Bet-

---

Aus dieser Stiftung ist die Einrichtung der Chorschüler hervorgegangen, die dann für den Markt Weidenberg eine *„unumstößliche Einrichtung“* geworden sind, *„solange wir zurückdenken können“*. Jeden Sonntag und Feiertag sang dieser jugendliche Chor mit seinem Leiter oder Leiterin sowohl im Gottesdienst, als auch bei Hochzeiten und Beerdigungen. Er war bis mindestens zum Jahr 2000 ein nicht wegzudenkender Teil aus dem Gemeindeleben der evangelischen Kirche, erhielt aber, nachdem der Kirchenchor der Erwachsenen sich stärker profilierte, nicht mehr die bisherige moralische Unterstützung durch Pfarramt und Gemeinde und musste schließlich aus seiner Übungsstätte im Pimmlerhaus ausziehen.

Die letzte Leiterin HELGA SCHÖFFEL sah in dieser Arbeit, unterstützt von ihrem Mann HANS SCHÖFFEL, neben dem kirchlichen immer auch den ursprünglichen sozialen und pädagogischen Zweck und erreichte damit Kinder aus schwierigem sozialen Milieu und zuletzt auch von Migranten, musste aber in jüngster Zeit aus Gesundheitsgründen aufhören. Damit endete nach rd. 280 Jahren dieses einmalige Stück Jugendkulturpflege ohne offiziellen Abgesang

[230] Das Gustav-Adolf-Werk hilft nach seinem eigenen Leitbild *„weltweit evangelischen Gemeinden, ihren Glauben an Jesus Christus in Freiheit zu leben und diakonisch in ihrem Umfeld zu wirken“*. Dieses heutige Hilfswerk geht auf die Gründung von **Gustav-Adolf-Vereinen** seit 1842 zurück. In dieser damals für das Christentum schwierigen Zeit erinnerte man sich an

stunden an den Freitagen beginnen um 8:00 Uhr beziehungsweise im Sommer um 7:00 Uhr.

Abendgottesdienste waren bis zum **Beginn des Krieges**[231] [1914] nicht eingeführt, da es bis dorthin auch an der Beleuchtungsmöglichkeit fehlte.

Am **Geburtstag des Königs**[232] wird ein Predigtgottesdienst abgehalten, und zwar vormittags um 9:00 Uhr; außer den Schulkindern und den protestantischen Beamten beteiligen sich hieran in der Regel auch der **Veteranen- und Kriegerverein**. Die übrigen Königsgottesdienste, die nur schwach besucht waren, waren rein liturgisch ausgestaltet und fallen nunmehr weg, mit Ausnahme des liturgischen Gottesdienstes am Geburtstage der Königin.

Besondere **Schulgottesdienste** sind nicht eingeführt.

Die gottesdienstlichen Ordnung der **Betstunden** ist folgende: Nach dem Eingangslied wird ein Eingangsvotum gesprochen, danach folgt ein Gebet, Textverlesung, Betrachtung, Gebet, Vaterunser und Schlussvers mit darauf folgendem Segen.

---

das Eingreifen der Schweden unter ihrem König GUSTAV II. ADOLF, der im Dreißigjährigen Krieg mit seinen ausgreifenden Heereszügen ab 1630 eine drohende Niederlage der Protestanten verhinderte und sich als „Löwe von Mitternacht" den Ruf als Retter des gesamten mitteleuropäischen Protestantismus erwarb.

Nach den Satzungen unterstützt der Verein durch zahlreiche Spender lutherische, reformierte, unierte und andere Gemeinden, die ihre Übereinstimmung mit der evangelischen Kirche glaubhaft nachweisen. Die vom Katholizismus geprägte bayrische Regierung war seinerzeit misstrauisch und untersagte zunächst die Bildung von Zweigvereinen. Doch war deren Erfolg nicht aufzuhalten. In Gustav-Adolf-Stunden wurde in immer mehr Gemeinden, so auch in Weidenberg, für diese Arbeit gebetet und gesammelt.

Seit der umfassenden politischen Wende in Europa und der deutschen Wiedervereinigung 1989 stellt sich die Diasporaarbeit des GAV den neuen Herausforderungen. In den ehemals sozialistischen Staaten Osteuropas unterstützt sie die kleinen Gruppen evangelischer Christen beim Wiederaufbau ihrer Kirchen und kirchlichen Strukturen. In den neuen Bundesländern mit ihrer dürftigen Christlichkeit hilft der GAV Kirchengemeinden und Einrichtungen bei ihrer schwierigen Missionsarbeit und fördert den Aufbau evangelischer Schulen. Im arabischen Raum werden bedrängte und verfolgte Christen unterstützt. In Lateinamerika erhalten Partnerkirchen Beratung und Begleitung beim Ausbau ihrer theologischen Ausbildungsstätten.

[231] Dies ist fast die einzige Textstelle in der Pfarrbeschreibung, wo diese „Urkatastrophe des 20. Jh.", der Ersten Weltkrieg, überhaupt in einem Nebensatz erwähnt wird. Im Bewusstsein von Pfarrern und Gemeinden ging die kirchliche Arbeit verblüffenderweise zunächst weiter „as usual".

[232] Dies ist, neben S. 170, eine der wenigen Textstellen in der Pfarrbeschreibung, die das bayerische Königtum, die beherrschende Macht seit Napoleon bis zu diesem Zeitpunkt, überhaupt anspricht. Vom damaligen deutschen Kaisertum ist nirgends die Rede, obwohl dessen Verbindung zum Protestantismus seit der Machtübernahme durch die Preußen ja nachhaltig und folgenreich war.

Die Wochenbetstunden tragen insofern den Charakter von Schulgottesdiensten, als an ihnen nur die schulpflichtigen Kinder der vier oberen Jahrgänge von WEIDENBERG teilnehmen.

Der **Jahresschlussgottesdienst** beginnt nachmittags um 14:30 Uhr. Der Vorgottesdienst fällt hier weg. Nach der Predigt folgt statt des Kanzelverses ein Chorgesang, danach kommt das Kirchengebet mit Vaterunser und Friedenswunsch, alsdann noch einmal ein Vers, während dessen der Geistliche an den Altar tritt, um dort noch den Segen zu sprechen. Nach dem Segen folgt noch Lied Nr. 3, Verse 1-3, worauf man unter Glockengeläute die Kirche verlässt.

In der Friedhofskirche, in der sonst die Leichenpredigten gehalten wurden, die aber jetzt selten mehr vorkommen, da man die Grabrede vorzieht, finden jährlich gestiftete Gottesdienste (Wachter'sche Stiftung) statt, die nachmittags 13:30 Uhr gehalten werden, und zwar am Feste der Himmelfahrt Christi, sowie am 16. Sonntag nach Trinitatis zum Evangelium vom **Jüngling zu Nain**. Die Ordnung ist hier die gleiche, wie bei den Nachmittagsgottesdiensten in der Hauptkirche, nämlich Eingangslied, Predigt, Gebet mit Vaterunser, Friedensgruß, Segen.

Bibelstunden sind nicht eingeführt. Gelegentlich einer Kirchenvisitation war einmal davon die Rede, dass in einem auswärtigen Ort (DÖBERSCHÜTZ) im Schulzimmer während des Winters für die alten und gebrechlichen Leute einige Bibelstunden eingeführt werden sollen, doch sprachen sich zwei Kirchenvorstandsmitglieder von der dortigen Gegend dagegen aus, weil die Leute viel lieber zur Kirche gingen.

Liturgische Gottesdienste wurden wohl schon versuchsweise gehalten, jedoch noch nicht zur Regel gemacht.

c) Sitten und Gebräuche beim Gottesdienst

1. Läuteordnung

Zu allen Gottesdiensten mit Ausnahme der Wochenbetstunden wird mit allen drei Glocken geläutet, bei den letztgenannten nur mit zwei. Voraus geht bei den Hauptgottesdiensten das Geläute mit der großen Glocke, das schon eine Stunde vor Beginn des Gottesdienstes geschieht. Ihm folgt eine halbe Stunde später das Läuten der mittleren Glocke. Das Zusammenläuten der Glocken selbst dauert in der Regel circa 5-7 Minuten.

Das Einläuten der hohen Feste geschieht am Vortage mittags um 12:00 Uhr mit sämtlichen Glocken, wozu am ersten Feiertag früh 3 oder 3:30 Uhr (!) noch einviertelstündiges zweites Einläuten kommt. An den übrigen Festtagen, auch beim Geburtstag des Königs, wird nur am Vortage um 12:00 Uhr mit einer Glocke geläutet.

Ein außerordentliches Geläute findet auch noch in der Silvesternacht um 24 Uhr statt. Das Vaterunser-Läuten bei den Gottesdiensten geschieht mit der großen Glocke.

Findet an den schon oben erwähnten Tagen ein Gottesdienst in der Friedhofskirche statt, so wird außer dort auch noch eine Viertelstunde vor dessen Anfang in der Marktkirche geläutet, und zwar mit allen Glocken.

An den Wochentagen wird, was gleich hier erwähnt sein möge, des Tages über nicht weniger als sechsmal geläutet, nämlich das übliche Gebetsleuten am Morgen, mittags um 11 und 12:00 Uhr, sowie am Abend. Dazu kommt noch das **Läuten der kleinen Glocke** um 9:00 Uhr vormittags und um 14:00 Uhr nachmittags. Über die Entstehung dieses Geläutetes berichtet die Sage, dass zwei Schlossfräulein vom Schloss Burgstall bei GOSSENREUTH, weil sie drei Tage im Wald irre gegangen waren und sich wieder zurecht gefunden hatten, dieses Geläute um 9:00 beziehungsweise 14:00 Uhr in WEIDENBERG gestiftet und hierzu die lange Wiese bei GOSSENREUTH vermacht hätten (EINFALT, Geschichte von Weidenberg).

Eine eigentümliche Sitte sei gleichfalls hier erwähnt, nämlich der so genannte **Türkenschlag**. Man versteht darunter das in der hiesigen Gegend allgemein verbreitete dreimalige Nachschlagen mit der Glocke nach dem 12:00 Uhr-Läuten. Es geschieht das mit je drei Schlägen; die Zwischenpausen zwischen dem jedesmaligen Anschlagen dauern ungefähr die Länge eines Vaterunsers. Die dreimalige Wiederholung ist wohl ebenfalls als Bekenntnis zur Dreieinigkeit und damit zum Christentum aufzufassen gegenüber dem Mohammedanismus.

Die meisten Gottesdienstbesucher gehen unter dem Geläute der Glocken in die Kirche. Die einheimischen Gemeindeglieder pflegen sich für diesen Zweck ohnehin schon nach der Zeit zu richten; auch bei den auswärtigen trifft das in der Hauptsache zu. Nur ein gewisser Teil hält sich besonders in der kalten Jahreszeit vor Beginn des Gottesdienstes im Wirtshaus oder bei Bekannten und Verwandten auf. Der weitaus größte Teil der Gottesdienstbesucher kommt also so zeitig, dass sie dann, wenn der Geistliche an den Altar tritt, schon im Gotteshaus versammelt sind.

2. Kleidung

Für besondere Trachten käme nur die Bevölkerung vom Lande in Betracht; etwas besonders Charakteristisches lässt sich jedoch hier nicht mehr berichten; selbst für den Abendmahlsbesuch ist dies nicht der Fall. Der verheiratete männliche Teil der Bevölkerung erscheint hier in dem üblichen langen Gehrock mit Zylinder; der weibliche Teil erscheint ohne Kopftuch mit dem Konfirmations- oder Hochzeitsschmuck, und nur die älteren, verheirateten Frauen tragen noch ein Kopftuch, das um das zu vielen kleinen Flechten geflochtene Haar nach oben spitz zulaufend gebunden ist.

3. Sitzordnung

Einen Verkauf von Sitzplätzen gibt es nicht mehr. Es werden nur noch die so genannten **Logen** vergeben, ca. acht Plätze. Die eine von diesen Logen befindet sich an der linken Seite des Altars. Die andere unterhalb der Orgel ist die so genannte **Beamtenloge**. In der Ersteren hatte früher der Besitzer von Hausnummer 140 das Vorrecht[233], doch ist dies jetzt nicht mehr der Fall.

Der Platz in einer Loge kostet acht Mark, für die Nachkommen der ersten Platzinhaber kostet er nur mehr die Hälfte. Weitere Plätze werden nicht verkauft, doch sitzen die Leute heute noch gerne an den Plätzen, die sie oder ihre Vorfahren früher gemietet hatten. Im Übrigen sitzen die Frauen vom Markte mehr in der mittleren breiten Bankreihe des Kirchenschiffes, diejenigen vom Lande sitzen mehr in den schmalen Bankreihen an den Seitenwänden.

Ähnlich wie bei den Frauen sich so ein gewisses Herkommen in der Sitzordnung herausgebildet hat, das sich vielfach auf die einzelnen Ortschaften verteilt, so lässt sich dies auch bei den Männern beobachten, deren Plätze sich auf den Emporen befinden. Man kann auch hier die eine Hälfte der vier Emporen als diejenige bezeichnen, auf der mehr die Kirchgänger vom Markte Platz nehmen, und zwar ist dies die rechtsseitige Emporenhälfte und der freie Platz an der Orgel, während an der linksseitigen Hälfte der Emporen fast nur Kirchgänger vom Lande zu treffen sind.

4. Gebetshaltung, Gesang, Kollekte

Sowohl beim Betreten, wie beim Verlassen des Platzes in der Kirche, dass sich ruhig und rasch vollzieht, verrichten die Kirchgänger ein **stilles Gebet**. Die Art wie dies geschieht, zeigt wiederum eine merkwürdige Unterscheidung zwischen Markt

---

[233] Haus-Nr. 140 ist das „Schnorr-Haus“. Mit dem Privileg des Kirchensitzes für Schnorrs Nachkommen würdigte die Kirchengemeinde die oben beschriebene Stiftung für die Chorschüler. Das vornehme Mansardhaus am oberen Ende der „Linden“ mit dem Charakter eines Barockschlosses gilt bis heute als das schönste Haus Weidenbergs und war stets ein Spekulations- und Renommierobjekt derer, die in Weidenberg zur besseren Gesellschaft zählen wollten. So waren um 1900 hier die Mühlenbesitzer Gebrüder SCHOELLER Eigentümer, und E. F. MÜNCH betrieb eine Spezerei- und Zementhandlung. Von diesen späteren Eigentümern war aber offenbar keiner mehr im Besitz des begehrten Kirchenstuhl-Privilegs, zu groß waren die Rivalitäten im Marktort. Die Beamten hingegen genossen noch eine Weile ihr Vorrecht, unter der Orgel sitzen zu dürfen, und wurden dann vom Apotheker und seiner Familie abgelöst.

und Land. Die Märktler pflegen dieses Gebet stehend zu verrichten; die Männer vom Lande bleiben auch stehen, haben jedoch noch den alten Brauch beibehalten, dass sie das Gesangbuch gewissermaßen zum Kuss an den Mund halten, während die Frauen sich wenigstens beim Gottesdienstschluss nach dem Segen noch einmal setzen und das Angesicht auf das Gesangbuch verneigen. Die Frauen vom Markte beteiligen sich an dieser Sitte nicht, sondern bleiben mit zusammengefalteten Händen stehen.

Die Beteiligung am Gesang und an der Liturgie ist eine eifrige und kräftige und geschieht sitzend. Die Gemeinde erhebt sich erst bei dem Gebet nach der Salutatio und außerdem bei der Verlesung des Predigttextes, überhaupt beim Verlesen von biblischen Worten und beim Gebet. Der Melodienvorrat, der für die Gemeinde verwendbar ist, ist ein ziemlich umfangreicher. Die Leute singen ihre Kirchenlieder gerne und sind auch im Stande, ein neues, bisher noch unbekanntes Lied, bald kräftig mitzusingen.

Der Klingelbeutel wird während des Singens umher getragen; und zwar beginnt der Träger, der für diesen Zweck aufgestellt ist und eigens bezahlt wird, meist mit dem zweiten Vers, bei starkem Gottesdienstbesuch auch schon mit dem ersten Vers des Hauptliedes.

In der Nähe des so genannten Brauttores der Kirche,[234] dann auch beim Ausgang durch den Turm befindet sich noch je ein altertümlicher Opferstock; besonders in den Ersteren werden zuweilen bei Taufen und Trauungen Gaben eingelegt. Bei der Erhebung von Kollekten werden vor den verschiedenen Kirchentüren Büchsen auf Stühlen aufgestellt.

Nach Vollendung des Gottesdienstes entfernt sich die Gemeinde unter den Klängen des Orgelspiels aus der Kirche; eine bestimmte Reihenfolge wird dabei nicht eingehalten.

5. Brauchtum im Zusammenhang mit dem Gottesdienst

Wenn man vom Gottesdienst nach Hause geht, dann soll man zuerst in das eigene Haus gehen, weil man dann den Segen vom Gottesdienstbesuch sich selber bringt. Geht man nach dem Gottesdienst zuerst in ein anderes Haus, kommt der Segen diesem zugut.

---

[234] Das Brauttor ist der Südausgang der Kirche, über dem auch das Wappen des letzten Markgrafen Alexander mit der Jahreszahl 1770 prangt, dem Jahr, in dem die erste Markgrafenkirche, die wegen Baumängeln bis zu den Fensterbänken abgebrochen werden musste, an dieser Seite gerade wieder die Höhe des Türstocks erreicht hatte. Zu diesem Eingang führt, etwas versetzt, die vielstufige „Brauttreppe“ empor.

Ein neues Kleid oder neue Schuhe soll man zuerst in die Kirche anziehen, weil sie dann besser halten; es mag wohl auch sein, dass man sich dann in denselben mehr Glück und Segen erwartet.

2. Die Kasual- und Sondergottesdienste

a) Die Taufe

Die Anmeldung einer Taufe geschieht stets durch die betreffende **Hebamme**.

Die weitaus größere Zahl der Taufen wird in der Kirche abgehalten, und nur bei einem kleinen Prozentsatz, zumeist bei solchen Vätern, die nicht gerne mit zur Kirche gehen, findet ein **Haustaufe** statt, oder auch dann, wenn etwa das Kind nicht recht gesund sein sollte.

Der Tauftermin ist in der Regel 14 Tage nach der Geburt des Kindes. Gern wird ein Wochentag, meist Samstag, hierfür gewählt, besonders von der ländlichen Bevölkerung. Doch findet annähernd die Hälfte der Taufen auch am Sonntag statt, entweder nach der Vormittagskirche oder vor oder nach der Christenlehre, und zwar in der neueren agendarischen Form. Die Wöchnerin beteiligt sich nur selten am Taufgang. In den Fällen, in welchen es geschieht, hat der Berichterstatter auf seine Anfrage hin auch meist die **Aussegnung der Wöchnerin** vornehmen können.

Im Übrigen beteiligt sich an dem Taufgang fast stets der Kindsvater und der Pate; wo es möglich ist und der Taufpate verheiratet ist, erscheinen beide Ehepartner. Der **Taufpate** hält entweder während der ganzen Taufhandlung das Kind auf dem Arm, oder, was noch häufiger ist, er nimmt das Kind erst nach dem Gebet des Vaterunsers auf seinen Arm.

Als Taufpaten wählt man meistens eigene Angehörige, wie zum Beispiel die Großeltern oder die Geschwister. Sehr gerne wird aber auch ein junges Ehepaar zu Taufpaten bestimmt. Es soll für diese jungen Eheleute auf diese Weise nach der ersten Freude noch eine zweite hinzukommen.

Dass man bei der Wahl der Paten auch darauf sieht, dass diese möglichst gute Geschenke geben, ist allerdings auch vielfach der Fall. Denn gerade der Taufpate hat schon bei der Taufe selbst mancherlei pekuniäre Verpflichtungen. So pflegt er dem Kind nicht nur einen gedruckten Patenbrief zu geben, sondern er hat schon vor der Taufe eine Geldbörse mit Inhalt in das Taufkissen über der Brust des Säuglings zu stecken, oder er übergibt ein silbernes Schächtelchen oder auch Patentäschchen mit den Geschenken. In die Geldbörse, die in das Taufkissen gesteckt wird, kommen in der Regel alle Geldsorten bis zum Fünfmarkstück, wohl als Grundlage und Vorbedeutung für späteres Reichwerden. Ferner hat er nach der Taufe etwas in das Taufbecken zu legen, das für den Kirchner bestimmt ist. Nur die Verehrungen (Gaben) auf dem Altar oder auch im Opferstock geschehen in der Regel nicht durch den Paten, sondern durch den Kindsvater.

Doch auch schon im Elternhaus des Säuglings hat der Pate noch seine Freigebigkeit zu beweisen. Wenn es zum Beispiel zur Kirche geht, dann legt man schon auf die Schwelle der Zimmertür oder der Haustüre ein Buch, meist ein Gesangbuch, in das der Taufpate eine Geldmünze einzulegen hat. Dieses „Unterlegen" fehlt aber in der Regel auch unterwegs auf dem Weg zur Kirche nicht. Außer einem Gesangbuch wird auch ein Teller unterlegt, oder ein Kränzchen, oder man hält die Kappe bzw. den Hut hin. Früher sollen die betreffenden Bettler auch mit Lichtern nebenher gegangen sein, alle in der Erwartung, vom Paten etwas zu bekommen.

Bei einer jeden Kindstaufe wird, soweit es sich um eheliche Kinder handelt, dann, wenn der Taufzug, oder, was fast die Regel ist, das Fuhrwerk mit dem Täufling sichtbar wird, mit der kleinen Glocke geläutet. Darauf folgt, wenn die Angehörigen mit dem Täufling in die Kirche eintreten, ein einleitendes Orgelspiel, bei dem der Geistliche an den Taufstein tritt, um den sich die Angehörigen mit dem Kinde schon versammelt haben. Das Orgelspiel setzt auch dann wieder ein, wenn die Taufhandlung beendet ist und der Taufzug die Kirche wieder verlässt.

Bei außerehelichen Kindern fällt das Geläute immer weg, meist auch das Orgelspiel.

Brauchtum bei der Taufe

Sowohl mit der Geburt, als auch mit der Taufe eines Kindes sind noch allerlei **Sitten und Gebräuche** verbunden, die zumal auf dem Lande noch viel beobachtet werden. Bei der Geburt eines Kindes ist es z. B. Sitte, dass der Wöchnerin das **Starck-Gebetbuch**[235] oder aber das **Habermann'sche Gebetbuch**[236], oder auch ein

---

[235] Der lutherische Theologe und Verfechter des Pietismus JOHANN FRIEDRICH STARCK, (auch Stark, 1680-1756) war einer der meistgelesenen Schriftsteller seiner Zeit. Er legte aber großen Wert auf die Traditionen der lutherischen Kirche und stand deshalb in der Kritik radikaler pietistischer Kreise. Sein verbreitetes Hauptwerk war das erstmals im Jahr 1728 erschienene, fast 700 Seiten starke Erbauungsbuch „Tägliches Handbuch in guten wie in bösen Tagen". Es enthielt als „Aufmunterungen" kurze biblische Betrachtungen, Gebete und Gesänge, die in sechs Abschnitte gegliedert waren: für Gesunde, für Betrübte, für Kranke, für Sterbende, für Schwangere, sowie für Gebärende und Wöchnerinnen. Noch in der Zeit der Weidenberger Pfarrbeschreibung erschien die 175. Auflage! Starck schuf auch rund 1.000 Kirchenlieder, die aber bereits zu Anfang des 20. Jahrhunderts keine Aufnahme mehr in die kirchlichen Gesangbücher fanden.

[236] Der aus Böhmen stammende lutherische THEOLOGE JOHANN(ES) HABERMANN, auch JOHANN AVENARIUS (1516-1590) gehörte zur Pfarrergeneration, die LUTHER noch persönlich

Gesangbuch unter das Kopfkissen gelegt wird, damit „der Böse nicht darüber kommt", ähnlich wie man bei den Katholiken den Rosenkranz verwendet. Zuweilen kann man es auch treffen, dass die Frau sechs Wochen lang nach der Geburt das Habermann'sche Gebetbuch in der Tasche trägt, oder dass das Stark'sche Gebetbuch sechs Wochen lang in ihrem Bett liegt oder im Bette des Kindes. In manchen Häusern legt man auch noch ein Zwirnknäuel mit einer Nadel und Schere unter das Kopfkissen oder neben die Wöchnerin.

Ist die Geburt glücklich vorüber, so soll zuweilen noch vom Kindsvater ein Dankgebet „Nun danket alle Gott" gesprochen werden.

Bevor die Wöchnerin zum ersten Mal zur Kirche kommt, darf sie in keinen anderen Hof kommen, sonst könnte sie hinausgetrieben werden. Soweit nämlich die Wöchnerin geht, „kommt Feuer aus." Der erste Kirchgang geschieht in der Regel circa 3-4 Wochen nach der Geburt des Kindes. Bei dieser Gelegenheit wird meist etwas verehrt, gewöhnlich mit dem Begleitwort: *„Bis hierher hat der Herr geholfen."*

Nicht versäumt wird in der Regel auch, dass jedes Mal, so auf das Kind wieder frisch eingebunden wird, das Kreuzeszeichen darüber gemacht wird.

Wenn der Täufling zur Kirche getragen wird, dann ist es Pflicht der Hebamme zu sagen: *„Jetzt gen'ma in Gottes Nama! Einen Heiden tragen wir fort, einen frommen Christen bringen wir wieder."*

Bei der Taufe selbst sieht man sehr darauf, dass kein offenes Grab vorhanden ist. Der Berichterstatter hat es schon selbst erlebt, dass eben deswegen eine Taufe auf die außergewöhnliche Zeit von 17 Uhr nachmittags angesetzt wurde, weil um diese Zeit die auf denselben Tag treffende Beerdigung schon vorüber war.

Seinem Patenkind hat der Taufpate auch späterhin Geschenke zu verabreichen, so an Weihnachten immer einen Speckkuchen, d. h. Lebkuchen, dazu Äpfel und Nüsse. Dann vor allem an Ostern: Das Patengeschenk an diesem Feste besteht aus dem so genannten Eierring, ein Backwerk, dann aus einem Teller mit 10-12 Eiern, und bei Mädchen aus einem seidenen Tuch oder einer Schürze. Der **Patenteller** an Ostern war früher meist ein Zinnteller. Jetzt werden auch Porzellanteller gegeben, oder im Lauf der Jahre sechs Zinn- und sechs Porzellanteller, also jedes Jahr einer

---

erlebt hatte. Der angesehene Prediger und Gelehrte war ein Kenner der hebräischen Sprache und brachte eine hebräischen Grammatik und ein hebräisches Wörterbuches heraus. Für die Einführung des Konkordienbuches mit den wichtigsten lutherischen Katechismusstücken und Bekenntnisschriften war er ein wichtiger Vermittler. Das „Habermännle", sein Gebetbüchlein „Christliche Gebet, für alle Not und Stende der gantzen Christenheit", erlebte eine außerordentliche Verbreitung und wurde im Verlauf von drei Jahrhunderten in allen europäischen Sprachen immer wieder aufgelegt und als tägliches Erbauungsbuch benutzt.

bis zur Konfirmation. Vor der Konfirmation werden auch noch die Schüssel und Löffel dazu gegeben, der so genannte B'scha, Bescheid, wird auf diese Weise vervollkommnet.

Bei der Konfirmation bekommt das Patenkind von seinem Paten fast immer das Gesangbuch, die Knaben meist auch eine Uhr, die Mädchen einen Schmuck, zum Beispiel eine Halskette mit Kreuz. Damit hat der Pate seine jährliche Pflicht erfüllt; er hat nach der Konfirmation nur einmal noch als „Schenker“ aufzutreten, nämlich bei der Hochzeit seines Patenkindes, wo sich unter seinem Geschenk vielfach ein Haussegen befindet.

b) Die Konfirmation

[Pfarrbeschreibung S. 81ff]

Bei Beginn des Konfirmandenunterrichtes findet kein außerordentlicher Gottesdienst statt. Es wird vielmehr der Konfirmanden beim vorausgehenden Sonntagsgottesdienst fürbittend gedacht. Eine besondere Anmeldung, bei der einer von den Angehörigen zugegen wäre, besteht gleichfalls nicht. Doch ist der landläufige Ausdruck für die Anmeldung immer noch das „Einschreiben“.

Der Ausdruck „Konfirmandenunterricht“ hat sich in der Bevölkerung im Allgemeinen noch wenig eingebürgert; viel häufiger findet man den Ausdruck „Christenlehr“ oder „Kinderlehr“. Der Unterricht wird in den Schulzimmern der hiesigen Mittel- und Oberklasse abgehalten, und zwar am Mittwoch und Freitag von 13 bis 14:30 Uhr, wobei der Mittwoch nach dem Reformationsfest als Anfangstermin gilt.

An diesen Unterricht beteiligen sich stets auch die Präparanden. Zwischen den beiden Geistlichen ist der Unterricht seit langem so verteilt, dass der erste Pfarrer die Knaben unterrichtet hat, der zweite Pfarrer die Mädchen. Versäumnisse kommen nur selten vor.

Die **Konfirmation**, die früher am Trinitatisfest gefeiert worden ist, wird nun schon seit mehreren Jahren am Sonntag nach dem Osterfest, dem sg. **„Weißen Sonntag“** gehalten.[237] Die Prüfung findet am Ostermontag-Nachmittag statt, die

---

[237] Im Jahr 1934 führte Pfarrer THEODOR HOFFMANN den **Palmsonntag** in Weidenberg als Konfirmationstag ein. Der Grund war ursprünglich ein ganz praktischer: Das Schuljahr endete damals nicht im Sommer, sondern bereits vor Ostern. Schon mit 1. April oder spätestens am 1. Mai begann in den Ausbildungsberufen die Lehrzeit. Deshalb sollte die Konfirmation, die zugleich den Übergang ins Erwachsenenleben bezeichnete, vor dem Antritt der Lehre erfolgt sein.

Eine auffallende Abweichung ergab sich dann aber für die 22 Jungen und 24 Mädchen des Konfirmationsjahrgangs 1938, die eigentlich bis kurz vor ihrem Fest damit gerechnet hatten,

Beichte am Samstag danach mittags 13 Uhr, die Konfirmation selbst erfolgt sodann mit der anschließenden Erstkommunion vormittags am Weißen Sonntag. Sowohl der Prüfung, wie der Beichte, ebenso auch der Abendmahlfeier wohnt eines von den Angehörigen bei; meist die Mutter, oder der Vater, oder eines von den Geschwistern, soweit möglich auch der Pate. Am Beicht- und Abendmahlsgang nehmen die Letzteren jedoch nicht teil. Die Konfirmation wird im Übrigen ganz nach dem Formular der Agende vorgenommen, wobei eine Altarrede vorausgeht.

Die Vorbereitung bildet eine wichtige Angelegenheit, da einerseits das Geschenk des Paten schon mit Spannung erwartet wird, andererseits tun auch die Eltern ihr Möglichstes, um diesen Ehrentag ihres Kindes auch nach außen festlich zu gestalten. Die Paten schenken hierbei meist schon die oben erwähnten Gegenstände oder kleiden ihre Patenkinder vollständig ein. Letzteres tun vielfach auch die Dienstherrschaften, bei denen ein Konfirmand sich als **Dienstkind**[238] befindet. Deshalb ist diese Verpflichtung dann in der Regel in den Lohn schon einbedungen.

Am ersten Osterfeiertage, zuweilen auch schon früher, wird der **Patenspruch** gebetet, der schriftlich abgegeben, von manchen auch auswendig gesprochen wird. Das **Abbitten**[239], bei dem dann auch noch bis zu sechs Reichsmark geschenkt wer-

---

ebenfalls am Palmsonntag konfirmiert zu werden und alles schon vorbereitet hatten. Doch hatte HITLER nach seinem Einmarsch in Österreich am 12. März 1938 kurzfristig in Deutschland und Österreich ein Plebiszit veranlasst, um sich der Zustimmung zu seiner Politik zu versichern. Und Pfarrer HOFFMANN, der den Nationalsozialismus aktiv unterstützte, hatte in vorauseilendem Gehorsam kurzfristig und willkürlich, ohne den zuständigen Kirchenvorstand zu fragen, diese Konfirmation um eine Woche auf den Sonntag „Judica" in der Fastenzeit, den 9. April, vorverlegt, mehr dazu im Kapitel „Als Hitlers Gottheit infrage stand ..." in der 4. Folge des Projektes ‚Myrten für Dornen': „Christsein am Scheideweg ..."

In den folgenden Jahren, zur Zeit von Pfarrer REDENBACHER, schwankten die Konfirmationstermine zwischen Palmsonntag (1939-1941 und 1943), Trinitatis (1942) und dem Weißen Sonntag (1944-1947). Dies hing auch mit dem Wechsel des Schuljahrsbeginns zusammen, der im Jahr 1941 reichsweit auf den Herbst verlegt wurde, um sich an die Verhältnisse zu den von Deutschen besetzten Gebieten in Europa anzupassen..

[238] Mehr zum **Dienstkinderwesen**, das die Pfarrbeschreibung als problematisch wertet, findet sich weiter unten im Kapitel „Sittlichkeit des Gemeindelebens".

[239] **Das Abbitten**, das in Weidenberg seinerzeit anscheinend gegenüber den Paten, Pfarrern und Lehrern üblich war, bezeichnet eine im ganzen deutschsprachigen Raum verbreitete Sitte: Vor der Konfirmation, in der Regel morgens am Konfirmationstag vor dem Kirchgang, traten die Konfirmanden in kirchlicher Kleidung vor ihre Eltern, um für die christliche Erziehung und Begleitung des Lebensweges zu danken und Verfehlungen in der gegenseitigen Beziehung „abzubitten". Die Abbitte war gern mit einem frommen Spruch der Bibel verbunden und wurde auswendig gesprochen. Oft flossen Tränen beiderseits. Das Ritual mussten die Konfirmanden bei ihren Paten, bisweilen auch den Pfarrern und Lehrern, in deren Haus wiederholen.

Das Beispiel für den Wortlaut der Abbitte einer Konfirmandin aus dem Banat:

den, findet in der Regel erst am Freitag vor der Konfirmation statt, vorausgesetzt, dass der Pate im Ort oder in der Nähe wohnt, was ja sehr häufig der Fall ist.

Am Samstag vor dem Konfirmationstag, wo die **Beichte** abgehalten wird, begeben sich die Kinder in der Regel schon im Lauf des Vormittags in die beiden Pfarrhäuser und zu ihren Lehrern, um dort gleichfalls abzubitten. Hierbei gehen die Knaben gesondert und ebenso die Mädchen. Eines von ihnen, meist das älteste Kind, hat dann sein Sprüchlein zu sagen: *„Sehr geehrter Herr Pfarrer! Wir danken Ihnen für den Unterricht, den Sie uns gegeben haben. Wo wir Sie beleidigt und erzürnt haben, bitten wir Sie um Verzeihung."*

Meist kommen die märkischen Kinder getrennt von den auswärtigen.

Bei der Beichte sprechen die Konfirmanden das Sündenbekenntnis laut mit und treten zur Einzelabsolution an den Altar. Bei dieser Feier werden meist auch schon die Verehrungen (Konfirmandengaben) durch die Eltern gegeben.

Anschließend beginnt die **Ausschmückung** der Kirche, auf die gleichfalls schon viele Wochen vorher gerüstet wurde. In dem Hause einer Weidenberger Konfirmandin werden schon in den Wochen vorher die Kränze und Girlanden für diesen Zweck gebunden, während die Knaben für das Beerenkraut und die Bäume, die hierzu benötigt werden, sorgen müssen. Außer der Kirche, die mit Blumen und Kränzen geschmückt wird – der Altar auch mit blühenden Blumen und grünen Sträuchern –, werden noch die beiden Pfarrhäuser und die Schulhaustüren geschmückt. Der Weg zu den Pfarrhäusern wird außerdem auch noch mit Grün gestreut.

Wenn dann der Konfirmationsmorgen gekommen ist, begeben sich die Knaben in das I. Pfarrhaus zu ihrem Beichtvater, die Mädchen kommen zum II. Pfarrhaus.

Lieb Vetter und God!
Ich kann es nicht unterlassen, als ein Konfirmand.
da Ihr, an Gottes Statt, für mich gebetet habt,
mich herzlich zu bedanken!
Ein schöner Tag bricht an,
gleich, mit der Gnadensonne,
hab ich durch meine Taufe
das größte Heil gewonnen.
Drum tret' ich in die Kirche heut
vor die Heilige Dreifaltigkeit
und sage ab, dem Teufel und seinem Wesen
und bin ein Christ, von Jesus auserlesen.
Ich will mich heut dem Heiland verschreiben,
dass ich dieser Lehre beständig will bleiben.
Von nun an bis in Ewigkeit,
in Jesu Namen. Amen.

Von dort zieht man sodann nach vorausgegangenem Gebet – wenigstens hält es der Berichterstatter so – um neun Uhr unter Glockengeläut in die Kirche, wo die beiden Abteilungen vor der großen Kirchentreppe zusammentreffen, um nun gemeinsam in das Gotteshaus einzuziehen. Das gleiche geschieht auch nachmittags zur Nachmittagspredigt und nach Schluss der beiden Gottesdienste, wo die Kinder wieder mit in die Pfarrhäuser zurückkehren. Die Erwachsenen pflegen sich hierbei vor der Kirche und an den Straßen aufzustellen.

Bei dem Zug in die Kirche geht der Geistliche immer mit zwei Kindern voraus. Die Weidenberger möchten hierbei gerne das Alleinrecht haben, doch hat es der Berichterstatter immer so gehalten, dass er von einem Weidenberger Kind begleitet wurde und von einem Kind vom Lande.

Die Kleidung der Kinder ist durchwegs schwarz, sowohl bei den Knaben wie bei den Mädchen, wobei allerdings die Mädchen zur Beichte in farbigen Kleidern kommen, so dass also eine Konfirmandin mit zweierlei Kleidern ausgerüstet wird. Die Knaben haben ein Myrtenssträußchen am Rock und am Hut, die Mädchen ein Sträußchen an der Brust und einen Myrtenkranz im Haar.

Etwas Eitelkeit zeigt sich bei den Mädchen in mancherlei Stücken. So kam vor ein paar Jahren sogar der traurige Fall vor, dass eine Konfirmandin in der Woche vor der Konfirmation eine Damenuhr stahl, um sie für diese Feier benützen zu können.

Die ländlichen Kinder prangen mehr durch große goldene oder silberne Halsketten, die meist Patengeschenke sind. Bei ihnen sind die Kleider in der Regel auch sehr lang gemacht und so zum Hineinwachsen hergerichtet.

Die Konfirmationszeugnisse werden den Kindern nach dem Kirchgang ausgehändigt. Zusätzlich Scheine sind nicht eingeführt.

Naturgemäß wird die Konfirmation auch zu Hause entsprechend gefeiert, wenn auch die auswärtigen Konfirmanden über Mittag in WEIDENBERG bleiben. Am Konfirmationsnachmittage, wenn die auswärtigen Kinder heimgekommen sind, dann haben sie noch in alle Häuser ihres Ortes zu gehen, wo ihnen reichlich aufgetischt wird. Konfirmanden bringen ja Glück ins Haus und man sagt sogar auf die Felder. Zu diesem Zweck sollen sie am Samstag um die Felder gehen, um so den Feldern dieses Glück zu zubringen; man sagt da, sie müssen auf die grüne Saat (d.h. die Getreidefelder) gehen, dann schlägt das Wetter nicht hinein.

Die Weidenberger Konfirmanden finden sich am Sonntagnachmittag meist in **Rosenhammer** zu einem Familienkaffee zusammen. Eine kirchliche Beeinflussung dieser Zusammenkünfte war vom Berichterstatter schon einmal beabsichtigt, wurde aber dann doch wieder unterlassen, da man die Kinder auch ihren Eltern und auswärtigen Besuchsgästen etwas überlassen möchte und Ausschreitungen dort nicht zu befürchten sind. Es soll übrigens auch bei den auswärtigen Kindern das Bewirten nachmittags von Haus zu Haus nicht mehr so ausgedehnt sein, wie in früheren Zeiten, wo es jedenfalls eine Unsitte war.

Ein Ausflug mit den Kindern am Tage nach der Konfirmation, wie er vielfach sonst eingeführt ist, ist in WEIDENBERG nicht üblich.

Eine schöne kirchliche Nachfeier der Konfirmation besteht insofern, dass die Kirche bis zum Sonntag nach der Konfirmation geschmückt bleibt.[240] An diesem Sonntag kommen dann diejenigen Kinder, welche in den letzten drei Jahren konfirmiert wurden, zur Beichte und zum Abendmahl und feiern so ein besonderes **Gedächtnis** an ihre eigene Konfirmation, deren dann auch in der Predigt gedacht wird.

Für die Konfirmationsfeier selbst werden in der Regel von den Kindern die Kerzen auf dem Kronleuchter und auf den Altarleuchtern dann gemeinsam gestiftet.

c) Die Kirchliche Trauung

[Pfarrbeschreibung S. 86ff]

1. Die kirchliche Handlung

Während sowohl die Anmeldung einer Taufe, wie diejenige einer Beerdigung durch fremde Personen vollzogen wird, wird die Trauung vom betreffenden Bräutigam selbst angemeldet, und zwar einige Tage vor der Proklamation. Auf die **Ehrenprädikate** wird kirchlicherseits Gewicht gelegt. Wenn ein Brautpaar noch unbescholten ist, dann wird der Braut sowohl bei der Proklamation, wie bei der Trauung das Prädikat „Jungfrau“ zuerkannt; es brennen dann auch die Altarkerzen und auf Wunsch der Kronleuchter; auf jeden Fall wird das Geläute gewährt, was im umgekehrten Fall nicht geschieht.

Leider kommt es zuweilen vor, dass diese Ehren erschlichen werden, wie es überhaupt häufig vorkommt, dass sie nicht gewährt werden können. Man hält es unter der bäuerlichen Bevölkerung geradezu für ein gewisses Recht, dass das Brautpaar schon vor der Verehelichung eheliche Gemeinschaft pflegt; die Anschauungen hierüber sind sehr lax. Gleichen Sinnes ist man im Allgemeinen auch in WEIDENBERG selbst, wo die Brautleute oft schon Tage und Wochen zuvor zusammenwohnen.

Bei der Trauung selbst beteiligen sich in der Regel nur noch die beiden Zeugen, gewöhnlich die beiden Väter oder die beiden Brüder. Eine Beteiligung der übrigen Familienmitglieder findet zumal bei den auswärtigen Hochzeitspaaren nie statt, bei

---

[240] Diesen Kirchenschmuck zeigt auch das Foto der ST. MICHAELSKIRCHE oben auf dem Buchblock, das im Jahr 1910, also etwa zu Beginn der Abfassung der Pfarrbeschreibung entstanden ist.

den einheimischen nur sehr selten, meist nur bei den so genannten besseren Familien. Die Unsitte, dass die Kirche sonst von vielen Neugierigen besetzt wird, ist natürlich auch hier vorhanden.

Das Fuhrwerk, oder auch das Auto[241], das die Hochzeitsleute bringt, fährt immer bei der so genannten Kirchentreppe vor;[242] in den meisten Fällen findet sodann die standesamtliche Trauung im Rathauszimmer statt. Von dort gehen die Hochzeitsleute hinüber zur Kirche. Deshalb sind auch zuweilen die beiden Wege mit Grün gestreut. Altarschmuck ist nicht immer vorhanden und ist immer Privatsache von Befreundeten.

Wenn das Brautpaar die kirchlichen Ehren bekommt, wird es beim Verlassen des Standesamtes mit Glockengeläut empfangen und beim Eintritt in die Kirche mit Orgelspiel. Die Brautleute treten hierbei sogleich an den Altar und hinter ihnen die Trauzeugen. Es erfolgt zuerst ein vierstimmiger Gesang von dem Lied Nummer 223 „Jesu geh voran" ohne Orgelbegleitung. Beim letzten Vers geht der Geistliche an den Altar, um die Trauung ganz nach der Agende ohne Ansprache vorzunehmen. Reden werden nur in ganz besonderen Fällen gehalten, etwa bei den Angehörigen vom Lehrer- oder Pfarrvorstand, oder – wenigstens vom Berichterstatter – bei **Kriegstrauungen.**[243]

---

[241] Der Hinweis auf das **Auto** an dieser Stelle ist bemerkenswert. Denn wir schreiben das Jahr 1914, und seitdem GOTTLIEB DAIMLER 1886 seine Motorkutsche mit Einzylindermotor präsentiert hatte, sind zu diesem Zeitpunkt erst 28 Jahre vergangen; es ist die Zeit, als die Autos gerade laufen lernten. Sie sahen aus wie Kutschen, hatten weder Dach noch Scheinwerfer und galten als Spielzeuge der Reichen. Nur der Doktor und der Apotheker und bald auch ein paar Händler besaßen ein Auto. Aber offensichtlich nutzten oder verliehen sie es bei besonderen Festivitäten, wie Hochzeiten.

Eben erst, im Jahr 1913, setzte Ford für sein berühmtes T-Modell erstmals das Fließband für die Fertigung einzelner Teile ein, das Signal für die kommende automobile Revolution. Aber der Erste Weltkrieg durchkreuzte vorerst alle hochfliegenden Pläne; denn nun hatte erst einmal die Fertigung von Militärlastwagen Vorrang.

[242] Pfarrer OELSCHLÄGEL hatte im Jahr seiner Amtseinführung auf der I. Pfarrstelle 1783 nach der endgültigen Fertigstellung der ST. MICHAELSKIRCHE die „Hochzeitstreppe" an der Südseite der Kirche errichten lassen: ihre Stufen führen von der Kantorsgasse herauf.

[243] Dies ist (neben dem Satz zu Anm. 228) die einzige Textstelle in der Pfarrbeschreibung, die den eben ausgebrochenen Ersten Weltkrieg überhaupt erwähnt und seine Folgen ahnen lässt. Denn eine „Kriegstrauung" war eine Form der Eheschließung mit einem Soldaten in Kriegszeiten in einem stark vereinfachten Verfahren, das ohne Aufwand innerhalb kürzester Zeit durchgeführt werden konnte. So konnte z. B. auf das standesamtliche Aufgebot verzichtet werden oder sogar eine „Ferntrauung" vollzogen werden. Dazu musste der Bräutigam gar nicht anwesend war, vielmehr wurde ein Stahlhelm an seinen Platz gelegt, daher auch die Bezeichnung die „Trauung mit dem Stahlhelm".

Der Bräutigam erscheint zur Trauung immer in schwarzem Gehrock und Zylinder mit einem Myrtensträußchen am Rock; die Braut hat in den meisten Fällen ein schwarzes Kleid an, manchmal auch ein weißes. Sofern es ein unbescholtenes Paar ist, hat die Braut auch einen Myrtenkranz im Haar mit oder ohne weißen Schleier; vielfach trägt sie auch einen Blumenstrauß in der Hand.

Bei der Einsegnung nehmen die Brautleute den Handschuh an der rechten Hand ab, knien nieder und reichen sich die Hand. Wer den Handschuh zuerst herunterbringt, darf ein gewisses Vorrecht im Haus erwarten. Ein Ringwechsel am Altar ist nicht eingeführt; er geht schon immer im Hause voraus. Auch die Überreichung einer Traubibel ist nicht gebräuchlich.

Nach Beendigung der Trauung wird noch Lied Nummer 224 einstimmig mit Orgelbegleitung gesungen, worauf das Nachspiel und der Weggang aus dem Gotteshaus folgen.

2. Brauchtum und Aberglaube bei Eheschließungen

Liebesheiraten kommen vielfach vor. Doch werden die beiden jungen Leute sehr häufig von den beiderseitigen Eltern auch „zusammengekuppelt". Wie überall, so spielt auch hier das Geld eine Rolle, und so ist es gekommen, dass zumal in der einen Hälfte der Pfarrei ein ständiges Ineinanderheiraten stattfindet und dass die üblen Folgen davon nicht unbemerkt bleiben.

Wie die Eltern ihre Kinder verheiraten, so ist es häufig auch der Fall, dass der Vater für den Sohn den Hochzeitsantrag macht .Doch kommen auch Fälle vor, wo der Sohn selber zum Brautfragen geht; er trägt dann gerne den Himmelsbrief[244] oder ein Gesangbuch in der Tasche.

Wenn in einer Familie die jüngere Schwester vor der Älteren heiratet, dann sagt man: „Da kommt das Grummet vor dem Heu weg."

Nicht gerne würde man gleichfalls eine Doppelhochzeit sehen, oder wenn zwei Geschwister im gleichen Jahr heiraten würden, das brächte Unglück.

Eine makabre Zuspitzung war dann im Zweiten Weltkrieg die per Geheimerlass durch Hitler erlaubte „Leichentrauung", „wenn nachweislich die Absicht bestanden habe, die Ehe einzugehen." Diese Eheschließung „post mortem" sollte die Frau sozial absichern und ein gemeinsame Kind als ehelich erscheinen lassen. Die vielfältigen Möglichkeiten zum Betrug, um z. B. finanzielle Versorgungsleistungen als Kriegerwitwe zu erlangen oder ein Erbteil zu beanspruchen, wurden aber von cleveren Frauen ebenso genutzt, wie das Unterschieben von Kindern eines anderen Partners.

[244] Zum Phänomen der „Himmelsbriefe" vergl. auch die Informationen weiter unten im Kapitel VI. Religiosität und Sittlichkeit des Gemeindelebens. und im Kapitel „Die Weidenberger Himmelsbriefe – Ein vergessener stummer Schrei nach Segen" in der 4. Folge des Projektes ‚Myrten für Dornen': „Christsein am Scheideweg … „

Sowohl zu Hause wie in der Kirche haben die Brautleute allerlei Sitten und Gebräuche zu beobachten.

So kommen als Tage für die Trauung nur die so genannten **ungeraden Tage** in der Woche in Betracht, nämlich Dienstag, Donnerstag, Samstag und Sonntag. Alle anderen Tage gelten als Unglückstage und werden daher nie gewählt. Sehr streng wird auch darauf gesehen, dass der Hochzeitstag in die Zeit des zunehmenden Mondes fällt, da dies Glück bedeutet. Auch schon, wenn man wegen des Beschreibens zum Notar geht, wird solch eine Zeit berücksichtigt.

Trauungen in der Advents- oder in der Fastenzeit werden vermieden.

Sehr beachtet wird außerdem bei der Festsetzung des Trautages auch noch das **„Zeichen“**, gemeint ist das Sternzeichen, dass auch bei der Geburt eines Kindes schon eine Rolle spielt. Das Zeichen der „Jungfrau“ wird hierbei besonders berücksichtigt; es gilt als „gutes Zeichen“. Krebs, Wassermann und Skorpion, aber auch Löwe und Stier, sowie die Waage gelten als so genannte „harte Zeichen“, die man bei der Festsetzung des Trautages gern vermeidet, besonders die ersten drei.

Gleichzeitig wird darauf gesehen, dass die Trauung **immer in Vormittagsstunden** stattfindet und dass das Brautpaar wieder bis mittags 12 Uhr zuhause sein kann. Denn wenn die Hochzeitsgesellschaft erst nach 12 Uhr, also beim abnehmenden Tage, von der Kirche nach Hause käme, so würde das für die Zukunft der jungen Leute nicht günstig sein. In den Fällen, wo zwei oder drei Trauungen an einem Tage stattfinden, treibt ein Paar förmlich das andere an und keines will das Letzte sein, sondern jedes das Erste. Denn der erste Segen des Pfarrers gilt mehr als der zweite oder dritte.

Der Berichterstatter hat es darum schon erlebt, dass ein Bräutigam, der der Zeit der Anmeldung nach zuerst hätte getraut werden müssen, von einem anderen, der sehr vermögend war, mit Geld beschenkt wurde, damit er zurücktrete und der Reichste zuerst getraut werden konnte.

Früher war es Sitte, dass der Bräutigam der Braut das Brautkleid geschenkt hat, doch ist dies jetzt nicht mehr so üblich; ebenso hatte die Braut dem Bräutigam das Hemd zu schenken.

Ehe die Braut aus dem Hause geht, muss sie zuvor das **„Brautgeschenk“** geben: ein Stück Brot mit einem Geldgeschenk. Das Geld (ein 1- oder 3-Markstück) kommt in das Brot hinein, und in der Regel bekommt dieses Brautstück der Gemeindediener. Der Beschenkte darf sich dann den ganzen Tag nicht mehr sehen lassen. In der Regel soll es ein Mann sein, weil das Glück bringt; eine Frau würde Unglück bringen. Es können jedoch auch ein paar Buben sein.

Nach diesem Brautgeschenk verlässt der Zug das Haus. In manchen Häusern wird vor dem Weggang auch noch ein Gebet aus dem Gesangbuch besprochen.

Wenn die Brautleute das Haus zum Kirchgang verlassen, dann müssen sie das miteinander tun. Beim Heimgang dagegen muss die Frau zuerst hinein, sonst hat der Mann nicht genug Recht im Haus.

Auch sieht man es gerne, dass es in den Brautkranz regnet und dass daheim während des Hochzeitsessens etwas zerbrochen wird. Man sammelt für den letzteren Zweck schon vorher viel Glas und Porzellan, das dann am Hochzeitstag entsprechende Verwendung findet.

Wenn es an diesem Tag windig ist, dann, so heißt es, leben die beiden nicht gut zusammen. Wenn es regnet, werden sie dagegen reich.

Nicht gerne sieht man am Trautage ein offenes Grab.

In der Kirche darf sich keines von den Brautleuten umwenden, es könnte sonst der eine oder andere Teil seine Heirat bereuen müssen. Dies Verbot einzuhalten und sich nicht umzuwenden, wird besonders schwierig, wenn der Bräutigam nach beendeter Trauung vor den Altar tritt und eine Gabe – meist mit einem Liedvers, zum Beispiel Nummer 224 – verehrt; er muss dann auch wieder rückwärts vom Altar weggehen.

Wenn die jungen Leute von der Kirche heimkehren, werden sie unterwegs, ähnlich wie bei einer Taufe, sehr oft aufgehalten; reiche Bauern müssen bei dieser Gelegenheit oft 20-30 M. verschenken.

Einkehren dürfen sie jedoch heimwärts nicht, damit sie den vollen Segen mit heimbringen.

Wenn sie heimkommen, gibt man dem Brautpaar unter der Haustür zuerst auch noch Wein und Torte oder etwas Gebackenes, dann erst wird Glück gewünscht.

Ein eigentümlicher Brauch ist, dass das Brautpaar, wenn es von der Kirche heimkommt, seinen Rock bzw. Kittel, also die Jacke, ausziehen muss. Wer dies am schnellsten fertig bringt, der behält das Hausrecht, ein Recht, auf das man es besonders abgesehen hat.

Auch muss das Brautpaar beim Essen zusammensitzen.

Etwas merkwürdig ist ferner auch der Brauch, dass die Braut über den Tisch springen muss (!), wobei ihr Wasser nachgeschüttet wird; allem Anschein nach soll das mit der Nachkommenschaft in Beziehung stehen.

Wenn eine Braut Kranz und Schleier trägt, darf sie dies bis nachts 12:00 Uhr tun, dann muss sie beides ablegen. Es wird sodann im Anschluss hieran von den unverheirateten Hochzeitsgästen ein Kreis gebildet und der *„Jungfernkranz“* besungen. Zuerst werden der Braut die Augen verbunden, hernach dem Bräutigam und, während die anderen im Kreise herumgehen und singen „Wir winden dir den Jungfernkranz“, haben diese je einen Herrn und ein Mädchen aus dem Kreis auszusuchen.

Die beiden bekommen dann vom Brautkranz ein Sträußchen und sollen einmal ein Paar werden, wobei es allerdings heißt, dass sie sehr oft auch nicht zusammenkommen.

d) Beichte und Abendmahl

Während des ganzen Jahres gibt es zwei **Kommunionszeiten**. Die eine ist im Frühjahr, die andere, länger ausgedehnte dagegen im Herbst. Die Kommunionszeit im Frühjahr beginnt mit dem Gründonnerstag, wo meist Eheleute kommen, während am Karfreitag sich mehr jüngere Leute einfinden. Eine weitere Abendmahlsfeier findet, zu den schon oben erwähnten Feiern am ersten und zweiten Sonntag nach Ostern für Konfirmanden und Christenlehrpflichtigen, nurmehr am dritten Sonntag nach Ostern statt. Doch ist hier die Beteiligung schon eine sehr geringe.

Die größere Zahl von Kommunionen ist für den Herbst vorgesehen. Die erste wird hierbei am Erntedankfeste abgehalten, die zweite am Reformationsfest. Bei beiden finden sich meist jüngere Leute ein. Von da ab finden aber bis zum Advent vor allem an den Feiertagen vormittags um 9:00 Uhr Abendmahlsfeiern statt, die gerne genutzt werden, während diejenigen an den darauf folgenden Sonntagen weniger beliebt sind.

Die **Anmeldung** geschieht persönlich in der Sakristei, und zwar bei Ehepaaren durch den Ehemann allein. Das Beichtgeld als solches hat aufgehört. Doch legt noch immer jedes Gemeindeglied, das sich anmeldet, mindestens zehn Pfennig auf den Sakristeitisch, dieser Betrag wird für die Mission verwendet.[245] Daneben werden bei der Anmeldung auch noch Gaben für andere Zwecke gegeben.

---

[245] In vielen Gemeinden, wie z. B. Gesees, stand zu diesem Zweck damals ein kleiner „Nickneger" in der Sakristei. Bei jedem Einwurf einer Münze nickte er dank einer eingebauten Mechanik devot. Solche Missionsspardosen bestanden aus einem Spendenkästchen mit einer Figur, die den Kopf bewegte, wenn Geld eingeworfen wurde. Hergestellt waren sie aus Holz, Gips oder Pappmaché. Je nach Missionszweck gab es auch Abbildungen von Chinesen, Indianern, Mexikanern oder Indern, oder es wurde eine Engelsfigur verwendet. Diese Spendendosen trugen oft Sprüche wie: *„Willst du den Heiden Hilfe schicken, so lass mich Armen freundlich nicken."* – Einen solchen Nickneger gab es auch in Weidenberg, er war aber wohl, wie weiter unten im Abschnitt über den Kindergottesdienst (Kap. V, 4g) zu lesen ist, in der Schule deponiert.

Die Einschätzung dieser Sammeldosen ist zwiespältig. Die einen sehen darin Relikte einer mit der damaligen Kolonialpolitik verknüpften Mission, die den Kolonialvölkern eine untergeordnete und hilfsbedürftige Position als Bittsteller zuwies, die den überlegenen Kolonialherren Dankbarkeit zu zeigen hätten. Anders sieht es etwa die Landesstelle für Museumsbetreuung Baden-Württemberg; danach hat die Arbeit der christlichen Missionare nicht unwesentlich zur heutigen Unabhängigkeit der afrikanischen Staaten beigetragen, und die „Nickneger" seien ein erfolgreiches Instrument zur Finanzierung dieses damaligen „Fundraising" gewesen.

Ebenso wie bei der Anmeldung wird auch beim Weggang von der Kirche „geopfert". Man legt entweder auf die Brot- oder auf die Kelchseite am Altar oder auf das Gesims an den Altarsäulen eine kleine Gabe, die für das „Gotteshaus" bestimmt ist, ein Brauch, der noch an das Opfern bei den katholischen Seelenmessen erinnert.

Abmahnungen oder Zurückstellungen sind, soviel bekannt, seit langem nicht vorgekommen. Ein eigener Vorbereitungsgottesdienst für die Beichte besteht nicht. Auch keine Trennung der Konfitenten nach Beichtvätern. In früheren Zeiten war es Sitte, dass die von den Frauen gegebenen Beichtgelder dem II. Pfarrer gehörten, diejenigen der Männer dem I. Pfarrer; doch hat dieser Brauch durch die Ablösung des Beichtgeldes glücklicherweise aufgehört.

Die liturgische Form der **Beichte** richtet sich nach der Agende: Eingangsvotum, Gebet, Schriftverlesung, Beichtrede, Sündenbekenntnis mit Absolution und Gebet. Bei den Abendmahlsfeiern ist vielfach eine gewisse Abkürzung der Abendmahlsliturgie gebräuchlich, nämlich: Abendmahlsgebet mit Vaterunser, Lied-Nr. 157 gesprochen vom Geistlichen, Einsetzungsworte mit Friedensgruß, danach Austeilung und Schluss wie in der Agende. Bei voller Liturgie werden die Einsetzungsworte zwischen dem Abendmahlsgebet und dem Vaterunser gesprochen.

Ein Knien ist weder bei der Konsekration noch bei der Austeilung der Fall, da in letzterem Falle auch der Altar zu hoch wäre. Eine besondere Ordnung beim Herantreten zum Altar hat sich nicht herausgebildet, außer der einen allgemeinen Ordnung, dass zuerst die Männer herantreten, danach die Frauen.

Wie schon erwähnt, kommen die jungen Leute zum Karfreitag und am Reformationsfest, desgleichen die Christenlehrpflichtigen acht Tage nach der Konfirmation.

Wenn ein **Kind** oder ein Dienstbote zum Tisch des Herrn geht, dann haben dieselben daheim abzubitten. Sie sprechen hierbei meist die Worte: *„Habe ich Unrecht getan, so bitte ich um Verzeihung"*, worauf erwidert wird: *„Gott vergebe dir deine Sünden."*

Gearbeitet wird am Abendmahlstage nur das Notwendigste, auch wenn es ein Wochentag ist.

Für die Alten und Gebrechlichen kommen außer den Wochentagen vor allem die wenig besuchten Feiern an den Sonntagen in Betracht, die bei geringer Beteiligung immer in der Sakristei abgehalten werden. Die **Krankenkommunionen** finden je nach Bedürfnis während der Abendmahlszeit im Frühjahr oder Herbst statt, und zwar höchstens bei Einzelnen, die schon länger krank sind. Entweder der Aushilfsmesner oder ein Knabe begleiten dann den Geistlichen auf seinem Weg zum Kranken. Die Feier wird nach vorausgegangener Besprechung mit dem Kranken in der agendarischen Form abgehalten. Auch hier gibt es keine Gebühren mehr. In der

Regel aber wird von den Angehörigen des Kranken etwas für kirchliche Zwecke verehrt. Bei der Feier einer solchen Krankenkommunion werden, wenn möglich, ein paar Kerzen angezündet und ein Kruzifix aufgestellt; auch feiert meist der andere Ehegatte, seltener die ganze Familie das Hl. Abendmahl mit.

Die Meinung, dass der Genuss des Heiligen Mahles zur leiblichen Genesung mit beitragen kann, ist nicht selten zu finden. Umgekehrt kann man aber auch die Meinung finden, dass es mit einem Kranken, der das Hl. Abendmahl erhält, schon sehr schlimm stehen müsse, und man sieht deshalb, um diese Meinung beim Kranken nicht zu erzwecken, ziemlich oft davon ab.

e) Tod und Begräbnis

1. Kirchliches Handeln bei Begräbnissen

Ein Läuten in der Todesstunde beim Hinscheiden eines Gemeindegliedes ist nicht üblich; ebenso gibt es auch keine Aussegnung. Dagegen wird am Beerdigungstag früh um 8:00 Uhr mit der kleinen Glocke geläutet; das nennt man dann „Stümmeln". Wo her dieser Ausdruck kommt, ist nicht klar; man hat ihn schon so gedeutet, dass er von „Verstümmelung" kommt, weil bei diesem Läuten im Gedenken an die Dreieinigkeit dreimal abgesetzt wird.[246] Es soll übrigens dieses Stümmeln auch für den Schreiner das Zeichen sein, den Sarg in das Haus zu bringen.

Der Todesfall selbst wird in der Regel erst am Tage vor der Beerdigung angemeldet, also verhältnismäßig spät. Es mag dies vielleicht darin begründet sein, dass der Leichbesteller meist auch sogleich alle Kosten bezahlen soll und manche Familie erst vorher das notwendige Geld beschaffen will. Das Amt des Leichbestellers haben meist, doch nicht immer, bestimmte Personen inne. Diese legen in der Regel großen Wert darauf, den Verstorbenen möglichst zu loben, damit er auch eine „schöne Grabrede" erhält.

Was die Beerdigungsfeier selbst betrifft, so gibt es hier fünf Formen,[247] nämlich zunächst die so genannte **Einsegnung**, die bei ganz kleinen Kindern oder bei armen Leichen Anwendung findet, und zwar mit oder ohne Geläute der mittleren und der kleinen Glocke.

Die zweite Art ist die **Vermahnungsleiche**, bei der sowohl der Lebenslauf wie die Betrachtung abgelesen wird, und bei der sich nur ein Geistlicher mit dem Singchor

---

[246] Tatsächlich dürfte dieser Ausdruck vom „verstummen" dieser Glocke beim dreimaligen Pausieren herrühren. Das bestätigt sich auch darin, dass es in anderen Gemeinden des Bayreuther Dekanats „Stummen" genannt wurde, so in der Läuteordnung von Gesees.

[247] Vergl. dazu auch oben das Kapitel „Kirchliche Rechte und Verbindlichkeiten der Parochie und der Parochianen" in „Kirchenrechtliches".

beteiligt. Letzterer singt hierbei keine Arien, sondern nur einfache Choräle. Diese Form wird bei weniger bemittelten Erwachsenen benützt oder bei Kindern, die über ein halbes Jahr alt sind. Hier wird immer nur mit zwei Glocken geläutet, nämlich mit der mittleren und mit der kleinen Glocke.

Die dritte Form ist die so genannte **öffentliche Leiche**, bei der ursprünglich eine Grabrede vom II. Pfarrer und eine Predigt in der Friedhofskirche vom I. Pfarrer üblich waren. Seit Jahren ist jedoch nur mehr die Grabrede, die jetzt von dem betreffenden Wöchner[248] zu halten ist, in Übung geblieben. Überhaupt ist diese Form der Beerdigungsfeier immer mehr Sitte geworden.

Es existiert noch eine vierte Möglichkeit, nämlich die bloße **Einsegnung am Grabe** mit einer darauf folgenden Predigt in der Friedhofskirche, doch ist diese Form sehr selten.

Das Gleiche gilt von der fünften Form, von der „**Standesleiche**", bei der sämtliche Gebühren einer öffentlichen Beerdigung doppelt zu bezahlen sind, Hier wird auch das große Vortragekreuz mitgetragen, das jetzt allerdings auch bei öffentlichen Beerdigung schon benutzt werden kann. Dieses Standesleichen gelten als die vornehmsten Leichen und haben ihren Namen wohl davon, dass der Sarg zuerst in die Friedhofskirche getragen werden soll, wo er vor dem Altar aufgestellt wird, und dort angesichts des dort stehenden Sarges die Leichenrede gehalten wird.[249] Diese Beerdigungen sind nicht wie die anderen nachmittags um ½ 4:00 Uhr, sondern vormittags um 11:00 Uhr. Auch das Stümmeln geschieht bei dieser Art Beerdigung nicht mit der kleinen Glocke, sondern mit der mittleren. Das Anrecht auf eine Standesleiche gebührt auch einem Geistlichen der hiesigen Gemeinde; das Stümmeln geschieht hier mit der großen Glocke.

Sowohl bei einer Vermahnungsleiche (im Volk „Mahnleich" genannt), wie bei einer öffentlichen Beerdigung (der Name erklärt sich wohl von dem Gebrauch des vollen Geläutes) ist zu unterscheiden, ob der Tote in WEIDENBERG gewohnt hat oder auswärts. Im ersten Fall begeben sich der Sängerchor und die beiden Geistlichen (bei einer Vermahnungsleiche nur ein Geistlicher) zu dem Sterbehaus. Dort werden

---

248 Die Zuständigkeit der Pfarrer wechselte wochenweise.

249 Tatsächlich ist das Phänomen der „Standesleiche" sehr alt und vielerorts nachweisbar. Zweierlei kommt wohl in dem Ausdruck zusammen: Der hohe berufliche bzw. gesellschaftliche Stand des Verstorbenen verbindet sich mit der Tatsache, dass dieser Leichnam bereits vor der kirchlichen Handlung in einem besonderen Raum des Hauses auf besonderen „Paradekissen" aufgebahrt wurde. Der augenfällige Aufwand für das Begräbnis mit manchmal auch mehr als zwei zelebrierenden Pfarrern und besonderer Läuteordnung sollte den Ruhm des Verstorbenen hervorheben und seine Stellung unterstreichen. Entsprechende Kosten fielen an.

einige Verse gesungen, dann setzt sich der Leichenzug in Bewegung. Ist der Verstorbene aber ein auswärtiges Gemeindeglied, so wird der Sarg bei der Ausmündung des Reitweges zum oberen Markt aufgebahrt[250] und die Leiche von dort abgesungen.

Dementsprechend gestaltet sich dann auch das Geläute. Wenn eine auswärtige Leiche kommt, so setzt das Geläute bei einer „öffentlichen Beerdigung" schon dann ein, wenn sich der Leichenzug am jeweiligen Kreuzstein befindet. Zum Thema „Kreuzsteine" vergleiche „Heimatbilder aus Oberfranken", Jahrgang I Heft 1; die hiesigen Kreuzsteine werden zwar vom Volke so genannt, sind aber eigentlich Steinkreuze, deren Ursprung noch im Dunklen liegt.[251]

Das Läuten setzt sich dann mit einmaliger Unterbrechung fort, bis der Leichenzug beim oberen Markt angelangt ist. Dort wird der Sarg aufgebahrt, und nachdem dieses geschehen ist, kommt der kirchliche Kondukt[252] von der ST. MICHAELSKIR-

---

[250] Man muss bedenken, dass zu dieser Zeit die Neue Straße als Verbindung vom unteren zum oberen Markt noch nicht bestand. Damals mündete an dieser Stelle nur der vom Steinachübergang heraufführende Reitweg in den Obermarkt ein. An dieser Stelle fanden sich wohl die Beerdigungsgesellschaften von auswärts mit dem jeweiligen Sarg ein, um von dort aus den Leichenzug zur Kirche und zum Friedhof zu formieren. Bedenkt man, dass dies alles zu Fuß geschah, so ist klar, dass für eine Beerdigung viel Zeit und Kondition einzuplanen war.

[251] Dank der fortschreitenden Steinkreuzforschung herrscht heute mehr Klarheit. Solche Steinkreuze, die auch als Orientierungspunkte und Wegzeichen genutzt wurden und deshalb in der Regel auf klassischen Wanderkarten vermerkt sind, finden sich in und um Weidenberg in den verschiedenen Himmelsrichtungen, so einer westlich in unmittelbarer Nähe des Obermarktes an der Alten Bayreuther Straße, zwei weitere südlich auf der Bocksleite am Lessauer Kirchweg bzw. an der Seybothenreuter Straße, einer nordwärts am Fuß des Rügersberger Hanges und einer ostwärts oberhalb des Waizenreuther Berges. Den ursprünglichen Zweck und die Geschichte dieser Steine in Zusammenhang mit der Darstellung der weiteren Steinkreuze in der näheren Umgebung erläutere ich weiter unten im Kapitel „Der stumme Schrei zum Himmel ..."

[252] In der Pfarrbeschreibung wird das Wort „Kondukt" sicher nur als Alternativwort für „Leichenzug" verwendet. Anderenorts – vor allem im österreichischen Raum – meint es die besonders feierlich ausgestaltete und dadurch besonders eindrückliche Begleitung eines Sarges von der Aufbahrungshalle bis zur Grabstelle in Form eines Trauerzuges, der auch in der klassischen Musik von Chopin, Liszt, Mahler bis Gershwins „Porgy and Bess" gern mit besonderen musikalischen Sätzen gewürdigt wird. Sprachgeschichtlich ist das Wort auf das lateinische conductus, d.h. „Geleit" zurückführen.

Der Sarg wird beim Kondukt mit einem Bahrtuch (oder einer Flagge) und den Blumenspenden bedeckt. Zur Zeit des Dritten Reiches wurde in Weidenberg bei Parteigenossen dafür auch gerne die Hakenkreuzfahne verwendet, wie Fotos aus dieser Zeit belegen Der Transport des Sarges erfolgte bei einem Kondukt normalerweise auf einem Fahrzeug, ob einfacher Bahrwagen oder Geschützlafette, oder auch mittels Trauerkutsche. Eine solche Kutsche wurde in späterer Zeit auch in Weidenberg beim hiesigen Stellmacher ABRAHAM SCHWENK, dem Groß-

CHE her. Dessen Kommen wird mit dem Läuten der kleinen Glocke gemeldet. Ist der Verstorbene ein WEIDENBERGer, dann fällt das erstere Geläute weg, und erst beim Weggang des kirchlichen Konduktes von der Marktkirche wird mit der kleinen Glocke geläutet, das Stümmeln, wonach das volle Geläute einsetzt.

Ein Leichenwagen existiert nicht. Als Träger wählt man in der Regel die Nachbarsleute, wobei gleichzeitig das Alter berücksichtigt wird. War der Verstorbene schon in höheren Jahren, dann werden ältere Männer hierfür gebeten; war er dagegen in jungen Jahren, so nimmt man hierzu junge Burschen. Die Letzteren erhalten dann noch ein kleines künstliches Röschen am Knopfloch des Rockkragens und durch das oberste Knopfloch ein meist seidenes Tuch in helleren Farben, das nur an der einen Ecke befestigt ist. Besonders bei der bäuerlichen Bevölkerung ist diese Beigabe beliebt. Das Tuch selbst wird von den linksseitigen Trägern auf der linken Seite getragen und von den rechtsseitigen auf der rechten Seite. In WEIDENBERG ist es üblich, dass in solch einem Falle die Burschen weiße Schärpen tragen.

Hier besteht dann im Todesfall eines Jünglings oder einer Jungfrau auch noch die Sitte, dass zwei Burschen dem Sarge vorausgehen und zwei Stäbe, an welchen je ein Flor befestigt ist, gekreuzt tragen. Über den tieferen Sinn dieser Sitte lassen sich nur Mutmaßungen anstellen. Bei einigen Beerdigungen ist auch schon vorgekommen, dass auch noch zwei oder vier Mädchen den Sarg begleiteten; diese haben dann auf ihren weißen Kleidern Florschärpen, oder sie tragen Körbe mit Blumen, die dann in das Grab gestreut werden.

Die Beteiligung und Haltung der Leidtragenden ist im Allgemeinen einige geziemende. Allzu lautes Schreien wird in den meisten Fällen vermieden und setzt in der Regel erst dann ein, wenn der Geistliche vom Grabe weggegangen ist.

Jeder Leichenzug, auch derjenige bei einer Einsegnung, wird vom Friedhof aus mit dem Geläute der Friedhofglocken empfangen; dasselbe wiederholt sich auch beim Hinweggehen vom Friedhof. Ebenso wird auch in der Hauptkirche bei einer öffentlichen Beerdigung mit allen Glocken geläutet, sobald der Singchor mit der Geistlichkeit wieder zurückkommt.

An einer Beerdigung nehmen in der Regel nur diejenigen teil, die hierzu durch die Leichenfrau eingeladen oder „gebeten“ worden sind; das gleiche gilt auch vom Leichtrunk, der bisher meist noch üblich war. Ein besonderes Anrecht an demselben haben auch die Träger, die außer Bier und Zigarren auch noch Brot und Backsteinkäse bekommen; ebenso bekommen sie beim Heimgehen womöglich einen Stollen

---

vater des Metzgermeister HORST PÖHLMANN, gefertigt und war dann lange in Gebrauch. Zur Zeit der Pfarrbeschreibung musste man aber die Särge noch von Hand tragen, eine mühsame Sache angesichts der Länge und der Steilheit der Wege!

und einen halben Laib Brot. Die anderen Leichteilnehmer bekommen ein Stück Brot. Ebenso wie die Träger wird auch der Totengräber, die Leichenfrau und der Kreuzträger berücksichtigt, sofern das große Kreuz mitgetragen worden ist. Naturgemäß ist solch ein Leichtrunk mit großen Kosten verbunden, wenn auch von Ausschreitungen nie etwas bekannt geworden ist.

Eine Überführung aus Anlass einer Verbrennung ist noch nicht vorgekommen.[253]

Beerdigungen von Selbstmördern finden möglichst ganz in der Stille statt. Auch ist die Beteiligung nur gering, wenn man von den Neugierigen, die sonst den Friedhof füllen, absieht. Früher durften solche, sofern sie Auswärtige waren, nicht durch den Markt hindurch, sondern mussten außen herum gefahren werde; sie kamen früher auch nicht in ein Reihengrab; doch wird jetzt von diesen Gewohnheiten abgesehen.

2. Brauchtum und Aberglaube bei Todesfällen

Sehr mannigfaltig sind die Sitten und Gebräuche, die bei Todesfällen beobachtet werden.

Wenn ein Familienmitglied stirbt, dann wird vor allem das Fenster geöffnet, damit die Seele hinaus und in den Himmel kommen kann.

Ebenso gibt man dem Toten ein Gesangbuch in die Hand, ein Kerzenlicht und eine Schere, welche kreuzweise gelegt wird; auch breitet man ein Tuch über ihm aus. Das Kerzenlicht, früher ein Talglicht, soll angeblich den Zweck haben, das Ungeziefer, insbesondere die Mäuse (!) fernzuhalten; sie sollen zunächst das Licht auffressen. Die Schere soll wahrscheinlich das Kreuz bedeuten und daran erinnern, dass nun der Lebensfaden abgeschnitten ist. Das Gesang- oder Gebetbuch soll die bösen Geister vertreiben. Das Licht gibt man der Leichenfrau mit; sie bekommt auch ein Stück Seife; wohl dasjenige, mit welcher der Tote abgewaschen wurde.

Eine Totenwache ist zurzeit nicht mehr in dem ausgedehnten Maße üblich wie früher, doch kommt sie immer noch vor. Sie wird von der Leichenfrau und einigen Nachbarn gehalten, die sich dann in einem Nebenraum aufhalten. Man erzählt hierbei vom Ende des Verstorbenen, rühmt seine Tugenden, tröstet die Hinterblie-

---

[253] Die kirchliche Akzeptanz von Leichenverbrennungen war zu diesem Zeitpunkt noch sehr gering, sie wurde vor allem von Freidenkern aus Protest gegen den Auferstehungsglauben der Christen gefördert. Zu der Zeit gab es auch noch kein Krematorium in Bayreuth, es wurde dort erst im Jahr 1981 am Südfriedhof eingerichtet. Das einzige Krematorium weit und breit bestand seit dem Jahr 1907 im weltanschaulich weitaus liberaleren Coburg, es war zugleich eines der ersten in Deutschland. So wurde z. B. der Rassentheoretiker und frühe Hitler-Bewunderer HOUSTON STEWARD CHAMBERLAIN nach seinem Tod im Jahr 1927 im Nervenkrankenhaus Bayreuth zunächst nach Coburg zur Verbrennung überführt, bevor der dann auf dem Bayreuther Stadtfriedhof beigesetzt wurde.

benen. Dabei wird einiges gegessen und getrunken. Nicht selten kommt es auch vor, dass sich eben deswegen die Angehörigen während der ganzen Zeit, wo der Tote im Raume liegt, nicht niederlegen.

Eine alte Regel, die immer noch beobachtet wird, ist die, dass in dem Sterbekleid des Toten keine Knoten sein dürfen. Selbst in den Fäden, welche die Schneiderin zum Nähen verwendet, sollen alle Knoten vermieden bleiben. Über das Warum konnte nichts in Erfahrung gebracht werden; jedenfalls befürchtet man damit einen weiteren Todesfall in der Familie. Aus demselben Grund soll wohl auch von dem Sterbezeug nichts übrig bleiben. Wenn je etwas übrig bleibt, dann kommt dies mit hinein in den Sarg.

Ebenso wie beim Tode ist auch bei der Beerdigung mancherlei zu beobachten. So wird der Sarg beim Tragen über die Schwelle dreimal niedergesenkt, wie es auch in anderen Gegenden im Gedenken an die Dreieinigkeit üblich ist.

Ferner wird dann, wenn der Tote aus dem Haus fortgekonnt, das Vieh – das übrigens während der Tage, in denen der Tote im Hause liegt, nicht aus dem Stall kommen darf – aufgetrieben. Desgleichen werden die Bienen im Stocke rege gemacht oder, wie der Berichterstatter schon selbst beobachtet hat, die Blumenstücke gerückt, sonst würden sie verderben. Ebenso wird das Vieh vorher ordentlich gefüttert, damit keines schreit, denn sonst müsste bald wieder jemand sterben. Außerdem wird auch noch eine Schüssel mit Wasser kreuzweise in den Hof hinausgeschüttet und danach das Haus verschlossen, damit der Geist des Toten nicht zurück kann.

Sollte jemand während der Beerdigungszeit in das Haus kommen wollen, so ist dessen Geschlecht für den späteren Todesfall im Hause maßgebend; denn je nachdem, ob dies ein Mann oder eine Frau ist, soll auch ein solches als nächstes aus dem Hause sterben.

Die Strohbündel, auf denen der Sarg lag, werden unterwegs weggeworfen und nicht mehr nach Hause gebracht. Sehr streng hält man auch in WEIDENBERG selbst darauf, dass die Sachen des Verstorbenen und insbesondere das Zimmer in dem er starb, vier Wochen lang unberührt bleiben. Die Kinder bzw. die Angehörigen sollen diese vier Wochen lang nichts von dem Verstorbenen anziehen. Auch soll auf die Sachen von ihm nichts gelegt werden, alles soll in Ruhe bleiben, da sonst auch der Tote im Grabe keine Ruhe hätte.[254]

---

[254] Bei manchen dieser Bräuche hat man den Eindruck, dass es sich nicht um Aberglauben, sondern eher um eine Art hygienischer Maßnahmen in der Erinnerung an die schrecklichen Zeiten der Pest und der Seuchen handelt, die Weidenberg noch bis ins 19. Jahrhundert hinein immer wieder heimgesucht haben, so zuletzt im Jahr 1845, vergl. auch Kröll a.a.O. S. 186.

Aus diesem Grunde werden auch die Betten zunächst nur aufgehängt und erst nach vier Wochen abgezogen und gewaschen. Doch werden diese vielfach auch der Leichenfrau geschenkt, ebenso wie Hemden und Rock vom Verstorbenen.

Wenn die Angehörigen und Bekannten zur Beerdigung in das Haus kommen, dann pflegen sie gewöhnlich zu sagen: *„Ich ginge lieber in den Weg zur Freud' als zum Leid"*. Zum Abschied pflegt man zu sagen: *„Gott stärke euch in eurem Trauerstand, und tragt halt euer Leid mit Geduld!"*

Jeder, der zur Beerdigung gebeten war und am Leichentrunk teilgenommen hat, bekommt zum Weggang auch noch ein Stück Schwarzbrot oder Weißbrot.

Die Trauer um einen Verstorbenen dauert in der Regel ein Jahr und entweder vier Wochen vor dem Jahr oder gewöhnlich vier Wochen nach dem Jahr.[255] Die Unverheirateten tragen hierbei gerne eine schwarze Schleife im Haar.

Auch ist es Sitte, dass die nächsten Hinterbliebenen nach einem Todesfall dreimal nacheinander in die Kirche gehen. Die Verehrung für kirchliche Zwecke, die bei Todesfällen üblich ist, besorgt in der Regel schon der Leichbesteller.

f) Gottesdienst und Seelsorge an kirchlichen oder kirchlich versorgten Anstalten

Die Seelsorge im hiesigen Krankenhaus sowie im Gefängnis[256] obliegt dem

---

[255] Zwar erkennt man heute in der Praxis der Seelsorge das einstige „Trauerjahr" als eine auch psychologisch hilfreiche Einrichtung zur Bewältigung der notwendigen Trauerarbeit an, doch handelt es sich eigentlich um eine juristische Einrichtung, die bis ins römische Recht zurückreicht und nur für Frauen Gültigkeit hatte. Dabei ging es darum, bei den überlebenden Witwen sicherzustellen, dass ein möglicher Nachwuchs noch vom verstorbenen Ehegatten und nicht von jemand anderem stammte. Deshalb gab es für die Zeit von zehn Monaten nach dem Tod des Ehemanns für die Witwe ein Eheverbot, das dann auf zwölf Monate, eben das Trauerjahr, erweitert wurde. Es konnte nur umgangen werden, wenn die Frau nachweisen konnte, dass sie nicht schwanger war. Insofern stellte die schwarze Trauerkleidung während dieses Jahres auch eine Art Schutz vor unbedachter Zudringlichkeit von Männern dar.

Die Einrichtung des Trauerjahrs bestand auch im deutschen Recht zur Zeit der Verfasser der Pfarrbeschreibung aufgrund des Bürgerlichen Gesetzbuches von 1900. Das BGB betrachtete das Trauerjahr als aufschiebendes Ehehindernis für eine neue Verheiratung. Erst 1997 wurde in Deutschland mit der Reform des Kindschaftsrechts auch das alte Ehegesetz aufgehoben.

[256] **Das örtliche Gefängnis** war im Erdgeschossgewölbe des Alten Weidenberger Schlosses – das zur Zeit der Pfarrbeschreibung noch Amtsgericht war – rechts vom Eingang untergebracht und diente nur als Sühneort für kleinere Vergehen oder auch zur Ausnüchterung. Die zum Gang hin offenen Zellen mit ihren schweren senkrechten Gitterstäben erinnerten an Westerngefängnisse. Während des Tages wurden die Pritschen der Gefangenen hochgeklappt, um ihnen jegliche Annehmlichkeit zu nehmen. – Vergl. dazu auch die Beschreibung des Schlosses im Projekt ‚Myrten für Dornen', z. B. in der 2. Folge „Der Anstreicher und seine Lehrjungen ..." über den Aufstieg der Nazis in Weidenberg.

I. Pfarrer. Besondere Gottesdienste sind nicht eingerichtet, da auch die Durchschnittszahl der Kranken bzw. der Gefangenen evangelischer Konfession nur eine sehr geringe ist. Bisher war es üblich, dass die Kranken besucht wurden, soweit Schwerkranke vorhanden waren. Weitere Anstalten bestehen nicht.

g) Kindergottesdienste

Die Vorbereitung für den Kindergottesdienst, der seit vier Jahren eingerichtet ist, wird vom II. Pfarrer besorgt, und zwar in der Regel am Freitagabend. Für die Textfolge wird die Elberfelder Ordnung benutzt.[257] Der Kindergottesdienst selbst wird in einem Zimmer abgehalten. Die Zahl der Helferinnen schwankt zwischen ein bis

---

[257] Der **Kindergottesdienst** hat sich allmählich im Lauf der industriellen Revolution als ein eigener Schwerpunkt diakonische Arbeit an den Jüngsten der Gesellschaft entwickelt, um sie in ihrer Verwahrlosung aufzufangen. Seine Wurzeln liegen in der Sonntagsschularbeit, die der Zeitungsverleger und Sozialreformer ROBERT RAIKES im Jahr 1780 im Elendsviertel von Gloucester für entwurzelte Kinder ins Leben rief, um sie im Schreiben und Lesen zu unterrichten und ihnen den christlichen Glauben näher zu bringen. Diese spezielle Gottesdienst für Kinder, der von Anfang an getragen war von einem starken Engagement von Laien, wurde schon bald Bestandteil im Angebot insbesondere der Freikirchen. Die Idee für eine solche besondere Gottesdienstform schlug auch bald in Gestalt der Hamburger Sonntagsschule in Deutschland Wurzeln und wurde dann seit dem Jahr 1824 von dem evang.-luth. Pastor JOHANN WILHELM RAUTENBERG aufgegriffen.

Zielsetzung und Inhalt waren vergleichbar mit den christlichen Schulen, die bereits die Reformation in Gang gebracht hatte: Neben der Bibel und dem Gesangbuch wurde vor allem Luthers Kleiner Katechismus gelehrt. Aus dieser Sonntagsschularbeit ging auch die von JOHANN HINRICH WICHERN begründete Innere Mission hervor.

Allerdings begegneten die Staatsorgane und die Kirchenleitungen dieser Arbeit lange Zeit mit Misstrauen. Kritikpunkt war hauptsächlich der Einsatz von Laien für die Sonntagsschularbeit, den manche Pfarrer ablehnten, insbesondere der Einsatz von Frauen *(„das Weib schweige in der Gemeinde")*. Andere sahen in der Nutzung von Schulräumen eine Abwertung des „heiligen Raums", den in ihren Augen eigentlich nur die Kirche darstellen kann. Besonderes Misstrauen aber rief die Herkunft des Sonntagsschulprojektes aus dem Bereich der Freikirchen hervor, denen man sektiererische Bestrebungen unterstellte – so auch noch oben in dieser Pfarrbeschreibung, wenn Methodisten mit Sektierern gleichgesetzt wurden.

Erst auf dem Evangelischen Kirchentag 1869 in Stuttgart wurde diese Arbeit mit Kindern auch kirchenoffiziell anerkannt und erhielt nun die Bezeichnung „Sonntagsschule als Kindergottesdienst". Der Sonntagsschulkongress 1882, zu dem sich die Vertreter aller evangelischen Volkskirchen in Bremen zusammenfanden, führte endgültig den Begriff „Kindergottesdienst" ein und betrieb seitdem erfolgreich seine Einführung in allen Gemeinden, so auch in Weidenberg. Gern wurden hier Ordnungen von Gemeinden verwendet, die, wie die Elberfelder Gemeinde, in dieser Arbeit schon Erfahrungen gesammelt hatten. Es gab auch eine eigene Kindergottesdienst-Hymne: *„Die Sonntagsschul' ist unsre Lust"*. Für das typische Missionsopfer der Sonntagsschule wurde als Sammelbüchse gerne das oben schon erwähnte nickende Negerlein eingesetzt.

drei erwachsenen Mädchen. Die Gottesdienstordnung ist folgende:

Gesang aus dem Liederbüchlein für den Kindergottesdienst, sodann Gebet, Darbietung des betreffenden Stoffes, hieran anschließend katechetische Vertiefung, der dann der Abschluss mit Gebet und Gesang folgt. Das Kinderblatt von Bethel[258] wird immer an die Kinder verteilt, wofür diese eine Gabe in den Missionsneger[259] ***(Bild)*** legen. Die Zahl der Besucher schwankt zwischen 40 und 80 Kindern.

Alljährlich an Weihnachten wird auch eine Christbescherung abgehalten; hierzu wird ein Christbaum geschmückt. Jedem Kind wird eine Gabe zugedacht, wobei die ärmeren Kinder reicher bedacht werden. Außerdem werden mehrere Weihnachtslieder gesungen und entsprechende Gedichte von den Kindern vorgetragen. Auch wird die Weihnachtsgeschichte verlesen und an die Kinder eine Ansprache gehalten. An der Feier nehmen auch immer wieder Erwachsene teil. Die Mittel hierfür bringen teils die Kinder auf, teils werden besondere Gaben hierfür gegeben; im Notfall steuert auch das Pfarramt verfügbare Mittel bei.

---

[258] Die im Jahr 1867 von Pastor FRIEDRICH SIMON begründeten sg. v. Bodelschwingh'schen Anstalten Bethel bei Bielefeld sind eine Einrichtung der Inneren Mission, die der Verwahrlosung von Menschen durch Kriege oder berufliche oder soziale Überforderung karitativ und seelsorgerlich entgegenzutreten suchte. Mit 18.000 Mitarbeitern sind sie heute das größte Sozialunternehmen in Europa und der größte Arbeitgeber in der Stadt Bielefeld.

Zu den Aktivitäten aller Zweige der Inneren Mission gehörte stets der Verkauf und Vertrieb von Blättchen, Kalendern und Zeitschriften. Hauptberuflich waren damit die „Kolporteure" befasst, die gezielt auf die Reisen geschickt wurden, um „Fundraising" zu betreiben. Ein solches Blättchen für den Kindergottesdienst wurde auch in Weidenberg verwendet, wahrscheinlich das „Lutherische Kinderblatt", das seit 1872 monatlich erschien und unzählige Jahrgänge erlebte.

[259] Vergl. auch die Anmerkung zum „Nickneger" beim Eintrag zum Abendmahl oben im Kap. V, 4d, Anm. 245.

3. Gemeindearbeit [Pfarrbeschreibung S. 108ff]

a) Der Evangelische Bund

Unter den kirchlichen Vereinen ist hier in erster Linie der Zweigverein des evangelischen Bundes zu nennen, der seit neun Jahren nun in WEIDENBERG besteht, und dessen Mitgliederzahl sich auf 170 erhöht hat.[260] Dieser veranstaltet während des Winters eine Reihe von Familienabenden, die den verschiedenen Interessen des Bundes oder der Zeit des Kirchenjahres Rechnung tragen. Die Leitung liegt in den Händen des II. Pfarrers. Mit den Mitteln des Vereins werden die jeweiligen Monatsblätter an die Mitglieder ausgegeben; ebenso besteht auch noch ein Lesezirkel innerhalb des Vereins, dem etwa 30 Mitglieder angehören. Er hält die Zeitschrift „Die Wartburg“[261] und das evangelische Familienblatt[262] in zwei

---

[260] Im 19. Jahrhundert musste sich nach dem Zustandekommen der Reichseinheit der sehr heterogene Protestantismus erst wieder neu finden. Der Katholizismus dagegen präsentierte sich seit den Dogmen von 1854 und 1870 theologisch klar und durch die Fuldaer Bischofskonferenz seit 1867 auch organisatorisch geschlossen und gewann durch die Zentrumspartei auch politisch zunehmend Einfluss. So ging er aus Bismarcks Kulturkampf eher gestärkt hervor. Dem hatte der in 27 Landeskirchen zersplitterte und in theologischen Flügelkämpfen gespaltene Protestantismus zunächst nichts entgegenzusetzen. Seit dem Luther-Jubiläum 1883 aber wurde der Ruf nach einem evangelischen Hilfsverein zur Gewinnung eines eigenen Profils unüberhörbar, um evangelische Interessen in der Öffentlichkeit vertreten zu können. Auch sollten evangelische Bewegungen in der ganzen Christenheit unterstützt, evangelische Solidarität gestärkt und ein evangelisches Bewusstsein in den Gemeinden verankert werden.

Nach Gesprächen mit Vertretern aller theologischen Gruppierungen in ganz Deutschland gründete sich der Evangelische Verein am 5. Oktober 1886 in Erfurt. Drei Anliegen erschienen ihm besonders vordringlich: 1) die Wahrung evangelischer Interessen gegenüber dem politischen Katholizismus, 2) die Suche nach einem Profil gegenüber „dem Indifferentismus und Materialismus der Zeit“, sowie 3) die Förderung des innerevangelischen Friedens und der Ausbau der landeskirchlichen Beziehungen.

Das überwältigende Echo in der Evangelischen Bevölkerung erbrachte im Jahr 1895 bereits 100.000 Mitglieder. Zur Zeit der Kirchenbeschreibung 1914 war der EB mit mehr als einer halben Million der größte evangelische und drittgrößte deutsche Verein überhaupt. Dass er auch in Weidenberg so starken Zuspruch fand, ist bemerkenswert, denn sonst war das Interesse in gemischtkonfessionellen Regionen und in Städten stärker als in rein evangelischen und ländlichen Gebieten; und sonst war auch das Bildungsbürgertum stärker repräsentiert als andere Schichten.

[261] „Die Wartburg“ war eine 1902 gegründete Wochenschrift im Verlag JULIUS FRIEDRICH LEHMANN. Sie firmierte ab 1903 auch als amtliche Zeitschrift des damals entstandenen „Deutsch-evangelischen Bundes für die Ostmark“ und vertrat lutherisches Gedankengut mit großdeutscher Ausrichtung. Der Evangelische Bund wollte aber damals nicht mit der „Wartburg“ gleichgesetzt werden.

[262] Das „Illustrierte Deutsches Familienblatt für das evangelische Haus“ des Stuttgarter Hof-

Nummern. In den letzten Jahren wurden während des Sommers hier einmal ein Vertreter der äußeren Mission und ein solcher der inneren Mission zu Predigt und Vortrag erbeten. An den Familienabenden des evangelischen Bundes beteiligt sich in der Regel auch:

b) Der Kirchenchor

Er steht unter Leitung des derzeitigen Kantors[263] und verschönt an den hohen Feiertagen von Weihnachten und Ostern, außerdem am Jahresschluss, die Gottesdienste durch Chorgesang. Soweit hierfür Mittel notwendig sind, werden dieselben von der Kirchenstiftung oder durch freiwillige Gaben geleistet.

c) Die Jugendfeuerwehr unter Leitung von Pfr. Schaller

Die Jugend, die sich in der Jugendwehr zusammengeschlossen hat, sucht der Berichterstatter [Pfarrer JOHANNES SCHALLER, in WEIDENBERG II 1910-1918] insofern der Kirche nahe zu halten, als er die Leitung der Wehr übernommen hat *(**Bild:** Feuerwehr 1899)*.

predigers und Oberkonsistorialrats KEESER erschien seit 1888.

[263] Zu der Zeit, als diese Pfarrbeschreibung entstand, war NIKOLAUS NÜSSEL Leiter des Kirchenchores, vergl. zu seiner Person auch oben Anm. 132. Seine Nachfolge als Kantor, Organist und Leiter der Chorschüler übernahm 1931 der Vollblutmusiker OTTO FREY (+1973).

VI. Religiosität und Sittlichkeit des Gemeindelebens

[Pfarrbeschreibung S. 104ff]

1. Religiosität

a) Volksart[264]

Die Gemeinde WEIDENBERG hat im Allgemeinen, obwohl sie nahe an der oberpfälzischen Grenze liegt, doch einen wesentlich oberfränkischen Charakter und damit einen Einschlag in das slawisch-wendische Element. Dieses zeigt schon die äußere Erscheinung der Leute: Tief liegende kleine Augen, schmales Gesicht mit hervortretenden Backenknochen und dunkelblondes Haar, das sind im wesentlich die meisten Typen, die man finden kann. Kleine Gestalten trifft man im Allgemeinen nur wenig; meist sind sie von mittlerer Größe, manche auch hochgewachsen: sehr korpulent sind, wenigstens beim Bauernstand, nur wenige.

Dem entsprechen auch die Geistes- und Gemütsanlagen. Vor allem ist der Bevölkerung eine gewisse Intelligenz nicht abzusprechen. Man kann einfache Leute aus dem Volke treffen, die ein gesundes, nüchternes Urteil haben, die ihre eigene Bibliothek besitzen und bemüht sind, manches Allgemeinbildende zu erfahren und kennen zu lernen oder wenigstens über die politischen Tagesfragen unterrichtet zu bleiben. Wieder andere suchen ihr mechanisches Talent zu verwerten, sogar das perpetuum mobile spukt in manchen Köpfen; und ein einfacher Bauer will eine Uhr erfunden haben, die „immer geht“. Auch ein Zug in das Mystische, noch mehr zum Okkultismus, ist bei manchen vorhanden.

Mit diesem Grade einer gewissen Intelligenz ist allerdings auch ein starkes Selbstbewusstsein verbunden, das nicht immer berechtigt ist. Vor allem der Weidenberger bildet sich auf seinen Ort nicht wenig ein. Es mag dies noch von den Frühzeiten herrühren, wo WEIDENBERG für die umliegende Gegend der größte Ort gewesen ist und so ein gewisses Zentrum gebildet hat. Heutzutage hat sich diese Stellung von WEIDENBERG durch die Bahnverbindung nach BAYREUTH verwischt; aber der „Markt“-Stolz ist aus jener Zeit noch geblieben und zeigt sich in der ganzen Anschauung und dem Gebaren der Leute, vor allem im Bürgerstande und im Handwerkerstand, der im Allgemeinen wenig zum Fortschritt neigt und nach dem Grundsatz handelt: *„So war es bisher; warum soll es jetzt mit einem Mal anders werden?“*

Dieses Selbstbewusstsein zeigt sich besonders am Sonntag im Auftreten der jungen Leute, der Mädchen und Frauen, die in ihrer Kleidung vielfach nicht mehr zu

---

[264] Gemeint sind hier der typische habituelle Charakter und das Wesen der Bevölkerung.

unterscheiden sind und denen ein schönes Kleid über alles geht. Man will eben damit auch zugleich den äußeren Schein wahren, auf den man auch sonst sehr bedacht ist.

Mit diesen Eigenschaften geht weiterhin eine gewisse Verschlossenheit Hand in Hand, besonders gegenüber fremden Personen. Es kann immer wieder beobachtet werden, dass man einem fremden Menschen gegenüber sehr zurückhaltend ist, selbst wenn man weiß, mit wem man es dabei zu tun hat, oder selbst wenn dieser Fremde etwa der eigene neue Geistliche ist. Umgekehrt, wenn dagegen jemand einmal bekannt und vertraut ist, dann geht schon beim Grüßen ein freudiges Leuchten über das Angesicht, dann benutzt man nicht ungern die Gelegenheit, solch einem auch im Notfall sich anzuvertrauen.

Diese Verschlossenheit mag wohl nicht zum wenigsten in früheren Erfahrungen, die noch nachwirken, begründete sein; im letzten Grunde liegt sie aber in der **Volksart** und ist eine spezifisch oberfränkische Erscheinung. Nicht selten paart sich mit dieser Verschlossenheit, die die Leute zur Schau tragen, ein gewisser Starrsinn, der sein Gutes, aber auch sein Schlimmes hat. In den Ortschaften GÖRSCHNITZ, RÜGERSBERG und KATTERSREUTH sind schon Fälle vorgekommen, wo Nachbarn Jahre lang um einer Kleinigkeit willen Prozesse geführt haben.

Und welche Früchte dieser Starrsinn zeigen kann, das beweist das Verhältnis vom oberen und unteren Markt in WEIDENBERG. Obwohl diese beiden Hälften eine politische Gemeinde bilden, so haben sie doch zwei getrennte Gemeindestiftungskassen, früher auch getrennte Hirtenhäuser und Weidegründe, gewiss ein Unikum! Auch jetzt noch, so oft sich eine neue Frage erhebt, wie die Bürgermeisterfrage oder die Platzfrage für das Schulhaus, oder die Post, erhebt sich immer ein furchtbarer Konflikt zwischen den beiden Parteien, den sogenannten „Märkischen" am oberen Markt und den Lindischen am unteren Markt. Die beiderseitigen Bürgervereine bekämpfen sich dann mit allen Mitteln und suchen beide einander zu überlisten. Diese gegenseitige Abneigung steckt so tief, dass sie schon in den beiderseitigen Kindern sich geltend macht, und es ist keine Aussicht vorhanden, dass es hierin anders wird, da der Berg, bzw. die große Treppe mit ihren 128 Stufen das trennende Glied bildet.

Trotzdem sei nicht verkannt, dass in den Leuten auch eine gewisse Gutmütigkeit vorhanden ist, wenngleich sie zuweilen aufbrausen können. Wer einmal ihnen bekannt ist und es versteht, sie richtig zu behandeln, der wird von ihnen manches Gute erfahren, dem wird man dann schließlich auch nicht gleich eine Bitte abschlagen. Daher erklärt es sich auch, dass manche Wohltätigkeitssammlung einen reichen Ertrag geben kann.

Auch eine gewisse Pietät ist vorhanden. So wird man auf dem Lande wenige Friedhöfe finden, die immer so gut gehalten sind wie der hiesige. Es mag dies wohl durch die gestifteten Gottesdienste in der Friedhofskirche verursacht sein, auf die man die Gräber stets besonders in Stand setzt, aber immerhin ist es ein selbstständiger Zug in der Gemütsart der Leute, wie man ja auch auf eine „schöne Leich" etwas hält.

Etwas Gemütvolles hat auch die Gewohnheit an sich, dass eine Bäuerin, die Lebensmittel verkauft hat, sich nicht verabschiedet ohne den Wunsch beizufügen, man möge dieselben nun auch in Gesundheit verzehren. Umgekehrt erwartet man dann allerdings, wenn jemand Gaben für kirchliche Zwecke gibt, ein „Vergelt's Gott" und kein bloßes „Danke", da dann die Gabe mehr Wert hat.

Fassen wir dieses Bild zusammen, so können wir sagen, dass die Volksart im wesentlichen die einer gewissen Intelligenz ist, die mit Selbstbewusstsein, einem starken Zug auf äußeren Schein, sodann mit Verschlossenheit und einem gewissen Starrsinn verbunden ist, der aufbrausen, jedoch auch wieder gutmütig sein kann.

Dem entsprechen nun auch die **Tugenden** der Leute. Einer der erfreulichen Eigenschaften ist der Fleiß, Sparsamkeit und in manchen Stücken auch die Genügsamkeit der Leute. Vor allem WEIDENBERG selbst war in früheren Zeiten ein sehr armer Ort; die Leute besaßen nur ein paar Geißen[265] und einen Webstuhl. Nachdem das Weberhandwerk aufgehört hat, haben sich die Leute vor allem an die Feldarbeit gemacht, und schon an den vielen neuen oder umgebauten Häusern[266] kann man es erkennen, wie allmählich eine gewisse Wohlhabenheit entsteht, die den Lohn des Fleißes und der Sparsamkeit bildet.

Schon in WEIDENBERG findet man jetzt ganz wenig ausgesprochen **arme** Leute, und ähnlich ist es auch in den umliegenden Ortschaften, mit Ausnahme von SO-

---

[265] Vom verbreiteten, typischen Besitz von Ziegen tragen die Weidenberger den Spitznamen „Gaasla". Mehr dazu im Kapitel „Arbeit, Wohlstand und Armut bei den „Gaasla ..." in der 2. Folge des Projektes ‚Myrten für Dornen': „Licht und Schatten der neuen Zeit ..."

[266] Typisch für diese Zeit und darum ein hilfreiches Merkmal zur stilistischen Identifizierung der Bauwerke ist die Verwendung des damals modischen Ziegelmauerwerkes, das weitestgehend den bis dahin bevorzugten Sandstein ersetzte. Das hing auch mit der Revolution im Ziegelbrennen durch die Errichtung großer Rundöfen zusammen. Nicht zufällig entstanden in unmittelbarer Ortsnähe drei große Ziegelbrennereien. Ersetzt wurden vor allem die alten einfachen Gebäude am unteren Markt. Als typische Gebäude entstanden das hübsche Jugendstilhaus des Postmeisters DREß in der Warmensteinacher Straße und das Forsthaus schräg gegenüber, sowie das Gasthaus Post an der Lindenkreuzung. Andere Ziegelbauten sind inzwischen mit Putz überdeckt und damit nicht mehr kenntlich. – Mehr dazu im Kapitel „Als Weidenberg Kurort werden wollte – Pfarrer Redenbacher und der Verschönerungsverein Weidenberg" in der vorgenannten Folge.

PHIENTHAL, das sich durch seine Holzarbeiter und Glasschleifer einen Sondercharakter gegeben hat und in allen Dingen das Gepräge des industriellen Ortes zeigt.

Allerdings, so sehr der Fleiß der Bevölkerung im beruflichen Leben zu rühmen ist, so fehlt es doch in den meisten Haushaltsführungen an einem Stück, nämlich der **Reinlichkeit.** Dieselben Leute, die am Sonntag sich mit einem gewissen Putz zeigen, lassen es sowohl im Hause, wie besonders in der Küche, vielfach an der nötigen Fürsorge und Sauberkeit fehlen, und ein Fremder ist höchst verwundert, wenn er dann dieselben Leute am Sonntag geputzt zur Kirche kommen sieht und so wenigstens in der Kleidung eine gewisse Reaktion sich zeigt.

Einen großen Wert legt man auf die **Nachbarlichkeit**. Wenn ein Leichbesteller die Tugenden eines Verstorbenen zu rühmen hat, dann vergisst er fast auch nie, dessen nachbarlichen Sinn zu rühmen, womit er vor allem die Hilfsbereitschaft des Betrauerten meint. Aus diesem Grunde pflegt man auch gerne den Nächstwohnenden nur als „Herr Nachbar" zu betiteln.

Im Zusammenhang damit sei auch erwähnt, dass trotz des sparsamen Sinnes eine gewisse **Gebefreudigkeit** vorhanden ist, wenn sie sich auch nicht im Großen äußern kann, da der Bevölkerung die Mittel hierzu fehlen; aber gerade für kirchliche Zwecke wird an manchen Tagen nicht wenig gegeben. Wenn trotzdem die Sucht nach möglichstem Gelderwerb so groß ist, so liegt dies nicht nur am Volkscharakter, sondern überhaupt im Zug der Zeit. Dem entspricht auch der Neid, zumal der Rentenneid, der nicht wenig anzutreffen ist. Es wird immer als eine große Errungenschaft angesehen, wenn es einem Bekannten gelingt, eine Rente zu erwerben und er nun eines sicheren Einkommens sich erfreuen darf.

Dass trotz dieser Sparsamkeit doch auch das **Verlangen nach Vergnügungen** sehr groß ist, zumal unter den Kindern und den jungen Leuten, liegt wieder in dem schon halb und halb thüringischen Volkscharakter begründet. Es ist bezeichnend, dass selbst in WEIDENBERG weder ein **Gesangverein**[267] noch ein **Turnverein**[268]

---

[267] Diese kritische Bemerkung der Pfarrbeschreibung verwundert. Bereits im Jahr 1868 gründete sich in Weidenberg ein **Gesangverein**, der auch in Reblitz' Marktbeschreibung 1900 als existierend und lokal bedeutsam erwähnt wird, ebenso ein Turnverein, der aber zu diesem Zeitpunkt noch ein Teil der Arbeit der Feuerwehr war. Der Gesangverein konnte nach dem Zweiten Weltkrieg seine Arbeit wieder aufnehmen; er tritt bis heute öffentlich in Erscheinung und hat auch einen eigenen Männerchor. – REBLITZ, aaO., bestätigt unsere Feststellung und stellt damit ebenfalls die kritische Einschätzung der Pfarrbeschreibung infrage, wenn er schreibt: *„Die hiesige Bevölkerung ist recht gut bayerisch und deutsch gesinnt, geistlich geweckt, freundlich, gesellig, friedliebend, unterhaltend, ehrlich, gewerbs- und erwerbstätig. Sie liebt Musik, namentlich Gesang, auch theatralische Unterhaltungen und Blumenpflege."*

[268] Auch diese Notiz der Pfarrbeschreibung über den **Turnverein** entspricht seltsamerweise

blühen kann; ein Verein, der dagegen **Bälle** oder **Theater** veranstaltet, darf immer auf ein volles Haus rechnen. Und wenn **Wiesenfest** ist, dann gibt es für die Kinder nichts größeres, als wenn sie tanzen können.

---

nicht der damaligen Realität, sondern eher einem Vorurteil der Pfarrer. Denn die Kirchengemeinde ging damals juristisch gegen die Turner vor, um ein Verbot zu erwirken, weil sie angeblich „fortbildungsschulpflichtige Schüler in ihren Bann" brächten.

Auch wenn vielen Weidenbergern der Sinn mehr nach Spaß und Zerstreuung stand, so gab es hier doch zu dieser Zeit zwei erfolgreiche Initiativen für das **Turnen**. Insbesondere die 1868 gegründete **Feuerwehr** nutzte das Turnen zur Leibesertüchtigung für ihre Mitglieder und hatte schon im Jahr 1871 in der Altung einen Turnplatz; die Regierung unterstützte den Sport als gute Vorübung für den Wehrdienst.

Auch die SPD, die im Jahr 1907 in Weidenberg durch den Schuhmacher HEINRICH SEILER gegründet worden war, suchte für ihre Mitglieder aus der Arbeiterschaft von Anfang an einen bewussten körperlichen Ausgleich zum harten 10-Stundentag mit seiner oft einseitigen Körperbelastung. Sie rief deshalb schon bald einen **Arbeiterturnverein** ins Leben. Das damals populäre Geräteturnen wurde noch in den 1920-er Jahren öffentlich bei großen Turnfesten in Weidenberg im Pimmlergarten, aber auch auswärts gezeigt. Es gab Turnplätze mit Geräten im Freien in der Au und in der Altung, aber auch in den Wirtshaussälen Post und Vogel.

Im Jahr 1920 wurde der **Sportverein** gegründet, der aber von Anfang an in Konkurrenz zum Arbeiterturnverein stand; er förderte in erster Linie das Fußballspiel, damals noch ein Sport der „besseren Kreise", und betrieb Leichtathletik und Turnen nur nebenbei.

Es war aber nicht dieser Sportverein, sondern wohl eher der Arbeiter-Turnverein, dem angeblich die Weidenberger ihren Spottnamen „***Gaasla***" verdanken. Als die Vereinsmitglieder bei einer Einladung zum Turnfest im Jahr 1923 in Bindlach aus Geldmangel in nicht korrekter Kleidung beim Festzug durchs Dorf zogen – manche kamen in Unterhosen –, hätten Bindlacher Bürger ihre Ziegen vor die Häuser gestellt und spöttisch „Gaasla" gerufen, so heißt es. Ob dies wirklich der Anlass war, dass man die Weidenberger heute noch als „Gaasla" tituliert, muss bezweifelt werden; die Gründe dafür dürften in Wahrheit viel tiefer liegen und in der langdauernden Armut zu suchen sein, als manche Familie nicht mehr als eine Geiß besaß, wie ich in den entsprechenden Kapiteln des Projektes ‚Myrten für Dornen' aufzuzeigen versuche.

In der Konkurrenz zwischen den Vereinen kommt allerdings zum Ausdruck, dass schon in den frühen 20er Jahren eine tief sitzende **politische Polarisierung** innerhalb der Weidenberger Bevölkerung im Gange war. Die Linie verlief zwischen der Arbeiterschaft einerseits, die zwar in ihren Werten eher traditionell ausgerichtet war, aber politisch eindeutig an SPD und KPD orientiert war, und der eher bürgerlich ausgerichteten Mittelschicht andererseits, die überwiegend nationalistisch orientiert war und schon bald, nämlich seit Februar 1929, dem Nationalsozialismus anheimfiel. Diese Linie war teilweise deckungsgleich mit der alten Trennung zwischen Ober- und Untermarkt!

Bereits am 12. April 1933 konnte der Nazi-Ortsgruppenleiter GEORG RUMLER dieses potentielle linke „Widerstandsnest" ausräuchern, indem er den Arbeiterturnverein „gleichschaltete" und in den bereits völkisch und nationalsozialistisch ausgerichteten Sportverein integrierte. – Mehr dazu im Kapitel „Seit 1933 sind wir alle nicht mehr normal – Georg Rumler und der Aufstieg der Nazis in Weidenberg von 1929 bis zu ihrem Durchbruch 1933" in der 3. Folge des Projektes ‚Myrten für Dornen": „Der Anstreicher und seine Lehrjungen ..."

Es gibt **Vereine für junge** Leute wie „Hand in Hand", „Ehrenkranz" usw., denen schon die Sechzehnjährigen angehören, sobald sie aus der Schule entlassen sind; in diesen Vereinen fängt man nachmittags um 16:00 Uhr zu tanzen an und treibt es durch die ganze Nacht hindurch bis morgens um 6:00 oder 7:00 Uhr. Für die Kinder gilt es hierbei als selbstverständlich, dass sie zuschauen können.

Wenig erfreulich ist der Zug zum **Schwätzen und Ausplaudern**, den man vor allem in WEIDENBERG finden kann und bei dem man sich auch nicht vor Übertreibungen scheut. Hat zum Beispiel auch nur ein Einzelner irgendetwas über jemanden ausgesprochen, dann heißt es gleich: „Allgemein hört man dies und das", und oft kleinliche Dinge werden gleich zu Großem aufgebauscht.

Fragt man nun nach dem allem, was bei den meisten Leuten das eigentlich treibende **Motiv für ihr Tun und Handeln** ist, so ist es, und das liegt ohnehin schon in der Natur der Menschen begründet, dass **Nützlichkeitsprinzip**; es ist ein gewisser utilitaristischer Standpunkt, auf dem man steht. Für alles, was man tut, erwartet man auch einen Nutzen; zum mindesten hat eine Leistung nur dann einen Wert, wenn man auch einen Gegendienst erfährt.

Zumal in WEIDENBERG erwartet man es als etwas Selbstverständliches, dass man für jeden Dienst entsprechend entschädigt wird. Dienstleistungen aus reiner Gefälligkeit ohne den Hintergedanken eine Belohnung findet man nur selten, wie man umgekehrt auch keinen Dienst sich umsonst tun lassen will. Es ist also ein gewisses Handeln auf Gegenseitigkeit vorhanden, das da zeigt, dass der Sinn der Bevölkerung nicht allzu sehr zum Idealen sich neigt.

b) Aberglaube [Pfarrbeschreibung S. 110ff]

1. Aberglaube im Jahreskreis

Von diesem Nützlichkeitsprinzip aus lässt es sich wenigstens zum Teil auch erklären, warum man in der Bevölkerung, besonders in dem bäuerlichen Teil desselben, noch sehr am **Aberglauben** hängt. Schon bei der Schilderung von Sitten und Gebräuchen, die sich in den kultischen Formen des Gemeindelebens zeigen, konnte man erkennen, dass der Aberglaube den Menschen von der Wiege bis zum Grabe begleitet. So ist auch das berufliche Leben vom Aberglauben stark durchsetzt.

Ein hiesiger Landsmann wird nie am **Samstag** einen Dienstboten dingen; eine Bauernfrau wird nie am **Mittwoch** oder **Freitag** backen; beides wäre nicht gut. Es wird auch eine Hausfrau an **Fastnacht** nichts flicken, „sonst legen die Hühner nicht". Auch am **Thomastag** (21. Dez.) soll man nichts flicken, denn *„flickst du an*

Thoma, dann wirst du krumm und lahma". An **Fastnacht** legt eine Bauernfrau auch eine Sperrkette um die Hühner, wenn sie diese füttert, *„damit diese nichts verlegen".* Eine Fuhre Mist darf man über Nacht nicht stehen lassen, *„sonst stirbt jemand".*

Eine besondere Rolle spielen die **12 Nächte** vom Thomastag[269] ab gerechnet. In dieser Zeit bis gegen den 6. Januar soll man kein Brot backen und keine Wäsche aufhängen. Überhaupt soll in diesen 12 Nächten nichts hängen. Auch in den Scheunen wird alles, was sonst hängt, die Drischeln usw. auf die Tenne gelegt; ein Grund dafür ist nicht recht bekannt. Vermutlich hat es irgendetwas mit dem Segen des Viehs und der künftigen Ernte im anbrechenden Neuen Jahr zu tun. Dieser Glaube scheint noch aus der wendischen Zeit zu stammen, denn man trifft ihn auch in den nördlichen Teil Mittelfrankens; er hat jedenfalls in der Wintersonnenwende seine eigentliche Ursache.

Während dieser Zwölf Nächte muss man auch mit der Kost vorsichtig sein und darf man z. B. während derselben keine Erbsen essen, sonst könnte man die Blattern bekommen; an ihrer Stelle gibt es Hutzeln[270] und Hefeklöße zu essen.

Wenn ein **Dienstkind**[271] in den Dienst eintritt, dann muss es schon am Vormittag, also beim zunehmenden Tag kommen, nicht erst am Nachmittag. Die Mutter muss hierbei mitkommen; sie bekommt außer dem Mittagessen mit Klößen noch Mehl, Eier und Brot mit.

Am **Freitag** zieht man nicht in eine neue Wohnung ein; gewöhnlich verschleppt man dies auf Dienstag; auch am Mittwoch zieht man nicht ein.

---

[269] Der **Thomastag** am 21. Dezember, an dem die Christen des Jüngers und Zweiflers THOMAS gedenken, ersetzte die alte Feier der Wintersonnenwende, denn er bezeichnet den kürzesten Tag des Jahres („Ab dem Thomastag wächst der Tag um einen Hahnenschrei"), dementsprechend ist die Nacht vom 20. auf den 21. Dezember, die **Thomasnacht**, die längste Nacht des Jahres. Beide, sowie die anschließenden 12 Nächte, waren stets mit viel örtlichem und internationalem Brauchtum verbunden, mit dem vor allem die bösen Geister vertrieben werden sollten. In Thüringen und Böhmen ist auch die Bezeichnung „Durchspinn-Nacht" oder „Durchsitz-Nacht" gebräuchlich.

[270] **Hutzeln** sind in „Darren" getrocknete Birnenschnitze. Sie werden in manchen Teilen Bayerns und in Tirol auch Kletzen genannt. Trockenobst und -früchte kannte schon der im Gletschereis gefundene Steinzeitmensch „Ötzi". Für die stark wachsende Bevölkerung im 19. Jahrhundert waren diese Hutzeln ein lebenswichtiger Bestandteil der täglichen Ernährung, und ihre Herstellung entwickelte sich zu einer wichtigen Einnahmequelle für die Bauern. Lebkuchenhersteller und Großbäckereien verwendeten sie noch lange. „Hutzelbrot" hat die Bäuerin ursprünglich zu Weihnachten gebacken, je nach Region auch angereichert mit anderen gedörrten Früchten, wie Zwetschgen, Feigen usw.

[271] Mehr zum umstrittenen **Dienstkinderwesen** weiter unten im Kap. „Sittlichkeit des Gemeindelebens".

Will man ein Unglück vermeiden, so darf einem eine Katze oder eine schwarze Henne nicht über den Weg laufen. Auch muss man bei Erwähnung einer Sache sein „Unbeschrien“ hinzufügen.

Will man im Sommer nicht von Schnaken gestochen werden, dann darf man an Fastnacht beim Kaffee-Essen keinen Löffel benutzen. Da soll man gleichfalls Hirsebrei essen, damit viel Geld eingeht und das Jahr einträglich wird.

Wenn die Gerste gedeihen soll, dann muss sie am Gründonnerstag gesät werden. Überhaupt, wenn die **Aussaat** von Segen begleitet sein soll, dann muss die betreffende Person, die die Aussaat vornimmt, die ersten beiden Passionsgottesdienste, zum mindesten den ersten besucht haben. Man erzählt sich, dass die Frauen bei diesem Gottesdienst unter ihrem Rock sogar die Schürze tragen, die sie bei der Aussaat verwenden.

Eine besondere Rolle spielt auch das **Johannisfeuer**. An diesem Termin der Sommersonnenwende begingen die Wenden in ihrer vorchristlichen Zeit seinerzeit das Fest ihres höchsten Gottes, des Swantewit.[272] Zu demselben finden sich außer den Kindern noch junge Leute ein, die mit brennenden Besenreisern oder -kränzen um das Feuer ziehen und tanzen oder mit ihren Mädchen über das Feuer springen. Von dem Johannisfeuer nimmt man gerne etwas von den angebrannten Kränzen oder Holz mit und steckt es unter den Dachsparren; da soll dann der Blitz nicht einschlagen.

Wenn bei der Einsetzung eines Pfarrers ein Licht auf den Altar ausgeht, dann stirbt der Pfarrer auf dieser Stelle.

Kinder unter einem Jahr darf man nicht in den Regen tragen, sonst bekommen sie Sommersprossen. Die Fingernägel darf man einem kleinen Kinde nicht abschneiden, sondern muss sie ihnen abbeißen; der Grund ist nicht mehr bekannt.

Über einen auf dem Boden liegendes Kind soll man nicht steigen, sonst wächst es nicht mehr.

Solange Kinder in die Schule gehen, soll an ihren Kleidern nichts geflickt werden, wenn sie diese auf dem Leibe haben; sonst lernt das Kind schwer. Das erste Lesebuch muss der Pate kaufen, damit der Kleine leicht lernt.

Wenn eine Kuh gekalbt hat, dann darf drei Tage nichts aus dem Hause gegeben werden, weder durch Borgen, noch durch Verschenken.

---

[272] **Svantovit** (auch in anderen Schreibungen, wie Swantewit etc. bekannt) ist eine slawische Gottheit, von der ein Kultort auf der Insel Rügen gefunden wurde, der dort bis ins 12. Jh. existierte. Wie auch andere slawische Gottheiten wird der Svantovit mit vier Köpfen dargestellt, die jeweils in eine andere Richtung blicken; dies kann als Zeichen seiner vielfachen Macht gedeutet werden.

Besser ist da schon der andere Brauch, dass man nach einem überstandenen Unglück und nach erfahrener Hilfe eine „Dreiergabe" gibt. Meist bekommt diese der erste Arme, der ins Haus kommt. Dreiergabe heißt sie, weil sie aus drei verschiedenen Gegenständen besteht, wobei wohl die drei als Heilige Zahl gedacht ist.

Dass man nicht nur einen Einfluss auf die Zukunft gewinnen will und sondern auch die Zukunft gerne erfahren möchte, das ersieht man aus dem Bleigießen, das drei Tage vor Weihnachten, am so genannten Thomastag (s.o.), vorgenommen wird, manchmal auch in der Silvesternacht. Die schon oben erwähnten **Zwölf Nächte** waren besonders früher auch noch insofern von Bedeutung, als es da üblich war, sich auf den Kreuzweg Aufschluss über die Zukunft zu holen. Man fuhr mit einem beladenen Wagen auf einen Kreuzweg und saß droben und erwartete seine Zukünftige. Oder man war auch der Meinung, dass einem dort alle wichtigen Begebenheiten, die im kommenden Jahre im Dorf eintrafen, im Nebelbild vorüber schweben. Dies und ob man wirklich noch glaubt, den „wilden Jäger" gehört zu haben, wie behauptet wird, mag dahingestellt bleiben; glaubhafter ist schon, dass manche in dem Schrei des Käuzchens den Ruf des „Hehmanns"[273] gehört haben wollen und daraufhin Unglück erwarteten.

Wenn ein junges Mädchen erfahren will, wessen Frau sie werden soll, dann begeht sie die merkwürdige Zeremonie des Bett-Tretens und zwar am liebsten am Thomastag oder an einem Feiertag. Der Vers der hierbei während des Tretens auf das Bettbrett gesprochen werden muss, lautet:

„Bettbrett, ich tret di, lass' mir erscheina
den Herzallerliebsten meina,
wie er geht und wie er steht
und wie er mit mir zum Altar geht."

Wer den Mädchen nach dieser Prozedur zuerst in den Weg kommt, der soll es sein! Der Berichterstatter kennt eine Weibsperson, die diese Zeremonie wirklich gemacht hat und die dann darauf versessen war, den, der ihr zuerst begegnete, zu heiraten und ihn dann allerdings zu ihrem Unglück geheiratet hat.

---

[273] **„Hehmann"** (in der Frankenpfalz auch „Hoimann") ist ein lautmalerische Bezeichnung für einen Naturdämonen der mitteleuropäischen Wälder, welcher vorbeiziehende Wanderer mit einem lauten Schrei („Heh" oder „Hu-ha-hoi") erschreckt. Als Herr der Wälder duldet er keinen Menschen in seiner Nähe. Einen Köhler aus Tressau, der im Hochwald seinen Mailer betrieb, erschreckte er so, dass der seine Hütte verließ und seine Holzkohle fortan nur noch in der Nähe seines Heimatortes zu brennen wagte. Der Hehmann ist ein Gestaltwandler und kann als Mensch oder Baum erscheinen. Wenn jemand seinen Ruf nachahmt, reagiert er empfindlich und bestraft den Unglücklichen, der dies gewagt hat.

Das „Pfeffern“ oder „Peitschen“ an Neujahr dient weniger dem Aberglauben, als dem Bettel und sei nur beiläufig erwähnt[274].

Von besonderer Bedeutung für die Erforschung der Zukunft ist die Sternendeuterei, die in hiesiger Gegend immer noch eine große Rolle spielt. Es scheint, als ob dieses Stück Aberglauben noch aus dem 17. Jahrhundert ererbt ist. Denn der Berichterstatter fand in einem Hause eine alte Familienbibel, in die ein Vorfahre schon vor mehr als 100 Jahren anlässlich der Geburt seiner Kinder immer gleich auch eintrug, unter welchem Planeten sie geboren sind. Dass aber diese Sterndeutung auch bis in die Gegenwart sich erhalten hat, geht daraus hervor, dass sogar aus entfernter liegenden Orten, selbst aus BAYREUTH, Leute kommen sollen, um sich bei einem Manne, der solch ein astrologisches Werk als Familienerbe besitzt, Aufschluss zu holen.

Wer über seine Zukunft etwas erfahren will, der pflegt zumal in den 12 Nächten ein Gesangbuch neben sein Bett zu legen. Wenn er nun während der Nacht aufwacht, dann schlägt er es im Dunkeln auf, und je nach Art der Lieder, die man aufschlägt, wird sich die Zukunft, besonders das nächste Jahr, gestalten. Wer also die Lieder vom Tode aufschlägt, hat zu gewärtigen, dass er stirbt.

2. Himmelsbriefe [Pfarrbeschreibung S. 114ff]

Am meisten verbreitet sind Himmels- und ähnliche Briefe[275], die ein Schutz- und Allheilmittel für die Zukunft sein sollen. Der Himmelsbrief wird schon bei be-

---

[274] Der Brauch des **„Pfefferns“**, ein altes heidnisches Fruchtbarkeitsritual, wird auch heute noch in wenigen oberfränkischen Dörfern gepflegt. Im Frankenwald ziehen kostümierte junge Burschen jedes Jahr am „vierten“ Weihnachtsfeiertag, also dem 28. Dezember, von Sonnenaufgang bis weit in die Nacht von Haus zu Haus, singen, tanzen und „pfeffern" oder „fitzeln“ alle Frauen; d.h. sie versetzen ihnen symbolische Schläge mit frisch geschnittenen und geschmückten Tannenzweigen. Dem Aberglauben nach geht die Lebenskraft der immergrünen Zweige auf die „Gepfefferte“ über und verspricht Frische, Gesundheit und Fruchtbarkeit; außerdem soll das „Pfeffern“ Glück und eine gute Ernte bringen. Im Pfefferzug dabei sind oft der Scherenschleifer, Sackträger, Jäger und Schornsteinfeger; Letzterer übermittelt seine Glückwünsche mit einer sanften rußigen Ohrfeige. Nach der Tat wird erst mal mit der Hausherrin eine Runde getanzt und getrunken. Neben den „Schnäpsla“ gibt es meist auch etwas zu Essen oder Geld in die Kasse des Pfefferzuges. Davon geben die Burschen am Abend ein Fest für das ganze Dorf. Sollten ein paar Euro übrig bleiben, werden sie einem guten Zweck gespendet. Auch das hat Tradition und hält die Burschen bei Laune. Die „Pfefferer“ sind nämlich unterwegs.

[275] Vergl. zum Folgenden das Kapitel „Die Weidenberger Himmelsbriefe –Ein vergessener stummer Schrei nach Segen“ in der 4. Folge des Projektes ‚Myrten für Dornen‘: „Christsein am Scheideweg ...“

sonders schwerwiegenden Gängen benutzt, dann bei Krankheiten, und vor allem dann, wenn ein Sohn zu Militär kommt oder in den Krieg zieht. Manche tragen ihn überhaupt zeitlebens als Schutzmittel am Hals in einem Säckchen. Der jeweilige Himmelsbrief ist um 5 Pfennig gedruckt zu haben, doch wenn er vom Träger selber geschrieben ist, dann hilft er umso sicherer, dann ist es ein „probatum".

Als Muster seien zwei solcher Briefe, die aus der Gemeinde stammen, hier abgeschrieben. Der erstere ist auf altes Pergamentpapier geschrieben und sicher schon 100 Jahre alt, wird aber heute noch wie ein Heiligtum aufbewahrt. Er gilt als ein Schutzmittel gegen Gicht (Rechtschreibung und Zeichensetzung sind nicht korrigiert).

Bild: *Ein ähnlicher, aber evangelischer Himmelsbrief vom Köhlerhof in Lessau.*

AMEN.

INRI

AMEN.

AMEN.

K. + M + B. +

„Im Namen Gottes des Vaters und Gottes des Sohnes und Gottes des heiligen Geistes + Amen. Amen. In der nacht da Gott der Herr Verrathen, hatte die liebe Sonn' gescheinet den gantzen Tag und die gantze Nacht, da ist Gott dem Herrn sein Rosinfarber Mund Verblichen, da sint die lieben zwölf Boden (d.h. Apostel) von Hause abgewichen. Da hat der Herr geboten der Alten gicht, der Schwelenden gicht, der Fleckenden gicht, der Rassenden gicht, der gelben gicht, der Lammen gicht, der Feuer gicht, der Adergicht, der ed. Messun gicht, der Weissen gicht, der gelben gicht und der Leberden gicht, der haubt hirn gicht, der Nehren (Nieren) gicht, Markgicht und Schulder und geflechless und Adergicht, der Bludgicht, der lauffenden gicht, Wolken gicht und alle der Sieben Siebensicher gesicht und gicht, dass du ausziehes Von mir und mir meine gliedmassen Keines zureiss noch zerbricht und mir Kein schaden in Meinem gantzen leib thun kannst, das gebeit der ich der Herr Jesus. Er gebeit dir im Stamme des heiligen Kreutzes und am stamme des Ewigenats du gesicht und gicht, dass du aus dir ziehest von mir und nicht Eher wider kommst biss die Mutter gottes wieder einen Sohn trägt und auch gebierd, der Jesus Christus heisst wieder geiest und auch geiest wieder biss Jesus Christus Kommen wird über mich und über alle Tode Sündern und Sünderin du gesicht und gicht so ziehe nun auss von mir in Nahmen Gottes ... Amen. G e h d v d v i K h o d g a c."

Soweit dieses Beschwörungswerk. Am Schluss befindet sich noch folgende „Gebrauchsanweisung": *„Diese oben stehen wortte, oder aber diesen Brief muss man Neun Tag an den Halz hengend haben und die Neundte dass man solchen angehengen, muss man ihm wieder herunternehmen und in das fliessende Wasser werffen."*

Der zweite dieser Briefe hat folgenden Wortlaut[276].

---

[276] In diesem folgenden Text habe ich Rechtschreibung und Zeichensetzung korrigiert. Nachdem sich fast wortwörtlich gleichlautende Texte auch bei LUDWIG STRACKERJAN, Aberglaube und Sagen aus dem Herzogtum Oldenburg 1–2, Band 1, Oldenburg 1909, S. 61ff, finden, legt sich der Eindruck nahe, dass der Weidenberger Brief aus verschiedenen solcher damals umlaufenden kürzeren Himmelsbriefen zusammengesetzt ist. Der erste Teil heißt bei STRACKERJAN „Braker Himmelsbrief", der zweite „Haus- und Schutzbrief".

Die „geheimen" Buchstaben unterscheiden sich in den verschiedenen Textvarianten und sind kaum interpretierbar. Solche Briefe wurden von Generation zu Generation weitergegeben; sie führten offenbar, wie die verschiedenen Fassungen zeigen, von Beginn an ein Eigenleben und wurden ergänzt oder verändert. Sie ließen sich auch nicht „besitzen", man konnte sie nur bei sich tragen und musste sie abschreiben und weitergeben wie Kettenbriefe oder konnte sie auch drucken lassen.

Oft schlichen sich Rechtschreibefehler ein, die vom folgenden Abschreiber meist nach eigenem Verständnis ausgebessert wurden. Die von Pfarrer SCHALLER mit abgeschriebenen, sinnentstellenden Fehler bzw. Auslassungen im folgenden Weidenberger „Machtbrief" habe ich nach Strackerjans Texten korrigiert bzw. ergänzt. Anderseits fehlen bei Strackerjan die Droh-

„Ein Machtbrief.

Ein Graf hatte einen Diener, der wollte sich für seinen Vater B.G.H. das Haupt abschlagen lassen. Wie nun solches geschehen sollte, hat ihm der Scharfrichter den Kopf nicht abschlagen können. Wie der Graf nun das gesehen, hat er den Diener gefragt, wie nun solches zuginge, dass ihm das Schwert keinen Schaden zufügen kann. Da hat ihm der Diener diesen Brief gezeigt mit dem so genannten Buchstaben A J I P H H S H A H. Wie nun der Graf den Brief gesehen, so hat er befohlen, dass ein jeder den Brief bei sich tragen soll.

Wenn einem die Nase blutet, der sonst blutigen Schaden hat, und das Blut nicht stillen kann, der nehme diesen Brief und lege ihn darauf, so wird derselbe das Blut stillen. Wer das nicht glauben will, der schreibe diese Buchstaben auf einen Degen oder auf die Scheide des Gewehrs und steche auf eine Katze, so wird er sehen, dass es wahr sein wird. Wer diesen Brief bei sich trägt, kann nicht bezaubert werden und seine Feinde können ihm keinen Schaden zufügen, das sind die fünf Wunden Christi, nämlich H H G F H, so bist du sicher, dass kein falsches Urteil LG geschehen kann A A S T.

Ferner wer diesen Brief bei sich trägt, kann kein Blitz oder Donner, kein Feuer oder Wasserschaden tun. Wenn eine Frau gebären soll und die Geburt nicht von ihr will, so gebe man ihr den Brief in die Hand, so wird sie bald gebären, und das Kind glücklich werden. Dieser Brief ist ehrenwert bei sich zu tragen als Gotteshaus- und Schutzbrief. Im Namen des Vaters + und des Sohnes + und des Heiligen Geistes +.

So wie Christus in den Gärten stille stand, so sollen alle Geschütze stille stehen. Ja, wer diesen Brief bei sich trägt, darf von nichts befürchten, weder von Geschützen, Dieben und Mördern. Alle sichtbaren und unsichtbaren Geschütze müssen auf den Befehl und statt Jesu stille stehen. Eben auf den Befehl (des Engels) Michael H h G D 1hi L B und g.d.h.g. Gott sei mit mir. Wer diesen Brief gegen die Feinde bei sich hat, der wird von allen Gefahren beschützt.

Wer diesen Brief nicht glauben will, der hänge diesen Brief um den Hals eines Hundes (und schieße auf ihn), so wird er sehen, dass es wahr ist. Wer diesen Brief bei sich trägt, wird nicht gefangen werden, so wahr, als wahr (ist, dass) Jesus Christus gestorben und gen Himmel gefahren ist, so wahr, dass er auf Erden gewandelt, kann

---

worte am Schluss des Textes, die SCHALLER überliefert.

Weil die Briefe als „vom Himmel gesandt" galten, sprach man ihnen die Macht zu, Menschen und ihr Hab und Gut zu beschützen. Einen recht eindrucksvollen Zeitzeugenbericht über den Gebrauch dieses Himmelsbriefes noch im II. Weltkrieg hat MAXIMILIAN SCHELS nach dem Interview von JOHANN PIRZER in Deising 2007 aufgeschrieben, vergl. im Projekt ‚Myrten für Dornen' in der 4. Folge „Christsein am Scheideweg ..." das genannte Kapitel über die Weidenberger Himmelsbriefe und dort insbesondere über die Soldaten im Krieg.

nicht gestochen noch geschossen noch verletzt werden Fleisch und Gedärme, alles wird unbeschädigt bleiben. Ich beschwöre alle Gewehre auf der Welt bei dem Leben gegen Gott den Vater + den Sohn + und den Heiligen Geist +.

Ich bitte unseres Herrn Christi Blut,
dass mich keine Kugel treffen tut,
sie sei von Gold, Silber oder Blei.
Gott im Himmel mach (hält) mich von allem frei.
Im Namen Gottes des Vaters+ des Sohnes + und des Heiligen Geistes.

Dieser Brief ist vom ***Himmel gesandt und in Holstein gefunden worden 1724.***

Derselbe war mit goldenen Buchstaben geschrieben und schwebte über der Taufe (Tenne) zu Pözum (Redana). Wenn man ihn ergreifen wollte, wich er zurück, bis 1794, da machte sich jemand den Gedanken und wagte es, ihn abzuschreiben.

Ferner stand darin: Wer am Sonntag arbeitet, ist von mir verdammt. Ihr sollt am Sonntag nicht arbeiten, sondern in die Kirche gehen und mit Andacht beten. Ihr sollt nicht sein wie die unvernünftigen Tiere. Ich gebiete: Sechs Tage sollt ihr arbeiten, den siebten sollt Ihr Gottes Wort hören. Werdet ihr das nicht tun, so werde ich euch strafen mit Pestilenz, Krieg und teurer Zeit. Ich gebiete, den Sonnabend nicht so spät zu arbeiten. Jedermann, er sei jung oder alt, soll für seine Sünde beten, dass sie ihm vergeben werde. Schwört nicht bei meinem Namen. Bewahrt nicht Gold oder Silber. (Schämt euch vor Menschenlüsten oder Begierden, denn so geschwind ich euch geschaffen, kann ich euch vernichten). Seid mit der Zunge nicht (falsch). Ehrt Vater und Mutter. Redet nicht falsches Zeugnis wider euren Nächsten. Dann gebe ich euch Gesundheit und Ehre. Wer diesen Brief hat und nicht danach tut, ist von mir verlassen und soll weder Glück noch Segen haben. (Wenn eine Frau gebäret und die Geburt nicht von ihr will, so gebe man ihr diesen Brief in die Hand, so wird sie bald eine liebliche Frucht zur Welt bringen, und das Kind wird glücklich sein) .Ich sage euch, dass Jesus Christus den Brief geschrieben hat. Wer diesem widerspricht, ist von mir verlassen und soll keine Hilfe haben. Wer diesen Brief hat und nicht danach tut offenbart, ist verflucht von der christlichen Kirche. Diesen Brief soll ein jeder den anderen abschreiben lassen und wenn ihr so viel Sünden als Sand am Meere (habt), so sollen sie euch vergeben werden.

Wer dieses nicht glaubt, der soll des Todes sterben. Bekehrt euch, sonst werdet ihr ernstlich bestraft werden. Wenn Ihr mir am längsten Tage keine Antwort geben könnt, wegen eurer Sünde, so werdet ihr Strafe empfangen. Wer diesen Brief im Hause hat, dem soll kein Donnerwetter treffen. Welche Frau diesen Brief bei sich hat, wird Frucht zur Welt bringen. Haltet meine Gebote, welche ich euch durch meine Engel gesandt habe. Im Namen Jesu. Amen.“

Soweit dieser zweite Brief, der der eigentliche Himmelsbrief ist. Schon an der Orthographie kann man erkennen, welches Geistes Kinder die Schreiber derselben gewesen sind. Es muss aber als Tatsache ausgesprochen werden, dass gerade dieser zweite Brief, der meist noch mit mehr + geschrieben wird und in einigen kleinen Verschiedenheiten vorkommt, **in den meisten Häusern anzutreffen ist**. Man legt seinem Besitz wirklich **magische Wirkung** bei.

3. Verbreitung und Alltagsformen des Aberglaubens

[Pfarrbeschreibung S. 119ff]

Allerdings sucht man vor allem auch noch mit anderen merkwürdigen Mitteln beizukommen. Eine reichhaltige Zusammenstellung findet man da in Heft 4 Jahrgang 1914 der schon vorerwähnten „Heimatsbilder aus Oberfranken" in dem Aufsatz eines Dr. HEINRICH MARZELL, betitelt: „Segen und Beschwörungen aus Oberfranken", wo nicht weniger als 47 Mittel angegeben sind zur Heilung von Krankheiten, zur Abwehr des Bösen oder zur Erreichung eines gewissen Zweckes.

Er schreibt, dass gerade die Regeln, die bei Krankheiten und Verletzungen zur Anwendung kommen, noch am meisten angewendet werden. Es ist darum nicht ausgeschlossen, dass manches von diesen Mitteln auch in hiesiger Gegend noch gebräuchlich ist. Immerhin mögen die nachfolgenden drei Beispiele, die innerhalb der Gemeinde vorgekommen sind oder wenigstens von einem Gemeindeglied erzählt wurden, den Volkscharakter noch besonders beleuchten, und zeigen, in welch drastischer Weise man sich sonst noch zu helfen versucht.

Ein Waldarbeiter hatte geschwollene Füße. Um sie zu heilen, legte er Schweinemist auf. Ein anderer hatte Furunkel am Arm; um diese zu beseitigen, legte er Regenwürmeröl auf. Und eine alte Frau in WEIDENBERG versichert heute noch, dass das heutige Geschlecht nichts mehr tauge, denn sie sei in ihrer Jugend von einem Magenleiden nur dadurch befreit worden, dass sie Jauche (!) getrunken habe.

Es ist endlich nicht zu verwundern, dass dort, wo der Aberglauben so in Blüte steht, auch der Zauber- und Hexen- und nicht zuletzt auch der Gespensterglaube daheim sind. So wie schon die Konfirmanden um die Felder gehen müssen, so tut es der Bauer am Walpurgisabend und klatscht dabei in die Hände, damit die Hexen verjagt werden. In gleicher Weise besteckt man den Düngerhaufen mit Dornen, damit die Hexen nichts forttragen können.

Als eine Kuh nicht Milch geben wollte, da war ihre Besitzerin der festen Meinung, dass die Kuh verhext ist, und verkaufte deshalb die Kuh. Wenn in der Milch einer Kuh sich zuweilen etwas Blut findet, was von gewissen Kräutern herkommen soll, dann hält man die Kuh gleichfalls für verhext.

Ein Mann kam zu einer Frau, deren Milch infolge der Kälte nicht zu Butter zusammengehen wollte. Die Frau erklärte ihm, dass da jemand daran schuld sei, dem sie einen Wagen entliehen habe.

In GÖRSCHNITZ lebt ein Mann, der der festen Überzeugung ist, dass sein Nachbar hexen könne, und er nennt ihn nur den Hexenmeister, obwohl dieser Mann ein biederer Mensch ist und schon Bürgermeister war.

Es soll sogar schon vorgekommen sein, dass er diesem vermeintlichen Hexenmeister nachspürte, dass er nachts durchs Fenster sah, um zu sehen was er tue, und dass er behauptete, dieser Nachbar wäre bei Nacht auf den Knien im Stalle umhergerutscht und hätte seine Zauberkunststücke gemacht. Ein anderer Bauer geht nachts nur ungern heim, weil er fürchtet, in den zahlreichen Hecken den Gespenstern zu begegnen.

Gerade der Aberglaube mit seinen mannigfachen Erscheinungen steckt also noch tief in der Bevölkerung.

c) Religiöses Bewusstsein [Pfarrbeschreibung S. 121ff]

Wie ist es nun demgegenüber mit dem **religiösen Bewusstsein** bestellt? Es ist schon durch den mehr ländlichen Charakter der Bevölkerung verursacht, dass das religiöse Bewusstsein in erster Linie im Herkommen begründet ist. Dies zeigt sich vor allem an dem bäuerlichen Teil der Gemeinde. In alter Treue hält man hier an den überlieferten Formen und Gebräuchen fest. Das Christentum kennzeichnet sich dort in der Hauptsache als Gewohnheitschristentum.

Dabei zeigt sich ein doppelter Einschlag. Auf der einen Seite kann man einen gewissen Fatalismus vorfinden, der zumal in ernsten Zeiten sich sehr stark geltend macht und seinen Ausdruck in der Redensart findet: *„Wie Gott will"*, oder: *„Da kann man nichts dagegen tun, das muss man nehmen wie es kommt"*. Auf der anderen Seite trifft man auch hier den utilitaristischen Standpunkt: Man hält an der religiösen Sache fest, nicht so sehr, weil das Herz dazu drängt, als vielmehr, weil man sich einen Gewinn davon verspricht. Es ist einem dabei nicht so sehr um den inneren Segen des Herzens zu tun, als vielmehr um den äußeren Segen, um die Erhaltung der Gesundheit und das Vorwärtskommen in der Arbeit und im Beruf. Um dieses Ziel zu erreichen, erweist man Gott gerne einen Gegendienst. So denkt im Allgemeinen der rein bäuerliche Teil auf dem Lande.

Was die Bevölkerung im Ort WEIDENBERG anlangt, so geht diese meist nicht so weit; das religiöse Bewusstsein ist dort überhaupt nicht so stark ausgeprägt. Man will zwar mit ganz wenigen Ausnahmen nicht ganz unkirchlich sein, aber auch nicht ausgesprochen fromm. Aus diesem Grunde kommt man, soweit es die Notwendigkeit gebietet, seinen kirchlichen Verpflichtungen nach, hält sich aber hierbei möglichst in Schranken, womit nicht gesagt sein soll, dass es nicht auch Ausnahmen gibt.

Trotzdem sei nicht verkannt, dass zumal unter denen, die nach außen hin viel Gewohnheitschristentum zur Schau tragen, vielleicht unbewusst viel Liebe zur Kirche verborgen und das Empfinden vorhanden ist, ohne Gott nicht sein zu können. Es werden dann auch Religionsspötter, deren es in WEIDENBERG einige gibt, die man zuweilen in den Wirtschaften hören kann, mit einem gewissen Seitenblick betrachtet.

Es lässt sich also, wenn auch mehr in der Form des Gewohnheitschristentums, ein gewisser Grad von religiösem Bewusstsein feststellen, das allerdings bei einem gewissen Teil nicht sehr hoch zu bemessen ist. Bei einem anderen Teil ist es stark von der irrenden Form des Aberglaubens durchsetzt.

d) Kirchliches Leben [Pfarrbeschreibung S. 122ff]

1. Fortschritte und Mängel

Es lassen sich Fortschritte und Mängel im Allgemeinen auch in den Tatsachen erkennen, in denen sich das kirchliche Leben äußert. Wenn wir zum Beispiel die statistische Übersicht der Jahre 1901-1910 übersehen,[277] so finden wir, dass schon die freiwilligen Gaben im Allgemeinen und die Klingelbeuteleinlagen im Besonderen während dieser Jahre in stetem Wachstum gewesen sind. Dieses Wachstum hat sich bis jetzt fortgesetzt. Das gleiche gilt von den Missionsgaben. Man sieht daraus, dass nicht nur der Kirchenbesuch sich gebessert hat sondern auch das Interesse an den kirchlichen Einrichtungen und Anstalten, sowie die Gebefreudigkeit und Dankbarkeit. Denn nicht wenige von diesen Daten werden aus Dankbarkeit gegeben mit dem Begleitwort: *„Bis hierher hat der Herr geholfen."*

Dass aber dieses kirchliche Leben auch noch seine Macken und Mängel hat und das religiöse Bewusstsein noch nicht vollends in die Tiefe geht, das sehen wir aus der Zahl der **unehelichen Geburten**, ferner aus der Selbstmordstatistik und aus der Kommunikantenziffer, die zwar im Zunehmen begriffen ist, aber trotzdem über eine gewisse Grenze nicht hinübergehen will. Es äußert sich hier eben wieder das Gewohnheitschristentum, das nur langsam den Weg zur Besserung geht.

---

[277] Diese handschriftliche **Statistik** findet sich in der Pfarrbeschreibung auf den letzten Seiten. Sie ist in der vorliegenden eingelesenen und kommentierten Fassung unter Ziffer 4 im Eingangskapitel „Geschichte der Pfarrei Weidenberg" mit abgedruckt.

2. Gottesdienstteilnahme

Das kann man auch an der Kehrseite des Gottesdienstbesuches beobachten. Der Letztere hat sich wohl, wie schon erwähnt, gebessert. Es gibt viele Häuser, vor allem unter dem bäuerlichen Teil der Gemeinde, wo es für eine Pflicht gehalten wird, dass sich wenigstens ein Familienmitglied zum **Hauptgottesdienst** am Sonntag einfindet, allein es gilt das nur von diesen Hauptgottesdiensten. Bei den Nebengottesdiensten könnte es hierin ganz anders aussehen. So findet sich zum Beispiel niemals ein Erwachsener zur **Christenlehre** ein oder zum **Wochenbetstunde**. Selbst zu den **Missionsstunden** kommen nur wenige erwachsene Personen und auch die nicht immer. In der Regel sind anstandshalber nur ca. 8-10 christenlehrenpflichtige Mädchen zugegen.

Ähnlich ist es auch mit den Nachmittagsgottesdiensten an den Festtagen. Diese Predigtgottesdienste, die ja früher noch schlechter besucht gewesen sein sollen, weisen jetzt durchschnittlich nur circa 80 Besucher auf. Immerhin ist ein Fortschritt da, wenn auch ein kleiner, so doch ein anhaltender. Und es muss vor allem auch auf das eine hingewiesen werden, dass **Kirchenschläfer** zu den Seltenheiten gehören, dass im Gegenteil die Aufmerksamkeit in der Kirche stets eine gute zu nennen ist.

Der Grund, warum man sich teilweise vom gottesdienstlichen Leben fernhält, dürfte einerseits darin liegen, dass es eben bisher auch so war und man vom Herkommen nur sehr schwer abgeht. Andererseits liegt es wohl darin, dass die Leute ihrem **Arbeitssinn** vielfach keinen Einhalt gebieten können. Schon unter der Woche dem Gotteshaus eine Stunde zu widmen, würde man unter normalen Verhältnissen als eine gewisse Zeitverschwendung ansehen. Und auch am Samstag hat man mit allem möglichen zu tun und darum „keine rechte Zeit", wie überhaupt die **Sonntagsarbeit** ein beklagenswertes Moment ist. Während zum Beispiel der südliche Teil der bäuerlichen Bevölkerung sich scheut, am Sonntag Erntearbeiten zu verrichten, vergeht kein Sommer, wo nicht in WEIDENBERG vor allem solche Arbeiten verrichtet werden. Sobald der eine anfängt, wollen andere nicht zurückstehen.

3. Kirchliche Stiftungen

Was die kirchlichen Stiftungen anlangt, so kommen solche in größerem Betrage nur selten vor. Doch sei nicht unerwähnt, dass zum Beispiel für die MICHAELSKIRCHE wiederholt schon Altarleuchter gestiftet wurden, ferner Gaben zum Kronleuchter, ebenso für die Friedhofskirche ein Kronleuchter und der Hauptbetrag für die seinerzeitige Erneuerung der dortigen Orgel. Auch kann der Berichterstatter sagen, dass die Gemeinde für besonders kirchliche Zwecke im Verhältnis leicht zu haben ist; es bedarf nur der Anregung. Als z. B. von ihm die Beschaffung einer neuen Orgel in der Michaelskirche und die Einrichtung der Kirchenheizung angeregt wurden, da erhielt er für den ersten Zweck anlässlich einer Krankenkommunion sofort 40 Mark und für den letzten Zweck nennenswerte Zusagen. Die Beschaffung dieser beiden Neuerungen ist allerdings vorerst noch unterblieben. Nicht selten kommen auch Stiftungen vor für den Unterhalt von Gräbern, deren Verwaltung dann der Kirchenstiftung zufällt.

Ein Gebersinn ist demnach wohl vorhanden. Er zeigt sich fast jeden Sonntag in den verschiedenen Einzelgaben, die für Sonderzwecke und aus verschiedenen Anlässen gegeben werden. Zu größeren Stiftungen freilich fehlt dem größten Teil der Gemeinde das Vermögen, wenn auch nicht verkannt werden soll, dass auf Anregungen hin manches Opfer gebracht wurde.

4. Das häusliche Gebetsleben, Bibel und Gebetbücher

Ein Gesamturteil über das häusliche Gebetsleben zu geben ist schwer. Doch darf wohl gesagt werden, dass das **Tischgebet** in erster Linie noch in vielen Häusern vorhanden ist. Auf dem Lande wird dasselbe von der Frau oder, ein schöner Zug, auch von der Großmagd gebetet. Wenn aus einem Andachtsbuch gebetet wird, so geschieht das vom Hausvater oder von einem der Kinder. Bei dem Predigtlesen, dass besonders auf dem Lande noch vorkommt und in der Regel während der Zeit des Gottesdienstes geschieht, müssen alle im Zimmer zugegen sein, wobei zum Beispiel die Frauen auch während des Lesens ihre Arbeit (Kartoffelschälen etc.) fortsetzen.

Das Gebetsläuten zu verschiedenen Stunden des Tages, für das hier nur WEIDENBERG selbst in Betracht kommt, scheint wenig mehr beachtet zu werden. Sowohl auf der Straße, wie in den Wirtschaften kann man dies beobachten, und es scheint auch zu Hause so zu sein. Vor allem gilt dies vom 11 und 12-Uhr–Läuten, weniger vermutlich vom Früh- und Abendläuten.

Ebenso verbreitet wie die Bibel ist das „Starkenbuch“[278], dann das „Habermann‘sche Gebetbüchlein“[279]. Das Arndt‘sche Paradiesgärtlein[280] soll früher stark

[278] Das „Starkenbuch“ war eines der weitest verbreiteten deutschsprachigen Gebetsbücher der evangelischen Christen, ein „Bestseller" des lutherischen Pfarrers JOHANN FRIEDRICH STARCK (1680-1756) aus Frankfurt/Main seit dem frühen 18. Jahrhundert. – Mehr zu diesem und dem folgenden Buch oben im Abschnitt über das Brauchtum bei der Taufe.

[279] JOHANN(ES) HABERMANN, auch JOHANN AVENARIUS, ist 1516 in Eger (Böhmen) geboren und 1590 in Zeitz gestorben. Er war ein deutscher lutherischer Theologe, Erbauungsschriftsteller und Hebraist: Sein Buch „Christliche Gebete für allerley Noth und Stende der ganzen Christenheit, außgeteilet auf alle Tage in der Woche zu sprechen“, Wittenberg 1567, Straßburg 1595, erlebte zahlreiche Auflagen und Übersetzungen bis weit ins 19. Jh.

verbreitet gewesen sein, doch ist es auch jetzt noch in vielen Häusern zu finden.

Sehr verbreitet sind ferner Predigtbücher älteren und neueren Ursprungs, dann verschiedene neue Prachtwerke, wie die „Nachfolge Christi", Lutherbiografien und die Geschichte der evangelischen Glaubensverfolgungen von ROGGE.

Das „Bayerische Evangelische Sonntagsblatt" wird in den meisten Familien gelesen; sein Leserkreis nimmt immer mehr zu. Mit demselben wird teils die „Missionsglocke", teils das „Kinderblatt der Neuendettelsau Mission" allmonatlich verteilt. Durch den Evangelischen Bund sind auch dessen Monatsblätter und Kalender sehr verbreitet. Der Berichterstatter benützt die Familienabende des Evangelischen Bundes gerne auch zum Verteilen von Bundesflugblättern.

Kolporteure von Sekten suchen von BAYREUTH her die Gegend verschiedentlich heim; ihre Traktate und Zeitschriften werden von den Leuten des Öfteren in gutem Glauben gekauft, doch können sie keinen Einfluss ausüben.

Im Allgemeinen darf wohl gesagt werden, dass die vorerwähnten Bücher und Blätter mehr oder weniger benützt werden, zumal in der winterlichen Zeit, aber regelmäßig wohl nur wenig. Man kann vor allem bei Krankenbesuchen finden, dass des Öfteren ein religiöses Erbauungsbuch in der Nähe des Kranken liegt.

Auf jeden Fall ist das Gebetsleben bei einem großen Teil der Gemeinde nicht ganz ausgestorben.

Man hat die Übung, Gaben aus Dankbarkeit in schwerer Zeit zu geben und hierbei immer einen Bibelspruch oder Liedervers beizugeben, dessen Auswahl oft sehr treffend ist und einen Einblick in das Herz des Gebers zulässt. Eine feste Ordnung für das Gebet scheint allerdings in vielen Häusern nicht mehr zu bestehen.

5. Kirchenwahlen

Die Teilnahme an den kirchlichen Wahlen ist im Allgemeinen eine sehr geringe. Eine Änderung trat nur bei der letzten Wahl für die Kirchenverwaltung ein. Der Parteistreit zwischen dem oberen und unteren Markt, wie er in WEIDENBERG besteht, wurde damals auch in diese Wahl hineingetragen, und es war den Bürgern des oberen Marktes gelungen, ihre Kandidaten, deren unkirchlichster sogar zum Kirchenpfleger ausersehen wurde, in dieses Kollegium zu bringen. Es steht zu erwarten, dass die ländliche Bevölkerung, die von diesem Vorgang überrascht worden ist, das

---

[280] JOHANN ARNDT oder ARND, geboren 1555 in Edderitz am Harz, gestorben 1621 in Celle, zählt zu den wichtigsten nachreformatorischen Theologen. Angesprochen ist hier sein sehr verbreitetes Buch: „Paradiesgärtlein voller christlicher Tugenden, wie solche zur Übung des wahren Christentums durch andächtige, lehrhafte und trostreiche Gebete in die Seele zu pflanzen", Magdeburg 1612.

nächste Mal sich zusammenschließen und ihr Stimmrecht geltend machen wird. Eine Anfechtung der Wahl wurde erwogen, aber als aussichtslos dann unterlassen.

Bei der Kirchenvorstandswahl hat sich zwar dieser Parteienstreit nicht geltend gemacht, da es hier keine solchen Rechte auszuüben gibt, wie z. B. Festlegung des Umlagensatzes bei der Kirchenverwaltung. Immerhin kann gesagt werden, dass die Mitarbeit aller Kirchenverwaltungsmitglieder eine ruhige und sachliche ist und dass die Kirchenverwaltungsangelegenheiten wenigstens vom geschäftlichen Standpunkt aus ordnungsgemäß und entgegenkommend erledigt werden. Eine Merkwürdigkeit bleibt es aber trotzdem, dass der Kirchenpfleger wohl fast jeden Sonntag nach Schluss des Gottesdienstes die Klingelbeuteleinlage in der Sakristei abholt, es aber nie für notwendig findet, nun auch einmal dem Gottesdienste selbst beizuwohnen. Doch wer weiß, was für Wege Gott bei diesem Menschenherzen gehen will!

Die Mitglieder des Kirchenvorstandes sind der Kirche wohlgesonnen und arbeiten soweit möglich an den Aufgaben des kirchlichen Gemeinwesens gerne mit.

6. Kirchliche Zucht [Pfarrbeschreibung S. 128ff]

Die kirchliche Zucht äußert sich in erster Linie bei den Taufen und Trauungen. Bei der Taufe eines unehelichen Kindes wird das Geläute mit der Taufglocke nicht gewährt.

Bei der Trauung eines Paares, bei dem der eine oder beide Teile „gefallen“ sind, wird gleichfalls das Geläute verweigert, ferner wird in diesem Falle der Kronleuchter nicht angezündet. In früheren Zeiten wurden auch die Altarkerzen nicht angezündet. Desgleichen darf auch die Braut keine Schleier tragen. An diesem Herkommen wird noch festgehalten, wenn auch bei Trauungen bedauerlicherweise die kirchlichen Ehren zuweilen erschlichen werden.

Die kirchliche Beerdigung von Selbstmördern wird nur dann gewährt, wenn ärztlicherseits geistige Störung erwiesen ist; sie findet aber auch dann nur in einfachen Formen statt, nämlich in Form der so genannte „stillen Leiche“ ohne Gesang mit Verlesenen von geeigneten Schriftworten; wenigstens hat es der Berichterstatter so gehalten.

Wegen vollständiger Unkirchlichkeit wurde vor mehreren Jahren einem Manne das kirchliche Begräbnis trotz des natürlichen Todes verweigert. Wie dieser Fall aufgenommen wurde, entzieht sich der näheren Kenntnis des Berichterstatters. In anderen Fällen, besonders bei Trauungen, hat man wohl schon Durchbrechungen der üblichen Kirchenzucht gewünscht, aber man fügt sich schließlich doch dem Herkommen. Zurückweisungen vom Abendmahlsgenuss kamen, soweit bekannt, nicht vor und würden in der Gemeinde jedenfalls „böses Blut“ machen.

7. Gemeinschaftswesen

Das **Gemeinschaftswesen**[281] hat in der Gemeinde noch keinen Fuß fassen können.[282] Man würde das schon deswegen vermeiden, weil man nicht als ein übertriebener Frömmler gelten will. Damit will nicht gesagt sein, dass sich nicht doch manche Seelen finden würden, denen die Art des Gemeinschaftswesens zusagen würde. Man sieht dies schon aus der einen Erfahrung, die anlässlich eines Vorstoßes der Methodisten gemacht wurde. Bei den ersten Zusammenkünften derselben fand sich eine ziemliche Zahl von Neugierigen ein. Es hielten diese Zusammenkünfte auch eine Zeit lang stand. Zuletzt hörten sie aber von selbst wieder auf, ohne dass von kirchlicher Seite etwas dagegen unternommen worden wäre. Der Geist des Kirchentums hat sich eben doch den Leuten stark eingeprägt, und man kann sich das christliche Leben nicht gut anders denken, als in der gewohnten kirchlichen Art.

Diesen Standpunkt gaben auch die Kirchenvorsteher zu erkennen, als es sich um die Einrichtung von **Bibelstunden** handelte. Man will eben keine Separation haben und hält im konservativen Sinn an den gewohnten Feiern des kirchlichen gottes-

---

[281] Gemeint ist hier die örtliche Tätigkeit von Gruppierungen der Gemeinschaftsbewegung. Dies ist eine pietistische Aufbruchsbewegung, die in der zweiten Hälfte des 19. Jahrhunderts eine Reihe evangelischer Landeskirchen in Deutschland und in der Schweiz erfasste. An vielen Orten führte dieser Aufbruch zur Entstehung von Gemeinschaftskreisen („Landeskirchliche Gemeinschaft"), die heute in und neben den traditionellen Kirchen ein eigenständiges Gemeindeleben entwickelt haben. In Weidenberg war es der Hensoltshöher Gemeinschaftsverband, der ab 1926 mit seinen Schwestern hier tätig wurde; in der Hitlerzeit öffnete er sich begeistert für den Nationalsozialismus und die innerkirchliche Sekte der „Deutschen Christen".

[282] Nach der schriftlichen Auskunft von Diakonisse EDELTRAUD ROLLBÜHLER vom Diakonissenhaus Hensoltshöhe waren, beginnend in der Zeit der Pfarrer JOHANNES HÖRNER (in Weidenberg von 1914-1926) und Pfarrer FRIEDRICH SCHEIDING (1927-1933), in Weidenberg von 1926-1949 und von 1953-1979 Hensoltshöher Schwestern tätig; sie wohnten in Haus Nr. 184 am Untermarkt an der Steinach. Nach den Unterlagen des Mutterhauses müssten sie dort mit Traktatmission – genannt „Blättermission" – und Gemeindedienst begonnen haben, in der Weise, dass sie Frauen „unter Gottes Wort gesammelt" haben – nebenbei vermutlich Gemeindepflege oder Besuchsdienst – so ganz genau lässt sich das aus den Unterlagen des Mutterhauses nicht feststellen.

Schw. MARIE KLOSTERMEYER hat von 29. April – 12. Sept. 1926 hier begonnen. *„Sie war auch andernorts als Pionierin unterwegs im Frankenland um Gunzenhausen herum".* – Leider fiel diese Schwesternschaft schon vor dem Jahr 1933 dem zunehmenden Hitlerkult anheim, dem sich in Weidenberg dann auch Pfarrer SCHEIDING und seine jüngste Tochter, die 1906 geborene HILDE öffneten, die in Weidenberg dann die erste BdM-Führerin wurde. – Pfarrer GEORG REDENBACHER leistete gegen diese Vereinnahmung der Gemeinde für den Nationalsozialismus zunehmenden Widerstand und vereitelte bewusst auch einen von Pfarrer THEODOR HOFFMANN über den Kirchenvorstand unternommenen Versuch, eine entsprechende Missionsveranstaltung durch die Hensoltshöhe in Weidenberg durchzuführen.

dienstlichen Lebens fest. Und diese Anhänglichkeit an die Ekklesia (Kirche), wenn sie auch zunächst mehr äußerliche Art ist, hat doch im letzten Grund etwas Gutes und gleicht der Ranke am Weinstock, die die Rebe festhält, sodass ein Abbrechen vermieden bleibt.

2. Sittlichkeit des Gemeindelebens

[Pfarrbeschreibung S. 130ff]

a) Die sozialen und kulturellen Verhältnisse

1. Bauern und Handwerker

Die Berufsstände, aus denen sich die Kirchengemeinde WEIDENBERG zusammensetzt, sind verschiedener Art. Während die auswärtigen Gemeindeglieder fast ausschließlich dem Bauernstande angehören, befindet sich in WEIDENBERG selbst eine Reihe von Kaufleuten und Handwerkern; dazu kommen noch einige Beamten und Arbeiter. Die Zahl der Arbeiter, die in WEIDENBERG und SOPHIENTHAL vertreten sind, ist im Steigen begriffen, wenigstens in WEIDENBERG.

Wie schon früher erwähnt, hat sich der Besitzstand der Gemeindeglieder durch deren Fleiß gemehrt, und man findet zwar keinen übermäßigen Reichtum, aber auch nur vereinzelt eine übermäßige Armut.

Man kann dies auch an den Kasualien beobachten. Während früher für Erwachsene der Billigkeit halber doch vielfach „Vermahnungsleichen“[283] gewünscht wurden, also so genannte Leseleichen, ist dies nur noch selten der Fall; man zieht die „öffentlichen Leichen“ der besseren Repräsentation halber vor.

Die Bauernschaft in dem südlichen Teil der Pfarrei besaß schon von jeher eine gewisse Wohlhabenheit. Die Besserung der Besitzverhältnisse zeigte sich auch in den Einlagen des Kreditvereins WEIDENBERG, der sehr günstig steht und einen hohen Umsatz hat.

2. Arbeiterschaft, Turnerschaft

Dadurch, dass sich der **Arbeiterstand** mehrt, hat nach dem Laufe der jetzigen Zeit auch die Arbeiterorganisation bereits Fuß zu fassen versucht und es ist ihr gelungen, nicht nur ihre **Presse** einzuführen, sondern auch eine **„freie Turnerschaft“** ins Leben zu rufen. Dieselbe hat sogar versucht, auch fortbildungsschulpflichtige Schüler in ihren Bann zu bringen. Es waren längere Verhandlungen mit den Behör-

[283] Vergl. zu den Ausdrücken oben das Kapitel „Die Kasualgottesdienste: Tod und Begräbnis“.

den notwendig, damit ein **Verbot** durchgeführt werden konnte (sic!).[284]

Nun mag es ja wohl sein, dass die Leute, obwohl sie ihr sozialdemokratisches Zeitungsblatt halten und sich zu den Zielen ihrer Partei bekennen, im Großen und Ganzen einem **gemäßigten Sozialismus** huldigen; aber es ist doch **eine schiefe Geistesrichtung**, die da in die Herzen der jungen Leute kommt, eine Geistesrichtung, die für manchen **im späteren Leben gefährlich** werden kann, **wenn er in andere Hände gerät**. Es lässt sich das bei manchen von ihnen schon jetzt erkennen, da diese trotz des Verbotes dennoch wieder an den Zusammenkünften und Festen der freien Turnerschaft teilnehmen wollten.

3. Wahlverhalten, politische Vorlieben

Im Übrigen bewegt sich das politische Parteiwesen im Allgemeinen in ruhigen Bahnen. Der bürgerliche Teil der Bevölkerung hält sich zum **Bauernbund**, die einheimischen Geschäftsleute und Bürger dagegen zum **Liberalismus**. Bei der letzten **Reichstagswahl** zählte WEIDENBERG allein über 100 sozialdemokratische Stimmen; es war dies aber jedenfalls nur ein Zufallsergebnis und geschah aus **Opposition**, da man damals stark **verärgert** war über eine Zurücksetzung des oberen Marktes seitens der Postbehörde.

---

[284] Hier werden also erstmals die Anfänge der Geschichte der SPD in Weidenberg beschrieben, der gegenüber die Pfarrer zu der Zeit eine deutlich kritische Haltung einnahmen. Diese Arbeiterbewegung stützte sich am Marktort zunächst vor allem auf die Arbeiterschaft im führenden Steinschleifbetrieb SCHILLER und hatte in dem 1879 geborenen **HEINRICH SEILER** ihren profiliertesten und agilsten Vertreter. Wie man hier in der Pfarrbeschreibung liest, versuchte SEILER, die Bürger auch durch den Sport an die Partei zu binden.

In der Nazizeit war seine Partei, wie auch alle anderen außer der NSDAP, seit 1933 verboten. Der NSDAP-Ortsgruppenleiter GEORG RUMLER löste im Jahr 1933 auch die „linke" Turnerschaft auf und versuchte durch Gleichschaltung der übrigen Vereine die Ziele der Partei durchzusetzen. Er rannte damit in Weidenberg offene Türen ein, denn der Nationalsozialismus hatte inzwischen in vielen Häusern längst Fuß gefasst.

Unmittelbar nach dem II. Weltkrieg wurde SEILER dann als politisch unbescholten von der amerikanischen Besatzungsmacht als Erster Bürgermeister eingesetzt, aber nach gut einem Jahr Amtsdauer im Sommer 1946 vom ersten frei gewählten Gemeinderat aus CDU, SPD und KPD durch Mobbing gestürzt und durch den mehrheitlich gewählten SPD-Vertreter (!) und Fabrikbesitzer CHRISTIAN SCHILLER ersetzt.

Im benachbarten Ort Sophienthal hatte sich mit der Errichtung des Porzellanwerkes in den 20-er Jahren auch eine örtliche Gruppe der KPD entwickelt, die auch nach ihrem Verbot im Jahr 1933 nicht vor einzelnen Widerstandshandlungen gegen die Nazis zurückschreckte. Neben dem Aufstieg der NSDAP wird auch die Entwicklung der beiden Parteien SPD und KPD in den Folgen 2 „Licht und Schatten der neuen Zeit ...", 3 „Der Anstreicher und seine Lehrjungen ..." und 6 „Untergehen und Aufstehen ..." eingehender beschrieben, in dieser letzten Folge im interessanten Kapitel: „Mit Ost-Spionen und alten Seilschaften zum neuen Aufbruch".

4. Literatur und Musik

Dem schon früher erwähnten Maß von **Intelligenz** entspricht es, dass speziell in WEIDENBERG die **weltliche Literatur** nicht ganz zurück steht. So besteht im hiesigen Markt nicht nur eine **Volksbibliothek**, sondern auch ein literarischer **Lesezirkel**, der zu Zeiten schon bis zu 40 Mitglieder gezählt hat. Das Merkwürdige hierbei ist, dass die Haupttriebfeder dieser beiden Einrichtungen **ein einfacher Schreiner** ist, der sich auch schon als **Dichter** versucht hat, wenn auch in etwas überschäumendem Radikalismus, und der ein großer Kenner der gesamten Monatsblattliteratur ist. Aber die Sache hat gute Aufnahme gefunden, und es wird unter anderem das „Daheim", der „Türmer", der „Kosmos", die „Lese", zeitweilig auch der „Kunstwart" gehalten.

Eine gewisse Vorliebe hat man auch für das **Theaterspiel**, doch will man hier nur ganz leichte Speise haben.

Die **Musik** wird zwar gerne gehört, aber im Verhältnis wenig geübt.

5. Familienleben, Ehescheidungen, Kinderzahl

Das Eheleben ist im Allgemeinen ein normales, wenngleich auch Abweichungen vorkommen sollen, weniger durch Ehebruch, als vielmehr durch **Zank und Streit**. Doch sind auch diese Fälle sehr vereinzelt; man darf zumal für den ersten Fall bei der Schwatzhaftigkeit der Bevölkerung nicht allen Gerüchten, die im Umlauf sind, gleich Glauben schenken.

Eine **Ehescheidung** war in WEIDENBERG bei einer zweiten Ehe während der letzten fünf Jahre nur einmal beantragt, Familienzwistigkeiten bildeten hierzu die Ursache, wurde dann aber wieder rückgängig gemacht.

Die **Kinderzahl** ist nur selten auf ein oder zwei Kinder beschränkt; Familien mit vier, fünf und sechs Kindern gibt es ziemlich viele. Zumal in bäuerlichen Kreisen ist eine größere Kinderzahl schon deswegen erwünscht, weil man infolge der Dienstbotennot ihre Hilfe notwendig braucht.

6. Kindererziehung, Tanzen, Sexualität, Dienstkinderwesen, Putzsucht

[Pfarrbeschreibung S. 132ff]

Nicht immer genügend streng ist leider die Kinderzucht. Wohl deshalb, weil die Kinder wenigstens bei den Bauern, nicht so sehr bei den Bürgern, zur Arbeit kräftig mit anfassen müssen, lässt man ihnen manche Freiheiten. So ist zum Beispiel das abendliche und nächtliche Umherstreunen auf den Straßen eine leidige Unsitte, gegen die die Ortspolizei lässig ist. Und Mahnungen seitens der Kirche, die auch schon versucht wurden, helfen nur für kurze Zeit. Auch darin zeigt man eine **merkwürdige Art**, dass man glaubt, die Kinder so bald wie möglich schon zum **Tanzen** zulassen zu müssen. So gehen bei manchen Vereinsabenden, an denen nur getanzt wird, die Mütter schon mit ihren ganz kleinen und schulpflichtigen Kindern auf den Tanzboden, um den Tanz der jungen Leute anzusehen. Natürlich können es diese Kinder dann nicht erwarten, bis auch sie diese glückliche Zeit erreichen dürfen. Und sowohl Fastnacht, wie auch das Kinderfest kann man sich nicht denken, ohne dass diese Kinder ihrer Tanzlust freien Lauf lassen.

Sehr lässig ist man auch in der **Befolgung des 6. Gebotes** seitens der größeren Kinder. Die statistische Übersicht über die Jahre 1901 bis 1910 zeigt, dass nach dem Durchschnitt jährlich neun **uneheliche Kinder** treffen, also fast 16 %. Selbst bei den reichen Bauern kommen solche Fälle vor und nicht bloß unter den Dienstboten und Arbeitern. Da die Väter in dieser Hinsicht meist in denselben Bahnen wandelten wie die Kinder, so scheint man nicht zu strenge sein zu wollen. Sehr begünstigt werden derartige Vorkommnisse einerseits durch das nächtliche Umherstreunen, sodann durch die Tanzbelustigungen, die bei den jungen Leuten nachmittags um 16 Uhr beginnen und bis zum andern Morgen um 6 oder 7 Uhr dauern, endlich auch noch durch die nicht immer günstigen **Wohnungsverhältnisse** der Dienstboten.

Wohl sind ja, vor allem in WEIDENBERG, das früher 600 Einwohner mehr zählte als jetzt, obwohl die Häuserzahl damals geringer war, die Wohnungsverhältnisse bessere geworden; aber die Wohnräume bleiben eben doch mit Rücksicht darauf, dass man jetzt größere Räume für die Ökonomie braucht, verhältnismäßig beschränkt. Und wenn das schon für die erwachsenen Dienstboten bei dem bäuerlichen Teil der Bevölkerung misslich ist, dann erst recht für die so genannten **Dienstkinder**.

Denn je größer die Dienstbotennot im Laufe der letzten Jahrzehnte geworden ist, desto mehr hat sich das **Dienstkinderwesen**, oder besser gesagt **-unwesen**, ausgebildet. Statt der erwachsenen Dienstboten hält man sich **schulpflichtige Kinder**, die zuweilen sogar erst im 9. oder 10. Lebensjahr stehen, und die vom 11. oder 12. Lebensjahr ab oft ebenso viel leisten sollen, als mancher erwachsene Dienstbote.

Es ist erklärlich, dass diese Kinder auf diese Weise oft übermäßig stark ausgenützt werden, so dass ihre **geistige Entwicklung** und ihre Erfolge in der Schule darunter leiden müssen, und dass sie außerdem noch **vor der Zeit reif** werden. Es wurde schon versucht, bei den staatlichen Behörden dagegen Abhilfe zu schaffen, ähnlich den gesetzlichen Bestimmungen für Kinder in gewerblichen Betrieben. Allein man geht hierin sehr vorsichtig zu Werke, abgesehen davon, dass eine Regelung auch nicht leicht ist. Aber dass die Kindererziehung darunter leiden muss, ist natürlich.[285]

Ein Moment schließlich, das auch auf die Kindererziehung nachteilig einwirkt, möge auch nicht unerwähnt bleiben; es ist dies die oben schon angesprochene **Putzsucht**. Während sonst die Wohnungen oft **in der Reinlichkeit sehr zu wünschen übrig lassen** und man auch in der Arbeitskleidung keiner allzu großen Sorgfalt sich befleißigt, kann man beobachten, dass **dieselben Leute am Sonntag so geputzt sind**, dass man sich fragt, ob das wirklich noch dieselben Menschen sind. Besonders in WEIDENBERG lässt sich dabei auch noch dies beobachten, dass sich die Mütter abschaffen, **während die Töchter nur die leichteste Arbeit tun**. Selbstverständlich wollen dann die Letzteren auch an Werktagen nicht in der Kleidung zurückstehen.

b) Soziales Verhalten [Pfarrbeschreibung S. 135ff]

Soweit das Verhalten zu den Rechtsordnungen infrage kommt, kann der Kirchengemeinde im Allgemeinen ein gutes Zeugnis ausgestellt werden. Denn das Amtsgericht, das in WEIDENBERG seinen Sitz hat, hat in den wenigsten Fällen mit Weidenbergern oder auswärtigen Pfarrkindern zu tun. Es gibt einige Orte in der Pfarrei, in denen schon seit vielen Jahren kein Prozess mehr vorgekommen ist. Es gilt dies vor allem von den wohlhabenderen Bauern im südlichen Teil der Pfarrei. Man kann hier sehen, wie Wohlhabenheit zuweilen auch eine gewisse bürgerliche Gerechtigkeit mit sich bringen kann und der Bauernstolz auch nach außen hin seine Ehre sich zu erhalten sucht.

Nicht ganz allgemein kann dies von den Ortschaften GÖRSCHNITZ, RÜGERSBERG, KATTERSREUTH und SOPHIENTHAL gesagt werden. Hier befinden sich einige Familien, in denen Grenzstreitigkeiten und Nachbargezänke viele Jahre hindurch eine große Rolle gespielt haben und Klagen und Gegenklagen kein Ende nehmen wollten. In den letzten Jahren scheint hierin eine Besserung eingetreten zu sein, und es scheinen die jüngeren Leute doch zu der rechten Einsicht zu kommen, dass auf diese Weise nichts erreicht ist; vollkommener Friede herrscht allerdings immer noch nicht.

Eine **Mordtat** kam vor einer Reihe von Jahren in WEIDENBERG vor durch einen Wirt, der in einem unberechtigten Eifersuchtsanfall seine Frau und sich selbst er-

---

[285] Dass das **Dienstkinderwesen** aber auch seine guten Seiten haben kann, zeigt das Projekt ‚Myrten für Dornen' bei den Kindern des Opfers des Nationalsozialismus MARTIN L. Nach seiner Ermordung in der Psychiatrie von Kaufbeuren fanden vor allem die jüngeren Kinder der Familie in landwirtschaftlichen Betrieben in der Weidenberger Umgebung freundliche Aufnahme und lebten fast wie in einer Adoptivfamilie; sie wurden in der Regel wie Familienmitglieder behandelt, waren geachtet und durften bis an ihr Lebensende hier bleiben.

schossen hat. Seit dieser Zeit kam nichts mehr vor. **Brandstiftungen** sind in zwei Fällen als sicher zu achten; das eine Mal durch ein **Dienstkind**, das erblich belastet ist; das andere Mal war ein Nachbar in Verdacht, wobei der Verdacht allerdings nicht bewiesen werden konnte. **Beleidigungsprozesse** und **Diebstähle** kommen hin und wieder vor.

Der Gemeinde kann also im Großen und Ganzen das Zeugnis gegeben werden, dass in ihr **ein gewisses Rechtsbewusstsein** vorhanden ist, und dass man sich den **Mantel einer gutbürgerlichen Gerechtigkeit** zu erhalten sucht. Vor zwei Jahren ist es sogar vorgekommen, dass ein älterer Veteran sich angeblich aus Furcht vor einer Zeugenschaft bei Gericht, die er hätte geben sollen, am Tage der Gerichtsverhandlung **erhängt** hat, da er noch nie vor Gericht war.

Weniger erfreulich ist, wie schon oben berührt, das **Sexualleben außerhalb der Ehe**. Unter dem Einfluss der **laxen Kindererziehung** und dem Bewusstsein der eigenen früheren Schwäche sind die Eltern in diesem Punkte vielfach zu milde gegenüber ihren Kindern; von den Gefahren des Dienstbotenwesens gar nicht zu reden. Es gibt viele einzelstehende Frauen, die auch ihr Kind haben; und wenn es auch vielfach vorkommt, dass meist die Ehe nachfolgt, so ist das doch nicht immer der Fall. Bei den Bauern wird der **intime Verkehr zwischen den Verlobten** teilweise sogar schon als ein gewisses Recht angesehen, auch deshalb, weil man auf diese Weise sehen will, ob das künftige Ehepaar Nachkommenschaft erwarten darf.

In WEIDENBERG selbst kamen leider auch Fälle von **wilder Ehe** vor, weniger aus Erschwerung der kirchlichen Trauung, die man schließlich gerne gehabt hätte, als vielmehr aus äußeren Gründen, um sich eine Pension zu erhalten oder ein auswärtiges Heimatrecht, oder weil infolge des Armenrechtes Schwierigkeiten bestanden.

An **Wirtshäusern** fehlt es nicht, zumal WEIDENBERG immer noch 17 Wirtschaften zählt. Doch kann nicht gesagt werden, dass dadurch übermäßige Ausschreitungen oder ein ausgedehntes Wirtshaussitzen verursacht würde. Mit geringen Ausnahmen halten sich die Leute mäßig. Selten sieht man unter den Pfarrkindern einen Betrunkenen. Ein paar Wirtschaften haben allerdings keinen besonders guten Ruf und bilden Schlupfwinkel für junge Leute, zumal an den Sonntagen. Da das Wirtshausleben nicht übermäßig entwickelt ist, so spielt auch das Spiel keine allzu große Rolle. Es gibt welche, die das **Kartenspiel** gern betreiben, jedoch nur in mäßigen Grenzen. Von Hazardspielen und ähnlichem ist noch nichts bekannt geworden.

Schon früher wurde erwähnt, dass zweierlei Art von Tätigkeit wenig erfreulich ist, nämlich diejenige der **freien Turnerschaft**, und diejenige, die den **Tanzboden** der jungen Leute als Ziel hat. Kaum sind die jungen Leute der Schule entwachsen, so werden sie schon von Vereinen wie „Hand in Hand“, „Ehrenkranz“ usw. aufgenommen, und alle anderen Interessen treten damit zurück. Es gilt dies hauptsächlich von WEIDENBERG und SOPHIENTHAL.

In den anderen auswärtigen Orten fehlen wohl diese Vereinigungen, aber die Sache als solche ist noch da. Denn das Hauptinteresse aller anderen Vereine, wie Feuerwehr, Gesangverein (sehr schwach und wenig leistungsfähig) oder Veteranenverein konzentrieren sich immer auf den **Tanz**, und es ist deshalb viel, dass ein Verein, wie der **Zweigverein des Evangelischen Bundes** gegenüber diesen Tendenzen es jetzt auf 170 Mitglieder gebracht hat. Es mag dies wohl darin seine Begründung haben, dass in diesem Letzteren eben doch die älteren Leute mehr auf ihre Rechnung kommen.

Ob die **Jugendwehr**, die jetzt in Blüte gekommen ist,[286] im Stande sein wird, den **Propagandaversuchen der freien Turnerschaft** unter den jungen Leuten Einhalt zu tun und Widerstand zu leisten,[287] wird sich erst später einmal entscheiden. Es ist nicht ausgeschlossen, dass man schließlich beiden Zwecken dienen möchte.

Dass sich im Übrigen das gesellige Leben gut entwickelt, dafür fehlt es zu sehr an der notwendigen Einigkeit und am rechten Zusammenhalten. Selbst in solch einem Orte wie WEIDENBERG macht sich der **Kastengeist** der Gegenwart geltend. Er bildet ein Hindernis für das einträchtige Zusammenleben und -wirken zwischen Bürgern und Beamten.

Das **Verhalten gegen Arme und Kranke** ist im Allgemeinen befriedigend. Es kommen wohl Fälle vor, wo man selbst mit solchen Kranken, die einem nahe stehen, nicht die nötige Barmherzigkeit hat, und wo man es vor allem auch an der notwen-

---

[286] Zur Zeit der Pfarrbeschreibung stand die Jugendfeuerwehr unter Leitung des Verfassers, Pfr. SCHALLER, s.o. V, 3, c. Dies war ein anerkennenswerter und bezeichnender Versuch der Kirchengemeinde, auch im Alltag der Menschen präsent zu sein. Deshalb erregte es auch keinen Anstoß, dass Pfarrer HOFFMANN dann kaum 20 Jahre später der örtlichen SA beitrat. Er tat dies allerdings aus persönlichen Motiven, nämlich um auf diese Weise (erfolgreich) den seit Mai 1933 bestehenden Parteiaufnahmestopp der Nazis zu umgehen.

[287] Hier ist ein Konfliktpunkt zu spüren, der die meist deutschnational eingestellten Pfarrer schon bald nach dem Untergang des Kaiserreichs 1918 zu einem wachsenden Interesse am aufkommenden NSDAP-Agitator ADOLF HITLER verleitete. Denn den „Linken“ unterstellte man allgemein nicht nur eine revolutionäre, staatszerstörerische Haltung, sondern auch, mit Hinweis auf Marx's Religionskritik, eine Tendenz zur Gottlosigkeit, die man dann ab Mitte der 20-er Jahre verstärkt sah durch die kommunistische Freidenkerbewegung, die im Jahr 1925 dann auch explizit einen „Bund der Gottlosen“ gründete. Dieser proklamierten oder auch scheinbaren Gottlosigkeit der „Roten“ setzte HITLER gezielt sein diffuses Programm vom „positiven Christentum“ entgegen und präsentierte sich so als „Retter des Christentums“, auf den dann gerade evangelische und insbesondere auch pietistische Kreise in Scharen hereinfielen.

digen Pflege fehlen lässt, aber es sind doch immer nur vereinzelte Fälle. Das Bewusstsein, dass man hierin seine Pflicht tun muss, ist auf jeden Fall vorhanden, und es gilt bei einer Beerdigung als eine Art Rüge, wenn im Lebenslauf oder in der Grabrede nicht der besonderen Pflege gedacht wird, die die Hinterbliebenen dem Verstorbenen haben angedeihen lassen. Der Leichbesteller hat da immer den Auftrag, nicht nur den Fleiß und die Nachbarlichkeit des Verstorbenen zu rühmen, sondern auch die gute Pflege, gleichviel ob es damit seine Richtigkeit hat oder nicht.

Einheimische Arme gibt es im Allgemeinen nicht viel, vor allem nicht in den auswärtigen Ortschaften. Man will in erster Linie schon nicht als arm gelten, und noch weniger will man der Gemeinde zur Last fallen. Soweit man aber mit solchen Armen zu tun hat, steht man auf dem Standpunkt, dass sie sich durch eigener Hände Arbeit aus der Armut helfen sollen und, weil man selbst nicht arm sein will, hält man infolgedessen nicht viel von einem Armen.

3. Zusammenfassende Beurteilung des religiös-sittlichen Standes und des Lebens der Kirchengemeinde

[Pfarrbeschreibung S. 139ff]

Wenn wir nun zum Schluss den religiös-sittlichen Stand und das Leben der Kirchengemeinde WEIDENBERG zusammenfassend beurteilen, so gibt es selbstverständlich hier wie überall Licht und Schatten. Die Gemeinde gehört nicht zu denjenigen Gemeinden Oberfrankens, die dem kirchlichen Leben schon vollständig entfremdet sind; im Gegenteil bildet das kirchliche Leben immer noch das Gehäuse, indem sich das natürliche Leben abspielt und nach der Meinung der Leute abspielen soll.

Es zeigt sich auch mancher gute Kern in dem Fleiß, in der Genügsamkeit und in einer gewissen Gutmütigkeit der Leute. Aber das religiöse Leben geht eben doch, trotz einer gewissen Empfänglichkeit und obwohl man nicht ablehnend dagegen ist, nicht in die Tiefe; es ist ein gewisser **oberflächlicher Zug**, der sich dabei geltend macht, eine gewisse Äußerlichkeit, welcher die Vertiefung und Durchdringung fehlt.

Je mehr man darum zufrieden sein muss, dass wenigstens kein Negationsgeist vorhanden ist, so sehr muss man doch auf der anderen Seite das Ziel im Auge behalten, dass hierin noch eine Vertiefung und Festigung eintritt und dass die mancherlei Mängel und Schäden, die noch bestehen, je länger je mehr überwunden werden. Wie soll es möglich werden?

Es bedarf wohl nicht erst des Hinweises, dass die uns von Gott gegebenen Mittel, die Gnadenmittel, die nächsten Förderungsmittel hierfür sind, dass dieselben nicht bloß der Jugend, sondern dem Geschlechte der Erwachsenen immer wieder in neuer Treue und Liebe dargeboten werden müssen. Sie sind das Grundlegende. Aber es sei hier auch auf die Momente hingewiesen, die auch sonst noch teils hemmend, teils fördernd sind.

Ein **Haupthindernis** bildet neben der natürlichen Art des Menschen das **Gewohnheitschristentum**, in dem die Leute stehen. Die Gewohnheit ist ein eisernes Hemd, aus dem der Mensch nur schwer herauskommt. Nun kann man naturgemäß nicht die ganze Gemeinde dazu bringen, dass sie aus dieser Art mit einem Male herausfährt. Man hat hier vielmehr beim Einzelnen anzufangen. Selbst die **Kriegsnot**, von der jetzt[288] auch die Gemeinde so schwer heimgesucht ist, kann diese summarische Änderung nicht ins Werk setzen; es kommt auch hier auf den einzelnen an.

Und damit ist auch schon der Weg zur rechten Forderung gewiesen: es ist der Weg der **Einzelseelsorge**. Je länger der Berichterstatter jetzt hier im Amt ist, desto mehr kann er beobachten, wie die Gemeinde gerade durch die Einzelseelsorge und dadurch, dass man **den Einzelnen nachgeht**, eine gewisse Empfänglichkeit und Dankbarkeit zeigt. Es liegt eben in der Art des Oberfranken, dass er nicht aus sich heraus geht, sondern dass man ihm erst nachgehen und förmlich um ihn werben muss; dem entsprechen auch diese Erfahrung und dieser Weg der Einzelseelsorge. Je

---

[288] Gemeint sind natürlich der Zeitpunkt der Abfassung der Pfarrbeschreibung und damit das Jahr 1914. Es ist hier die dritte Textstelle, in der der Krieg überhaupt erwähnt wird, der im August 1914 nach einer lange schwelenden Krise wie eine unzähmbare Eruption über Deutschland und Europa hereingebrochen war. Auch wenn an dieser Stelle der Pfarrbeschreibung von der Kriegsnot als einer schweren Heimsuchung die Rede ist, so überrascht doch bei der Beschreibung des Lebens und Glaubens der Gemeinde das Fehlen jeder weiteren Bezugnahme auf dieses epochale Ereignis. Möglicherweise ist der Grund darin zu suchen, dass das Pfarramt angewiesen war, eine eigene Kriegschronik zu führen, und dass man deshalb auf die weitere Erwähnung des Krieges in der Pfarrbeschreibung verzichtet hat, in der Absicht, sich in der separaten Kriegschronik damit zu befassen.

Tatsächlich hat der Hauptautor der Pfarrbeschreibung und Inhaber der II. Pfarrstelle, Pfarrer JOHANNES SCHALLER, eine solche „**Kirchliche Kriegschronik**“ begonnen, die vom Nachfolger Otto Heraths auf der I. Pfarrstelle, Pfarrer JOHANNES HÖRNER dann ergänzt wurde. Auf 150 handschriftlichen Seiten in Sütterlinschrift werden aufgeführt: Besondere kirchliche Veranstaltungen aus Anlass des Krieges, Beobachtungen zur Seelsorge im Krieg, Inhalte von Kriegsgebetsstunden, Gefallenengedenken mit ausführlichen Namenslisten und Lebensbeschreibungen, Beteiligung der Gemeinde an der materiellen und finanziellen Kriegshilfe, sowie ein Bericht von Pfarrer JOHANNES HÖRNER über seine Zeit als Feldgeistlicher.

Vom II. Weltkrieg existiert nur eine Sammelmappe „Material zur Kriegschronik“ mit 20 z.T. in Steno beschrifteten Seiten, die Pfarrer GEORG REDENBACHER im Jahr begonnen hat. Sie bieten aber keine Informationen, die sich nicht auch an anderer Stelle finden.

mehr die Leute das Bewusstsein haben, dass man sie kennt und mit ihren Verhältnissen vertraut ist, desto mehr haben sie Zutrauen, desto mehr zeigen sie in der Regel auch Anhänglichkeit, desto mehr kann es durch Gottes Hilfe möglich werden, den einen oder anderen in seinem religiösen Leben vorwärts zubringen und Christo zu nähern. Es wird dieser Zugang zu den Herzen der Leute umso leichter werden, je mehr man sich auch zugleich um ihr leibliches Wohl und Wehe annimmt und so die Liebe, die alles trägt, verspüren lässt.

Allerdings, der Hemmnisse gibt es dabei immer noch genug. Das alltägliche Leben, die überkommenen Anschauungen und **Vorurteile**, der Hang zum **Aberglauben**, die Furcht vor dem **Gerede** der Leute, der Drang nach Verbesserung der es **äußeren Verhältnisse**, das **übertriebene Selbstbewusstsein** in Verbindung mit der **Selbstgerechtigkeit**, die **lässige Beaufsichtigung der Kinder und Dienstboten**, – das alles sind Momente, die nur hemmend und hindernd wirken können. Sie zu überwinden steht nicht immer in Menschenmacht, auch nicht immer in des Geistlichen Macht. Denken wir nur an das letztere Stück, an die **Kinderzucht**, wo ohne Erfolg auch durch andere Behörden schon Versuche zur Besserung gemacht wurden, obwohl eine Besserung in diesem Stück noch leichter erreichbar erscheinen möchte.

Es bleibt eben auch hier nur die Treue des einzelnen im Kleinen übrig, dass man wirkt in der Kraft des Herrn und unter seinem Segen. Und dazu möge der Herr in Gnaden helfen, damit auch diese Gemeinde, die nun schon viele Jahrhunderte besteht, sich immer wieder von neuem verjünge und dem Herren der Kirche eine Gemeinde darstelle, *„die herrlich ist, die nicht habe einen Flecken noch Runzel oder dergleichen, sondern die da heilig und unsträflich"* ist (Eph. 5, 27). Amen.

[Pfarrer Hans Schaller,
geschrieben nach Beginn des Ersten Weltkrieges wohl im Sept. 1914 oder später]

AM VORABEND DER URKATASTROPHE(N)
Weidenberger Geschichtsquellen

3. Die Geschichte von Weidenberg und Umgebung 1896 von Pfarrer Johannes Michael Einfalt

Radierung: Weidenberg um 1880

DRITTES BUCH:

„Die Geschichte von Weidenberg und Umgebung im Zusammenhang mit der Geschichte Oberfrankens“

von J. M. Einfalt, Pfarrer in Weidenberg

Bayreuth 1896.

Druck von Lorenz Ellwanger, vorm. Th. Burger

Eingelesen und überarbeitet von Jürgen Taegert

Originalheftchen im Format 16,5x11 cm (ähnlich Reblitz) mit 48 Seiten

Zur Person:

JOHANNES MICHAEL EINFALT, *29.12.1845 in Sachsbach, +26.6.1914 in Nürnberg, von 1894-1902 Inhaber der I. Pfarrstelle in Weidenberg

Weidenberger Obermarkt und Michaelskirche um 1900

INHALT

1. Die älteste Zeit (450-1200 n. Chr.)

a) Hermunduren und Slawen

In unserm jetzigen Franken wohnte zur Zeit der Geburt Christi der deutsche Stamm der Hermunduren. Ob diese Hermunduren die Thüringer sind, die um die Zeit von 450 n. Chr. ein mächtiges Reich hatten, das vom Thüringer Wald bis an die Donau reichte, ist unsicher.

Der Besitz des Landes war für diese **Thüringer** kein ruhiger. Denn infolge der Völkerwanderung drangen in Oberfranken slawische Völker aus Nordosten ein, von denen die Wenden das Land bis an die Rednitz und Aisch in Besitz nahmen. Das Land heißt daher zur Zeit Karls des Großen „Slawenland". Dazu gehörte auch das Fichtelgebirge mit seinen Ausläufern. Neben diesen Slawen sind aber aus früherer Zeit auch Deutsche sesshaft geblieben.

Dass aber das **slawische** Element sehr bedeutend war, ergibt sich daraus, dass viele Orte, Berge, Flüsse und Begriffe ihre Bezeichnungen, die ursprünglich slawisch sind, beibehalten haben. Es seien nur einige Beispiele angeführt. Der slawische Name „Kretschmar" bedeutet den Wirth, die Bezeichnung „Betz" für das Schaf bedeutet das „blockende" Tier. Vom slawischen Wort „Kum", d. h. Pferd, kommt die Bezeichnung Kummet, das zum Pferdegeschirr gehört. Das Wort „Pflug" ist slawisch; „Kulm" bedeutet den Berg, „KOLMREUTH" die Ausrodung am Berg, „LESSAU" bedeutet Aue am Forst, „DÖBERSCHÜTZ" (früher Doberseze) gute Ansiedlung, „GÖRSCHNITZ" die Ansiedlung unten am Berge.

Die Slawen waren gute Ackerbauern; man ließ sie um 750 sogar in solche deutsche Gegenden kommen, in denen der Ackerbau eingeführt oder verbessert werden sollte. Auch auf den Bergbau verstanden sie sich sehr gut; sie mögen ihn im Fichtelgebirge eingeführt oder doch in Schwung gebracht haben. Für die Sage, dass in alten Zeiten die Venediger daselbst ihn betrieben haben, fehlt jeder geschichtliche Nachweis (Henze).

Das Reich der Thüringer wurde aber bald, im Jahr 531, von den **Franken** zerstört, die sich im Kampf gegen die Römer aus mehreren deutschen Stämmen zusammenschlossen und anfänglich am Rhein wohnten. Sie nahmen auch das jetzige Franken in Besitz, das von ihnen seinen Namen hat.

Die Armeen KARLS DES GROẞEN kamen unter seinem Sohne LUDWIG bis an die Eger, Saale und Elbe; sie verheerten das von den Slawen angebaute Land und zwangen sie, ihm Tribut zu geben. Hierbei wurde ein Sorben- oder Wendenkönig namens NUSIKO getötet. Vielleicht liegt auf der KÖNIGSHEIDE bei WEIDENBERG ein Teil der in jenen Kämpfen gefallenen Völker.[289] Diese Königsheide ist ein großes, weites Feld (jetzt bewaldet), auf dem einmal ein König mit seinem Volk gefallen sein soll, welches auch die Gebeine bezeugen, die hin und wieder dort ausgegraben worden sind (Bruschius bei Henze S. 117f).[290]

b) Schlösser und Sagen

Eine Waldabteilung bei der Königsheide heißt jetzt noch das alte Schloss. Dort zeigen sich Naturfelsen, die für große Einbildungskraft den Eindruck einer Mauer machen können. Dort soll in ältesten Zeiten eine Befestigung gewesen sein. Selbst alte Geschichtsschreiber vermuten, dass dort ein Schloss, vielleicht gar die Residenz eines Königs gestanden habe. Das kann aber nur vermuten, wer die Lage und das Klima nicht kennt. Von einem Gemäuer oder Erdwall lässt sich keine Spur nachweisen. Doch kann die Bevölkerung der Weidenberger Gegend in den Stürmen der Völkerwanderung auf jener Höhe Zuflucht gesucht haben.

Von dieser Gegend gehen mancherlei **Sagen**:

Sophienthaler Holzhauer sollen dort einmal eine Brunnenstube und daneben eine Jungfrau in weißem Gewand gesehen haben, die ihnen Wasser darbot. Sie haben sich aber vor der hehren Erscheinung gefürchtet und seien geflohen. Als sie wieder nachsehen wollten, sei alles verschwunden gewesen.

Auch der wilde Jäger soll dort mit seinen Hunden sein Wesen getrieben haben. Einmal sollen zwei Weidenberger namens OECHSLER dort geholzt haben, als dieser Jäger dort vorbeizog. Einer der Oechsler habe einen niedlichen Hund in seinen Sack gesteckt. Der Jäger, den sie aber nicht sahen, habe gerufen: „Kinast, wo bist?“ Der Hund habe geantwortet: „Im Sack.“ Da habe der OECHSLER erschrocken ihn wieder laufen lassen.

Vielleicht schon die Slawen, sicherlich aber die Franken haben, um sich zu behaupten, **Schlösser** gebaut. Eigentliche umfängliche Schlösser hatten nur die Lan-

---

[289] Möglicherweise handelt es sich bei der Landschaftsbezeichnung „Königsheide“ aber auch um einen volkstümlich verballhornten Begriff, der, ähnlich wie bei dem nicht weit entfernten Waldstück „Königskron“, sich vom Ausdruck „Kien“ für die Kiefer herleitet und auf die früher hier heimische Gewinnung von Pech aus dem Harz der Kiefer hinweist, mehr dazu im Buch desselben Verfassers „Wo König und Herzog einfache Leute sind – Spurensuche Frankenpfalz“, S. 15f.

[290] Gemeint ist die Arbeit des lutherischen böhmischen Humanisten, Poeten und Geschichtsforschers KASPAR BRUSCH, latinisiert CASPAR BRUSCHIUS, der 1518 in SLAWKENWALDE bei Eger geboren wurde. Von seinen zahlreiche Reisen verfasste er viele historisch-geographische Landschaftsbeschreibungen, darunter auch eine über das Fichtelgebirge, die 1539 in Ulm erschien und jahrhundertelang maßgebend war. Mehr dazu unten im Kapitel über Johann Wills „Teutsches Paradeiß“.

desherren (Cadolzburg, Plassenburg, Nürnberg). Die Schlösser der gewöhnlichen Adeligen waren nur feste Häuser, im unteren Teil und in den Kellern gut gewölbt, meist mit einem in der Entfernung endenden unterirdischen Gang für etwa nötige Flucht; über den Gewölben waren noch ein oder mehrere Stockwerke; das Ganze war von einer festen Mauer[291] umgeben.

Neun solche festen Häuser[292] lassen sich im Pfarrsprengel WEIDENBERG aus alter Zeit nachweisen; ihre Gründungszeit ist nicht bekannt. Eine Befestigung befand sich auf dem **Schlosshügel** bei NEUHAUS bzw. SOPHIENTHAL; bei Ausgrabungen dort aufgefundene Gegenstände weisen auf die slawische Zeit zurück.

Als zweites zählen wir das **Schloss Wurzstein** am Pfeiferberg, bei dem Pfeiferhaus im Steinachtal.

Bei GOSSENREUTH soll das Schloss **Burgstall** gestanden haben. Der Platz ist noch deutlich zu erkennen. Zwei Schlossfräulein von dort haben nach der Sage, weil sie drei Tage im Wald irre gegangen waren und sich wieder zurecht gefunden hatten, das Geläute um 9 und 2 Uhr in WEIDENBERG gestiftet und hiefür die lange Wiese bei GOSSENREUTH vermacht. Unterhalb des Burgstalls sollen vor Jahrzehnten eichene Rinnen als Reste einer Wasserleitung gefunden worden sein. Die Sage erzählt, dort habe eine Magd einst Wasser geholt; in ihr Gefäß seien Kröten gehüpft, die sich nicht vertreiben ließen. Als sie das Wasser zu Hause ausgoss, hätten die Kröten sich in Goldstücke verwandelt.

Weiter gab es das **Schloss** in MENGERSREUTH, das früher Meingotsruith oder Meingersruit hieß.

In WEIDENBERG, das nach Will's Deutschem Paradies seinen Namen von den vielen Pappelweiden haben soll, die da wuchsen, waren in alter Zeit zwei Schlösser: Das Haus auf dem „**Gurtstein**", auch Kurtstein (Konradstein) genannt; das ist der Hügel, auf dem jetzt die MICHAELSKIRCHE steht. Die Gebäude haben wahrscheinlich den ganzen Platz östlich und westlich von der Kirche eingenommen, die früher eine (Schloss-)Kapelle war. Und das **obere Schloss**[293], etwas höher als der Gurtstein gelegen, später der Familie V. LINDENFELS gehörig.

Als das Schloss auf dem Gurtstein im Hussitenkrieg zerstört worden war, wurde stattdessen ein Schloss, **„das Haus im Garten"**, gebaut, im Winkel zwischen der Alten Bayreuther und Seybothenreuther Straße gelegen.

---

[291] Die Befestigung bestand meist wohl aus hölzernen Palisaden.
[292] Sie wurden aber durchwegs „Schlösser" genannt.
[293] Heute als „Altes Schloss" bezeichnet, von 1879-1931 Sitz des ehem. „Amtsgerichtes".

Ferner waren Edelsitze in **FISCHBACH** das jetzige Wirtshaus[294] und das **Schloss auf dem ROSENHAMMER,** jetzt[295] im Besitz des Gerbermeisters WEIGEL.

c) Christianisierung

Das Christentum hat in der Gegend verhältnismäßig spät Eingang gefunden. KARL DER GROẞE beschloss, unter anderem im südwestlichen Teil des heutigen Oberfrankens das Christentum einzuführen; er erteilte dem Bischof BERNWULF von WÜRZBURG den Befehl, im Lande der Slawen, die zwischen Main und Rednitz wohnten, Kirchen zu bauen, damit das Volk Orte hätte, wo es die Taufe empfangen, die Predigt hören und den rechten Gottesdienst feiern könnte. Der Bischof und sein Nachfolger beeilten sich aber nicht. Bischof HEINRICH bekannte i. J. 1005 in einem Gespräch dem Bischof von HALBERSTADT, dass er selten in diese Gegenden komme.

HOLLFELD und ALTENKUNSTADT darf man nach Osten als äußerste Grenze vorhandener Kirchen annehmen. Die Entstehung der Pfarrei HOLLFELD soll bis in das 8. Jahrhundert hinaufreichen. Die Kirche stand schon vor der Gründung des Bistums BAMBERG, und 1160 wird HOLLFELD die älteste Pfarrei auf dem Gebirge genannt.

Weiter oben am Main herrschte noch das Heidentum; denn wenn auch die von Franken besetzten Burgen Kirchen oder Kapellen in sich schlossen, so hatten diese doch keinen Einfluss auf die Bewohner des platten Landes, welche Heiden blieben.

Damit nun das Heidentum der Slawen zerstört würde und eine eindringliche Mahnung zum Christentum dauernd stattfände, beschloss Kaiser HEINRICH II., in BAMBERG ein neues Bistum zu errichten. Das geschah 1007; auch unsere Gegend mit WEIDENBERG wurde diesem Bistum zugeteilt (Dr. H. Weber). Aber die Ausbreitung des Christentums ging doch nur langsam vorwärts. Denn das Volk der Slawen war dem Heidentum sehr ergeben und zeigte große Abneigung gegen das Christentum.

Erst Bischof **OTTO,** DER HEILIGE (1103 - 1139), der ein ausgezeichneter Mann war und von den weltlichen Großen unterstützt wurde, griff das Werk mit vieler Umsicht und glücklichem Erfolg an und gründete Kirchen und Klöster, um der Bekehrung Dauer und Festigkeit zu geben. Kirchen und Kapellen wurden dabei gewöhnlich dahin gebaut, wo **heidnische Opferstätten** waren, denn die Neubekehrten besuchten dann die bereits lieb gewordenen Orte williger und waren dabei verhindert, dieselben zu heidnischem Gottesdienst zu gebrauchen. Waren aber die Plätze zum

[294] Tatsächlich wurde im Jahr 1936 das hier stehende Schloss abgerissen und an seiner Stelle das jetzt hier stehende bäuerliche Wohnhaus der Familie RAPS in Anlehnung an die alten Proportionen erbaut. Dabei wurde das alte Schlossportal mit dem Lindenfels-Wappen auf der Südseite mit eingebaut.

[295] D. h. um 1900.

Kirchenbau ungelegen, so bezeichnete man sie als teufelisch; daher die vielen Teufelsgraben und Teufelsbrunnen u. dgl. Von jener Zeit an treten die in Oberfranken neu gegründeten Kirchen urkundlich hervor (Stadelmann.)

Über WEIDENBERG ist bezüglich der Einführung des Christentums nichts Näheres bekannt. Wahrscheinlich gehörten die HERREN VON WEIDENBERG zu den adeligen Herren, die frühzeitig eine Schlosskapelle hatten. Vielleicht wurde die ST. STEPHANSKAPELLE im jetzigen Friedhof, bei welcher einige Mönche gewesen sein sollen, wie andere Stephanskirchen, schon im 12. Jahrhundert, also zur Zeit der Einführung des Christentums in Oberfranken, gegründet. Eine spätere kirchliche Nachweisung besagt um 1421, dass WEIDENBERG, wo ein Pfarrer, ein Pleban nämlich, also ein Weltpriester, der nicht zur Klostergeistlichkeit gehörte, und Frühmesser war, in kirchlicher Beziehung unter dem Bistum Bamberg und dem Erzdiakonat oder Dekanat Hollfeld stand.[296]

Dass im 12. Jahrhundert das Christentum in unserer Gegend eingeführt wurde, beweisen kirchliche Schenkungen, die um jene Zeit gemacht wurden. Es wurde nämlich 1150 urkundlich je ein Landgut in LESSAU und DÖBERSCHÜTZ dem Michaelskloster in Bamberg vermacht, ebenso 1156 (Bayr. Reg.). Auch wird (bei Weber, Bistum Bamberg) schon 1191 Meingersruit (MENGERSREUTH) eine Kirche zu den drei „Stäben“ genannt. Dort grenzten wahrscheinlich die Bistümer Passau (?), Regensburg und Bamberg aneinander.

2. Die Herren von Weidenberg (1200-1430)

a) Die Weidenberger und die Nürnberger Burggrafen

Die bekannten ältesten Besitzer von WEIDENBERG waren die **Herren von Weidenberg**. Die Adeligen nannten sich nämlich damals nach den Gütern, auf denen sie ansässig waren, also noch nicht nach dem Stammschloss ihrer Familie. Das Schloss Gurtstein „auf dem felsigen Hügel hinter der Kirche“ zu WEIDENBERG besaßen sie als freien, eigenen Besitz, das Schloss „Weidenberg“ (das „obere Schloss“ daselbst) hatten sie zu Lehen, zunächst von den Grafen (Herzogen) VON MERAN UND ANDECHS.

Diese WEIDENBERGER stammen nach jetzt allgemeiner Annahme, was hauptsächlich aus der Gleichheit der Wappen geschlossen wird (einem „blassen“, d.h. weißen Berg im roten oder blauen Feld), samt den Herren von KÜNSBERG und GUTTEN-

[296] Im Unterschied zur angrenzenden Frankenpfalz, die immer zu Regensburg gehörte.

BERG[297] von den Grafen von MERAN ab,[298] die zugleich Grafen von ANDECHS und BLASSENBERG (Plassenburg) waren und in Tirol, Lothringen, Oberbayern und auch in Oberfranken zu bedeutendem Landbesitz gekommen waren. Die WEIDENBERGER selbst besaßen in WEIDENBERG, seiner Umgebung, auch sonst in Oberfranken und der Oberpfalz, sehr bedeutenden Grundbesitz, was besonders aus ansehnlichen Schenkungen an verschiedene Klöster (SPEINSHART, WALDSASSEN, BERGHEIM) offenbar ist. Eine Folge davon mag es gewesen sein, dass noch im jetzigen Jahrhundert der SCHAFHOF bei WEIDENBERG das Weiderecht bis in die Gegend von Eger (!) besaß.

Der erste WEIDENBERG, welcher urkundlich i. J. 1223 genannt wird, war HERMANN, der als Ministeriale des Grafen OTTO VON MERAN bezeichnet ist.

Im Jahre 1241 vermachte EBERHARD VON WEIDENBERG in seinem Hause daselbst der Kirche zu SPEINSHART, wo seit 1145 ein Kloster bestand, drei Höfe in MUCKENREUTH.

Im Jahre 1248 starb das meranische Haus, zugleich GRAFEN ZU ANDECHS UND BLASSENBERG, aus. Die Herrschaft BLASSENBERG fiel nun an die GRAFEN VON ORLAMÜNDE, die Herrschaft CADOLZBURG und BAYREUTH an die BURGGRAFEN VON NÜRNBERG unter FRIEDRICH aus dem Hause Hohenzollern, und die Herrschaft GIECH an die GRAFEN VON TRUHENDINGEN (TRÜDINGEN). Die zu diesen Herrschaften gehörigen Ministerialen (adelige Herrn) gingen an die neuen Landesherrn über; die WEIDENBERGER sind von da an Lehensleute der BURGGRAFEN VON NÜRNBERG.

Wir sehen aber auch von da an die WEIDENBERGER vielfach am Hof dieser BURGGRAFEN ZU NÜRNBERG. Sie waren häufig Zeugen, Vermittler und Bürgen bei Rechtsgeschäften. KONRAD VON WEIDENBERG wird um 1346 sogar als vertrauter Freund des Burggrafen bezeichnet. Mehrere WEIDENBERGER waren um jene Zeit aus burggräflichem Auftrag Vögte in BAYREUTH.

1387 ist KONRAD VON WEIDENBERG Hofmeister (Minister würden wir vielleicht sagen) des Burggrafen. 1359 bestellte BURGGRAF ALBRECHT zu Vormündern seines Sohnes neben zwei anderen Adeligen auch HERMANN VON WEIDENBERG. 1373 war KONRAD VON WEIDENBERG Zeuge, als der Burggraf die Stadt HOF und das Land zu Regnitz vom Vogt zu WEYDA um 8100 Groschen kaufte. 1376 war KONRAD VON WEIDENBERG Amtmann (Vogt) in HOF.

Auch sonst befanden sich diese Herren in hervorragenden Stellungen; 1309 war FRIEDRICH VON WEIDENBERG Richter in CULM. Auch zur Beilegung von Streitigkeiten wurden sie als Schiedsrichter angerufen. So schlichtete der letztgenannte FRIED-

---

[297] Die Ehefrau BARBARA des 1412 genannten HERMANN VON WEIDENBERG war eine geborene VON GUTTENBERG. Diese führen im Wappen eine Rose.

[298] Das ist nicht korrekt; sie waren nur „Ministeriale“, d.h. Hausbeamte dieser Herren. Daraus bildete sich ihr Stand des ritterbürtigen (Nieder- oder Land-)Adels.

RICH gemeinsam mit drei anderen einen Streit zwischen dem Abt des Klosters SPEINSHART und GEBHARD VON ERLBACH wegen ihrer Güter in Preußen 1309 u. s. w.

b) Nachrichten über die Weidenberger

Es seien auch einige Nachrichten, welche die WEIDENBERGE selbst betreffen, verzeichnet. 1257 verzichtete „Kunradus de Widinberc“ (KONRAD VON WEIDENBERG) dem Kloster WALDSASSEN (gegründet 1128) gegenüber auf mehrere Höfe in CHANTRON, PLEIßEN, STERZ und auf die Steinmühle, aber nicht auf die Güter in STERZ, PILGRAMSREUTH und SMELITZ.

1359 verkaufte KONRAD VON WEIDENBERG im Namen seines Bruders HERMANN und der Kinder seines seligen Bruders FRIEDRICH die Feste HARTECK und die Dörfer HARTECK, ALBERNREUTH, SCHACHTEN, PFODEM, GOSEL und MUGEL an das Kloster WALDSASSEN um 3060 Pfund Heller.

1339 stellten die Brüder KONRAD, HERMANN und FRIEDRICH VON WEIDENBERG dem BURGGRAFEN JOHANN II. wegen ihrer Rechte in WEIDENBERG für seinen halben Teil den Lehensrevers aus. Es waren aber damals unsichere Zeiten, und besonders nach dem Ableben des Vaters war den Kindern, wenn sie nicht unter mächtigem Schutze standen, ihr väterliches Erbe und der Witwe ihr Besitz nicht sicher.

Daher machte 1412 HERMANN VON WEIDENBERG, wie manche andere Adelige, auch seinen freien Besitz Gurtstein zum Lehen „samt allem Wald und aller Zugehörung“ (Schloss WEIDENBERG war schon bisher burggräfliches Lehen des Reichs gewesen), sodass er und seine Erben und Nachkommen männlichen Geschlechts dasselbe fernerhin als Mannlehen nehmen und empfangen sollten.

1415 verlieh BURGGRAF JOHANN III. dem KLAS (NIKOLAUS) VON WEIDENBERG den dritten Teil des Schlosses und Marktes zu WEIDENBERG, das Kirchenlehen und was er Lehen hat zu WEIDENBERG, MENGERSREUTH, Heißleich (HEßLACH), GÖRSCHNITZ, GOLDKRONACH, Gorein (GÖRAU), Nedmarsdorf (NEMMERSDORF).

Zur Zeit der WEIDENBERGE wird auch das benachbarte MENGERSREUTH, damals Meingotsruith, öfters genannt. 1335 verkaufen drei Brüder von MENGERSREUTH und zwei Brüder von Sackenreuth den Ort SACKENREUTH an das Kloster LANGHEIM. 1355 ist TITZ VON MENGERSREUTH Siegler einer Urkunde. 1358 vermacht HEINRICH VON MENGERSREUTH seiner Ehewirtin ANNA MEYNER 80 Pfund Heller auf seinem Gut TREBGAST. 1416 gelobt MATHEIS VON MENGERSREUTH, den Bürgern von NÜRNBERG zwei Jahre mit sechs Pferden zu dienen. 1418 bekennt derselbe, dass ihm der Rat der Stadt Nürnberg seinen Sold richtig bezahlt habe. 1416 gehörte MENGERSREUTH der Familie der „Großen“. 1550 besaß dasselbe JOBST VON KÜNSBERG, später kam es an die Markgrafen.

Das **„Schloss"** in MENGERSREUTH hat in seinem unteren Teil auffallende Ähnlichkeit mit dem 1. Pfarrhaus in WEIDENBERG. Da es sehr baufällig war, wurde es teilweise abgebrochen und ein Stockwerk niedriger (1896) wieder aufgebaut.

3. Die Herren von Künsberg in Weidenberg (1430-1650)

a) Künsberger; Burggrafen und Hussitenkrieg; Bergbau

Der 1412 genannte HERMANN VON WEIDENBERG und seine Ehefrau BARBARA, eine geborene VON GUTTENBERG, hatten keine männlichen Nachkommen, wohl aber eine Tochter namens BARBARA, welche sich mit ADRIAN VON KÜNSBERG verheiratete.

Nun war 1378 ein Teil von WEIDENBERG (das obere Schloss) an MICHAEL VON SECKENDORF-RINHOFEN verkauft oder verpfändet worden. ADRIAN VON KÜNSBERG löste denselben mit 1.000 Gulden ein; der Burggraf verschrieb ihm 800 Gulden im Jahr 1412. Dabei war dem Burggrafen das Recht eingeräumt, dass, wenn HERMANN VON WEIDENBERG ohne „Leibeslehenserben" abgegangen sei, das „Schloss WEIDENBERG und Gurtstein mit dem Wald und allen Zugehörungen" von ADRIAN VON KÜNSBERG und BARBARA VON WEIDENBERG und ihren Erben und Nachkommen jederzeit um 800 Gulden wieder zurückgekauft werden könne, unbeschadet der Vermachungen, die HERMANN VON WEIDENBERG zugunsten seiner Ehefrau BARBARA gemacht hatte. HERMANN starb um 1416 ohne männlichen Erben. (Monum. Zoller.)

Nun kam aber für das Burggrafentum und auch für WEIDENBERG eine sehr schlimme Zeit. Weil BURGGRAF FRIEDRICH VI. oder als KURFÜRST FRIEDRICH I., welcher auf dem Marktplatz zu KONSTANZ mit der Mark Brandenburg und der KURWÜRDE belehnt wurde, auf dem Konzil zu KONSTANZ [1414-1418] gegen HUS tätig war und weil er die Führung des Krieges gegen die Hussiten übernehmen musste, so fielen die **Hussiten** unter Prokops Führung mit 50 000 Mann Fußvolk und 40 000 Reitern in Franken ein [1430] und verheerten das ganze Land. Nur WUNSIEDEL widerstand; dagegen HOF, BAYREUTH, KULMBACH, CREUßEN, NEUSTADT/Kulm und auch WEIDENBERG wurden in Asche gelegt und die Einwohner niedergemacht.

Zur Führung des Kriegs gegen die Hussiten hatten im Jahr 1421 auch die Geistlichen ihre Beiträge zahlen müssen. Die Steuer des Geistlichen des Kapitels „Hohlfelt" betrug 180 Gulden. Der **Pleban von Weidenberg** musste dazu 6 Gulden, der **Frühmesser** daselbst 1 Gulden beisteuern. Der Pleban von BIRK bezahlte 2, der von NEUNKIRCHEN 1 Gulden (Weber, Bistum Bamberg).

Bei diesen schlimmen Verhältnissen wurde das Besitzrecht von Weidenberg erst

1446 geordnet, in welchem Jahr Markgraf JOHANNES DER ALCHEMIST den ADRIAN VON KÜNSBERG und seine Gemahlin BARBARA mit dem „Schloss WEIDENBERG und Gurtstein samt dem Wald und allen Zugehörungen“ belehnte, ausgenommen das Halsgericht, das Gold- und Silberbergwerk und das geistliche Lehen, nämlich die Pfarr- und Frühmesse. Auf diese Weise kamen die Weidenberger Güter in den Besitz der Familie **KÜNSBERG**, deren eine Linie sich von daher die Weidenberger nannte.

Um jene Zeit war der **Bergbau** in Verfall geraten. Er muss früher geblüht haben, weil der Markgraf 1446 sich die Weidenberger Bergwerke vorbehielt. Markgraf ALBRECHT ALCIBIADES ließ sich später die Hebung des Bergbaus sehr angelegen sein. Es wurde um 1450 eine Berggesellschaft gegründet, an welcher mehrere Fürsten, viele adelige Herrn und Privatleute sich beteiligten.

Die zusammengelegten Gelder wurden meist auf die **Weidenberger Bergwerke** verwandt. Der Markgraf verordnete KASPAR KÜRSCHNER zum Hauptmann dorthin. Die Werke auf der Platte bei WEIDENBERG, die reiche Zeche im Pfeiferwald, die Werke auf der wilden Reuth „zu den drei Brüdern“, „zur Heiligen Dreifaltigkeit“, „zu den drei Wölfen“, „zu St. Georgen“ gaben reiche Ausbeute in **Gold, Silber und Eisen**.

Die äußerst unruhige Regierung dieses Markgrafen schadete dem Bergbau aber sehr, und die Bergwerke kamen in Verfall. Denn da die Bezahlung ausblieb, so entliefen die Bergleute und sonstigen Arbeiter, die Schächte gingen ein und verfielen. Man weiß das besonders von den Weidenberger Werken. Nach Albrechts Tod [1557] suchte GEORG FRIEDRICH dem Bergbau wieder aufzuhelfen; während aber derselbe bei GOLDKRONACH einen neuen Aufschwung nahm, scheint für die Weidenberger Werke nichts geschehen zu sein (Manuskript in Bambergs öffentlicher Bibliothek).

Das **Schloss Gurtstein** lag nach dem Hussitenkrieg in Asche (über das obere Schloss ist nichts aus jener Zeit bekannt) und wurde nicht wieder aufgebaut; es stehen jetzt auf dem Gurtstein die Kirche, mehrere Privathäuser und das I. Pfarrhaus, welches in seinem untern gewölbten Teil aus der Zeit der HERRN VON WEIDENBERG stammen dürfte. Die KÜNSBERG bauten sich stattdessen ein neues Schloss, **„das Haus im Garten“** (s.o.) genannt, auf dem Platz, den jetzt zum Teil das Weidenberger Kommunbrauhaus einnimmt, zwischen der Bayreuther und Seybothenreuther Straße.

b) Lebensverhältnisse im 15. Jh.

Hier mögen einige **kulturgeschichtliche Bemerkungen** aus Längs neuerer Geschichte des Fürstentums BAYREUTH wertvoll sein:

Adel und Bauern:

Um 1450 war ein unzählbarer Adel über das ganze Land ausgesät. Die KÜNSBERG besaßen außer WEIDENBERG noch ALTENCREUßEN, ALTENKÜNSBERG (ihr Stammschloss), EMTMANNSBERG und SCHNABELWAID. Auf vielen Gütern saßen die Bauern um das halbe Korn, wovon sie Halbbauern hießen. Andere Bauern besaßen das Kaufrecht, d. h. sie durften ihre Güter um einen gewissen Preis, 20-40 Gulden, verkaufen, mussten aber vom Gulden einen Groschen an den Gutsherrn abgeben. Von Leibeigenschaft findet sich wenig Spur. Viele Bauern waren Abkömmlinge echt adeliger Familien.

Rechtspflege:

Die Rechtspflege war damals sehr streng; Fälscher, Mordbrenner, Kirchenräuber, Ketzer, Zauberer, Giftmischer wurden nach Bayreuther Stadtrecht verbrannt, oder wenn es Frauen waren, lebendig begraben. Straßenräuber wurden mit dem Schwert hingerichtet, Diebe an den Galgen, Verräter an einen Baum gehängt, Meineidigen wurden zwei Finger abgehauen, Falschspielern wurden die Augen ausgestochen oder das Gesicht gebrandmarkt, Felddiebe wurden an den Pranger gestellt.

Lebenshaltung:

1446 kostete das Pfund Schweinefleisch 5 Heller; eine Bratwurst, 1 Pfund schwer, 1 Pfennig, 1 Pfund Rindfleisch vom besten 2 Pfennig. (1506 empfand man schon die Steigerung der Preise; 1 Ochse kostete 6 Gulden, eine Kuh 4 Gulden, 1 Pfund Rindfleisch 4 Pfennig). Die Löhne waren hoch; ein Taglöhner verdiente täglich 18 Pfennig; der geringste Soldat erhielt 8 Pfennig, den Preis von 4 Pfund Rindfleisch.

Alle Mittwoch und Samstag pflegten die Bäcker frisches Brot zu backen, in der Fastenzeit Fastenbrezen. 1 Maß Kulmbacher Wein kostete 6 Pfennige. Der Edelmann und Pfaff durften nur so viel Bier brauen, als sie zu ihrem Haustrunk brauchten; das übrige platte Land musste sein Bier aus der Stadt holen, für welches die Brauerei einen der einträglichsten Nahrungszweige ausmachte.

1448 war ein schrecklich dürrer Sommer, dass Bäche und Quellen versiegten.

Seit 1446 wird Holz aus den Weidenberger Waldungen nach BAYREUTH geflößt.

c) Bauernkrieg

Markgraf CASIMIR zog um 1525 zum Krieg nicht mehr die **Ritter** heran, sondern seine Soldaten wurden **aus dem Volk ausgelost** und nach einer Dienstzeit von einem oder zwei Monaten wieder entlassen, so dass ein verhältnismäßig bedeutendes Heer aufgestellt werden konnte. Die militärpflichtige Mannschaft betrug 13.800 Mann bei einer Gesamtbevölkerung von 55.200 Seelen im Bayreuther Land. Der Adel zählte 7.100 Seelen. Auf 60 Seelen traf ein Pfaff und ein Jude, auf 30 Seelen ein

Edelmann,[299] ein Drittel der Bevölkerung wohnte in Städten.

Zur Zeit des **Bauernkrieges** (1524-1525), der in den benachbarten westlichen Ländern viel Unheil anrichtete, hielt sich die oberfränkische Bevölkerung vom Aufruhr frei. Die Bauern leisteten jedoch dem Heeresaufgebot keine Folge, sie fischten in verbotenen Wassern, liefen mit Trommeln herum und zogen an etlichen Orten, wie z. B. in WEIDENBERG, vor die geistlichen und adeligen Häuser und ließen sich Bier und Fleisch herausgeben.

d) Sitte und Religion am Vorabend der Reformation

Der sittliche und religiöse Zustand war in jener Zeit auf einer niedrigen Stufe. LAYRITZ[300] sagt (1795) in einer lateinischen Festschrift von der Zeit vor der Reformation, dass das „heilige Amt“ nicht frommen und lehrhaften Männern, sondern Rittern und den Lüsten ergebenen Leuten übertragen wurde, die das höfische Leben nachahmten und in mancherlei Lüsten lebten. Aus den 1486 bei Antritt der Regierung des Markgrafen SIGMUND gemachten Konzessionen geht hervor, dass die Geistlichen allenthalben Konkubinen und Bekannte hatten. Sie versäumten den Unterricht des Volkes gänzlich, lebten an den Höfen und in Städten und ließen sich, so z. B. auch der Pleban von WEIDENBERG, von Vikaren in ihren Pfarreien vertreten.

Die Plebane, die Weltgeistlichen, verstanden nicht zu predigen, öfters nicht einmal ihren Namen zu schreiben und setzten statt desselben das Kreuzeszeichen unter die Urkunden. Unter diesen Verhältnissen war es nicht verwunderlich, dass das Volk in größter Unwissenheit und blindem Aberglauben dahinlebte, der Gottesdienst zu leerem Zeremonienwesen wurde und die Gottlosigkeit überhandnahm.

Die rechte Erkenntnis Gottes war verbannt, die Kenntnis der Gnadenmittel geächtet, die Schätze des göttlichen Wortes waren verborgen, um Geld kaufte man Sündenvergebung, die Sünde war erlaubt, wenn man nur um Geld Ablass kaufte, und schon zu Karls des Großen und Ludwigs des Frommen Zeiten wurde fromm genannt, wer durch die Macht vielen Geldes gegen Pfaffen und Klöster wohltätig war. Wer hätte in solchem Jammer nicht bessere Zeiten herbeigewünscht? Diese besseren Zeiten brachen mit der Reformation an.

---

[299] Nach obigen Zahlen müsste die Rechnung für das Bayreuther Land eigentlich lauten: Auf acht Seelen ein Edelmann.

[300] JOHANN GEORG LAYRITZ, 1647 in Hof geboren, 1716 in Weimar verstorben, war ein anerkannter lutherischer Universalgelehrter. – Mehr dazu bei den Anmerkungen zum „Teutschen Paradeis“ von JOHANN WILL.

e) Reformation

Über die **Einführung der Reformation** in unserer Gegend ist wenig bekannt. In den Jahren 1528-1532 kam sie zur Durchführung.

Am Sonntag Kantate 1528 erging das Gebot, „die Pfaffenmägde und unehelichen Beisitzer abzutun". 1531 befahl der Markgraf in einem allgemeinem Ausschreiben, man solle die Kirchen fleißig besuchen und Gott in der Litanei täglich anrufen, dass er seinen Zorn abwende, insonderheit solle man sich der Gotteslästerung und des Zutrinkens enthalten, unter der Predigt keinen Branntwein feil haben, während des Gottesdienstes nicht auf dem Kirchhof stehen, beim Läuten der Sperrglocke nach Hause gehen.

Der erste protestantische Pfarrer in WEIDENBERG war ULRICH STAHEL.

Auch sämtliche KÜNSBERG-Familien wurden protestantisch und blieben bei dieser Konfession. Nur die GUTTENTHAU-KIRMSEESER Linie in der oberen Pfalz „blieb katholisch,"[301] und DIETRICH SIGMUND von der WERNSTEINER Linie trat 1720 zur römischen Kirche zurück.

Kaiser KARL V. gab sich viel Mühe, die Lutherischen zur römischen Kirche zurückzuführen; unter anderem erließ er 1547 das „Interim", eine Verordnung, durch welche einiges vom römischen Wesen bei den Evangelischen einstweilen eingeführt werden sollte, bis ihnen das Ganze wieder aufgezwungen werden könnte. Markgraf ALBRECHT ALCIBIADES wollte dasselbe annehmen. Die Pfarrer aber sträubten sich dagegen, sie wollten lieber vom Amt gesetzt sein; das Interim musste unterbleiben.

f) Lebensverhältnisse im 16. Jh.

1542 wurde eine Türkensteuer erhoben. Hiebei gab DIETZ VON WEIDENBERG[302] sein Vermögen auf 800 Gulden an. Derselbe scheint der Vermögendste gewesen zu sein. Es ist auch eine Familiendenkmünze vorhanden mit den Umschriften: *„Die*

---

[301] Das ist nicht korrekt; vielmehr, nachdem das Gebiet der Oberen Pfalz nach der Schlacht am Weißen Berg 1620 an die Bayer. Wittelsbacher gefallen war, war seitdem das ganze Land einer strengen und konsequenten Rekatholisierung ausgesetzt. Viele Adlige und Hammerbesitzer, die evangelisch bleiben wollten, zogen damals eine Auswanderung in evangelische Nachbargebiete vor, was in der oberen Pfalz im einst blühenden „Ruhrgebiet des Mittelalters" zu einem unerhörten wirtschaftlichen Aderlass führte. Wer bleiben wollte, wurde gezwungen, wieder katholisch zu werden, so auch im Jahr 1629 dieser Zweig der KÜNSBERGER, die wegen der besseren Böden von Kirmsees nach Guttenthau gezogen waren und dort dann im 18. Jh. ihr Schloss neu bauten. – Mehr zu diesem erschütternden Drama in: AUGUST SPERL, Der oberpfälzer Adel und die Gegenreformation, in VJSchr. f Wappen, Siegel und Familienkunde, S. 339-487.

[302] Die Familie DIETZ war zu dieser Zeit noch nicht geadelt, strebte aber nach dem Titel.

Dietzen in Weidenberg und die Sammet in Weidenberg" und mit den Wappen dieser Familien. Die Denkmünze wurde wahrscheinlich aus Anlass einer Vermählung um das Jahr 1600 geprägt.[303]

Um 1560 betrug der Wochenlohn eines Handwerkers 1 Gulden, ein Ochse kostete 14-21 Gulden, eine Kuh 11-14 Gulden, ein Pfund Rindfleisch 10 Pfennige und ein Taglöhner konnte sich um seinen Taglohn 3 ½ Pfund Rindfleisch kaufen, 1 Pfund Brot kostete 2 Pfennige. – 1571 war eine große Teuerung. Das Simra Korn, woraus 480 Pfund Brot gebacken wurden, kostete 10-12 Gulden, die Bäcker durften es um 14 Gulden verbacken.

An Bier wurden im Bayreuther Land jährlich 75 000 Eimer gebraut, was bei einer Bevölkerung von 53 000 Seelen auf den Kopf jährlich 90 Maß betrug.

1540 war ein so trockener Herbst, dass in Bayreuth das Trinkwasser auf 4 Pfennige (für die Maß?) stieg.

Auch dem **Bergbau** wurde wieder neue Sorgfalt zugewendet. 1579 wurde der Stollen auf der Platte bei WEIDENBERG getrieben und dort „das bescherte Glück" und „die Hülfe Gottes" gebaut. 1585 wurden dort 417 Zentner Eisen gewonnen. Der Zentner kostete 3 Gulden. Die Bayreuther Bergwerke missfielen aber dem Bergmeister HANS TRAPP von TARNOWITZ; alles sei klein, baufällig und mit überfälligen Kosten veranstaltet. Um das Jahr 1600 kam der Zentner Eisen schon auf 7 Gulden zu stehen. Die größten Eisenwerke hatten die GÖSCHEL zu WEIßENSTADT und die KUNER zu WEIDENBERG auf dem Frankenhammer.

Von der Familie der HERRN VON KÜNSBERG kann aus jenen Zeiten nicht viel be-

---

[303] Ab 1545 finden sich die Spuren der Weidenberger Familie DIETZ, die in der Reformationszeit evangelisch geworden war, auch in der benachbarten Frankenpfalz. Ihre Anwesenheit ist ein wichtiges Element der Geschichte der Evangelischen in der heute wieder überwiegend katholischen Frankenpfalz. Die DIETZ erbten aufgrund verwandtschaftlicher Beziehungen das Dorf LIENLAS „mit allen Freiheiten und Gerechtigkeiten, lebendigen und toten Zehenten". 1597 erwarben sie den Zehenten von FUCHSENDORF und erreichten damit ihr lang erstrebtes Ziel, geadelt und somit Landsassen zu werden. Die von Pfr. EINFALT erwähnte Gedenkmünze dürfte an diesen Vorgang erinnern. Sie wohnten im Schloss FUCHSENDORF, das heute noch als Gaststätte besteht.

Das Wappentier der DIETZ ist der Greif, das geflügelte Fabelwesen mit Adlerkopf und Löwenkörper, das Sinnbild der Macht. Sie ließen es auch an der oktogonalen Tragsäule der Wendeltreppe einmeißeln, die den Aufgang zur Adelsloge in der alten, zu dieser Zeit evangelischen Kirche ST. JAKOBUS D. Ä. in KIRCHENPINGARTEN bildete. In der Zeit der Gegenreformation wurde das Wappen übermalt, aber beim Neubau der Kirche Ende des 17. Jh. und auch bei Renovierungen nicht beseitigt. Das Wappen ist von der Sakristei aus heute noch sichtbar, aber nur Insidern bekannt. – Vergl. auch die Erwähnungen der Familie Dietz oben S. 78, Anm. 91, S. 79, Anm. 92, S. 302, Anm. 254. Mehr zu diesem Geschichtskomplex im meinem Buch Spurensuche Frankenpfalz, S. 86 ff und 160 ff.

richtet werden. Die Familie hatte ihre Gruft in der MICHAELSKIRCHE. An der Südseite gegen Osten befindet sich eine Inschrift auf steinerner Tafel: *„Anno Domini 1582 den 27. März zwischen 6 und 7 Uhr ist in Gott verschieden der edel und veste Sebastian von Kinsberg, dem Gott genade."*

Das Dorf WARMENSTEINACH verdankt, wenn auch nicht seine Begründung, so doch seine weitere Ausdehnung den HERRN VON KÜNSBERG. Diese ließen dort mehrere Waldplätze ausreuten und Häuser mit Feldgütern anbauen, was aus einem Regress erhellt, der im Jahr 1627 zwischen dem Markgrafen und WOLF ADRIAN VON KÜNSBERG errichtet wurde. 1594-1598 wurde dort ein erstes Kirchlein erbaut. Der evangelische Gottesdienst und dieses Kirchlein sind aber wieder eingegangen, denn man suchte die Leute nach OBERWARMENSTEINACH und zum katholischen Gottesdienst zu zwingen.[304] Sie wollten sich aber nicht dazu bequemen und besuchten die Gottesdienste in BISCHOFSGRÜN, GOLDKRONACH und WEIDENBERG.

g) Im Dreißigjährigen Krieg

Im Dreißigjährigen Krieg hatte WEIDENBERG durch Krieg und Pest nicht minder zu leiden, als das ganze Land. In den ersten 15 Jahren desselben scheint WEIDENBERG zwar noch wenig gelitten zu haben, wurde doch das früher von Rotenhan'sche,[305] jetzt Weigel'sche Haus auf dem ROSENHAMMER im Jahre 1628 neu gebaut.[306]

Im Jahre 1633 aber, am Freitag vor dem Palmsonntag, fielen die **Kroaten** unversehens in den Markt ein, eben als man Hans Geigers Eheweib zu Grabe geleiten wollte; sie erschossen und erwürgten etliche Bürger, plünderten den Markt und steckten ihn allerorten mit Feuer an, dass auch die Leiche auf dem Platz mit verbrennen musste, und führten viele Manns- und Weibspersonen gefänglich nach KEMNATH. [Es spricht manches dafür, dass diese Wegführung über die alte Heerstraße auf der Bocksleite geschah, wie dann auch KRÖLL in seiner Geschichte Weidenbergs vermutet,[307] sodass das dort an der Kreuzung mit dem Lessauer Kirchweg

---

[304] Noch heute verläuft eine scharfe Konfessionsgrenze im Tal der Steinach oberhalb von Warmensteinach, die auch bei der Bevölkerung zu unterschiedlichen Mentalitäten führt. Sie resultiert aus der wirkungsvollen Grenzziehung von 1620 nach der verlorenen Schlacht auf dem Weißen Berg, die auch eine strikte und dauerhafte konfessionelle Grenze nach sich zog.

[305] Dies ist eine zwar verbreitete, aber falsche Zuschreibung nach dem Wappen des roten Hahns am Haus; tatsächlich ist es das Allianzwappen der Hammerherrenfamilien SCHREYER und WOLF, die den Rosenhammer seit dem 16. Jh. besaßen.

[306] Dieses Hammerherrenhaus wurde tatsächlich schon vor dem Dreißigjährigen Krieg um 1615 neu gebaut; der Turmanbau erfolgte laut Inschrift auf dem hier angebrachten Wappen 1626.

[307] S. 89, allerdings dort mit der falschen Jahreszahl 1644. Es muss tatsächlich 1633 heißen. Von diesem Gefecht mit den Kroaten berichtet auch KARL DILL in seiner Broschüre „Die alten Flurdenkmäler des Landkreise Bayreuth" 1970, S. 19, mit Angabe der korrekten Jahreszahl.

aufgestellte Steinkreuz durchaus in Zusammenhang mit diesem Geschehen stehen könnte.]

1634 starben an der Pest in WEIDENBERG 327 Personen. Fünf Brüder finden sich im Totenregister nacheinander eingetragen. Unter den Verstorbenen war JOHANN TRAUTNER, welcher achtunddreißig Jahre Diakonus allhier war, seine Frau und eine Tochter; ferner Bürgermeister WOLF, auch Jobst BERNHARD VON KÜNSBERG (am 7. Oktober beerdigt). Alle wurden ohne Predigt, also in der Stille begraben, auch der HERR VON KÜNSBERG.

Dieser JOBST BERNHARD VON KÜNSBERG, der letzte seiner Linie, war zwei Jahre vorher in BAYREUTH, wo er ein Burggut besaß, von den Kaiserlichen gefangen und als Geisel mit zweiundzwanzig anderen angesehenen Einwohnern fortgeschleppt worden. Erst drei Monate nachher kam er mit den anderen wieder nach Bayreuth in traurigem Zustand zurück, nachdem das geforderte Lösegeld von 10.000 Reichsthalern bezahlt war. Im nächsten Jahr wurde sein Schloss in WEIDENBERG eingeäschert und er auf diese Weise seiner Wohnung beraubt, so dass er in WARMENSTEINACH wohnen musste, wo er starb.[308]

Der damalige l. Pfarrer JOHANNES FLEISNER konnte wegen der Kriegsstürme nicht in WEIDENBERG bleiben; er starb zu BAYREUTH an der Pest 1633. Nach ihm wurde 1634 BALTHASAR GEIẞLER zum Pfarrer ernannt; er konnte aber wegen großer Kriegsgefahr die Pfarrei nicht beziehen und starb zu BAYREUTH an der Pest. Ähnlich erging es dem Pfarrer EBERHARD NÜZEL.[309]

Die Durchmärsche, Einquartierungen, Plünderungen, Erpressungen, das Brennen und Morden dauerte im Lande fort, bis der Markgraf CHRISTIAN (1635) dem Prager Frieden beitrat, worauf das Land sich wieder einigermaßen erholte und die Geschäfte des Friedens wieder vorgenommen werden konnten.

1637 brannte die MICHAELSKIRCHE ab; es sollen die alten Pfarramtsakten mit ver-

---

[308] Der genaue letzte Wohnsitz und Sterbeort des pestkranken JOBST V. KÜNSBERG wird nicht genannt. Es könnte einerseits die BURG WURZSTEIN nahe dem Pfeiferhaus im Tal der Steinach kurz vor Warmensteinach gewesen sein, die im Besitz der Familie V. KÜNSBERG war. Noch im Jahre 1679 wurde dieses „Alte Schloss im Wurzbach“ anlässlich einer Bergwerksbesichtigung erwähnt. Bei seinen Besichtigungen vor dem Jahr 1692 fand der Creußener Pfarrer Magister JOHANN WILL aber nur noch die „Rudera des alten Schloss Wurzstein“, also die Ruinen der Burg, vor (s.u.).

Andererseits besaßen die KÜNSBERGE nach den obigen Notizen im Bereich von WARMENSTEINACH auch mehrere gerodete Waldplätze, auf denen Häuser mit Feldgütern standen. Möglicherweise hat der Adlige hier seine letzte Stunde erlebt..

[309] Diese Nachricht dürfte so nicht zutreffen. Dieser Verweser und Kaplan war nach seiner Zeit in Weidenberg noch eine Zeit lang Pfarrer in LENK und verstarb erst kurz vor seinem Aufzug nach TRUMSDORF.

brannt sein. Was die Ursache des Brandes war und wann die Kirche wieder aufgebaut wurde, ist unbekannt. Erst der Pfarrer J. G. HARLES konnte sich wieder von 1637 an in WEIDENBERG aufhalten. Er starb 1652. Sein Monument steht am oberen Eingang des 1. Pfarrhauses. – Dass der endgültige Friedensschluss mit großer Freude aufgenommen wurde, braucht nicht weiter bemerkt zu werden.

Den evangelischen Glauben auszurotten, in dieser Absicht wurde der Dreißigjährige Krieg begonnen. Das misslang. Einige Ortschaften, die früher zu WEIDENBERG gehörten,[310] wurden jedoch mit Gewalt zur römischen Kirche zurückgeführt. Die beiden Ortschaften MUCKENREUTH und KIRMSEES wurden im Jahr 1629 von der Pfarrei WEIDENBERG abgerissen und der Pfarrei Kirchenpingarten einverleibt. Die Einwohner von KIRMSEES folgten dem Beispiel des dortigen Gutsherrn, eines HERRN VON KÜNSBERG, und kehrten sich frühzeitig zur katholischen Kirche.[311]

Die Muckenreuther aber hielten noch einige Zeit bei ihrem evangelischen Glauben aus und konnten nur nach und nach dahin gebracht werden, vom Evangelium sich abzuwenden. 1658 fand die **letzte Trauung und Kindstaufe** aus MUCKENREUTH in WEIDENBERG statt.

1638 wurde in WEIDENBERG Frau MARIA SALOME beerdigt, des Junkers HANS JACOB HUND auf THUMSENREUTH Ehefrau, welcher man dort, weil sie standhaft am evangelischen Glauben festhielt, ein christliches Begräbnis versagte.

1655 und 1671 wurde in der benachbarten katholischen Oberpfalz angeordnet, dass kein Unkatholischer im Lande geduldet werden sollte und alle katholischen Dienstboten von den lutherischen Orten zurückkehren sollten (v. Lindenfelsisches Archiv in Reislas).

---

[310] Gemeinte ist die einstmalige kirchliche Zugehörigkeit der Frankenpfalz zum Pfarrsprengel Weidenberg seit der Reformation.

[311] Diese Notiz ist nicht ganz korrekt. In KIRMSEES blieb vielmehr die Schlossbesitzerin AMELIE KATHARINA V. KÜNSBERG, geb. V. SCHAUMBERG, ihrem lutherischen Glauben bis an ihr Lebensende treu und wurde nach ihrem Ableben am 25. Dez. 1697 in den Weihnachtstagen mit dem Schlitten nach WEIDENBERG gefahren und auf dem Friedhof St. Stephan beerdigt, was seinerzeit den Protest des katholischen Pfarrers vom Mockersdorf hervorrief, der sich als „eigentlich zuständig" betrachtete.

Auch von dem Kirmseeser Bürger ANDREAS SPORN weiß man, dass er praktisch bis zu seinem letzten Lebenstag im Jahr 1674 evangelisch blieb und erst auf dem Totenbett „bekehrt" wurde.

In KIRCHENPINGARTEN war ausgerechnet ein Bürger mit dem Namen JOHANN PABST 1679 der letzte Evangelische; so kann man also mit Recht sagen: *In Kirchenpingarten war der Pabst evangelisch.* – Mehr dazu im Kapitel „Evangelische Spuren in der Frankenpfalz einst und jetzt" im Buch „Spurensuche Frankenpfalz".

4. Die Markgrafen von Bayreuth und die Herrn von Lindenfels als Gutsherrn in Weidenberg (1648-1745)

a) Die Weidenberger Schlösser

Mit dem Hussitenkrieg endete die Zeit der HERRN VON WEIDENBERG, mit dem Dreißigjährigen Krieg schließt die Zeit der KÜNSBERGE in WEIDENBERG.

Seit 1633[312] lag das **obere Schloss**, jetziges Amtsgericht, in Asche. 1649 kaufte WOLF ERNST VON LINDENFELS auf NAIRITZ, oberster und hochfürstlich brandenburgischer Landgerichtsassessor, dasselbe samt allen Zugehörungen an Gebäuden, Waldungen und Rechten um 10.200 Thaler von den Verwandten des 1634 kinderlos verstorbenen JOBST BERNHARD VON KÜNSBERG. Der neue Besitzer baute das Schloss wieder auf; doch scheinen die unteren gewölbten Teile des Schlosses aus früherer Zeit zu stammen. Zur Wiedererbauung des Schlosses soll auf einem Wurstwagen ein Sack voll Zweigroschenstücken herbeigefahren worden sein.

1649[313] sollte auch das andere Künsbergische Schloss, das sogenannte „Haus im Garten", an die HERRN VON LINDENFELS übergehen. JOBST HEINRICH VON KÜNSBERG verkaufte nämlich dasselbe in diesem Jahr an JOBST BERNHARD VON LINDENFELS ZU WINDISCHENLAIBACH.[314] Es wurde aber dieser Kauf von der Lehensherrschaft nicht genehmigt, sondern von der Vormundschaft des Markgrafen CHRISTIAN ERNST das Einstandsrecht ausgeübt und dieses Schloss 1661 an das hochfürstliche Haus Brandenburg gebracht. Die zum Schloss gehörigen Grundstücke wurden an vier Weidenberger Bauern, „die Schlossbauern" namens HANS HAGEN, KUNZ BAUER, MODEL und KLEINHANS verkauft. Dieses Schloss, zwischen der Seybothenreuther und der Bayreuther Straße gelegen, diente von da an als Wohnung und Gerichtslokal des markgräflichen Amtmanns.

1770 aber brannte das Schloss ab, die Brandstätte wurde verkauft, und das Lindenfelsische Schloss, welches der Markgraf 1745 von KARL WILLIBALD VON LINDENFELS gekauft hatte, zum Gerichtssitz eingerichtet.

b) Wiederaufleben des Bergbaues

MARKGRAF CHRISTIAN ERNST (1661-1712) suchte den Bergbau, der durch den dreißigjährigen Krieg ganz in Verfall geraten war, wieder zu heben. Er verordnete,

---

312 Seit dem Kroateneinfall, s.o.

313 Nicht 1658, wie Einfalt berichtet.

314 JOBST HEINRICH V. KÜNSBERG verkaufte das Untere Schloss 1649 und trat, um seine Besitzungen in KIRMSEES nutzen zu können, zum Katholizismus über. Er wurde nach seinem Tod 1661 in der katholischen Kirche St. Jakobus d. Ä. in Kirchenpingarten beigesetzt.

dass jedermann Fug und Recht habe, zu schürfen und Bergwerke zu bauen, nur mit der Einschränkung, dass die Ausbeute an die markgräflichen Bergämter verkauft würde. Der Bergbau lebte nun im Fichtelgebirge rasch wieder auf, in GOLDKRONACH, BISCHOFSGRÜN, WUNSIEDEL, ARZBERG und anderen Orten. Man gedachte auch das alte Werk auf der Platte bei WEIDENBERG wieder anzugreifen. Weil man aber wenig Eisenstein fand, so blieb das Werk zunächst liegen.

Um 1670 aber durchwanderte ein sächsischer Spitzenhändler, CHRISTOPH WELLER, öfters den Wald. Das Gestein fiel ihm auf. Er nahm einen sächsischen Bergmann zu sich und fand großen Vorrat von Eisen. Mit Erlaubnis des Markgrafen erbaute er Hochöfen und verschiedene Hammerwerke an der Eger, zu WEIßENSTADT und in SOPHIENTHAL. Zuletzt wurde CH. WELLER Oberbergverwalter des Fürstentums.

Es lagen nun bei WEIDENBERG drei Hammerwerke: der ROSENHAMMER (ursprünglich Rasenhammer, weil in der Wiese gelegen), der mittlere Hammer und der obere Hammer bei SOPHIENTHAL. Bis um 1850 wurde bei WEIDENBERG Eisen gewonnen; zuletzt konnte man mit dem rheinischen nicht mehr konkurrieren.

c) Sagen um den Bergbau

Um jene Zeit (1670) hatten sich an den Bergbau schon viele Sagen und Märlein angeschlossen, was besonders eine Gerichtsverhandlung in WEIDENBERG zeigte. Es waren drei Weidenberger: POPP, PETZOLD und BÖHNER angeklagt, sie hätten an reichhaltigen Orten viel Gold und Silber gefunden und dasselbe außer Landes gebracht; auch seien sie in der Geisterkirche auf dem Ochsenkopf gewesen und hätten eine Nacht darin zugebracht.

Von dieser **Geisterkirche** erzählte sich das Volk folgendes: Wenn in BISCHOFSGRÜN Kirche gehalten wird, so tun die Geister im Ochsenkopf ein Gleiches; denn in diesem Berg sei ein Gewölbe wie eine Kirche, in welchem Gold, Silber, Perlen und Edelsteine in ungeheurer Menge liegen. Der Berg öffne sich jährlich am Johannistag, an einer gewissen Stelle, die selten zu finden sei, und verschließe sich wieder, wenn er seine Schätze gezeigt habe. Diese Geisterkirche stehe aber nur so lange offen, als der Pfarrer in BISCHOFSGRÜN das Evangelium lese. Mit dem Anfang des Evangeliums könne man sicher hineingehen und einstecken, was man wolle. Man müsse aber eilen, um wieder herauszukommen, denn mit Schluss des Evangeliums falle die Kirche wieder zu.

Der Glaube an die Sage war bei dem Volk so eingewurzelt, dass alljährlich am St. Johannistag einige Hundert geldgierige Leute sich einfanden, die zehn bis zwölf Stunden weit herkamen und auf den Felsen umhersitzend warteten, ob der Berg sich nicht irgendwo öffne. Andere sagten, es gehöre zum Öffnen dieser Kirche ein besonderer Schlüssel; das sei eine Blume, die am Johannistag früh auf einem Felsen über der Geisterkirche vor Sonnenaufgang aufblühe. Wer diese Blume kenne, solle sie abreißen und den Felsen damit aufsperren (Manuskript in Bamberg).

Gegenwärtig übt das Volk an jenen Sagen in Form derselben Kritik. Man erzählt sich: Ein kleines Männlein erschien einmal bei NEUHAUS einem Mädchen von SOPHIENTHAL und sagte ihm, es solle Erde vom Schlosshügel mitnehmen und ein Jahr lang in einer Schublade einsperren. Das Mädchen tat das in der Meinung, die Erde werde Gold werden. Als es aber nach einem Jahre die Schublade öffnete, da war noch Erde darin.

d) Namensgebung für Sophienthal

Um jene Zeit erhielt SOPHIENTHAL seinen jetzigen Namen, früher hieß es „der obere Hammer". Die Gemahlin des Markgrafen CHRISTIAN ERNST, namens SOPHIE, wahrscheinlich seine zweite Gemahlin SOPHIE LUISE, eine Beförderin des Bergbaues, hielt sich gern dort auf. Nach dem Kirchenbuch war sogar ein Berghauptmann dort angestellt. Das Schlösschen in SOPHIENTHAL *(BILD 1962)* [später Försterswohnung, heute abgerissen] soll diese Markgräfin haben bauen lassen. [315] 1694 findet sich zum ersten Mal der Name SOPHIENTHAL.

e) Kirchengut und Zehnter

Hier möge ein Beispiel eingefügt werden, aus dem zu ersehen ist, welche Veränderungen in alten Zeiten mit dem Kirchengut vor sich gingen: Die MICHAELSKIRCHE in WEIDENBERG besaß einen Gilthof in OBERNDORF im Landgericht KULMBACH. Die HERRN VON KÜNSBERG hatten ihn zur Kirche gestiftet. Nach den Kirchenrechnun-

[315] 1962 wurde dieses Schlösschen abgerissen. Das Foto oben ist wohl die letzte Aufnahme.

gen war er früher für 12 Gulden verpachtet. Im Jahre 1651 war er an HANS WITZGALL um 50 Gulden verkauft, außer der Gilt, die verschieden war.

1633 und 1664 wurde bestimmt, dass der Hofstatt des Zehnten jährlich 4 Simra Korn und je 1 Simra Gerste und Haber zu liefern habe. Gerste und Haber wurden später auf je ½ Simra herabgesetzt. Diese Gilten bezog von 1689 an der I. Pfarrer in WEIDENBERG statt des Muckenreuther Zehnten, den die Oberpfälzische Regierung ihm entzogen und dem katholischen Pfarrer in MOCKERSDORF zugewiesen hatte; diesem dagegen war der Zehnten in Neustadt am Kulm entzogen worden (Pfarrbeschreibung Weidenberg).

f) Der Gesundbrunnen im Steinachtal

Um 1660 wurde im Steinachtal, zwischen WEIDENBERG und WARMENSTEINACH, ein Gesundbrunnen entdeckt, von dem sich folgendes erzählt findet:

Eine arme Wittfrau zu WARMENSTEINACH, ANNA HERRMÄNNIN, bekam ein dergestaltes Reißen und Stechen im rechten Arm, dass sie nicht mehr arbeiten konnte und nicht wusste, wie sie ihre sechs Kinder fortbringen sollte. In diesem Zustand bat sie um Lichtmess 1659 zu Nachts den lieben Gott mit Tränen, er möge sich über sie und ihre Kinder erbarmen und ihr ein Mittel senden, wodurch ihr in ihrem Elend könnte geholfen werden.

Des folgenden Tags ging sie nach WEIDENBERG in die Kirche. Indem sie nun in die Gegend kam, da der Brunnen war, erinnerte sie sich des Traumes, nahm zu Weidenberg ein Geschirr mit sich, brachte darin solches Wasser nach Hause und brauchte es, worauf sie bald Linderung empfand, und nachher durch längeren Gebrauch vollständige Genesung erlangte, worauf andere kranke Personen in äußerlichen und inneren Zuständen dieses Wassers sich bedienten; und wuchs nach und nach die Menge der Brunnengäste dergestalt, dass manchmal etliche Hundert, ja so viel Leute allerhand Stände daselbst ankamen, dass sie nicht Wasser genug bekommen konnten.

Von diesem Brunnen stand folgender Lobspruch in der Brunnenhütte:

Es heilet dieser Bronn die Lahmen und die Blinden,
Die Stumm und unrein sind und sonst sich krank befinden.

Der damalige Hofmedikus D. ADAM SCHAFLER hat hierauf einen „wahrhaften Bericht von Ursprung, Kraft und Wirkung dieses Heilbrunnens" im Druck erscheinen lassen und erstaunliche Exempel darin angeführt. Es soll aber dieser Brunnen um einigen Missbrauchs willen im Jahr 1666 seine Kraft verloren und erst im Jahr 1727 wiederbekommen haben, welches aber auch nicht in die Länge währte (Großen: Burggräfliche Kriegshistorie S. 625).

Bei dem Gesundbrunnen wurde zum Besten der MICHAELSKIRCHE in WEIDENBERG ein Opferstock aufgestellt; aus diesen Mitteln wurden die zwei größeren Glocken im Jahr 1738 angeschafft.

g) Eine Kirche für Warmensteinach 1706

Im Jahre 1698 wandten sich die Einwohner von WARMENSTEINACH, die aus 20 markgräflichen und 17 lindenfelsischen Untertanen bestanden, an den Markgrafen CHRISTIAN ERNST mit dem Bittgesuch um eine eigene Kirche. Im Jahre 1700 erneuerten sie ihre Bitte; es wohnten damals 62 Familien daselbst. Da sie aus eigenen Mitteln nicht im Stande waren, den Kirchen- und Schulhausbau zu bestreiten, so erhielten sie aus den fürstlichen und lindenfelsischen Waldungen das Bauholz umsonst und durften im ganzen Lande eine Kollekte vornehmen. 1702 wurde der Bau angefangen und 1706 vollendet. Der Turm war anfangs nur aus Holz erbaut; er faulte bald zusammen und wurde 1735 von Steinen erbaut.

WARMENSTEINACH wurde eine Filialkirche zu WEIDENBERG; jährlich 16 mal predigte ein Weidenberger Geistlicher dort, außerdem las der Schullehrer eine Predigt. Der Weg von WEIDENBERG nach WARMENSTEINACH war schlecht und im Winter wegen des Eises nicht ungefährlich (Pfarrbeschreibung von Weidenberg).

h) Streit zwischen Reichsrittern und Markgrafen

Um das Jahr 1720 trachtete die von Lindenfelsische Herrschaft nach größerer Unabhängigkeit dem Markgrafen gegenüber, der wahrscheinlich ein unbequemer Nachbar geworden war. Markgraf GEORG WILHELM berichtete darüber am 9. August 1720 an den Kaiser. Die Ritterschaft beanspruchte nach Angabe des Markgrafen, dass dem Markgrafen nicht gebühre, außer den Lehenssachen eigene Jurisdiktion (Rechtspflege) auszuüben, und dass das Gut WEIDENBERG insoweit reichsunmittelbar sei, dass der Besitzer von der fürstlichen Oberhoheit und ordentlichen Obrigkeit des Markgrafen ausgenommen und die Ritterschaft befugt sei, die Rechtspflege selbst auszuüben.

Dem gegenüber behauptete der Markgraf, die Besitzer des Gutes WEIDENBERG seien gleich anderen im Fürstentum angesessenem Adel unleugbar Ministerialen, Dienstleute und Edelknechte, die mit der herzoglichen meranischen Herrschaft an das brandenburgische Haus gekommen seien, dass sie dem jedesmaligen Landesherrn ihre Schuldigkeit entsprechend gehuldigt, dass sie die Landtage besucht, Heeresfolge und Geldhilfe geleistet haben. Die Ritterschaft könne sich weder in WEIDENBERG, noch sonst im Fürstentum, einer Kirche rühmen, in der sie bischöfliches Recht auszuüben befugt sei; das Gegenteil sei eingestanden. Die KÜNSBERG, die das Rittergut kauften, hätten 1537 und 1627 die Landesfürstliche Oberhoheit außer dem

Frais- und Halsgericht[316] anerkannt. Dagegen könne der jetzige Besitzer KARL URBAN VON LINDENFELS nichts aufbringen. Die Ritterschaft sei daher nicht berechtigt, von den Hintersassen irgendeine Steuer zu erheben. Der Markgraf bitte daher kaiserliche Majestät, die Ritterschaft mit ihrem unerwiesenen und offenbar unbegründeten Gesuch abzuweisen, und sie vielmehr anzuweisen, dass sie in ihren Schranken bleiben und den Markgrafen in seiner landesfürstlichen Obrigkeit über das Rittergut WEIDENBERG nicht weiter beunruhigen und kränken soll (Bayr. Archiv).

i) Die Lindenfels verkaufen 1745 das Obere Schloss

Einige Jahrzehnte danach ging das lindenfelsische Schlossgut durch Kauf an den Markgrafen über. Im Jahr 1745 nämlich verkaufte KARL WILLIBALD VON LINDENFELS, der zugleich das benachbarte REISLAS (damals Reußlitz) besaß, sein Weidenberger Schloss mit allen Zugehörungen an den Markgrafen FRIEDRICH um 84.000 Gulden und 100 Dukaten Schlüsselgeld. Die Unterhandlungen dauerten drei Jahre.

Herr VON LINDENFELS soll ursprünglich 184.000 Gulden gefordert haben; bei dem Verkauf selbst aber habe er, vielleicht weil er dem Wein stark zugesprochen hatte, das Hundert vor den achtzig Tausend vergessen, und der Hofnarr habe sofort eingeschlagen. Als Herr VON LINDENFELS hernach sein Versehen bemerkte, habe er doch Wort gehalten und nur noch um Versorgung seines Verwalters, Gegenschreibers, Gerichtsschreibers, welche Stelle damals immer der Kantor versah, seines Jägers und seiner Nachtwächter gebeten. Diese Bitte habe der Markgraf gewährt; und seit jener Zeit bezieht der hiesige Kantor 6 Klafter Holz aus dem Staatswald und 5 Gulden vom Staatsärar; die Nachtwächter beziehen 4 Klafter Holz. Mit jenen 84.000 Gulden soll aber nicht einmal der Wald bezahlt gewesen sein; der Baum sei kaum auf einen Kreuzer gekommen (Pfarrbeschreibung und Marktbeschreibung von Weidenberg).

---

[316] Das „Halsgericht" war eine Bezeichnung der Hohen Gerichtsbarkeit, bei der blutige Strafen wie Tötung oder Verstümmelung für bestimmte, als schwerwiegend gewertete Vergehen, wie Raub, Mord, Diebstahl (!), Vergewaltigung, homosexueller Geschlechtsverkehr, Hexerei oder Kindesmord verhängt wurden. Sie stand den höheren Stellen zu, also im Fall von Weidenberg den Markgrafen, im Unterschied zur Niederen Gerichtsbarkeit. Letztere wurde zumeist von den Angehörigen der Landstände, Vertretern des Adels, der Geistlichkeit oder der Stadt- und Markträte ausgeübt. Diese niedere Gerichtsbarkeit wurde bei geringfügigeren Vergehen, wie Beleidigung oder Raufereien tätig; sie konnte „nur" auf Haft, Verbannung, Geldstrafen oder Entzug von Ehrenrechten erkennen.

Der althochdeutsche Ausdruck „Frais", mundartlich auch „Fraisch", was so viel wie „schmerzhaft", „Schrecken bringend" bedeutet, meint diese Rechte der höheren Gerichtsbarkeit, ergänzt um ihre Privilegien, wie Zehent, das „ius primae noctis" u.ä. und hat sich insbesondere im pfälzisch-böhmischen Grenzgebiet bis heute als Landschaftsbezeichnung erhalten.

k) Die Lindenfels'sche Familiengruft

Die Herrn VON LINDENFELS hatten ihre Begräbnisstätte, Familiengruft, wie die Herrn VON KÜNSBERG, in der Michaelskirche. Im Jahr 1863 ließ General CARL VON LINDENFELS, Herr auf REISLAS, die Gruft öffnen; mehrere Särge waren zusammengefallen, andere aber waren samt der Kleidung der Toten, ihren Schädeln und Gebeinen wohl erhalten (Pfarrbeschreibung).[317]

l) Die Schnorr'sche Stiftung für die Chorschüler

Im Jahr 1735 stiftete der Drahtwerk-Besitzer (ELIAS) SCHNORR 500 Gulden, damit Knaben im Gesang, Schreiben und Rechnen gut unterrichtet würden, da die Schulen auf viel tieferer Stufe standen als jetzt. Am Todestag des Stifters werden jetzt noch vor dem Haus, das der Stifter besaß und auf dem die Stiftungssumme ruht, dem ansehnlichsten im untern Markt, einige Choräle gesungen; es hat ja die Einrichtung der **Chorschüler** in jener Stiftung ihren Ursprung.

Die Schnorr'sche (später Büttner'sche) Gruft an der MICHAELSKIRCHE wurde 1873 wegen großer Baufälligkeit, da die Verwandten nichts dafür tun wollten, eingelegt.

5. Weidenberg im alleinigen Besitz der Markgrafen (1745-1810)

a) Einheitliche Rechtspflege

Die beiden Ämter in WEIDENBERG, das lindenfelsische und markgräfliche, wurden nun zusammengezogen und die mit übernommenen Beamten (einige wurden in den Ruhestand versetzt) durch eine markgräfliche Kommission in ihre Funktion eingewiesen.

Dass WEIDENBERG mit der nächsten Umgebung (MENGERSREUTH, GOSSENREUTH, HEẞLACH, etc.) in den Alleinbesitz der Markgrafen kam, war besonders der Rechtspflege förderlich; denn früher gab es daselbst *viererlei Untertanen*: Ein Teil nämlich gehörte zum lindenfelsischen Schloss, andere waren künsbergisch, wieder andere gehörten zum Schloss MENGERSREUTH und die vierten zum Kastenamt BAYREUTH. Daher kam es, dass schlechte Menschen, die jemand blutig schlugen oder gar einen Mord begingen, sich dem Gericht entziehen konnten, wenn sie in ein Haus flüchteten, in das der Amtsknecht des verfolgenden Gerichts keinen Zutritt hatte.

---

[317] Vergl. dazu auch den Bericht von NORBERT SACK in „Spurensuche Frankenpfalz", S. 289ff.

b) Die Weidenberger Bürgerwehr

Die bayreuthisch-kastenamtlichen Untertanen, sagt die Marktbeschreibung, zeichneten sich dadurch aus, dass sie einen Ausschuss (Bürgergarde) bildeten, die man zum Streifen, zum Kirchweihschutz, ja nicht selten zum Besetzen der Tore und zum Wachtdienst in BAYREUTH gebrauchte, wenn das Militär dort ausgerückt war.[318] Der Hauptmann dieser Ausschusskompagnie war der alte MICHEL SCHNORR, der 1817 starb; der Lieutenant war der Färber FRIEDRICH RICHTER, der aber nicht kommandieren konnte, es musste sich der Korporal HÖRNLEIN immer an seiner Seite halten und ihm in das Ohr flüstern, was er kommandieren sollte.

c) Aufstieg und Fall des Bürgers Reiß

Das Obere (d. h. das frühere lindenfelsische) Schloss war, nachdem es an den Markgrafen übergegangen war, eine Zeit lang unbenutzt. Der hochfürstliche Flößverwalter LEONHARD REIß, der 1753 sich mit der Witwe des reichen ELIAS SCHNORR, gewesenen Flößverwalters etc., verehelichte, kaufte es dem Markgrafen ab. Im Jahr 1770 brannte dasselbe bei dem großen Brande ab. REIß baute es wieder auf. Weil bei demselben Brande auch das markgräfliche (früher künsbergische) Schloss abbrannte, so kam das Amt zunächst in das Rhau'sche Haus in der Bayreuther Straße und dann, da dieses zu klein war, in das Schnorr'sche Haus im untern Markt.

Inzwischen betrieb der Flößer REIß, dem außer anderem die ganze Iskara[319] gehörte, gewagte Unternehmungen, z. B. eine große Brauerei in WEIDENBERG und eine zweite auf der ALTENREUTH. Letztere verwaltete ein gewisser GUBITZ, der, wenn REIß Malz, Hopfen und Holz beschaffen ließ, recht brauen und seinen Beutel füllen konnte. Der reiche REIß kam immer mehr zurück. Er verkaufte sein Schloss an den Markgrafen FRIEDRICH CHRISTIAN. Das Kastenamt wurde nun in dieses (das frühere lindenfelsische) verlegt. REIß verarmte immer mehr, so dass er nächtlicherweise in die Häuser schlich, auf den Heuböden schlief und morgens sich wieder unvermerkt entfernte. Ein Sohn, der hier Feldjäger war, nahm ihn zu sich und, als er nach HOCHBERG versetzt wurde, mit sich von WEIDENBERG fort (Marktbeschreibung).

---

[318] In diesen eigenständigen Bürgergarden bzw. Marktwachen ist auch der Ursprung der späteren Schützengesellschaften und -vereine zu sehen. Der Weidenberger Schützenverein, den Lehrer REBLITZ in seiner Marktbeschreibung weiter unten für seine Zeit totsagt, existiert heute noch; er wurde 1861 gegründet.

[319] Iskara, ein bewaldeter Bergrücken bei Weidenberg, der sich bis Muckenreuth hinzieht, und in dem heute noch die Spuren des einstigen Bergbaus gut erkennbar sind.

d) Die Seuchenkatastrophe im Siebenjährigen Krieg

Während des Siebenjährigen Krieges (1756-63) wurde im November 1758 das Lazarett des Württemberger und Badener Kontingents zur Reichsarmee hieher und nach GÖRSCHNITZ verlegt. Unter den Soldaten breitete sich das Nervenfieber in dem Maß aus, dass in kurzer Zeit über vierhundert Mann starben. Auch auf die Pfarrgemeinde WEIDENBERG, den untern Markt, GÖRSCHNITZ und HEẞLACH, ging die Krankheit über, dass vom 18. November 1758 bis zum Mai 1759 über 312 Personen daran starben. Der Markgraf FRIEDRICH schickte zwar Ärzte und Arzneien unentgeltlich hieher, allein es konnte der Seuche lange kein Einhalt geschehen.

Der Württemberger Feld- und Lazarett-Geistliche JOH. LUDW. SCHAAF starb am 30. Januar auch und am 1. Februar der Weidenberger Kaplan JOH. MICH. GANSMANN. Nun versah Pfarrer LUDWIG BÖHNER von WEIDENBERG allein das Trostamt unter den Kranken. In diesem Jahr erhielt der Gottesacker bei ST. STEPHAN eine Erweiterung (Pfarrbeschreibung).

e) Die großen Bandkatastrophen 1770 und 1771; Neubau der Michaelskirche

Am 7. Oktober 1770 brach im oberen Markt Feuer aus. Ein Weidenberger Bürger, namens „Kleinhans“, eigentlich JOH. LOCHMÜLLER, lag um diese Stunde, sein Obst zu hüten, in der Hütte im neuen Garten, nach seiner Tagesarbeit und schlief sanft und ruhig. Da träumte ihm, WEIDENBERG stehe in Flammen. Er eilte nach Hause. Vor den oberen Stadeln roch er Rauch, sein eigenes Haus stand bald in Flammen. In seiner Scheune, wo jetzt das Bräuhaus steht, hatte der Brand angefangen. In drei Stunden lagen 33 Häuser und 13 Stadel, sowie die Kirche[320] und zwei Schlösser, das markgräfliche „das Haus im Garten“ und das vordem lindenfelsische, in Asche.

Die Rache eines boshaften Menschen namens „Siegerhannes“ von WEIDENBERG soll die Ursache gewesen sein. Der Brandstifter flüchtete sich mit seiner Familie auf den Kulm.[321] Dort sah man das Brandunglück in seiner ganzen Ausdehnung; man

---

[320] Diese dramatische Beschreibung von Pfarrer EINFALT mitsamt ihren fantasievollen Ausschmückungen ist die Quelle, aus der alle anderen Berichte vom vermeintlichen Kirchenbrand von 1770 abgeschrieben sind. Dass es sich dabei nur um ein Gerücht handelte, das mit dem damaligen Bauzustand der St. Michaelskirche zusammenhing, die nach dem Wiederaufbau gerade erst bis zum Türstock wieder gediehen war, ist immer noch nicht allgemein bekannt. Stattdessen dient der angebliche Kirchenbrand gern zur sensationsbehafteten Steigerung der allgemeinen Beschreibung dieses Marktbrandes. – Mehr dazu im Kapitel „Beim Marktbrand nicht mit verbrannt ...“ in der 2. Folge des Projektes ‚Myrten für Dornen‘, S. 180ff.

[321] Die Anhöhe direkt über dem Weidenberger Obermarkt. Dieser Höhenrücken wird heute meist „Culm“ geschrieben, so auch in der folgenden Marktbeschreibung von Lehrer REBLITZ,

hörte das Prasseln des Feuers, das Jammern der Menschen und Blöken der Tiere. Als seine Frau ihm Vorwürfe machte, wollte er diese umbringen. Durch Verrat seiner Tochter wurde er nach mehreren Tagen im Bein- oder Bahrhäuschen entdeckt, gefangen genommen, zum Tode verurteilt und gehenkt. Als der Geistliche ihn zum Tode vorbereiten wollte, sagte er höhnisch lächelnd: „Das brauchts nicht; lasst mich lieber mein Leibstück singen: Bin i bei der Magd in der Küchen gwest, des Luder hat mi geschwärzt etc."

Als der Brand ausbrach, saß der Färber JANKE, der aus BERLIN gebürtig und in WEIDENBERG ansässig war, im Gefängnis des markgräflichen Schlosses, und da niemand an ihn dachte, ist er allem Vermuten nach verbrannt und verschüttet worden. Dieses Schloss wurde, wie bemerkt, nicht wieder aufgebaut. Es stehen jetzt das Kommunbrauhaus und mehrere Privatanwesen auf dem Platze. Nach Südwesten steht noch ein Teil der ehemaligen Mauer und in den Privathäusern sind noch manche Gewölbe des ehemaligen Schlosses vorhanden. – Das vormals lindenfelsische Schloss hat, wie schon bemerkt, der Flößverwalter REIß wieder aufgebaut und an den Markgrafen verkauft.

An diesem 7. Oktober 1770 wurde auch die MICHAELSKIRCHE ein Raub der Flammen.[322] In den Jahren 1770 - 1776 wurde sie im sogenannten Markgrafenstil wieder aufgebaut. Sie ist hell und freundlich und hat schöne Deckengemälde, bedarf aber einer gründlichen Renovierung-[323] Über dem Haupteingang steht die Jahreszahl 1770 und in einander verschlungen die Buchstaben C. F. A. (CARL FRIEDRICH ALEXANDER). Der Turm stammt aus älterer Zeit. Auf mittlerer Höhe sind die Jahreszahl 1576, weiter oben 1710 deutlich zu sehen.

Schon am 18. Februar 1771 brach wieder ein großer Brand aus. Als der MARKGRAF ZU BAYREUTH vom großen Unglück seiner lieben Weidenberger hörte, fuhr er heraus. Als er die Brandstätte besah und die Abgebrannten vor ihm die Hände rangen und erbärmlich jammerten, sprach er: „Vergesst euer Unglück; es ist einmal geschehen, so viel ihr Holz braucht gebe ich euch umsonst." Das geschah auch. Bei dem Wiederaufbau des Marktes suchte man die engen Straßen und Wege zu beseitigen und mehr Regelmäßigkeit in die Anlage des Marktes zu bringen (Marktbeschreibung).

f) Handwerk und Fabriken Ende des 18. Jh.

Im Jahr 1786 hatte das AMT WEIDENBERG 2016 Einwohner, der MARKT WEIDEN-

---

im Unterschied zum nah gelegenen „Rauhen Kulm".

[322] Zu dieser Falschmeldung vergl. oben Anm. 320.

[323] Um diese Renovierung kümmerte sich dann der Verfasser Pfr. J. M .EINFALT dann auch erfolgreich. Mit dieser Notiz will er die Leser wohl auf diese Maßnahme einstimmen.

BERG 169 Häuser mit 868 Einwohnern. Zu den Geschäfts-Innungen gehörten (mit den Landorten) 201 Handwerker, darunter 23 Metzgermeister, 24 Schuster, 28 Schneider, 34 Weber. In Sophienthal, Zainhammer und Warmensteinach befanden sich 4 Drahtfabriken, 2 Knopffabriken und 1 Waffenhammer. Glasperlen wurden durch Vermittlung Nürnberger Kaufleute bis nach Indien verkauft (Bär, Mag. I S. 70).

g) Große Teuerungen

Im Jahr 1742 erfror in der Nacht zum 1. Juni das Korn in der Blüte, was große Teuerung verursachte. 1770 - 1772 war so große Teuerung, dass die, welche sie erlebt hatten, mit Schauder zurückdachten. Vor den Fenstern der Bäcker wartete eine große Menge, wenn Brot gebacken wurde, und die Bäcker mussten Fenster und Türen verschließen, bis das Brot hinausgegeben werden konnte, welches alsdann ein Hungriger dem anderen zu entreißen suchte. Schon von Mitte 1769 war schlechtes Wetter, das in den nächsten Jahren fortdauerte. Da auch die Nachbarländer geringe Ernten hatten, so ließ der Markgraf Getreide aus entfernten Ländern, selbst aus Russland und Holland herbeischaffen. Obwohl mit allen Nahrungsmitteln sehr gespart wurde, so dass das Branntweinbrennen und die Leichentrünke verboten wurden, so stieg das Getreide doch auf einen sehr hohen Preis. Das „Maas“ Weizen kostete anfänglich schon 57 Kreuzer und stieg bis zu 3 Gulden, das Korn stieg von 45 Kreuzer auf 2 Gulden 44 Kreuzer. Danach folgte überall im Lande eine gesegnete Ernte, die mit herzlichem Dank gegen Gott eingebracht wurde (Bär, II S. 24 ff).

h) Die Markgrafschaft Bayreuth wird preußisch

Markgraf FRIEDRICH VON BAYREUTH, der Schwager Friedrichs des Großen, war 1763 kinderlos gestorben und mit ihm die brandenburgische Linie BAYREUTH erloschen. Sein Land fiel an den Markgrafen KARL ALEXANDER VON ANSBACH, der hin und wieder auch in BAYREUTH residierte. Derselbe trat noch bei seinen Lebzeiten 1791 seine Fürstentümer an die Krone Preußens ab.

FREIHERR VON HARDENBERG wurde 1792 zur Besitzergreifung und Verwaltung der beiden Länder gesandt. Er nahm seinen Sitz in ANSBACH, zeitweise auch in BAYREUTH, hielt einen kleinen Hof, und verstand es, die Herzen der neuen Untertanen für Preußen zu gewinnen; die preußischen Gesetzbücher wurden teilweise eingeführt, gute und wohltätige Verordnungen erlassen und überhaupt so väterlich regiert, dass die beiden Fürstentümer sich nie so glücklich fühlten, als unter dieser neuen Regierung.

Durch den Tilsiter Frieden 1807 verlor Preußen die Hälfte seiner Länder; das Fürstentum Bayreuth wurde eine französische Provinz.[324] Im Jahre 1810 übergab

---

[324] Im persönlichen Besitz Napoleons.

Napoleon seinem treuen Bundesgenossen, dem König von Bayern, um ihn noch mehr an sich zu ziehen, neben dem Fürstentum Regensburg auch das Fürstentum Bayreuth (Rotenhan, Die staatl. u. soz. Gestaltung Frankens).[325]

Von jenen Kriegsstürmen wurde hin und wieder auch Weidenberg berührt, hatte aber außer Einquartierungen, Durchmärschen, Kontributionen und Fouragelieferungen wenig zu leiden (Marktbeschreibung).

6. Weidenberg unter der Krone Bayerns (von 1810 an)

Obwohl unser Oberfranken unter der kurzen preußischen Regierung sich sehr wohl befand, so neigt sich doch die Charaktereigentümlichkeit und Sinnesart mehr den süddeutschen Stämmen zu, so dass die Zuteilung zur Krone Bayern seither nur angenehm empfunden wurde, besonders da die protestantische Konfession seitens der Könige von Bayern sehr wohlwollend behandelt wird.

a) Brandunglücke 1836, 1841, 1852, Neubau des II. Pfarrhauses

Wie im vorigen Jahrhundert, so hat Weidenberg auch in diesem öfters durch Brandunglück empfindlich gelitten. Es seien nur die namhafteren Vorkommnisse der Art hervorgehoben:

Am 14. Oktober 1836 brannten acht Häuser auf dem Gurtstein ab, in der Nähe der Kirche, nebst mehreren Nebengebäuden. Der Schiefer am Turm war glühend heiß, so dass das darauf gespritzte Wasser zu zischendem Dampf wurde; mehrere Scheiben der mit nassen Tüchern behängten Scheiben zersprangen; das hölzerne Zifferblatt der Uhr fing schon zu brennen an und konnte nur durch die kühne Entschlossenheit eines jungen Mannes vom Schallloch aus gelöscht werden. Auf zwei Seiten schlugen die Flammen zum Turme empor, und es war ein schauerlicher Ton, als die Kirchenuhr 9 Uhr schlug; es schien ihre letzte Tätigkeit zu sein. Da erhob sich ein schwacher Wind, der die Flammen abseits trieb, und die Kirche war gerettet.

Am 27. Mai 1841 brannten in der Nähe des Landgerichts 10 Häuser und 15 Stadel ab.

Am 30. Juli 1852 kam in der Holzlege des Zeugmachers Gebhard Feuer aus, welches auch das 2. Pfarrhaus in Asche legte; die Akten der II. Pfarrstelle und fast die ganze Habe des Pfarrers Krieg verbrannten; 1854 konnte er sein neues Heim beziehen. Aus Ablösungskapitalien kaufte er für die II. Pfarrstelle um 1053 fl. den jetzt zu dieser Stelle gehörigen Garten. Am 15. Juli 1852 brannten auch 8 Scheunen

[325] In Wahrheit verkaufte Napoleon Bayreuth für 25 Millionen Francs an Bayern, im sicheren Gespür für die ausgreifenden politischen Interessen des jungen Königreiches Bayern.

an der Stadelwiese nieder. – Da auch sonst noch viele Brände vorkamen, so möchte man Brandstiftung vermuten; zur Ausbreitung des Feuers haben aber gewiss die Schindeldächer viel beigetragen, die doch allmählich weniger werden.

b) Die Weidenberger Friedhöfe

Bis in dieses Jahrhundert hinein begrub ein Teil der Weidenberger, so die Bewohner des Gurtsteins und aus vornehmen Häusern, ihre Toten an dem Platz um die Michaelskirche, der mehrere Grüfte in sich birgt. Auch die Pfarrer wurden gewöhnlich hier begraben. Die Denksteine der Pfarrer CHRISTOPH WAGNER (1644-1686 auf der II. Pfarrstelle in WEIDENBERG) und HARLES (1637-52) sind am I. Pfarrhaus angebracht.

Da nun die Beerdigung bei der ST. MICHAELSKIRCHE um das Jahr 1820 gänzlich eingestellt wurde und die Bevölkerung, die im Jahr 1786 868 Seelen umfasste, sich fast auf das Doppelte vermehrte, so musste zu Beginn der vierziger Jahre der Friedhof bei ST. STEPHAN erweitert werden; es wurde ein Teil am Recken- oder Fischbach dazu gekauft. Der Platz bei der ST. MICHAELSKIRCHE war bis 1863 sehr vernachlässigt. Er war nicht nur zum Spielplatz der Kinder, sondern auch zum Gänseanger geworden. Auf Anregung des Pfarrers LANDGRAF (1848-70) wurde er nun mit eiserner Verzäunung und Toren abgeschlossen und wird seitdem von Nachbarsfamilien mit Blumen bepflanzt und gepflegt. Der Friedhof von ST. STEPHAN aber ist im Jahre 1895 wiederum nach Süden zu beträchtlich erweitert worden.[326]

c) Weiler Sonnengrün

Auf einzelnen Fichtelgebirgskarten findet man noch eine Ortschaft SONNENGRÜN, oberhalb SOPHIENTHAL beim aufgelassenen Weiler NEUHAUS, verzeichnet. Dieselbe ist aber im Jahr 1854 eingegangen; das königliche Forstärar nämlich kaufte die vorhandenen zwei Häuser mit Nebengebäuden und Grundstücken an, ließ die Gebäude abbrechen und Wald anpflanzen.

d) Erneute Seuche im 19. Jh.

1842-1845 wütete dahier eine Nervenfieberepidemie, die fast kein Haus verschonte und viele Opfer forderte, wodurch die besten Kräfte der Arbeit entzogen wurden und manche Familie fast verarmte.

e) Staatliche Baulast in kirchlichen Gebäuden

Die Baulast an den kirchlichen Gebäuden war bis in die Mitte dieses Jahrhunderts wenig geregelt und es entstanden viele Schwierigkeiten. Am 1. Februar 1851 kam

---

[326] Initiator war der rührige Pfarrer EINFALT.

endlich ein Vergleich und Vertrag zwischen dem kgl. Staatsärar und der Kirchengemeinde zustande, welcher dahin lautet:

1. Es wird das Patronat Sr. Majestät des [katholischen] Königs bei der [evangelischen] Pfarrkirche in WEIDENBERG anerkannt.

2. Anerkannt wird ferner die von der Kirchengemeinde in Anspruch genommene Verbindlichkeit des kgl. Staatsärars zu den dortigen Kultusgebäuden, nämlich zu der Pfarrkirche mit Turm, zu der St. Stephanskirche, zu beiden auch bezüglich der sogenannten Kircheneinrichtung, wozu gerechnet werden die Glocken, der Altar, die Kanzel, der Taufstein, die Orgel, die Emporen und die Kirchenstühle, zum I. und II. Pfarrhause, zum Kantoratshause, bei den letzten drei Gebäuden auch hinsichtlich der Neben- und Ökonomiegebäude, in allen vorkommenden Neubauten und größeren Reparaturen zu den Baukosten, welche aus dem Kirchenvermögen nicht bestritten werden können, zwei Dritteile zu konkurrieren, jedoch

3. unter der Bedingung, dass die Kirchengemeinde auf jede Mehrforderung rechtskräftig verzichtet, die Hand- und Spanndienste in allen Baufällen unentgeltlich leistet und das dritte Dritteil der Baukosten übernimmt.

f) Vergebliche Bohrung nach Kohlen

Die Bodenbeschaffenheit der Weidenberger Gegend lässt vermuten, dass sie Steinkohlenlager in sich berge. Um diese aufzuschließen, wurden um 1860 mehrere Jahre lang bei MENGERSREUTH von einer Aktiengesellschaft Bohrungen, zuerst mit Menschenkraft, sodann mit großen Maschinen, unter staatlicher Unterstützung veranstaltet. Sachverständige aus Schlesien gaben auf Grund der ausgebohrten Erdmasse die besten Hoffnungen auf Erfolg. Allein man kam auf keine Kohlen, obwohl man unter Anwendung großer Summen an zwei Stellen bis zur Granitbildung hinabbohrte.

g) Kriege 1866 und 1870/71

Während des Krieges 1866 erhielt WEIDENBERG mehrmals Einquartierung. Sonntag den 29. Juli früh 1 Uhr kam ein Teil des bayerischen Leibregiments hieher, marschierte dann gegen SEYBOTHENREUTH und hatte dort ein Treffen mit den Mecklenburgern,[327] das aber nicht viel Blut kostete. Die Bayern zogen sich bald zurück (Marktbeschreibung).

---

[327] Diesem Gefecht auf dem Goldhügel, das Lehrer REBLITZ als Augenzeuge in seiner weiter unten abgedruckten Beschreibung des Marktes Weidenberg schildert, wird von anderen Historikern größere Bedeutung zugemessen: als letzter Bruderkampf zwischen Preußen und Bayern; als Triumph des preußischen Zündnadelgewehrs; als frühe Schlacht mit strategischem Einsatz der Eisenbahn .

Der Krieg 1870/71, infolge dessen nur ein Weidenberger (und zwar am Typhus) starb, trug viel zur Hebung des patriotischen Sinnes bei. Es besteht deshalb ein Kampfgenossenverein, der deutschen und bayerischen Patriotismus pflegt.

h) Das Amtsgericht

Bei der neuen Gerichtsorganisation im Jahre 1879 wurde darüber verhandelt, ob nicht das Gericht in WEIDENBERG aufgehoben werden solle. Für WEIDENBERG wäre das ein schwerer Schlag gewesen. Der damalige Bürgermeister SCHUSTER gab sich große Mühe, dass WEIDENBERG Gerichtssitz bliebe und ein Amtsgericht erhielte. Als die Angelegenheit einen günstigen Abschluss gefunden hatte, wurde am 1. Oktober 1879 ein Freudenfest gefeiert.[328]

i) Kommunale und lokalkirchliche Aufgaben

Die Marktgemeindeverwaltung hat sich in den letzten Jahrzehnten die Hebung Weidenbergs angelegen sein lassen.[329] Im Jahr 1881 wurde das Armenhaus angekauft, wozu der St. Johannisverein ganz namhafte Zuschüsse gab. In den Jahren 1876 bis 1889 wurden auf Wasserleitungen, Kanalisierung, Pflasterung, Brückenbauten 18.000 RM verwendet. Im Jahre 1889 wurde auch die neue Wasserleitung eingerichtet, die den unteren Teil des oberen Marktes (in der Wolfskehl, am Kantorat, bei der Apotheke) und den untern Markt (die Linden, bei Korbels und Höhnes Haus) reichlich mit sehr gutem Trink- und Nutzwasser versorgt. Der Kostenaufwand betrug hiefür 21.000 RM. (Die Quelle mit Grundstück beim Schafhof kostete 6.250 M, die Leitung 14.572 M).

In neuerer Zeit erfordert die Armenpflege einen sehr hohen Aufwand, gegen 3.000 RM bei einem Steuersoll von etwa 3.800 M. und 150 % Umlagen.

Auch für lokalkirchliche Zwecke geschieht manches durch Umlagen und Geschenke. Im Jahre 1891 wurde die ST. STEPHANSKAPELLE, die in ganz unwürdigem Zustand sich befand, im Inneren mit einem Aufwand von etwa 900 M. restauriert, wozu das königl. Staatsärar zwei Drittel bewilligte. Eine neue Orgel wurde geschenkt. Im Jahre 1886 hinterließ der Malzaufschläger WÄCHTER 800 M. testamentarisch für kirchliche Zwecke. Auch sonstige kleinere Legate wurden vermacht. Möchten auch ferner mildtätige Stifter sich finden.

WEIDENBERG macht durch seine Lage und durch seine Obstpflanzungen für den Besucher einen freundlichen Eindruck. Den Obstbau haben sicherlich schon die

---

[328] Mehr zur Geschichte des Amtsgerichts weiter unten bei JOHANN ERHARD REBLITZ, „Beschreibung der Marktgemeinde Weidenberg".

[329] Vergl. dazu auch die Aufzeichnungen in der genannten Marktbeschreibung von REBLITZ.

ehemaligen Gutsherrschaften sehr gepflegt. Ein Obstbauverein sucht diesen vortrefflichen Zweig der Landwirtschaft zu erhalten und zu fördern. Obwohl WEIDENBERG (die Kirche) 460 m hoch liegt und die Lage für etwas rau gilt, gedeiht doch das Obst recht gut. Bei der Ausstellung in BAYREUTH 1894 erhielt WEIDENBERG einen ersten Preis.

Am 15. August 1896 wurde die Lokalbahn BAYREUTH-WEIDENBERG-WARMENSTEINACH eröffnet; dieselbe wurde vom 20. Juli 1895 an erbaut. Damit ist ein schönes Stückchen des Fichtelgebirges mit dem liebreizenden Steinachtal, hübschen Ortschaften, ansehnlichen Bergen und Wäldern, in denen man die lohnendsten Fußwanderungen machen kann, für bequemen Verkehr eröffnet.

k) Schlussbetrachtung

Wir haben nun eine lange geschichtliche Vergangenheit an unserem Geist vorüberziehen lassen, Ortschaften und Hügel haben uns an die Nöte, Sorgen und Freuden der Vergangenheit erinnert, die Gegend hat sich uns durch die Geschichte der Vorfahren belebt. Manche Geschlechter sind vor unserm Auge vorübergegangen, manche Schlösser sind in den Staub gesunken; aber die Kirchen und das Amtsgericht sehen wir stehen, Ehrbarkeit, Fleiß und Sparsamkeit sehen wir zur Wohlhabenheit kommen, und wenn wir tiefer blicken, so werden wir wahrnehmen, dass Gottesfurcht die beste Grundlage für Glück und Wohlergehen ist.

AM VORABEND DER URKATASTROPHE(N)
Weidenberger Geschichtsquellen

4. BESCHREIBUNG DER MARKTGEMEINDE WEIDENBERG 1900
von Johann Erhard Reblitz

Foto: Weidenberg um 1900

VIERTES BUCH:

Johann Erhard Reblitz

„Beschreibung der Marktgemeinde Weidenberg“

Weidenberg 1900

Druck von Lorenz Ellwanger vorm. Th. Burger, Bayreuth

Originalheftchen im Format 16,5x11 cm (ähnlich Einfalt) mit 48 Seiten

Eingelesen und kommentiert von Jürgen Taegert

Zur Person:

JOHANN ERHARD REBLITZ war Lehrer, Kantor und Gemeindeschreiber in Weidenberg

Er dokumentiert hier den Ist-Stand der Marktgemeinde und die Ortsstruktur um 1900 quasi aus der Sicht „von unten“ und liefert damit das Gegenstück und die Ergänzung zu J. M. Einfalts Betrachtung der Weidenberger Geschichte „von oben“.

INHALT

1. Topographie der Marktgemeinde

a) Geografische Lage: Die umliegenden Berg- und Hügelzüge und das Steinachtal.

Die Marktgemeinde WEIDENBERG liegt 14 km östlich von BAYREUTH in einem Talkessel, welcher im Norden und Nordosten von südlichen Ausläufern und Abhängen des Fichtelgebirges: Königsheide, Spänplatz, Kleeleite und Iskara, im Osten, Süden und Westen von einem Höhenzuge begrenzt wird, der im Osten zwischen ALTENREUTH und MUCKENREUTH vom Fichtelgebirge ausgeht und sich in einem großen Bogen bis an den Görschnitzer Berg und sodann links der Steinach bis an den Einfluss derselben in den roten Main bei ST. JOHANNIS hinzieht.

Auf seiner südlichen Abdachung liegen in nächster Nähe die Ortschaften DÖBERSCHÜTZ, LESSAU und LANKENDORF, auf seiner nördlichen gegen Westen ÜTZDORF und an seinem nördlichen Fuße im Fischbachtale die Ziegelhütte an der Seybothenreuther Straße, sodann die alte Ziegelhütte[330] und die STEPHANSKIRCHE.

Die nördliche Abdachung ist steil und zieht sich schon unterhalb der Schuhmühle bis an das linke Ufer der Steinach herab.

Im Osten bildet der Höhenzug die Wasserscheide zwischen der Steinach und der Haidenaab, somit zwischen Main und Naab. Das Wasser am Südabhange fließt dem Laimbach, der Ölschnitz und dem roten Main, das an seinem Nordabhange der Steinach zu.

Von Osten nach Westen führt dieser Höhenzug im Volksmunde nach und nach die Namen Döberschützer, Lessauer, Lankendorfer und Görschnitzer Berg etc. Gegen Lankendorf heißt der Nord-Ost-Abhang **Bocksleite** mit dem Verbindungswege WEIDENBERG - LANKENDORF - SEULBITZ - EREMITENHOF - BAYREUTH. Ein Zweig dieses Weges ist LANKENDORF - ÜTZDORF.

Vom Osten und Südosten ziehen sich von diesem Höhenzuge aus zwei an Höhe, Masse und Länge ungleiche Zweige in die Gemeinde WEIDENBERG. Beide Zweige sind durch die Taleinsenkung des Schafbaches getrennt. Östlich vom Schafbachtale, jenseits, aber in unmittelbarer Nähe des Höhenkammes liegt das Dorf KIRMSEES.

Der kleinere Zweig beginnt zwischen ALTENREUTH - MUCKENREUTH und KIRMSEES und endigt in WEIDENBERG bei dem Armenhause am Einfluss des Schafbaches in die Steinach. Teile desselben sind der Waizenreuther Berg mit der Distriktsstraße

---

330 Diese Ziegelhütte lag am Fuß des Galgenberges, eines ehemaligen Turmhügels unterhalb der Bocksleite. Hier um diesen Hügel ist möglicherweise auch der Ursprung der Besiedlung Weidenberg zu verorten.

WEIDENBERG - KEMNATH und die Eibislohe. An seinem Nordabhange liegt WAIZENREUTH, eine Viertelstunde westlich von da an seinem Nordfuße der Weiler ROSENHAMMER. Zwischen dem Waizenreuther Berg und der Iskara ist eine Talmulde, deren Wasser der Steinach zufließt. Auch befindet sich daselbst der Kehrweiher mit einer reichhaltigen Quelle.

Der zweite und größte Zweig nimmt seinen Anfang zwischen KIRMSEES und dem in einem Halbkessel liegenden Orte FISCHBACH und endet bei der Schuhmühle am Einflusse des Fischbaches in die Steinach. Er führt den Namen „Kulm".[331] Von dem Döberschützer und Lessauer Berge, sowie von der Bocksleite ist er durch das Fischbachtal getrennt. An seinem Nordabhange liegt der SCHAFHOF und eine Viertelstunde westlich von diesem der Obermarkt WEIDENBERG. Seine südliche und westliche Abdachung ist steil, desgleichen die nördliche bis an den Obermarkt. Auf der ganzen Ausdehnung des Obermarktes ist die Abdachung etwas gemäßigter, aber bei der Einsenkung in das Steinachtal beim Gurtstein, bei der Treppe und der Hoheleite sehr steil.

Auf dem Weidenberger Kulm genießt man eine prachtvolle Aussicht nach allen Himmelsgegenden, zum Beispiel in das Fichtelgebirge, in die Oberpfalz, in die fränkische Höhe und in die Gegend des Frankenwaldes. Der **Gurtstein** bietet einen reizenden Einblick in den schönen, belebten Talkessel.

Der Talkessel beginnt bei SOPHIENTAL und erstreckt sich bis UNTERSTEINACH bei WEIDENBERG. Er wird von Osten nach Westen von der **Steinach** durchflossen. An dem linken Ufer der Steinach enden die oben beschriebenen Höhenzüge mit den angegebenen Taleinsenkungen. Im untern Markte nimmt die Steinach von der Brücke an bis zu Schöllers Mühlwehr auf einer Länge von 100 Schritten eine nördliche Richtung an, wendet sich dann wieder westwärts, das Tal von rechts nach links durchschneidend, dem Schuhmühlwehre zu, gibt dem Betrieb dieser Mühle das nötige Wasser ab und eilt dann zur Görschnitzer Grenze.

Rechts von dem schmalen Steinachtale steigt das Land in zwei Terrassen bis an den Fuß des Fichtelgebirges. Die erste Terrasse bildet vom MITTLERNHAMMER an bis zum untern Markte und von hier bis an die Görschnitzer Grenze eine schöne Ebene mit Acker- und Wiesenland. Rechts der Ebene beginnt die zweite Terrasse mit teils ebenem, teils wellenförmigem Rücken. Dieses Gelände wird vom Weidigsbächlein,

---

[331] Dieser Höhenrücken bei Weidenberg wird heute meist „Culm" geschrieben, im Unterschied zum nah gelegenen „Rauhen Kulm". In der Schreibung „Kulm" ist der Ausdruck im mitteleuropäischen Sprachraum sehr verbreitet und bezeichnet im Allgemeinen den Gipfel eines Berges oder eine Kuppe. Herleitungen werden sowohl aus dem Lateinischen „culmen", wie aus dem Slawischen „cholm" u.ä. und dem germanischen „hulmaz" versucht.

vom Siechenbach, vom Weißenbach und von der Lützelsteinach durchflossen, welche ihre Quellen an oder auf dem Fichtelgebirge haben. Das Weidigsbächlein mit dem Wasser vom Gräbig kommt aus einem kleinen Taleinschnitte unterhalb RÜGERSBERG und fließt, durch das in einem Fuhrwege von MENGERSREUTH herabfließende Wasser verstärkt, dem unteren Markte zu, manchmal viel Geröll mit sich führend.

In dem Talkessel liegen außer der Gemeinde WEIDENBERG die Ortschaften WAIZENREUTH, SOPHIENTAL, MENGERSREUTH mit MITTLERNHAMMER, HEßLACH, GÖRSCHNITZ, der Weiler GRUND, die Einöden LOCHMÜHLE, AU und EICHLEITE, sodann das Dorf UNTERSTEINACH. An den Begrenzungsabhängen des Fichtelgebirges liegen die Einzelnen ALTENREUTH und KOLBENREUTH, die Dörfer RÜGERSBERG und GOSSENREUTH, die Einzelnen KEILSTEIN, SAAß , WÖLGATHA und BORITZEN, im Fischbachtale FISCHBACH und SANDHOF.

b) Ortsteile, interessante Gebäude; Rosenhammer, Schafhof, Ziegelhütte

Die Marktgemeinde WEIDENBERG ist gebildet aus dem Markte WEIDENBERG, dem Weiler ROSENHAMMER, den Einzelnen SCHAFHOF, ZIEGELHÜTTEN, STADELHAUS, SCHUHMÜHLE und den AUHÄUSCHEN am Erlenhain.

Der MARKT WEIDENBERG zerfällt in den Ober- und Untermarkt. Der Erstere liegt auf dem nordwestlichen Ende des Kulmberges und ist mit Ausnahme des Marktplatzes uneben. Er zählt 126 Wohnhäuser. Die Häuser zu beiden Seiten der Marktstraße sind mit Ausnahme eines einzigen zweistöckig und massiv gebaut. An Größe zeichnen sich aus das Amtsgerichtsgebäude (ein ehemals freiherrliches v. Lindenfels'sches Schloss) und die schöne helle MICHAELSKIRCHE, sodann am äußersten nördlichen Ende auf dem Gurtstein ein massives Haus, welches die im Innern geschiedenen Räume von Hausnummer 4 und 7 enthält.

Der Grund, worauf der Obermarkt steht, ist Buntsandstein, der an manchen Stellen zu Tage tritt. Am Buchet, am Reitweg, in der Lehnertengasse, auch unter den Häusern sind gute Felsenkeller. Der „Buchet" ist der Nordabhang des Gurtsteins, der wahrscheinlich in früher Zeit mit Buchen bestockt war.

Ähnlich dem Unter- und Oberland auf HELGOLAND ist der Untermarkt mit dem Obermarkt durch eine Treppe mit 124 Stufen verbunden; außerdem ist die Verbindung hergestellt durch den Reitweg und durch die Straße über die Schuhmühle. Die Treppe heißt im Volksmund „Schütt", was wohl angeschüttetes Land bedeuten soll.[332] Der Reitweg dient auch als Fußweg; er kann auf- und abwärts nur mit ganz

---

[332] Häufiger und wohl auch ursprünglicher ist der Ausdruck „Schied", von Trennung,

leicht belastetem Fuhrwerke befahren werden. Alles schwere Fuhrwerk vom unteren zum oberen Markt oder umgekehrt geht über die Schuhmühle. Eine kürzere Verbindung der beiden Marktteile für Lastfuhrwerk wäre erwünscht, vielleicht auch herzustellen.[333] Der Reitweg ist über die Hälfte seiner Länge kanalisiert und nach der Quere mit Prügelholz zur Sicherheit des Verkehrs bedeckt.

Eine weitere Verbindung der beiden Marktteile für Fußgänger, welche die Treppe und den Reitweg nicht begehen wollen oder können, ist der Fußweg, der durch Schönmanns Mühlhof geht und sich längs des Mühlbaches am Fuße des Buchet zur Scherzen hinzieht, von wo die Scherzengasse stetig aufwärts führt, und an ihrem oberen Ende in die Wolfskehl-, Grundel- und Kantorsgasse leitet. Hinter der Schönmanns-Mühle geht ein Zickzacksteig am Buchet zur MICHAELSKIRCHE.

Oberhalb des oberen Marktbrunnens und in dessen Nähe gehen vier Straßen aus, nämlich in nördlicher Richtung die schöne, breite, am unteren Marktbrunnen auslaufende Marktstraße, in östlicher die am Amtsgerichte vorbeiführende Lehnertengasse, die am Ende des Ortes die Wolfskehlgasse aufnimmt und von da an auch Waizenreuther Weg heißt, in südlicher die Seybothenreuther Straße, und in nordwestlicher Richtung die Bayreuther Gasse, deren Zweig die Brauhausgasse ist. Die Grundel-, Kantors- und Kirchgasse sind östliche Zweige der Marktstraße. Gegenüber der Grundelgasse ist die Einfahrt zum Reitwege, links von da die etwas steile Auffahrt zur Bayreuther Gasse. Die Gurtsteingasse führt auf den Gurtstein und zur MICHAELSKIRCHE. Sie beginnt am unteren Marktbrunnen.

Der Untermarkt beginnt am unteren Ausgang der Treppe und an der unteren Hälfte des Reitweges, zieht sich zu beiden Seiten der Steinach bis zu Schöllers Mühlwehr hin, breitet sich von da an zu beiden Seiten der Marktstraße aus bis zum Gasthof zur Post. Von hier aus führen die Straßen nach ROSENHAMMER, zum Bahnhof und zur Schuhmühle. Diese drei Straßen sind auf beiden Seiten bewohnt. Das so genannte Lustgässchen zwischen Hausnummer 177 und 178 dient ausschließlich dem Personenverkehr. Die Lage des unteren Marktes ist mit Ausnahme des sanften Anstiegs beim Schnorr'schen Hause eben.

Der Untermarkt zählt 81 Wohnhäuser. Von diesen zeichnen sich mehrere durch ihre Größe aus. Am hervorragendsten ist das Schnorr'sche Haus, nun dem Lehrer MÜNCH gehörig. Das Forsthaus an der Straße nach Rosenhammer ist im Jahre 1897 erbaut worden.

Scheidung, der nicht nur die geographische Teilung des Ortes zum Ausdruck bringt, sondern auch die bisweilen disharmonische Zweiteilung der Bevölkerung von Ober- und Untermarkt.

[333] Dieses Projekt einer Straßenverbindung wurde dann als Arbeitsbeschaffungsmaßnahme in der ausgehenden Weimarer Republik projektiert und im Jahr 1934 vollendet.

In demselben Jahre wurde das GASTHAUS ZUR POST *abgebrochen* und an dessen Stelle ein schöner Neubau errichtet.

Der Bau der schönen Villa des königlichen Postamtsdirektors DREß rechts der Straße nach Rosenhammer ist im Jahr 1899 begonnen und unter Dach gebracht worden. Die Häuser an der Bahnhofstraße und an der Straße zur Schuhmühle sind meist einstöckig und minderwertig.

Der Untermarkt hieß und heißt noch gewöhnlich „Linde", auch öfters „Vogtland". Ob diese Benennung berechtigt ist, kann vielleicht aus „urkundliche Geschichte des Vogtlandes v. Limmer, 4 Bände, Ronarburg 1825-1828" ersehen werden.

Der ROSENHAMMER liegt 1 km östlich von WEIDENBERG an der Steinach, zählt fünf Wohnhäuser und eine entsprechende Anzahl Nebengebäude.

SCHAFHOF, eine Viertelstunde östlich vom Obermarkte, zerfällt in den oberen und unteren Schafhof mit je einem Wohnhause und Nebengebäude. Der obere ist die Fallmeisterei [Abdeckerei].

Den Namen ZIEGELHÜTTE führen folgende Einöden:

1. Die Ziegelhütte an der Seybothenreuth der Straße, eine Viertelstunde südlich vom Obermarkte, mit Ziegeleibetrieb;
2. die alte Ziegelhütte oberhalb der STEPHANSKIRCHE, ohne Ziegeleibetrieb;
3. die große Dampfziegelei an der Straße vom Obermarkte zur Schuhmühle;
4. die Einzel zwischen dem Untermarkte und der Schuhmühle.

Den Namen STADELHAUS führt die Einzel bei den Städeln zwischen dem Obermarkte und der Dampfziegelei. Unterhalb desselben ist ein neu erbautes Haus ohne besonderen Namen.

Die SCHUHMÜHLE, früher Schubmühle genannt, mit einem Nebenhause, ist westlich von WEIDENBERG am Einflusse des Fischbaches in die Steinach.

Die zwei „Auhäuschen" stehen am Wege vom oberen Markte nach Rosenhammer.

Die Gebäude der Gemeinde haben teils massive, teils gemischte Bauart, teils harte, teils weichere Bedachung. Deren Versicherungssumme in der allgemeinen Brandversicherungsanstalt beträgt laut Mitteilung der königlichen Versicherung, vom 19. September 1898 bei der I. Klasse 509.810 RM, II. Klasse 67.910 RM, III. Klasse 178.340 RM, IV. Klasse 169.210 RM, zusammen 934.270 RM. Etwa sieben Mobiliar-Feuerversicherungsgesellschaften betreiben hier ihre Geschäfte.

c) Höhenlage

Laut Generalstabskarte sind die Höhen über n.N.

1. das Thales im unteren Markte 432,2 m,
2. des Kirchenpflasters 464,7 m,

3. des Kulmberges 544,6 m,
4. des Kreuzsteines an der Seybothenreuther Straße 528 m,
5. der Bocksleite 562 m,
6. des Maintales in Bayreuth 334,8 m,
7. des Bahnhofs dortselbst 340,1 m,
8. des Bahnhofes zu Seybothenreuth 426,7 m
9. des Tales in Warmensteinach 564,1 m
10. des Kirchenpflasters dortselbst 629,4 m,
11. der Königsheide 828,2 m.

d) Die angrenzenden Gemeinden

Die Gemeinde WEIDENBERG ist umgeben im Nordwesten und Norden von der Gemeinde GÖRSCHNITZ, im Norden und Nordosten von der Gemeinde MENGERSREUTH, im Osten von der Gemeinde WAIZENREUTH, im Südosten von den Gemeinden LANGENGEFÄLL, KIRMSEES und FISCHBACH, im Süden von der Gemeinde DÖBERSCHÜTZ, im Südwesten von der Gemeinde LESSAU, im Westen von der Gemeinde LANKENDORF.

2. Verwaltung und Ämter

a) Gemeindeorganisation

Die Marktgemeinde WEIDENBERG hat Landgemeinde-Verfassung. Der Gemeindeausschuss zählte 12 Mitglieder, nämlich einen Bürgermeister, einen Beigeordneten und 10 Gemeinde-Bevollmächtigte. Die Kassengeschäfte besorgen gewöhnlich Gemeindebevollmächtigte. Der Bürgermeister ist Standesbeamter, seither der Beigeordnete, seit 1. Januar 1900 ist Lehrer ROCHHOLZ dessen Stellvertreter. Die Gemeindeschreiberei versah von jeher der Kantor, nach dessen freiwilligem Rücktritt, oder bei eingetretener Vakanz der Organist. Der Lehrer der Unterklasse ist Standesamtsschreiber.

Die Gemeinde WEIDENBERG gehört zum königlichen Bezirksamt, Rentenamte, protestantischen Dekanate und Landwehr-Bezirkskommando BAYREUTH und zur Distriktschulinspektion BAYREUTH II.

b) Ämter.

WEIDENBERG ist der Sitz eines Amtsgerichts mit zwei Richtern, eines Ortsamtes, eines protestantischen Pfarramts, zweier protestantischer Pfarrer und Lokalschul-Inspektoren, eines Distriktsschulinspektor für Bayreuth II, eines praktischen

Arztes und zugleich bezirksärztlichen Stellvertreters, eines Gerichtsvollziehers, eines Distrikts-Tierarztes, einer Aufschlagseinnehmerei,[334] eines Postamts III, einer dreiklassigen protestantischen Volksschule, einer mit drei Mann besetzten Gendarmeriestation, einer Eisenbahn-Haltestelle und eines kombinierten Standesamtes.

Auch befinden sich daselbst eine Apotheke und ein Distriktskrankenhaus.

Der Amtsgerichtsbezirk umfasst inklusive WEIDENBERG 20 Gemeinden mit 9.380 Einwohnern. Er bildet eine Distriktsgemeinde.

Der Forstamtsbezirk besteht aus dem früheren Forstrevieren SOPHIENTAL und WARMENSTEINACH mit Ausnahme der dem Forstamt GOLDKRONACH zugeteilten Königsheide. Die Organisation datiert vom Jahre 1885.

3. Kirche und Schule

a) Kirchensprengel und Gebäude

Zur Kirchengemeinde gehören außer der Gemeinde WEIDENBERG der links[335] des Bächleins liegende Teil des Dorfes LESSAU, die Ortschaften DÖBERSCHÜTZ und FENKENSEES, die Gemeinden FISCHBACH, SOPHIENTAL und MENGERSREUTH, die Ortschaften HEßLACH und GÖRSCHNITZ, der Weiler GRUND, die Einzelnen LOCHMÜHLE, AU und EICHLEITE und zwei Häuser von GOSSENREUTH. Die Protestanten der katholischen Pfarrexpositur KIRCHENPINGARTEN mit Kirmsees[336] werden von WEIDENBERG aus caritativ pastoriert.

Für den protestantischen Kultus sind in WEIDENBERG zwei Kirchen vorhanden, nämlich die MICHAELSKIRCHE und die STEPHANSKIRCHE. In ersterer werden die sonn- und feiertäglichen Gottesdienste und Christenlehren, in Letzterer die Leichengottesdienste abgehalten. In Letzterer finden auch stiftungsgemäß an den Nachmittagen des Himmelfahrtfestes und des 16. Sonntags nach Trinitatis öffentlichen Gottesdienste statt. Um diese Kirche herum befindet sich der simultane Friedhof. Die evangelische Pfarrei zählt ca. 2.800 Seelen.

Die Pfarrei wird von zwei Geistlichen pastoriert, denen zugleich die Inspektion über die Schulen in der Pfarrei übertragen ist. Der erste Pfarrer ist Führer des Pfarramts, Distriktsschulinspektor für Bayreuth II und Inspektor der Ortsschule, der zweite Pfarrer Lokalschulinspektor für DÖBERSCHÜTZ, GÖRSCHNITZ, HEßLACH und MENGERSREUTH.

---

334 Dieses Amt verwaltete die Aufschläge beim Malzbrechen zur Bierherstellung.

335 Auf der Nordseite, d.h. hangaufwärts

336 Damit ist die kleine Zahl der Evangelischen im Bereich der Frankenpfalz im Fichtelgebirge gemeint. Sie beschränkte sich lange Zeit hindurch im Wesentlichen auf zwei Familien, die im 19. Jh. in Kirmsees zugezogen waren. Hinzu kamen vereinzelt evangelische Ehepartner.

Die Katholiken der Gemeinde WEIDENBERG sind Mitglieder der katholischen Pfarrexpositur KIRCHENPINGARTEN.

Die katholische Kirche hat im Jahre 1897 zu ROSENHAMMER an der Stelle, wo die Distriktstraße WEIDENBERG - KEMNATH von der Distriktstraße WEIDENBERG - FICHTELBERG abzweigt, ein auf einer Anhöhe liegendes Grundstück mit Wohnhaus käuflich erworben. Das Projekt, auf demselben eine Kapelle zu erbauen, kam 1900 zur Ausführung. Der katholische Religionsunterricht wird in dem erworbenen Hause erteilt. Man vermutet auch die Gründung einer katholischen Volksschule daselbst.

b) Schulverhältnisse

Die Gemeindegrenze ist die Grenze des Schulsprengels. An der Schule wirken drei definitiv angestellte Lehrer, denen auch kirchliche Funktionen übertragen sind. Der Lehrer der Oberklasse ist Kantor, der der Mittelklasse ist Organist und der der Unterklasse Kirchner oder Mesner.

Zur Unterklasse gehören die Schüler des 1. und 2., zur Mittelklasse die des 3. und 4., zur Oberklasse die des 5., 6. und 7. Schuljahres. Die Zimmer befinden sich in einem im Jahre 1835 angekauften ehemaligen Bäckerhause am Marktplatze, dessen innere Einrichtungen dem Zwecke möglichst angepasst wurden. Die Parterreräume des Schulhauses bildeten die *Wohnung des Lehrers der Unterklasse*, eine Stiege hoch sind die Lehrerzimmer für die Unter- und Mittelklasse, und im Dachraume ist das Lehrerzimmer der Oberklasse.

Der Lehrer der Mittelklasse wohnt im *Rathaus* und der Lehrer der Oberklasse in dem der Kirchenstiftung gehörigen *Kantoratsgebäude.*

Die Baulast am Schulhause hat die Schulgemeinde. Die Zahl der Schulkinder beträgt mit Einschluss der etwa 10 Katholiken circa 240.[337]

Die Gemeinde hat 1857 dem Lehrer der Unterklasse ein **Grundstück** beim oberen Schafhof und dem Lehrer der Mittelklasse ein Grundstücke beim unteren Schafhof zur Nutznießung überlassen und in die betreffenden Fassionen eingestellt. Der Lehrer der Oberklasse erhielt das tief liegende, sehr beschattete Obstgärtchen zwischen der MICHAELSKIRCHE und Hausnummer 6 zur Nutzung. Wahrscheinlich wegen dessen ganz geringen und unsicheren Ertrages blieb es außer Ansatz.[338]

---

[337] Durchschnittlich waren also damals 35 Kinder in einem Jahrgang.

[338] Wegen der dürftigen Besoldung war es den Volksschullehrern auch aus finanziellen Gründen wichtig, einen eigenen Obstgarten bewirtschaften zu können. Viele erwarben sich fundierte Kenntnisse in der Behandlung und Veredelung der Sorten und konnten oft auch den örtlichen Markt oder sogar Haushalte in der Stadt Bayreuth beliefern. Weil in den belieferten Häusern Lagerungsmöglichkeiten häufig fehlten, war es wichtig, eigene Lager mit einer Fülle spezifischer Sorten vorzuhalten.

Ein **Gregori-** oder **Wiesenfest**[339] fand seither in Zeiträumen von zwei, drei und mehreren Jahren an verschiedenen Plätzen statt.

4. Ärztliche und sonstige öffentliche Einrichtungen

Die Stelle eines Bezirksarztes wurde im Jahre 1884 eingezogen. Der derzeitige **praktische Arzt** ist Stellvertreter des Bezirksarztes zu Bayreuth für Weidenberg.[340]

Das **Notariat** hatte im Jahre 1889 dasselbe Schicksal wie die Bezirksarztstelle. Einer der Notare zu Bayreuth hielt in Zeiträumen von vier Wochen Amtstage dahier. Derselbe besitzt die Urkunden und Akten des aufgelassenen Notariats. Im Januar 1900 ist dem königlichen Amtsrichter dahier die Notariatsverwesung übertragen worden.

Das **Standesamt** war seither aus den Gemeinden WEIDENBERG, FISCHBACH, MENGERSREUTH und SOPHIENTAL gebildet. Vom 1. Januar 1899 an wurden die Gemeinden MENGERSREUTH und SOPHIENTAL von hier abgetrennt und zu einem selbstständigen Standesamtes vereinigt.

Die Postexpedition dahier erhielt im Jahre 1898 den Namen **Postamt** III. Zu diesem gehören die früheren Postablagen, nun Postagenturen, KIRCHENPINGARTEN mit einer Kariolpost,[341] SOPHIENTAL und UNTERSTEINACH.

---

[339] Das Gregorifest ist das älteste, heute mancherorts immer noch gefeierte Fest für Schulkinder. Papst GREGOR IV. ließ es erstmalig im Jahre 830 zu Ehren seines Vorgängers GREGOR I. ausrichten, der als besonderer Freund der Kinder und Jugendlichen galt. In Oberfranken und Thüringen war das Fest weit verbreitet. In Creußen wird es seit dem 17. Jahrhundert immer noch alle zwei Jahre am letzten Wochenende vor den Schulferien auf dem Marktplatz gefeiert und dauert vier Tage lang. In Weidenberg hatte dieses Fest noch bis weit nach dem Zweiten Weltkrieg große Bedeutung für die generationsübergreifende Kommunikation der Bevölkerung; es war mit einem großen Umzug durch den ganzen Markt verbunden und mündete in gesellige Unterhaltung auf den Auwiesen ein, daher der Name „Wiesenfest".

[340] Vergl. dazu auch das Kapitel „Physicus und Pharmazeut – Weidenberger Gesundheitswesen bis in die erste Hälfte des 20. Jahrhunderts" in der 3. Folge des Projektes ‚Myrten für Dornen': „Der Anstreicher und seine Lehrjungen ..."

[341] Der Ausdruck „Kariolpost" leitet sich vom frz. carriole, d.h. Karren her. Die Ausrüstung der Landbriefträger mit Fuhrwerken brachte eine wesentliche Verbesserung der Landversorgung, insbesondere auch für Päckchen und Pakete. Dabei handelte es sich in der Regel um posteigene einspännige Wagen. Der Landbriefträger stellte das Pferd und war für dessen Unterhalt zuständig. Dem Fahrer einer solchen Kariolpost standen als Vergütung für die Gestellung des Pferdes die Einnahmen für die gelegentliche Mitnahme einer Person auf dem Kutschbock zu. Die Gebühren für Gepäckstücke mussten an die Postkasse abgeführt werden.

Dass das Postwesen damals noch eine hochoffizielle staatstragende Einrichtung war, dokumentiert heute noch die Villa, die sich der aus WEIDENBERG stammende und zuletzt in WÜRZBURG und ASCHAFFENBURG tätige Postamtsdirektor JOHANN DREß im Jahr 1899 in der damals modischen Ziegelbauweise im Jugendstil in der Warmensteinacher Straße bauen ließ (Montage nach einem ***Foto** von 1899* aus „Weidenberg in alten Ansichten"). Während DRESS im aktiven Postdienst in wechselnden Dienstwohnungen gelebt hatte, wollte er im Ruhestand mit seiner Ehefrau BABETTE in den eigenen vier Wänden leben und seinen Status natürlich auch vorzeigen. Die hochherzige, kirchlich gesinnte Gattin hatte zuvor im Jahre 1891 für die STEPHANSKIRCHE eine neue Orgel in Wert von 1.800 RM gestiftet.

5. Fluren und Bodenverhältnisse

a) Flächen und Flurbezirke

Der Flächeninhalt der Gemeinde beträgt 809,506 ha. Die größte Länge und Breite der Gemeinde ist ziemlich gleich und beträgt je viereinhalb Kilometer.

Man unterscheidet zwei Flurbezirke, nämlich den des oberen und den des unteren Marktes. Zum oberen gehören der Obermarkt, Rosenhammer, die Auhäuschen, Schafhof, das Stadelhaus, die Ziegelhütte an der Seybothenreuther Straße, die alte Ziegelhütte, die Dampfziegelei, die STEPHANSKIRCHE und die Schuhmühle, zum unteren der Untermarkt und die Einzel zwischen dem unteren Markte und der Schuhmühle.

Eine natürliche Grenze zwischen den beiden Flurbezirken bildet das nach der Quere vom unteren Markte durchschnittene Steinachtal. Dasselbe wurde seither oberhalb des unteren Marktes zum oberen Flurbezirke, unterhalb des unteren Marktes zum unteren Flurbezirke gerechnet. Eine politische Grenze ist auf dem Gemeindeplane nicht ersichtlich.

Der Flurbezirk des oberen Marktes ist bergig und uneben, der des unteren größtenteils eben, nur gegen Nordwesten wellenförmig. Das Gräbig, eine durch Regengüsse zerrissene ehemalige Ödung, nun zu Wald kultiviert, zieht sich mit den angrenzenden Feldern weit einen südlichen Abhang des Fichtelgebirges hinauf. Höher noch, gleichsam auf dem Höhenrücken, aber in der Gemeinde MENGERSREUTH liegend, ist der Klapperer, eine aufgeforstete Ödung des unteren Marktes.

b) Bodenarten und -güte

An der Bocksleite, am Döberschützer, Lessauer und Lankendorfer Berge, sowie auf dem Kulm und dessen Abhängen findet man vorherrschend Kalkboden, Sandboden zwischen der alten Ziegelhütte und der Ziegelhütte an der Seybothenreuther Straße, an der Schillersreuth, auch beim unteren Schafhofe und vom Birkrangen an bis an den Waizenreuther Berg. Auf der Eibislohe gegen Weidenberg ist Keuper.

Der Boden des unteren Flurbezirkes ist auf der Ebene abgelagerte Schutt des Fichtelgebirges, zerriebenes und zerbröckeltes Gestein, meist nur Tonschiefer, weniger Quarz. Die Humusdecke ist bald mehr und weniger steinig, bald tief, bald seicht.

Das Land der zweiten Terrasse ist meistenteils sandig.

Lehm ist vorhanden in der Nähe der im Betriebe stehenden Ziegelhütten. Kalksteine liefert der Döberschützer, Lessauer und Lankendorfer Berg, hauptsächlich der

Culm. Auf dem Höhenzug findet man zuweilen Versteinerungen. Ein Sandsteinbruch ist nicht im Betriebe. Die Bausandsteine werden gewöhnlich von LESSAU bezogen.

Der Flözsand an der Südseite des Waizenreuther Berges im so genannten tiefen Graben ist gegen eine jährliche Abgabe zur Kasse des oberen Marktes an fünf Glasschleifen im Steinachtale bergamtlich vermietet. Die Bewohner des oberen Marktes haben jedoch das Recht, ihren Bausand von dort abgabenfrei zu beziehen. Aus dem Schafbach und aus der Steinach im unteren Markte wird Bausand gewaschen. Bausand liefert auch die zweite Terrasse am unteren Flurbezirke. Der Torfstich am Ende der Untermarktebene an der Steinach ist jetzt außer Betrieb.

Die **Bohrversuche nach Kohlen** bei MENGERSREUTH anno 1857-64 waren erfolglos.

Kieselsteine von verschiedener Größe und Schwere werden unter der Humusdecke der Untermarktebene gefunden.

Die Fruchtbarkeit des Bodens ist gut. Ödland findet man an der Bocksleite und auf dem Culm, sowie an anderen Stellen. Es kann mit wenigen kleinen Ausnahmen zu Hutungen verwendet werden. Nasse Wiesen haben der Haag und die Krägnitz. Andere sind durch Entwässerung verbessert worden. Der Boden des oberen Flurbezirks ist angeblich ergiebiger, als der des unteren, aber auch schwieriger und mühevoller zu bebauen und abzuernten. Der Boden des unteren Flurbezirks verlangt und erhält mehr Dung. Reichliche Niederschläge sind ihm dienlich. Ackerland ist vorherrschend in beiden Flurbezirken.

c) Bodenbenutzung

Über die Benutzung des Bodens wurden im Jahre 1885 Erhebungen gepflogen, deren Resultat hier folgt. Es waren bebaut (alle Werte gerundet):

18,3 ha mit Winterweizen, 35,5 ha Sommerweizen, 61,5 ha Winterroggen, 16,9 ha Sommerroggen, 70,5 ha Gerste, 29,6 ha Hafer, 4,5 ha Erbsen, 0,6 ha Linsen, 1,1 ha Wicken, 0,25 ha sonstige Früchte (Mais etc.), 77,6 ha Kartoffeln, 19,8 ha Runkelrüben, 22,2 ha Kohlrüben, 0,4 ha Kraut- und Feldkohl, 9,7 ha Stoppelrüben als Nachfrucht.

Sodann wurden bebaut:

0,3 ha mit Flachs, 4,3 ha Hopfen, 28,3 ha Klee, 4,2 ha Luzerne, 1,5 ha Esparsette.

10,9 ha wurden zur Weide benutzt, 16,7 ha waren unangebaut beackert, 9,6 ha Haus- und Obstgärten.

Die gesamte Fläche der Acker- und Gartenländereien betrug 485 ha. Ferner waren vorhanden:

202 ha Wiesen, 51 ha Weiden und Hutungen, 41 ha Öd- und Unland, 4 ha Erlenwald, 39 ha Kiefernwald (von den Wäldern 37 ha Privatforste und 6 ha Gemeindeforste), 8,6 ha Haus- und Hofräume, 22,4 ha Straßen und Wege, 7 Hektar Gewässer.

Die Gesamtfläche betrug 810 ha.

Durch den Bau der Eisenbahn und neuer Gebäude ist das Acker- und Wiesenland um einige Hektare gemindert worden; dagegen haben sich die Wege, Haus- und Hofräume und Gärten um ebenso viele Hektare gemehrt.

6. Einwohnerschaft, Zahl, Wesen, Beschäftigung, Armenwesen

a) Einwohnerzahl im Jahr 1895

Bei der Volkszählung im Jahre 1895 waren vorhanden:
1.465 Personen, darunter 726 männliche, 739 weibliche, 855 Ledige, 498 verheiratete, 112 verwitwete, 88 Katholiken, 1.377 Protestanten, 1.459 Bayern, fünf Reichsangehörige, ein Ausländer, in 319 Haushaltungen und 215 Wohngebäuden.[342]

Die Einwohnerzahl ist seit 20 Jahren um circa 180 Personen zurückgegangen (!). Der Trieb nach Verbesserung ihrer sozialen und ökonomischen Lage oder nach Ausbildung hat schon früher sehr viele Gemeindeangehörige in die Fremde getrieben, wo etliche durch ihre Brauchbarkeit und Solidität Versorgung und achtbare Stellungen erworben und ihrer ursprünglichen Heimat Ehre gemacht haben.

b) Charakteristik der Bevölkerung

Die hiesige Bevölkerung ist recht gut bayerisch und deutsch gesinnt, geistlich geweckt, freundlich, gesellig, friedliebend, unterhaltend, ehrlich, gewerbs- und erwerbstätig. Sie liebt Musik, namentlich Gesang, auch theatralische Unterhaltungen und Blumenpflege.[343]

Aus den Eingeborenen und Heimatberechtigten sind im 19. Jahrhundert hervorgegangen: einige höhere Militärs, hohe und niedere Justiz- und Verwaltungsbeamte, Finanzbeamte, Forstbeamte, Geistliche, Post- und Bahnbeamte, Volksschullehrer,

---

[342] Das bedeutet, in jedem Wohnhaus wohnten damals durchschnittlich fast sieben Personen!

[343] Mit dieser wohlwollenden Einschätzung unterscheidet sich Lehrer REBLITZ doch sehr von der eher kritischen Beurteilung der Bevölkerung in der oben abgedruckten Pfarrbeschreibung, die, typisch für protestantische Pfarrer, noch allerhand Bedarf zur geistigen Aufklärung und zu einem sittlich-moralischen Lebenswandel sieht.

ein Gymnasiallehrer, Ärzte, Kunstmaler, Baumeister, ein Baubeamter, Versicherungsbeamte etc.

c) Beschäftigung in der Landwirtschaft

Die Bürgerschaft treibt Landwirtschaft und Gewerbe. Große Ökonomie-Anwesen sind, das Schöller'sche ausgenommen, nicht vorhanden, dagegen **viele kleine**. Die Bodenfläche ist zu stark parzelliert und in zu vielen Händen. Sie teilen sich circa 215 Einheimische und 55 Auswärtige.

Für etwa 18 Familien[344] ist die Landwirtschaft die alleinige Nährquelle, und für etwa ebenso viele das Gewerbe. Bei den übrigen ist die **Landwirtschaft mit Gewerbebetrieb vereinigt**, doch so, dass bei vielen die Landwirtschaft den Hauptbetrieb, das Gewerbe den Nebenbetrieb, bei den anderen das Gewerbe den Haupt-, die Landwirtschaft den Nebenbetrieb bildet, oder beide sich das Gleichgewicht halten.

Die Zahl der Hilfsarbeiter bei der Landwirtschaft und den Gewerben ist nicht groß. Beide Betriebsarten werden durch **Maschinen** unterstützt und gefördert. Am verbreitetesten ist die Mähmaschine.[345]

Die selbstständigen Lohnarbeiter arbeiten mehr für das Haus, dienen aber auch dem Garten- und Feldbau.

Die **Armen** sammeln Arzneikräuter, Heidel- und Preiselbeeren, deren Verkauf manche Firmen sehr beschäftigt.

Die landwirtschaftlichen Erzeugnisse sind die üblichen und schon längst einheimischen.

---

[344] Das entspricht weniger als 10% der Bevölkerung.

[345] Gemeint sind hier die Vorläufer der Mähdrescher, um deren Einsatz sich damals in Weidenberg der katholische Pfarrer LUDWIG WIESBECK sehr verdient machte; er regte auch die Gründung einer heute noch florierenden Firma für Landmaschinen an – vergl. vom selben Verfasser das Buch „Spurensuche" S. 203 ff. Bis dahin musste das Korn mühsam mit der Sense geschnitten, von Hand gebündelt, aufgestellt und eine Woche getrocknet werden, bevor es vorsichtig verladen und heimgefahren werden konnte. In den langen Wintermonaten wurde es dann reihum in den Scheunen manuell mit Dreschflegeln gedroschen.

Um das Jahr 1900 kamen aus Amerika die ersten Mähmaschinen herüber, die aber das Korn nur schnitten und in kleinen Haufen ablegten. Es musste dann noch gebündelt werden. Bald kamen auch die ersten Selbstbindemaschinen und Dreschmaschinen nach Europa, die aber zunächst noch die Kraft von Pferden oder Ochsen zum Antrieb benötigten. Eine Dreschmaschine, die mittels Riemen durch einen Traktor angetrieben wurde und jahrzehntelang in und um Weidenberg ihren zuverlässigen Dienst versah, ist noch heute beim Fichtelgebirgsverein Weidenberg in der Scherzenmühle zu bewundern. Doch bis zum selbstfahrenden Mähdrescher von heute war es dann noch ein weiter und kostspieliger Weg.

d) Obst- und Gartenbau

WEIDENBERG gleicht einem großen Obstgarten. Es wird verschiedenes, teilweise feines Obst gebaut. In dem kalten Winter 1879/80 sind sehr viele Obstbäume, vornehmlich Zwetschgenbäume, erfroren. Die Kontrolle ermittelte den Verlust von 115 Stämmen. Der Schaden war aber, wie sich später herausstellte, ein viel größerer; denn viele der überlebenden Bäume hatten durch den Frost gelitten, lieferten weniger Ertrag und starben vorzeitig ab.

Es entfaltete sich in den Folgejahren ein großer Eifer, die entstandenen Lücken auszufüllen und Neuanlagen ins Leben zu rufen. Dieses Bestreben wurde durch den im Jahre 1882 gegründeten, unter der Vorstandschaft des königlichen Ersten Pfarrers GEORG LAUBMANN (in Weidenberg 1872—1894) und der technischen Leitung des Lehrers BAUER in MENGERSREUTH stehenden **Obstbauverein** kräftigst unterstützt und gefördert.

Der Untermarkt und die Gebrüder SCHÖLLER haben bereitwilligst je ein Grundstück beim Spritzenhause dem Verein zur Benützung überlassen. Es wurde eine große Anzahl von Wildlingen und veredelten Stämmen gezogen und unter die Vereinsmitglieder verteilt. Seit einigen Jahren erhielt der Verein auch einen Teil des zur Vergrößerung des Friedhofes angekauften Ackers zur Benützung. Seitdem haben die Gebrüder SCHÖLLER ihr Grundstück dem Verein entzogen.

Neupflanzungen wurden hergestellt:

1. 1887-95 durch den Untermarkt vom Spritzenhause an, an der Straße zur Schuhmühle;
2. 1895 durch den Distrikt an der Straße nach GÖRSCHNITZ und an der Straße von der Schuhmühle zur Dampfziegelei;
3. 1896 durch den Obermarkt am Verbindungswege nach LANKENDORF.

Auch Privatleute haben Pflanzungen ausgeführt, nämlich: 1892 Kaufmann HEISCHMANN am Stephansberge; Kaminkehrermeister HÖHNE in seinem Garten; 1894 Gastwirt HAGER am Röhrig; 1894 Kaufmann SACK am Kulm; 1896/98 Tüncher JOSEF POPP in seinem Garten; 1898 Hufschmiedmeister HOFMANN in seinem Garten und an der Bocksleite; 1899 Bierwirt KILCHERT in seinem Garten.

Die Stämme wurden teils von WEIHENSTEPHAN, teils von NIXDORF, teils vom Stadtgärtner, teils vom Hofgarten in BAYREUTH, teils aus hiesigen Baumschulen, teils aus anderen Orten bezogen. Außer den oben genannten haben noch andere Gemeindeglieder dem Obstbau ihre Pflege angedeihen lassen, zum Beispiel: königl. II. Pfarrer OTTO HERATH, CHR. KOPPMEIER, GEORG SCHENK, FRANZ LOCHMÜLLER sen., ROTHE u.a.m.

Der **Gartenbau** beschränkt sich auf die Zucht von Pflanzen zu Futterrüben und Kohl, auch auf den Bau von Gurken, Salat, Bohnen, Rettichen und anderen Küchenkräutern, auch Gewürzkräutern, Beeren, Blumen und Rosen.

Der Weinstock wird an Spalieren an Häusern gezogen; Frühtrauben kommen gewöhnlich zur Reife.

e) Waldwirtschaft

Die Waldungen haben Föhren- und Erlenbestand. Vereinzelt, manchmal in kleinen Gruppen, trifft man Fichten, Birken, Weiden, Eichen, Ebereschen, Eschen, Ahorn, Buchen, Akazien, Pappeln, Linden, Rosskastanien, Lerchen, Zypressen. Der Teil am Buchet, welcher der Gemeinde gehört, wurde im Frühjahr 1899 mit einigen Ahorn- und Eschenstämmchen bepflanzt.

Infolge der verheerenden Wirkung des **Sturmes** am 26. Juli 1880 wurde die Waldparzelle beim unteren Schafhof abgeholzt und neu besät.

Hier sei bemerkt, dass dieser Sturm in dem nahen WAIZENREUTH Bäume entwurzelte und zerbrach, die Dächer teilweise abdeckte, zwei Scheunen umstürzte und eine dritte so geschädigte, dass auch sie neu aufgebaut werden musste.

Die Waldparzelle Pechleite unterzog man 1898 wegen der Lückenhaftigkeit des Bestandes der Abholzung und 1899 der Neubepflanzung.

f) Viehwirtschaft und Jagd

Dem Feld- und Futterbau entsprechend ist die Viehhaltung. Pferde werden nicht gezüchtet. Der Rindviehzucht aber wird Aufmerksamkeit und Sorgfalt zugewendet. Nur gutes Zuchtmaterial kommt zur Verwendung. Denn der Viehschlag ist das Bayreuther Scheckvieh. Sehr schöne Exemplare sind vorhanden. Die Zahl der Kühe übersteigt die der Ochsen bedeutend.

Die Schweinehaltung beschränkt sich auf Schlachtvieh. Die **Ziege** ist in großer Anzahl vertreten.[346] Einige Bewohner lieben und pflegen die Bienenzucht. Gänse- und Hühnerhaltung sind beliebt. Schafe findet man wenige.

Bei der am 1. Dezember 1897 vorgenommenen Viehzählung wurden ermittelt:
19 Pferde über 4 Jahre, 74 Stücke Rindvieh unter einem Halbjahr, 519 Stücke Rindvieh über einem Halbjahr, neun Schafe unter 1 Jahr, 29 Schafe über 1 Jahr, 175 Schweine unter 1 Jahr.

---

[346] Dieser verbreiteten Ziegenhaltung verdanken die Weidenberger ihren Necknamen „Gaasla". – Vergl. das Kapitel „Arbeit, Wohlstand und Armut bei den ‚Gaasla' – Soziales Leben, Beruf und Gewerbe in Weidenberg bis 1919" in der 2. Folge des Projektes ‚Myrten für Dornen'".

Die Jagd ergibt fast nur Hasen und Feldhühner. Rehwild ist eine Seltenheit, weil zusammenhängende Waldungen fehlen. Zuweilen kommt ein Stück aus den nahe liegenden Waldkomplexen herüber gewechselt.

Wildtauben hegt die Amselleite. Forellen liefert die Steinach. Der Krebsfang ist minimal. Karpfen wollen nicht recht gedeihen. Füchse, Marder, Iltis, Fischottern und Habicht sind die gewöhnlichen Raubtiere; Lerchen, Grasmücken, Stare und Schwalben die gewöhnlichen Vögel.

g) Gewerbebetriebe

Die Zahl der betriebenen Gewerbe ist beträchtlich. Voran steht das Etablissement der **Gebrüder Schöller**. Es umfasst eine 1870 geöffnete Kunstmühle, die anstelle einer gewöhnlichen Getreidemühle erbaut wurde, und ein Holzsägewerk mit einem Vollgatter. Beide Werke werden mit Wasser getrieben, bei eintretendem Wassermangel mithilfe des Dampfes. In diesen beiden Betrieben sind mit Einschluss der Ökonomie eine entsprechende Anzahl Pferde und Zugochsen, 17 und mehr Arbeiter beschäftigt. Auch viele Lohnfuhrwerke finden erheblichen Verdienst. Das Etablissement hat seit 1896 elektrische Beleuchtung. Die Mühle hieß früher Rohrmühle.

Ein anderes großes Geschäft ist die **Dampfziegelei** des JOHANN KIEẞLING. Außer einigen kleineren Höfen befindet sich daselbst ein im Jahre 1895/96 erbauter Ringofen mit 12 Kammern, deren jede gegen 5.000 Steine erfasst. Das mit der Ziegelei verbundene Holzsägewerk bildet den Nebenbetrieb und arbeitet mit Unterbrechung. Das Geschäft beschäftigt 20 und mehr Arbeiter und eine Anzahl Pferde.

Die Ziegelei an der Seybothenreuther Straße arbeitet mit Handmaschinen im Kleinen.

Das **Granit-, Schleif - und Polierwerk** an der Bahnhofstraße *(Foto um 1900),*

das MICHAEL SCHRECK und JOHANN SCHILLER im Jahre 1889 gründeten, wird mit Dampf betrieben. Es befindet sich jetzt im alleinigen Besitz des JOHANN SCHILLER. Grabmonumente sind das Haupterzeugnis. Wegen ihrer Solidität und mäßigen Preise sind die Fabrikate sehr gesucht.

Ein Konsortium, bestehend aus Gastwirt SCHRECK und Mühlarzt G. RÖTHEL von hier, sodann Eisengießer BURKHARDT und Schlosser MÖSINGER von BAYREUTH, gründete eine **Eisengießerei** in der Nähe des Bahnhofes am Wege nach HEẞLACH. Am 24. Oktober 1899 begann der Bau, und am 12. April 1900 geschah der erste Guss. Viel Glück zum Betriebe!.[347] *(**Foto** um 1900).*

Die im Jahre 1892 gegründete Konserven- und Trocken-Anstalt von HEISCHMANN-LOCHMÜLLER ruht. Die frühere Mal- und Schneidemühle des FRIEDRICH zu Rosenhammer, die vordem eine Papierfabrik war, wurde im Jahre 1885 zu einem **Spiegelglas-, Schleif- und Polierwerk** umgebaut. Dieses befindet sich jetzt im Besitze des NEUMANN in FÜRTH in Bayern. Infolge der allgemeinen Geschäftsstörung ist der Betrieb flau.

Drei **Kundschaftsmühlen** werden durch die Steinach getrieben, nämlich die Scherzenmühle, die Schönmannsmühle und die Schuhmühle. Die Scherzenmühle

[347] Nach der Insolvenz wurde das Fabrikgebäude Heimstatt einer genossenschaftlich betriebenen Firma für landwirtschaftliche Maschinen, die in der Firma LIPPOLT ihren heute noch florierenden Nachfolger gefunden hat.

hat ihren Namen von ihrem früheren Besitzer oder Gründer, der SCHERZ oder SCHERZER ließ. Die Schönmannsmühle liegt in der Nähe des Treppenaufgangs zum oberen Markt. Mit der Scherzen- und Schuhmühle ist je ein Holzsägewerk, mit der Schönmannsmühle ein Malzbrech-Apparat verbunden.

Fünf Gasthäuser befinden sich in der Gemeinde, nämlich zwei im oberen, zwei im unteren Markt und eines zu Rosenhammer. Außer diesen sind im oberen Markte neun, im unteren fünf **Bierwirtschaften**.

Zur Erzeugung des benötigten Bieres besteht ein **Kommun-Brauhaus** im oberen Markte. Die Einfuhr und der Ausschank fremden Bieres ist nur den Gastwirten gestattet, nicht den Bierwirten. Diese haben hierzu eine besondere Bewilligung nötig. Fremdes Bier konnte man seit jeher im Gasthaus zur Eisenbahn erhalten.

Zwei Mälzereien, eine am oberen und eine am unteren Markte, bereiten das benötigte Malz. HEINRICH ROTHE (gest. 10. Jan. 1900) in ROSENHAMMER hat seine eigene Mälzerei und Brauerei und betreibt beide Geschäfte flott. Die Güte des Bieres befriedigt.

Der Malzverbrauch betrug 1898 in Kommunbrauhaus 1.118 hl, in der Rotheschen Brauerei 1.065 hl, zusammen also 2.183 hl.

An 11 Wirtschaften in der Umgebung und einen Gastwirt in WEIDENBERG liefert die Rothe'schen Brauerei das nötige Bier.

Sieben **Bäcker, welche zugleich Bierwirte sind**, versorgen die Gemeinde und Umgebung mit Weiß-, Schwarz- und mürbem Brot. Weitere fünf Bäckereien stehen zurzeit außer Betrieb. Herkömmlich ist das **Bretzelbacken** in den ersten Monaten im Jahre. Es beginnt am Sonntage nach dem 6. Januar und wird im Turnus von jedem Bäcker eine Woche lang betrieben. Über die Reihenfolge entscheidet das Los.

16 Laden-Firmen, davon im oberen Markte 11, im unteren fünf, versehen die Einwohnerschaft und Umgebung mit Kolonial-, Wollen-, Baumwollen-, Weber-, Kurz-, Eisen-, Stahl-, Blech-, Glas-, Porzellan-, Seiden-, Weiß- und Zuckerwaren, mit Tuchen, Mehl, Öl, Salz, Spiritus und sonstigen Bedarfsartikeln für die Person, fürs Haus und für den Gewerbebetrieb. Manche Läden sind reich und schön ausgestattet.

Außerdem sind vorhanden: drei Gerbereien, eine zu ROSENHAMMER und zwei zu WEIDENBERG, ein Zeugschmied und Maschinenbauer, zwei Huf- und zwei Grobschmiede, sechs Schreiner, ein Schlosser, ein Siebmacher, ein Buchbinder, sechs Metzger, zwei Glaser, drei Wagner, eine Anzahl selbstständig arbeitender Maurer und Zimmerleute, fünf Leineweber, drei Spengler, drei Büttner, zwei Seiler, ein Strumpfwirker, zwei Töpfer, ein Bader, zwei Uhrmacher, wovon einer Gold- und Silberarbeiter ist, zwei Tüncher und Zimmermaler, ein Drechsler, ein Plastiker in Holz, ein Sägeschmied, mehrere Viehhändler, ein Kaminkehrermeister, zwei Kleidergeschäfte, sechs selbstständig arbeitende Schneider, sechs Näherinnen, zwei Mützenmacher, neun Schuhmacher, ein Spediteure, zwei Mühlenärzte,[348] ein Wasenmeister [Abdecker], ein Färber.

Die **Handweberei** hat früher in WEIDENBERG floriert. Mindestens 90 Stühle waren in Tätigkeit.

h) Armut in der Gemeinde

Die Gemeinde Weidenberg gehört zu den **Minderbemittelten.**[349] Die Armenlasten, namentlich die Leistungen für auswärts sich aufhaltende Gemeindeangehörige, waren seit jeher bedeutend. Zwei geisteskranke Weibspersonen sind auf Rechnung der Gemeinde im Irrenhause zu Bayreuth untergebracht. In Genusse je einer Alters-, Invaliden- oder Unfallrente sind viele Personen.

7. Luft und Wasser, Verkehrsanbindung

a) Klima und Gesundheitsverhältnisse – eine gute Werbung für den Fremdenverkehr

Der Gesundheitszustand der Ortseinwohner ist ein guter. Das Klima ist sehr gesund. Krankheiten sind nicht heimisch.

WEIDENBERG eignet sich vortrefflich zu einem Molken- oder Luftkurort für Lungenleiden, Nerven- und Verdauungsschwäche. Man hat daselbst die frische, reine und stärkende Gebirgsluft, angenehme Spaziergänge durch Wiesen und Felder, auf die nahen Höhenzüge, die große Fernsicht bieten, in die Berge des nahen Fichtelgebirges mit den prachtvollen Fichtenwaldungen und in das romantische und fabrikreiche Steinachtal mit der Pfeiffer-Wirtschaft und dem ehemals für heilkräftig gehaltenen und daher viel besuchten Brunnen beim Brunnenhaus.

Auch hat man in WEIDENBERG schöne und gute Wohnungen, Arzt und Apotheker, sehr empfehlenswerte Gasthöfe und Wirtschaften, in nächster Nähe den schönen ROSENHAMMER mit einer vortrefflichen Gastwirtschaft, eine dienstwillige und lebhafte Bevölkerung, schöne Vergnügungsstätten, einen Erlenhain längs der Steinach gegen ROSENHAMMER, sehr gutes Trinkwasser und Bier.

Die Eisenbahn und die sorgfältig gepflegten Distriktsstraßen erleichtern und begünstigen die Ausflüge in das Fichtelgebirge, nach WARMENSTEINACH, in die Wagnerstadt BAYREUTH und in die nahen Städte BERNECK, KEMNATH und NEUSTADT am Kulm etc.

---

[348] Der Begriff „Mühlarzt" kann leicht in die Irre führen; er betrieb keinen medizinischen, sondern einen technischen Beruf: Er setzte Mühlen instand.

[349] Vergl. dazu das bereits mehrfach erwähnte Kapitel „Arbeit, Wohlstand und Armut bei den ‚Gaasla' …" in der 2. Folge des Projektes ‚Myrten für Dornen'.

Der **Fichtelgebirgsverein** hat schon sehr viel für Markierung und Herstellung der Wege durch das Fichtelgebirge geleistet. Seit einigen Jahren haben mehrere Familien, einzelne Herren und Damen aus NÜRNBERG, BAYREUTH und anderen Orten, sogar vom Auslande, während der Sommermonate längeren oder kürzeren Aufenthalt mit größter Befriedigung in der Gemeinde genommen. Viele Pensionisten wohnen zurzeit ständig dahier.[350]

b) Wasserverhältnisse: Steinach, Fischzucht; Trinkwasserquellen.

Die Gemeinde wird von der Steinach durchflossen, welche in OBERWARMENSTEINACH entspringt, die Gemeinden WARMENSTEINACH und SOPHIENTHAL und einen Teil der Gemeinde MENGERSREUTH durchfließt, oberhalb ROSENHAMMER in die Gemeinde WEIDENBERG eintritt, dieselbe unterhalb der Schuhmühle wieder verlässt, und, nachdem sie mehrere andere Gemeinden durcheilt hat, bei ST. JOHANNIS in den Roten Main mündet. Sie ist ein munterer Gebirgsbach, von Forellen bewohnt, deren Abgang durch die ernstliche **Forellenzucht** des Fischrechtbesitzers ROTHE zu ROSENHAMMER reichlich ersetzt wird. In den beiden einmündenden Bächen, dem Schaf- und Fischbach, soll vor Eintritt der Krebspest der Krebsfang ergiebig gewesen sein.

Der Teil des unteren Marktes im Steinachtal ist Überschwemmungen ausgesetzt.

Trift: Auf der Steinach werden in jedem Frühjahr 516 Klafter, entspr. 1.616 Ster weiches Scheitholz den Berechtigten zugetriftet. Von diesem Floßholz bezieht:

1. die Stadtgemeinde BAYREUTH 483 Klafter, 2. der Kantor zu ST. GEORGEN 10 ½ Klafter, 3. der protestantische Stadtkirchner zu BAYREUTH 1 ½ Klafter, 4. JOHANN HOFMANN zu LAINECK vier Klafter, 5. EVA ANGERER zu ST. JOHANNIS vier Klafter, 6. PETER STEINLEIN in RODERSBERG drei Klafter, 7. Das städtische Krankenhaus zu BAYREUTH 10 Klafter.

Mit gutem Trink- und Nutzwasser ist die Gemeinde hinreichend versehen. Es musste aber den beiden Marktteilen erst zugeleitet werden. Die älteste Brunnenleitung ist wohl die **Röhrigquelle** am Westabhang des Kulm zum oberen Markte. Sie

---

[350] Dass sich der vorstehende Abschnitt wie ein Auszug aus einer Tourismuswerbung liest, ist kein Zufall, fallen doch in die Zeit der Abfassung dieser Marktbeschreibung zielbewusste Bestrebungen von einflussreichen Bürgern für die Umwandlung Weidenbergs in eine Fremdenverkehrsgemeinde. Dass dieser dornenreiche Weg, der von manchen Widerständen uneinsichtiger Bürger behindert war, letztlich nicht in ein nachhaltiges Konzept einmündete, ist nicht nur den Auswirkungen der beiden Weltkriege und den seit der Wende 1989 ausbleibenden Berliner Gästen zu verdanken. – Mehr dazu im Kapitel „Als Weidenberg Kurort werden wollte – Pfarrer Redenbacher und der Verschönerungsverein Weidenberg" in der 2. Folge des Projektes ‚Myrten für Dornen'.

speiste früher die drei Marktbrunnen und den Brauhausbrunnen. Jetzt aber erhalten nur die zwei oberen Marktbrunnen, der Brauhausbrunnen und seit 1889 ein laufender Brunnen in der Bayreuther Gasse ihr Wasser von dieser Quelle. Es ist nicht kalkfrei.

Eine andere, vielleicht ebenso alte, ist die Leitung der Quelle im alten Weiher zum laufenden Brunnen bei der Schönmannsmühle im unteren Markte. Der untere Markt hatte bis zum Jahre 1889 nur diesen laufenden und einen Pumpbrunnen vor dem Gasthaus zur Post. Außerdem gab es noch einige Privatbrunnen.

Zuweilen wurde das Wasser im gemeindlichen Brunnen vielleicht durch die eingedrungene Jauche aus den benachbarten Grundstücken oder aus anderen Ursachen für Menschen und Vieh ungenießbar. Das Herbeischaffen des benötigten Wassers aus dem Bach, aus dem laufenden öffentlichen und aus dem Privatbrunnen verursachte Zeitversäumnis und Misshelligkeiten unter der zahlreichen Einwohnerschaft. Dem Übelstande musste abgeholfen werden.

Die Schaffung neuer Pumpbrunnen wäre ein leichtes gewesen, weil die Ebene, worauf der Untere Markt steht, Grundwasser in geringer Tiefe in Menge hat. Aber man hätte doch nur Sickerwasser erhalten, dass in der Folge auch dem Verderben hätte ausgesetzt sein können.

Man hat sich daher für eine **Wasserleitung** schlüssig gemacht und nach Einsichtnahme und Prüfung verschiedener Quellen in der Umgebung für eine Hereinleitung der wasserreichen und guten **Quelle beim unteren Schafhof** entschieden. Das Grundstück mit der Quelle wurde von dem Viehhändler und Metzger JOHANN ESCHBACH um 6.250 Mark käuflich erworben, mit der Zusicherung einer kostenfreien Führung eines Abstichs zu seinem Wohnhaus. Hierauf wurde in die Beschaffung der Geldmittel eingetreten. Das Königliche Staatsministerium des Inneren übernahm gnädigst ein Drittel der Herstellungskosten auf den Wasserversorgungsfond, und die Gemeinde kontrahierte ein mit 4% verzinsliches und 1% in Annuitäten rückzahlbares Darlehen im Betrage von 13.000 Mark bei der bayerischen Hypotheken- und Wechselbank in MÜNCHEN. Plan und Kostenanschlag, sowie die Bau-Akkordbedingungen fertigte das Königliche Wasserversorgungsbüro und übernahm auch die Leitung und Beaufsichtigung des Baues. Die Arbeit ging zur Subvention auf die Firma FRIEDRICH SACK dahier, die Herstellung des Rohrstranges und der Brunnenkästen usw. auf die Firma HORLACHER in NÜRNBERG über. Der Bau wurde im Jahre 1889 begonnen und vollendet.

Die Leitung funktioniert vortrefflich. Mit dem Wasser dieser Leitung werden gespeist: der untere Marktbrunnen und der Brunnen am Eschbachhause im oberen Markte, sodann der Brunnen am Korbel'schen und der am Höhne'schen Hause im unteren Markte. Je ein Ventil erhielt die Wolfskehle, die Kantorsgasse und der Gurtstein.

Längs der Leitung sind vier Hydranten angebracht, nämlich in der Wolfskehle und beim unteren Brunnen im oberen Markte, sodann in der Nähe der Görl'schen Wirtschaft und bei Hausnummer 134a im unteren Markte. Einen Hydranten erhielten die Gebrüder SCHÖLLER in ihrem Hofe auf eigene Rechnung. Abstiche bekamen seither der Bahnhof, das Forstamtsgebäude und viele Privatgebäude. Die Herstellungskosten und Entschädigungen betrugen gegen 15.000 Reichsmark. Die Schuld erlischt 1931. Neben dem laufenden hat die Bayreuther Gasse auch einen Pumpbrunnen.

Eine eigene Wasserleitung hat das Königliche Amtsgericht[351] vom Schneckenberg her.

Im Garten vor dem Distriktkrankenhaus ist ein ganz schwach laufendes Brünnchen, das seine Quelle in dem hinter dem Hause ansteigenden Gelände hat. Ein Pumpbrunnen mit gutem Trinkwasser findet sich in der Scherzenstraße. Dem ROSENHAMMER wird das Trink- und Schmutzwasser von der Brunnenstube in der Hammersäure rechts von der Distriktsstraße nach WAIZENREUTH zugeleitet. Für den unteren SCHAFHOF ist eine Pumpe bei dem Wasserreservoir angebracht. Die Einzelnen sind hinreichend mit Wasser versehen.

Der obere Markt hat zwei Feuerweiher, einen oben bei dem Schmiedemeister RUCKDESCHEL, den anderen unter dem Hause des Kaufmanns ANGERMANN beim Schulhaus. In diesen fließt der Abfall des unteren Marktbrunnens. Der Ablauf dieses Weihers, sowie das Wasser des Marktplatzes werden in Kanälen dem Reitweg zugeleitet.

Das Wasser, das der Seybothenreuter Straße, der Marktstraße, der Gundel-, Kantors-, Kirch- und Hafnersgasse zugeht, wird im normalen Stande bis Hausnummer 15 a in der Scherzengasse in Kanälen, von da an in offenem Rinnsal dem Schafbach in der Scherzen zugeführt. Wassermassen, welche die Leistungsfähigkeit der Kanäle übersteigen, eilen offen teils der Scherzen, teils dem Reitwege zu.

[351] Das Amtsgericht hatte seinen Sitz im Alten Schloss.

8. Infrastruktur und Finanzen

a) Verkehrswege: Straßen und Eisenbahn

Dem Verkehr dienen die guten Distriktsstraßen: 1. Weidenberg – Bayreuth, 2. Weidenberg – Warmensteinach – Fichtelberg, 3. Weidenberg – Kemnath, 4. Weidenberg – Seybothenreuth, vornehmlich aber die **Lokalbahn** Bayreuth – Weidenberg – Warmensteinach. Diese wird als eine große Wohltat anerkannt. Ihre Eröffnung fand statt am **15. Aug. 1896**. Zur Grunderwerbung zeichnete die Gemeinde 3.000 RM; auch machte sie sich verbindlich, noch 7% des über den Dispositionsfond hinausgehenden Ablösungsbetrags zur Vertretung zu übernehmen.

Außerdem sind vorhanden: die Verbindungswege nach ROSENHAMMER, WAIZENREUTH, FISCHBACH, LANKENDORF und HESSLACH.

b) Gemeindevermögen

Das Vermögen der Gemeinde ist nicht bedeutend. Es scheidet sich in solches, welches 1. der Gesamtgemeinde, 2. nur dem Obermarkt, 3. nur dem Untermarkt gehört.

An Gebäuden gehören

1. der Gesamtgemeinde: das Rat-, Armen-, Schul- und Brauhaus, sowie je ein Spritzenhaus im oberen und unteren Markte, Wert 16.464 RM;
2. dem oberen Markt: das Haus Nr. 72, Wert 910 RM;
3. dem unteren Markte: das Haus Nr. 161, Wert 530 RM.

Nach dem Vermögensausweis im Jahre 1898 besitzt

1. die politische Gemeinde
a) an Waldungen 0,535 ha, Pacht 0 RM,
b) an anderen Grundstücken 6,233 ha, Pacht 388,70 RM,
c) an Kapitalien 494,27 RM, Pacht 64,25 RM,
2. der obere Markt
a) an Waldungen 6,082 ha, Pacht 41,55 RM,
b) an anderen Grundstücken 14, 976 ha, Pacht 429,78 RM,
c) an Kapitalien 10,29 RM, Zins 0,25 RM;
3. der untere Markt
a) an Waldungen 8,5 152 ha, Pacht 0 RM,
b) an anderen Grundstücken 14, 976 ha, Pacht 429,78 RM,
c) an Kapitalien 10,29 RM, Zins 0,25 RM.

Die Rechte des oberen Marktes ergaben 75,34 RM Rente, die des unteren Marktes 21,35 RM.

Die Pacht der Gebäude belief sich

a) bei der politischen Gemeinde auf 944,57 RM,
b) beim oberen Markte auf 30 RM,
c) beim unteren Markte auf 40 RM.

Die Gemeindejagd ist von 1900 an um jährlich 291 RM verpachtet (vorher 176 RM). Der Fleischaufschlag ergibt 432 RM jährlich in der letzten Pachtperiode.

Dem Vermögen gegenüber steht die Wasserleitungs- und Eisenbahnschuld, Letztere noch nicht endgültig festgesetzt.

c) Rechnungswesen

Das Rechnungswesen der Gemeinde ist umfangreich. Es sind jährlich folgende Rechnungen zu stellen:

1. die Gemeinderechnung über die gemeinschaftlichen Einnahmen und Ausgaben,
2. die Ortsrechnung des oberen Marktes,
3. die Ortsrechnung des unteren Marktes,
4. die Rechnung über den Lokalmalzaufschlag,
5. die Brauhauskassarechnung,
6. die Armenkassenrechnung,
7. die Rechnung des Lokalarmenfonds,
8. die Schulkassenrechnung,
9. die Rechnung der Schnorr'schen Stiftung,
10. die Rechnung der Gemeindekrankenversicherungskasse.

Die Kirchenstiftungsrechnung legt die Kirchenverwaltung.

Die gemeinschaftlichen Einnahmen aus dem rentierenden Vermögen, aus den Gebühren jeglicher Art, aus der Jagd, aus dem Lokalmalz- und Fleischaufschlag und aus anderen Titeln bieten nur den kleineren Teil der Mittel zur Deckung der Ausgaben, der Größere wird durch Umlagen nach dem Steuerfuße aufgebracht. Seit einer Reihe von Jahren war eine jährliche Umlage von 150% aller direkten Steuern nötig, nämlich circa 115% zu gemeindlichen und circa 35% zu distriktiven Zwecken.

Die Forterhebung des vor circa 20 Jahren eingeführten Mehlaufschlages wurde im Jahre 1883 von Oberaufsicht wegen untersagt, weil nur der Handel, nicht auch der Konsum herangezogen wurde.

Das Steuersoll der Gemeinde betrug im Jahre 1898:

- Grundsteuer	1.281,85 RM;
- Haussteuer	670,76 RM;
- Gewerbesteuer	1.226,01 RM;
- Kapitalrentensteuer	350,59 RM;

- Einkommensteuer 357,28 RM;
= Summa 3.886,49 RM.

Die Gemeindeumlagen fließen nur in die Gemeindekasse. Übersteigen bei einer Ortskasse die Ausgaben die Einnahmen und hätte diese zur Deckung der Mehrausgaben eine Umlage nötig, so ist der Fehlbetrag der Gemeindekasse zu entnehmen. Hier besteht aber, solange nichts anderes beschlossen wird, folgende Norm: Sooft die Ortskasse des Obermarktes zwei Mark erhält, erhält die Ortskasse des unteren Marktes eine Mark oder umgekehrt: Sooft die Ortskasse des unteren Marktes eine Mark bekommt, bekommt die des oberen Marktes zwei Mark, ohne Rücksicht darauf, ob die eine oder andere Kasse eines Zuschusses bedarf oder nicht.

Bis zum Jahre 1876 gab es keine Gemeinde- oder Hauptrechnung, sondern nur Ortskassenrechnungen. Alle gemeinschaftlichen Einnahmen und Ausgaben kamen wahrscheinlich nach Maßgabe der Bevölkerung und der Steuerkraft der beiden Marktteile mit zwei Dritteln in der Rechnung des oberen Marktes und mit einem Drittel in der Rechnung des unteren Marktes zur Berechnung. Vom Jahre 1877 an wurde über die gemeinschaftlichen Einnahmen und Ausgaben eine eigene Rechnung, die Gemeinde- oder Hauptrechnung, gelegt mit dem Ausweise des gemeinschaftlichen Vermögens. Die beiden Ortsrechnungen haben jetzt nur noch eine untergeordnete, örtliche Bedeutung. Es ist unverkennbar, dass durch diese vom königlichen Bezirksamte gebilligte Umgestaltung des gemeindlichen Rechnungswesens dieses eine große Erleichterung und eine leichte, übersichtliche Darstellung erfahren hat.

Die Umlage zu kirchlichen Zwecken, zur Zeit 10% aller Steuern, wird unabhängig von der gemeindlichen erhoben.

d) Unterhaltung der Orts - und Verbindungswege

Die ungepflasterten Ortswege im oberen Markte und die Verbindungswege nach ROSENHAMMER, WAIZENREUTH, FISCHBACH und LANKENDORF und einen Teil am Langengefälle-Fischbachwege hat der obere Markt zu unterhalten, die ungepflasterten Ortswege im unteren Markte und den Verbindungsweg nach HEßLACH der untere Markt. Die Unterhaltung der Zufuhrstraße zum Bahnhof liegt der Gemeinde ob. Die Straße nach ROSENHAMMER, die Bahnhofstraße und die Straße nach SEYBOTHENREUTH über die Schuhmühle durch den oberen Markt sind schon vom Gasthauses zur Post an Distriktsstraßen und vom Distrikte zu unterhalten, ausgenommen die gepflasterte Strecke in der Bayreuther Gasse, deren Ausbesserung seither die Gemeinde besorgte.

e) Sicherheitsdienst: Die Nachtwächter

Der obere Markt hat zwei **Nachtwächter** zu stellen, für welche jährlich vier Klafter weiches Scheitholz als Rechtholz aus dem Forstamtsbezirk WEIDENBERG verabfolgt werden. Der Untere Markt hat einen Nachtwächter, dem auch die Reinigung der Verbindungstreppe obliegt. Sämtliche Nachtwächter haben das Anzünden, Löschen und Reinigen der **Straßenlaternen** in den Marktteilen zu besorgen, für welche sie aufgestellt sind.

Die stille Wache verrichten die Hausbesitzer im Turnus.

f) Aufwand auf Gemeindeanstalten: Öffentliche Bauvorhaben

Seit dem Jahre 1877 sind für verschiedene Anstalten der Gemeinde mitunter große Opfer gebracht worden. Zu verzeichnen sind:

1. die Kanalisierung des Reitweges und die Überdeckung desselben mit Rundhölzern (1877);
2. die Kanalisierung des oberen Marktes von Schöffel an bis zum oberen Marktbrunnen (1883, 2.390 RM);
3. die Kanalisierung des Gurtsteins, des Häfnergässchens und der Kantorsgasse (1887);
4. die Pflasterung der Kirchgasse bis zur Freitreppe (1879);
5. die Pflasterung der Lehnertengasse bis zum Eingang in den Amtsgerichtshof (1879);
6. die Erneuerung des Pflasters bei Hausnummer 110 und 111a (1879);
7. die Pflasterung des Trottoirs vom unteren Brunnen bis zum Eingang in das Schulhaus und bis zur Verbindungstreppe (1879 und 1889);
8. die Erneuerung des Pflasters beim unteren Brunnen zwischen Ponater und Roder und in der Kantorsgasse (1885);
9. die **Herstellung der Verbindungstreppe** („Schied“ s.o.) mit Granitstufen, mit eisernem Geländer und mit einer Sandsteineinfassung (1877-78);
10. der Bau der großen Scherzen-Brücke mit Flügelmauern (1879-80 circa 5.000 DM);
11. der Bau des Scherzenbrückleins über den Schafsbach (1880);
12. der Abbruch der hohen steinernen, baufälligen Brücke über die Steinach im unteren Markte und der etwas erweiterte und verbreitete Wiederaufbau desselben mit Flügelmauern, mit einer Fahr- und Gehbahn aus eisernen Trägern und Granitplatten und mit beiderseitigem Rundeisengeländer(1887);
13. der **Ankauf des Armenhauses** (1881);

14. die Herstellung der **Straßenbeleuchtung** (1879);[352]
15. die Leitung der Schafhofquelle durch den oberen in den unteren Markt (1889);
16. die Renovierung des Inneren der STEPHANSKIRCHE (1891);
17. der Bau des Spritzenhauses im unteren Markte (1881).

Die Ausgaben auf die Kanalisierung, Pflasterung, Wasserleitungen, Verbindungstreppe und auf den Brückenbau wurden und werden noch aus dem Lokalmalzaufschlagsgefälle, das jährlich netto 1.200 RM betragen mag, bestritten.

Die Kosten für die Anlage und Unterhaltung der Straßenbeleuchtung [zunächst mit Petroleum] trugen seither die betreffenden Ortskassen; nunmehr ist deren Unterhaltung und Erweiterung auf die Gemeindekasse übernommen worden.

Beim Ankauf des Armenhauses hat der vorhandene Armenhausbaufond, ein Geschenk des St. Johannesvereins, Verwendung gefunden.

Den Aufwand mit circa 1.300 RM auf die Renovierung der Stephanskirche bestritt die Kirchengemeinde. Im Jahre 1895 hat der Staat nachträglich 800 RM gegeben.

Das Haus Nr. 9 auf dem Gurtstein kam mit Grundstücken **1855** durch Kauf in den Besitz der Gemeinde und ist seitdem das **Rathaus.**[353] Die von der Gemeinde zur Aufbesserung der Lehrergehälter 1857 abgetretenen Grundstücke gehörten zu diesem Anwesen.

Im Jahre 1897 erhielt die MICHAELISKIRCHE **neue Fenster** mit hellem und farbigem Kathedralglase. Die **Renovierung** des Inneren dieser Kirche geschah 1900 mit einem Kostenaufwand von 4.500 RM durch den Akkordanten Kunstmaler AUGUST SCHUSTER von hier.

Der Untermarkt hat Ersprießliches geleistet
a) durch die Aufforstung des Gräbigs und Klapperers (1880-1884),
b) durch die Erweiterung des Gemeindehauses im Interesse der Rindviehzucht (1891).

g) Privatleistungen: Wiesenentwässerungen.

Entwässert wurden
a) die Wiesen des Steinachtales vom unteren Markte an bis zum Dreß'schen Weiher bei Rosenhammer (1878) durch die Beteiligten Wiesenbesitzer;
b) die Wiesen im Fischbachtale beim Rendelstock durch deren Besitzer JOHANN KIEẞLING (1882/83);

---

[352] Damals wurden die Straßen noch mit Petroleumlampen beleuchtet, die vom Nachtwächter zu bedienen waren; elektrische Beleuchtung gab es ab 1911.

[353] In diesem Haus wohnte auch der Lehrer der Mittelklasse.

c) die Gemeindewiesen beim unteren Schafhofe durch deren früheren Besitzer JOHANN ESCHBACH (1882).

Der Steingarten der Gebrüder SCHÖLLER kam schon im Jahre 1875 zur Entwässerung.

9. Märkte, Stiftungen, Vergnügen, Vereine

a) Märkte

Jeder der beiden Marktanteile hat zwei **Jahrmärkte**, der obere am 29. Juni und 29. September, der untere am 1. Mai und 30. November. Der Besuch dieser Märkte ist beinah ganz zurückgegangen. Der mehrmalige Versuch, dieselben auf einen Sonntag zu verlegen, ist nicht gelungen. Jüngster Versuch 1899.

Auch besteht zu Weidenberg ein **Viehmarkt** an jedem ersten Mittwoch im Monat. Diese Markttage nehmen ihren Anfang nach der Fastnacht. Früher war die Gemeinde berechtigt, an jedem Freitag einen solchen abzuhalten. Die Beschickung derselben fehlte. Um eine Frequenz zu erzielen, hat man auf Anraten eines Distrikttierarztes sie auf den ersten Mittwoch im Monat verlegt und reduziert. Der Zweck ist nicht erreicht worden. Auch die Hoffnung auf einen Aufschwung der Märkte durch die Lokalbahn hat sich nicht erfüllt. Es ist ein solcher auch für die Zukunft kaum zu erwarten.

Im Norden und Osten von WEIDENBERG ist vorherrschend Waldung, steiles Land und wenig ergiebiger Boden, eine dünne Besiedlung, geringe Viehhaltung. Die besser situierten Ortschaften im Süden und Westen gravitieren nach ST. GEORGEN und CREUßEN. Metzger und Viehhändler kommen in der Zwischenzeit hierher und in die nächsten Orte und kaufen, was entbehrlich, erhältlich und passend ist.

b) Legate (Wohltätige Stiftungen)

WEIDENBERG hat folgende Legate[354] zu verzeichnen:

1. Die **Wolfgang Schnorr'sche Stiftung** vom Jahre 1735 mit einem Kapitale von 500 Gulden fränkisch gleich 625 Gulden Rheinisch gleich 1.070,43 RM. Von den jährlichen Zinsen zu 5% erhält der Kantor 34,29 RM für die Unterweisung von sechs **Chorschülern** in Gottesfurcht, in Latinität, im Kirchengesang, in Lesen, Rechnen und Schreiben.[355]

Der Rest der Zinsen ist zur Anschaffung von Chormänteln und Lehrmitteln für

[354] Gemeinnützige wohltätige Stiftungen.
[355] Vergl. dazu auch den Bericht von ADAM KIEßLING in „Seinerzeit" 4/85.

die Schüler und zur Deckung der Verwaltungskosten bestimmt. Das rentierende Vermögens ist jetzt laut Rechnung höher, als das Stiftungskapital. Der über Letzteres hinausgehende Betrag rührt jedenfalls von Einsparungen aus früheren Jahren her. Das Stiftungskapital ist unkündbar auf Haus-Nr. 140 in Weidenberg hypothekarisch versichert.

Laut Stiftungsurkunde haben die Chorschüler am Sonntage nach dem 6. Januar vor dem Schnorr'schen Hause drei vom Stifter bezeichnete Lieder aus dem alten Gesangbuch zu singen. Diese Gegenleistung dürfte aus mehrfachen Gründen sistiert werden.[356]

2. Das **Friedrich Rabenstein'sche Legat** in Höhe von 300 RM vom Jahre 1887. Die Zinsen sind zur Unterstützung bedürftiger Personen in der Gemeinde am 28. April, dem Todestag des Stifters, bestimmt. Der Stifter, ein geborener Weidenberger, starb zu OCKSTADT bei FRIEDBERG als Rentamtmann des Freiherrn VON FRANKENSTEIN.

3. Das **Johann Teupser'sche Legat** vom Jahre 1888 in Höhe von 1.500 RM, dessen Zinsen zur Anschaffung von Lebensmitteln für arme Schüler bestimmt sind. Der Stifter, Sohn eines früheren Lehrers zu WEIDENBERG, starb als Kaufmann zu BAMBERG.

4. Die STEPHANSKIRCHE erhielt im Jahre 1891 eine **neue Orgel** im Wert von 1.800 RM. Die Mittel hiezu spendete die kirchlich gesinnte Frau BABETTE DREß, geborene SCHOLLER, Gemahlin des königlichen Postamtdirektors DREß zu ASCHAFFENBURG. Die hochherzige Spenderin, sowie deren Gemahl, sind geborene Weidenberger.

5. Der im Jahre 1882 verstorbene königliche Aufschlagteilnehmer KARL WACHTER dahier bestimmte zu Gunsten der STEPHANSKIRCHE ein Legat von 800 RM. Nach 100 Jahren ist dasselbe zur Verschönerung der Stephanskirche zu verwenden. Bis dahin sollen von den jährlichen Zinsen erhalten: die beiden hiesigen Geistlichen je drei Mark, der Kirchenpfleger vier Mark für die Aufsicht auf die Stifters Grabstätte, der Totengräber 12 Mark für die Pflege und Schmückung der Grabstätte mit Blumen, die Kirchenkasse den Rest.

c) Vergnügungsorte

Der beliebteste und meistbesuchte Ausflugsort für Weidenberg ist der nahe Rosenhammer *(hist. Postkarte s.u.)*. Das Gasthaus daselbst ist gewöhnlich auch

[356] Diese Schnorr'sche Stiftung dürfte, obwohl vom Stifter als „ewig" gedacht, mit der Löschung des Grundbucheintrages 1931 erloschen sein.

Absteigequartier für Handlungsreisende, Touristen und Kommissionen. Für Speisen, Getränke und Bedienung ist vortrefflich gesorgt. Auch bietet es Vergnügen verschiedener Art. Der große Vorhof des Gasthauses ist mit einer mächtigen Linde beschattet; man fühlt sich daselbst behaglich und wohl.[357]

WEIDENBERG hat vier gute und gedeckte Kegelbahnen mit Gartenwirtschaften.

d) Vereinswesen

Ein ausreichender Saal wäre erwünscht. Das Vereinswesen ist in WEIDENBERG sehr mannigfaltig. Vereine, welche hier ihren Sitz haben, sich aber auf den ganzen Amtsgerichtsbezirk erstrecken, sind der **Landwirtschaftliche Verein** und der **Lehrerverein**. Der Erstere zählt zur Zeit 120 Mitglieder.

Der **Veteranen-Feldzugs-Soldatenverein**, der **Veteranen- und Kriegerverein**, sowie der **Obstbauverein** dehnen sich auf die benachbarten Gemeinden aus.

Die **Freiwillige Feuerwehr** [von 1868], der **Turnverein** [von 1871] und der **Gesangverein** [von 1868] sind lokaler Natur. Erstere zählt zur Zeit 95 Mitglieder. Ihr stehen eine Distriktsspritze und vier gemeindliche zu Diensten. Der **Schützenver-**

---

[357] In der Gastwirtschaft des Rosenhammerer Wirtes und Bierbrauers HEINRICH ROTHE ging es sonntags oft hoch her. Wenn im Rundbau der Tanzlinde im Angesicht des nahen Schlosses Rosenhammer die Kapelle KÄẞ aus der nahen Frankenpfalz um Kirchenpingarten aufspielte, dann wagten auch manche Gäste von weither, die unter der 300 Jahre alten Linde speisten und zechten, ein Tänzchen zum Takte der volkstümlichen Musik. Schon zur Eröffnung der Lokalbahn 1896 hatte diese Musikkapelle hier im Rahmen eines Gartenfestes mit einem ambitionierten Programm aufgespielt, das dem mancher Kurkapelle gleichkam. – Mehr dazu im Buch „Spurensuche Frankenpfalz“ desselben Verfassers, S. 209ff.

ein hat sich entweder stillschweigend aufgelöst, oder er ruht nur.[358]

Gesellige Vereine sind **Harmonie, Bürgerverein, Erholung, Erheiterung, Ehrenkranz, Hand in Hand** etc.[359]

Ein **Kreditverein** mit unbeschränkter Haftung trat an die Stelle des Vorschussvereins, der sich vor mehreren Jahren aufgelöst hat.

Der früher gegründete Pflegeversicherungsverein hat sich aufgelöst. Ein solcher aufgrund der Landesgesetzgebung besteht noch nicht.

Der **Fichtelgebirgsverein** als Mitglied des Verbandes deutscher Touristenvereine zählt hier viele Mitglieder.[360]

Ein Gabelsberger **Stenografenverein** hat sich im Monat Oktober 1899 gebildet.

Über die Bildung der **Sozialdemokraten**, deren es hier nach Ausweis der Reichstagswahlen auch eine Anzahl gibt, fehlt die Kenntnis.

10. Anhang

a) Geschichtsschreibung

„Die Geschichte von Weidenberg und Umgebung im Zusammenhang mit der Geschichte Oberfrankens" hat im Jahre 1896 im Druck erscheinen lassen J.M. EINFALT, königlich I. Pfarrer zu Weidenberg.

b) Nachträge

1. Die Geschichte des Amtsgerichts

Seit der Organisation der Landgerichte älterer Ordnung in Bayern war WEIDENBERG im Besitz eines Landgerichts. Im Jahre 1857 erhielt der Gerichtsbezirk eine bedeutende Vergrößerung durch die Zuteilung der von KEMNATH abgetrennten Gemeinden NEUBAU, OBERWARMENSTEINACH, KIRCHENPINGARTEN, LIENLAS, REIS-

---

[358] Letzteres trifft zu; es gibt ihn auch heute immer noch.

[359] Vergl. dazu auch die etwas kritische Einschätzung der Geistlichkeit oben in der Pfarrbeschreibung.

[360] Hier ist aber wohl der Hauptverein des FGV gemeint. Eine eigene Weidenberger Ortsgruppe hatte sich zwar im Jahr 1896 gegründet, aber vier Jahre später zunächst wieder aufgelöst. Nach der anders lautenden Version des langjährigen Ortsgruppen-Vorsitzenden HORST RUHL wurde diese frühe Ortsgruppe bereits mit der Gründung des Fichtelgebirgs-Hauptvereins 1888 ins Leben gerufen und sei erst um 1906 eingegangen. Fakt ist: Erst im Jahr 1955, also zehn Jahre nach Ende des Zweiten Weltkrieges, erfolgte die Wiedergründung des örtlichen Fichtelgebirgsvereins durch den rührigen Lehrer ALBRECHT SAUERMANN. Er ist heute der zahlenmäßig größte örtliche Verein.

LAS, TRESSAU, NAIRITZ und KIRCHENLAIBACH und der von PEGNITZ abgetrennten Gemeinde BIRK.

1861 kam die Trennung der Justiz von der Verwaltung, sowie die Errichtung des Notariats zur Durchführung. Der Landgerichtsbezirk WEIDENBERG kam zum Bezirksamt BAYREUTH. Zur Rechtspflege verblieb dem Gericht dahier ein Landrichter und ein Assessor. Auf besondere Vorstellung wurde ein Notariat für hier genehmigt.

Aufgrund der Reichsgesetzgebung kam 1879 eine neue Gerichtsorganisation zustande. Anstelle der seitherigen Landgerichte traten die **Amtsgerichte**.

Die königliche Staatsregierung hatte geplant, das Gericht in WEIDENBERG aufzuheben. Aber dann gab es Petitionen der Gemeinden des Gerichtsbezirkes an das Königliche Staatsministerium und an den Landtag, einer Abordnung der hiesigen Gemeinde an die königlichen Ministerien der Justiz und des Inneren. Auch nahmen hoher Gönner und Kenner der Gemeinde und Kenner der sozialen und geographischen Verhältnisse des Gerichtsbezirks Einfluss. So gelang es, das Gericht aufrecht zu erhalten. Das Hauptverdienst gehört unstreitig dem damaligen Landtagsabgeordneten königlichen Pfarrer KRAUßOLD zu MARKTREDWITZ, der als Mitglied des Kammerfinanzausschusses denselben dahin bewog, die Mittel für ein Amtsgericht mit zwei Richtern in WEIDENBERG ins Budget einzusetzen. Von den übrigen Bürgern der Gemeinde sind bekannt geworden: Reichsrat V. NEUFFER und Bürgermeister STOBÄUS in REGENSBURG, sowie der königliche Landgerichtsrat WALTER in HOF. Den verehrten Gönnern, dem hohen Landtage und der hohen königlichen Staatsregierung bleibt der Dank der Gemeinde und des ganzen Bezirks für immer gesichert.

Als am 1. Okt. 1879 die Eröffnung des Amtsgerichts stattfand, veranstaltete die Gemeinde eine große Festlichkeit, die den Amtsrichter HUNDRISSER zu dem Ausspruch veranlasste: „Eine Gemeinde, die die Obrigkeit ehrt, ehrt sich selbst."

2. Das Gefecht auf dem Goldhügel bei Seybothenreuth am Sonntag den 29. Juli 1866

Am Nachmittage des 18. Juli 1866 marschierte das 4. Bataillon des königlich bayerischen Infanterieregiments unter Major V. JONER von der Oberpfalz aus durch SEYBOTHENREUTH nach BAYREUTH. An demselben Nachmittag rückten auch die Preußen als Feinde in BAYREUTH ein.[361]

---

[361] Das Folgende ist zwar nur eine Fußnote der Geschichte, aber doch der Erwähnung wert, weil hier bei Seybothenreuth das letzte Gefecht im deutsch-österreichischen Bruderkrieg von 1866 stattfand und weil es hier einmal mehr zu völlig überflüssigem Blutvergießen und Sterben kam. Zuvor hatten die Deutschen und Österreicher gemeinsam Dänemark besiegt und sich Schleswig-Holsteins bemächtigt. Doch über die Verwaltung der Beute hatten sich beide zer-

Major v. JONER, von diesem Vorgang vor den ersten Häusern der Stadt in Kenntnis gesetzt, ordnete zugleich den Rückzug an. Ein kleiner Teil seiner Truppe zog nach EMTMANNSBERG zur kurzen Rast, und mit der übrigen Mannschaft kam er in der Nacht nach WEIDENBERG.

Am frühesten Morgen des 29. Juli zogen die Preußen von BAYREUTH aus, die BAYERN aufzusuchen. Eine Abteilung Infanterie und Mecklenburger Dragoner marschierte über EMTMANNSBERG, eine größere Abteilung Infanterie und Reiterei bewegte sich mit Artillerie auf der Straße nach SEYBOTHENREUTH.

Das über EMTMANNSBERG marschierende und vom Feind verfolgten Häuflein Bayern flüchtete sich über GAMPELMÜHL und SEYBOTHENREUTH nach PETZELMÜHL, wo es schon um 8:00 Uhr vom Feinde umringt und nach kurzer, aber tapferer Gegenwehr gefangen genommen wurde.

Inzwischen kam v. JONER mit seiner Truppe von WEIDENBERG auf der Straße gegen den Goldhügel, wo die auf der Straße hermarschierten Preußen sich aufgestellt hatten. Da auch die zurückkehrenden Feinde zur gleichen Zeit dort ankamen, so waren die Bayern rechts und links dem feindlichen Feuer ausgesetzt.

Um halb 9:00 Uhr begann der Kampf mit lebhaftem Gewehrfeuer und endete um 9:00 Uhr mit der Besiegung der Bayern. Drei derselben blieben tot auf dem Kampfplatz, ein Teil wurde verwundet und gefangen genommen, und mit dem Rest seiner Mannschaft marschierte v. JONER gegen UNTERÖLSCHNITZ, ungefähr eine halbe Stunde weit von den Preußen verfolgt.

Von der EICHHAMMERMÜHLE aus jagte ein Preuße einem nach BIRK fliehenden Bayern aus einem erbeuteten Podewilsgewehr eine Kugel in den Rücken. Die innere Verletzung zwang denselben, mehrere Wochen lang in BIRK in ärztlicher Behandlung und Pflege zu bleiben, bis er in seine Heimat HELLENGARST in Schwaben zurückkehren konnte.

Vor der Räumung des Kampfplatzes ließ der Feind ein dreifaches Hurra erschallen, dann marschierte ein Detachement Reiterei und Infanterie nach EMTMANNSBERG und TROSCHENREUTH zur Beobachtung ins Quartier, drei Tage später gegen NÜRNBERG. Der übrige Teil der Infanterie und Reiterei und Artillerie kehrte

---

stritten und am 3. Juli 1866 bei Königgrätz in Böhmen ein verlustreiches Kräftemessen veranstaltet, in dem Preußen dank überlegener Waffentechnik und Logistik durch den erstmaligen Einsatzes von Eisenbahntransporten zur raschen Truppenverschiebung siegreich geblieben war. Die Bayern als Verbündeter Österreichs hatten sich aus diesem Gemetzel weitgehend heraushalten können und glaubten, Franken vor dem Zugriff Preußens so einfach sichern zu können. Doch auch nach Franken kamen die Preußen mit der Bahn und hatten wieder ihr modernes Zündnadelgewehr dabei, und seitdem herrschte bei den Bayern Chaos bis zum unheilvollen Ende …

auf der Straße nach BAYREUTH zurück, die Gefangenen und Verwundeten, Letztere mit Gepäck und Armaturgegenständen auf requiriertem, sorgfältig verwahrtem Fuhrwerke mit sich führend.

Während des Gefechts erdröhnten neun Kanonenschüsse, deren Ziel wahrscheinlich die Weidenberger Gegend war, wo man noch mehr bayerisches Militär vermutete; denn einige Tage danach fand man in der Nähe der STEPHANSKIRCHE ein zersprungenes Geschoss.

Bei der Petzelmühle lagen drei, auf dem Goldhügel neun tote Pferde, über den Mannschaftsverlust der Preußen ist nichts in die Öffentlichkeit gedrungen.[362]

Hätte V. JONER den guten Rat des Lehrers MARSTALLER von DÖBERSCHÜTZ, von da durch die Kragnitz in die Oberpfalz zu ziehen, Gehör geschenkt, so wäre das Blutvergießen vermieden worden. Als er mit seiner Truppe durch UNTERÖLSCHNITZ zog, sagten einige seiner Leute: „Herr Major, heute haben Sie uns nicht gut geführt". „Gebt euch nur zufrieden, liebe Kinder, ich bin ja auch verwundet," sagte er besänftigend. Er marschierte dann nach CREUẞEN, ließ sich die unter seinem Arme sitzende feindliche Kugel herausnehmen und setzte dann seinen Marsch in die Oberpfalz fort.

Ein Granitstein, den die Gemeinde SEYBOTHENREUTH auf dem Goldhügel hat aufstellen lassen, erinnert an jenen denkwürdigen Tag.

Das Okkupationscorps zog in raschen Märschen gegen NÜRNBERG auf der Bayreuth-Nürnberger Etappenstraße. Am 1. August musste diese Stadt okkupiert sein. Viel Fuhrwerk aus Stadt und Land wurde zur Dienstleistung befohlen.

In EMTMANNSBERG sagte ein Preuße im Laufe der Unterhaltung: „Wir haben noch einen Krieg vor uns, nämlich den gegen Frankreich." Vier Jahre später hat sich dieser Voraussage erfüllt.

Der Feind hielt strenge Manneszucht. Der Verkehr mit ihm war aber mit großer Vorsicht verknüpft. Dem königlichen Forstwart HÄFFNER von UNTERNSCHREEZ brachte eine feindliche Kugel bei dem nun seit 15 Jahren aufgelassenen Pulverturm an der Straße von BAYREUTH nach GESEES wegen einer Unvorsichtigkeit den Tod.

Die Freude über den am 22. August 1866 erfolgten Friedensabschluss war allgemein.

Der Verfasser war zur Zeit der Begebenheit Lehrer in HAUENDORF, Ohren- und Augenzeuge des Ereignisses.

---

[362] Nach seriösen Zeugnissen fielen bei den Bayern drei Mann, zwei weitere verstarben anschließend im Lazarett. Die Preußen hatten keine Gefallenen, aber über ein Dutzend Verwundete, deren Aussichten im Lazarett unsicher genug waren.

3. Weidenberger im Kriege gegen Frankreich 1870/71

Im Kriege gegen Frankreich 1870/71 standen über 40 Angehörige Weidenbergs im aktiven Dienst des Heeres. Sie gehörten als Bayern zur Armee des Kronprinzen FRIEDRICH, die ihren Siegeszug über WEIßENBURG, WÖRTH und SEDAN nach PARIS nahm und diese Stadt belagern und besiegen half. Mindestens sechs Weidenberger waren bei den Deutschen, die als Sieger in PARIS einzogen.

Während der Waffenruhe begab sich, dass eines Tages 26 Weidenberger sich in einem Orte südlich von PARIS kameradschaftlichen begrüßten. Einen Verlust erlitten die Weidenberger nicht, auch keiner eine Verletzung.

4. 700 Jahre Herrschaft des Hauses Wittelsbach 1880 über Bayern

Im August 1880 wurde der 700-jährige Bestand der reich gesegneten Herrschaft des erhabenen und glorreichen Hauses WITTELSBACH über Bayern von den Beamten, der Bürgerschaft und der Schuljugend in erhebender Weise gefeiert.

5. Feier des 400. Geburtstags von Dr. Martin Luther (1883)

Der 400. Geburtstag des großen Reformators Dr. MARTIN LUTHER (1883) vereinigte die Schuljugend mit den Lehrern, der Geistlichkeit und Bürgerschaft zu einer würdigen Feier im Saale zum Schwarzen Ross.

6. Ordensverleihung 1896 für Lehrer Reblitz

Am 30. Jan. 1896 wurde dem Verfasser JOHANN ERHARD REBLITZ die ihm allergnädigst verliehene Medaille des königlichen Ludwig-Ordens feierlich an die Brust geheftet.

7. Kaiser-Wilhelm-Erinnerungs-Medaillen 1898

Von der Kaiser-Wilhelm-Erinnerungs-Medaille kamen 1898 232 Exemplare in die Gemeinden des hiesigen Gerichtsbezirks, hievon 21 hierher.

AM VORABEND DER URKATASTROPHE(N)
- Weidenberger Geschichtsquellen -

5. DER „WEITBERÜHMTE MARCK WEIDENBERG“ samt Umgebung, von Magister Johann Will 1692

FÜNFTES BUCH:

Auszug aus

„Das Teutsche Paradeiss in dem vortrefflichen Fichtelberg“

einfältig vorgezeiget von M. Joh. Willen,
D. Z. Hochfürstl. Brandenb. Pfarrern in Creußen.
Anno 1692

Quelle: Archiv für Oberfränkische Geschichte des
Historischen Vereins für Oberfranken, Bayreuth

Eingelesen und kommentiert von Jürgen Joachim Taegert
nach dem Text von Adam Kießling
im Amtlichen Mitteilungsblatt des Marktes Weidenberg Nr. 3-5/1974

INHALT

EINFÜHRUNG

Das nachfolgende Buch ist ein Auszug aus dem 1692 erschienen liebevollen Bericht von Magister JOHANN WILL über Land und Leute des von ihm sorgfältig erkundeten und über die Maßen gelobten und als *Mittelpunkt Deutschlands* gefeierten Fichtelgebirges.

Wills Beschreibung ist als historische Quelle insofern sehr hilfreich, weil Berichte aus früheren Jahrhunderten über den Markt WEIDENBERG und seine Umgebung, wie bis heute immer wieder mit Recht beklagt wird, eher spärlich oder unvollkommen sind. WILL hatte sämtliches vor seiner Zeit erschienenes Schrifttum über Franken und insbesondere über das Fichtelgebirge eingehend studiert und dabei festgestellt, dass u. a. sowohl CASPAR BRUSCH[363] um 1539, als auch ZACHARIAS THEOBALD[364] 1612 und GEORG LAYRITZ anno 1677[365] nur unvollkommen berichtet hatten. Deshalb sah er sich veranlasst, deren Arbeit fortzuführen und zu vollenden.

Wills Büchlein stellt somit die erste umfassendere seriöse Geschichtsschreibung über diesen Gegenstand dar. Wir besitzen dadurch eine genaue Beschreibung dieses fränkischen Landstrichs aus der Zeit, als die Wunden des Dreißigjährigen Krieges

---

[363] KASPAR BRUSCH auch: *Beisser*, latinisiert CASPAR BRUSCHIUS, 1518 in Slawkenwalde bei Eger geboren, war ein lutherischer, deutscher Humanist und begabter Poet, der 1541 auf dem Reichstag in Regensburg von Kaiser Karl V. mit der höchsten Dichterwürde, der „Dichterkrone", ausgezeichnet wurde. Er war auch ein bei den Evangelischen sehr anerkannter Geschichtsforscher, der auch die erste deutsche Kirchen- und Klostergeschichte verfasste. Er unternahm zahlreiche Reisen und verfasste viele historisch-geographische Landschaftsbeschreibungen, darunter auch eine über das Fichtelgebirge, die im Jahr 1539 in Ulm erschien. 1555 übernahm er eine Pfarrstelle in Pettendorf/Oberpfalz am Stadtrand von Regensburg. Er wurde 1559 auf der Rückreise bei Ansbach auf seinem Pferd erschossen und seiner Aufzeichnungen beraubt; möglicherweise hatte er unredliche Besitzansprüche aufgedeckt.

[364] ZACHARIAS THEOBALD, ein lutherischer Theologe und Historiker, 1584 wie BRUSCH in Slawkenwalde in Böhmen geboren, ist vor allem durch sein umfassendes, wenn auch fehlerbehaftetes Werk über die Hussitenkriege bekannt. Dagegen hat er sich nicht mit der fränkischen Geschichte beschäftigt. Wohl aber hat sein gleichnamiger Sohn die Beschreibung des Fichtelgebirges von BRUSCH neu herausgebracht.

[365] JOHANN GEORG LAYRITZ, 1647 in Hof geboren, 1716 in Weimar verstorben, war ein anerkannter lutherischer Universalgelehrter. Mit Hilfe eines Stipendiums konnte der begabte Schüler zunächst das Gymnasium in Bayreuth und dann die Universität Jena besuchen. Dann betraute man ihn mit den verschiedensten pädagogischen und theologischen Aufgaben. Er wirkte als Hauslehrer in bürgerlichen Familien gehobenen Standes, war Erzieher der beiden markgräflichen Prinzen ERDMANN PHILIPP und GEORG ALBRECHT, Professor der Kirchen- und Profangeschichte am Gymnasium zu Bayreuth, Magister, Diaconus an der Hofkirche zu Bayreuth, später Superintendent zu Neustadt an der Aisch, Oberpfarrer, Oberhofprediger, Generalsuperintendent und Kirchenrat zu Weimar, sowie Direktor des dortigen Gymnasiums.

eben vernarbt waren und der Wechsel der markgräflichen Residenz von KULMBACH nach BAYREUTH einen wirtschaftlichen und kulturellen Aufschwung im ganzen Bayreuther Land in Gang setzte.

Um den barocken Sprachduktus unverfälscht zu erhalten, widersetzen wir uns der naheliegenden schulmeisterlichen Neigung, Wills Rechtschreibung oder Ausdrucksweise zu korrigieren und behalten auch bei veränderten Ortsnamen die Schreibung des Originaltextes ganz bewusst bei.

Zur Person des Verfassers

Der Autor des Berichtes „Das Teutsche Paradeiß in dem vortrefflichen Fichtelberg" stellt sich wörtlich so vor: „... einfältig vorgezeiget von M. JOH. WILLEN, D. Z. Hochfürstl. Brandenb. Pfarrern in CREUßEN. Anno 1692". – Was wissen wir über ihn?

JOHANN WILL, 1645 als Gastwirtssohn zu NEUDORF bei SCHAUENSTEIN am südlichen Rand des Frankenwaldes geboren, kam 1659 zur Lateinschule nach KULMBACH, 1661 als 16-Jähriger nach HEILSBRONN, 1665 in das Gymnasium nach BAYREUTH, und ab 1666 studierte er in JENA Philosophie und Theologie. Bevor er 1670 als Privatlehrer nach Franken zurückkehrte, besuchte er die theologischen und philosophischen Hochburgen LEIPZIG, WITTENBERG und ERFURT und übernahm 1672 die Pfarrei MISTELGAU im Hummelgau im Bayreuther Land. Von 1682 bis zu seinem Tode 1705 war WILL Pfarrer in CREUßEN. Während dieser Zeit bereiste und erwanderte er die gesamte Markgrafschaft und widmete das Ergebnis seiner schriftstellerischen Arbeit seinem „Hochfürstl. durchlauchtigsten Fürsten und gnädigsten Herrn, Herrn Georg Wilhelmb, Marggraffen Zu Brandenburg etc., des löbl. Burggraffthumbs Nürnberg Oberhalb Gebürgs, Von Gott erkornen Erb-Printzen ..."

JOHANN WILL verfasste auch die „Crusiae Historia", die erste Creußener Chronik. Sie ist in lateinischer Sprache geschrieben und enthält eine Zusammenfassung wichtiger Ereignisse seit dem 13. Jahrhundert.

Wills Beschreibung des Fichtelgebirges als „das Teutsche Paradeiß"

Der Autor sieht in seinem „gegenwärtigen Tractätlein" den aufsteigenden Fichtelberg (gemeint ist das Fichtelgebirge) als den *Mittelpunkt Deutschlands*, oder wie er es ausdrückt, als „guten redlichen alten Teutschen" an. Die von hier ausgehenden **vier Flüsse** Weißer Main, Sächsische Saale, Eger und Naab halten Europa zusammen, und nach diesen Flüssen und ihren – auch den kleinsten – Nebengewässern und Bachläufen hat WILL die gesamte Markgrafschaft beschrieben.

Der erste Teil seines Buches handelt „Vom Fichtelberg insgemein und dessen Aehnlichkeit mit dem Paradeiß". Mit „Fichtelberg" meint JOHANN WILL das Fichtelgebirge im heutigen Sprachgebrauch. Ausführlich nimmt WILL auch Bezug auf die Heilige Schrift und erläutert seine Gleichsetzung von Fichtelgebirge und Paradies anhand der biblischen Beschreibung vom Garten Eden. Zur Erläuterung hat er auch ein Titelblatt gezeichnet, das nachfolgend [bzw. im Titel] mit abgedruckt wird.

Will schreibt: „Der Fichtelberg gleichet dem Paradies in sieben, meistens in folgenden Stücken:

1. in der **Bäume** Meng und Vielfalt,
2. in der vor allerley **Thier** bequemen Gelegenheit,
3. in der **Metall und Edelsteine** Köstlichkeit,
4. in der **Künste** Würdigkeit,
5. in **Fried und Sicherheit**,
6. in **langen Leben** und **guter Gesundheit** und
7. in der **vier daraus entspringenden schiffreichen Flüsse** Vortrefflichkeit.

Die Neubelebung des Fürstentums Bayreuth nach dem 30-jährigen Krieg

Auch wenn das Fürstentum Bayreuth kurioserweise noch bis 1806 unter dem Namen „Markgraftum Brandenburg-Kulmbach" offiziell in den Reichsmartrikeln geführt wurde, lag das politische und kulturelle Zentrum des Fürstentums seit dem Umzug der Markgrafen 1604 von der Kulmbacher PLASSENBURG nach BAYREUTH natürlich in dieser Stadt BAYREUTH. Nach bedrückenden Jahren des Hussitensturms im mühsamen Wiederaufbau begriffen, von Stadtbränden,[366] Seuchen,[367] Demütigungen und Entbehrungen durch den 30-jährigen Krieg heimgesucht, hatte BAYREUTH anfangs zaghaft einen Aufschwung erlebt, der mit jedem neuen markgräflichen Herrscher an Zugkraft und Nachhaltigkeit gewann. Durch die neue Funktion als Residenzstadt änderte sich nicht nur das Stadtbild, sondern auch die Bevölkerungsstruktur. Aus der Handwerker- wurde allmählich eine Hofbeamtenstadt.

Unter der Herrschaft der Markgrafen CHRISTIAN (1603-55) und CHRISTIAN ERNST (1655-1712), die JOHANN WILL noch persönlich erlebt hatte, sprossten bald die ersten zarten Blüten einer umfassenden Wende. Zunächst einmal wurde das alte Renaissanceschloss aus dem 15. Jh. im Bayreuther Stadtzentrum zum neuen repräsentativen Herrschaftssitz um- und ausgebaut.

---

[366] Im Jahr 1605 vernichtete ein durch Nachlässigkeit entstandener großer Stadtbrand 137 von 251 Häusern.1621 folgte ein weiterer großer Stadtbrand.

[367] Immer wieder kam es in Bayreuth im 17. Jh. zu Pestepedemien und Seuchen, so in den Jahren 1602 und dann mehrfach im Dreißigjährigen Krieg, so auch 1620.

Der junge Markgraf CHRISTIAN hatte seine Regierung mit großen Ambitionen hinsichtlich der Entwicklung und Gesundung seines Landes angetreten. Doch trotz seiner Bemühungen um Ausgleich wurde er in den 30jährigen Krieg hineingezogen, so dass der eben begonnene Ausbau der Residenzstadt zunächst ins Stocken geriet. Die Stadt BAYREUTH, aber auch das Land ringsum wurden von Verwüstungen, Plünderungen und Geiselnahmen der kaiserlichen Truppen heimgesucht. Viele Schulen und Kirchen lagen wüst.

Nur langsam normalisierte sich nach dem großen Krieg das Leben. Beschädigte Gebäude wurden renoviert oder ausgebaut, neue errichtet. Die ortsbildprägende spätgotische Stadtkirche mit ihren charakteristischen Doppeltürmen, die beim Stadtbrand von 1605 schwere Schäden erlitten hatte, war bereits bis 1614 repariert, eingewölbt und als Hof- und Zentralkirche des Fürstentums eingerichtet worden. Sie hatte den Krieg leidlich überstanden. 1668 bekamen die Türme neue „welsche Hauben“ ***(Bild** 1680)*.

Auch die breitere Bildung der Bevölkerung machten sich die Markgrafen zu einem Herzensanliegen und kümmerten sich um Lehrer und Schulhäuser. Dabei betrachteten sie die ihnen eng verbundenen evangelischen Pfarrer als die maßgeblichen Kulturträger und Pädagogen und stellten ihnen zunehmend großzügigere

Pfarrhäuser zur Verfügung, die zuweilen die Schlösser des konkurrierenden Landadels übertrafen. Neben den Grundschulen sollten auch höhere Schulen zum Aushängeschild des Fürstentums werden. Nachdem Markgraf ALBRECHT ALCIBIADES bereits im Jahre 1546 in HOF ein Gymnasium gegründet hatte, veranlasste Christians Enkel und Nachfolger CHRISTIAN ERNST im Jahr 1664 auch in BAYREUTH die Errichtung eines ersten Gymnasiums, des „Christian-Ernestinum". Für die Stadt begann nun eine Zeit der kulturellen Blüte.

Im Jahr 1683 beteiligte CHRISTIAN ERNST sich an der Befreiung Wiens aus der Belagerung der Türken. Um an diese Tat zu erinnern, ließ er sich den „Markgrafenbrunnen" und ein Reitermonument errichten, das ihn als Türkensieger darstellt; das Denkmal steht heute vor dem Neuen Schloss.

Ab 1701 entstand als Lieblingsprojekt des Erbprinzen und späteren Markgrafen GEORG WILHELM der neu gegründete feudale Stadtteil ST. GEORGEN in barocker Symmetrie. Er war bis zum Jahr 1811 eine selbständige, von BAYREUTH unabhängige Stadt. Diese neue Siedlung besaß mehrere Schlossbauten und ein Altenheim, das „Gravenreuther Stift". Die ORDENSKIRCHE im Zentrum ist noch heute das schönste unveränderte Zeugnis der Bayreuther Hofkunst um 1700. In dieser Zeit wurde auch der äußere Ring der Stadtmauer errichtet und die (alte) Schlosskirche erbaut.

Zug um Zug entstanden nun auch im ganzen Umkreis der Residenzstadt neue lichte Saalkirchen anstelle der dunklen und meist desolaten spätgotischen Kirchengewölbe, sowie neue Schulgebäude. Als verpflichtend galt dabei der „Markgrafenstil", zu dessen wichtigsten Vertretern JOHANN DAVID STEINGRUBER (1702–1787) als Baumeister zahlreicher Kirchen zählt.

Bei der Errichtung ihrer repräsentativen Bauten und der Anstellung von Künstlern sahen sich die Markgrafen des Fürstentums im Wettbewerb mit den anderen absolutistischen Herrschern ihrer Zeit. So entstanden in Bayreuth nach der Vorstadt ST. GEORGEN am See noch die Eremitage, das Opernhaus, das Neue Schloss mit seinem Hofgarten, und im weiteren Umkreis Jagdschlösser und Gärten, so auch der Felsengarten SANSPAREIL bei WONSEES.

Was macht den „Marck Weidenberg" in Wills Augen „weitberühmt"?

Auch wenn der zukünftige Glanz der Residenzstadt BAYREUTH schon zur Zeit des Berichterstatters des Jahres 1692 JOHANN WILL zu ahnen war, so legte WILL durch die Wortwahl „weitberühmt" das ganze Gewicht auf das Ansehen, das zu dieser Zeit der kleine Markt WEIDENBERG für das gesamte Fürstentum hatte. Worauf stützte er diese Wertung? In seiner ausführlichen Beschreibung der Markgrafschaft BAYREUTH-ANSBACH wird kein anderer Ort mit diesem Prädikat bedacht!

Der Ausdruck „weitberühmt“ könnte sich einmal auf die **Bedeutung Weidenbergs als Markt** im Knotenpunkt wichtiger Altstraßen und in der Grenzlage zur Oberen Pfalz beziehen. Wir wissen aus der Lokalgeschichte, dass der Ort spätestens seit dem Jahr 1390 das Recht besaß, den Verkauf und Handel landwirtschaftlicher und handwerklicher Erzeugnisse auf öffentlichen Straßen und Plätzen – dem Markt – zu gestatten.

Auch berichten zahlreiche Urkunden der adeligen Schlossbesitzer in WEIDENBERG über mehr als 400 Jahre hinweg vom weitverstreuten Besitz des Adels im ostfränkischen Grenzgau und weisen wiederholt auf die Mitspracherolle der Adeligen in Verwaltungsangelegenheiten hin.

Doch nicht allein die Funktion dieses Marktes mit seiner Grenzlage zum kurbayerisch-pfälzisch-böhmischen Raum und der Adel hat WEIDENBERG diese „weitberühmte“ Bedeutung verschafft. Hinzu kam ein weiterer bedeutsamer Faktor in dieser Gründerzeit, der heute total in Vergessenheit geraten ist, der aber zur Zeit der Markgrafen noch in voller Blüte stand und für ihre kostspieligen Interessen gern als Einnahmequelle genutzt wurde: der **Bergbau im Fichtelgebirge**, besonders hier im Einzugsgebiet der Steinach.

Bereits im Mittelalter wurde an den Bergen und Hängen ringsum in großem Stil Gold, Silber und Eisen abgebaut und Erz verhüttet. Für die Schmelzfeuer wurden unendliche Mengen Holz verbraucht, die den ortsnahen Buchen- und Eichenbeständen entnommen wurden, bis das Fichtelgebirge schließlich ganz kahl und nurmehr eine Heidelandschaft war. Eine gezielte Aufforstung mit schnellwachsenden Fichten erfolgte erst im 19. und 20. Jh., sodass man von daher sagen muss, dass die Bezeichnung „Fichtelberg“, die bereits WILL wählt, ganz sicher nicht vom Bewuchs mit Fichten stammt.

Von den vielen Gruben und Stollen – in der Hochblüte der Metallgewinnung mögen es allein im nahen östlichen Umfeld Weidenbergs über 20 gewesen sein – haben sich aber nur Orts- und Flurnamen erhalten, wie Hütten, Feuereisen, Blechschmiede, Schacht, Grubigäcker u.v.a.m. Die alten Verhüttungs- und Bearbeitungsstätten sind als „-hammer“ noch recht zahlreich im oberen Steinachtal bis heute festgehalten.

Die Gewinnung von Metallen barg in früheren Zeiten immer ein großes wirtschaftliches Potential und war daher Anziehungspunkt für arbeitsuchende Leute; dabei entstanden neben der teilweise eher kargen Landwirtschaft blühendes Gewerbe und Handel. Die robuste Produktion und die florierende Wirtschaft dürften also weitere Gründe gewesen sein, dass um 1692 der Markt WEIDENBERG „weitberühmt“ war.

Eigenwillige Geographie des Fichtelgebirges

Interessant ist die geographische Abgrenzung des Fichtelgebirges, die WILL wählt, wenn er es „teutsches Paradeiß" nennt. Wie auch im biblischen Bericht vom Paradies sind für ihn vier Flüsse maßgeblich. So stößt sein Paradies gegen Aufgang (Osten) an Böhmen, oder anders ausgedrückt: Es wird im Osten begrenzt vom Zufluss der Wendera in die Eger. Im Süden ist es begrenzt vom Zusammenfluss von Waldnaab und Haidenaab, im Westen von der Vereinigung von Main und Rodach, und im Norden bildet die Stadt SAALBURG an der sächsischen Saale die Grenze.

Ebenfalls bemerkenswert ist Wills Feststellung, dass zu allen größeren Bergen neben Ochsenkopf, Schneeberg, Kösseine, Hohe Metze, Platte und Hirschhorn im Westen auch der langgestreckte Hügelkamm der Bocksleite bei WEIDENBERG und die Mainleite gehören!

Als höchste Erhebung nennt WILL den Ochsenkopf und lässt bei der Namensdeutung seiner Fantasie freien Lauf. Er sieht in ihm einen in Ruhe liegenden Ochsen, dessen hinterer Leib an der „Urquelle der Steinach" ruhe; sein breiter Rücken biege sich nordostwärts auf, bis der starre Hals den großen Ochsenkopf mit seinen harten Felshörnern trage. Tatsächlich hieß der Berg wie das ganze Gebirge früher „Vichtelberg". Der Name „Ochsenkopf" erscheint in Bergwerksakten erst ab dem Jahr 1495 aufgrund einer Urkunde, nach der LORENZ VON PLOBEN aus NÜRNBERG das Bergwerk auf dem Fichtelberge „bei dem Ochsenkopf" zu Lehen erhielt. Damit spielt dieses Dokument wohl auf das in einen Fels eingemeißelte alte Stierhaupt in Gipfelnähe an, das heute noch zu sehen ist. Übrigens ist der Ochsenkopf mit 1024 m um 27 m niedriger, als der benachbarte Schneeberg (1051 m).

Wie genau WILL andererseits die Grenze zwischen der Oberen Pfalz und der brandenburgischen Markgrafschaft BAYREUTH beschreibt, mag die Tatsache unterstreichen, dass er die Nummern der Grenzsteine angibt, welche die Markierung „gegen die Warme Steinach und die Wegscheide, da die Haidnab und der Zwerbach zusammenkommen" darstellen.

Nach weiteren ausführlichen Beschreibungen der Wälder, Tiere, Vögel und Fische, der Metalle und Mineralien, der Sitten, Künste und des Gewerbes, von Frieden und Sicherheit, der gesunden Luft und anderem mehr, die alle vom Vergleich mit dem biblischen Paradies in 1. Mose 2, 5ff inspiriert sind, folgen WILLS Beobachtungen nunmehr den von hier ausgehenden vier Hauptgewässern aus dem Fichtelgebirge, der umgebenden Landschaft, den eingebetteten Städten und Dörfern und den Bewohnern. Sein Bericht ist im Folgenden wörtlich wiedergegeben.

Auszug aus

Magister Johann Will „Das Teutsche Paradeiß in dem vortrefflichen Fichtelberg“ 1692:

„Von der Steinach“ – Landschaft und Leute

Die **Fichtelbergische Steinach** flißet im Dorff WARMEN STEINACH, aus der Warm- und Kalten Steinach, zusammen. Die **Warme Steinach** geust der steinichte Bocksgraben und der Buchberg auf Obern Steinach herab, da sie den Mäußbach auffänget, die **Kalte Steinach** erwächset aus dem Moß- und Kropf-Bach, und vermischet sich im vorgemeldtem Dorff mit jener.

Der vereinigte Fluss aber rauschet in einem tieffen, wilden und steinichten Grund auf WURTZBACH, zum Obern-, Mittlern-, Untern- oder Rosenhammer, gen WEIDENBERG, zur Schuh- und Loch-Mühl, auf UNTERN STEINACH, durch DÖHLA und LAINECK, und nechst unter S. JOHANNIS in den **Rothmain**.

Sie zihet zu beiden Seiten aus dem Fichtelwald und von dessen Bergen frische Bäche zu sich, den groß und kleinen Farnbach, die Flüßlein so vom finstern Graben, dem Blauenstein, NEUHAUß, und der WILDENREUTH herab stürtzen, den Wurtz-Gumpen- und Gold-Bach, die Schürtzen zu WEIDENBERG, den Fischbach unter der Schuhmühl, die Görschnitz und das Weissenbächlein vor der Loch-Mühl, die Lützelsteinach, oder den Waldbach, zu UNTERNSTEINACH, den Kotschbach zu DÖHLA, und nechst darunter den Langbach, so von GÖRA, ÜTZDORFF und der Enden zuflißen. Träget, so wol als ihre Zuflüße gute Vorellen, und jährlich viel hart und weiches Brennholtz vom Fichtelwald auf WEIDENBERG, S. JOHANNIS, BEYREUTH, und noch weiters, dahero sie insgemein der **Flößbach** genennet, und nicht unbillich von etlichen vor den andern Arm des Roth-Mains gehalten wird.

Zu OBERN-STEINACH trifft man eine Glaßhütten, drey Drathämer, zwo Mühlen, eine Kirche, Bräu- und Wirthshauß an, welche samt den angelegenen Einzeln WAGENTHAL, HEMPELS- und GEIERSBERG, auch einen Eisenhammer, **Churpfältzisch** sind: Zur Warmen Steinach einen oeden Eißenhammer, etliche Flöß- und viel Berg-Häußer, eine Mühl, Bad- und Wirthshauß, zwo Knopfhütten, und unweit davon, am Moßbach, ein gutes Eißen-Bergwerk, zum Grassemann genannt, welche allesamt **Brandenburgischer Herrschafft**, und theils gen Beerneck, theils gen Weidenberg gehören.

Zu OBERN STEINACH werden allerley saubere Gläßer gemachet, zähes Stabeissen geschmiedet und dick und dünner Drat gezogen, zu WARMEN STEINACH aber aus Glaß Knöpfe, Pater, Ohren- Halß- und Arm-Gehänge, Kugeln, Espan etc. von mancherley Farben sehr zirlich gearbeitet, worinnen hir die Rödel, dort die Schenckel künstliche Meister, auch die übrigen Inwohner so gar ungeschickt nicht sind, unter welchen sonderlich LORENZ OTT, ein Müller, einen klugen Werkmeister in Wasser-Bäuen, darneben einen fleißigen Wurtzel- und Kräutermann abgiebet, sogar in der Stern-Kunst zimlich erfahren seyn solle.

Fast eine halbe Meil unter WARMEN STEINACH raget, zur Lincken des Fluss, ein hoher Berg hervor, worauf die **Rudera des alten Schloß Wurtzstein** zu finden, und worvon der Wurtzbach zu einer Schneidmühl herab stürzet, worbey JOHANN SCHARFF vor etlichen Jahren eine Glaß- und Saliter-Hütten angeleget, und Hoffnung gemachet, die angelegten alten **Bergwerck**, auf dem Himmlischen Heer und zur göldenen Ganß, wider in Aufstand zu bringen, und zugleich einen Messinghammer anzurichten, welche aber die A. 1694 entstandene Theuerung, da ein Meß Korn dieser Orten auf zween fränkische Gülden kommen, samt der Glaß- und Saliter-Hütten zernichtet.

Nechst hirunter, etwan bey 800 Schriten, zur Rechten der Steinach, quillet das **Heilbrünnlein**, welches A. 1659 durch folgende Begebenheit weit und breit bekannt worden. ANNA HERMANNIN, eine fromme Wittib zu WARMEN STEINACH, erlitte an einem Arm von der Gicht geraume Zeit große Schmertzen, weßwegen sie hin und wider Rath und Hülffe, wie wol vergeblich, gesuchet. Einsten kam ihr im Traum vor, sie solte aus der Quelle unter der Schneidmühl im Wagengeleist trinken, so würde ihr bereits erlahmter Arm wider zurechte kommen. Diesem sonder Zweiffel Göttlichen Traum folgte das Weib, verspürte gleich Linderung, und, nach mehrmaligem Gebrauch des gesunden Heil-Wassers, völlige Genesung. Worauf das Gerücht bald weit und breit erschollen, und von nah und fernen Orten, je länger je mehr, kranke und preßhaffte Leute dieser Quelle zugezogen, worbey nicht wenig ihre verlorne Gesundheit wider gefunden. Sie wurde damals in ein Brunn-Gehäuße verfasset, und mit diesem angeschriebenen Lob-Spruch beehret:

Curantur claudi, coeci, muti atque leprosi,
onte hoc, et morbi in corpore quiequid habes.

Es heilet dieser Brunn die Lahmen und die Blinden,
Die stumm und unrein sind, und sonst sich krank befinden.

Einer zwißlichten Fichten aber eine Kanzel anbequemet und darbey wöchentlich, Mittwoch und Freytags, der Gottesdienst mit singen, beten und predigen gehalten, auch vom Volck freywillig so viel Geldes in den Opferstock geleget, dass man dafür eine große Glocke zur Pfarrkirchen in Weidenberg verschaffen können. Hirvon hat damals Hr. D. Adam Scheffer, Hof- und Stadt-Medicus zu Bayreuth, ein Tractätlein herausgegeben, und Hr. Joh. Georg Layritz A. 1687 in Orat. de fontibus Soteriis p. 36 Bericht erstattet: Anitzo aber wird dieser Heilbrunn wenig mehr geachtet, und scheinet, als wenn ihn die Steinach samt seinem Platz gar verschlingen wollte.[368]

„Der weitberühmte Marck Weidenberg“

er **weitberühmte Marck Weidenberg** hat einen lustigen mit Popelweiden gezirten Berg, fast in der Mitte zwischen Creussen und dem Hohen Fichtelberg, und von jedem 2 Meilen eingenommen.

Lehen der Weidenberger, Künsberger und Lindenfels

Gehörte vor Zeiten den Edlen von Weidenberg, so mit den Edlen von Kindsberg einerley Abkunfft mögen gehabt haben, weil sie mit jenem einerley Wappen geführet, außer dass diese, an statt der blauen Farb, eine rothe im Schild beliebet. Als aber die **Hussen** [Hussiten] A. 1430 das veste Schloß samt dem Marck zerstöret, und darüber allem Vermuthen nach, die Edlen von Weidenberg umkommen, **verliehe Herr Marggraff Johannes,** der Alchymist, das heimgefallene Weidenberg, nach zehn Jahren [1440], **Herrn Adrian von Kindsberg** folgender Massen:

Wir Johann von Gottes Gnaden Marggraf zu Brandenburg und Burggraff zu Nürnberg, bekennen und thun kund öffentlich, dass Wir mit wolbedachtem Muth, und nach Rath unserer Räth und lieben Getreuen, dem Erbarn und Vesten, Unserm Diener und lieben Getreuen Adrian von Künsberg, und Barbara seiner ehelichen Haußfrauen, und ihren Erben, zu rechter Urtöde und steten ewigen Kauff, recht und redlichen verkaufft haben unser ***Schloß mit Namen Weydenberg, und Gurtstein samt dem Wald, dem Marck Weidenberg,*** *und mit allen andern Leuten, Güttern, Zinßen, Reuthen, Gülden, zu Marck, Dorff und Feld, Gerechten Gerichtsfällen, Hämmern, Hammerstetten, Weyhern, Weyherstetten, Teichen, Wassern,*

[368] Der ehemalige Heilbrunnen befand sich gegenüber dem Brunnenhaus und ist seit dem Verschwinden beim Straßenbau um 1930 gänzlich in Vergessenheit geraten. Die früheren Bewohner des Einzel benutzten diesen Brunnen, der gespeist wurde vom fließenden Quellwasser vom Hang der Waldabteilung Tiefenbach (Königsheide). Die berühmt gewordene Heilkraft (oder Wunderkraft) des Wassers über fünf Jahrzehnte von 1659 bis zum Anfang des 18. Jahrhunderts ist uns mehrfach in Berichten und Werturteilen überliefert worden.

Wasserläuffen, Fischwassern, Fischdinsten, Eckern, Wiesen, Höltzern, Holtzmarcken, Holzrechten, Wumen, Weiden, Stöcken, Steinen und Rainen, Handlohn, Marck- und Kirch-Tag-Rechten, Frohnen, Diensten, zu setzen und entsetzen der Leut und Gütter, samt allen Rechten und Gewohnheiten, und mit allen der genannten Schlösser Ein- und Zugehörungen, wie das alles Namen hat oder haben mag, gantz nichts ausgenommen und hinten an gesetzt, dann allein ***ausgenommen Unser Halßgericht*** *und was Halß und Hand berühret, alsdann Halßgerichts Recht ist ungefehrlichen und Gold-und Silber Werck, und unser Geistliche Lehen, als die* ***Pfarr und Früh-Meß zu Weidenberg,*** *auch alle freye worentliche [weltliche] Mannlehen, das alles geistliche und worentliches sollen Wir, unsere Erben und Nachkommen, zu ewigen Zeiten leihen, niessen, nutzen und gebrauchen, ohne alle Einträge und Hinderniß des ehgenannten VON KÜNSBERG, seiner Erben und Nachkommen, ihne alles Gefährde, etc. ...* [Der tatsächliche Text der Urkunde geht noch weiter und ist etwa doppelt so lang, wird aber bei WILL nicht weiter zitiert]. *Geben zu PLASSENBURG am Mittwoch nach S. Görgen-Tag, A. 1440.*[369]

Wie es nach der Zeit und im **Marggräffischen Krieg** A.1553. dem WEIDENBERG ergangen, davon ist die wenigste Nachricht übrig, nur weiß man, dass die VON KINDSBERG, an statt des alten vesten Haußes WEIDENBERG, so nahe bey der Kirchen gestanden, zwey neue Schlößer zu ihren Sitzen erhoben. Aber A. 1633. Freytag vor Palmarum, filen die **Croaten**[370], unter der Anführung HANß CHRISTOPH UMSEHERS, Landrichter zu WALDECK, unversehens ein, eben da man HANß GEIGERS, des sogenannten zötigen Beckens, Weib zu Grab begleiten wollte, erschossen und erwürgten etliche Bürger, plünderten den Marck aus, steckten ihn aller Orten mit Feuer an, dass auch die Leich auf dem Platz mit verbrennen muste, und führten viel Manns- und Weibs-Personen gefänglich mit nach KEMNATH.

Anno 1648 erkauffte Hr. **WOLF ERNST VON LINDENFELß**, Obrist Lieutenant, Hochfürstl. Brandenb. Rath und Assessor des Edlen Lehen Gerichts, das eingeäscherte **Obere Schloß** von Hr. JOBST BERNHARDS VON KÜNSBERG Erben vor 11.000 Gülden und 100 Ducaten Leykauff, ließ es zu seinem Sitz ansehnlich aufführen und A. 1653 zu völligem Stande bringen. Welches Hauß, „Rosenbühl" genannt, die Güte

---

[369] Der Kaufbrief von 1446 für den Weidenberger Adelssitz (nicht 1440 wie WILL hier irrtümlich angibt) ist ausführlich in Krölls „Geschichte des Marktes Weidenberg" S.67ff veröffentlicht. Diese Urkunde setzt die HERREN VON KÜNSBERG als Nachfolger derer VON WEIDENBERG, beides jedoch Abkömmlinge der PLASSENBERGER (Hohenzollern), ein. Das Schriftstück berichtet sehr ausführlich über ihre Besitzungen und über ihre Rechte und Pflichten.

[370] Tatsächlich „verdanken" die Weidenberger diesen Überfall ihren kurpfälzischen Nachbarn, in deren Dienst UMSEHER und die Kroaten standen.

Gottes dergestalt gesegnet, dass der Hochadeliche Erbauer mit seiner Frauen Ehliebsten, **URSULA AMALIA VON GIECH**, 20 Hochadel. Kinder darauf erzeuget [in einer Überarbeitung durch Will werden dem Wolf Ernst von Lindenfelß sogar 24 Kinder zugeschrieben], und inzwischen wol so viel Ritter-Gütter in der fichtelbergischen Gegend demselben anhängig gemachet, biß er den 20. Febr. A. 1692. das Zeitliche mit dem Ewigen selig verwechselt.

Nachdeme unterdessen das **Untere Schloß**, oder das **Hauß im Garten**, gleichergestalt wider empor kommen, und darauff Herr HANß LUDWIG VON KÜNSBERG ohne Hinderlassung männlicher Erben, den 25. Apr. A. 1659. verschieden, ließ die Chur- und Fürstliche Vormundschaffts Regierung selbiges einnehmen, und die schon A. 1568. heimgefallene Gütter des Schlosses zu MENGERSREUTH dazuschlagen, dargegen den nechsten Künspergischen Geschlechts-Verwandten 20 000 Gülden, in zehen Jahren nacheinander, auszuzahlen. Von welcher Zeit an der Marck, unerachtet des A. **1671** am Oster-Montag abermals erlittenen **Feur-Schadens** sich ziemlich wider erholet.[371]

Ortsbild und Ämter

Und sind nun, nebenst ermeldten beeden Schlössern, zu sehen die gewölbte und mit vielen Monumenten gezirte **Pfarrkirche S. MICHAELIS** mit einem gekrönten Mohrnkopf zum Warzeichen am Kirchturm, die Pfarr, Caplaney und Schul, und über 100 schöne Bürgerliche Häußer, die baufällige Gottesacker **Capelle zu S. STEPHAN**, so vor Zeiten ein **Kloster** soll gewesen seyn, ingleichen auf der andern Seite, zur Rechten der Steinach, eine besondere Bürgerliche Gemein **unter der Linden** genannt, mit zweyen Mühlen und beynah 50 Häusern.

Als eingepfarrte Orte gehören zu WEIDENBERG: der meiste Theil von der WARMEN STEINACH, WURTZBACH, NEUHAUß, SONNENGRÜN, eine Einzel in dem GRUNDHOLZ und eine in der EICHLEITEN, SCHNACKEN-, MITTLER- UND ROSEN-HAMMER, ALT- und WAITZ- und MENGERSREUTH, FISCHBACH, FENKENSEES, DOBERSCHÜTZ, SESLACH, die Helffte von LESSA, GÖRSCHNITZ, zween Höfe zu GOSSAREUTH,

---

[371] Mit dem Jahr 1648 beginnt das Jahrhundert der Herrschaft derer V. LINDENFELS im Oberen Schloss, dem ehemaligen Amtsgericht. Dieses stattliche Gebäude war im Dritten Reich und danach zunächst Bildungs- und Begegnungsstätte und ist derzeit (2017/18) Unterkunft für Migranten. Dieses Schlosses konnte WOLF-ERNST V. LINDENFELS von den Erben des JOBST BERNHARD VON KÜNSBERG erwerben, da der letzte Weidenberger Künsberger als Geisel der Kaiserlichen Heere im Dreißigjährigen Krieg verschleppt und nach seiner Freilassung und Rückkehr in Warmensteinach an der Pest verstorben war, ohne männliche Erben zu hinterlassen.

Noch nicht viel anders, als auf dieser Karte von 1531 dürfte sich der Markt WEIDENBERG dem Magister WILL bei seinen Erkundungen vor 1692 dargestellt haben. Doch schon kurz darauf begann unter markgräflichem Einfluss auch hier ein mächtiger Modernisierungsschub.

CATHERS-, WILD- und MENGERSREUTH, RÜGERSBERG, HEẞLACH, SCHUH- und LOCHMÜHL etc.

Wiewohl nun WEIDENBERG kein hohes Gericht mehr hat, sondern dißfalls der Stadt BAYREUTH untergeben ist, so sind doch dißhero, neben einer Hochfürstl. Brandenburgischen und einer Hochadelig Lindenfelsischen Verwaltung, ein gemeinschaftlicher Richter und Gerichtschreiber, samt Burgermeistern und Rath und 5 Gemein-Vorstehern, bestellet, auch erst A. 1688 sechs Handwercks-Zünfte, vor die Metzger, Becken, Schmid, Schuster, Schneider und Weber, angeordnet, und von Hochfürstl. Herrschafft bestätiget worden, da übrigens der Marck von Alters her einen Berg Im Schild führet, so mit einer Weiden und daraufsitzenden Raben gekennzeichnet ist.

Das Ende des Bergbaus

Die Landschaft um WEIDENBERG ist ziemlich fruchtbar, ob schon der Fichtelberg seine starcke Wurtzel den Heußstein und Auenberg, den Retzen-, Wurtz- und Blauenstein, den Geißhügel, die Bockets-, Klee- und Kühleiten, die Iskarin und Platten etc. gar nah hinan treibet, bey welchen vorzeiten Gold- Silber- und Eißenbergwerke, auf der Reichen Zech in Pfeifferswald, zur H. Dreyfaltgikeit zu WILDENREUTH, zu den treuen Brüdern, dreyen wilden Wölffen, zu S. Görgen im CLOSENBACH, auff der Platten, und beym Mittelhammer gebauet worden, welche schon längst, und zwar das letzte durch die Bergmännlein, oder unruhigen

Berg-Gespenster, A. 1581 aufläßig worden, dargegen dieser Zeit in der Krognitz und Seur noch gutes Eissen-Ertz gewonnen, und im hohen Ofen des Obern Hammers geschmöltzet und zugerichtet wird.[372]

Berühmte Weidenberger Gelehrte

Zum Muster der gelehrten Weidenberger dinen JOHANN KNOPF, welcher den 9. Decembr. A. 1595 zu WEIDENBERG geborn, anfänglich ein Kellner, hernach ein Schreiber, dann, als er dabey die Lateinische Sprach zimlich begriffen, ein Student, folgends ein Cancellist, Rentey-gegenschreiber, und endlich Hochfürstl. Brandenb. Cammerath und Rentmeister zu BAYREUTH worden, alwo er den 10. Maji A. 1652 sein Leben selig beschlossen und einen gelehrten Sohn M. WOLF ADAM KNOPFEN,

---

[372] Es gilt als wahrscheinlich, dass schon um die Jahrtausendwende Bergbau im (südwestlichen) Fichtelgebirge betrieben wurde – also besonders im Bereich der Steinach nordöstlich von Weidenberg –. Zahlreiche urkundliche Beweise liegen jedoch erst aus dem 13.-16. Jahrhundert vor. Aufgrund von bisher erschienenem Schriftgut über den Eisenerzbergbau und sonstige mittelalterliche Gewerbe im Fichtelgebirge ist zu erkennen, dass im Einzugsbereich der Steinach und im Bereich der Platte zahlreiche Förderstätten, Hütten und Hammerwerke bestanden haben müssen. Eine Karte „Historischer Erzbergbau an der Steinach im 18. Jh." findet sich auf S. 367 am Schluss der 2. Folge des Projektes ‚Myrten für Dornen'.

Zentrale Abbaubetriebe gab es am südlichen Hang des Ochsenkopfes, am Südteil der Königsheide, sowie an Iskara und Gänskopf und an der Platte oberhalb von Muckenreuth und Eckartsreuth. Die überlieferten Namen der Zechen und Stollen decken sich vielfach mit den Namen von Heiligen, die im christlichen Mittelalter angerufen wurden, und geben zugleich ein Zeugnis ihrer Ergiebigkeit. Das Patrozinium der beiden Weidenberger Kirchen ST. MICHAEL und ST. STEPHAN ist z.B. bezeichnend für zwei Gruben in der Gegend der Platte. Für die südliche Königsheide fällt auf die Häufung von Bezeichnungen mit „Drei". Sie könnte in Bezug gebracht werden zur überlieferten „Drei-Fräulein"-Sage.

Oft wird die Bezeichnung dieser Gruben auch verballhornt; so findet man als Benennungen für „Treue Brüder" auch „Drei Brüder" oder für „Beschertes Glück" auch „Beschwertes Glück". Aus „Großer Mann" wurde eindeutig die heutige Ortschaft GRASSEMANN. Aus früheren Hammerbetrieben entstanden die heutigen Siedlungen; aus Michaelshammer wurde NEUWERK, aus Oberer Hammer und Schnakenhammer SOPHIENTHAL, aus Unterer Hammer ROSENHAMMER.

Das drängende Verlangen des Markgrafen nach Gold und dann später nach Eisen machte den Erzabbau und seine Hütten und Verarbeitungsstätten für die meist arme Bevölkerung des Bayreuther Landes zu einer wichtigen Erwerbsquelle.

Indessen war dem Abbau dieser vier Jahrhunderte schon eine mittelalterliche Ausbeutung vorausgegangen, sodass der Bergbau im Fichtelgebirge, der Ende des 18. Jh. in Goldkronach noch in Blüte stand, zusehends abnahm und versiegte. Die Gruben rentierten sich nicht mehr, und so wurden die letzten Spuren der Eisenerzgewinnung und Verarbeitungsstätten zwischen 1865 und 1869 durch Entschließung der königl. General-Bergwerks- und Salinen-Administration verwischt. Das Weidenberger Gericht wurde damals beauftragt, die Realitäten des Hüttenamtes FICHTELBERG, d.h. die Grundstücke, Walzwerke, Hammerwerke und Werksgebäude in FICHTELBERG, NEUBAU und in OBERLIND-MITTERLIND-UNTERLIND, zu verkaufen.

anfänglich zu ECKERSDORFF, letztlich zu TREBGAST Pfarrer hinderlassen, so den 17. Jul. A. 1676 dem Vatter in der Sterblichkeit gefolget.

CHRISTOPH WAGNER, gewesener 43.järiger Diaconus zu WEIDENBERG und seine drey vielgelehrte Söhne M. VEIT CHRISTOPH, ADAM und M. WOLF ERNST WAGNER, davon die beeden letzteren sich und das Vatterland noch bestens Verdient machen.

JOH. CONRAD WALLENBERGER und M. JOH. CONRAD TRAUTNER, ehmalige Hochgräfl. Pastores und Hofprediger zu Castell, etc.

Die Orte an der Steinach unterhalb Weidenberg

Unter WEIDENBERG folgen am Fluss zur Rechten GÖRSCHNITZ und GOSSAREUTH, welches der hohe Heußstein bedecket, worauff rudera [Ruinenreste] eines alten vesten Schlosses [Turmhügel] liegen und woran die Königsheide stößet: Das schöne Dorff NIEDERN-STEINACH zwischen der Weinleiten und der Luntzen, DÖHLA, oder vielmehr das obstreiche Thälein, welches der Lentz, die Kümmelsreuth, der Ossa- und Oschenberg zusammen machen.

Endlich LAINECK, welches wol Viereck heißen mögte, weil es in vier Eck, oder kleine Dörfflein unterschieden, als da sind das Ober- und Unter End, bey welchem zwo Mühlen, und bey der Untern ein Schlößlein zu sehen, so Hrn. CHRISTOPH ADAM VON PÜHL, Hochfürstl. Brandenb. Ambtmann zum Schauenstein nebst einem Rittersitz zu Ützdorf zustehet, der Hirten-Bühl und Rotersberg, auf welchem vorzeiten das Stammhauß der EDLEN VON LAINECK gestanden, welches vorlängst eine Bauern Wohnung gleichwie die darzugehörigen Gütter in zween einträgliche Güldhöfe, verwandelt worden.

Eine gute Stunde über NEMMERSDORFF, gegen die Warme Steinach, zur Rechten, kommet man im Wald zur **Königsheide**, da man einen Ort voll Hügel und Gräben zeiget, wohin, nach einer alten Tradition, vor Zeiten ein feindseliger König, nachdem er bey **Bindlach** die Schlacht verlohren, mit seinem übrigen Volk soll verjaget, von den Fichtlbergern aber in solchen Lager überfallen und nebst all den seinigen erschlagen worden seyn. Wie man hiebevor viel Knochen und Todengebeine, verroste Waffen und dergleichen, allda gefunden, und unweit davon uff dem Oschenberg, einen starck hervorspringenden Brunnen den Kriegbrunnen nennet, und vorgiebt, es habe sich der König in selbigem Krieg desselben bedienet, PHILIP A WALDENFELS, lib XII. Antiq. c. 35. p. 478.

Oschenberg, Kloster St. Jobst und Nemmersdorf

Den **Oschenberg** mögte man wol Ochsenberg nennen, weil er von Ochsen und Pferden fast überall zerpflüget und durchgearbeitet wird. Ist meistens kahl, sehr letticht und zugleich kipperticht, träget guten Waitz, Gersten und Haber und an etlichen Orten auch frisches Korn, nimmet von den Dörffern, so an seinen Seiten und Wurzeln liegen, verschiedene Zunamen an, und heißet der Pöllers-, Dressen- und Allersdörffer-, der Depßer-, Bencker- und Bindlacher-Berg etc. Auf dessen breiten Rucken hatte das Alterthum dem **H. JOBST eine Capelle** zu Ehren gestifftet, und denselben mitten im Bergfeld, wider Brand und Mißwachß, zu gewissen Zeiten angeruffen, denn man ließ sich bereden, dass dieser Heilige, der eines Königs von Groß Britanien Sohn, ein frommer Mönch u. Teutscher Apostel soll gewesen seyn, die Felder dafür behütten könnte. Als aber selbe nach der Zeit eingegangen, ließ Marggraff FRIDRICH A. 1514 ein **Franciscaner Closter** vor 10 Brüder, an deren stat, erbauen, und verordnete den Mönchen jährlich 3 Centner Karpfen aus dem Brandenburger Weiher zur Fasten-Speiß, wie wol auch dieses Closter nach 39 Jahren im Marggräfflichen Krieg wider zerstöret wurde.

Aus dem großen Leib des Oschenbergs fället bey ALLERSDORF die Trebgast herab zur Schleiffmühl, durch Lehen und Bindlach, gen Trebgast, und daselbst, vor der Dorffmühl, in den Weiß-Main.

Zu NEMMERSDORFF, welches nur eine Virtel-Meil von Goldcronach Südwerts lieget und durchflossen wird von der Säuer die durch DRESSENDORF gen GOLDCRONACH fället, findet man ein herrliches Schloß, welches HANß VON LAINECK, Brandenb. Hofrichter auf dem Gebirg, A 1520 erbauen, HANß GILG, PAUL JACOB, GÖRG WOLF u. URBAN JACOB VON LAINECK, ein wohlgelehrter u. in fremden Ländern vielversuchter Cavallier, Hochfürstl. Brandenb. Ober-Cammer-Juncker und Ambtmann zu GOLDCRONACH, GEFREEß und BEERNECK, noch bequemer ein- und zurichten lassen, eine uralte Pfarrkirche UNSERER LIEBEN FRAUEN, welche zwischen zweyen hohen Kirchtürmen gantz gewölbt auf 12 steinernen Seulen ruhet, und darinnen viel Monumenta der EDLEN VON LAINECK, 6 Ressen [Reihen] viereckichter rother, und ebensoviel weisser Steine, in der andern Helfffte einen goldenen Löwen mit einer rothen Cron im blauen Feld, und auf dem gekrönten offenen Helm zween Adlersflügel mit 7 göldenen Hertzen geführet, so sonder Zweifel die in alten Thurnier-Büchern wol eingeschriebene Edle SCHÜTZEN VON LAINECK, durch ihre dem Römischen Adler erwiesene standhafte Treue, und Löwenmüthige Hertzhafftiglceit, erworben, und dadurch ihr edles Stammhauß zu einem rechten Leuen- oder Löweneck gemacht: eine vornehme Pfarr und schöne Schul auf dem Thorhauß des wohlverwahrten Kirchhofs, ein Wirtshauß und geringe Mühl, samt vielen feinen Häußern, und ausser dem Dorff, am Pfaffenberg, eine neue Gottesacker-Capelle, an welcher sich etliche Pfarrer und Verwalter sollen zu tod gebauet haben, weil sie die Steine vom alten Closter S. JOBST darzu genommen, weßwegen dann solcher Bau geraume Zeit erlegen, biß der vorige Pfarrer, Herr JOH. HEGER

VON ADORFF, erst A. 1692. dieselbe gar ausbauen und mit einem saubern Thürnlein ziren lassen; ohne dass ihme deßwegen ein Haar entfallen: und darbey viel fruchtbare Felder und Wiesen, gute Weiher, und unweit davon die Königsheide samt dem grossen Fichtelwald.

A. 1684 fiel alles, was zu LAINECK, NEMMERSDORFF und GOLDCRONACH Laineckerisch gewesen, Hochfürstlicher Brandenburgischer Herrschaft heim, nachdeme Herr CHRISTIAN ERDMANN VON LAINECK vorbelobten Herrn URBAN JACOBS VON LAINECK hinderlassener einiger Sohn, die zweyte Tour nach PARIß in Franckreich genommen; und daselbst den 5. Juli an einem hitzigen Fieber, im 19. Jahr seines Alters sehr frühzeitigen Todes verblichen, deme die kummervolle Mutter, Frau CHRISTIANA SOPHIA VON LAINECK, geborne VON RABENSTEIN, den 15. Julii folgenden Jahrs in der Sterblichkeit gefolget, worauf alles Laineckische Feur gar ausgelöscht, dafür ein neues Brandenburgisches angezündet, und zu Nemmersdorff eine Hochfürstl. Verwaltung angeordnet worden. Zur Kirchen sind dort eingepfarrt 9 Dörffer und 7 Eintzeln, nemblich NEMMERSDORFF, GOS- SAREUTH biß uff 2 Häuser, REUT, KOTERSREUTH, DRESSEN- und PÖLLERSDORFF, DÖLA, STEINACH, GÖRA

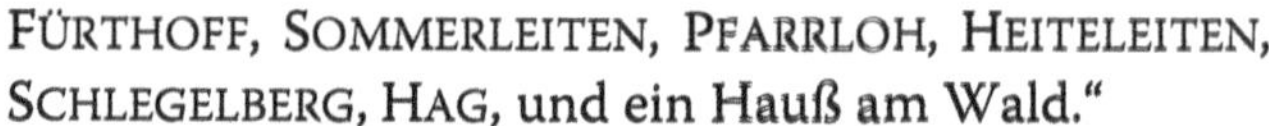

FÜRTHOFF, SOMMERLEITEN, PFARRLOH, HEITELEITEN, SCHLEGELBERG, HAG, und ein Hauß am Wald."

[An diese alten Zeiten der Lainecker, der Brandenburger und der Künsberger Herrschaften erinnert der sg. Dreihirtenstein *(Bild)* am Altstraßenkreuz von WARMENSTEINACH nach NEMMERSDORF auf dem Rücken der Königsheide. Die Frontseite zeigt heute die rätselhafte Aufschrift „Ein Gott 1605".

Tatsächlich handelt es sich um einen markanten dreiseitigen alten Grenzstein, der auf den anderen Seiten die Inschriften „Brandenburg" und „Kindsberg Weidenberg" trägt. Er bezeichnete ursprünglich den gemeinsamen Eckpunkt von drei Herrschaften, nämlich der oben genannten Herren von Laineck zu Nemmersdorf Richtung Südwesten, der Herren von Künsberg-Weidenberg Richtung Südosten und Osten, und der Markgrafen von Brandenburg-Bayreuth Richtung Nordwesten. – Bei einer laienhaften Restaurierung in den 1970er-Jahren wurde das offenbar schwer lesbare Wort Laineck als „Ein Gott" rekonstruiert und die ursprüngliche Jahreszahl 1615 als 1606 gelesen.]

AM VORABEND DER URKATASTROPHE(N) – Weidenberger Geschichtsquellen

6. DIE *STEINKREUZE UM WEIDENBERG UND IN DER FRANKENPFALZ*

SECHTES BUCH:

„Der stumme Schrei zum Himmel“

Die Steinkreuze um Weidenberg und in der Frankenpfalz

INHALT

Fortlebendes Mittelalter

Mittelalter ist heute wieder „in". Faszinierende gotische Dome, aber auch spätgotische Chorräume in Stadt- und Dorfkirchen im Bereich unserer lutherischen Landeskirche in Bayern künden von der Mystik und dem Seelenglauben dieser längst vergangenen, aber heute wieder interessanten Zeit. Mittelaltergruppen auch bei uns möchten diese Zeit nachstellen, mit Gewändern und Ritualen.

Aber wie auch unsere Gegenwart heute, so hatte gleichermaßen das mittelalterliche Leben seine Abgründe. Davon können die uralten Steinkreuze in ihren Symbolen, Sagen und Verträgen erzählen. Denn diese Steinkreuze sind eine besondere Form von Flurdenkmälern mit einer ganz eigenen Intention: Sie erinnern uns an die ungezählten Menschen, die während der vielfältigen Wirren des Mittelalters eines unversehenen Todes starben. Solch ein plötzlicher Tod hatte in ihrer religiösen Betrachtung seine besonderen Schrecken.

Während der „gute Tod" das vorbereitete Sterben eines frommen Menschen meinte, der im Einklang mit seinem christlichen Glauben und nach dem Empfang des Sterbesakraments seiner Kirche versöhnt vor Gott treten konnte, malte der „schlimme Tod" dem jäh ablebenden Sünder die peinliche Begegnung mit seinem höchsten Richter vor Augen, ohne dass anscheinend eine Möglichkeit zur Wiedergutmachung bestand.[373]

Die „Sühnekreuze" und die fast tägliche Begegnung mit ihnen waren eine ernste Erinnerung und gleichzeitig eine Wegweisung, diesen Gefahren zu entgehen.

Von solchen mittelalterlichen Steinkreuzen gibt es viele Zigtausende in den unterschiedlichsten Formen in ganz Europa. Wie auch die Bildstöcke, Wegkreuze und Flurkapellen stehen sie als private religiöse Zeichen in den Fluren und Wäldern. Wir finden sie insbesondere an solchen Waldwegen, Straßen, Straßengabelungen und an Straßenkreuzungen, die in früherer Zeit stark frequentiert waren.

Neun dergestaltige Steinkreuze stehen im Gebiet um WEIDENBERG und in der FRANKENPFALZ. In der Zeit zwischen dem 13. und 16. Jahrhundert sind sie errichtet worden. Sie sind damit die ältesten erhaltenen religiösen Kleindenkmäler in unserer Landschaft. Trotz ihrer Schlichtheit sind sie als sehr bedeutende und erhaltenswerte Kulturgüter einzustufen. Zu fast jedem unserer Steinkreuze gibt es Ortssagen, zu einem von ihnen sogar einen alten Sühnevertrag, zu einem anderen ein Gerichtsprotokoll. So verkörpern sie auf ihre Weise ein Stück unserer Religions- und Kulturgeschichte am Übergang vom Mittelalter zur Neuzeit.

Sorgfältig aufgemachte Internetseiten wie www.suehne-kreuz.de haben sich heute eine gewissenhafte Bestandsaufnahme aller Steinkreuze weit über Deutschland hinaus zur Aufgabe gemacht. Denn Steinkreuze haben wegen ihrer geheimnisvollen Geschichte(n) auch bei den jungen Leuten viele Fans und werden gern auch mit Hilfe der modernen Navis aufgesucht. Zur leichteren Auffindung sind die Fund-Ergebnisse sogar mit GPS-Daten ausgestattet, die wir in unserer Untersuchung gern übernehmen. Wir haben diese Daten in unserer Untersuchung für die Steinkreuze unserer Gegend anhand der digitalen Karte Top 25 der Bayer. Landesvermessung überprüft und geben sie jeweils mit an. Wir bitten die Leser unseres

---

[373] Die Vorstellungen von der „mors mala" und der „mors bona" tauchen schon beim Kirchenvater Augustinus auf (Sermo de disciplina christiana 12, 13): „Cotidie enim rogas ut, quoniam mors ventura est, bonam mortem mihi det deus, decisi deus avertat a me malam mortem."

Projektes um Mitwirkung, wenn etwas nicht passt oder ihnen etwas auffällt. Außerdem geben wir zur leichteren Vergleichbarkeit bei jedem Steinkreuz die Ordnungsnummer an, die der rührige Bayreuther Heimatforscher KARL DILL in seinem einschlägigen, 1984 mit Hilfe des Landkreises Bayreuth veröffentlichen Büchlein „Kleindenkmäler im Landkreis Bayreuth" verwendet hat.

Diese Publikation fußt auf einer schmaleren Vorläufer-Broschüre zur Inventarisierung der Steinkreuze des Landkreises, die DILL im Jahr 1970 auf Anregung der „Deutschen Steinkreuzforschung" verfasste.[374] Er hat seinerzeit sorgfältige Recherchen per Fahrrad nicht nur in seinem Heimatlandkreis BAYREUTH, sondern darüber hinaus auch in angrenzenden Gebieten unternommen und seine Ergebnisse zumeist in gleichartigen Broschüren in Kleinstauflagen im Eigenverlag veröffentlicht. Viele Webseiten über Steinkreuze verwenden heute noch gern Beschreibungen und Bilder, die auf diesen Forschungsarbeiten Dills in den 60-er und 70-er Jahren des 20. Jh. fußen.

Eine weitere regionale Berichterstattung über die Steinkreuze verdanken wir dem im Markt WEIDENBERG achtungsvoll „Weidenberger Kulturattaché" genannten Heimatforscher ADAM KIEßLING, der vor fast 40 Jahren in der Rubrik „Seinerzeit" 1979/80 des Weidenberger Mitteilungsblattes unter dem Titel „Von alten Totenmalen und Gedenksteinen um Weidenberg" davon berichtete.[375] Doch haben sich zwischenzeitlich etliche neue Einsichten ergeben, die eine veränderte und umfassende Darstellung des Themas rechtfertigen.

Mehr Klarheit über die Bedeutung der Steinkreuze

In der Weidenberger Pfarrbeschreibung von 1913/14 werden die Steinkreuze noch als „Kreuzsteine" bezeichnet, aber dazu vermerkt, dass dies Bezeichnungen sind, die das „Volk" gebraucht, und dass es sich eigentlich um „Steinkreuze" handele, deren Ursprung noch im Dunklen liege. Dank der fortschreitenden Steinkreuzforschung herrscht aber heute mehr Klarheit über die Bedeutung dieser Zeichen, wie unten ausführlicher zu zeigen sein wird. So viel vorab in Kürze:

Sühnekreuze für Totschlagsdelikte

Steinkreuze wurden größtenteils als Sühne für einen Totschlag im Affekt errichtet und zwar hauptsächlich in der Zeit vom 13. bis zum 16. Jahrhundert. Ein im

---

[374] KARL DILL, Bayreuth, Die alten Flurdenkmäler des Landkreises Bayreuth 1970. Ders. Kleindenkmäler im Landkreis Bayreuth. Schriftenreihe des Landkreises Bayreuth Band 2 1984, [2]1987.

[375] ADAM KIEßLING, Steinkreuze und Martersäulen am Wege, Amtliches Mitteilungsblatt der Verwaltungsgemeinschaft Weidenberg ab Nr. 28/79 v. 30.10.1979.

Streit begangener Totschlag war in dem genannten Zeitraum eine Privatangelegenheit, er wurde also nicht vor Gericht verhandelt.

Bei alten Völkern griff hier das Gesetz der „Blutrache“. Sie war in vorchristlicher Zeit sehr verbreitet. Das Opfer bzw. im Fall von dessen Tod sein(e) Vertreter waren nach dem „Talionsprinzip“ verpflichtet, dem Täter „Gleiches mit Gleichem“ zu vergelten („Wie du mir, so ich dir“). Doch fiel die Strafe oftmals noch schlimmer aus, als das vorangegangene Verbrechen, wenn die Familie des Opfers bewusst Rache nehmen wollte für ihre verletzte Ehre. Es entspann sich oft eine Kette von langen, blutigen Auseinandersetzungen; die Rache zeugte gesteigerte Gegenrache. Mit der Einführung des Christentums suchte man im Wissen um die Forderungen der Bergpredigt nach neuen Lösungen, um diese Kette des Unheils zu überwinden. Die Kirche im Konsens mit der weltlichen Obrigkeit, die ja nach eigenem Selbstverständnis nun christlich war, betrachteten es als ein ethisches Anliegen, die weit in die heidnisch-germanische Zeit zurückreichende Blutrache zu überwinden..

Die Lösung brachten die „Sühneverträge“. Mit dieser Institution konnte in der Gesellschaft ein breiter und wirkungsvoller Konsens darüber herbeigeführt werden, dass sich Täter und Hinterbliebene auf friedliche Weise einigten. Der Täter musste zusagen, alles zu tun, was für das Seelenheil des Toten und das Wohl seiner Hinterbliebenen als nötig erachtet wurde. Über eine erfolgreiche Einigung legte dann ein schriftlicher Sühnevertrag Zeugnis ab. Zur den Bestandteilen eines solchen Vertrages gehörte auch die Verpflichtung für den Täter, auf seine Kosten ein **Steinkreuz** aufzustellen.

Manche der Steinkreuze verraten uns auch ohne vorhandene Urkunden heute noch Details von der geahndeten Tat oder dem Opfer: Bei genauer Betrachtung kann man bei solchen Kreuzen eingehauene Zeichen erkennen: im Weidenberger Gebiet in zwei Fällen Pflugschar oder Reutschaufel, anderenorts auch Hammer, Hacke, Sichel, Beil oder Messer. Bei diesen Zeichen handelt es sich entweder um den Beruf des Erschlagenen oder um Gegenstände, mit denen der Totschlag ausgeführt worden ist.

Als Orientierungspunkte auf topographischen Karten eingetragen

Solche Steinkreuze wurden wegen ihrer vermeintlichen Unverrückbarkeit stets auch als Orientierungspunkte, Messpunkte und Wegzeichen genutzt. Dies ist auch ein Grund, warum sie in der angrenzenden Frankenpfalz und in Altbayern den aufklärerischen Bildersturm überstanden, der dort ab 1801 mit der Entstehung des bayerischen Königtums von Napoleons Gnaden die meisten übrigen religiösen Kleindenkmäler, wie Bildstöcke, Martern, Wegkreuze oder Wegkapellen hinwegfegte.[376] Die Steinkreuze entgingen diesem Schicksal. Als solide, scheinbar fest verwurzelte Geländepunkte wurden sie mit zur trigonometrische Vermessung Bayerns herangezogen, die zur Schaffung einer topographischen Karte diente; diese Vermessung sollte mithelfen, mehr und gerechtere Steuern in die Kassen der jungen und ehrgeizigen Monarchie zu spülen. Denn man plante ja im Bereich des Bildungswesens und der Sozialpolitik umfangreiche und teure Projekte.[377]

Dafür wurde in der ersten Phase von 1801-1825 zunächst ein Hauptdreiecksnetz herausgemessen; es bestand aus 131 über ganz Bayern verteilten trigonometrischen Punkten, die sich wegen der weiten Entfernungen dieser Messpunkte von 10 - 90 km zunächst an weithin sichtbaren Naturdenkmälern und Bauten orientierten. Für Oberfranken war z.B. der Ochsenkopf der wichtigste trigonometrische Punkt.

Dieses Grobnetz wurde dann durch die Zufügung von bodennahen Lagefestpunkten immer weiter verfeinert, wobei man von vorhandenen Punkten wie Kirchtürmen, Steinkreuzen u. ä. ausging und diese durch Marksteine ergänzte.

So kommt es auch, dass Steinkreuze bis heute in der Regel auf allen klassischen topographischen Karten vermerkt sind. Wegen ihres ehrfurchtgebietenden Alters, ihrer eindrucksvollen Gestalt und ihrer mystischen Sagenwelt erfreuen sie sich auch bei Freunden von Geo-Caching und GPS-Rallyes heute allergrößter Beliebtheit.

Marker beim Läutedienst

Die Weidenberger Pfarrbeschreibung weist uns aber sowohl bei Eheschließungen und bei Taufen, als auch im Abschnitt „Tod und Begräbnis – Kirchliches Handeln bei Begräbnissen“ noch auf einen besonderen Zweck der Steinkreuze um WEIDENBERG hin, der noch bis weit ins 20. Jh. hinein bestand, nämlich als Marker beim Läuten für Auswärtige bei Hochzeiten und Beerdigungen. Die dafür genutzten Kreuze finden sich in und um WEIDENBERG in den verschiedenen Himmelsrichtungen, so einer westlich in unmittelbarer Nähe des Obermarktes an der Alten Bayreuther Straße (auf der obigen Karte die Nr. 2), zwei weitere südlich auf der Bocksleite am Lessauer Kirchweg (Nr. 6) bzw. an der Seybothenreuter Straße (Nr. 7), einer nordwärts am Fuß des Rügersberger Hanges (Nr. 1) und einer ostwärts oberhalb des Waizenreuther Berges (Nr.3).

Ob auch das kleine Steinkreuz bei LANKENDORF in diesen Kontext gehört und ob

---

376 Mehr zum ursprünglichen Zweck und zur Geschichte dieser Zeichen, aber auch zum Bildersturm der Bayerischen Aufklärung, in Buch desselben Verfassers „Wenn Holz und Steine reden – Marterlwege in der Frankenpfalz im Fichtelgebirge“ – ISBN 978-3 937117-89-8.

377 Vergl. zur Geschichte dieses zukunftsweisenden Sozialprojektes der bayerischen Monarchie das Kapitel „Arbeit, Wohlstand und Armut bei den ‚Gaasla‘ …“ in der 2. Folge des Projektes ‚Myrten für Dornen‘: „Licht und Schatten der neuen Zeit …“, S. 257ff.

es überhaupt ein Steinkreuz im üblichen Sinne ist, war bislang noch nicht zu klären.[378]

In der Pfarrbeschreibung[379] heißt es als Nachtrag „bezüglich des Läutens“: *„Wünscht man bei einer ehelichen Taufe das Geläute und begnügt man sich nicht damit, dass schon täglich übliche 2:00 Uhr-Läuten zu benutzen, so muss dasselbe beim Kirchner bestellt und bezahlt werden. Dasselbe gilt bei Hochzeiten, wobei das Geläute die dem Markte sich nähernden Hochzeitswagen schon von der Schule,* ***vom jeweiligen Kreuzstein*** *usw. an empfängt.“*

Und zum kirchlichen Handeln bei Begräbnissen wird verfügt: *„Ist der Verstorbene aber ein auswärtiges Gemeindeglied, so wird der Sarg bei der Ausmündung des Reitweges zum oberen Markt aufgebahrt und die Leiche von dort abgesungen. Dementsprechend gestaltet sich dann auch das Geläute. Wenn eine auswärtige Leiche kommt, so setzt das Geläute bei einer »öffentlichen Beerdigung« schon dann ein, wenn sich der Leichenzug* ***am jeweiligen Kreuzstein*** *befindet.“*

Das bedeutet: Jeder Kreuzstein – oder richtiger gesagt: jedes Steinkreuz – war bestimmten, zum Kirchspiel gehörenden Orten der Umgebung zugeordnet und diente als Marker für den Beginn des Läutens, wenn der Wagen mit den Taufgästen, mit dem Brautpaar oder der Trauerzug mit dem Toten an diesem Stein vorbeikam.

Man muss bedenken, dass zu dieser Zeit die Neue Straße als Verbindung vom unteren zum oberen Markt in WEIDENBERG noch nicht bestand. Damals mündete hier am Obermarkt nur der vom Steinachübergang heraufführende Reitweg ein. An dieser Stelle fanden sich wohl die Tauf- und Hochzeitsgesellschaften bzw. die Beerdigungsgesellschaften von auswärts mit dem jeweiligen Sarg ein, um von dort aus dann den Zug zur Kirche (bzw. anschließend zum Friedhof von St. Stephan) zu formieren. Alles dies geschah zu Fuß. Man musste also für diese Kasualfeiern, insbesondere für die Beerdigungen, viel Zeit und Kondition einplanen. Und während der ganzen Zeit läuteten die Glocken!

So hat sich also auch im evangelischen Bereich das Bewusstsein erhalten, dass es sich bei den Steinkreuzen eigentlich um religiöse Zeichen handelte, die dem Vorübergehenden Ehrfurcht und einen heiligen Schauer oder auch ein Gebet abnötigten.

---

378 Vergl. zum ursprünglichen Zweck und zur Geschichte der Steinkreuze auch das vorgenannte Buch desselben Verfassers.

379 S.o. S. 166 und 198.

Ein stummer Schrei zum Himmel[380]

In der Form herrscht bei den Steinkreuzen in der Landschaft in und um WEIDENBERG das aus einem Sandstein gehauene lateinische Kreuz mit einem deutlich erkennbaren Längs- und Querbalken vor. Handelt es sich nur um eine Steinplatte oder Stele mit eingehauenem Kreuz, spricht man zur Unterscheidung heute vom „Kreuzstein"; Flurbezeichnungen in den alten Karten wie „Kreuzstein", manchmal auch „Kreuzbühl" oder „Kreuzäcker", weisen auf Standorte solcher Sühnezeichen hin. Sie machen aber oft keinen Unterschied zwischen Steinkreuz, Kreuzstein, Wegkreuz oder Marter. Wir beschränken uns in diesem Bericht auf die Steinkreuze.

Der klagenden menschlichen Gestalt nachempfunden

Die Gestalt des Steinkreuzes ist in unserer Gegend meist gedrungen und kräftig. Der Kopf und die Enden des Längsbalkens sind in der Regel gerundet. Die Größe variiert von kniehoch bis fast mannsgroß. Des Öfteren ist das Kreuz durch frühere Verkehrsunfälle und andere Vorkommnisse beschädigt; manchmal ist der Kopf verloren, oder es fehlt der linke oder rechte Arm.

Keines unserer Steinkreuze hat ein Fundament. Sie können sich daher im Lauf der Zeit nach vorn oder zur Seite neigen oder sogar umfallen, sind also für spielende Kinder nicht ganz ungefährlich. Manche Kreuze stehen recht frei, andere sind bis zu den Armen im Erdreich vergraben.

Jedes dieser Steinkreuze erzählt von einem tragischen menschlichen Schicksal. Es verkörpert in seiner Gestalt einen „stummen Schrei zum Himmel". Der klagende Charakter wird oft durch die Neigung dieser Steine verstärkt. Wir erfahren von blutig ausgetragenen Streitigkeiten, aber auch von den zivilen und religiösen Verpflichtungen, die die damalige Praxis in der christlich geprägten Gesellschaft dem Täter zur Sühne auferlegte.

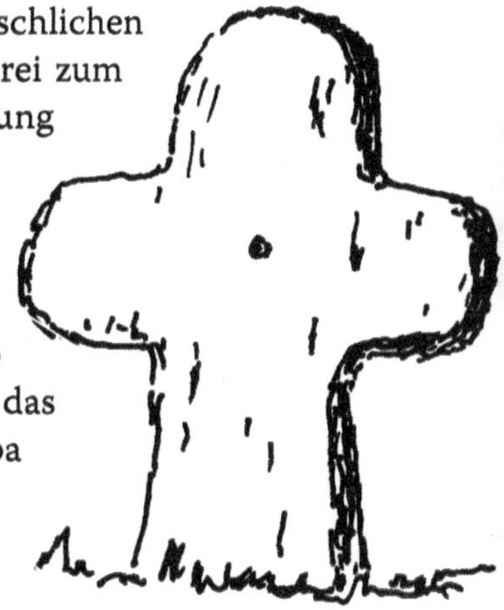

Bis zur Einführung der „Halsgerichtsordnung" (Constitutio Criminalis Carolina) von Kaiser KARL V. im Jahre 1533, die das Straf- und Prozessrecht bei Kriminaldelikten erstmals in Europa allgemein und einheitlich ordnete, war im Mittelalter ein im Streit begangener Totschlag, wie oben schon gesagt, eine Privatangelegenheit. Konnte sich der Täter mit den Angehörigen des Erschlagenen einigen, dann wurde der Fall vertraglich geregelt.

[380] Vergl. zu diesem Titel auch den eindrücklichen, gleichnamigen Bildkalender 2000 von EDMUND TÖLLER und MICHAEL VOGEL „Bildstöcke, Feldkapellen und Kreuze – Zeugnisse von Schicksalen aus vergangener Zeit", Hercynia-Verlag Paul Schmidt, Ansbach

Gegenstand alter Sühneverträge

Solche sogenannten „Sühneverträge“ sind in größerer Zahl erhalten geblieben. Sie haben im Prinzip immer den gleichen Inhalt. Da der Erschlagene keine Sterbesakramente empfangen hatte und somit seine Seele heimatlos war, musste in erster Linie für sein Seelenheil Sorge getragen werden. So wurden dem Täter im Einzelnen folgende Verpflichtungen auferlegt:

- Er musste zum Zeichen der Buße persönlich nach Aachen pilgern oder auf seine Kosten einen Stellvertreter zu den heiligen Stätten nach Rom schicken und beides durch Zeugnisse nachweisen.
- Zum Seelenheil des Erschlagenen musste er eine ewige Messe stiften, damit für die arme Seele des „Entleibten“ regelmäßig öffentlich gebetet wurde.
- Die Zahl der Priester und Kerzenträger für die Beerdigung des Getöteten wurde genau festgelegt.
- Vor dem Grabe musste bei der Witwe oder bei den nahen Verwandten Abbitte geleistet werden.
- Für die Versorgung der Witwe und der Waisen wurde eine Abfindung festgelegt.
- Am Platz des Totschlags musste ein Steinkreuz errichtet werden, damit jeder Vorübergehende ein Gebet für das Seelenheil des Toten verrichten kann. Auch sollte die Seele des Verstorbenen so zur Ruhe kommen.
- Alle Kosten gingen zu Lasten des Täters.

Wenn der Totschläger alle Auflagen des Sühnevertrags erfüllt hatte, galt seine Schuld als gesühnt. Deshalb nennt man die Steinkreuze auch „Sühnekreuze“.

Mit der Einführung des neuen Rechtes wurden die Sühneverträge zwar offiziell abgeschafft, lebten jedoch je nach Landessitte noch durch das ganze 16. Jh. fort. Sie sind also stumme Zeugen der Geschichte bis zum Beginn der Neuzeit.

Betrachtet man solche Zeichen aus dem Abstand der heutigen Zeit, muss man immer bedenken: Hinter jedem Kreuz steht ein Menschenschicksal! Manches aus seiner Geschichte kann man herausfinden und nacherzählen. So verkörpert jeder Stein einen einst lebenden Menschen mit seinen Hoffnungen, die ihm in der Tragödie seines Lebens genommen wurden. Damit erfüllen diese Kreuze auch heute noch ihre Bedeutung, an das grundlegende Recht des Menschen auf Leben zu erinnern.

Das STEINKREUZ Nr. 1 an der Staatsstraße bei Weidenberg – Seelenloch nach blutigem Streit

(KARL DILL Nr. 1117 - http://www.suehnekreuz.de/bayern/weidenberg.htm –Lage: N 49° 56,874', O 11° 43,060' / 49.947840 N, 11.717654 O / Höhe 448 m)

Ein altes Kirchwegkreuz

Oben auf der Böschung rechts der Staatsstraße 2181 in Richtung BAYREUTH steht gut 400m nach der Auffahrt aus WEIDENBERG, versteckt hinter einer Hecke, ein altes Steinkreuz. Bezeichnenderweise heißt die ostwestlich verlaufende Flur, die an dieser Stelle von der Staatsstraße durchschnitten wird, „Kreuzstein"; sie grenzt östlich an die Flur „Kirchweg" an. Der Name bestätigt, dass das Kreuz schon sehr lange auf dieser Flur steht und offensichtlich bewusst an diese Stelle gesetzt wurde, an der die Gottesdienstbesucher aus dem unteren Steinachtal vorbeikamen.

Wenn man die kleine geteerte Auffahrt des Flurbereinigungsweges nimmt, kann man direkt von der Staatsstraße zum Kreuz hinauffahren. Ansonsten empfiehlt es sich, auf der Straße nach HEßLACH etwa 550 m weit zu fahren und dann zweimal nach links die Feldwege zu nehmen, die dann direkt auf das Kreuz zuführen.

Wir stehen vor der Rückseite eines kräftigen kreuzförmigen Sandsteins von 1 m Höhe mit stark gerundeten Kanten. Der Kopf und der nach Osten weisende Arm sind weitgehend erhalten, am westlichen Arm scheint ein Stück zu fehlen. Der Querbalken des Kreuzes hat eine Länge von 70 cm.

Nach Informationen von ADAM KIEßLING [381] wurde dieses Sandsteinkreuz *(Bild)* beim Um- und Ausbau der der Straße um 1952 geringfügig versetzt und um 20 cm tiefer eingegraben. Es ragte also

[381] AaO, Teil 2.

vorher 120 cm aus der Erde. Auch vermeinte er, an der Nord- oder Vorderseite ein eingemeißeltes Kreuz erkennen zu können. Ferner gab er an, dass an dem Kreuz zwei Sicheln eingeritzt gewesen seien, die aber schon damals durch das Tiefersetzen nicht mehr sichtbar gewesen seien. Auch wies er auf ein rundes Loch hin, welches man im Vierungsfeld bemerken könne.

Das Geheimnis des „Seelenlochs"

Tatsächlich erkennt man im Bild oben, wenn man den Kreuzungspunkt der Balken betrachtet, ein ca. 4 cm tiefes Loch, „wie man es öfters an Flurdenkmälern aus alter Zeit findet", wie KARL DILL bereits 1970 schreibt. In der erweiterten Neuausgabe seines Buches „Kleindenkmäler" 1984 fügt er an dieser Stelle den Ausdruck „**Seelenloch**" hinzu, ohne ihn zu kommentieren. Von hier ist der Ausdruck auch auf die Webseite www.suehnekreuz.de gekommen, die nun aber eine Erklärung beifügt: *„Seelenlöcher können kreisrund oder rechteckig sein. Durch ein Loch im Kreuzstein oder Steinkreuz gingen die unglücklichen Seelen der plötzlich Verstorbenen ein und aus und fanden im Stein ihren Ruheplatz. Nach dem Volksglauben soll die Seele des Erschlagenen dadurch ‚frei' werden".*

Dieser Kommentar ist zu hinterfragen. Dabei stellt man fest: Der Ausdruck „Seelenloch" ist auch in der archäologischen Forschung von frühgeschichtlichen Urnen, Galeriegräbern oder Steinzeichen bekannt und beruht auf der vorchristlichen Vorstellung, dass das Loch auf Steinzeichen der Vorzeit geschaffen wurde, um der Seele bzw. dem Geist des Verstorbenen das Verlassen der Grabstätte oder den Übertritt ins Jenseits zu ermöglichen.

Experten weisen allerdings darauf hin, dass uns aus alter Zeit ja keinerlei Begriffsbestimmungen für diese wie auch immer gearteten Öffnungen herübergekommen sind. So darf man auch sicher nicht Vorstellungen der heutigen Esoterik und der Anthroposophie an solche Steinöffnungen herantragen. Mancher stellt sich z.B. vor, dass die menschliche Seele nach dem Tode noch mehrere Tage in der Umgebung ihres ehemaligen Körpers verweilt. Hier liegt dann der Gedanke nahe, dass dieser Seele ein „Schlupfloch" für das Verlassen der Grabstätte angeboten wird, sofern sie denn dieses tatsächlich benötigt.[382]

Bei der religiösen – und das heißt in diesem Fall christlichen – Deutung der Steinkreuze ist aber ein grundlegender Aspekt der vorreformatorischen (katholischen) Theologie stets mit zu bedenken, nämlich die Mittelalter alles beherrschende Jenseitsangst. Sie gipfelte in der Angst vor einem jähen Tod und vor der Hölle. Um

---

[382] Vergl. dazu auch die weiteren Deutungsversuche weiter unten bei der Beschreibung von Steinkreuz Nr 6. auf dem Lessauer Berg.

„in den Himmel zu kommen“, war es für den Sterbenden unumgänglich, die Sterbesakramente zu empfangen. Sonst drohte der Seele die Höllenstrafe. So war es üblich, beim „Versehgang“ durch den Priester in einem ausführlichen Ritual zunächst zu beichten und dann die Eucharistie und die Krankensalbung, volkstümlich früher auch „letzte Ölung“ genannt, zu empfangen: Augenlider, Ohren, Nase, Mund, Hände, Füße und Nieren wurden mit dem geweihten Salböl berührt und darüber gebetet. So konnte der Mensch noch in letzter Stunde die Erneuerung seiner ursprünglichen Taufgnade, die Befreiung von Erbsünde und von persönlichen Sünden und damit die Rettung seiner Seele erlangen.

Dem jäh zu Tode gekommenen waren diese letzten Gnaden aber verschlossen; er war ja völlig unvorbereitet gestorben und damit eigentlich zur Hölle verurteilt. So musste der Seele auf anderen Wegen Frieden verschafft werden, eben durch ein vertraglich geregeltes Sühneritual, das wir weiter oben bereits ausführlich beschrieben haben; es war mit der Aufstellung des Steines abgeschlossen.

Man darf dabei nicht übersehen, dass ein Steinkreuz nicht irgendein Kreuz ist, sondern den Glauben an den gekreuzigten und auferstandenen Christus zum Ausdruck bringt. In ihm sucht die Seele des Menschen Ruhe, entsprechend dem biblischen Motto: *„Meine Seele ist stille zu Gott, der mir hilft“* (Psalm 62,2). Ähnlich bringt der christlichen Kirchenvater Augustinus in seinen autobiografische Betrachtungen (Confessiones) um 400 n.Chr. die Hoffnung der menschlichen Seele zum Ausdruck: *„Unruhig ist unser Herz, bis es ruht in dir, o Herr.“* Dass das „Seelenloch“ also als ein symbolischer Ausdruck dieses im Sühneakt gefundenen Friedens für die heimatlose Seele gemeint sein könnte, ist durchaus vorstellbar.

Widersprüchliche Angaben zum Tötungsdelikt

Mehr glaubt man, über die Tat zu wissen, die seinerzeit an diesem Ort geschehen ist. Auf der eigentlichen Vorderseite dieses Steinkreuzes, der „Schauseite“, die nach Süden gerichtet ist *(Bild)* und früher vom vorbeiführenden Kirchweg aus gesehen werden konnte, soll am Fuß nach Dills Beschreibung von 1970 ein schon damals kaum mehr sichtbares Kreuz von 20x20 cm eingemeißelt gewesen sein. Außerdem soll man in noch früheren Zeiten darunter noch zwei Sicheln gesehen haben. Letzteres würde zu einer der beiden Sagen passen, die man zu diesem Steinkreuz überliefert. DILL schreibt:

„An dieser Stelle sollen zwei Mägde wegen eines schmalen Wiesenstreifens beim Grasen in Streit geraten sein. Sie richteten

sich mit ihren Sicheln derart zu, dass sie an ihren Wunden starben". – Bei dieser Darstellung wäre freilich zu fragen, wer für die Sühne aufkommen musste, wenn sich beide gegenseitig das Leben nahmen.

Eine andere Sage erzählt, dass ein Weidenberger Bürger von einem „Raubritter" erschlagen worden sei. – Von Raubrittern ist allerdings um WEIDENBERG nichts bekannt, sondern nur von seriösen Burg- und Schlossbesitzern. Vielleicht ist hier ein gewöhnlicher „Straßenräuber" gemeint. Damit war im Mittelalter natürlich immer zu rechnen. Dann hätten wir hier den Stoff für einen Krimi, wie er sich zu allen Zeiten ereignen kann.

Das Sühnekreuz wäre dann auch ein Erfolgssymbol für die damalige Polizei; denn es wäre ja ein Beweis, dass man den Täter damals gefasst hätte. Da allerdings solche Mörder im Allgemeinen damals selber mit dem Tode bestraft wurden und ihre Schuld nicht mit einem Sühnekreuz gutmachen konnten, ist diese Deutung eher unwahrscheinlich. Sühnekreuze waren ja nicht für vorsätzliche Mordtaten, sondern für eher „versehentliche" Handlungen im Affekt gedacht. Andererseits pflegt ja der Volksmund solche Taten im Gerücht auch aufzubauschen.

Überliefert wird in einer weiteren Variante auch, dass in der alten Zeit Verbrecher, die ins Weidenberger Gefängnis eingeliefert wurden, den Weg von diesem Steinkreuz bis zum Gefängnis in WEIDENBERG auf Knien gehen mussten. Da das Mittelalter bei Bestrafungen nicht zimperlich war, ist so etwas durchaus denkbar. Diese Geschichte beschreibt aber nicht die Entstehung dieses Steinkreuzes, sondern nur seine mögliche spätere Nutzung.

Auch sollen sich die Menschen beim Vorbeigehen an diesem Steinkreuz geängstigt haben. Es spuke und sei nicht ganz geheuer, sagte man. Ferner sollen, als der Verkehr noch mit Fuhrwerken bewerkstelligt wurde, dort noch öfters die Pferde gescheut haben. Das zeigt, dass diese Sühnekreuzen den Vorbeigehenden immer Respekt eingeflößt haben und für Gerüchte jederzeit gut waren.

Ferner heißt es bei DILL, dass bis zum Ausbau der Straße – den er 25 Jahre vor der Veröffentlichung seines Buches von 1984 ansetzt, also 1959 – die Sitte bestand, die Kirchenglocken in WEIDENBERG zu läuten, wenn ein Leichenzug vom unteren Steinachtal an diesem Steinkreuz vorbei kam. Das deckt sich mit den oben abgedruckten Berichten aus der Weidenberger Pfarrbeschreibung, dass diese Steinkreuze als Marker für den Läutbeginn für den Festzug bei Taufen, Trauungen und bei Leichenzügen aus den verschiedenen Himmelsrichtungen gedient haben und dass dieses Brauchtum noch bis etwa 1960 fortbestand. Allerdings hat das Läuten selbst nichts mit diesem Kreuz zu tun; es ist vielmehr ein bis heute praktizierter Brauch bei der Aussegnung aus den Häusern in vielen Gemeinden.

Das STEINKREUZ Nr. 2 nahe dem Weidenberger Obermarkt – Sühne für eine Schlägerei mit tödlichem Ausgang?

(KARL DILL Nr. 1111 – http://www.suehnekreuz.de/bayern/weidenberg.htm – Lage: N 49°56'20.0" O 11°43'02.5" / 49.938874, 11.717352 / Höhe 434 m)

Ein Steinkreuz im Ortsbereich

Am oberen Markt in WEIDENBERG zweigt vom Marktplatz nach Westen die Alte Bay-Bayreuther Straße ab, die früher, vor dem Bau der Serpentine der „Neuen Straße", den gesamten Verkehr zum Untermarkt und in Richtung Bayreuth aufnahm. Sie führt oberhalb der Warmen Steinach zwischen den Flurstücken Steingarten, Hohe Leite und Stadelwiesen hindurch bergabwärts zur Schuh- mühle.

270 m nach dem Beginn dieser Straße, an der Stelle, wo die starke Linkskurve nach dem ehemaligen „Stadelhaus" in einen leichten Rechtsbogen übergeht, gegenüber Haus-Nr. 36, steht auf einer kleinen Dreiecksfläche neben einem grün gestrichenen Hydranten ein altes Steinkreuz ***(aktuelles Foto)***. Wie KARL DILL vermerkt, wurde es Jahr 1967 im Zuge des Ausbaus dieser Straße von der Gemeinde wieder gehoben und geringfügig versetzt. Das Kreuz ist aus Sandstein herausgearbeitet und hat, nach dem Verlust seines Kopfes, noch eine Höhe von 70 cm; der Querbalken ist 90 cm breit. Der Stein hat eine „Dicke" von 35 cm; er steht ziemlich tief in der Erde und lässt auf dem Sockel keine Zeichnung erkennen. Der Kopf fehlt.

Von der Gestalt her haben wir ein typisches Sühnekreuz vor uns. Möglicherweise sind wir auch in der Lage, uns von dem seinerzeitigen Vorfall eine Vorstellung zu machen. Denn der Pädagoge und bekannte Altstraßen-Historiker JOACHIM KRÖLL, 1984 posthum mit dem Kulturpreis des Landkreises ausgezeichnet, bringt in seiner

„Geschichte des Marktes Weidenberg"[383] einen Auszug aus einem alten Gerichtsbuch der Stadt BAYREUTH über einen dort durchgeführten Prozess im 16. Jh., dessen Ausgang auch KARL DILL erwähnt.

Ein nur scheinbar eindeutiger Prozess-Bericht über Täter und Tathergang

Dazu ist anzumerken, dass WEIDENBERG zwar zwei Galgen hatte, als abschreckende Zeugnisse der markgräflichen Blutgerichtsbarkeit – einen auf dem ehemaligen Turmhügel „Galgenberg" bei St. Stephan, den anderen oberhalb von WAIZENREUTH an der alten Grenze beim dortigen Steinkreuz –, dass aber die entsprechenden Vergehen und Verbrechen nicht in WEIDENBERG, sondern beim markgräflichen Gericht in BAYREUTH gesühnt wurden. Dort heißt es über diesen Fall aus WEIDENBERG:

„Am tag Matthias a(anno). 1563 ist Georg Franck von Uzdorff zu Weidenberg uf der stadelwiesen geschlagen worden, daß er am Montag hernach, den 25. marty, gestorben. Habens gethan jung Hanns Vogel zu Döla und Jung Fritz Hirschman zu Seybiz, von deme man ein graven hat zum leibzeithen durch Christoph Hüzelman, stadtvogt, nehmen laßen, ein beinschrötige wunde am Kopf gehabt, dann an der linken hand waren ihme zween finger lahm geworden, wann er gelebt hette, auch durch schläg und würf vier rieb im leib entzwey gewesen und das blut einwerz geronnen."

Danach hat es also auf der Stadelwiese nicht weit vom unteren Schloss eine Schlägerei gegeben, in die drei Männer verwickelt waren. Sie waren möglicherweise auf dem Heimweg von einem Wirtshausbesuch in WEIDENBERG: der offenbar schon Ältere, GEORG FRANCK aus ÜTZDORF,[384] sowie der ausdrücklich mit „jung" bezeichnete HANNS VOGEL, der wahrscheinlich aus DÖHLAU stammte – ein Dörfchen, das 3 km unterhalb von ÜTZDORF und damit auf dem gleichen Weg liegt,[385] – sowie als Dritter der ebenfalls als jung bezeichnete FRITZ HIRSCHMANN aus SEULBITZ.[386]

Vermutlich kannten sich die drei also und hatten vielleicht eine alte Geschichte zu bereinigen; vielleicht war

---

383 1967, S. 135.
384 Rd. 4,5 km südwestlich von Weidenberg.
385 Nicht Döhlau bei Hof, wie KRÖLL in seiner Fantasie vermutet.
386 2 km westlich von Ützdorf.

auch Eifersucht des Älteren gegenüber den beiden Jüngeren im Spiel, die sich dann offenbar gegen ihn verbündeten; sie schlugen ihn jedenfalls schrecklich zusammen. Man mag dabei an den grundlosen Mord an Dominik Brunner an der S-Bahn in München-Solln im Jahr 2009 denken, eine in der ganzen Bundesrepublik Deutschland vielbeachtete Tat, die mit einer Haftstrafe von neun Jahren Gefängnis für den jugendlichen Haupttäter gesühnt wurde.

Die amtlich festgestellten Verletzungen bei Georg Franck an Kopf und Körper mit inneren Blutungen waren erheblich, sodass er auch im Fall eines Weiterlebens in jedem Fall gehandicapt gewesen wäre. Mit welcher Strafe dieser Totschlag damals belegt worden ist, ist aus den Urkunden nicht zu ersehen. Und ob der Fall überhaupt mit dem Steinkreuz an den Stadelwiesen in Verbindung steht, ist nicht zu beweisen. Dass der Totschlag am gleichen Flurstück geschah, regt natürlich die Fantasie an, so auch bei Karl Dill, der dann im Jahr 1984 schreibt: „Der Stein dürfte ein Sühnekreuz sein, da der Standort Stadelwiesen mit dem Platz der Bluttat übereinstimmt".

Man muss bedenken: Im Jahr des Prozesses 1563 war die im Eingangsabschnitt zu dieser Untersuchung der Steinkreuze um Weidenberg erwähnte „Halsgerichtsordnung" (Constitutio Criminalis Carolina) von Kaiser Karl V., die das Straf- und Prozessrecht bei Kriminaldelikten in Europa einheitlich ordnete, bereits seit 30 Jahren in Kraft, wie ja auch dieser vorliegende Fall beweist, der in Bayreuth vor einem ordentlichen Gericht verhandelt wurde; die Zeit der mittelalterlichen Sühneverträge und -kreuze war also eigentlich längst vorbei.

Anderseits haben wir oben bereits festgestellt, dass in einigen Gegenden noch bis weit ins 16. Jh. solche Steinkreuze aufgestellt wurden, also in einer Zeit, als die Tat längst nach dem neuen Prozessrecht verhandelt wurde. Ob diese späte Aufstellung auch für unser Steinkreuz an der alten Bayreuther Straße zutrifft, muss offen bleiben. Dann wäre es eines der letzten aufgestellten Steinkreuze. Dagegen spricht aber, dass die archaische Form des Kreuzes eher ein höheres Alter vermuten lässt *(**Zeichnung** bei Appeltshauser u.a. 1981)*. Auch war in Bayreuth und Weidenberg längst die Reformation eingeführt, die solchem Brauchtum auch theologisch ein Ende machte. Vielleicht ist also der Bericht über die Bluttat dem alten Steinkreuz erst nachträglich hinzugefügt worden.

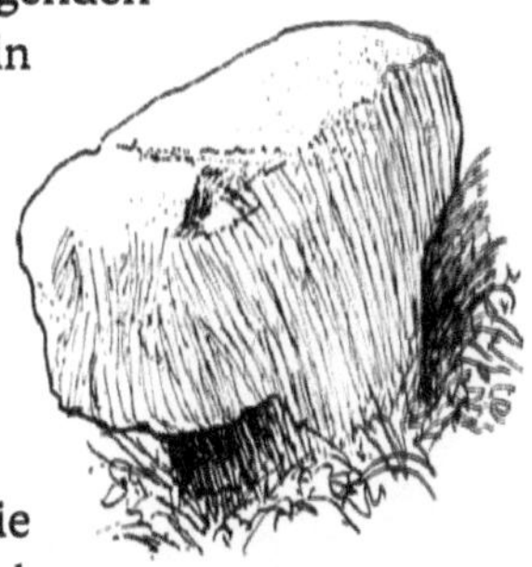

Das STEINKREUZ Nr. 3 am Waizenreuther Berg – ein uraltes Grenzzeichen von Radenzgau und Nordgau und noch viel mehr

(KARL DILL Nr. 1115. – http://www.suehnekreuz.de/bayern/waizenreuth.htm – Lage: N 49° 55,677', O 11° 45,500' / 49.927953 N, 11.758362 O / Höhe 542 m)

Vom Straßenverkehr bedroht

Nur wenig ragt das Steinkreuz am Waizenreuther Berg aus der nördlichen Straßenböschung, seitdem man hier die Straße beim einstigen Neubau vor rund 50 Jahren aufgeschüttet und auch bei der Neuteerung 2009 den Böschungsquerschnitt kaum verändert hat. Nur mit Mühen soll dieses bemerkenswerte Kreuz seinerzeit beim Straßenbau vor den gefräßigen Baumaschinen gerettet worden sein.

Vom Auto aus kann man dieses Zeichen leichter wahrnehmen, wenn man die Staatsstraße 2177 von KIRCHENPINGARTEN her in Richtung WEIDENBERG befährt. Denn gut 200 m vor dem Eintritt in den Wald oberhalb des Waizenreuther Berges, 70 m nach dem Abzweig rechts nach MUCKENREUTH, steht es tief eingegraben direkt neben der Straße – ein gefährlicher Standort an dieser stark und meist recht schnell befahrenen Straße sowohl für Betrachter, als auch für das Kreuz selbst; schon mehrfach kam es an dieser Stelle zu Unfällen, die das Kreuz im Lauf der Zeit auch einen seiner Arme kosteten.

So sieht man von diesem uralten Sandsteinkreuz ***(Bild)*** nur noch den oberen Teil mit insgesamt 75 cm Höhe und dem auffallenden runden Kopfteil aus der Erde ragen; der Querbalken von 90 cm Breite ist linksseitig abgeschlagen. Symbole sind an diesem rd. 30 cm dicken Torso nicht zu erkennen. Ob er überhaupt weiter in die Erde reicht oder auch der Schaft abgeschlagen ist, ist vom bloßen Augenschein her nicht zu sagen.

Bei der Planung des zukünftigen „Frankenpfalz-Rundweges“, der einmal als Wanderweg alle Gemeinden der Verwaltungsgemeinschaft Weidenberg verbinden soll, soll auch dieses Steinkreuz eingebunden werden.

Es sollte aber aus Sicherheitsgründen wenn möglich auf die Südseite der Straße versetzt und in einen Wanderparkplatz integriert werden, der dann auch mit Hinweistafeln versehen werden sollte. Dabei werden sich auch die für Manchen noch offenen Fragen enthüllen.

Derzeit noch parkt man sein Fahrzeug besser auf dem nordseitigen schmalen Streifen neben der Fahrbahn bei der Kreuzung und geht, wenn es die Verhältnisse auf dem angrenzenden Feld zulassen, zu Fuß unterhalb der Böschung entlang.

Obwohl dieses Steinkreuz am Waizenreuther Berg sehr geschichtsträchtig ist, hat dieses Flurstück eigenartigerweise keinen besonderen Namen, wie das sonst bei Steinkreuzen oft üblich ist. Der angrenzende Acker gehört zum „Schleusenrangen", weiter östlich sind die „Oberen Stüblesäcker" und südlich angrenzend der „Gefällwald" notiert.

Das Steinkreuz markiert die alte Landsmannschafts- und Konfessionsgrenze

Eine hoch interessante Karte, die Bergmeister CHRISTIAN HEMPEL aus Goldkronach in der Barockzeit 1749 zeichnete und die ADAM KIEßLING bereits in der Ausgabe von „Seinerzeit" 2/1980 kurz vorgestellt und besprochen hat, zeigt die geschichtsträchtige Grenze *(**Karte** unten)*. Sie ist am „Grenzübergang" von Markgrafentum und Oberer Pfalz mit dem Steinkreuz markiert und verläuft diagonal von oben links nach unten rechts durchs Bild. Zu beachten ist die um 90° gedrehte Nordrichtung.

Auf dieser Karte entdeckt man in der Gabel zwischen der Waizenreuther Straße

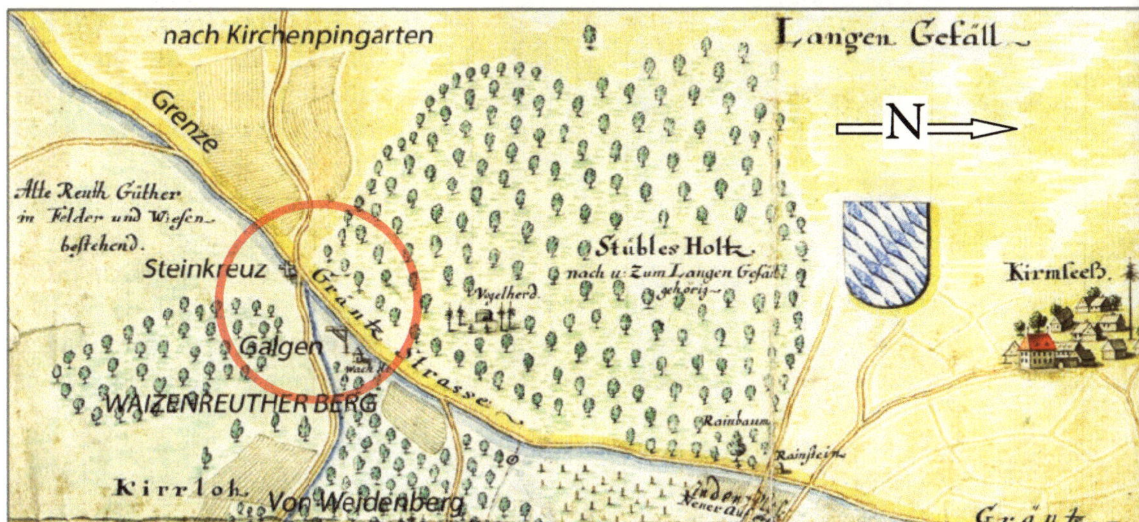

und der „Grenzstraße“ etwas unterhalb des Steinkreuzes (im Kreis) auch den zweiten Weidenberger Galgen. Er war aber wohl nie in Gebrauch, da die Halsgerichtsbarkeit in BAYREUTH lag, während WEIDENBERG nur die niedere Gerichtsbarkeit ausübte; er diente aber symbolisch zur Abschreckung ungebetener Gäste.

Ganz in der Nähe dieses Galgens findet sich auf der Karte auch ein Grenzhäuschen. Zusätzlich findet sich ein in der napoleonischen Zeit im Jahr 1799 errichtetes Zollhaus mit auffallendem, damals steuersparendem Mansarddach in der Ortsmitte von KIRCHENPINGARTEN. Der Spekulant JOHANN FRAUNHOLZ gab sich aber dem Spott der Ortsbevölkerung preis, als NAPOLEON wenige Jahre später (1810) das ganze Fürstentum BAYREUTH an die junge Bayerische Monarchie verkaufte und die erwarteten sprudelnden Zolleinnahmen damit obsolet wurden.

Diese alte Grenze markiert bis heute auch die imaginäre Scheidelinie zwischen den Landsmannschaften der Baiern und der Franken, die aus der Besiedelungsgeschichte dieser Landschaft herrührt.[387] Sie manifestierte sich seinerzeit auch in den realen Grenzziehungen und trennte bereits vor fast 1.000 Jahren den Fränkischen Radenzgau vom Bayerischen Nordgau. Nach der Territorialisierung schied diese Grenze später durch Jahrhunderte politisch zwischen dem Markgrafentum BAYREUTH und der oberen Pfalz, bis diese landsmannschaftlich-sprachlich und konfessionell so unterschiedlichen Gebiete im neuen Bayerischen Königreich im Jahr 1808 im damaligen „Mainkreis“ vereinigt wurden und verschmolzen und seit 1837 auch im neuen Bezirk Oberfranken beisammen blieben. In der Landschaft ist der alte Grenzverlauf von LANGENGEFÄLL her quer über die Staatsstraße und das Steinkreuz noch deutlich durch den unterschiedlichen Bewuchs zu erkennen *(Foto)*.

Konfessionell war das Gebiet diesseits und jenseits dieser Linie zwar zunächst einheitlich, nämlich nach dem ursprünglichen altkirchlichen Katholizismus seit der Reformation aus Überzeugung evangelisch. Im Jahr

[387] Vergl. dazu auch die entsprechenden Abschnitte in meinem Buch „Spurensuche Frankenpfalz“, S. 39ff.

1528 wurde die Reformation in WEIDENBERG und 1542 in der angrenzenden FRANKENPFALZ eingeführt. Knapp ein Jahrhundert danach verlor aber der evangelische Kurfürst FRIEDRICH V. von der Pfalz bald nach Beginn des dreißigjährigen Krieges im Jahr 1620 am Weißen Berg bei PRAG die Schlacht gegen die Kaiserlichen unter TILLY und mit ihm sein Land, die Obere Pfalz. Den bayerisch-katholischen Wittelsbachern fiel das Erbe ihres glücklosen Stammesverwandten zu. Sie fackelten nicht lange, sondern zogen sofort eine rigide Gegenreformation durch, der sich Volk und Adel gleichermaßen ergeben mussten, wollten sie nicht ins Gefängnis wandern oder außer Landes gehen. So entstand hier zur landsmannschaftlichen auch konfessionell eine strenge Scheidelinie zwischen Katholizismus und Protestantismus.

Diese Konfessionsgrenze war schließlich bis weit nach dem Zweiten Weltkrieg so fest in den Köpfen der Menschen hüben und drüben verankert, dass kein katholischer Junge aus Kirchenpingarten es hätte wagen können, ein evangelisches Mädchen aus WAIZENREUTH oder WEIDENBERG zu heiraten, und wohl auch umgekehrt. Aber mit der wachsenden Mobilität der Frankenpfälzer Bevölkerung im Zuge der nachgeholten Industrialisierung im Weidenberger Raum seit der Wende zum 20. Jh.[388] hatte sich das gegenseitige Verhältnis allmählich bereits zu entkrampfen begonnen. Diese Entspannung verstärkte sich durch die immer zielstrebigere Zusammenarbeit diesseits und jenseits dieser Grenze in der gemeinsamen kommunalen Verwaltungsgemeinschaft seit den 70-er Jahren des 20. Jh. und in der fortschreitenden Ökumene der einst rein evangelischen und katholischen Gemeinden.

So kann man sagen: Die alte Feindseligkeit ist heute einem kooperativen Miteinander gewichen. Was einst unmöglich schien, wie der gemeinsame Schulbesuch der Kinder, das Eingehen konfessionsverschiedener Ehen oder die Feier von ökumenischen Gottesdiensten, ist also heute selbstverständlich. Dennoch steht das gegenseitige Umeinander-Wissen noch ganz am Anfang. So ist das Steinkreuz am Waizenreuther Berg ein echtes Friedenssymbol, Erinnerung an vergangene Trennung und Hoffnung für eine tatkräftige gemeinsame Zukunft.

Trotz alter Sagen wahrt der Stein sein Geheimnis

Natürlich gibt es auch zu diesem Steinkreuz alte Sagen:

So soll es hier auch Kämpfe zwischen Protestanten und Katholiken gegeben haben. Das ist aus der Zeit des Dreißigjährigen Krieges durchaus vorstellbar, auch wenn das Fürstentum BAYREUTH sich mit einigem Erfolg bemüht hat, sich von den Streitigkeiten auf Reichsebene möglichst fern zu halten. Des Öfteren zogen katholi-

---

[388] Frankenpfälzer hatten z.B. Arbeitsplätze in der Porzellanfabrik Sophienthal oder im Granitwerk Schiller.

sche Kaiserliche, aber auch protestantische Schweden brandschatzend durch das Gebiet und hinterließen Verwüstung und Armut.

So wird heute noch in der Landschaft nördlich von MUCKENREUTH, kaum 2 km nördlich von diesem Kreuz, eine „Schwedenstaude“ beschrieben. Auch wurde bei KIRCHENPINGARTEN ein angebliches Schwedenhufeisen gefunden. Und 2 km westlich des Steinkreuzes, am Scherzerbach in Sichtweite von WEIDENBERG, wird noch heute ein „Schwedengrab“ gezeigt, an dem in unserer Zeit ein ökumenischer Gedenkplatz eingerichtet wurde (1986 und 2017). Weitere Hinweise auf Schweden gab es an der Verbindungsstraße NEUNKIRCHEN-GLOTZDORF. Unter dem Stein, der nach 1945 verschwunden ist, soll ein schwedischer Reiter begraben sein.

Allerdings können die Ereignisse im 30-jährigen Krieg nicht Anlass für die Aufstellung des Steinkreuzes am Waizenreuther Berg gewesen sein, denn es weist von seinem Stil her in eine ganz andere und viel ältere Zeit hinüber.

So greift eine andere Sage zu diesem Steinkreuz vielleicht weiter, nach der ein Fürst einst hier erschlagen und begraben worden sein soll. Ein tödlich ausgegangener Zweikampf unter Adligen käme für die Errichtung eines solchen Sühnesteines durchaus infrage. Allerdings schweigen die historischen Quellen darüber. So wahrt dieser hochinteressante Stein bis heute sein Geheimnis.

Das STEINKREUZ Nr. 4 bei Dennhof – Sühne für Totschlag mit der Reutschaufel?

(KARL DILL Nr. 502 – http://www.suehne kreuz. de/ bayern/ dennhof.htm – Lage: N 49°55'16.3" O 11°48'25.4" / 49.921190 , 11.807045 O / / Höhe 539)

Steinkreuz an der Altstraße

An der Böschung der Altstraße, die von Franken via WEIDENBERG – KIRCHENPINGARTEN – KULMAIN nach Böhmen führte, 50 m südlich der parallel verlaufenden Staatsstraße und etwa 250 m westlich der seinerzeit neu geschaffenen Kreuzung GRUB – FLINSBERG mit der Staatsstraße, findet sich ein sehr bemerkenswertes

Steinkreuz *(Bild oben).* Nach dem Neubau der Straße und der Zusammenlegung der Straßen nach DENNHOF und GRUB auf eine Abfahrt von der Staatsstraße 2177 östlich von KIRCHENPINGARTEN steht das Steinkreuz zwar nicht mehr an der offiziellen Durchgangsstraße, wohl aber unverändert an seinem ursprünglichen Standort, der oben genannten, einst bedeutenden Altstraße.

Im Volksmund wird der Stein auch „Kreuzblockmarter" genannt. Dieses Sandsteinkreuz steht auf der halben Höhe der Böschung. Der Kopf ist abgeschlagen. Der Längsbalken misst 1 m, der Querbalken ist 90 cm breit und etwa 38 cm dick. Auf der Vorderseite sind die Konturen eines landwirtschaftlichen Geräts eingraviert, das in der Regel als „Reutschaufel" identifiziert wird.

KARL DILL schreibt dazu:[389] *„Der Sage nach sollen an dieser Stelle zwei Bauern wegen der Flurgrenze in Streit geraten sein".* In seiner ersten Darstellung[390] hatte er über den Tathergang noch ergänzt: *„... und dabei hat der eine Bauer den anderen mit der Reuterschaufel erschlagen."* – Nach einer anderen Überlieferung erschlug ein Bauer aus Dennhof einen Bettler mit seiner Reuterschaufel, als dieser ihm sein karges Vesperbrot abnehmen wollte. Der Bettler wurde an Ort und Stelle begraben, weil die Bauern nicht wollten, dass er auf ihrem ‚Freidhof' begraben werde."

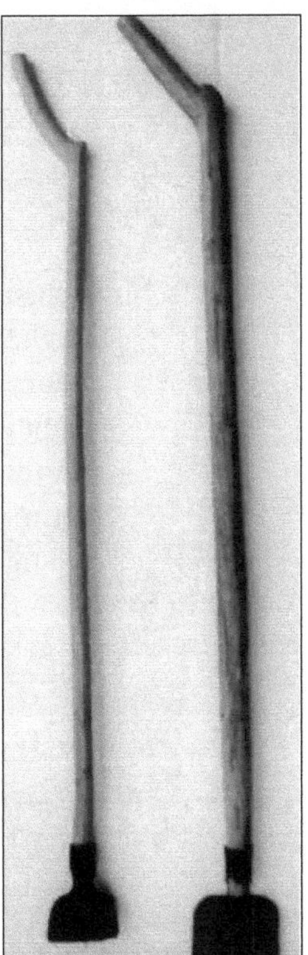

Reutschaufel oder Rindenschäler?

Hier ist zunächst ein Wort zu dem Gerät angebracht, das auf dieser Marter zu erkennen ist: Dargestellt ist wohl ein metallener Gegenstand mit einem gekrümmten Ende und Schneide. Gemeint sein könnte, wie DILL annimmt, das nebenstehend abgebildete Gerät *(Foto rechts),* das der ackernde Bauer an seinem vom Pferd oder Ochsen gezogenen Pflug mitführte und das uns ein Bauer[391] auf dem *Foto* auf der folgenden Seite demonstriert: die **Pflugreute**. Sie war ein Hilfsgerät beim Pflügen. An einem Stiel, der zur leichteren Handhabung an seinem oberen Ende gekrümmt war, war unten ein Metallblatt befestigt, Damit konnte der Bauer vom Streichbrett des Pfluges oder von der Pflugschar den nassen Erdboden oder anhaftendes Kraut abstreifen.

389 Dill aaO. 1987, S. 83.
390 Aao, Broschüre von 1970, S. 20.
391 Wilfied Wente aus Elze, http://www.suehnekreuz.de/ikono/aufsaetze06.html.

Im Forum „suehnekreuze.de[392] wird zur Diskussion gestellt, ob tatsächlich alle kurzstieligen Geräte, die auf Steinkreuzen dargestellt und dem bäuerlichen Arbeitsbereich zuzurechnen sind, als solche „Reuten“[393] bezeichnet werden können. Es kämen auch Rindenschäler in Betracht. Diese Unterschiede seien aber bei den bisherigen Interpretationen nicht beachtet worden.

Beide ländlichen Arbeitsgeräte, die der dörfliche Schmied herstellte, sind von ähnlicher Grundgestalt und dienten derselben Grundfunktion, nämlich etwas abzustoßen bzw. abzuschieben, sei es die anhaftende Erde von der Pflugschar oder die Rinde von einem Baumstamm. Entsprechend ähneln sich auch die oft stark vereinfachten Darstellungen beider Geräte auf den Steinkreuzen.

Traditionelle Rindenschäler haben die unterschiedlichsten Formen und Größen: mannsgroß, wenn sie zur Bearbeitung von Langholz für den Hausbau und für die Flößerei gebraucht wurde, oder auch ellenbogenkurz, wenn sie z.B. der Lohgerber als „Lohlöffel“ zur Gewinnung der Eichenlohe verwendete, um von jungen Eichen im Niederwald, der „Lohhecke“, die Rinde abzuschälen, auch mit abgewinkelter Schneide unten zum leichteren Hauen *(Foto links)*. Hingegen ist eine Pflugreute nur gut 1m lang und hat das abgeknickte Ende oben.

Diese Pflugreute ist seit dem Hohen Mittelalter als Hilfsmittel des pflügenden Bauern bekannt und nachzuweisen, passt also in ihrem Alter zur Entstehungszeit der Steinkreuze. Sie findet sich auf vielen Dokumenten der Buchmalerei dieser Zeit, so z.B. auch auf der Miniatur des Luttrell-Psalters, LONDON, aus der ersten Hälfte des 14. Jh *(Bild umseitig)*. Hier ist die Reute beispielsweise zwischen den Händen des Bauern auf einem Quersteg zu erkennen, wenn auch das metallene Arbeitsblatt durch das Streichbrett des Pfluges verdeckt ist.

---

[392] So WERNER MÜLLER-Elze in seinem Beitrag „Pflugreute oder Rindenschäler?“ auf der vorgenannten Webseite suehnekreuz.de/ikono/aufsaetze06.html.

[393] Bei KARL DILL 1970 noch „Reuterschäufelein“, ab 1984 Reutschaufel genannt.

Solche Geräte waren in allen deutschen Landschaften in Gebrauch, aber oft unterschiedlich geformt. Im Bayerischen Raum hatte der Stiel der Reute an ihrem oberen Ende den beschriebenen, etwa 10 cm langen abgewinkelten Astrest, der als Griff dient, wie ihn auch das Foto oben zeigte. Diese Reute hing stets griffbereit am Pflugsterz, so dass der Bauer sie leicht mit der rechten Hand ergreifen konnte, wenn sich die Schar vollgesetzt hatte. Das abgewinkelte Stielende lag besser in der Hand, und der Bauer konnte so leichter den Druck verstärken. Das unten angefügte, geschmiedete Blatt konnte rechteckig oder dreieckig sein. Gelegentlich hatten die Reuten auch einen Haken. Mit ihm konnte der Bauer auch die Egge anheben und anlüften, wenn sie sich beim Eggen mit Kraut vollgesetzt hatte.

Beide Gerätearten, die Reute und der Rindenschäler, waren noch bis zum Anfang des 20. Jh. in Gebrauch, die Reute auch dann noch, als schon mehrscharige Pflüge im Einsatz waren. Rindenschäler werden auch heute noch angewendet, etwa wenn einzelne Bäume aus einem Waldbestand geschält werden müssen. Allerdings gibt es von der Tätigkeit mit Letzteren keine historischen Abbildungen.

Die Überlegungen kommen zum dem Schluss, dass es sich, wenn auf Steinkreuzen eine Reutschaufel dargestellt sein sollte, es sich eher um Standeszeichen der erschlagenen Bauern handelt, während, wenn der geringerwertigere Rindenschäler gemeint sei, es sich tatsächlich um die Mordwaffe handelt. In den meisten Fällen, wo man bisher von Reutschaufeln gesprochen habe, handle es sich um Rindenschäler.

Hilfe bei der Rekonstruktion des Tathergangs

Ist diese Differenzierung wichtig? Nun, im Fall des Dennhofer Steinkreuzes könnte sie helfen, etwas Licht ins Dunkel zu bringen. Sollte die höherwertige Reute dargestellt sein, würde das darauf hindeuten, dass hier der Bauer zu Tode gekommen ist und dass das Gerät auf dem Stein nicht die Mordwaffe bezeichnet, sondern zur Bezeichnung des Standes des Erschlagenen dienen sollte. Sollte aber ein Schäleisen dargestellt sein, so könnte das bedeuten, dass die zweite Überlieferung die stichhaltigere ist, nämlich dass hier ein durchreisender Wanderer durch den Bauern im Affekt zu Tode gebracht worden ist.

Für diese zweite Überlieferung würden noch zwei weitere Fakten sprechen: Wäre der dargestellte Gegenstand eine Reute, dann müsste das gekrümmte Ende eigentlich oben sein; auch müsste unten ein schaufelartiges Blatt erkennbar sein. Das Schäleisen ist dagegen unten gekrümmt und geschärft und entspricht der Darstellung auf dem Steinkreuz eher.

Und die zweite Überlegung: Wenn der Getötete der Bauer und der arme Reisende der Täter gewesen wäre, dann wäre es wohl recht unwahrscheinlich, dass Letzterer genug Geld hätte aufbringen können, die ganzen Lasten des Sühnevertrages einschließlich der Aufstellung eines kostspieligen Stein zu finanzieren, während man bei dem Bauern erwarten konnte, dass er, falls er der Täter war, sowohl die finanziellen, als auch die geistlichen Auflagen des Sühnevertrages zu erfüllen vermochte.

Für beide Deutungen finden sich Fürsprecher. Die in DENNHOF wohnende derzeitige Eigentümerin des Steins beruft sich auf einen Bericht ihrer Schwiegermutter, nach dem ein Wanderer aus Hunger den Bauern, einen Vorfahren der heutigen Familie, erschlagen habe. Anders beurteilte es der verstorbene Frankenpfälzer Geschichtskenner und Pfarrer HANS PHILIPP aus REISLAS, der meinte, der Durchreisende sei vom Bauern im Affekt erschlagen worden.

Wenn für ihn aber ein so aufwendiges Sühneverfahren durchgeführt worden ist, dann ist unwahrscheinlich, dass er hier verscharrt worden ist, sondern die Angehörigen dürften ihn in seine Heimat überführt und anständig bestattet haben, und so dürfte es auch nicht zutreffen, sondern nur ein böses Gerücht sein, dass die Frankenpfälzer Bauern nicht gewollt hätten, dass der Erschlagene auf dem Kirchenpingärtner „Freidhof“ begraben werde.

Das STEINKREUZ Nr. 5 bei Lankendorf – ist es wirklich ein Sühnekreuz nach einem Schäferstreit?

(KARL DILL Nr. 1113 – http://www.suehnekreuz.de/bayern/lankendorf.htm – Lage: 49.940025 N, 11.688846 O / 49°56'24.1" N 11°41'19.9" O)

Rätselhaftes Kleinformat

Etwa 200m östlich von LANKENDORF findet sich, gegenüber dem Abzweig der Straße nach LESSAU und STOCKAU, am linken Straßenrand der Kreisstraße BT 6 in Richtung WEIDENBERG, ein unregelmäßig geformter Sandstein. Ihn identifizierte KARL DILL seinerzeit unwidersprochen als Steinkreuz. Die Linde, unter der dieser Stein zu Dills Zeit gestanden hat, ist inzwischen gefällt und durch einen anderen jungen Laubbaum ersetzt.

Tatsächlich ist eine Kreuzform bei diesem Stein kaum mehr zu erkennen, sondern höchstens mit gutem Willen zu erahnen. Und auch von der Winzigkeit des Steins her stellt sich mir die Frage, ob es sich wirklich um ein Steinkreuz handelt. Es könnte auch ein Sandsteinfindling sein. Deshalb hatte ich ihn auch vorher bei zahlreichen Vorbeifahrten noch nie bemerkt. Als ich ihn dann erste Mal von Nahem betrachtete, lag er achtlos an den Baum gelehnt. Er hat also keinen „Fuß“, mit dem man ihn in der Erde versenken und somit Halt geben könnte.

Der Stein misst in seiner gesamten Länge bzw. Höhe nur 80 cm; wenn man ihn zur besseren Standsicherheit eingraben würde, dann würde er gerade einmal 40 – 50 cm aus der Erde ragen. Auch die Breite der Kreuzarme, sonst zwischen 80–100 cm, beträgt, hier magere 50 cm. Gern weist man darauf hin, dass der Stein auf der Seite in der Mitte ein kleines Loch habe, aber auch das ist mehr zu erahnen und wohl kaum von vertiefbarer Bedeutung.

So bleiben für die Deutung als Steinkreuz eigentlich nur zwei Fakten: Zum einen heißt der Name der Flur „Kreuzstein“. Und da solche Flurnamen meist tief in der

Geschichte verankert sind, darf man davon ausgehen, dass in der Gegend wirklich einmal ein Kreuzstein oder Steinkreuz gestanden hat.

Und zum anderen überliefert DILL zu diesem Stein eine Sage in zwei Varianten, der auch Ortsbewohner nicht widersprechen.

Danach sollen sich hier zwei Schäfer oder Hirten so stark geschlagen haben, dass beide an ihren stark blutenden Wunden starben. Nach der anderen Version dieser Sage sei nur einer gestorben. Auf das Grab sei dieses Steinkreuz gesetzt worden.

Tatsächlich sieht man auf den rauen Höhen um LANKENDORF auch heute des Öfteren Schafe weiden, wenn auch umgeben von Elektrozaun und nicht mehr gehütet von begleitenden Hirten. Andererseits stammten solche Hirten seinerzeit in der Regel aus der – wenn auch ärmeren – Einwohnerschaft der Orte, waren also ordentliche Ortsbürger und Gemeindeglieder. Es gibt keinen Grund anzunehmen, dass sie nicht auf einem kirchlichen Friedhof beigesetzt wurden. Dieser war damals und ist auch heute noch für LANKENDORF und ÜTZDORF der Friedhof der uralten Gemeinde ST. JOHANNIS–BAYREUTH, während die beiden Orte politisch seit der Gebietsreform zu WEIDENBERG gehören. Es ist also nicht sehr wahrscheinlich, dass das Opfer des Tötungsdeliktes hier draußen an dem Stein beigesetzt wurde.

Vielleicht hat man überhaupt diesen Stein erst im Volksmund zu einem angeblichen Steinkreuz umgewidmet, um einer alten Erinnerung an die „Kreuzstein"-Flur eine Gestalt zu geben.

Das STEINKREUZ Nr. 6 auf dem Lessauer Berg – noch immer ein rätselhaftes Ensemble

(KARL DILL Nr. 1111 und 1114 – http://www.suehnekreuz.de/bayern/lessau.htm –

Lage: 49°55'42.9" N 11°42'24.1" O / 49.928576 N, 11.706704 O

Hier oben auf dem Lessauer Berg steht auch das evangelische Bekenntnis-Marterl der Margarete Schilling

Auf dem Höhenrücken der Bocksleite südwestlich oberhalb von WEIDENBERG, bei der Höhe 528, kreuzt der alte Lessauer Kirchsteig nach WEIDENBERG die Altstraße, die der Fichtelgebirgsverein „Südrandweg“ nennt. Wahrscheinlich schon in der Vorzeit begangen, war diese Altstraße seit der karolingischen Zeit ein bedeutender Boten-, Kaufmanns- und Handelsweg zwischen Franken und Böhmen; er wurde, weil er nach dem Verlassen des markgräflichen Gebietes das Territorium der Oberen Pfalz durchquert, im Volksmund auch „Pfälzer Straße“ genannt. An diesem Kreuzungspunkt steht das geheimnisumwitterte dreiteilige Sandstein-Ensemble *(Bild vorige Seite)*, das für das vorliegende Projekt „Myrten für Dornen“ über die Weidenberger Geschichte 1919-1949 als stummer Zeuge eine tragende Rolle spielt.

Denn auf dem alten Lessauer Kirchweg nach ST. STEPHAN und ST. MICHAEL querte einst MARGARETE SCHILLING, die Stifterin des themengebenden Evangelischen Bekenntnismarterls von 1937, als Kind an der Hand der Mutter immer wieder die Bocksleite; hier legte sie in ihrer Kindheit ihr Versprechen ab, Gott einst ein Dankzeichen zu stiften. Und in Sichtweite des alten Steinkreuzes, kaum 100 m entfernt in Richtung der Geländekante nach WEIDENBERG, setzte sie dieses Versprechen auch um, sodass man von dieser Stelle aus sowohl die alten, als auch das neue Zeichen sehen kann, so auf dem Coverbild der 5. Folge des Projektes „Myrten für Dornen“.

Jeder der hier heute entlang geht, empfindet die Erhabenheit dieses auch landschaftlich einmaligen Platzes am Rande des Fichtelgebirges, wo tiefempfundene menschliche Schicksale einander in der Geschichte begegnen.

Ein dreiteiliges Steinkreuz-Ensemble mit vielen Geschichten

Das alte Ensemble besteht aus einem Steinkreuz, einer Kreuzstein-Stele und einer trogartig vertieften, dicken, viereckigen Sandsteinplatte. Diese drei Flurdenkmäler sind in geringem Abstand aufgereiht und gleichen einander in ihrem Verwitterungszustand. Gern werden sie auch in einen gemeinsamen historischen Zusammenhang gestellt und als alte Zeugen zitiert.

Das Steinkreuz – Zeuge wiederholter Tragödien

Das **Steinkreuz** als dominierendes Element dieses Ensembles ist, wie auch die anderen beiden Teile, aus Sandstein gearbeitet. Seine Maße liegen im typischen Rahmen: 110 cm hoch, 60 cm breit, 35 cm dick.

Der Sage nach, die auch DILL noch in seinen älteren Aufzeichnungen erwähnt, sollen sich hier zwei Gendarmen gegenseitig erschossen oder zwei Metzger erstochen haben.

Eine andere, bei ihm zitierte Überlieferung berichtet, dass hier nach dem Überfall kroatischer Söldner auf WEIDENBERG im Jahr 1633 die Toten begraben seien. Die Weidenberger Pfarrbeschreibung bestätigt ja diesen Gewaltstreich. Unter Anführung des – katholischen – Waldecker Landrichters HANS CHRISTOPH UMSEHER, der in wittelsbachischen Diensten stand, fielen die Landsknechte *„unversehens in den Markt ein, eben als man Hans Geigers Eheweib zu Grabe geleiten wollte; sie erschossen und erwürgten etliche Bürger, plünderten den Markt und steckten ihn allerorten mit Feuer an, dass auch die Leiche auf dem Platz mit verbrennen musste, und führten viele Manns- und Weibspersonen gefänglich nach Kemnath"*.[394]

Es spricht manches dafür, dass diese Wegführung über die alte Straße auf der Bocksleite geschah, wenn dieser Weg auch wohl, anders als KRÖLL es in seiner Geschichte Weidenbergs vermutet,[395] nie eine „Heerstraße", sondern nur eine Handelsstraße war. So könnte man auch das dort an der Kreuzung mit dem Lessauer Kirchweg aufgestellte Steinkreuz durchaus in Zusammenhang mit diesem Geschehen des Überfalls der Kroaten im 30-jährigen Krieg oder der anschließenden Pestepidemie sehen. Damals begrub man Tote aus Furcht vor Ansteckung bewusst weiter entfernt. Besonders die danebenstehende Stele könnte in diesem Kontext ihre Bedeutung als „Gedenkzeichen" haben; vielleicht hat sie wirklich einmal eine „Laterne" mit einer religiösen Darstellung getragen, ähnlich wie Bildstöcke und Pestsäulen in katholischen Landschaften. Darüber wird unten noch zu diskutieren sein.

„Seelenloch" – nur eine magisch-geistliche Symbolik?

Nun zeigt auch dieses Steinkreuz auf der Bocksleite, vergleichbar dem oben besprochene Steinkreuz Nr. 1 an der Staatsstraße, an seiner Nordseite in der Mitte eine kreisrunde Öffnung, die DILL in seinen Arbeiten gern als „Seelenloch" bezeichnet. Dieser Begriff steht für ein kreisrundes Loch von durchschnittlich 5 cm Durchmesser und 2,5 cm Tiefe, das sich auch an anderen Steinsetzungen in den verschiedensten Landschaften Deutschlands findet.

---

[394] So der Wortlaut in der Pfarrbeschreibung, die in der gleichen Folge des Geschichtsprojektes ‚Myrten für Dornen' weiter vorn mit abgedruckt ist, im Abschnitt über den 30-jährigen Krieg, aber mit korrigierter Jahreszahlangabe des Ereignisses 1633.

[395] JOACHIM KRÖLL „Die Geschichte des Marktes Weidenberg" 1967, S. 89, allerdings dort mit der falschen Jahreszahl 1644. Es muss tatsächlich 1633 heißen. Von diesem Gefecht mit den Kroaten berichtet auch KARL DILL in seiner Broschüre „Die alten Flurdenkmäler des Landkreise Bayreuth" 1970, S. 19, mit Angabe der korrekten Jahreszahl.

Dabei wird es in der Literatur und auf Webseiten gern als „alter christlicher Glaube" bezeichnet, dass sich die Seelen von Menschen, die eines plötzlichen, unversehenen Todes – der oben bereits beschriebenen „mala mors" – gestorben waren, sich an Wegkreuzen oder -gabelungen träfen. Damit sie in den Steinen eine Zufluchtsstätte und Frieden fänden, habe man kleine Löcher in den Stein eingemeißelt; hier konnten sie ein- und ausgehen und ihren Frieden finden *(**Zeichnung** bei Appeltshauser u.a. 1981).*[396]

Ähnliche Vorstellungen bestehen auch hinsichtlich der – heute leider schon sehr seltenen, weil meist zugemauerten – Maueröffnungen in Kirchen und Kapellen, wie etwa in der Kapelle neben der Kirche von VIECHTACH. So ein Seelenloch sollte den armen Seelen, die sich am Friedhof außerhalb der Kirche befinden, die Möglichkeit geben, an den Hl. Messen teilzunehmen. Auch gab es in Bauernhäusern im Waldviertel im nördlichen Niederösterreich in den Schlafzimmern, in denen auch verstorbene Familienmitglieder bis zur Beerdigung aufgebahrt wurden, kleine Klappen, die geöffnet werden konnten, um den Seelen der Verstorbenen ein Verlassen des Raumes zu ermöglichen.[397] – Wenn DILL also auf diesen Ausdruck „Seelenloch" zurückgreift, verwendet er eine auch noch nach dem Mittelalter verbreitete Vorstellung mit fast magisch anmutender geistlicher Symbolik.

Dabei ist aber stets der oben bei Steinkreuz Nr. 1 bereits geschilderte grundlegender Aspekt der vorreformatorischen (katholischen) Theologie mit zu bedenken, nämlich die Jenseitsangst, die im Mittelalter alles beherrschte und in der Angst vor einem jähen Tod und vor der Hölle gipfelte. Es ging immer um die Frage, wie der Mensch auch in seiner letzten Stunde die Erneuerung seiner ursprünglichen Taufgnade, die Befreiung von Erbsünde und von persönlichen Sünden und die Rettung seiner Seele erlangen könnte. An diese Stelle hat dann die Reformation die Gewissheit der Unumstößlichkeit der Taufgnade durch den Glauben allein an Jesus Christus gesetzt.

Die Kreuz-Stele auf der Bocksleite – Geleitsäule, Bildstock, oder vielleicht eine Pestmarter?

Das zweite Element dieses dreiteiligen Ensembles auf der Bocksleite ist die **Stele** aus Sandstein, 115 cm hoch, mit einem quadratischen Querschnitt von 40 x 40 cm.

---

396 Appeltshauser, H. / Leistner, A. / Reiter, R., Steinkreuze und Kreuzsteine im Umkreis von Coburg,1981

397 http://www.kathtube.com/player.php?id=6438:

Sie wird bei DILL auch als „Kreuzstein“ bezeichnet, weil auf halber Höhe ein kleines Kreuz von 11 x 11 cm eingeritzt ist.

DILL stellt dazu mehrere weitreichende Behauptungen auf: Diese Säule hätte erstens früher einen Aufsatz getragen und in dem danebenstehenden Trog gestanden. Bei diesem Aufsatz denkt er wohl an die „Laterne“ eines Bildstocks mit einer Christus- oder Heiligendarstellung, wie er ihn auch für das Logo gezeichnet hat, das er gern als Briefkopf verwendet hat.[398] Auf diesem Logo sieht man links einen Bildstock auf einem trogartigen Sockel *(Bild)*.

Solch ein Bildstock wäre allerdings für die „evangelische“ Landschaft um WEIDENBERG eigentlich untypisch, es sei denn, er wäre *vor* der Reformation aufgestellt und dann in der evangelischen Zeit „enthauptet“ worden. Für eine solche Bilderstürmerei gibt es aber im markgräflichen Gebiet keinerlei Anhaltspunkte, anders als in der benachbarten FRANKENPFALZ zur Zeit des Calvinismus oder der Aufklärung.

Außerdem behauptet DILL, dass es sich bei der Stele um eine „Geleitsäule“ aus dem Mittelalter gehandelt habe. Diese von vielen Hobbyforschern übernommene Deutung ist aber seiner Fantasie entsprungen. Als fragwürdigen „Beweis“ zitiert er einen bekannten Vermerk aus dem Salbuch der Herrschaft WALDECK von 1497, nach dem das „Kemnather Geleit“ bis hierher gegangen sei. Darüber wird noch zu reden und zu streiten sein.

Zur Frage der Bedeutung dieser Stele möchte ich eine eigene Einschätzung geben: Mir selbst sind in diesem Zusammenhang die drei großen Martersäulen in der Frankenpfalz eingefallen, die bei KIRCHENPINGARTEN, REISLAS und LIENLAS stehen und die in den Jahren 1718/19 dort aufgestellt wurden.[399] Es sind „Pestsäulen“, aber nicht in rückblickender Erinnerung geschaffen – die Pestzeit in diesem Gebiet lag zu

---

[398] So auf dem Schreiben an die Kirchenverwaltung Gesees am 17. Nov. 1991.

[399] Mehr dazu in meinem Buch „Wenn Holz und Steine reden ...“, S. 32f u.ö..

der Zeit bereits 84 Jahre zurück –, sondern vorausschauend als Votivsäulen angesichts einer drohenden Gefahr: In der Barockzeit gab es hysterisch kolportierte Gerüchte, dass von Österreich her die Pest zurückkehren könnte. In dieser aufgeregten Atmosphäre stifteten betuchte Ortsbürger, so der Reislaser Bäcker MATTHÄUS DANZER, Votiv-Martern, also Zeichen, mit denen sie Gott Treue gelobten und seine Zuwendung erflehten. Damit wollten sie das eigene Geschick und das der Mitbürger bewusst in die Hand Christi legen, der den Gläubigen durch seine Kreuzigung und Auferstehung den Weg durch den Tod ins Leben gewiesen hat.

Ich würde nicht ganz ausschließen wollen, dass ein solches Zeichen bereits mitten im Dreißigjährigen Krieg um 1634 oder kurz danach auch oberhalb von WEIDENBERG aufgestellt sein könnte, denn dieses war das Jahr, in dem die Pest ins Bayreuther Land und nach WEIDENBERG kam. Die Lage spitzte sich für die Bevölkerung erschreckend zu, so als wäre der Überfall durch die Kroaten von der Oberen Pfalz her noch nicht genug des Unheils gewesen. Vielleicht hat man damals in seiner Beunruhigung auch nach solchen scheinbar „katholischen“ Zeichen gegriffen, wie nach einem Strohhalm.

Und vielleicht hat diese Stele wirklich einen laternenartigen Aufsatz getragen, wie DILL vermutet. Sie hätte dann ähnlich ausgeschaut, wie die Martersäule, die wir z.B. in LEUCHTENBERG gesehen haben *(Bild)*. Dann wäre sie als ein Zeichen der Glaubenshoffnung in tiefer menschlicher Verzweiflung zu deuten. Doch müsste man dann fragen, warum dieser Aufsatz entfernt wurde und wo er geblieben ist.

Der Sandsteintrog – einst Fundament der Kreuz-Stele?

Das dritte Element dieses Ensembles am Lessauer Berg ist der **Sandsteintrog**, der sich zwischen Steinkreuz und Stele findet. Er hat eine äußere Kantenlänge von je 90 cm und eine quadratische Öffnung von je 45 cm. Die oben genannte Säule hätte also in dieser Öffnung durchaus Platz wie in einem Fundament.

Von seiner frühen These, dass es sich bei dem Trog um einen Futtertrog oder Wassertränke an der Altstraße oder auch um eine Salzlecke gehandelt habe, hat DILL in seinen späteren Aufzeichnungen Abstand genommen und sich stattdessen auf seine Mutmaßung von einer „Geleitsäule“ für das genannte Kemnather Geleit fixiert, für die der Trog als Sockel gedient habe.

Eine folgenreiche Zuordnung

DILL verzichtet aber nun ganz auf seinen interessanten Hinweis auf den Überfall der Kroaten vom Jahr 1633 und verstärkt seine schon früher geäußerte Behauptung, dass die ganze Denkmalgruppe in Zusammenhang mit der im Jahr 1347 beurkundeten Ermordung des pfalzgräflichen Försters OTT HEIDENABER stünde. Damit begeben er und viele unbedachte Nachfolger sich freilich auf einen Holzweg.

Wer wirklich diesen angeblichen historischen Zusammenhang des Lessauer Steinkreuz-Ensembles mit dem Kemnather Geleit und mit der Ermordung des pfalzgräflichen Försters als erster postuliert hat, vermag ich nicht zu entscheiden. Trotz der vielen Nachahmer halte ich diese Zuordnung jedenfalls für verkehrt und folge damit auch MICHAEL NEUBAUER.[400] Dieser Journalist und kompetente Heimatforscher der Gegend um den Rauhen Kulm, WALDECK und CREUßEN lokalisiert den Grenzpunkt für das Kemnather Geleit an einer ganz anderen Stelle der „Pfälzer Straße", die 4,6 km Luftlinie weiter südöstlich und damit mindestens eine ganze Wegstunde entfernt liegt, nämlich am noch zu besprechenden Steinkreuz Nr. 8 oberhalb von ZEULENREUTH und östlich von FENKENSEES. Dieses ist wohl tatsächlich das Haidenaber Steinkreuz.

War es unser bereits mehrfach zitierter Bayreuther Heimatforscher KARL DILL, der zuerst in seiner frühen Arbeit von 1970 den Bogen vom Steinkreuz am Lessauer Kirchweg auf der Weidenberger Bocksleite zum „Förster Heydenaaber" schlug, oder

---

[400] MICHAEL NEUBAUER zeigt in dem Buch „Kemnath 1000 Jahre ... und mehr" 2008 auf S. 148 das Steinkreuz, das wir als Nr. 8 ab S. 378 besprechen, auf einem Foto. Er bezeichnet es als „Haidenaber Stein" und verortet es korrekt an der Altstraße in der Kragnitz. – In diesem Kontext beschreibt DIETRICH MANSKE auf S. 114 auch ausführlich das damalige Altstraßennetz um Kemnath und das Wesen und die Dimension des „Kemnather Geleits", ergänzt durch zahlreiche Abbildungen und eine Übersichtsgrafik. Von der Existenz einer „Geleitsäule", wie DILL mutmaßt und andere ihm blindlings glauben, kann danach jedenfalls nicht mehr die Rede sein.

war es LEONHARD WITTMANN, der bereits 1959 über „das Steinkreuz des Heidenaabers" und seine vermuteten Hintergründe berichtet hat und der bei DILL zitiert wird?[401] Jedenfalls haben die hier vertreten Ansichten bis heute eine enorme Wirkung entfaltet und werden gern von den unterschiedlichsten Personen nachgesprochen und weiter ausgesponnen, so leider auch von dem renommierten Heimatforscher und Referenten für Heimatgeschichte im Fichtelgebirgsverein DIETMAR HERRMANN, WUNSIEDEL, auf der Webseite bayern-fichtelgebirge.de,[402] der trotz meines Hinweises bisher nichts ändern wollte.

Neue Informationen durch alte Urkunden zum Tod des Försters Heydenaaber

Deshalb ist es notwendig, die relevanten Urkunden genauer anzuschauen. Folgen wir zunächst dem Hinweis, den auch andere Historiker geben, dass tatsächlich ein Sühnekreuz urkundlich nachweisbar ist, welches zum Gedenken an einen erschlagenen Förster HEYDENAABER errichtet wurde. Jene Zeit, insbesondere seit Ende des 13. Jahrhunderts, war von der einsetzenden „Territorialisierung" bestimmt. Der Hochadel griff nach größeren Herrschaftsgebieten. Dabei kam es in der ehemals slawischen Siedlungskammer der Flednitz rund um den Rauhen Kulm wiederholt zum Streit zwischen den aufstrebenden Territorialmächten der WITTELSBACHER und der rivalisierenden NÜRNBERGER BURGGRAFEN. Die Burggrafen saßen seit dem Jahr 1281 auf den beiden Burgen des Rauen und des Schlechten (Kleinen) Kulm; denn die HERREN VON LEUCHTENBERG hatten ihnen hier aus Geldnot einen Teil ihres Gebietes verkauft, das sie einst von den HERREN VON HOPFENOHE geerbt hatten; diese hatten das Gebiet als Vögte für das Erzbistum Bamberg verwaltet.[403] Den anderen Teil mit der Burg WALDECK und der Frankenpfalz hatten zwei Jahre später 1283 die HERZÖGE VON WITTELSBACH, die mit den Leuchtenbergern und den Burggrafen rivalisierten, den Leuchtenbergern abgekauft. Die Burg WALDECK, die den

---

401 LEONHARD WITTMANN – Das Steinkreuz des Heidenaabers an der alten „Pfälzer Straße" in: Das Steinkreuz, 15.Jg., 1959, S.23-25, abgedruckt auf der Webseite http://www.suehnekreuz.de/ Bayern/lessau.htm.

402 http://www.bayern-fichtelgebirge.de/heimatkunde/084.htm. – Ich habe DIETMAR HERRMANN inzwischen auf seinen Irrtum aufmerksam gemacht, aber noch keine befriedigende Reaktion erhalten. Das Gleiche gilt für die Webseite „Sühnekreuz".

403 FRIEDRICH III. VON HOPFENOHE-PETTENDORF-LENGENFELD (+1119), der letzte männliche Spross seiner Linie, war Vogt der Gebiete, die Kaiser HEINRICH II. dem Erzbistum Bamberg bei dessen Gründung im Jahr 1007 in diesem einst slawischen Raum als wirtschaftliche Grundlage geschenkt hatte. Über die Ehen seiner Töchter HEILIKA und HEILWIG kam sein Erbe an die Wittelsbacher und an ihre ständig befehdeten Rivalen, die Leuchtenberger, die aber letztlich den Kürzeren zogen. Mehr dazu im Buch „Spurensuche Frankenpfalz" desselben Verfassers.

Herren der Oberen Pfalz nun als westlichste Bastion diente, liegt zum Greifen nah, nämlich nur etwa 8 km Luftlinie von der Bastion der Burggrafen auf dem Rauhen Kulm entfernt.[404]

In der nun folgenden, angespannten Situation[405] gab es wiederholt massive wechselseitige Übergriffe. Auch die örtlichen Ministerialen und Amtsleute waren darin verwickelt. Es kam zur Fehde. In deren Verlauf legten die Burggrafen 100 Berittene „gen Culme“[406] und wüteten von dort aus mit Schwert und Feuer im angrenzenden Waldecker Gebiet. Die Pfalzgräfischen reagierten, so heißt es, mit einem Gegenzug. Sie setzten in den Wald östlich von FENKENSEEs, den eigentlich die Burggräflichen beanspruchten, einen eigenen Förster, „der hiß Ott Haydnober“. Den hätten die burggräflichen „Armleute“ – gemeint sind die nichtadligen Dienstmannen der Burggrafen – erschlagen. Sein Kreuz stehe noch.

Der Sühnevertrag zum Fall Heydenaaber weist zum Steinkreuz in der Kragnitz östlich von Fenkensees

Auf diesen Fall bezieht sich auch der erhaltene Vertrag, den der Wittelsbacher Pfalzgraf RUPPRECHT VON BAYERN und der Hohenzollerische Burggraf ALBRECHT VON NÜRNBERG am Dienstag vor dem Palmtag des Jahres 1347 abschlossen. In ihm ist unter anderem die Sühnung für den erschlagenen Förster geregelt. Er heißt hier „heydenaaber“ und kam in diesem Streit ums Leben.

Der gesamte Text zu diesem Fall, den WITTMANN zitiert und DILL erwähnt – und den beide fälschlich dem Steinkreuz am Lessauer Berg zuordnen – lautet:

„... wir scheyden och umbe den heydenaaber dem furster, der erslagen wart, daz der an im schuldig ist ein Romfahrt und eine Ochenfahrt, siner seele ze heyl, für in leysten sol und volbringen, und daz alle schiedunge und stuck vorgeschrieben ganz und stet behalten werden ...“.

Der Vertrag benennt also als Opfer den Förster „heydenaaber“. Als Sühneleistung werden für den Täter je eine Pilgerfahrt nach Rom und nach Aachen angeordnet

---

[404] Aus diesen historischen Zusammenhängen rührt auch die eigentümliche, bis heute noch bestehende, fast puzzleartige konfessionelle Spaltung dieses nach der Reformation zunächst einst vollständig evangelischen Gebietes in katholische (pfalzgräflich-wittelsbachische) und protestantische (burggräfliche, später markgräfliche) Gemeinden. Diese konfessionelle Trennung war eine Folge des 30-jährigen Krieges, nachdem Kurfürst FRIEDRICH V. im Jahr 1620 die Schlacht am Weißen Berg bei Prag und damit sein Land verloren hatte. Die Wittelsbacher führten hier sofort eine strikte und erbarmungslose Gegenreformation durch.

[405] Mehr dazu im Beitrag von MICHEL NEUBAUER und BERND THIESER im Buch „Heidenaab und Göppmannsbühl“ 2007, insbesondere S. 67ff.

[406] Gemeint ist der Ort „Neustadt am Kulm“.

„seiner Seele zum Heil". Die Steinsetzung wird in diesem Dokument nicht erwähnt, aber offenbar als selbstverständlich erwartet und ist wohl bei der Beschreibung „alle schiedunge und stuck" mit gemeint; sie ergibt sich auch aus dem oben genannten Zeugentext.

Zur Person des Getöteten erfahren wir zunächst nichts Näheres. Es darf aber vielleicht aufgrund seines Namens angenommen werden, dass er aus dem 6 km weiter südöstlich gelegenen Ort HAIDENAAB stammt, der zur Waldecker Herrschaft gehörte. Dort befindet sich heute noch ein Herrenhaus, auf dem im 14. Jh. und dann wieder im 17. Jh. die HERREN VON HEYDNAB bzw. HAIDENAAB saßen. Das erhaltene alte Kreuzgewölbe im Erdgeschoss des Landadelsschlosses, das im 17. Jh. auf alten Mauern neu gebaut wurde, bezeugt, dass der Kernbestand dieses einstigen Wasserschlosses sehr alt ist. In einer Verkaufsurkunde des Klosters SPEINSHART, die im Hauptstaatsarchiv MÜNCHEN aufbewahrt wird, tritt im Jahre 1309 als unterzeichnender Zeuge neben ritterbürtigen Genossen ein FRIDERICUS HEDENABER auf. Ob jemand aus dieser Familie, vielleicht sein Sohn, der 1347 Erschlagene ist, kann nicht gesagt werden, da die Sühneurkunde selbst keinen Vornamen überliefert.[407]

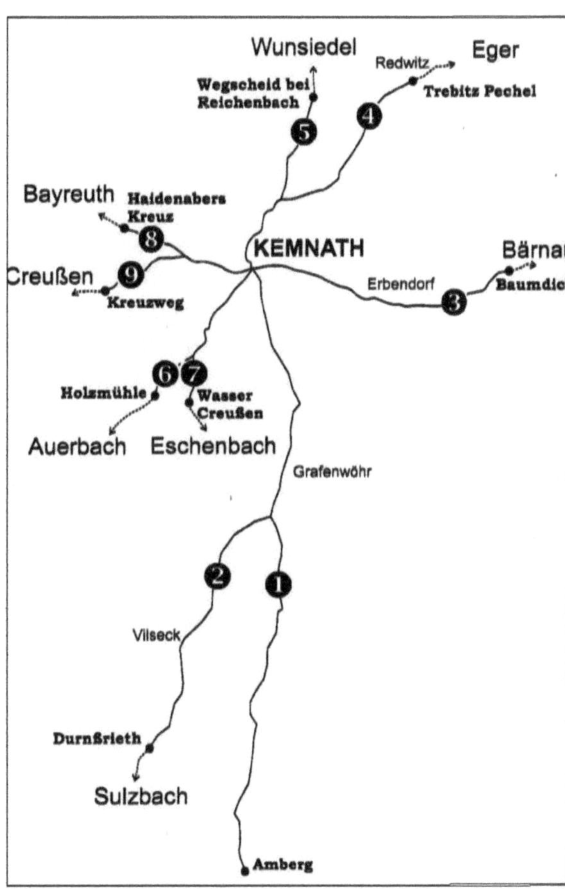

Mit den oben genannten Informationen allein wäre es nun nicht möglich, auch den Standort des Kreuzes, dessen Errichtung in dem Vertrag ja nicht erwähnt wird, festzustellen. Hier hilft ein Eintrag im Salbuch der Herrschaft WALDECK weiter, der 150 Jahre

407 Allerdings gibt der oben genannte MICHAEL NEUBAUER in seinem obengenannten Kemnath-Buch den Namen „Ott" als Vornamen des Opfers an und erwähnt in seinem genannten Haidenaab-Buch auf S. 68 auch die Zeugen. – Übrigens ist ein HEYDENAB Festungskommandant des aufrührerischen Markgrafen ALBRECHT ALCIBIADES auf der Burg des Rauhen Kulm während des zweiten Markgrafenkrieges. Er muss diese 1554 nach einer Beschießung durch die Nürnberger übergeben und sprengen.

später, im Jahr 1497vollzogen wurde. Hier wurde u.a. auch das Geleitrecht auf der Pfälzer Straße festgehalten:

„... wie an welchen enden, auch wie weit mein gnädiger herre der pfalzgrave, von Kembnaten aus zu verglaitten het .... von Kemnaten aus (bis gen Payereut) durch die Krägnus bis zu des Heydenaaberskreuz ...“.[408]

Die ***Karte*** *(oben)*, die MICHAEL NEUBAUER für das Kemnath-Buch angefertigt hat,[409] verzeichnet acht bedeutende Altstraßen, jeweils mit wichtigen Durchgangs- und Zielpunkten. Auf ihnen mussten die Kemnather im Auftrag des Pfalzgrafen das Geleit sicherstellen. Die hier genannte Trasse Nr. 8 Richtung BAYREUTH[410] bezeichnet als Endepunkt „Haidenabers Kreuz“ und damit den Platz, wo wir das Sühnekreuz suchen müssen. Auf Neubauers Karte ist aber nicht exakt erkennbar, wo dieser Punkt im Gelände liegt.

Und damit beginnt leider auch schon die allgemeine Fantasie ihren Lauf zu nehmen. Es ist der oben genannte LEONHARD WITTMANN, der vorschnell frohlockt: „Es ist so selten, dass man das Glück hat, ein Steinkreuz einwandfrei mit einer Urkunde zu belegen ... Umso erfreulicher ist es, dass ich heute über ein Kreuz berichten kann, dessen Festlegung aus zwei zeitlich verschiedenen Urkunden ermöglicht wurde ...“

Er begeht den groben Schnitzer, insbesondere den Vermerk über das Geleit nicht genau zu lesen, in dem es klar heißt: *durch die Krägnus bis zu des Heydenaaberskreuz.*

Er stellt zwar richtig fest, dass „die ‚Krägnus‘ [heutige Bezeichnung: Kragnitz] ein Wald [ist], der sich zwischen Seybothenreuth und Wirbenz [richtiger: Speichersdorf] der Straße [B 22] entlang ausdehnt“.

Aber anstatt zu fragen, ob das gesuchte Steinkreuz vielleicht *hier* in oder an diesem genannten Wald steht, lässt er seine Fantasie schweifen und schreibt nunmehr auf eigene Faust und sehr selbstsicher: „Eine halbe Stunde *außerhalb* des Krägnuswaldes steht genau an der Hochstraße *unser* Kreuz und *es besteht kein Zweifel,* dass dieser Stein auf der Höhe von Weidenberg das gesuchte Kreuz des Heidenaabers ist.“

Er übersieht – vielleicht mangels Ortskenntnis – die zwei Steinkreuze, die sich in der Krägnus an der Pfälzerstraße etwa 1 km vor deren Austritt aus diesem Wald bei Fenkensees und dann noch einmal 3,5 km weiter an der Kreuzung der Seybothenreuther Straße aufreihen (auf der folgenden ***Karte*** die Nr. 7 und Nr. 8). Stattdessen

---

408 So auch bei Karl Dill aaO. 1970.

409 Aao. S. 114.

410 Aao. S. 146ff.

sucht er ein Kreuz heraus (Nr. 6), das über 5 km Wegs vom westlichen Ende der Krägnus entfernt ist, und für das man zu Fuß leicht über eine Wegstunde – nicht eine halbe, wie er meint – braucht, eben das Steinkreuz am Lessauer Berg. Schon das hätte WITTMANN stutzig machen müssen, dass so eine weite Strecke in der alten Beschreibung des Geleits gar nicht gemeint sein kann, denn damit wäre die Geleitstrecke nicht 10, sondern gut 15 km lang gewesen.

Der Grenzpunkt der alten Territorien liegt in der Kragnitz

Noch gravierender ist aber ein weiterer Gesichtspunkt: Das pfalzgräfliche Territorium hatte (und hat bis heute mit dem Gebiet der Oberpfalz) genau am Steinkreuz Nr. 8 *in* der Kragnitz östlich von Fenkensees seine südwestliche Grenze. *Nur bis hier* erstreckte sich das umstrittene Waldgebiet, das die Pfälzer damals annektiert und ihrem Förster zugewiesen hatten. *Hier* fiel dieser Mann den bewaffneten Männern der Burggrafen zum Opfer, die der Meinung waren, das Gebiet südlich der Pfälzer Straße für ihre Herren verteidigen zu müssen.

Das Lessauer Steinkreuz dagegen liegt weit im einst burggräflichen, dann markgräflichen Gebiet, bzw. im Gebiet des heutigen Oberfranken; was hätte der pfalzgräfliche Förster wohl hier, so weit weg von seinem anbefohlenen Arbeitsplatz, tun wollen?

So müssen wir leider allen Freunden der Sühnekreuze sagen: Es reihen sich zwar drei Steinkreuze an der eingezeichneten, diagonal durch die Karte verlaufenden „Pfälzer Straße" auf. Insbesondere das geheimnisvolle Steinkreuz auf der Bocksleite oberhalb von Weidenberg (Nr. 6) sieht zwar imposant aus; es mag an schlimme Ereignisse des 30-jährigen Krieges oder an noch weiter zurückreichende Dramen erinnern; er ist aber *sicher nicht* für den erschlagenen pfalzgräflichen Förster OTT HEYDENABER errichtet worden. Das Gleiche gilt für das Steinkreuz an der Seybothenreuther Straße (die Nr. 7).

Der Stein des Haidenaabers ist vielmehr die Nr. 8 und steht damals wie heute, wie auf der obigen Karte zu ersehen, genau an der seinerzeit heftig umkämpften Grenzlinie (gestrichelt gezeichnet) zwischen Burggrafentum (links der Grenze, d.h. westlich) und Pfalzgrafentum (rechts der Grenze, d.h. östlich) im Waldgebiet der Kragnitz vor FENKENSEES. Dieser Stein bekommt weiter unten eine eigene Würdigung.

Das STEINKREUZ Nr. 7 an der Kreuzstein-Flur zwischen Seybothenreuth und Weidenberg – ein Fantasieprodukt zur Sühne für eine Schlamperei beim Straßenbau

(KARL DILL Nr. 1118 – http://www.suehnekreuz.de/bayern/weidenberg.htm – Lage: 49°55'17.0" N 11°42'51.9" O / 49.921387 N, 11.714403 O)

Sühne für Totschlag beim Streit

Das Steinkreuz ist das mittlere von drei Sühnezeichen, die entlang des uralten Handels- und Botenweges „Pfälzer Straße" von Franken nach Böhmen aufgereiht sind. Es steht auf der westlichen Böschung der Kreisstraße BT 3, die von WEIDENBERG nach SEYBOTHENREUTH führt, und bezeichnet die höchste Stelle dieses Straßenverlaufs, etwa 1,8 km südlich des Marktortes.

Es ist die Stelle, wo der Höhenweg die Autostraße kreuzt. Schräg gegenüber mündet das Sträßchen von der Ziegelhütte ein, das den ursprünglichen Verlauf der Landstraße vor ihrem großzügigen Neubau anzeigt; sie lief ursprünglich weiter hinunter über DÖBERSCHÜTZ als altem Rastort der Handelsstraße.

So wie sich dieses Steinkreuz heute darstellt *(Foto)*, gehört es mit seinem kompakten Äußeren eher zu den kleinen Zeichen dieser Art: Es misst in der Höhe 80 cm und in der Breite 50 cm. Seine Dicke beträgt nur 16 cm und erweckt den Eindruck, dass dieser

Stein maschinell aus einer Sandsteinplatte herausgeschnitten wurde; die Kanten sind nur notdürftig mit einem groben Werkzeug gebrochen.

Auf der Sichtseite sind die Konturen von zwei landwirtschaftlichen Geräten eingemeißelt und mit schwarzer Farbe hervorgehoben: links eine spitze Hacke oder Pflugschar, rechts eine Pflugreute oder ein Rindenschäler – zur Funktion dieser beiden Geräte wäre die Besprechung von Steinkreuz Nr. 4 bei DENNHOF mit heranzuziehen, wo die Bezeichnung „Reutschaufel" für das häufig auf Steinkreuzen gezeigte Gerät diskutiert wird. Die Symbole wurden offenbar bei der Nachfertigung vom alten Steinkreuz übernommen.

Als Sage zu diesem Steinkreuz wird erzählt, dass zwei Bauern aus DÖBERSCHÜTZ auf der alten Straße von WEIDENBERG aus zusammen nach Hause gegangen seien. Der eine der Bauern sei beim Schmied gewesen, um sich dort die Pflugschar schärfen lassen, die er bei sich trug. Vielleicht hatten sie in einer der zahlreichen Weidenberger Wirtschaften auch Bier getrunken und waren enthemmt. Auf dem höchsten Punkt des Heimweges bei der Überquerung der alten Handelsstraße seien sie in Streit geraten. Im Handgemenge habe der eine den anderen mit der Pflugschar erschlagen. – Diese Geschichte ist aber nach so langer Zeit natürlich nicht mehr überprüfbar, insbesondere nachdem beim Kirchenbrand im Dreißigjährigen Krieg im Jahr 1637 die Weidenberger Kirchenbücher mit verbrannt sind, deren Sterbeeinträge sonst vielleicht über das Geschehen hätten Auskunft geben können.

ADAM KIEẞLING erzählt noch von einer weiteren Geschichte,[411] die in DÖBERSCHÜTZ bis in seine Gegenwart umlief. Danach soll es der Bauer LAUTNER, der später nach Amerika auswanderte, gewesen sein, der beim Weidenberger Schmied KIEẞLING seine todbringenden Pflugscharen dengeln ließ. Der Historiker KIEẞLING vermerkt dazu: „Da dieser ausgewanderte LAUTNER vor 100 Jahren lebte, so dürfte der Vorfall kaum mit dieser Geschichte identisch sein, denn dieses Sühnekreuz dürfte weit älter sein."

Beim Straßenbau zerstört

Bekannt ist, dass beim Neubau der Straße von WEIDENBERG nach SEYBOTHENREUTH im Jahr 1971 recht oberflächlich und fahrlässig mit den historischen Spuren alter Relikte der kreuzenden „Pfälzer Straße" umgegangen wurde. Dieser Straßenbaumaßnahme fiel auch das ursprünglich hier errichtete Steinkreuz zum Opfer. ADAM KIEẞLING hat nach seiner Erinnerung 1980 eine ***Zeichnung*** *(unten)* angefertigt, auf der das alte Steinkreuz zu sehen ist. Es steht dort am Rande einer Wiese.

---

411 AaO, Teil 4.

bis 1971

heute

Nach seinem anderslautenden Bericht [412] wurde dieses stark verwitterte Flurdenkmal bei Erdarbeiten zur Flurbereinigung von einem Raupenbagger zermalmt. Doch existieren Zeitungsberichte, die die Straßenbauarbeiten im Sommer 1971 bestätigen und der Verärgerung über die Baufirma widerspiegeln. Die Firma war vom Landratsamt und von kundigen Personen aus WEIDENBERG vorsorglich auf die Schutzwürdigkeit des Mals hingewiesen worden, obwohl es an seinem angestammten Platz östlich der Kreuzung die Baumaßnahme eigentlich gar nicht störte. Der Baggerführer aber sei „stur" gewesen, und die Baufirma musste daraufhin das Steinkreuz ersetzen. Es sei aber gar nicht leicht gewesen, einen geeigneten Buntsandstein zu finden. Ein Weidenberger Steinmetz habe dann das Steinkreuz nach den Angaben des Experten KARL DILL geschlagen.

Das Aussehen des Kreuzes auf Kießlings Zeichnungen deckt sich mit den Angaben, die KARL DILL 1970 macht: „Vom Sandstein ist der rechte Arm schon abgewittert und hat im Ganzen schon eine rundliche Form." Die Zeichnung lässt aber nicht die eingemeißelten Zeichen erkennen, die das Kreuz heute auf seiner Vorderseite bedecken. Diese werden aber durch ein ***Foto*** *(unten)* aus den 60-er Jahren bestätigt, welches das Kreuz halb eingesunken oben auf der Böschung neben der Einmündung der Altstraße zeigt.

Noch heute ist der Stein auf allen historischen Karten dieses Platzes eingezeichnet, und zwar mit der ergänzenden, aber unzutreffenden Bezeichnung „Kreuzstein"

Als „**Kreuzstein**" gilt heute ein Flurdenkmal, das aus einer aufrecht stehenden Steinplatte oder Stele mit einem erhaben oder vertieft eingearbeiteten Kreuz besteht, wohingegen viele Steine, die auch auf aktuelle topographischen Karten als „Kreuzsteine" bezeichnet werden, in Wahrheit „Steinkreuze" bzw. nach der verfei-

---

412 Adam Kießling aaO., Amtliches Mitteilungsblatt der Verwaltungsgemeinschaft Weidenberg, Nr. 1/80 v. 31.01.1980.

nerten Definition der Webseite suehnekreuz-de eben solche „Sühnekreuze“ sind. Als **„Steinkreuze“** werden solche Steine bezeichnet, deren Konturen selbst Kreuzform haben. Sie sind meist 80 bis 120 Zentimeter hoch, gemessen vom Erdboden, was seinerzeit etwa der Hälfte bis zwei Drittel der Körperhöhe eines erwachsenen Menschen entsprach, und haben erkennbare Kreuzbalken von 40 bis 100 Zentimeter Breite. Steinkreuze sind fast immer aus einem einzigen Block herausgearbeitet, in unserer Gegend in der Regel aus dem weit verbreiteten und in örtlichen Gruben vorfindbaren Sandstein, anderenorts auch aus Granit, Kalkstein oder Basalt, je nach dem Steinvorkommen der Umgebung. Sie zählen zu den ältesten Flurdenkmälern.

Hinter diesem Steinkreuz soll auch eine alte kreisrunde Grube gewesen sein. Sie wird in der Literatur gern als „Grenzgrube“ bezeichnet. Dies erscheint mir aber als vorschnelle Einordnung, da an dieser Stelle nie eine bedeutende Grenze verlief; der wichtige Grenzpunkt von drei Herrschafts- bzw. Amtsgebieten war vielmehr etwa 3,7 km weiter südöstlich am „Haidenaber Stein“ im Kragnitzholz, der schon oben bei Nr. 6 erwähnt wurde und über den als nächstes ausführlicher zu reden sein wird.

Übrigens wurden, als das Steinkreuz an der Seybothenreuther Straße damals im Jahr 1971 zerstört und neu gefertigt werden musste, keine weiteren archäologischen Spuren im Zusammenhang mit der hier verlaufenden wichtigen Altstraße gesichert. Aber man stieß seinerzeit zufällig auf zeitgeschichtliche Dokumente der Hitlerzeit, verscharrte sie aber wieder achtlos. Die Amerikaner hatten nach ihrem siegreichen Einzug in WEIDENBERG im April 1945[413] angeordnet, dass die Einwohner nicht nur alle ihre Waffen abzugeben hätten, sondern auch ihre Fotoapparate samt Alben und Fotos aus dieser Zeit. Alles wurde damals hier herauf geschafft, angezündet und vergraben. Diese drastische Aufräumaktion ist einer der Gründe dafür, dass man heute recht wenige Bilddokumente aus der Zeit des Dritten Reiches in WEIDENBERG findet; die Menschen hatten Angst vor der Verfolgung durch die Sieger.

---

[413] Mehr dazu in der 6. Folge „Warten auf die Sieger“ im Projekt „Myrten für Dornen“.

Das STEINKREUZ Nr. 8 bei Fenkensees – Das Sühnekreuz für den Förster Ott Heydenaaber im Kragnitzholz

(KARL DILL Nr. 955 – http://www.suehnekreuz.de/bayern/kirchenlaibach.htm – Lage: 49°53'60.0"N 11°45'11.4"E 49.899993, 11.753155, Höhe 551)

Schatzsuche im Kragnitzholz

Im Kragnitzholz östlich von FENKENSEES steht ein altes Steinkreuz. Es wird auf der Fritsch-Wanderkarte Nr. 52 „Naturpark Fichtelgebirge" korrekt als „Heidenaber Stein" bezeichnet (auf der folgenden *Karte* im Kreis). Damit unterscheidet sich dieser Karteneintrag bisher deutlich von den Angaben des Fichtelgebirgsvereins auf dessen Webseite[414] bzw. in seiner Vereinszeitschrift „Siebenstern" und von den Ergebnissen auf der Webseite der Forschungsgemeinschaft Sühnekreuz.de, die alle das „Haidenaberkreuz" gut 5 km weiter westlich am Lessauer Berg verorten.[415] Worum geht es, und was stimmt?

Das Steinkreuz steht im rautenförmigen Viereck zwischen FENKENSEES im Westen, KIRMSEES im Norden, TRESSAU im Osten und ZEULENREUTH im Süden. Hier erstreckt sich auf einem von Nordwesten nach Südosten verlaufenden Höhenrücken

[414] http://www.bayern-fichtelgebirge.de/heimatkunde/084.htm.

[415] http://www.suehnekreuz.de/bayern/lessau.htm.

ein auffallendes Waldstück mit einem lichten Kiefern-, Birken- und Eichenbestand. Trotz seiner prägnanten Struktur trägt dieser Höhenrücken bzw. der Wald weder auf der einschlägigen topographischen Karte noch auf der genannten Wanderkarte einen Namen. Nach Südwesten zu setzt sich das geschlossene Waldstück Richtung SEYBOTHENREUTH / B 22 als „Seybothenreuther Forst" fort.

Wegen der typischen Vegetation und nach der Revierbezeichnung „Blöße", die immerhin auf der topografischen Karte 1:25.000 auf der Nordseite des Höhenrückens vermerkt ist, wird das ganze Waldstück auch „Plössener Heide" genannt. Im Volksmund heißt es „Blößheid". Das Salbuch der Herrschaft WALDECK von 1497 verwendet für das Waldstück, das sich nach Süden hin erstreckt, den Ausdruck „Krägnus". Die Gemeinde SPEICHERSDORF bezeichnet das ganze dortige Waldgebiet bis herunter zur B 22 entsprechend den Uraufnahmeblättern seit 1808 als „Staatsforstgebiet Kragnitzholz". Geocaching-Gruppen nennen den Punkt unter der höchsten Stelle „Kragnitzholz" und suchen gern die dort gelegene Schutzhütte des Fichtelgebirgsvereins auf, um hier ihren Schatz, den „Cache" zu verbergen.[416] Direkt gegenüber dieser Schutzhütte steht das Steinkreuz mit einem „KW"-Grenzstein davor. Welche historische Bedeutung hat dieser Platz?

Kreuzungspunkt wichtiger Altstraßen und Endpunkt des Kemnather Geleits

Der klar erkennbare Höhenrücken ist geologisch eine Verwerfung des Muschelkalks. Auf ihm verläuft, heute noch als Waldweg erkennbar, die einst bedeutsame **Altstraße von Franken nach Böhmen**. Sie kommt von der „Arschkerbe" bei UNTERSTEINACH, überquert dort die Warme Steinach, steigt auf den „Lunzen" und verläuft mit einem sanften Bogen, bisweilen aber auch schnurgerade, über 14 km bis LETTENHOF, und von dort weitere 7 km über WIRBENZ und OBERNDORF nach KEMNATH, mit einer Parallelstraße über TAURITZMÜHLE, GÖPPMANNS- BÜHL und HAIDENAAB. Der Zielort KEMNATH war der zentrale Knotenpunkt und Verteil- und Versorgungsort weiterer wichtiger Altstraßen.

Auf der Höhe der fränkisch-böhmischen Altstraße, der „Pfälzer Straße", haben die Kemnather einst im Auftrag des Pfalzgrafen und bis zur Grenze seines Gebietes das Geleitrecht ausgeübt, von dem es im oben genannten Salbuch heißt:

„... wie an welchen enden, auch wie weit mein gnädiger herre der pfalzgrave, von Kembnaten aus zu verglaitten het .... von Kemnaten aus (bis gen Payereut) durch die Krägnus bis zu des Heydenaaberskreuz ...".

Das Kemnater Geleit ging also auf dieser Altstraße durch das Waldgebiet der

---

[416] https://mapcarta.com/de/18115672.

„Krägnus/Kragnitz" bzw. der „Plössener Heide" bis zu deren höchstem Punkt, der auf den Karten durch die Höhenbezeichnung 551 gekennzeichnet wird. Genau an diesem von Nadel- und Laubwald umgebenen Punkt, etwa 1,3 km Luftlinie östlich von FENKENSEES, steht das Steinkreuz, das in der Beschreibung des Geleits als *Heydenaaberskreuz* bezeichnet wird *(Foto)*.

Auch wenn die Umgebung des Standortes heute von Bäumen verdeckt ist und manche alte Spuren überwachsen und verwischt sind, so ist der Platz doch als ein wichtiger Kreuzungs- und Grenzpunkt immer noch zu ahnen. Denn hier mündeten von Südosten und Südwesten her weitere Altstraßen ein, die dann direkt zur markanten „Hohen Straße" oberhalb von FISCHBACH in Richtung KIRMSEES und über das Fichtelgebirge weiterführten. Der weitgehend im Ackerland verschwundene Weg hinüber zur Hohen Straße und der weitere Verlauf dieser Altstraße bildeten auch ein wesentliches Stück der jahrtausendalten Grenze zwischen bayerischem Nordgau und fränkischem Radenzgau; diese Grenze verlief weiter über das oben bereits dargestellte Steinkreuz Nr. 3 am Waizenreuther Berg und dann zwischen SOPHIENTHAL und MUCKENREUTH ins Fichtelgebirge hinein.

Die Bedeutung dieses Punktes 551 im Kragnitzholz als Grenzpunkt geht noch weiter: Nachdem die HERREN VON LEUCHTENBERG bereits im Jahr 1281 aus Geldnot die Lehensrechte über den östlichen Teil ihres Gebietes mitsamt dem Rauhen und Kleinen Kulm und den dort gelegenen alten Dörfern FILCHENDORF, MOCKERSDORF, SCHECKENHOF, SPEICHERSDORF und WIRBENZ an die Nürnberger Burggrafen verkauft hatten[417] und 1283 auch den westlichen Teil ihrer Waldecker Herrschaft mit

---

[417] Die Nürnberger Burggrafen gründeten dann im Jahr 1370 mit Bewilligung von Kaiser KARL IV. die mit Mauern, Erkern und Türmen befestigte Stadt „Newenstat zwischen den Kulmen". Dieses junge und aufstrebende Gemeinwesen NEUSTADT AM KULM bekam im Jahr 1424 von Kaiser SIGISMUND als besonderes Privileg auch die Halsgerichtsbarkeit verliehen, also das Recht, „blutige Strafen" bis hin zur Todesstrafe zu verhängen, ein Recht, das auch noch im Fall des diebischen Sohnes des Weidenberger Pfarrers ADAM RÖSLER ausgeübt wurde (s.o. S. 97).

der Frankenpfalz folgen ließen, den sie an die Wittelsbacher veräußerten, verlief hier nun die Grenze zwischen dem Burggrafentum und der Oberen Pfalz und damit auch zwischen Menschen ganz unterschiedlicher Sprache und Mentalität, eben den „Franken“ und den „Oberpfälzern“. Und diese Abgrenzung erzeugte, wie der Fall des Försters HEYDENAABER zeigt, tiefgreifende Konflikte.

Bis in die preußische Zeit hinein (1792) war jedenfalls der markante Punkt auf Höhe 551 der Blößheide nun ein dreifacher Grenzpunkt: Von Südosten her bezeichnete er den äußersten Grenzpunkt des Amtes NEUSTADT AM KULM, das nach der Zeit der Nürnberger Burggrafen zum Herrschaftsbereich ihrer Erben, der hohenzollerischen MARKGRAFEN BRANDENBURG-BAYREUTH gehörte. Nach Westen zu grenzte hier das markgräfliche Amt WEIDENBERG an, während der Bereich nordöstlich des Höhenrückens zum pfälzisch-kurfürstlichen Amt WALDECK gehörte.

Der Zankapfel Kragnitzholz wird durch Versteinerungen befriedet

Es ist kein Wunder, dass der unübersichtliche Wald mit seinen Grenzziehungen bereits bei der Territorialisierung des 14. Jh. zum Konfliktherd wurde: Die aufstrebenden Mächte der wittelsbachischen Kurpfalz und des Nürnberger Burggrafentums stritten um dieses Stück Land, das einen wildreichen Wald beherbergte. Mit der Ermordung des pfalzgräflichen Försters HEYDENAABER im Jahr 1346 oder 1347 gelangten diese Auseinandersetzungen, von denen schon oben bei der Besprechung von Steinkreuz Nr. 6 am Lessauer Berg berichtet wurde, zu einem traurigen Siedepunkt.[418]

Die Streitigkeiten wurden dann aber bis 1535 mit aufwendigen und auffallenden „Versteinerungen“ beigelegt,[419] die man heute noch im Gelände entlang des Höhenweges auffinden kann. Zu ihnen zählte auch das bereits im Jahr 1347 aufgestellte Sühnekreuz. Die neue Grenzziehung verlief im Grunde an der alten bayerisch-fränkischen Linie entlang, die das Gebiet auch landsmannschaftlich teilt und heute noch, mit einigen Verschiebungen, im Wesentlichen mit der heutigen Grenze der Bezirke Oberfranken und Oberpfalz übereinstimmt.

Eine besondere Ausnahme bei der Gebietszugehörigkeit ist die unmittelbar nördlich an die Kragnitz angrenzende FRANKENPFALZ IM FICHTELGEBIRGE mit KIRCHENPINGARTEN als Zentrum. Obwohl die dortige Bevölkerung sprachlich und konfessionell mehr dem bayerischen Raum zugehört, ist dieses einst pfälzische Gebiet seit der Entstehung des Königreichs Bayern immer dem Gebiet des ehemaligen Mark-

---

[418] Mehr dazu bei MICHAEL NEUBAUER und BERND THIESER, Haidenaab und Göppmannsbühl, Beiträge zur Ortsgeschichte 2007, S. 68.

[419] JOACHIM KRÖLL in seiner „Geschichte des Marktes Weidenberg“, S. 16f.

grafentums und damit dem neu entstandenen Mainkreis, dem späteren Bezirk Oberfranken, zugeordnet gewesen. Die Grenze zur Oberpfalz verläuft seitdem also nicht mehr westlich der Frankenpfalz beim Steinkreuz am Waizenreuther Berg, sondern weiter östlich bei AHORNBERG.

Im Übrigen begann diese umfassende Versteinerung der Grenze damals bei PEGNITZ und PLECH im Nürnberger Land; sie schob sich in einem Bogen durch das Fichtelgebirge ostwärts bis hinüber nach WALDERSHOF. Dieser Grenzverlauf wurde durch auffallende Grenzsteine und Kreuzsteine, darunter eben dieses Heydenaaber STEINKREUZ in der Kragnitz bei FENKENSEES, sichtbar gemacht.

Von dieser Grenze zeichnete J.F. Weiß 1761/1771 eine große Grenzkarte nach mehreren älteren Kartenvorlagen. Bei ihm bildet die Grenze ein paar Abschnitte, die einzeln nummeriert sind. Die zweite Abteilung beginnt mit dem Heydenaaber Steinkreuz mit Nummer 1. Es folgen auf der Karte in östlicher Richtung auf dem Höhenrücken der Kragnitz an der Altstraße entlang viele gezeichnete Steine – ohne Nummern –, die man heute noch findet. Gleich 150 m östlich des Sühnekreuzes steht links am Wegrand eine Kreuzstein-Platte von 75 x 90 x 25 cm *(Foto)*. Auf beiden Seiten ist ein Kreuz von 25 x 25 cm tief eingeritzt.[420] Nach alten Beschreibungen wurden von hier allein bis zum Fichtelsee einst 40 massive Grenzsteine gesetzt.[421]

Königlicher Bannwald ohne Bären

Neben solchen alten Steinen wird der Höhenweg auch von jüngeren Grenzsteinen gesäumt. Gleich neben der großen Kreuzsteinplatte steht ein Stein, der die eingemeißelten Buchstaben „KW“ trägt. Solche Steine weisen in die Zeit nach der Gründung der Bayerischen Monarchie, also ins 19. Jh., und bezeichnen das Waldgebiet als „Königlicher Wald“; gemeint ist ein Banngebiet, in dem nur der König und seine Beamten das Jagdrecht hatten. Nachfolger dieser „Königssteine“ sind seit dem Ende der bayerischen Monarchie die Grenzsteine mit den Buchstaben „StW“, die den Wald als Staatswald bezeichnen.

Dann folgen rechts am Weg entlang Stein auf Stein. Es sind grob zugehauene

---

[420] http://www.suehnekreuz.de/bayern/kirchenlaibach.htm.
[421] Die entsprechenden Geschichtsquellen werden bei KRÖLL aaO. zitiert.

Sandsteine, die obenauf ein oder zwei eingemeißelte Kreuze tragen. Eine gewisse Strecke weit stehen daneben weitere KW-Steine, die dann nach rechts abbiegen. Sie grenzen das Kragnitz-Holz als Staatswald ein.

Als nach dem Jahr 1810 das Königreich Bayern das Fürstentum BAYREUTH in Besitz nahm, setzten die Beamten hier auch gleich insgesamt 233 KW-Steine als Zeichen für den Königlichen Bannwald und nummerierten sie durch. Wie ein paar hundert Jahre vorher, begannen auch sie mit der Nummer 1 am Steinkreuz im Kragnitzholz. Wird in neuerer Zeit ein Grenzstein ausgewechselt, dann wird ein Granitstein mit den eingemeißelten Buchstaben StW, also „Staatswald", gesetzt. Dieses hervorgehobene Wegstück mit den alten Grenzsteinen vom Steinkreuz aus nach Osten ist ca. 3 km lang.

Der Theorie, dass auch die auffallenden Gruben, die man entlang der Nordseite des Höhenzuges der Kragnitz in gewissen Abständen findet, in diesem Sinn als uralte Grenzzeichen zu betrachten sind, wie manche Heimatforscher wie KRÖLL vermuten, vermag ich nicht zu folgen. Mit anderen Forschern sehe ich hier vielmehr Steinbrüche, aus denen die Bewohner der umliegenden Orte der Frankenpfalz lange Zeit hindurch Baumaterial gewonnen haben. Auch wurde hier, wie am übrigen Fichtelgebirgsrand, nach Erz geschürft. Den Gruben hat die spätere Bevölkerung, die von diesem frühen Stein- und Erzabbau nichts mehr wusste und ihre behauenen Steine jetzt aus den Steinbrüchen am Pensen bei LESSAU bezog, die furchterregenden Bezeichnungen „Bärenlöcher" gegeben, die sich noch heute auf der oben abgedruckten Karte finden, obwohl es dort wohl nie Bären gab.

Bären und anderes Raubwild lebten damals tatsächlich noch im unweit entfernten Hohen Fichtelgebirge; sie hatten sich im Gefolge des 30-jährigen Krieges stark vermehrt, sodass man den Bären seit 1656 im markgräflichen Gebiet mit Abschussprämien und methodisch, nämlich mit der Erstellung von massiven Bärenfallen, zuleibe rückte. Am Waldstein entstand aus Granitstein ein mächtiger Bärenfang, jeweils vorn und hinten versehen mit einem Falltor; damit soll 100 Jahre hindurch in jedem Jahr und 1760 letztmalig ein lebender Bär gefangen worden sein. Eine solche Falle stand auch nahe WEIDENBERG auf der Königsheide.

Sühnestein mit einem schwertartigen Kreuz bezeichnet Fraischgrenze

Das verwitterte Sandsteinkreuz auf der Kragnitz misst in der Höhe die üblichen 120 cm, hat aber die stattliche Breite von 100 cm und ist mit 30 cm Dicke recht schlank. Es trägt auf seiner Vorderseite eingeritzt ein umgedrehtes Kreuz von 40 x 27 cm Größe, das gern auch als Schwert mit dem Griff nach unten identifiziert wird; darüber ist noch nachzudenken.

Vor dem Kreuz steht ein Grenzstein mit einem abgerundeten Dach und den eingemeißelten Buchstaben „KW“, also dem Zeichen für den königlichen Bannwald aus der Zeit der Bayerischen Monarchie seit dem Jahr 1806 bis zum Ende des Königtums im Jahr 1918.

Wie oben bei der Besprechung von Steinkreuz Nr. 6 auf dem Lessauer Berg bereits angesprochen, wurde das Steinkreuz im Kragnitzholz im Zusammenhang mit dem Sühnevertrag errichtet, den der Wittelsbacher Pfalzgraf RUPPRECHT VON BAYERN und der Hohenzollerische Burggraf ALBRECHT VON NÜRNBERG am Dienstag vor dem Palmtag des Jahres 1347 nach der Ermordung des pfalzgräflichen Försters OTT HEYDENAABER abschlossen hatten. Oben wurde auch der politische Kontext dargestellt, dessen Kenntnis zum Verständnis des Mordfalles HEYDENAABER erforderlich ist.

Unklar bleibt, was das eingeritzte Kreuz auf dem Sühnemal bedeuten soll. Dass die Abbildung des Schwertes mit dem Griff nach unten die Hochgerichtsbarkeit anzeigen soll, wie auch KARL DILL und mit ihm andere vermuten, ist nicht sicher. Wie entsprechende Foren betonen,[422] wurde die Hochgerichtsbarkeit eher durch einen roten Schild – den Blutschild – oder durch einen Galgen dargestellt. Möglich wäre danach allenfalls die Interpretation des Schwertes als Reichsschwert und Symbol der kaiserlichen Gerichtsbarkeit. Sie kommt aber für diese Stätte weitab von Gerichtsplätzen des Kaisers kaum infrage. Die nächstgelegene Gerichtsstätte war NEUSTADT AM KULM, das aber erst im Jahr 1370 gegründet wurde und beginnend mit dem Jahr 1424 die Halsgerichtsbarkeit besaß.

An dieser Hohen Gerichtsbarkeit, dem „Halsgericht“, hatten allerdings auch die Pfalzgrafen und die Burggrafen, bzw. nach ihnen die Markgrafen, als jeweils souveräne Herrscher Anteil. Die beiden Galgen im Weidenberger Gebiet am Waizenreuther Berg und bei St. Stephan stellten dieses Privileg den Bürgern drastisch vor Augen. Die Herrscher verhängten blutige Strafen wie Tötung oder Verstümmelung für bestimmte Vergehen, die als schwerwiegend gewertet wurden: Raub, Mord, Diebstahl (!), Vergewaltigung, homosexueller Geschlechtsverkehr, Hexerei oder Kindesmord. Zur Abschreckung ließ man Gehängte manchmal längere Zeit gut sichtbar am Galgen hängen.

Die Grenze zwischen den Gebieten verschiedener hoher Gerichtsbarkeiten wurde im Oberdeutschen auch Fraischgrenze genannt. Der althochdeutsche Ausdruck „Frais“, mundartlich auch „Fraisch“ – was so viel wie „schmerzhaft“, „Schrecken bringend“ bedeutet – meint die Rechte der Höheren Gerichtsbarkeit, ergänzt um weitere unangenehme Privilegien ihrer Herrscher, wie Zehent, das „ius primae noctis“ u.ä. Dieser Ausdruck „Fraisch“ hat sich insbesondere im pfälzisch-böhmi-

---

422 http://www.geschichtsforum.de/thema/zeigt-steinkreuz-ort-der-Gerichtsbarkeit-an.47657.

schen Grenzgebiet bis heute als Landschaftsbezeichnung erhalten[423]. Es kann also durchaus sein, dass das Steinkreuz in der Kragnitz eine solche Fraischgrenze anzeigt und dass das Schwertzeichen auf dem Stein die Ernsthaftigkeit der Grenzziehung zwischen den beiden Territorien unterstreichen soll, deren Herrscher allem Zuwiderhandeln mit den Strafen der Hohen Gerichtsbarkeit Schwert, Galgen, Rad und Stock, drohen. Es ist ein tiefernster, geradezu sakraler Charakter, der solchen Grenzzeichen anhaftete. Schwere Strafen waren allen denjenigen angedroht, welche es wagten, solche Zeichen zu versetzen.

Anders sehen es heute die oben schon genannten Freunde des Geocaching[424]. Sie warnen vor zudringlichen „Muggels" – Menschen ohne Zauberkräfte –, die ihrem Schatz zu nahe kommen könnten, der in der nahen „Steinkreuzhütte" verborgen ist, und meinen damit auch die Mountainbiker und andere Jugendliche, die sich heute gern an „Onkel Toms Hütte" treffen ***(Bild)***:

„Wer diesen Cache heben möchte", so lesen wir, *„dem sei der 10,8 km lange Speichersdorfer Rundwanderweg Nr. 3 empfohlen. Aufgepasst: Muggels gehen recht häufig hier spazieren oder wandern. Auch von Rad fahrenden Muggels wird dieser Ort gerne besucht. Bei Regen bietet die Hütte perfekten Schutz, aber auch für eine Sonntagswanderung oder einen längeren Spaziergang ist diese Hütte immer perfekt, da man in dieser Idylle prima einen mitgebrachten Kaffee und Kuchen genießen kann. Das Versteck des Caches befindet sich innerhalb der Hütte. Es muss nirgendwo herumgeklettert werden. Der Cache ist für einen Erwachsenen leicht zu erreichen. An dunklen, regnerischen Tagen ist eine Taschenlampe von Vorteil. Bitte aufpassen wegen der Wespennester. Wenn man sie nicht stört, machen deren ‚Bewohner' einem auch nichts."*

---

[423] Vergl. im Projekt „Myrten für Dornen" in der „Geschichte von Weidenberg und Umgebung 1896" von Pfarrer JOHANNES MICHAEL EINFALT den Absatz über den Streit zwischen Reichsrittern und Markgrafen.

[424] https://www.geocaching.com/geocache/GC646C8_onkel-toms-hutte?guid=338a642f-dbf2-43fc- b739-0870570ad44f.

Das Steinkreuz Nr. 9 in Seybothenreuth – Symbol der eucharistischen Gaben oder der Auferstehung?

(KARL DILL Nr. 908 – http://www.suehnekreuz.de/bayern/seybothenreuth.htm – Lage: 49°53'51.7" N 11°42'08.3" O / 49.897686 N, 11.702306 O)

Rest eines alten „Tatzenkreuzes" zur Glorifizierung des Deutschen Ordens?

Von allen Sühnekreuzen im Raum um WEIDENBERG sind über das Steinkreuz in SEYBOTHENREUTH die wenigsten Informationen vorhanden. Gleichwohl ist es von der einstigen Form her das interessanteste Kreuz. Dies wird allerdings erst deutlich, wenn man versucht, die vorhandenen rudimentären Bruchstücke *(Bild)* zu einem Ganzen zu ergänzen und die ursprüngliche Kreuzform zu rekonstruieren *(Bild weiter unten S. 388)*.

Das Kreuz steht an einer neueren Grundstücksmauer an der Nordseite der Hauptstraße am westlichen Ortsrand von SEYBOTHENREUTH, 20m vor der Abzweigung, an der die Landstraße BT 3 von WEIDENBERG einmündet. Es ist allgemein als „Kreuzstein"

bekannt. Über die Hintergründe der Aufstellung ist nichts bekannt, außer dem Allgemeinplatz, der verschiedentlich erzählt wird, dass hier ein Mord geschehen sein soll.

Die Rückseite lässt auf einem älteren *Foto*[425] noch zwei tiefe senk-

[425] Aus dem Buch von RUDOLF MICHEL, Seybothenreuth, Die Geschichte eines Dorfes und seines Umlandes, 1982, S. 391.

recht verlaufende Einkerbungen mit verbreiterten Enden erkennen, die aber heute verschwunden oder zuzementiert worden sind. Es könnte sich auch hier um die Darstellung eines landwirtschaftlichen Gerätes, wie einer Reutschaufel oder eines Rindenstecher handeln,[426] womit entweder die Mordwaffe oder das bäuerliche Statussymbol des Ermordeten gemeint sind.

Der Stein weist starke Zerstörungen auf. Der Kopf und der rechte (ostseitige) Querbalken sind abgeschlagen und fehlen gänzlich. Andererseits zeigen sich zwischen den Balken verbindende Elemente, die man bislang gern als „zurückversetzte Armstützen" bezeichnet hat. Stellt man sie sich bei allen vier Kreuzzwickeln ergänzt vor, dann entsteht das Bild einer Scheibe, die optisch hinter dem Kreuz angeordnet ist. Spätestens jetzt wird erkennbar, dass dieses Sühnekreuz in der vielfältigen Landschaft der Steinkreuze eine Besonderheit darstellt.

Wie man z.B. aus den Resten ersehen kann, hatten die Kreuzbalken nach außen sich verbreiternde Enden. Damit weicht diese Kreuzform von allen Steinen der näheren und weiteren Umgebung Weidenbergs, ja Frankens ab. Eine solche Form entspricht den Kreuzen, die die byzantinische Christenheit der Ostkirchen gern für ihre Andacht verwendet. Sie ist aber als Steinkreuzform überraschenderweise auch in Sachsen im Raum um DRESDEN verbreitet, wie Bilder aus verschiedenen Orten zeigen.[427] Das ***Foto*** eines solchen „Tatzenkreuzes" ohne Verbindungselemente in den Zwickeln stammt vom Steinkreuz in BROCKWITZ.

Über den Grund, warum hier in SEYBOTHENREUTH die Form eines byzantinischen Kreuzes verwendet wurde, kann man leider nicht mehr sagen, als dass diese Kreuzform im alten byzantinischen Reich am meisten verbreitet war. Alles Weitere wäre Spekulation.

Natürlich kommt einem in den Sinn, dass die „typisch deutsche" militärische Auszeichnung des Eisernen Kreuzes eine ähnliche Form aufweist. Von ihr weiß man, dass der erste Stifter dieses Ordens im Jahr 1813, der preußische König FRIEDRICH WILHELM III., die Motivation seiner Männer im Befreiungs-

[426] Mehr zur Diskussion über die Darstellung dieser Arbeitsgeräte auf Steinkreuzen bei den Untersuchungen zu Steinkreuz Nr. 4 – Dennhof.

[427] http://www.g-trentzsch.de/SteinkreuzeEXCEL.htm.

kampf gegen NAPOLEON im Auge hatte. Nicht nur das Material „Eisen“ war symbolisch aufgeladen, sondern auch die Form der Auszeichnung. Bewusst versuchten sich die Preußen damit stilistisch anzulehnen an das Balkenkreuz des Deutschen Ordens. Dieser einstige Ritterorden hatte sich nach dem Desaster der Kreuzzüge aus dem Heiligen Land und aus dem Mittelmeerraum zurückziehen müssen und war von KONRAD VON MASOWIEN seit 1225 im Gebiet der Balten und Prußen angesiedelt worden, um dort zu missionieren und das Land zu kolonialisieren. Es entstand der Ordensstaat, der Kern des späteren Preußen.

Wenn dieses Preußen dann 600 Jahre später das schwarze „Tatzenkreuz“ der Ordensritter mit den sich verbreiternden Balkenenden zum Muster des neu geschaffenen Eisernen Kreuzes des preußischen Militärs nimmt, dann schafft es ein hintergründiges Symbol: Es rückt den Krieg gegen NAPOLEON in die Tradition der Kreuzzüge!

Nun hatte der deutsche Ordensstaat im Jahr 1410 in der Schlacht bei TANNENBERG aber eine schwere Niederlage gegen die rivalisierende polnisch-litauische Union erlitten und befand sich seither in der Krise. Er wurde schließlich im 16. Jh. in ein weltliches Herzogtum umgewandelt. Nimmt man an, dass das Kreuz von SEYBOTHENREUTH im 15. Jh. aufgestellt wurde, so könnte damit auch eine bewusste Verbindung mit der Sache des deutschen Ordens angestrebt worden sein, dessen Wirken man offensichtlich glorifizierte. Aber das ist natürlich reine Spekulation.

Verbindung von Scheiben- und Tatzenkreuz

In eine ganz andere Richtung führen die Überlegungen zu den noch erkennbaren runden Verbindungsstücken zwischen den Kreuzbalken. Es ist ja so, dass es „Armstützen“ bei Steinkreuzen in Wahrheit gar nicht gab. Vielmehr wird bei der Ergänzung der Konturen des Kreuzes ***(Bild:** Rekonstruktion)* klar: Es handelt sich um einen Ring oder eine Scheibe.

Solche Ringe finden sich bei keltischen Kreuzen, wie sie in Schottland und Irland verbreitet sind. Sie symbolisieren dort den Nimbus, der um die Erlösergestalt Christi am Kreuz aufstrahlt, oder sie zeigen die ös-

terliche Sonne der Auferstehung, die hinter dem Durchgang Christi durch den Tod aufleuchtet.

Will man die Ergänzung aber nicht als einen solchen Ring betrachten, sondern als eine Scheibe, dann fällt einem dazu die Hostie bzw. Prosphora bei der Eucharistie bzw. das Brot beim Abendmahl ein. Und damit kommt man wieder zu einer Form von Kreuzsteinen, die auch durchaus in unserer Landschaft verbreitet waren, z.B. beim Kreuzstein von GESEES, einem uralten, scheibenförmigen Stein von rd. 95 cm Durchmesser und 30 cm Dicke mit einem Relief der Passion Jesu mit Maria und Johannes ***(Bild** oben)*. Hier bedeutet die Scheibe das eucharistische Opfer Jesu, das der Gemeinde mitgeteilt wird. Genau dies hat die Gemeinde auch so empfunden und im Jahr 2008 bei einem Künstler zur Darstellung in Auftrag gegeben: Sehr eindrucksvoll erheben zwei übermannsgroße Hände aus Kupferblech diese steinerne Hostie zur Danksagung ***(Bild** links)*.

Nun ist aber bemerkenswerterweise in SEYBOTHENREUTH die Form des Scheibenkreuzes mit einem Tatzenkreuz verbunden. Eine solche Verbindung einer Scheibe mit einem byzantinischen Kreuz bzw. Tatzenkreuz findet sich z.B. auch im unterfränkischen Ort STETTFELD am Main, die das ***Bild** unten* zeigt.

Auffallend und eine eigene Note beim Steinkreuz von SEYBOTHENREUTH ist aber, dass hier die Kreuzenden über die Scheibe hinausragen. Es mag also auch hier, ähnlich wie bei den keltischen Kreuzen, der Nimbus Christi oder die

Auferstehungssonne gemeint sein, die dem zur Unzeit Verstorbenen trotz eines „schlechten Todes“ doch in der Nachfolge Christi den Eingang ins ewige Leben verheißt.

Es fließen hier also, wie meist in der Symbolsprache der religiösen Kunst, mehrere Betrachtungsebenen zusammen, die, jeweils für sich betrachtet, ein Stück der gesuchten Wahrheit widerspiegeln.

Abgeschlossen: 10.07.2018

AM VORABEND DER URKATASTROPHE(N)
Weidenberger Geschichtsquellen

7. „KULTURATTACHÉ UND GESCHICHTSGEWISSEN“
Eine Erinnerung an Adam Kießling

Adam Kießling am seinem 70. Geburtstag 1985
(Repro: J.Taegert)

SIEBENTES BUCH:

„Adam Kießling – Kulturattachee und Geschichtsgewissen“

Eine Würdigung zu Adam Kießlings 100. Geburtstag
im Mitteilungsblatt der VG Weidenberg 12/2015

von Jürgen Joachim Taegert

INHALT

Der Holzkaufmann, Gemeinderat, Bürgermeisterkandidat, Kirchenvorsteher, leidenschaftliche Hobby-Historiker und Menschenfreund Adam Kießling wäre im Jahr 2015 100 Jahre alt geworden

Im März des Jahres 1980 berichtete ADAM KIEßLING in der Rubrik „Seinerzeit" des Mitteilungsblattes der Verwaltungsgemeinschaft WEIDENBERG erstmals vom „Denkmal" auf der Bocksleite, das MARGARETE SCHILLING aus dem Lessauer Armenhaus im Jahr 1937 hatte aufstellen lassen.

KIEßLING, den man wegen seiner Sachkenntnis liebevoll auch den „Kulturattaché" Weidenbergs nannte, hatte diese Rubrik „Seinerzeit" im Dezember 1972 aus der Taufe gehoben. Sie sollte nach seiner Vorstellung eine Sammlung von Berichten *„von historischen Ereignissen und vergangenen Tatsachen aus Weidenberg und seinem näheren Umland"* werden. Damit sollte erinnert werden *„an längst Vergessenes oder auch bisher Unbekanntes, was damals aktuell und ... in der Bevölkerung ein Tagesgespräch war."*

Eine unendliche Fülle solcher kleinen oder großen historischen Ereignisse und Tatsachen hat ADAM KIEßLING über mehr als 20 Jahre hinweg der Weidenberger Bevölkerung in Erinnerung gebracht. Er war, so würde ich ihn nennen, das liebenswerte und nimmermüde „Geschichtsgewissen der Marktgemeinde." Am 10. März 2015 wäre er 100 Jahre alt geworden.

Erster Berichterstatter über das Marterl der Margarete Schilling

In der März-Ausgabe der Rubrik „Seinerzeit" im Jahrgang 1980 des Mitteilungsblattes stellte ADAM KIEßLING erstmals seine groß angelegten Recherchen zu „Steinkreuzen und Martersäulen am Wege – Von alten Totenmalen und Gedenksteinen um Weidenberg" vor. Dabei räumte er dem „Denkmal" der MARGARETE SCHILLING am alten Lessauer Kirchweg oberhalb von WEIDENBERG einen besonderen Platz ein; er beschrieb den Granitsockel mitsamt den eingemeißelten Bibelsprüchen aus dem Alten Testament und den schmiedeeisernen Kreuzaufsatz, der mit seinem Vers aus dem Hiob-Buch *Ich weiß, dass mein Erlöser lebt* bewusst in die Zeit des Dritten Reichs spricht und dem ausufernden Hitlerkult das Christusbekenntnis entgegensetzt. Auch schilderte KIEßLING das Leben der heute weithin unbekannten Stifterin, die „für ihr armseliges Leben Trost in der Bibel fand".

Zur Intention des Geschichtsprojektes „Myrten für Dornen"

Eigentümlicherweise schrieb KIEßLING aber, obwohl er Zeitzeuge war, nichts über die Zeitumstände dieses Aufstellungsjahres 1937, als deutschlandweit die Hitlerverehrung ihrem Höhepunkt entgegenstrebte. Diese Zeit stellt ja auch für andere Historiker immer das noch schwierigste Kapitel deutscher Geschichtsschreibung dar. Sie lässt sich bis heute nicht in den Raum der vergangenen Geschichte einordnen, sondern berührt auch unsere Gegenwart auf eine vielfache und schmerzhafte Weise.

Das Geschichtsprojekt „Myrten für Dornen – Geschichte(n) aus Weidenberg 1919-1949", das sowohl in seinem Namen, als auch in seiner Thematik auf diese Zeit eingeht, nimmt auf die Bibelzitate am Bekenntnismarterl der MARGARETE SCHILLING Bezug und schildert in seinen Folgen das Alltagsleben und den Kirchenkampf in der oberfränkischen Marktgemeinde WEIDENBERG. Es soll in dieser Hinsicht bewusst Kießlings Werk ergänzen. Ausgehend von Kießlings klassischem Stichwort „Seinerzeit" soll es neue Ansätze der Geschichtsbetrachtung „von unten" zur Beschreibung und Deutung dieser kontaminierten und tabuisierten Zeit suchen. Dabei sollen dieses wohl weltweit einmalige „Evangelische Marterl" der MARGARETE SCHILLING, als auch sein Impulsgeber Pfarrer GEORG REDENBACHER und seine 30-jährigen Dienstzeit 1919-49 in WEIDENBERG die Kristallisationspunkte sein.

Erfinder und Gestalter von „Seinerzeit"

Der leidenschaftliche Heimatforscher und Hobby-Historiker ADAM KIEßLING war ja nicht nur der eigentliche Initiator der Reihe „Seinerzeit", sondern über zwei Jahrzehnte hinweg auch ihr qualifizierter Themengeber, Rechercheur und Schreiber. Der von ihm bearbeitete geschichtliche Radius ist gewaltig: Er reicht zeitlich über fast ein Jahrtausend von der Vorgeschichte Weidenbergs bis in Kießlings Gegenwart der 80-er Jahre des 20. Jahrhunderts. Und seine behandelten Themen umgreifen die Lebensverhältnisse der Menschen vom Alltag in Schule und Arbeitswelt, über die Religion und die Gesetzgebung bis zum Zusammenleben in Vereinen oder Gemeinde. Einige dieser Artikel werden gegenwärtig von der Marktgemeinde überarbeitet und unter dem Titel „Seinerzeit – Geschichten und G'schichtla" als Jahresbändchen herausgegeben.

KIEßLING war ein neugieriger und zugleich leutseliger Zeitgenosse, dem jeder Mensch und jede Gruppe wichtig waren. Er sprach mit den Leuten auf der Straße. Er war im Vereinsleben dabei und brachte bei seinen Besuchen Notizblock und Kamera mit. Und er wusste aus dieser Anteilnahme am Leben Anderer seine interessanten Berichte zu gestalten.

In seinen Darlegungen fällt häufig sein besonderer Bezug zu aktuellen Tagesdaten auf, mit denen er die Geschehnisse von Seinerzeit wieder in Erinnerung rief und lebendig machte. Dazu nutzte er vor allem Vereinsjubiläen oder das Gedenken an das Kriegsende usw. Diese Methode des erinnernden Erzählens erwies sich als ein guter Weg, ein breites Publikum auf leichte Weise mit Historie zu konfrontieren, ohne es zu überfordern.

Kießlings Plan: Die Weidenberger Geschichte neu schreiben

ADAM KIEẞLING hat keine eigenen Nachkommen hinterlassen, die sein Werk fortsetzen könnten. Hinzu kam die Tatsache seiner schweren Erkrankung, die es seinerzeit vereitelt hat, dass er selbst sein Lebenswerk vollenden konnte. So vieles hätte er gern noch tun wollen.

An oberster Stelle seiner Pläne stand eine längst fällige Chronik für WEIDENBERG, welche die wenigen zugänglichen Geschichtsveröffentlichungen an wichtigen Punkten ergänzen und vertiefen sollte. Bis dahin gab es ja nur die winzigen Heftchen von Pfarrer JOHANNES MICHAEL EINFALT 1896 zur „Geschichte von Weidenberg und Umgebung" und von Lehrer JOHANN ERHARD REBLITZ 1900 mit seiner „Beschreibung der Marktgemeinde Weidenberg", sowie als einziges umfangreicheres Standardwerk die „Geschichte des Marktes Weidenberg" von JOACHIM KRÖLL aus dem Jahr 1967. Dieses Buch erfüllt aber nicht die Versprechungen seines anspruchsvollen Titels, sondern beschränkt sich eindeutig auf die Welt der Altstraßen, Turmhügel und Weidenberger Adligen bis ins 18. und frühe 19. Jh.; danach wird dieses Werk immer schweigsamer. Für die Beschreibung der Zeit des Dritten Reiches auf vier knappen Seiten verwendet es unkommentiert die verharmlosenden Aufzeichnungen eines Weidenberger Altnazis, ohne freilich seinen Namen zu nennen. Hier gab und gibt es also Nachholbedarf.

Unendlich viel Mühe hatte KIEẞLING aufgewendet, um Material für sein Geschichtsprojekt zu sammeln. Er hatte sich auch eine Struktur für diese umfangreiche Arbeit überlegt. Aber das gehörte auch zu seinem Wesen: Obwohl seine Erben sagen, der Dachboden sei damals nach seinem Tode im Jahre 1994 immer noch so übervoll an Papier gewesen, dass es nur in Containern abgefahren werden konnte und auf dem Müll landete, so scheint doch dank seiner Voraussicht manches Wichtige erhalten geblieben zu sein. KIEẞLING hat einfühlsam und liebevoll Vorsorge getroffen, damit andere einmal auf dem Boden seiner Erkenntnisse weiterarbeiten können. Was auf diesem Dachboden noch klar erkennbar mit Forschungen über einen Verein oder den Markt WEIDENBERG zu tun hatte, das haben die Angehörigen auch an diese Zielgruppen weitergegeben, in der Hoffnung, dass es dort gewürdigt und gut aufgehoben wird. Zukünftige Chronisten des Marktes WEIDENBERG werden an diesen Vorarbeiten Adam Kießlings nicht vorbeigehen können.

Die Teile seines Archivs, die ADAM KIEẞLING für den Markt WEIDENBERG gedacht hat, haben inzwischen in der renovierten einstigen „Wildmeisterei" am Weidenberger Obermarkt ihren Platz gefunden. Hier wird das ganze Marktarchiv neu angelegt.

Geduldig hat KIEẞLING über die Jahre hinweg viel Quellmaterial gesammelt und auch angefertigt: Dias, Berichte, Festschriften, Zeitungsartikel, Protokolleinträge, Literaturhinweise und eigene Notizen aus allen Bereichen des gesellschaftlichen Lebens in WEIDENBERG und seinen Außenorten, sowie der Verwaltungsgemeinschaft mitsamt der Frankenpfalz. Alles ist in verschiedenen Verzeichnissen geordnet, dafür kann ihm jeder Historiker nur dankbar sein. So freuen sich z.B. viele Weidenberger, darunter die Senioren der Gemeinde, seit Jahren über Vorträge der VHS, in denen HELGA ORDNUNG ihnen Bilder des früheren WEIDENBERG aus Kießlings Archiv zeigt und die Vergangenheit wieder lebendig werden lässt.

Ein Zeitzeuge, der über die miterlebte Hitler-Zeit weitgehend stumm bleibt

Bedauern muss man, dass ADAM KIEẞLING und auch alle anderen Historiker bisher, die über WEIDENBERG berichten, die schwierige Zeit von 1933-1945 weitgehend ausgelassen haben. KIEẞLING hat diese Zeit selbst als Zeitzeuge im besten Alter miterlebt. Allerdings lebte er zu dieser Zeit nicht in WEIDENBERG.[428]

Er stammt mit zwei Geschwistern aus einem bewusst kirchlich eingestellten Weidenberger Elternhaus. In dem hübschen zweistöckigen Sandsteinhaus an der oberen Marktstraße 34 wohnten seit dem Jahr nach der Brandkatastrophe von 1770 schon seine Vorfahren „mit Garten und Hofrecht". Neben ihrer kleinen „Ökonomie" hatten sie von Anfang an auch eine Konzession für das Töpferhandwerk und das Brennen von Schnaps. Noch Adam Kießlings Eltern KONRAD und ELISABETH haben als Töpfer gearbeitet. Ihre Spezialität war das Brennen und bunte Lasieren von Ofenkacheln. So kannte man sie in der ganzen Gegend nur unter dem Hausnamen „Hefner".

Sie schlossen sich aber seinerzeit dem Trend zur Mechanisierung an und errichteten im Garten eine Schneidmühle, also ein Sägewerk mit Gatter für den Schnitt langer Bretter. Erstmals wurde ein Elektromotor eingesetzt, denn die bis dahin erforderliche Wasserkraft war hier auf der Anhöhe des Obermarktes ja nicht verfügbar. Adams älterer Bruder sollte das Sägewerk einmal weiter führen. Im Streit um diese Modernisierung der Säge trennte sich ADAM als 19-Jähriger von WEIDENBERG. Es heißt, er habe dann im Hamburger Raum als Holzkaufmann gearbeitet. Er soll auch einiges vom Hamburger Dialekt angenommen und dort geheiratet haben. Die-

---

[428] Vergl. zum folgenden Abschnitt über die Persönlichkeit und das Geschick von ADAM KIEẞLING auch die Informationen in der 2. Folge des Gesamtprojektes ‚Myrten für Dornen' im Kapitel 3 „Arbeit, Wohlstand und Armut bei den „Gaasla – Soziales Leben, Beruf und Gewerbe in Weidenberg bis 1919".

se erste Ehefrau soll eine Schauspielerin gewesen sein, doch weil sie mit der Mentalität der Weidenberger Franken nicht zurechtgekommen sei und sich in WEIDENBERG wie ein Fremdkörper gefühlt habe, hätten sich die beiden wieder getrennt.

Im Krieg wurde ADAM KIEẞLING wohl relativ spät als Soldat eingezogen und kehrte nach dem polizeilichen Meldeverzeichnis auch erst ungewöhnlich spät, nämlich am 19. Januar 1948, also fast drei Jahre nach Kriegsende, aus französischer Gefangenschaft zurück. Er ist wohl bei den Rückzugsgefechten der Deutschen gegen die Amerikaner 1944/45 in der Normandie eingesetzt gewesen und dort gefangengenommen und dann an die Franzosen ausgeliefert worden.

Die lange Verweildauer vieler Deutscher in französischer Gefangenschaft ist vielfach heute unbekannt und verdrängt;[429] meist denkt man nur an die späten Russlandheimkehrer. Doch im Ganzen waren die schwindelerregende Zahl von fast 11 Millionen deutschen Soldaten in die Gefangenschaft der Gegner geraten, davon etwa 7,5 Millionen in westlichen Staaten. Und da es keinen Friedensvertrag gab und auch keine Schutzmacht, die sich für die Gefangenen einsetzte, handhabte jeder Siegerstaat die Behandlung der Gefangenen auf seine Weise, und die war oft willkürlich und menschenverachtend.

Dabei ließen sich die Franzosen von dem Drang zur „Rache" an ihren „Erbfeinden" verleiten. Da sie selbst nur die Hoheit über etwa 250.000 Gefangene, aber großes Interesse hatten, Deutsche als Zwangsarbeiter im Bergbau, bei gefährlichen Minenräumkommandos oder auch in der „Fremdenlegion" einzusetzen, ließen sie sich von den Amerikanern weitere 740.000 Gefangene übergeben, sodass sie letztlich die Kontrolle über 1 Million Deutsche hatten, nicht gerechnet die Menschen in den von ihnen besetzten deutschen Gebieten. Manche Männer verschwanden freiwillig in der französischen Fremdenlegion und kämpften in Indochina mit, weil sie, z.B. als ehemalige SS-Leute, etwas zu verbergen hatten, andere wurden zwangsweise rekrutiert und ihnen dabei ihre Eigenschaft als französische Gefangene schamlos vorgehalten. Manche sollten sich auch durch „freiwillige" Zwangsarbeit ihre zukünftige Freiheit „verdienen".

Das Rote Kreuz bemühte sich immer wieder vergeblich um eine Freilassung der Gefangenen; die Franzosen setzten sich immer wieder über die Genfer Konvention hinweg. Auch die USA mahnten wiederholt ihren Verbündeten. Erst als die Praxis der Franzosen öffentlich gemacht und von den Amerikanern als Skandal gebrandmarkt wurde, konnte sie nach und nach beendet werden, zumal wenn die Männer,

---

[429] Vergl. dazu und zum Folgenden ARTHUR L. SMITH jr., Die deutschen Kriegsgefangenen und Frankreich 1945-1949, in: Vierteljahreshefte für Zeitgeschichte Jg. 32/1884, Heft 1 (http://www.ifz-muenchen.de/heftarchiv/1984_1_4_smith.pdf).

wie anscheinend wohl auch im Fall KIEẞLING, sich nichts hatten zuschulden kommen lassen, also nicht „belastet" waren. Jedenfalls haben meine Recherchen bei den einschlägigen Archiven im Fall KIEẞLING bislang nichts Belastendes ergeben.

Trotzdem scheint es dieser Generation schwer gefallen zu sein, über diese Kernzeit ihres Lebens später zu reden. ADAM KIEẞLING hätte uns als Zeitzeuge sicher wertvolle Erkenntnisse über diese schwierige und belastende Zeit vermitteln können. So hört auch sein sorgfältig recherchierter Bericht über das evangelische Marterl an der Bocksleite leider genau an dieser Stelle auf, wo es darum geht, die Hintergründe für die Aufstellung im Jahr 1937 zu erfahren.

Denn es war dieses Jahr, das für die christlichen Kirchen im Dritten Reich höchst dramatisch und folgenreich werden sollte. Die Selbstvergottung Hitlers strebte gerade ihrem Höhepunkt zu, und viele Christen befürchteten, dass es nun mit den Kirchen bald aus sei. Vielleicht wusste ADAM KIEẞLING aber auch noch nicht, dass dieses „Denkmal" zu den wirklich wiederständigen und mutigen Bekenntnissen dieser vergifteten Zeit gehörte. Es hat den Anschein, als ob auch viele Weidenberger Bürger einschließlich des NS-Ortsgruppenleiters damals die Brisanz der Aufstellung dieses religiösen Zeichens zunächst überhaupt noch nicht wahrgenommen hatten. So erfahren viele erst heute von der besonderen Zweckbestimmung dieses Marterls als Bekenntnis im Kirchenkampf, das auch anderen damals Mut machen sollte zum hoffnungsvollen Glauben der Bibel in unmenschlichen Zeiten

Politisch, kirchlich und für Vereine tätig

Müßiggang und Alleinsein war Kießlings Sache aber nach seiner Heimkehr aus der Kriegsgefangenschaft nicht. Im Zweiten Weltkrieg war sein Bruder gefallen. Er selbst, der von eher kleiner und zarter Gestalt war, wenn er auch stets auf sein Äußeres achtete, übernahm im Jahr 1948 für den Rest seines Lebens die Verantwortung für den väterlichen Betrieb. 1949 heiratete er in zweiter Ehe die verwitwete und sechs Jahre ältere Schneidermeisterin ELISABETH, geb. GEBHARDT, aus SEYBOTHENREUTH.

ADAM KIEẞLING wirkte auch im öffentlichen Leben der neuen Bundesrepublik aktiv mit. So war er auch Mitglied im Marktgemeinderat.

Ferner hat WOLFGANG FÜNFSTÜCK, der langjährige angesehene Bürgermeister der Marktgemeinde, der selbst ein „Zugereister" aus dem Gebiet der Sudeten war, persönlich bestätigt, dass KIEẞLING vor FÜNFSTÜCK um das Jahr 1960 sogar Kandidat für das Bürgermeisteramt war; er sollte auf Initiative der einheimischen Weidenberger für die Freie Wählergemeinschaft FWG ein bewusstes Gegengewicht zu dem von Flüchtlingen dominierten „Bund der Heimatvertriebenen und Entrechteten" BHE bilden. KIEẞLING hat aber Bürgermeister FÜNFSTÜCK, der zu den Heimatvertriebenen gehörte, nach dessen Wahlsieg dann solidarisch unterstützt.

In den Zeiten von Pfarrer JOHANNES SCHRÖTER (1961-1970) und Pfr. GERHARD RÖNSCH (1970-79) arbeitete ADAM KIEẞLING, der von einer schlichten, tiefen Frömmigkeit war, auch aktiv in der Kirchengemeinde mit. So sehen wir ihn als Mitglied und Vertrauensmann im Kirchenvorstand. Er engagierte sich auch in der kirchlichen Jugendarbeit. Mit seiner Gattin und dem Pfarrer zusammen leitete er 1966 eine Jugendfreizeit in WELSBERG (Pustertal/Südtirol), sowie 1969, wegen Erkrankung des Pfarrers damals sogar allein, einen Gemeindeausflug nach MERAN. Zeitzeugen erinnern sich noch amüsiert, wie KIEẞLING in seinem Eifer mit der Gruppe im Bus von Brennerpass hinunter die Abfahrt verpasste und eine Stunde zu weit fuhr.

An Adam Kießlings Wirken als Wohltäter seiner Kirchengemeinde erinnert auch die Bankheizung in ST. STEPHAN, deren Einbau er mit einem Privatkredit ermöglichte; die Gemeinde sollte dort während der Kirchenrenovierung und auch sonst im Winter bei Gottesdiensten nicht frieren. Weniger erfreulich war, dass er, wie auch viele andere Gemeindeglieder und Mitarbeiter, das Krankheitsbild bei Pfarrer SCHRÖTER nicht recht zu deuten wusste und ihm deshalb Unrecht tat. Dieser an sich außerordentlich tüchtige Pfarrer hatte aus dem Krieg ein unerkanntes Trauma mitgebracht, das bei ihm zeitweilig starke Depressionen hervorrief. Das äußerte sich dann in Fluchtverhalten – er verschwand dann bisweilen tagelang – und in ungerechter Ansprache von Mitarbeitern.

Doch war die deutsche Psychiatrie damals, nachdem sie sich im Dritten Reich insbesondere zu Euthanasiemorden hatte missbrauchen lassen,[430] noch lange Zeit rückständig. Sie vermochte ihre neuen Erkenntnisse auch nicht in der Öffentlichkeit zu etablieren, so dass es medizinischen Laien wie KIEẞLING nur schwer möglich war, die krankheitsbedingten Probleme in der Arbeit ihres Pfarrers (und später auch bei sich selbst) richtig einzuschätzen. Stattdessen beteiligte er sich federführend an einem öffentlich inszenierten Aufstand, der in einem peinlichen Tribunal im Gasthof Vogel mündete und schließlich zum freiwilligen Weggang dieses Pfarrers führte. Erst Schröters Nachfolger RÖNSCH gelang es, neue Brücken zu bauen, Versöhnung zu stiften und diesem Pfarrer nachträglich Gerechtigkeit widerfahren zu lassen. Denn dem Kundigen ist klar: Von vielen Denkanstößen von Pfarrer SCHRÖTER lebt die Gemeinde noch heute.[431]

In seiner Tätigkeit als kompetenter Heimatforscher war KIEẞLING weit über den

[430] Vergl. die Berichte über die Weidenberger Euthanasieopfer in der 5. Folge des Projektes ‚Myrten für Dornen‘: „Spuren der Opfer – Anteilnahme und Verleugnung“.

[431] Mehr dazu in meiner Fortschreibung der historischen Pfarrbeschreibung oben in den einschlägigen Abschnitten.

Ort WEIDENBERG hinaus bekannt und tätig. Er besaß keinen Autoführerschein, aber er fuhr ein Motorrad Victoria 100cm², später ein Mofa; das nutzte er auch für seine Wege bis BAYREUTH.

Wenn KIEßLING in Vereinen und bei Ereignissen unterwegs war, hatte er in seiner Kamera meist einen Farb-Diafilm. Bei vielen Vorträgen, vor allem bei der VHS, lauschten ihm die Zuhörer zu seiner Zeit gespannt, denn er konnte zu den Bildern auch interessante Geschichten erzählen.

ADAM KIEßLING war zugleich aktives Mitglied im Obst- und Gartenbauverein. In seiner Liebe zur Natur war er auch als Imker tätig. Seine eigene Streuobstwiese Richtung FISCHBACH nutzte er, um Kunden aus dem Fichtelgebirge mit köstlichen Weidenberger Äpfeln zu versorgen. Insofern ist er ein Wegbereiter der heutigen „Apfelgrips-Initiative".

Ein tragisches Ende

Die Nachricht vom plötzlichen Tod Adam Kießlings am 15. September 1994 traf die ganze Gemeinde wie ein Schock. Sein schrecklicher Suizid im elterlichen Betrieb kam auch für Menschen, die ihn kannten, völlig unerwartet. Aber in einem Abschiedsbrief bat er doch um Verständnis. Als Grund gab er an, dass er unter einer fortschreitenden Osteoporose mit steigenden Schmerzen litte. Seit dem Tod seiner zweiten Frau im Jahr 1988 fühlte er sich – trotz seiner vielfältigen Hingabe an andere Menschen – sehr allein; er wollte aber niemandem zur Last fallen.

Ein weiterer Schlüssel zu diesem Suicid dürfte in den nie verarbeiteten Traumata von Krieg und Gefangenschaft liegen. Informationen darüber glaubte er wohl der Öffentlichkeit nicht zumuten könnte. Tatsächlich wissen bis heute die wenigsten von seinen dunklen Gedanken. Wie schon oben bei Pfarrer SCHRÖTER beschrieben, litten ja viele Betroffene seiner Generation an unbehandelten Traumata, die zu Depressionen führten. Die Aussicht auf ein lohnendes Weiterleben war ihm verdunkelt, doch er wollte seine negativen Gefühle niemandem aufbürden.

Kießlings Grab findet sich auf dem Friedhof von ST. STEPHAN, vom oberen Eingang geradeaus direkt bei der Gruft. Hier ruht er zusammen mit Ehefrau ELISABETH und deren Schwester MARGARETE.

Die tief erschütterte und unübersehbar große Gemeinde verabschiedete sich unter der geistlichen Leitung von Pfarrer CHRISTOPH V. KNOBELSDORFF am 20. Sept. 1994 von ihrem geschichtsbeflissenen Mitbürger. Der Bibelspruch, den ADAM KIEßLING sich als Glaubenstrost auf dem Grabstein wünschte, ist der letzte Vers der Bibel aus der Offenbarung des Johannes:

„Siehe, ich komme und will bei dir wohnen, spricht der Herr".

Quellen zur Geschichte der VG Weidenberg

Literatur und Dokumente:

Verfasser bzw. Herausgeber:	Erscheinungsjahr	Titel bzw. Bezeichnung:	Form des Dokumentes:
APPELTSHAUSER, H. / LEISTNER, A. / REITER, R.	1981	Steinkreuze und Kreuzsteine im Umkreis von Coburg	Paperback, 64 S.
DILL, KARL	1884, [2]1987	Kleindenkmäler im Landkreis Bayreuth	Paperback, 168 S.
DILL, KARL	1970	Die alten Flurdenkmäler des Landkreises Bayreuth	Broschüre, geheftet, 32 S.
DÖTTERL, MATTHIAS (posth.) u. TAEGERT, JÜRGEN	Kirchenpingarten 2009	„Wo König und Herzog einfache Leute sind – Spurensuche Frankenpfalz“	Gebunden, Format A4, 314 S.
EINFALT, J.M. (JOHANNES MICHAEL)	1896	Die Geschichte von Weidenberg und Umgebung	Broschüre, geheftet,48 S. Kleinformat, gedruckt bei Ellwanger
EVANG. KIRCHENGEMEINDE und LANDESKIRCHE	Div.	Kirchenbücher, Pfarrbeschreibungen, Protokolle des Kirchenvorstandes, Kirchenführer, Gemeindebriefe, Akten im landeskirchlichen Archiv Nürnberg und im Dekanat Bayreuth, Bauakten, Traubibeln, Himmelsbriefe, Erbauungsliteratur	
GEBESSLER, AUGUST	1959	Stadt und Landkreis Bayreuth	Gebunden, 156 S.
HIERY, HERRMANN u. SPÖRRER, FRANK	2003	Creußen, Geschichte einer oberfränkischen Stadt 1800-2000	Gebunden, 288 S.
KATH. PFARRVERBAND KIRCHENPINGARTEN - ROSENHAMMER	Weidenberg 2001	Chronik 100 Jahre Sankt Michaelskirche Rosenhammer-Weidenberg 20. Mai 2001	Broschüre, geheftet, ohne Seitenzahl
KIEẞLING, ADAM	1984 / 2010	Weidenberg in alten Ansichten	Hardcover, o. S.
KIEẞLING, ADAM U.A.	1973-1977, 1978 …	Seinerzeit ... Amtsblatt Weidenberg: Diverse Artikel u, Verfasser	Lose Blätter A4 mit Umdrucker

KRÖLL, JOACHIM, Dr.	1967	Geschichte des Marktes Weidenberg	Hardcover, gebunden, 200 S.
MARKT WEIDENBERG	Div.	Marktarchiv (im Aufbau), Protokollbücher und Schriftverkehr des Marktgemeinderates, Polizeiliches Melderegister, Standesamtliche Dokumente	
MARKT WEIDENBERG / GMD.-PARTNERSCHAFTSVEREIN	Weidenberg 2009	Festschrift zum Jubiläum der Partnerschaften	
MEHL, BIRGIT	1992	Geschichte des Marktes Weidenberg	Zulassungsarbeit (im Archiv von Adam Kießling)
MENSING, BJÖRN	2001	Pfarrer und Nationalsozialismus. Geschichte einer Verstrickung am Beispiel der Evang.-Luth. Kirche in Bayern.	Paperback, 291 S.
MICHEL, RUDOLF	1982	Heimatbuch Seybothenreuth – Die Geschichte eines Dorfes u. seines Umlandes	Paperback, 450 S.
MÜLLER-SPERTINA, ACHIM	1985-1987	Weidenberger Hefte Nr. 1 – 12: Diverse Artikel und Verfasser	Lose Blätter mit Umdrucker
REBLITZ, J. E. (JOHANN ERHARD)	1900	Beschreibung der Marktgemeinde Weidenberg	Broschüre, geheftet, 48 S. Kleinformat, gedruckt bei Ellwanger
SCHMIDT, PH.	1903	Statuten des Verschönerungsvereins [Weidenberg]	Kleindruck, geheftet, 8 S.
SPERL, AUGUST	1900	Der oberpfälzer Adel und die Gegenreformation, in: VJSchr. f Wappen, Siegel und Familienkunde XXVIII. Jg., S. 339-487	Gebunden, 488 S., Carl Heymanns Verlag Berlin
STEINMETZ, HORST u. SCHÖFFEL, HANS	Bayreuth ^{2}1989	Volkmusik im Landkreis Bayreuth: Weidenberg, Sophienthal, Untersteinach, Kirchenpingarten	Gebunden, 124 S.
TAEGERT, JÜRGEN	Kirchenpingarten 2010	Wenn Holz und Steine reden – Marterlwege in der Frankenpfalz im Fichtelgebirge	Gebunden, 146 S.

TAEGERT, JÜRGEN U. DÖTTERL, MATTH. (s.o.)	Kirchenpingarten 2009	„Wo König und Herzog einfache Leute sind – Spurensuche Frankenpfalz"	Gebunden, Format A4, 314 S.
Unbekannter Verfasser (wohl Vorarbeiten für Facharbeit)	ca. 1990	Häuserchroniken von Weidenberg 1800 – 1990 a) Obermarkt b) Untermarkt	68 lose Blätter A4: Obermarkt 42 S. Untermarkt 26 S.
Unbekannter Verfasser (wohl Vorarbeiten für Facharbeit)	ca. 1990	Die Gewerbetätigkeit in Weidenberger Obermarkt im Spiegel von zwei Jahrhunderten 1800 - 1990	16 lose Blätter A4
VEREINE	Div.	Chroniken und Protokollbücher der Vereine, Zeitungsberichte	Div.
WILFERT, JOHANNES	1987	Emtmannsberg im Spiegel seiner Geschichte	Gebunden, 432 S.
WILL, BERND	„Seinerzeit" 7, 9-12, 14/1990	Der Markt Weidenberg um die Mitte des 19. Jahrhunderts (Abitur-Arbeit)	Lose Blätter A4

Über den Verfasser und sein Projekt

Der Autor JÜRGEN JOACHIM TAEGERT, geboren im Kriegsjahr 1941, ist evangelischer Pfarrer im Ruhestand und Verfasser zahlreicher Publikationen, die sich in bewusst ökumenischer Perspektive mit der Verbindung von Geschichte, Kultur, Landschaft und menschlichem Geschick befassen und die zugleich helfen wollen, das Schweigen zwischen den Generationen aufzubrechen.

Die durchgängig verwendete Methode ist die „Geschichtsaneignung von unten", die der möglichst sachlichen und nachvollziehbaren Darstellung des einzelnen Lebensschicksals Vorrang einräumt vor einer allgemeinen Zeitanalyse. Die gründlich recherchierten Lebensbilder der vorgestellten Personen werden aber stets im Kontext der jeweiligen Zeitgeschichte betrachtet.

In seinen jüngsten Arbeiten hatte der Autor das Geschick einer bürgerlichen Familie seit dem 30-jährigen Krieg und im letzten Doppelband „Die Kima und ihr Lutz" die beiden Generationen beschrieben, die den Ausklang der Kaiserzeit des Zweiten Reiches und den Aufstieg und Fall des Dritten Reiches miterlebten und mit ihrem Lebensweg auf vielfältige Weise in diese Zeit verflochten waren. Die seelsorgerliche Absicht war, die Kinder und Enkel der „Kriegskinder" mit den bisweilen traumatischen Erfahrungen ihrer Eltern und dem manchmal verstörenden Handeln ihrer Großeltern zur Zeit des Dritten Reichs vertraut zu machen und das bedrückende Schweigen aufzubrechen, das viele nach dem Ende der Dritten Reichs ihren ahnungslosen Kindern und Enkeln hinterlassen hatten. Bis heute steht ja die Frage im Raum, wie es den „braunen" Agitatoren gelingen konnte, auch verantwortungsbewusst denkende und gläubige Menschen ohne großen Widerstand für ihre menschenverachtende Sache zu gewinnen und zu oft lebenslanger Treue zu verpflichten.

Das gleiche Ziel von Aufklärung und Seelsorge verfolgt auch das neue umfangreiche Projekt „Myrten für Dornen", in dem nun diese Erfahrungen aus dem Bereich einzelner Familien auf das Geschick einer ganzen Gemeinde übertragen werden, in der auch heute noch weitgehend dasselbe Schweigen über die zurückliegende Zeit zu herrschen scheint: die Kirchen- und Marktgemeinde WEIDENBERG am Fichtelgebirge in Oberfranken, der Verwaltungssitzgemeinde des Verfassers. Bis heute gibt es hier jedenfalls keinen ernstzunehmenden öffentlichen Versuch, dieses Schweigen über die Zeit der Naziherrschaft zu durchbrechen.

Dabei hat diese Gemeinde nach den Erkenntnissen des Autors nur wenig Anlass, beschämt in Lautlosigkeit zu verharren. Vielmehr hat die Befragung vieler noch lebender Zeitzeugen eine große selbstkritische Abgeklärtheit offenbart, die oft mit einer ergreifenden Anteilnahme für die damaligen Opfer verbunden war und die es erlaubte, auch heikle Fragen offen und aufrichtig anzusprechen. Es gab in keinem Haus eine Ablehnung, sondern nur offene Türen und sehr offenherzige Gespräche, die sich tief eingeprägt haben. Auch wich keine(r) der Söhne, Töchter oder engen Verwandten der im Dritten Reich Beteiligten den Nachfragen aus. Keiner meinte seine Eltern entschuldigen oder bezichtigen zu müssen, es war eher wie die persönliche Befreiung aus einer langen bedrückenden Stille. Es wurden Einblicke in vertrauliche Familienalben gewährt, und der Autor wurde beschämt mit der Übergabe einer Fülle von bewegenden oder erschütternden Dokumenten, die vieles über den damaligen Alltag, die Täter, Mitläufer und Opfer und ihre oft bestürzenden Biografien ans Licht brachten.

Ausgangspunkt dieses Geschichtsprojektes ist das evangelische Bekenntnismarterl auf der Bocksleite über WEIDENBERG, das die gebürtige Lessauerin MARGARETE SCHILLING im Jahr 1937, dem fünften Jahr der Herrschaft Hitlers und am Höhepunkt des Kirchenkampfes, gestiftet hat. Seine eingemeißelten Bibelverse formulierten damals einen leidenschaftlich vorgetragenen Widerspruch gegenüber dem totalitären Anspruch des nach göttlicher Allmacht heischenden Diktators und riefen auf zum Vertrauen auf einen Gott, der auch der Menschenverachtung eines tausendjährigen „Dritten" Reichs Grenzen setzt

Dieses Marter, ein bewegendes und wohl weltweit einzigartiges religiöses Zeichen des „kleinen Widerstandes von unten" im Dritten Reich, wird zum Ausgangspunkt einer spannenden und exemplarischen Zeitreise. Sie beleuchtet in den insgesamt sechs Folgen des Projektes „Myrten für Dornen" in Lebensbildern den Alltag der Menschen in WEIDENBERG in der Dienstzeit von Pfarrer GEORG REDENBACHER 1919-1949 samt der vorausgehenden Sozial- und Kulturgeschichte des Marktortes und insbesondere den Aufstieg und das Wirken der Nationalsozialisten bis Kriegsende und die ersten Nachkriegsjahre. Beschrieben wird der Kampf der Kirchen. Und gefragt wird nach den Opfern von Hitlers Willkürherrschaft.

So entstehen über diese kontaminierte Zeit doch versöhnliche Bilder voller Mitmenschlichkeit, die zeigen, dass auch diese Zeit nicht ohne Glauben und ohne Gott war. Insbesondere war das Bemühen aller an den Recherchen Beteiligten einhellig, den Opfern nachträglich eine Stimme zu geben und ihnen das Menschenrecht zuzusprechen. In dieser verständnisbereiten Liebe ist sicher das Geheimnis zu suchen, wie das Schweigen zwischen den Generationen überwunden werden kann.

GESAMTPLAN für die sechs Folgen des Projektes „Myrten für Dornen“ über die Weidenberger Kirchen- und Ortsgeschichte zur Veröffentlichung 2018/19:

Folge Nr.	*Überschriften der jeweiligen Folge:*	*Die Bücher und Inhalte der jeweiligen Folge:*
1	**„AM VORABEND DER URKATASTROPHE(N)“ – Quellen zur Weidenberger Geschichte** ISBN 978-3-9472-4715-8	**1. „TANNEN FÜR HECKEN UND MYRTEN FÜR DORNEN“** – Das evangelische Bekenntnismarterl der Margarete Schilling 1937 auf der Weidenberger Bocksleite **2. „DIE PFARRBESCHREIBUNG 1913/14“** – eingelesen, kommentiert und fortgeführt bis in die Gegenwart **3. „DIE GESCHICHTE VON WEIDENBERG UND UMGEBUNG“** 1896 von Pfarrer Johannes Michael Einfalt **4. „BESCHREIBUNG DER MARKTGEMEINDE WEIDENBERG“** 1900 von Lehrer Joh. Erhard Reblitz **5. DER „WEITBERÜHMTE MARCK WEIDENBERG“** samt Umgebung 1692 von Magister Johann Will **6. „DER STUMME SCHREI ZUM HIMMEL“** – Die Steinkreuze um Weidenberg und in der Frankenpfalz **7. „KULTURATTACHÉ UND GESCHICHTSGEWISSEN“** – Eine Erinnerung an Adam Kießling
2	**„LICHT UND SCHATTEN DER NEUEN ZEIT“ – Alltags-Erleben und Kirche in Weidenberg in der Vorahnung der Katastrophe**	**1. „WO SIND DENN DIE RITTER?“** – Georg Redenbacher (1880–1951), ein Original von Pfarrer, schrullig, kauzig, leutselig, souverän **2. „PFARRERSEIN IN WEIDENBERG – EIN BESCHAULICHES LEBEN?“**– Geschichte der Kirchen Weidenbergs, der Gemeinde und ihrer Pfarrer anhand der Epitaphien und neuer Recherchen

2	ISBN 978-3-9472-4716-5	3. **ARBEIT, WOHLSTAND UND ARMUT BEI DEN „GAASLA“** – Soziales Leben, Beruf und Gewerbe in Weidenberg bis 1919 4. **„ALS WEIDENBERG KURORT WERDEN WOLLTE“** – Pfarrer Redenbacher und der Verschönerungsverein Weidenberg (Ein Durchgang durch die Geschichte der Marktgemeinde Weidenberg 1903-2013)
3	**„DER ANSTREICHER UND SEINE LEHRJUNGEN“ –** **Braune Herrschaft in Weidenberg seit 1929** ISBN 978-3-9472-4717-2	1. **„SEIT 1933 SIND WIR ALLE NICHT MEHR NORMAL“** – Georg Rumler und der Aufstieg der Nazis in Weidenberg von 1929 bis zu ihrem Durchbruch 1933 2. **„BEI MIR IST NIEMAND ZU SCHADEN GEKOMMEN“** – Die Herrschaft der Nazis in Weidenberg und ihre Gegner 3. **„PHYSICUS UND PHARMAZEUT“** – Weidenberger Gesundheitswesen bis in die erste Hälfte des 20. Jahrhunderts
4	**CHRISTSEIN AM SCHEIDEWEG** **– Weidenberg im Kirchenkampf** ISBN 978-3-9472-4718-9	1. **„BLOß KEINE ATHEISTEN ...“** – Zehn Wunder bei der Entwicklung der Protestantischen Landeskirche in Bayern und im Kirchenkampf im Dritten Reich 2. **„DAS TROJANISCHE PFERD DER NAZIS“** – Pfr. Theodor Hoffmann und die Deutschen Christen 1933-1942 3. **„DAS BEKENNTNISMARTERL VON 1937“** der Margarete Schilling im Kirchenkampf und andere Geschichten vom Pfarrer Redenbacher 4. **„ALS HITLERS GOTTHEIT INFRAGE STAND“** – Der Widerstand der Frankenpfälzer und der Überfall der Weidenberger Nazis nach den Hitlerwahlen 1938 5. **„DIE WEIDENBERGER HIMMELSBRIEFE“** – Ein vergessener stummer Schrei nach Segen

5	**„SPUREN DER OPFER“** **– Anteilnahme und Verleugnung** ISBN 978-3-9472-4719-6	1. „ANNA MARGARETA – GEDENKEN DES UNBEGREIFLICHEN“ – Spurensuche nach einem Opfer des NS-Euthanasie-„T4-Programms“ aus der Kirchengemeinde Weidenberg 2. „MARTIN – LEBEN IM ARMENHAUS, STERBEN AN HUNGERKOST“ – Spurensuche nach einem Opfer der Armut und der „wilden Euthanasie“ aus Weidenberg 3. „JENSEITS DER ROTEN LINIE“ – Ein Weidenberger in den Klauen von Gestapo und Volksgerichtshof: Die Akte Dennert-Weidenberg 1930-1944
6	**„UNTERGEHEN UND AUFSTEHEN“** **– Der Alltag unter Kriegsbedingungen und das Danach** ISBN 978-3-9472-4720-2	1. „HASENJAGEN, ABER GELERNT HABEN WIR NICHTS“ – Schule und Konfirmation im Dritten Reich und der kleine Widerstand im Alltag 2. „BDM-MÄDCHEN MARIANNE UND HITLER-JUNGE HANS“ – Hitlers Griff nach der Jugend 3. „FERIEN OHNE HEIMKEHR“ – Gestrandet bei der Kinderlandverschickung 4. „GÄSTE UND FREMDLINGE“ – Evakuierte, Zwangsarbeiter, Flüchtlinge und Heimatvertriebene in Weidenberg 1939-1950 5. „WARTEN AUF DIE SIEGER – Die Amerikaner kommen 6. „MIT OST-SPIONEN UND ALTEN SEILSCHAFTEN ZUM NEUEN AUFBRUCH?“ – Die Entnazifizierung 1946-48 und der holperige Neustart der Parteien-Demokratie in Weidenberg 7. „EIS VON DER OMA, KINO VOM OPA“ – Die Weidenberger „Rosenau- Lichtspiele“ im Wandel der Zeiten 1926-1971